LEXIKON MANAGEMENT

LEXIKON MANAGEMENT

RÜDIGER PIEPER (HERAUSGEBER)

GABLER

Die Deutsche Bibliothek – CIP-Einheitsaufnahme

Lexikon Management / Rüdiger Pieper (Hrsg.). – Wiesbaden:
Gabler, 1991
ISBN 3-409-13214-7
NE: Pieper, Rüdiger [Hrsg.]

Der Gabler Verlag ist ein Unternehmen der Verlagsgruppe Bertelsmann International.

Höchste inhaltliche und technische Qualität ist unser Ziel. Bei der Produktion und Verbreitung unserer Bücher wollen wir die Umwelt schonen: Dieses Buch ist auf säurefreiem und chlorarm gebleichtem Papier gedruckt. Die Einschweißfolie besteht aus Polyäthylen und damit aus organischen Stoffen, die weder bei der Herstellung noch bei der Verbrennung Schadstoffe freisetzen.

Umschlaggestaltung: Schrimpf und Partner, Wiesbaden
Satz: Satzstudio RESchulz, Dreieich-Buchschlag
Druck: C. W. Niemeyer, Hameln
Buchbinder: Gehring, Bielefeld
Printed in Germany

ISBN 3-409-13214-7

Vorwort

Modern und faszinierend – So kann man die durch zahlreiche anglo-amerikanische Begriffe geprägte Fachsprache des Managements charakterisieren. Dabei handelt es sich nur zum Teil um die Übersetzung bisher schon benutzter deutscher Begriffe. In den meisten Fällen sind damit jedoch neue Inhalte und moderne Management-Konzepte verbunden. Dieses folgt einerseits aus der fortschreitenden Internationalisierung der Wirtschaft, andererseits aus dem verstärkt zu beobachtenden Trend, ursprünglich in den USA entwickelte Konzepte und Modelle in Deutschland bzw. Europa zu übernehmen.

Der Begriff Management wird im allgemein üblichen wie auch im Sinne des LEXIKON MANAGEMENT als Führung von Unternehmen bzw. Betrieben verstanden. Managementwissen umfaßt danach drei wesentliche Teilbereiche: (1) betriebswirtschaftliches und strategisches Wissen über Unternehmensführung, (2) verhaltenswissenschaftliches Wissen zur Personalführung und (3) formalwissenschaftliches Wissen des Operations Research (management science). Im LEXIKON MANAGEMENT finden sowohl der verhaltenswissenschaftliche wie auch der betriebswirtschaftliche Ansatz in besonderem Maße Berücksichtigung, da die Autoren von der großen Bedeutung der Verhaltenslehre für die Personalführung überzeugt sind, jedoch die Betriebswirtschaftslehre als integralen und unverzichtbaren Bestandteil der Managementlehre betrachten.

Das LEXIKON MANAGEMENT gibt einen Überblick über alte und neue Begriffe aus dem Bereich des Managements. Soweit es im Rahmen eines Lexikons möglich ist, werden die dahinterstehenden Theorien und Konzepte erläutert sowie unterschiedliche Ansätze und Schulen vorgestellt. Dabei sollen weniger Wissenschaftler bzw. Wissenschaftlerinnen angesprochen werden, denen es eher auf Vollständigkeit und Differenziertheit ankommen dürfte, sondern vielmehr in der Unternehmenspraxis Tätige, eben Manager und Managerinnen. Ebenso richtet sich das Lexikon an Leser, die sich erst im Rahmen des Studiums – etwa von betriebswirtschaftlichen oder ingenieurwissenschaftlichen Fächern – oder als Berufseinsteiger, auf Managementpositionen vorbereiten.

Mein herzlicher Dank gilt Herrn Professor Dr. Dietger Hahn, Herrn Professor Dr. Karl-Heinz Rau, Frau Claudia von Rostowsky, Herrn Dr. Dietram Schneider, Frau Claudia Scholle und Herrn Professor Dr. Eberhard Stickel, die durch ihre Mitarbeit dieses moderne Nachschlagewerk erst ermöglicht haben, sowie allen in der Schlußphase der Manuskriptabfassung Beteiligten, insbesondere Dana, Bettina Gleier, Manuel Krug und Andrea Streese, die nicht nur zahlreiche inhaltliche Hinweise und Anregungen gegeben haben, sondern durch Schaffung von idealen Rahmenbedingungen wesentlich zur Endredaktion beitrugen.

RÜDIGER PIEPER

Autorenverzeichnis

(In Klammern werden die von dem jeweiligen Autor geschriebenen Einzel- bzw. Sachgebietsstichwörter angegeben.)

Prof. Dr. Dietger Hahn (Produktion, Controlling, Strategische Führung)	Inhaber des Lehrstuhles für Betriebswirtschaftslehre IV an der Justus Liebig-Universität Gießen, Forschungs- und Lehrschwerpunkte Industriebetriebslehre, insbes. Produktionswirtschaft sowie Controlling und strategische Führung
Dr. Rüdiger Pieper, Dipl.-Kaufmann, Dipl.-Volkswirt	Kurator des Paul Löbe-Instituts Berlin
Prof. Dr. Karl-Heinz Rau, Dipl.-Mathematiker (Informationsmanagement)	Leiter der Fachrichtung Wirtschaftsinformatik II an der Berufsakademie Stuttgart
Claudia von Rostowsky, Dipl.-Kauffrau	Leiterin der Abteilung „Wirtschaft und Management" des Paul Löbe-Instituts Berlin
Dr. Dietram Schneider, Dipl.-Kaufmann (F & E, Innovation)	Mitarbeiter im Zentralbereich Controlling der Siemens AG München
Claudia Scholle Dipl.-Kauffrau, Dipl.-Politologin	Wissenschaftliche Mitarbeiterin an der Freien Universität Berlin, Arbeitsstelle Politik und Technik
Prof. Dr. Eberhard Stickel, Dipl.-Mathematiker (Informationsmanagement)	Leiter der Fachrichtung Wirtschaftsinformatik III an der Berufsakademie Stuttgart

Abbildungsverzeichnis

Erläuterungen zur Benutzung

Das LEXIKON MANAGEMENT ist nach Art eines Konversations-Lexikons in rund 5000 Stichwörter gegliedert. Unter einem aufgesuchten Stichwort ist die nur speziell diesen Begriff erläuternde, gründliche Erklärung zu finden, die dem Benutzer sofort erforderliches Wissen ohne mehrmaliges Nachschlagen vermittelt. Die zahlreichen, durch das Verweisungszeichen (→) gekennzeichneten Wörter erlauben es dem Leser, der sich umfassend unterrichten will, sich nicht nur über weitere, ihm wesentlich erscheinende Begriffe, sondern auch über die Hauptfragen an Hand größerer Abhandlungen ohne Zeitverlust zu informieren.

Die alphabetische Reihenfolge ist – auch bei zusammengesetzten Stichwörtern – strikt eingehalten. Zusammengesetzte Begriffe, wie „amtliche Statistik", sind in der Regel unter dem Adjektiv alphabetisch eingeordnet. Wird das gesuchte Wort unter dem Beiwort nicht gefunden, empfiehlt es sich, das Hauptwort nachzuschlagen. Die Umlaute ä, ö, ü werden bei der Einordung in das Abc wie die Grundlaute a, o, u behandelt, auch um den Zusammenhang mit verwandten Begriffen zu wahren.

A

Abbauplanung, Teil der → Personalplanung, der dann relevant wird, wenn der Personalbedarf niedriger ist als der Personalbestand, so daß ein Personalabbau stattfinden muß. Durch eine systematische, langfristig angelegte A. unter Nutzung sämtlicher Instrumente der → Personalfreisetzung sollen kurzfristige und durch die Notwendigkeit der Aufstellung eines → Sozialplanes zugleich kostenintensive Massenentlassungen vermieden werden.

Abberufung. 1. Rechtsakt, durch den ein auf Wahl oder Bestellung basierendes Arbeitsverhältnis vor Ablauf der Amtszeit beendet wird. Abberufen werden können Geschäftsführer von Gesellschaften mit beschränkter Haftung (GmbH) jederzeit und Vorstandsmitglieder, Vorstandsvorsitzender von Aktiengesellschaften (AG) durch den Aufsichtsrat bei Vorliegen eines wichtigen Grundes wie grober Pflichtverletzung.
2. Der Begriff wird auch benutzt für den Entzug der Befugnis zur Geschäftsführung bei einem Gesellschafter einer Offenen Handelsgesellschaft. Eine solche A. kann nur bei Vorlage eines wichtigen Grundes durch Gerichtsbeschluß auf Antrag der übrigen Gesellschafter erfolgen.

Abfindung, einmalige Geldzahlung zur Abgeltung von Rechtsansprüchen, etwa beim Ausscheiden eines Gesellschafters aus einer Personengesellschaft oder in bestimmten Fällen beim Ausscheiden eines Arbeitnehmers aus dem Unternehmen. Hierzu gehören unwirksame Kündigungen, bei denen das Arbeitsgericht dennoch das Arbeitsverhältnis als aufgelöst erklärt, da dem Arbeitgeber eine Weiterbeschäftigung nicht zugemutet werden kann, Aufhebungsverträge und Sozialpläne.

Abgaben, Begriff für unfreiwillige Zahlungen von Personen und Unternehmen an den Staat, die auf der Steuerhoheit der Gebietskörperschaften basieren. Zu den Abgaben gehören Steuern inkl. Kirchensteuern, Zölle sowie Abschöpfungen.

Abgangsfragebogen, personalwirtschaftliches Instrument; durch einen vom ausscheidenden Arbeitnehmer auszufüllenden standardisierten Fragebogen sollen ähnlich wie beim → Abgangsinterview die Gründe für den Arbeitsplatzwechsel analysiert werden, um so Rückschlüsse ziehen zu können (Reduzierung der Fluktuation etc.).

Abgangsinterview, personalwirtschaftliches Instrument; durch ein Gespräch mit dem ausscheidenden Arbeitnehmer sollen die Gründe des → Arbeitsplatzwechsels ermittelt und – sofern sie im Unternehmen selbst liegen – gegebenenfalls Wege zu einer Reduzierung von → Fluktuation gefunden werden.

Abgeld, → Disagio

Abgrenzung. 1. *Buchführung*: → Rechnungsabgrenzungsposten.

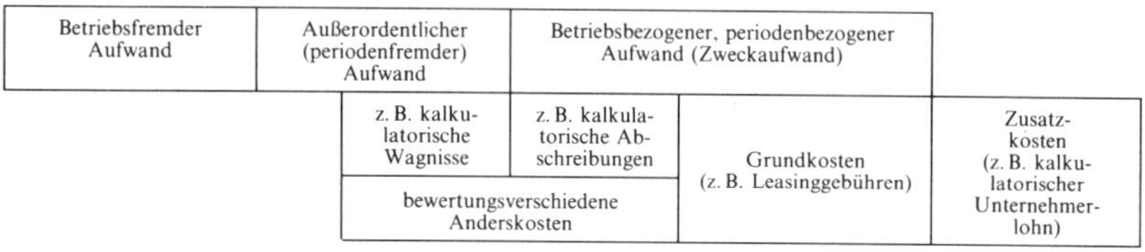

2. *Kostenrechnung*: Bezeichnung für die zwischen Finanzbuchhaltung und Kostenrechnung notwendige Trennung zwischen betrieblichen Aufwendungen bzw. Erträgen und außerbetrieblichen, bzw. neutralen Aufwendungen bzw. Erträgen (vgl. Abbildung oben).

abhängiges Unternehmen, rechtlich selbständiges Unternehmen, auf das durch ein anderes Unternehmen mittelbar oder unmittelbar Einfluß ausgeübt, das also beherrscht wird (§ 17 AktG). Steht ein Unternehmen in Mehrheitsbesitz eines anderen Unternehmens, so wird davon ausgegangen, daß es von diesem abhängig ist. Sind ein abhängiges und ein herrschendes Unternehmen unter der Leitung des herrschenden zusammengefaßt, so bilden diese einen → Konzern (§ 18 AktG).

Ablauforganisation, Gestaltung von Arbeitsprozessen im Hinblick auf die Ordnung von Arbeitsinhalten, der Arbeitszeit, des -raumes und der -zuordnung, um alle Arbeitsvorgänge auf die Zielerreichung des Unternehmens hin abzustimmen. Generelle ablauforganisatorische Regelungen etwa durch Programme zur Aufgabenerledigung sind nur möglich bei permanenten oder häufig wiederkehrenden Vorgängen. Bei selten anfallenden oder einmaligen Aufgaben erfolgen Einzelfallregelungen bzw. eine Neufestlegung der Abläufe.

ABM, → Arbeitsbeschaffungsmaßnahme

Abmahnung. 1. Im *Arbeitsrecht* schriftlich formulierter Tadel eines Arbeitnehmers durch den Arbeitgeber wegen Verletzung arbeitsvertraglicher Pflichten, der als Warnung einer → Kündigung vorausgehen muß;
2. Im *Wettbewerbsrecht* die Aufforderung, ein wettbewerbswidriges Verhalten zu unterlassen.

Abnehmer, alle aktuellen und potentiellen Personen bzw. Personengruppen, die als tatsächliche oder potentielle Käufer bzw. Verwender der Produkte von Unternehmen in Frage kommen (z.B. Konsumenten, gewerbliche Unternehmen).

Abnehmerbefragung, Verfahren zur Ermittlung von Informationen über zukünftige Kaufentscheidungen von → Abnehmern durch Befragung. Bei Abnehmern des Investitionsgüterbereichs ist diese Form der Befragung am ehesten durchführbar, da der Abnehmerkreis überschaubarer ist als der des Konsumgüterbereichs. Fraglich ist, ob die angegebenen zukünftigen Kaufentscheidungen und das tatsächliche Kaufverhalten identisch sind.

abnutzbares Anlagevermögen, Bestandteil des → Anlagevermögens, der einer Wertminderung durch Abnutzung unterliegt. Außer Grund und Boden sowie den Finanzanlagen gilt das gesamte Anlagevermögen als abnutzbar. Der Wertverlust wird für die Zwecke des Jahresabschlusses durch die → Abschreibungen, in der Kostenrechnung durch die → kalkulatorischen Abschreibungen und für die Zwecke der Steuerbilanz durch die → Absetzungen für Abnutzung (AfA) erfaßt.

Absatz, → Marketing

Absatzanalyse, Form der Marketingforschung: Zu einem bestimmten Zeitpunkt werden für das Unternehmen relevante Strukturgrößen ermittelt und verglichen (z.B. Marktanteile), um die Entwicklung des betrieblichen → Absatzes zu untersuchen.

Absatzbeobachtung, Form der → Marketingforschung: Laufende Beobachtung der Entwicklung des Absatzes (z.B. wöchentliche Analyse des Absatzes von Produkten) anhand ausgewählter Daten wie Umsatz, Auftragseingang und Preis.

Absatzbindung, Form der → Vertriebsbindung, bei der sich beispielsweise ein Wiederverkäufer verpflichtet, die vom Hersteller bezogene Ware nur an bestimmte Abnehmer (z.B. Fachgeschäfte) weiterzuveräußern.

Absatzelastizität, relative Änderung der abgesetzten Gütermenge aufgrund einer relativen Preisänderung.

Absatzerkundung, „Form" der → Marketingforschung: Zufälliges und gelegentliches Abtasten einer Marktsituation.

Absatzförderung, → Verkaufsförderung

Absatzforschung, → Marketingforschung

Absatzhelfer, rechtlich selbständiges Organ, das die Distribution von Gütern unterstützt, ohne selbst Wiederverkäufer zu sein (z.B. Spediteure, Makler, Werbeagenturen etc.). A. sind von → *Absatzmittlern* abzugrenzen, die eigene absatzpolitische Instrumente einsetzen.

Absatzkanal, → Absatzweg

Absatzkette, Gesamtheit aller an der Distribution beteiligten Glieder eines → Absatzwegs: Unselbständige Glieder sind Beschaffungs- und Absatzabteilungen der Produktionsunternehmen (inkl. Reisender und Aussenlager). Selbständige Glieder sind der Handel, Absatzhelfer etc.

Absatzkredit, Instrument des Unternehmens, um Kunden den Kauf von Produkten zu ermöglichen. Formen des A. sind der Absatzgüter- und Absatzgeldkredit. Beim *Absatzgeldkredit* erhält der Kreditnehmer meistens langfristig einen Geldbetrag zur freien oder gebundenen Verwendung (z.B. Ausstattungskredite im Rahmen eines Liefervertrages). Beim *Absatzgüterkredit* wird das Produkt geliefert, muß jedoch nicht sofort bezahlt werden. Es existieren unterschiedliche Formen des A. sowohl hinsichtlich der Kreditnehmer als auch hinsichtlich der Fristigkeit des gewährten Kredits. Eher kurzfristig sind Lieferantenkredite (d.h. Einräumung eines Zahlungsziels durch den Hersteller für den Händler oder Konsumenten) und bei Konsumenten der "Anschreibekredit". Eher langfristig sind Teilzahlungskredite für Konsumenten und im Exportgeschäft mit Entwicklungsländern Kredite für Investitionsgüter. Die Finanzierung von A. kann aus Mitteln des Unternehmens (Alleinfinanzierung), durch Inanspruchnahme von Bankkrediten, Bankgarantien etc. (Refinanzierung) und durch Vermittlung des Unternehmens an andere Geldgeber (Drittfinanzierung) erfolgen (→ Absatzkreditpolitik).

Absatzkreditpolitik, alle Maßnahmen eines Unternehmens, um potentielle Kunden durch die Bewilligung oder Vermittlung von → Absatzkrediten zum Kauf zu veranlassen.

Absatzlogistik, → Marketinglogistik

Absatzmarkt, alle aktuellen und potentiellen Abnehmer bestimmter Leistungen eines Unternehmens, die aktuelle und potentielle Konkurrenz sowie deren Beziehungen untereinander.

Absatzmittler, wirtschaftlich und rechtlich selbständiges Organ (z.B. Einzelhandel, Großhandel), das die Produkte kauft und ohne wesentliche Be- oder Verarbeitung an Abnehmer und Endverkäufer weiterverkauft. Die Distribution dieser Güter wird durch eigene absatzpolitische Maßnahmen (→ Marketinginstrumente) unterstützt.

Absatzorganisation, Marketinginstrument des Handels, das den Einsatz personeller (z.B. Vertreter, Reisende, Gebietsverkaufspersonal) und institutioneller Mittel (z.B. Geschäftsräume, Kassenanordnung, Parkplätze) zur Anbahnung und Abwicklung des Verkaufs umfaßt. Entscheidungen zur A. hängen von der Stellung des Unternehmens im Absatzkanal (→ Absatzweg) und von der Betriebsform des Handels ab.

Absatzplanung, die langfristige A. soll zukünftige Perspektiven des Herstellers in globaler Form aufdecken und wird in Verbindung mit der Produktions-, Investitions- und Finanzplanung entwickelt. Die kurzfristige A. (Verkaufsplanung) legt den Zeitpunkt und die Menge der zu verkaufenden Güter fest.

Absatzpolitik, → Marketing

absatzpolitische Instrumente, → Marketinginstrumente

Absatzpotential, Anteil am → Marktpotential, den das Unternehmen maximal erreichen zu können glaubt. Nicht zu verwechseln mit dem Begriff → Absatzvolumen.

Absatzprognose, Vorherbestimmung des zukünftigen Absatzes von bestimmten Produkten unter Anwendung empirischer Erhebungen (→ Prognoseverfahren). Untersucht werden u.a. Entwicklungen hinsichtlich Marktpotential, Absatzpotential, Marktvolumen, Absatzvolumen und Marktanteil eines Unternehmens.

Absatzsegment, → Marktsegmentierung

Absatzsegmentrechnung, Ermittlung des Periodenerfolgs einzelner Marktsegmente (Kundengruppen, Produktgruppen, Absatzgebiete) mittels einer detaillierten Vertriebskostenanalyse. Festgestellt wird, welchen Gewinn bzw. Deckungsbeitrag die einzelnen Segmente erbracht haben. Voraussetzung dieser Berechnung ist die direkte Zuordnung möglichst vieler → Vertriebskosten und Erlöse zu den einzelnen Segmenten. Die A. kann auf der Basis von Vollkosten oder Teilkosten erstellt werden (→ Vollkostenrechnung, → Teilkostenrechnung). Fallen viele Vertriebsgemeinkosten an, so werden Schlüsselgrößen (bei Berechnung auf Vollkostenbasis) verwendet oder bestimmte nicht verrechenbare Größen (bei Berechnung auf Teilkostenbasis) gebildet.

Absatzvolumen, Gesamtheit des getätigten Umsatzes bzw. der Absatzmenge. Nicht zu verwechseln mit → Absatzpotential.

Absatzweg (Distributionsweg), Weg eines Produktes von der Produktion bis zum Endverbraucher über die Glieder der → Absatzkette. Die Wahl und die Gestaltung des A. stellen zentrale Entscheidungen bei der Marketingkonzeption dar. Einflußfaktoren sind dabei u.a. Art, Komplexität und Erklärungsbedürftigkeit des Produktes, Kundenstruktur sowie Konkurrenzverhalten. – Formen: Grob unterschieden werden kann zwischen direktem und indirektem Vertrieb. Im Unterschied zum direkten werden beim indirekten Vertrieb Einzel- und/oder Großhändler in den Absatzweg eingeschaltet.

Absatzwegepolitik, Festlegung der zu wählenden → Absatzwege und ihrer Gestaltung. Dazu gehören Entscheidungen über die Zahl der Glieder der Absatzkette, die z.B. bei direktem oder indirektem Vertrieb variieren sowie darüber, ob der Absatz ubiquitär, selektiv oder segmentierend erfolgen soll.

Absatzwerbung, → Werbung

Absatzwirtschaft, → Marketing

Abschluß, → Jahresabschluß, → konsolidierter Jahresabschluß, → Bilanz, → Gewinn- und Verlustrechnung.

Abschlußprüfung, gesetzlich vorgeschriebene Prüfung des → Jahresabschlusses von großen und mittelgroßen Kapitalgesellschaften, Genossenschaften, Kreditinstituten, Bausparkassen, Versicherungsunternehmen u.a. durch neutrale Abschlußprüfer. Geprüft werden in Kapitalgesellschaften Buchführung, Jahresabschluß und Lagebericht hinsichtlich der Beachtung gesetzlicher und satzungsmäßiger Bestimmungen.

Abschöpfung, → Abschöpfungspreispolitik, → Abschöpfungsstrategie

Abschöpfungspreispolitik (skimming pricing), → preispolitische Strategie. Es handelt sich dabei um eine Maßnahme der → Preisdifferenzierung. Bei der Einführung neuer Produkte wird anfänglich ein relativ hoher Preis genommen, der später mit zunehmender Erschließung des Marktes oder bei zunehmender Konkurrenz gesenkt wird. Gegenteil: → Penetrationspreispolitik.

Abschöpfungsstrategie, im Rahmen der Portfolio-Analyse → Normstrategie und → Wettbewerbsstrategie mit besonderer Bedeutung in schrumpfenden Branchen/Märkten. Vor der endgültigen Liquidation eines Geschäftsfeldes (strategisches Geschäftsfeld) wird die Produktpalette bereinigt, und die Forschungs-, Entwicklungs- sowie Vertriebsaufwendungen zur Maximierung des → cash flows werden verringert. Als Strategie für schrumpfende Märkte wird die Abschöpfung mit dem → Produktlebenszykluskonzept begründet. Für schrumpfende Branchen gibt es strategische Alternativen wie → Nischenstrategien oder eine frühe Liquidation, bevor die Verkaufserlöse durch den Niedergang der Branche zunichte gemacht werden (→ Desinvestitionsstrategie).

Abschreibungen, Erfassung der auf technische, wirtschaftliche und rechtliche Ursachen zurückzuführenden Wertminderung des → Anlagevermögens und → Umlaufvermögens. Zur Vereinfachung der Wertfeststellung werden verschiedene → Abschreibungsverfahren unterschieden. A. werden für Bilanz, Gewinn- und Verlustrechnung, Steuerbilanz und im Rahmen der Kostenrechnung gebildet.
1. *A. im Handelsrecht*: a) *Planmäßige*

A. dienen der Erfassung des Wertverzehrs → abnutzbaren Anlagevermögens während der voraussichtlichen Nutzungsdauer. Die Anschaffungs- oder Herstellungskosten sind ggf. unter Berücksichtigung von Schrottwerten entsprechend ihres Wertverzehrs auf die Nutzungsdauer zu verteilen. In Ausnahmefällen werden Vereinfachungsverfahren zugelassen (→ Bewertungsvereinfachungsverfahren). – b) *Außerplanmäßige A.* auf das gesamte Anlagevermögen können bei Auseinanderfallen von Buchwert und tatsächlichem Wert am Abschlußstichtag vorgenommen werden. Bei voraussichtlich dauernder Wertminderung muß abgeschrieben werden, während bei vorübergehender besondere Bestimmungen zu beachten sind (gemildertes Niederstwertprinzip). Bezogen auf das Umlaufvermögen sind außerplanmäßige A. vorzunehmen, wenn es am Abschlußstichtag gegenüber den Anschaffungs- oder Herstellungskosten einen niedrigeren Börsen- oder Marktpreis gibt. Beim Umlaufvermögen sind diese A. unabhängig von der voraussichtlichen Dauer der Wertminderung vorzunehmen (strenges Niederstwertprinzip). Für Nichtkapitalgesellschaften besteht die Möglichkeit, alle Vermögensgegenstände im Rahmen vernünftiger kaufmännischer Beurteilung abzuschreiben. Dadurch können stille Reserven gebildet werden. In der Finanzbuchhaltung werden die A. mit dem Ziel der → nominellen Kapitalerhaltung gebildet. Nichtkapitalgesellschaften haben ein Beibehaltungswahlrecht, für Kapitalgesellschaften gilt ein (→ Wertaufholungsgebot, wenn die Gründe für den niedrigen Wertansatz nicht mehr bestehen.

2. *Steuerrecht*:A. werden steuerrechtlich durch die → *Absetzungen für Abnutzung (AfA)* erfaßt. Abnutzbare Güter des Anlagevermögens sind abzuschreiben, wenn ihre Nutzungsdauer ein Jahr überschreitet. Geringwertige Wirtschaftsgüter können sofort abgeschrieben werden. Des weiteren können bestimmte → Sonderabschreibungen sowie Absetzungen für Substanzverringerungen u.a. vorgenommen werden.

3. *Kostenrechnung*: Hier werden → kalkulatorische Abschreibungen zu Wiederbeschaffungskosten vorgenommen, um die → substantielle Kapitalerhaltung des Betriebes zu gewährleisten.

4. *Finanzierung*: A. bzw. Abschreibungsgegenwerte haben einen Finanzierungseffekt, da den Aufwendungen, die über die Einzahlungen verursachenden Erträge zurück ins Unternehmen fließen, keine Auszahlungen in der laufenden Periode gegenüberstehen. Diese Mittel werden i.d.R. erst in einer späteren Periode für Auszahlungen für die Ersatzbeschaffung benötigt.

Abschreibungsverfahren, Methoden zur Verteilung der Anschaffungs- bzw. Herstellungskosten → abnutzbaren Anlagevermögens auf die voraussichtliche Nutzungsdauer. An deren Ende kann ein Restwert berücksichtigt werden. Die Wahl des A. für Bilanz sowie Gewinn- und Verlustrechnung muß nach vernünftiger kaufmännischer Beurteilung erfolgen. Im Steuerrecht gibt es Abschreibungsvorschriften. – Folgende Verfahren sind von besonderer Bedeutung: a) *Lineare Abschreibung*: gleichmäßige Verteilung der Anschaffungs- bzw. Herstellungskosten auf die voraussichtliche Nutzungsdauer, an deren Ende das Anlagegut vollständig abgeschrieben ist. b) *Degressive Abschreibung*: In den ersten Jahren der Nutzungsdauer werden höhere Abschreibungen gebildet als in den späteren. Unterschieden werden zwei Varianten: Nach der geometrisch-degressiven Methode (Buchwertabschreibung, Restwertabschreibung) wird jährlich ein konstanter Prozentsatz vom sinkenden Restbuchwert abgeschrieben, wodurch eine vollständige Abschreibung nicht möglich ist. Es verbleibt immer ein Restbuchwert, der durch eine gesonderte Endabschreibung berücksichtigt wird. Bei der arithmetisch-degressiven Abschreibungsmethode sinken die jährlichen Abschreibungsbeträge um den gleichen Betrag. Die Abschreibungssätze beziehen sich auf die Anschaffungs- bzw. Herstellungskosten, wodurch eine vollständige Abschreibung möglich ist. c) *Leistungsabschreibung*: Verteilungsgrundlage der Anschaffungs- bzw. Herstellungskosten ist eine nachweisbare jährliche Leistungsabgabe. Der Abschreibungsbetrag je Leistungseinheit ermittelt sich aus dem Anschaffungswert (ggf. abzüglich eines Restwertes), dividiert durch die Gesamtzahl der Leistungseinheiten. Der Abschreibungsbetrag je Periode ergibt sich aus dem Betrag je Leistungseinheit multipliziert mit den verbrauchten Leistungseinheiten.

Abschreibungsfinanzierung, → Finanzierung

Absentismus, Fehlzeiten von Arbeitnehmern im Sinne von Abweichungen der Ist- von der vertraglich vereinbarten Soll-Arbeitszeit, z.B. durch Kurzerkrankungen oder unentschuldigtes Fernbleiben vom Arbeitsplatz.

Absetzung für Abnutzung (AfA), Verteilung der Anschaffungs- bzw. Herstellungskosten → abnutzbaren Anlagevermögens auf die betriebsgewöhnliche Nutzungsdauer nach steuerrechtlichen Bestimmungen. Für abnutzbare Wirtschaftsgüter des Anlagevermögens mit einer Nutzungsdauer, die ein Jahr überschreitet, sind AfA zu bilden. → Geringwertige Wirtschaftsgüter dürfen sofort abgeschrieben werden.

Abteilung, organisatorische Einheit in einem Unternehmen, in der mehrere → Stellen unter einer einheitlichen Leitung zusammengefaßt werden. – *Grundmodelle der Abteilungsbildung* sind die → Funktionalorganisation oder Verrichtungsorganisation, das → Objektmodell und das → Regionalmodell. Das Beziehungsgefüge der einzelnen Abteilungen eines Unternehmens bildet die Aufbau- bzw Ablauforganisation (→ Organisationsstruktur).

Abtretung, → Forderungsabtretung

Abweichungsanalyse, im Rahmen der → Kostenrechnung vorgenommene Analyse der Abweichung zwischen bestimmten Größen.

1. Bestandteil der *Wirtschaftlichkeitsanalyse* mit Hilfe des Betriebsabrechnungsbogens (BAB). Durch die Einbeziehung von Normalkosten als vergangenheitsbezogenen Durchschnittskosten können Sollvorgaben für die Kostenstellen entwickelt werden. Übersteigen bei einem Soll-Ist-Vergleich die Normal- die Istkosten der Kostenstelle, dann handelt es sich um eine Kostenüberdeckung. Die Kostenstelle hat somit weniger als im Durchschnitt der letzten Jahre verbraucht. Bei Kostenunterdeckungen verhält es sich umgekehrt. Ursachen sind Beschäftigungsänderungen, erhöhte Abschreibungen aufgrund von Neuinvestitionen, größere Fertigungslose, Lohnerhöhungen u.a.

2. Analyse der Abweichungen von Plan- und Istkosten in der → *Plankostenrechnung* mit dem Ziel der Kostenkontrolle (z.B. → Preis- und → Beschäftigungsabweichung). Bei der Analyse wird festgestellt, welche der

Varianten ursächlich für die Kostenabweichung sind.

Abwerbung, rechtlich zulässiges Mittel, um einen Arbeitnehmer eines anderen Unternehmens zum Wechsel seines Arbeitsplatzes zu bewegen. Sofern allerdings der anzuwerbende Arbeitnehmer zu einem Vertragsbruch gegenüber dem bisherigen Arbeitgeber bewegt wird (etwa Nichteinhaltung von Kündigungsfristen, Geheimnisverrat oder sittenwidrige Mittel benutzt werden, kann die A. rechtlich als unlauter gelten und zu einem Anspruch auf Schadensersatz gegenüber dem anwerbenden Unternehmen führen. – Für ein gezieltes A. von Managern wird der Begriff → *Head Hunting* benutzt.

Abwicklung. 1. *Lösung der persönlichen und vermögensrechtlichen Bedingungen* der Gesellschafter nach Auflösung einer Handelsgesellschaft. In rechtlicher Hinsicht setzt die A. einer Gesellschaft ihre Auflösung voraus, in wirtschaftlicher Hinsicht bleibt die Gesellschaft zwar im wesentlichen bestehen, jedoch nunmehr zum Zweck der A. Die Auflösung kann auf einem Gesellschafterbeschluß, Zeitablauf, in Personengesellschaften auf dem Tod eines vollhaftenden Gesellschafters, Konkurs der Gesellschaft oder Konkurs über das Vermögen eines Gesellschafters beruhen. – Synonym wird der Begriff *Liquidation* verwendet.
2. Im Zusammenhang mit der Umgestaltung der Planwirtschaft der früheren DDR zu einer marktwirtschaftlichen Ordnung entstandener und weit verbreiteter Begriff zur Bezeichnung der *Auflösung einer Organisation oder Organisationseinheit*, teilweise verbunden mit einer Neugründung.

Abzugskapital, dem Unternehmen zinslos zur Verfügung stehendes → Fremdkapital (Lieferantenkredite, kurzfristige → Rückstellungen, Kundenanzahlungen u.a.), welches i.d.R. zu Zwecken der Ermittlung der → kalkulatorischen Zinsen vom → betriebsnotwendigen Vermögen abgezogen wird, um das → betriebsnotwendige Kapital zu ermitteln.

action research, → Aktionsforschung

ad hoc committee, → Gremium

Adaptation, in der Systemtheorie bzw. dem AGIL-Schema überlebensnotwendige Anpassung eines Systems (eines Unternehmens) an die Umwelt, um den Zugang zu notwendigen Ressourcen sicherstellen zu können.

Adaptive Control, in der Produktion Anpassung dynamischer (Arbeits-) Systeme mit Hilfe von Instrumenten, die einen gewünschten Zustand des Systems dadurch herbeizuführen trachten, daß bei Störungen des Systems zielkonforme Reaktionen ausgelöst werden. Den höchsten Grad der Anpassungsfähigkeit erreichen solche Systeme, die bei wesentlichen Änderungen der Umwelt ihre Systemelemente zu ändern vermögen. Angewendet werden solche Systeme z.B. in der Produktion zur fortlaufenden Optimierung des Herstellungsprozesses.

Adhocratie, Organisationskonzept zur Vermeidung der Unbeweglichkeit bürokratischer Regelungen. Dabei werden die traditionellen permanenten Struktureinheiten durch Projektteams und andere zeitweilig eingerichtete Einheiten von Spezialisten überlagert. Für den einzelnen Arbeitnehmer bedeutet dies einen häufigen Wechsel von Arbeitsbereichen und -aufgaben. Adhocratie-Modelle finden sich v.a. in jungen, in einer dynamischen Umwelt tätigen Unternehmen, die komplexe Aufgaben zu bewältigen haben.

Administration, → Verwaltung

administrative Wertanalyse, → Gemeinkostenwertanalyse

Adopterklassen, → Diffusionsprozeß

Adoption, → Diffusion

Adoptionsprozeß, → Diffusionsprozeß

Adreßbus, → Bus

AfA, → *A*bsetzung *f*ür *A*bnutzung

After Market (Anschlußmarkt), Bezeichnung für den Instandhaltungs- und Ersatzteilmarkt. Unternehmen betrachten es z.T. als Gefahr, wenn der A. M. "blüht", da es einen Rückgang der Qualität und Zuverlässigkeit des Produkts bedeuten könnte.

After-Sales-Service, produktbezogene Dienstleistungen, die ein Produzent nach dem Verkauf seines Produktes den Käufern anbietet, wie Beratung, Schulung der Benutzer, Wartungs- und Reparaturdienste.

AG, → Aktiengesellschaft

agency costs, Bezeichnung für die bei der Kontrolle des → Managements durch die Eigentümer anfallenden Kosten.

Agent, → Principle-Agent-Theorie

Aggregatmethode, Verfahren der → Personalbedarfsplanung: Der Personalbedarf wird in Abhängigkeit von den technischen Merkmalen der Arbeitsplätze ermittelt.

AGIL-Schema (AGIL= *a*daption-*g*oal attainment-*i*ntegration-*l*atency), von Parsons formuliertes, der → Systemtheorie zuzurechnendes Modell zur Beschreibung von Grundfunktionen, die jedes soziale System (jede Organisation) erfüllen muß, um zu überleben. – Die vier *Grundfunktionen* sind: → Adaptation als Anpassung an die Umwelt, → goal attainment als Zielsetzung und -erreichung, → Integration und → latency als Entwicklung und Erhaltung einer Sozialstruktur.

Agio (Aufgeld), Preisaufschlag insbesondere auf den Nennwert eines Wertpapiers oder den Paritätskurs einer Devise. Eine Agio-Berechnung ist hauptsächlich bei der Emission von Aktien (Verbot der Unterpari-Emission, d.h. der Emission unter Nennwert) und bei der Umwandlung der Wandelschuldverschreibung in Aktien üblich. Das A. ist nach § 272 Abs. 2 Nr. 1 HGB der gesetzlichen Rücklage zuzuführen. Gegensatz: → Disagio.

AIDA-Modell (*a*ttention-*i*nterest-*d*esire-*a*ction), wird zur Erklärung der → Werbewirkung herangezogen. Angenommen wird, daß die Wahrnehmung und Wirkung von Werbung bei der angesprochenen Person in mehreren Stufen verläuft, wobei jede Stufe unterschiedliche Reaktionen bei der umworbenen Person auslöst. Die Wahrnehmung der Werbung sowie die Reaktion des Umworbenen darauf läuft in folgenden Schritten ab: Die Werbung erregt die Aufmerksamkeit des Individuums durch starke Reize (z.B. optische), was die Voraussetzung für das Interesse (Interesseweckung) ist, die Werbebotschaft aufzunehmen. Das Individuum wird motiviert und entwickelt eine Kaufabsicht (Wunsch), die dann durch Speicherung der Information im Idealfall später in der Kaufsituation in konkretes Kaufverhalten (Aktion) umgesetzt wird.

aided recall, → Recalltests

Akkordlohn, an Mengenleistung gebundene Form des → Leistungslohns. Der A. setzt sich aus dem auf der Grundlage der Normalleistung festgelegten Akkordrichtsatz als Mindestentgelt und den Zuschlägen bei Überschreitung der Normalleistung zusammen. Er kann auf der Grundlage von Individualleistungen (*Einzelakkord*) oder den Arbeitsleistungen einer Gruppe (*Gruppenakkord*) berechnet werden. Varianten sind: Stückakkord bzw. Geldakkord, bei dem je nach erbrachter Menge ein bestimmter Entgeltsatz gezahlt wird; Zeitakkord, bei dem die Vorgabezeit pro Stück unabhängig von der tatsächlich benötigten Zeit als Entgeltgrundlage genommen wird.

Akkreditiv, im Außenhandel stark verbreitete Zahlungsform, bei der sich eine Bank im Auftrag ihres Kunden dazu verpflichtet, einem Dritten unter bestimmten Bedingungen (Vorlage der im A. angegebenen Dokumente) einen Geldbetrag auszuzahlen.

Akquisition. 1. Im Rahmen des *strategischen Managements* der vollständige oder partielle Kauf eines anderen Unternehmens, um hierüber bestimmte Ressourcen oder Stärken dieses Unternehmens kontrollieren zu können. Im Gegensatz zum → takeover ist eine A. mit dem erworbenen Unternehmen abgesprochen. Häufig auch unter dem Sammelbegriff → merger and aquisition laufend.
2. Im *Vertrieb* die Gewinnung neuer Kunden oder Aufträge; im Personalmanagement wird der Begriff teilweise auch für eine gezielte → Personalbeschaffung benutzt.

Akquisitionspolitik, Aufkauf eines geeigneten Unternehmens zur Realisierung von → Diversifikationsstrategien vor allem von Großunternehmen. Durch Akquisitionen ist ein schnellerer und weniger riskanter Markteintritt möglich als durch den Eigenaufbau, da auf vorhandene Ressourcen wie Personal, Produktionseinrichtungen, Kunden u.a. zurückgegriffen werden kann. Gründe für Akquisitionen sind u.a. Wachstumsstrategien, Stagnation der vorhandenen strategischen Geschäftseinheiten, technologische Neuerungen und Nachfrageveränderungen.

Aktie, Wertpapier, das dem Inhaber einen Anteil am gesamten Vermögen einer Aktiengesellschaft bzw. einer Kommanditgesellschaft auf Aktien verbrieft. In Aktiengesellschaften ist das Grundkapital in A. aufgeteilt. Der Mindestnennwert einer A. beläuft sich auf 50 DM, darüber muß er jeweils durch 100 teilbar sein. Die Ausgabe von A. darf nicht unter ihrem Nennwert erfolgen (Verbot einer Unterpari-Emission). – *Aktienarten*: Unterschieden werden 1. nach den Übertragungsbedingungen: Inhaber- und Namensaktien, 2. nach dem Umfang der Rechte: Stamm- und Vorzugsaktien, 3. nach der Art des Anteils am Grundkapital: Nennwert- und Quotenaktien. – Durch den Erwerb einer A. sichert sich der Aktionär bestimmte *Eigentümerrechte*, die nach Aktienart variieren: Recht auf Gewinnausschüttung (Dividende), Stimmrecht und weitere Rechte in der Hauptversammlung, Bezugsrechte bei der Neuausgabe von Aktien sowie Anteil am Liquidationserlös. – *Kursbildung*: Die Höhe des Aktienkurses ist abhängig von den Vorgängen auf dem Geld- und Kapitalmarkt, von der Veränderung von Angebot und Nachfrage des betreffenden Papiers oder einer Wertpapiergattung sowie von politischen Ereignissen und psychologischen Faktoren.

Aktiengesellschaft (AG), Kapitalgesellschaft mit eigener Rechtspersönlichkeit, die typisch für Großunternehmen mit hohem Kapitalbedarf ist. Gesellschafter (Aktionäre) sind mit Einlagen (Aktien) am Gesellschaftskapital beteiligt und haften gegenüber den Gläubigern für ihre Verbindlichkeiten mit dem Gesellschaftsvermögen, d.h. nur mittelbar über ihren Anteil am Grundkapital. Die AG ist eine unpersönliche Unternehmensform. Ihr Grundkapital wird i.d.R. von einer größeren Zahl von Kapitalgebern aufgebracht. Der Aktionär kann seine Aktie jederzeit an der Börse verkaufen. Detaillierte Rechtsvorschriften bilden die Grundlage der Tätigkeit der AGs, insbesondere das Aktiengesetz. Der Vorstand ist das eigenverantwortliche geschäftsführende Organ der AG, deren Mitglieder vom Aufsichtsrat bestellt bzw. gewählt werden. Die Mitglieder des Vorstandes müssen keine Aktionäre sein. – *Organe*: Der Aufsichtsrat ist das Kontrollorgan der AG und hat mindestens 3 und höchstens 21 Mitglieder. Die Sitze im Aufsichtsrat stehen in einem gesetzlich bestimmten Verhältnis den Vertretern der Anteilseigner und den Vertretern der Arbeitnehmer zu. Die Hauptversammlung setzt sich aus den Aktionären der Gesellschaft zusammen, die über Wahl und Abberufung der Vertreter der Aktionäre im Aufsichtsrat entscheiden, außerdem über die Verwendung des Bilanzgewinns, die Entlastung des Vorstandes und des Aufsichtsrates, die Bestellung von Abschlußprüfern, Satzungsänderungen, Maßnahmen zur Kapitalbeschaffung und -herabsetzung, die Bestellung von Prüfern für Sonderprüfungen und die Auflösung der AG. Das Stimmrecht der Aktionäre ist entsprechend den Nennwerten der in ihrem Besitz befindlichen Aktien verteilt.

Aktienhandel, → Börse

Aktionsforschung (action research), spezielle sozialwissenschaftliche, insbesondere im Rahmen der Organisationsentwicklung verwendete Methode, bei der praktische Problemlösungsprozesse und Forschung miteinander kombiniert werden. Die A. besteht aus den Einzelschritten: Datensammlung über das Untersuchungsobjekt (z.B. ein Unternehmen), Feedback der Daten an die betroffenen Personen, Festlegung von Handlungsschritten aufgrund der Daten, des Feedbacks und zusätzlicher Hypothesen, Maßnahmen, erneute Datensammlung zur Überprüfung und Auswertung. Die A. ist gleichzeitig eine Problemlösungsmethode und ein Lern- bzw. Forschungsmodell, bei dem Wissenschaftler durch praktisches Handeln und Eingreifen in das Untersuchungssystem lernen.

Aktiv-/Passivmehrung/-minderung, erfolgsneutraler Geschäftsvorfall, der die Bilanzsumme verlängert bzw. verkürzt. Beispielsweise führt ein kreditfinanzierter Kauf einer Maschine zu einer Bilanzverlängerung. Das Bilanzvolumen wird andererseits durch die Rückzahlung eines Kredits durch eine Überweisung verringert.

Aktiva (Vermögen, Aktivseite, Mittelverwendung), auf der linken Seite der → Bilanz aufgeführte Vermögensgegenstände. Unterschieden werden nach der voraussichtlichen Verbleibdauer im Unternehmen → Anlagevermögen und → Umlaufvermögen. Weitere A. sind → Rechnungsabgrenzungsposten und → Bilanzierungshilfen in Kapitalgesellschaften. Gegensatz: → Passiva.

aktivierte Eigenleistungen, gehören zu den Leistungen, die im Betrieb erbracht werden (→ innerbetriebliche Leistungen). Führen sie zu Wertsteigerungen des Sachanlagevermögens, sind sie zu den Herstellungskosten zu bewerten und in der Bilanz zu aktivieren sowie über ihre Nutzungsdauer abzuschreiben. Ein Beispiel für a. E. sind selbsterstellte Maschinen.

Aktivierung. 1. *Psychologie*: innerer Erregungszustand eines Individuums, der Einfluß auf die Leistungsbereitschaft hat; bedeutsam auch für die Werbepsychologie, da stark aktivierende Reize schneller erkannt werden und länger in Erinnerung bleiben.
2. *Bilanzierung*: Verfahren zur Erfassung von Vermögenswerten, Posten zur Rechnungsabgrenzung und Bilanzierungshilfen.

Aktivseite, → Aktiva

Aktivtausch, erfolgsneutraler Geschäftsvorfall, der aus dem Austausch von Aktivposten (→ Aktiva) besteht. Beispielsweise sinkt bei der Barzahlung einer Maschine der Kassenbestand, während das Anlagevermögen wächst.

Akzeptanztest, Methode des → Produkttests, mit der Existenz und Ausmaß von aktuellen und potentiellen Kauf-, Ge- und Verbrauchsabsichten von Testpersonen untersucht wird.

Akzeptkredit (Wechselkredit), Form des → Kredits, bei dem sich eine Bank verpflichtet, den auf sie von einem Kunden gezogenen → Wechsel zu akzeptieren und zu begleichen. Bedingung ist, daß der Kunde der Bank den Betrag des Wechsels vor dessen Fälligkeit zur Verfügung stellt. A. werden daher nur bei hoher Bonität gegeben.

All-you-can-afford-Methode, → Werbebudgetierungsverfahren, bei dem das Werbebudget als Restgröße betrachtet wird. Nach Festlegung aller anderen Marketingmaßnahmen wird der Werbeetat bestimmt. Die Methode, ein nicht-analytisches Verfahren, ist unsystematisch und steht einer zielorientierten sowie langfristigen Werbeplanung entgegen.

Allgemeine Systemtheorie, auf Bertalanffy zurückgehender Ansatz einer interdisziplinären Formalwissenschaft, welche die einzelnen Realwissenschaften zu einer Superwissenschaft (unity of science) integrieren will. Zielsetzung ist die Aufstellung einer für alle Systeme geltenden Theorie; hierzu gehören eine einheitliche Begrifflichkeit und eine einheitliche Methodologie. Verwendet werden insbesondere mathematische Verfahren. Das Ergebnis ist ein hoher Abstraktionsgrad, der zu dem Vorwurf eines geringen Informationsgehalts der Aussagen geführt hat. Die A. S. ist Grundlage zahlreicher formalwissenschaftlicher Managementansätze.

Allgemeinwerbung, Werbung, die sich an eine nicht zahlenmäßig fest umrissene Zielgruppe richtet, z.B. Markenartikelwerbung. Gegensatz: → Einzelwerbung.

alternative Produktion (Alternativproduktion), Produktion im Mehrproduktbetrieb, bei der durch vermehrte Herstellung des einen Produkts die Erzeugungsbedingungen für das oder die anderen Produkte verschlechtert oder eingeengt werden. D.h., die Erzeugnisse beinflussen sich gegenseitig, indem sie um knappe Kapazitäten konkurrieren. Hierbei kann ein Teil der Erzeugnismengen nicht in das Produktionsprogramm aufgenommen werden bzw.

nicht mit Hilfe der kostengünstigsten Verfahren oder Produktionsbedingungen hergestellt werden.

Alternativkosten, → Opportunitätskosten

American Management Association, Zusammenschluß von amerikanischen Managern und Managementwissenschaftlern. Zielsetzung ist vor allem der Erfahrungsaustausch sowie ein Wissenschaft und Praxis verbindendes Bildungs- und Informationsangebot.

Amortisationsdauer (payback period), → Amortisationsrechnung

Amortisationsrechnung (Kapitalrückflußrechnung, Payback-Rechnung), Entscheidungsverfahren der → Investitionsrechnung, bei dem errechnet wird, in welchem Zeitraum die Investitionsausgaben durch Überschüsse des Investitionsobjektes gedeckt sind, d.h. amortisiert sind. Der Zeitraum wird als *Amortisationsdauer* (payback period) bezeichnet. – *Formen:* Unterschieden werden die statische und die dynamische A. Bei der statischen A. wird keine Verzinsung auf das investierte Kapital berücksichtigt. Die dynamische A. geht dagegen davon aus, daß das investierte Kapital einschließlich Zinsen zurückzufließen hat. – *Bedeutung*: Anhand der Amortisationsdauer kann über alternative Investitionsmöglichkeiten entschieden werden; das Investitionsobjekt mit der kürzesten Amortisationsdauer gilt als geeignetstes.

amtlicher Handel, → Börse

Analyzer, Unternehmensstrategie, mit der Unternehmen auf der Basis eines festen Kundenstammes und einer stabilen Produktpalette neue Produkt- und Marktmöglichkeiten erschließen, sobald sich deren Bestand erwiesen hat. Die Strategie des A. kombiniert die Eigenschaften des → Defenders (Effizienz) und des → Reagierers (Reaktionsgeschwindigkeit). Die Expansion des A. erfolgt durch → Marktdurchdringung und → Produkt-Markt-Entwicklung. Daher kommen dem Marketing und der Marktbeobachtung zentrale Bedeutung zu. In technologischer Hinsicht gibt es eine Zweiteilung in einen stabilen Bereich, der die technologische Effizienz sicherstellt, und einen flexiblen Bereich der angewandten Forschung, der Neuentwicklungen ermöglicht. A. geraten in Krisen, wenn die Balance zwischen Stabilität und Flexibilität verlorengeht.

Anbauverfahren, → innerbetriebliche Leistungsverrechnung

Anderskosten (aufwandsungleiche Kosten), → Kosten, denen in der Gewinn- und Verlustrechnung → Aufwendungen in anderer Höhe gegenüberstehen. Sie entstehen bei der → Abgrenzung des Aufwands und der Kosten für die Zwecke der Kostenrechnung. Zu den A. gehören im einzelnen kalkulatorische Abschreibungen, kalkulatorische Wagnisse und kalkulatorische Zinsen.

Andersleistungen, → Leistungen, denen in der Gewinn- und Verlustrechnung → Erträge in anderer Höhe gegenüberstehen. A. entstehen bei der → Abgrenzung von Erträgen und Leistungen für die Zwecke der Kostenrechnung.

Andragogik, Fort- und Weiterbildung von Führungskräften (→ management development).

Anfechtung, Instrument zur Erklärung der Nichtigkeit eines rechtsgültigen

Geschäfts, das mit gewissen Mängeln behaftet ist. Gründe für eine A. sind Irrtum, Drohung und arglistige Täuschung. Bei Anerkennung des Anfechtungsgrundes wird das Geschäft rückwirkend vernichtet. Anfechtbare Rechtsgeschäfte sind u.a. Willenserklärungen wie Verträge (z.B. Arbeits- und Versicherungsverträge) und Testamente. Anfechtbar sind auch Beschlüsse der Hauptversammlung der AG.

Anforderungsanalyse, → Arbeitsanalyse

Anforderungsarten, → Anforderungsmerkmale

Anforderungsmerkmale, Bezeichnung der → Arbeitsbewertung für Einzelelemente der → Arbeitsanforderung, die nach unterschiedlichen Schemata differenziert und kategorisiert werden. Die Zahl der verwendeten Merkmale schwankt zwischen 3 und 32. In der Bundesrepublik sind das Genfer Schema und die darauf aufbauende REFA-Anforderungstafel am weitesten verbreitet. Dort verwendete Merkmale sind insbesondere geistige und körperliche Belastung, Kenntnisse und Geschicklichkeit, Verantwortung und Umgebungseinflüsse (wie z.B. Lärm).

Anforderungsprofil, für die → Personalauswahl benutztes Instrument zur Beschreibung der körperlichen, geistigen und charakterlichen Anforderungen, die an den Inhaber einer Stelle gestellt werden; Bestandteil der → Stellenbeschreibung.

Angebot, Menge an Gütern, die zum Tausch oder Verkauf angeboten und vom Preis beeinflußt wird. Das Angebotsverhalten wird durch die Angebotsfunktion beschrieben, die die Abhängigkeit von Ausbringungsmenge und Preis darstellt. Normalerweise hat die Funktion eine negative Steigung, d.h. bei fallenden Preisen sinkt die Ausbringungsmenge.

Angebotselastizität, relative Änderung der angebotenen Gütermenge aufgrund einer relativen Änderung des Preises. Idealtypisch wird davon ausgegangen, daß je höher der Preis eines Gutes ist, umso mehr von den Unternehmen angeboten wird, und umgekehrt.

Angebotsfunktion, → Produktionstheorie

Angriffsstrategie, → Offensivstrategie

Anhang, Bestandteil des → Jahresabschlusses von Kapitalgesellschaften, in dem → Bilanz, → Gewinn- und Verlustrechnung erläutert und ergänzt werden. – Folgende *Funktionen* des A. können unterschieden werden: a) Interpretationsfunktion durch die Angabe der angewandten Bilanzierungs- und Bewertungsmethoden sowie Abweichungen von diesen, b) Korrekturfunktion durch Ausführungen über die Konsequenzen von Abweichungen bei den Bilanzierungs- und Bewertungsmethoden im Vergleich zum Vorjahr, c) Entlastungsfunktion bezogen auf Bilanz, Gewinn- und Verlustrechnung, aus denen Informationen in den Anhang verlagert werden können, d) Ergänzungsfunktion durch Informationen über nicht bilanzierte Sachverhalte wie zukünftige finanzielle Verpflichtungen u.a.

Anhörung des Betriebsrates, Mitwirkungsrecht des → Betriebsrates, wonach der Arbeitgeber gehalten ist, diesen anzuhören, bevor er eine Entscheidung trifft. Diese Regelung ist insbesondere bei der Kündigung von Arbeitnehmern von Bedeutung. Erhebt der Betriebsrat nicht innerhalb einer Woche Einspruch nach der Kündigung, so gilt dies als Zustimmung.

Anlagenwirtschaft, der Teil der betrieblichen Tätigkeit, der sich mit der Aufgabe der Bestands- und Werterhaltung von Anlagen sowie deren Leistungbereitschaft und -fähigkeit befaßt. Im einzelnen umfaßt diese Aufgabenstellung vor allem Planung und Neubau von Gebäuden, Planung und Einrichtung des Maschinenparks sowie Verwaltung, Erhaltung, Erneuerung und Erweiterung des Anlagenbestands. – Organisatorisch gehören neben den Instandhaltungswerkstätten auch Energie- und Verkehrsbetriebe des Unternehmens zur A. In großen Betrieben wird eine zusammenfassende Hauptabteilung mit der A. beauftragt. – *Arten*: a) Intensive A.: Durch laufende erhebliche Aufwendungen für Instandhaltung und Instandsetzung soll die Lebensdauer der Anlagen verlängert werden. Zweckmäßig bei langsamem technischen Fortschritt, der vorzeitiges Veralten der Anlagen unwahrscheinlich macht. b) Extensive A.: Instandhaltung und Instandsetzung werden vernachlässigt, die Lebensdauer so nicht verlängert; zweckmäßig bei erwartetem schnellen Veralten. Extensive A. bedeutet häufigere Ersatzinvestitionen.

Anlagevermögen, Vermögensgegenstände, die neben dem → Umlaufvermögen und den → Rechnungsabgrenzungsposten sowie eventuell den → Bilanzierungshilfen auf der Aktivseite der Bilanz aufgeführt werden. Die Gegenstände des A. sind zum dauerhaften Gebrauch durch das Unternehmen bestimmt. Dazu gehören Sach- und Finanzanlagevermögen sowie immaterielle Vermögensgegenstände. Letztere dürfen nur aktiviert werden, wenn sie käuflich erworben wurden. – Zum A., das einer Wertminderung durch Abnutzung unterliegt, vgl → abnutzbares Anlagevermögen.

Anlagewagnis, → kalkulatorische Wagnisse

Anleihe, → Schuldverschreibung

Annahmeverzug, Leistungsstörung in Verträgen durch Nichtannahme der Leistung eines Schuldners durch den Gläubiger (§ 293 BGB) oder auch Annahme der Leistung des Schuldners ohne Gegenleistung des Gläubigers (§ 298 BGB).

Annuität. 1. *Investitionsrechnung*: Reihe von konstanten Zahlungsbeträgen, die regelmäßig im bestimmten Zeitverlauf anfallen. 2. *Finanzierung*: Jährlich vom Schuldner zu leistender Betrag für Verzinsung und Tilgung eines → Darlehens. Dieser kann variabel (Abzahlungsdarlehen) oder konstant (Annuitätendarlehen) sein.

Annuitätenrechnung, → Investitionsrechnung

Anreiz, auslösender Reiz, der gezielt zur Verhaltensbeeinflussung eingesetzt werden kann. Voraussetzung hierfür ist die Kenntnis von → Motiven und → Bedürfnissen der jeweiligen Personen, damit entsprechende, wirksame A. bereitgestellt bzw. Anreizsysteme geschaffen werden können. Zu unterscheiden ist zwischen materiellen (geldwerten) und nichtmateriellen, (überwiegend auf sozialer Anerkennung basierenden) A.

Anreiz-Beitrags-Theorie, auf der → Koalitionstheorie aufbauender Ansatz zur Erklärung der Teilnahme- und Leistungsentscheidung der Koalitionsteilnehmer. Danach soll zwischen den von der Organisation gegebenen → Anreizen (materieller und immaterieller Art) zur Teilnahme und zur Leistungserbringung einerseits und den geleisteten Beiträgen der Teilnehmer andererseits ein Gleichgewichtszustand hergestellt und aufrechterhalten werden. Entscheidend ist die subjektive Bewertung durch den einzelnen Teilnehmer; sinkt dessen Meinung nach der Anreiz unter den Beitrag, werden Teilnahme- und Leistungsentscheidung in Frage gestellt.

Anreizsystem, Instrument zur zielgerichteten Verhaltensbeeinflussung von Mitarbeitern durch Schaffung von → Anreizen, die an Bedürfnisse der Mitarbeiter anknüpfen. In großen Organisationen werden aufgrund der Unterschiedlichkeit der Mitarbeiter nur einige wenige, als typisch betrachtete Bedürfnisse aufgegriffen. Positive Anreize dienen der → Motivation der Mitarbeiter durch Belohnung, negative bestehen aus negativen Sanktionen für bestimmte Verhaltensweisen. Im Zuge der → Individualisierung der Mitarbeiterbedürfnisse verfehlen weitgehend vereinheitlichte A. teilweise ihre Motivationswirkung; als Alternative bietet sich insbesondere das individualisierte → Cafeteria-System an.

Anschaffungskosten, sämtliche → Aufwendungen, die zur Beschaffung eines Vermögensgegenstandes und seiner Versetzung in einen betriebsbereiten Zustand notwendig sind. Die A. setzen sich zusammen aus dem → Anschaffungspreis zuzüglich Anschaffungsnebenkosten (dienen nicht unmittelbar der Herbeiführung der Betriebsbereitschaft, z.B Provisionen, Versicherungen), den Kosten der Herstellung der Betriebsbereitschaft und den nachträglichen A. abzüglich Anschaffungspreisminderungen. In der Bilanz sind die Vermögensgegenstände mit ihren fortgeschriebenen Anschaffungs- bzw. Herstellungskosten anzusetzen, wobei diese die Obergrenze des Ansatzes in der Bilanz bilden. Die A. sind Grundlage der Berechnung der → Abschreibungen auf abnutzbares Anlagevermögen.

Anschaffungspreis, Bestandteil der → Anschaffungskosten, der sich aus dem Preis abzüglich der Umsatzsteuer ergibt.

Anschlußmarkt, → After Market

Anspannungskoeffizient, → Kapitalstrukturregeln

Anspruchsgruppen, → stake holders

Anspruchsniveau, im Rahmen der → Anreiz-Beitrags-Theorie Erwartungen eines Individuums hinsichtlich seiner zukünftigen Leistungsfähigkeit und den mit seiner zukünftig umzusetzenden Leistung verbundenen Zielen. Studien zeigen, daß sich das A. mit jeder erbrachten Leistung ändert; i.d.R. sinkt es bei Mißerfolgen und steigt bei Erfolgen.

antecedent management, Führung, die über eine Gestaltung der Konsequenzen des Mitarbeiterverhaltens erfolgt und auf den → Lerntheorien der Führung basiert. Im Gegensatz zum → consequence management wird hier Verhalten auch als Funktion antizipierter Konsequenzen und situativer Rahmenbedingungen aufgefaßt, so daß Verhaltensänderungen durch kognitive Prozesse und Modellernen erfolgen können.

Anwendungssoftware, → Software

Appraisal-Programme, spezielle Bewertungsprogramme für Führungskräfte, die in Großunternehmen periodisch durchgeführt werden, um z.B. Leistungen (Leistungsappraisal), Aufstiegs- und Beförderungswürdigkeit (Aufstiegsappraisal) oder Entlassung (Entlassungsappraisal) von Managern zu überprüfen und Mängel zu verbessern.

Äquifinalität, Begriff der → Systemtheorie zur Bezeichnung einer Situation, in der ein → System ein Ziel auf unterschiedliche Art und Weise gleichermaßen erreichen kann.

Aquisition, → Mergers and Aquisitions

Äquivalenzprinzip, das Ä. besagt, daß sich Leistungen und Gegenleistungen entsprechen sollen. Bei der Versicherung sollen sich entsprechend dem Ä. die Leistung der Versicherung (Ausgaben) und die Gegenleistungen (Beiträge der Versicherten, Einnahmen) so entsprechen, daß das Beitragsaufkommen genügt, um die Versicherungsleistungen finanzieren zu können. Das Ä. spielt damit in der Individual- und Sozialversicherung eine große Rolle. Als Grundsatz der gerechten Besteuerung besagt das Ä., daß jeder Bürger in dem Umfang Steuern zahlen soll, der dem auf ihn entfallenden Anteil an den Staatsleistungen entspricht. Die gezahlten Steuern dürfen dabei nur für die Staatsleistungen verwendet werden, deren Entgelt sie darstellen (Zweckbindung). Wegen der großen technischen Schwierigkeiten bei der Verwirklichung des Ä. spielt es bei Steuern meistens nur im Ansatz eine Rolle (z.B. ist die Mineralölsteuer zum Teil für den Straßenbau zweckgebunden). Größere Bedeutung hat es bei der Erhebung von Gebühren und Beiträgen.

Äquivalenzziffernrechnung, → Divisionskalkulation

Arbeit auf Abruf, → kapazitätsorientierte variable Arbeitszeit

Arbeitgeber, natürliche oder juristische Person, die mindestens einen → Arbeitnehmer beschäftigt. Der Begriff hat ausschließlich arbeitsrechtliche Geltung. Der A. ist berechtigt, den Arbeitsablauf zu organisieren und den Arbeitnehmern Weisungen zu erteilen (sog. Direktionsrecht). Seine Hauptpflicht besteht in der Zahlung von Arbeitsentgelt, weitere Pflichten in der Wahrung schutzwürdiger Interessen und in der Gleichbehandlung der Arbeitnehmer. Außerdem werden spezielle Pflichten dem A. durch das Lohnsteuer- und das Sozialversicherungsrecht auferlegt.

Arbeitgeberverband, Zusammenschluß von Arbeitgebern zur Wahrnehmung ihrer gemeinsamen Interessen, insbesondere in tarifvertraglicher, arbeitsrechtlicher und sozialpolitischer Hinsicht. Dieses Recht des Zusammenschlusses ist durch Art. 9 des Grundgesetzes (Koalitionsfreiheit) garantiert. – Die *Bundesvereinigung der Deutschen Arbeitgeberverbände (BDA)* ist die Dachorganisation aller A. in Deutschland. Die nach Branchen und Regionen organisierten A. werden vor allem in den Tarifverhandlungen mit den Gewerkschaften wirksam. Diese bilden zusammen mit den A. die Tarifvertragsparteien, denen es nach der grundgesetzlich garantierten → Tarifautonomie allein obliegt, Arbeitsbedingungen und -entgelte auszuhandeln.

Arbeitnehmer, alle Arbeiter, Angestellten und Auszubildenden, die als abhängig Beschäftigte gegen Entgelt Arbeit für einen → Arbeitgeber leisten.

Im Rahmen des abgeschlossenen Arbeitsvertrages und der Stellenbeschreibung unterliegt die Arbeit nach Art, Zeit und Ort dem Weisungs- und Kontrollrecht des Arbeitgebers. Neben der Erbringung der vereinbarten Arbeitsleistung ist der A. daher zur Folgeleistung gegenüber den Anordnungen des Arbeitsgebers (sog. Direktionsrecht) sowie zur Treue und Wahrung des Betriebsinteresses verpflichtet. Die Rechte des A. beziehen sich auf die zumeist tarifvertraglich geregelte Lohn- oder Gehaltszahlung, Urlaub, Fürsorge seitens des Arbeitgebers, Gleichbehandlung, Unterrichtung bei Arbeitsgefahren, Einsicht in die eigene Personalakte, Unterrichtung über Zusammensetzung und Zustandekommen des Arbeitsentgelts, auf Beschwerderechte und verschiedene Informations- sowie Mitbestimmungsrechte, vor allem in Belangen des Personal- und Sozialwesens, die über den gewählten Betriebsrat ausgeübt werden.

Arbeitnehmerüberlassung, → Personalleasing

Arbeits- und Organisationspsychologie, untersucht psychologische Fragestellungen des Themenbereiches Mensch und Arbeit. Schwerpunkte der Forschung sind die wechselseitige Anpassung von Mensch und Arbeit (Arbeitspsychologie), Fragen der Gruppenarbeit, Führung, Arbeitszufriedenheit und innerbetrieblicher Konflikte. Neben Produktivitäts- und Leistungssteigerung ist die Arbeitszufriedenheit Zielkriterium.

Arbeitsanalyse, Konkretisierung der → Aufgabenanalyse mittels standardisierter Erhebungstechniken im Hinblick auf Arbeitsverfahren, -bedingungen und Hilfsmittel; dient i.d.R. als Mittel der → Arbeitsbewertung.

Arbeitsanforderungen, Soll-Vorstellungen über die von der Arbeit selbst und der Arbeitssituation ausgehenden Voraussetzungen, die ein Individuum erfüllen muß, um diese Aufgabe adäquat bewältigen zu können. Die unterschiedlichen körperlichen, geistigen und charakterlichen A. (→ Anforderungsmerkmale) lassen sich in einem → Anforderungsprofil zusammenfassen.

Arbeitsbereicherung, → job enrichment

Arbeitsbereitschaft. 1. *Arbeitsrecht:* Bezeichnung der Situation, daß sich ein Arbeitnehmer an der Arbeitsstätte oder einem anderen vereinbarten Ort aufhält, um im Bedarfsfall die vertraglich vereinbarte Tätigkeit aufzunehmen. Die A. gehört laut → Arbeitszeitordnung dann zur Arbeitszeit, wenn die Wartezeit ihrem typischen Charakter nach den Arbeitnehmer an der vollen Entspannung und Erholung hindert. 2. *Personal:* Teilweise als Synonym für → Motivation gebraucht.

Arbeitsbeschaffungsmaßnahme (ABM), durch die Bundesanstalt für Arbeit durchgeführte Förderung von Arbeiten, die im öffentlichen Interesse liegen. Bezuschußt werden die Lohn- und Gehaltskosten bei der Einrichtung neuer Stellen. Zielsetzung sind insbesondere die Schaffung neuer Dauerarbeitsplätze, die berufliche Eingliederung von Langzeitarbeitslosen und die Förderung der Beschäftigung älterer und leistungsgeminderter Arbeitnehmer.

Arbeitsbeschreibungsbogen, strukturierter schriftlicher Fragebogen, der aufgrund von Beschreibungen der Arbeitssituation Aussagen über die → Arbeitszufriedenheit ermöglicht.

Arbeitsbewertung, arbeitswissenschaftliche Methode, mit der über eine Bestimmung des Schwierigkeitsgrades einer Arbeit eine im Hinblick auf Arbeitsanforderung und Belastung angemessene Entlohnung dafür festgelegt werden soll. Der Schwierigkeitsgrad wird unabhängig von der jeweiligen Person aufgrund von → Anforderungsmerkmalen bestimmt. – Die traditionelle A. beschränkt sich auf die Bestimmung eines *anforderungsgerechten Entgelts*. Bei der Suche nach einem "gerechten" Lohn spielen jedoch weitere Verfahren eine Rolle, nämlich im Hinblick auf: → *Leistungsgerechtigkeit:* Methoden der Lohnformdifferenzierung etwa durch Zeitstudien (Zeitlohn), Leistungsbewertungen (Akkordlohn, Prämienlohn) oder durch Erfolgsbeteiligungen; *Verhaltensgerechtigkeit* : Methoden der Verhaltensbewertung wie Leistungseinstufungsverfahren, Mitarbeiterbeurteilungen; *Sozialgerechtigkeit*: Betriebliche Beteiligungssysteme und betriebliche Sozialleistungen. Ob das aufgrund der traditionellen oder erweiterten A. festgesetzte Entgelt vom betroffenen Arbeitnehmer als "gerecht" empfunden wird, hängt primär von dessen subjektiver Einschätzung ab.

Arbeitsdirektor, für die Personalwirtschaft verantwortlicher Personalleiter mit Geschäftsführungs- bzw. Vorstandsrang nach dem Montan-Mitbestimmungsgesetz und dem Mitbestimmungsgesetz. Nicht einbezogen in diese Regelung ist die Kommanditgesellschaft auf Aktien. Ziel ist die Beeinflussung personalwirtschaftlicher Ziele, Problemlösungen und Konzeptionen. Rechte bzw. Pflichten geregelt durch § 33 MitbestG und § 13 Montan-MitbestG.

Arbeitsentfremdung, → Entfremdung

Arbeitsentgelt, → Entgeltpolitik

Arbeitserweiterung, → job enlargement

Arbeitsethik, Teil der praktischen Philosophie mit normativen Aussagen über die Wertigkeit von Arbeit, die aus grundlegenden philosophischen Denkrichtungen abgeleitet werden. Entsprechend der Unterschiedlichkeit dieser Denkrichtungen bestehen auch verschiedene Auffassungen zur Arbeitsethik. Dabei wird immer eine allgemeine Sichtweise statt subjektiver Einstellungen (→ Arbeitsmoral) eingenommen.

Arbeitsgestaltung (Arbeitssystemgestaltung), Gestaltung von → Arbeitssystemen mit dem Ziel einer Anpassung der Arbeit an den arbeitenden Menschen, eines Abbaus von Belastungen und einer Steigerung von Leistungsfähigkeit und -bereitschaft. Berücksichtigt werden dabei insbesondere ergonomische Bedingungen (→ Ergonomie) und Arbeitsinhalte (→ Arbeitsstrukturierung).

Arbeitsintensität, als Verhältnis von Arbeitseinsatz zu Kapitaleinsatz Ausdruck für die Bedeutung des Produktionsfaktors Arbeit.

Arbeitsintensivierung, Erbringung einer unveränderten Arbeitsmenge in kürzerer Zeit (oft der Fall bei Arbeitszeitverkürzungen) oder einer größeren Arbeitsmenge in gleicher Zeit (z.B. beim ausschließlichen Arbeitseinsatz in arbeitsintensiven Zeiten etwa im Rahmen der kapazitätsorientierten variablen Arbeitszeit).

Arbeitskampf, Maßnahme zur Störung des Arbeitsablaufs, die von Arbeitnehmer- oder Arbeitgeberseite initiiert wird, mit dem Ziel, die jeweils andere Seite unter wirtschaftlichen Druck zu setzen, um die gestellten Forderungen zu erreichen. Formen des A. sind im wesentlichen Streik, Aussperrung und Boykott. Der Arbeitskampf wird in der Regel eingesetzt, wenn die Tarifverhandlungen und Schlichtungsverfahren ohne Ergebnis geblieben sind.

Arbeitsklima, → Betriebsklima

Arbeitskosten, → Personalkosten

Arbeitsleistung, → Leistung

Arbeitsmoral, Einstellung der Gesamtheit der Mitarbeiter eines Unternehmens zur Arbeit; bezeichnet im Gegensatz zur → Arbeitsethik eine subjektive Einstellung.

Arbeitsmotivation, → Motivation

Arbeitsordnung, Regelungen, die zur Aufrechterhaltung der Ordnung des Betriebes erlassen werden und für alle Arbeitnehmer oder bestimmte Gruppen gelten und sich auf Verhaltensweisen am Arbeitsplatz beziehen; haben i.d.R. den Rechtscharakter einer Betriebsvereinbarung.

Arbeitsorganisation, im allgemeinen Sinne die organisatorische Gestaltung sämtlicher Elemente des Arbeitens; primär auf die internen Arbeitsbedingungen bezogen. Teilbereiche sind → Arbeitsgestaltung, → Arbeitsstrukturierung, ergonomische Arbeitsbedingungen (→ Ergonomie) sowie Führungs- und Gruppenbedingungen. Die A. basiert auf den Erkenntnissen der → Arbeitswissenschaft, innerhalb derer unterschiedliche Ansätze identifizierbar sind, die zu verschiedenartigen Konzepten der A. führen. Seit den 60er Jahren sind auf Erkenntnissen der Verhaltenswissenschaften gründende neue Konzepte der A. vielfach eingeführt worden, etwa teilautonome Arbeitsgruppen, job rotation, job enlargement, job enrichment. Bei Fragen der A. hat der Betriebsrat im Zusammenhang mit der Planung beabsichtigter Änderungen von Arbeitsplatz, -ablauf und -umgebung ein Unterrichtungs- und Beratungsrecht.

Arbeitsorientierte Einzelwirtschaftslehre (AOEWL), von einer Projektgruppe des Wirtschafts- und Sozialwissenschaftlichen Instituts (WSI) des Deutschen Gewerkschaftsbundes in den 70er Jahren formulierter Ansatz der → Betriebswirtschaftslehre, der sich als grundsätzliche Alternative zur kapitalorientierten Betriebswirtschaftslehre traditioneller Art versteht. Die AOEWL versucht, das Betriebsgeschehen von arbeitsorientierten Interessen her zu beleuchten.

Arbeitspädagogik. 1. *Methodenlehre* zur Arbeitserziehung und -unterweisung im Rahmen der betrieblichen Ausbildung.
2. *Teildisziplin der Berufs- und Wirtschaftspädagogik* zur Erforschung des Zusammenhanges zwischen der Entfaltung des individuellen Leistungsvermögens und dem Wachstum der Persönlichkeit.

Arbeitsplan (Arbeitsstückliste), enthält Informationen über die Art , die technologische Reihenfolge der Aktionen eines jeden Auftrages/Teilauftrages, deren Zeitbedarf (Kapazitätsbedarf ohne Periodenzuordnung, gemessen in Zeiteinheiten) und die Art der benötigten Kapazitäten (Maschinen, Arbeitskräfte). Häufig werden in den A. auch Zusatzangaben über Materialqualität, Ausschußvorgaben, Richtzeiten, Transporthinweise usw. gegeben.

Arbeitsplatz, als räumlicher Bereich, in dem ein einzelner Arbeitnehmer innerhalb des gegebenen → Arbeitssystems wirkt, die kleinste Struktureinheit eines Betriebes.

Arbeitsplatzanalyse, systematische Beschreibung eines einzelnen Arbeitsplatzes, seiner typischen Arbeitsvorgänge sowie der körperlichen und geistigen Anforderungen. Sie dient der → Arbeitsbewertung im Zusammenhang mit der Entgeltpolitik, als Grundlage für Verbesserungen der Arbeitsbedingungen und als Entscheidungsgrundlage für personelle Neubesetzungen.

Arbeitsplatzmethode, Methode der → Personalbedarfsplanung, bei welcher der Personalbedarf in Abhängigkeit von der Anzahl der vorhandenen Arbeitsplätze ermittelt wird.

Arbeitsplatzteilung, → job sharing

Arbeitsplatzwechsel. *Personalmanagement:* 1. Systematischer Wechsel einzelner Arbeitnehmer zwischen einzelnen Arbeitsplätzen (→ job rotation) oder Abteilungen zum Zwecke der Personalentwicklung bzw. Karriereplanung oder als Maßnahme der Arbeitsstrukturierung.
2. *Arbeitsrecht:* Beendigung eines Arbeitsverhältnisses durch den Arbeitnehmer bei gleichzeitiger Aufnahme eines neuen bei einem anderen Arbeitgeber.

Arbeitsrecht, besonderer Teil der Rechtsordnung, der alle rechtlichen Regelungen umfaßt, die die unselbständige, abhängige Arbeit von Personen in einem Betrieb betreffen. Die Arbeit dieser Personen ist fremdbestimmt und an Weisungen hinsichtlich Art, Durchführung, Ort und Zeit gebunden. – Unterschieden wird das individuelle und das kollektive A. Ersteres regelt die Beziehungen zwischen → Arbeitnehmer und Arbeitgeber (z.B. Kündigung, Einstellung, Arbeitsvertrag), letzteres die Beziehungen zwischen den Zusammenschlüssen der Arbeitgeber (Arbeitgeberverbände) und der Arbeitnehmer (Gewerkschaften) sowie zwischen → Betriebsräten und Arbeitgeber. Das A. ist in eine Vielzahl einzelner Bestimmungen aufgeteilt (z.B. Betriebsverfassungsgesetz, Kündigungsschutzgesetz, Arbeitszeitordnung); ein einheitliches Arbeitsgesetzbuch existiert nicht.

Arbeitsschutz, Schutz der Arbeitnehmer durch rechtliche Regelungen im Hinblick auf gesundheitliche Gefährdungen am Arbeitsplatz sowie eine mögliche wirtschaftliche Überlegenheit des Arbeitgebers. Einzelbereiche sind der Gefahren-, der Arbeitszeit- und der Arbeitsvertragsschutz sowie Schutzvorschriften für besondere Arbeitnehmergruppen. Der Arbeitgeber ist für die Einhaltung des Arbeitsschutzrechts verantwortlich; der Betriebsrat hat bei bestimmten Schutzbereichen Mitbestimmungsrechte.

Arbeitssicherheit, rechtliche Verpflichtung eines Arbeitgebers, je nach Beschäftigtenzahl, Unfall- und Gesundheitsgefahren, Betriebsorganisation sowie Zusammensetzung der Arbeitnehmerschaft Betriebsärzte oder Fachkräfte zur Arbeitssicherheit (z.B. Sicherheitsingenieure) zu beschäftigen.

Arbeitsstrukturierung, Neugestaltung von → Arbeitsplätzen oder → Arbeitssystemen im Hinblick auf Arbeitsinhalte und Handlungsspielräume des Arbeitenden unter Berücksichtigung von Arbeitsumfeld und -bedingungen. Ausgangsbasis sind ergonomische Gesichtspunkte, das Interesse des Unternehmens nach Steigerung der Arbeitsproduktivität und Wünsche der betroffenen Mitarbeiter (Arbeitszufriedenheit). Neuere Formen der A. sind wesentlich vom Human-relations-Ansatz und von Forschungsprojekten zur Humanisierung der Arbeit geprägt. Formen sind u.a. job enlargement, job enrichment, job rotation und die Bildung von teilautonomen Arbeitsgruppen. Maßnahmen der A. sind zugleich ein Instrument der → Personalentwicklung, indem Arbeitssituationen geschaffen werden, welche Persönlichkeitsentfaltung und individuelles Lernen fördern.

Arbeitsstudium, arbeitswissenschaftliche Methode zur Untersuchung und Gestaltung von → Arbeitssystemen mit dem Ziel, ein optimales Zusammenwirken von Menschen, Maschinen sowie Hilfs- und Betriebsstoffen zu erreichen. Das A. geht auf Anfang des Jahrhunderts von Taylor und Gilbreth entwickelte ingenieurwissenschaftliche Konzepte zurück. A. können danach unterschieden werden, ob sie sich auf räumliche, zeitliche, ergonomische oder anforderungsbezogene Aspekte beziehen. Sie bilden die Grundlage für Maßnahmen der → Arbeitsstrukturierung.

Arbeitsstückliste, → Arbeitsplan

Arbeitssystem, Zusammenfassung der Arbeitsaufgabe und ihres Trägers sowie der Arbeitsmittel zur Erfüllung dieser Aufgabe; „hierbei wirken Mensch und Arbeitsmittel im Arbeitsablauf am Arbeitsplatz in einer Arbeitsumgebung unter den Bedingungen dieses Arbeitssystems zusammen" (DIN 33400).

Arbeitssystemgestaltung, → Arbeitsgestaltung

Arbeitsteilung, auf einzelwirtschaftlicher Ebene (in einem Unternehmen) die Aufteilung einer Gesamtaufgabe auf mehrere, jeweils auf eine Teilaufgabe spezialisierte Aufgabenträger. Zielsetzung ist die Erhöhung der Produktivität durch → Spezialisierung.

Arbeitsunfähigkeit, durch die Rechtsprechung herausgebildeter Begriff zur Bezeichnung eines durch Krankheit oder Unfall entstandenen körperlichen oder geistigen Zustandes eines Arbeitnehmers, aufgrund dessen dieser seine arbeitsvertragliche Leistungspflicht vorübergehend nicht erfüllen kann. Die von einem zugelassenen Arzt auszustellende Bescheinigung der A. ist Voraussetzung für den Anspruch auf Lohn- und Gehaltsfortzahlung durch den Arbeitgeber bzw. nach Ablauf der Sechs-Wochen-Frist auf Kranken- bzw. Verletztengeld der Versicherungen.

Arbeitsverhältnis, durch einen → Arbeitsvertrag begründetes Dauerschuldverhältnis, bei dem der eine Vertragspartner (Arbeitnehmer) eine bestimmte Arbeitsleistung zu erbringen bzw. seine Arbeitskraft für einen bestimmten Zeitraum zur Verfügung zu stellen und der andere (Arbeitgeber) hierfür eine Vergütung (Entgelt) zu leisten hat.

Arbeitsvermögen, gesamtwirtschaftliches → Humankapital

Arbeitsverweigerung, rechtswidrige Weigerung eines Arbeitnehmers, eine im Arbeitsvertrag vereinbarte Leistung zu erbringen; kann zur → Kündigung führen.

Arbeitsvorbereitung, aus den Ingenieurwissenschaften stammender Begriff zur Bezeichnung der Planung und Steuerung des Produktionsprozesses

(→ Produktionsprozeßplanung und → Produktionsprozeßkontrolle einschließlich Mengen- und Zeitkontrolle). Die A. umfaßt im einzelnen Auftragsvorbereitung, Beschaffung und Bereitstellung der benötigten Unterlagen sowie Materialien, Arbeitszeitermittlung und Vorbereitung von Lager, Werkstatt, eventuellem Transport sowie Rechnungserstellung. – Erstellt wird ein *Ablaufplan* durch Festlegung der Reihenfolge der Arbeitsvorgänge.

Arbeitswissenschaft, interdisziplinäre Lehre von der menschlichen Arbeit, dem arbeitenden Menschen und der Gestaltung von → Arbeitssystemen. Erforscht werden insbesondere die Bedingungen und Voraussetzungen, unter denen sich das Zusammenwirken von Arbeit, Betriebsmitteln und Arbeitsgegenständen vollzieht, die sich auf die Leistungsfähigkeit und -bereitschaft auswirkenden Faktoren sowie Möglichkeiten zu einer leistungsfördernden und gleichzeitig menschengerechten Arbeitsgestaltung. Dabei werden Erkenntnisse und Methoden unterschiedlicher Wissenschaftszweige wie Arbeitsmedizin, Arbeits- und Organisationspsychologie, Betriebswirtschaftslehre, Pädagogik, Rechtswissenschaften und technischer Disziplinen kombiniert. Um die Jahrhundertwende wurden erste systematische arbeitswissenschaftliche Studien, die damals weitgehend an den Ingenieurwissenschaften orientiert waren und sich auf die objektiven Bindungen konzentrierten, von Taylor und seinen Schülern in den USA vorgenommen. Seit den 30er Jahren werden auch verhaltenswissenschaftliche Erkenntnisse und damit die subjektive sowie soziale Situation einbezogen.

Arbeitszeit, Zeitraum, in dem ein Arbeitnehmer dem Arbeitgeber seine Arbeitskraft zur Verfügung zu stellen hat. Gerechnet wird die Zeit vom Arbeitsbeginn bis zum Ende ohne Ruhepausen. Die A. wird gesetzlich und tarifvertraglich geregelt. Die maximale A. wird durch die Arbeitszeitordnung (AZO) festgelegt; danach darf die regelmäßige werktägliche Arbeitszeit 8 Stunden, unter bestimmten Bedingungen 10 Stunden nicht übersteigen. Tarifverträge legen insbesondere die durchschnittliche Wochenarbeitszeit, Überstunden, Beginn der A. und Urlaubslänge fest. Bei der Vereinbarung über Beginn und Ende der täglichen A., die Verteilung auf die einzelnen Wochentage, Pausenregelungen, vorübergehende Verkürzungen oder Verlängerungen der betriebsüblichen A. besitzt der Betriebsrat ein Mitbestimmungsrecht.

Arbeitszeitdifferenzierung, jeweils wechselnde individuelle, vertraglich vereinbarte Wochenarbeitszeit.

Arbeitszeitflexibilisierung, → flexible Arbeitszeit

Arbeitszeitgestaltung, Regelungen zur Beeinflussung der individuellen und der betrieblichen → Arbeitszeit im Hinblick auf Umfang und Lage. Die betriebliche A. wird in einem erheblichen Maße durch gesetzliche Vorschriften zur Verhinderung einer Überbeanspruchung der Arbeitnehmer beeinflußt (z.B. Arbeitszeitverordnung, Ladenschlußgesetz, Jugendarbeitsschutzgesetz) sowie im Rahmen von Tarifverträgen festgelegt. Der Handlungsspielraum des Managements ist daher gering und wird aus dessen Sicht weithin durch das Mitbestimmungsrecht des Betriebsrates bei allen Arbeitszeitregelungen eingeschränkt. Auf betrieblicher Ebene werden Arbeitszeitregelungen meistens durch Betriebsvereinbarungen festgelegt. Aus verschiedenen Gründen (betriebliche Interessen wie Senkung von Fehlzeiten, bessere Auslastung teurer Produktionsanlagen, individuelle Wünsche nach Beeinflussung der Arbeitszeit) hat sich seit den 70er Jahren eine zunehmende Flexibilisierung der Arbeitszeit (flexible Arbeitszeit) durchgesetzt.

Arbeitszeitmanagement, → Arbeitszeitgestaltung

Arbeitszeitmodelle, → flexible Arbeitszeit

Arbeitszufriedenheit, subjektive Einstellung des Arbeitenden, die aus der individuellen Bewertung der Arbeitssituation sowie der allgemeinen und spezifischen Arbeitsbedingungen im Verhältnis zur individuellen Erwartungshaltung resultiert.

Arbitrage, Möglichkeit der Gewinnerzielung durch Ausnutzung von Preis-, Kurs- und Zinsunterschieden. Entsprechend werden folgende Arten des Arbitragegeschäfts unterschieden: Effekten- bzw. Wertpapier-, Devisen- und Zinsarbitrage. – Arbitragegeschäfte können in zweierlei Varianten durchgeführt werden: a) als *Differenzarbitrage*: In diesem Falle werden die Papiere etc. auf räumlich verschiedenen Märkten gehandelt; b) als *Ausgleichsgeschäft*: In diesem Falle werden die Papiere etc. auf zeitlich verschiedenen Märkten gehandelt.

Arbitrageur, Investor/Kapitalanleger, der sich auf übernahmeverdächtige Unternehmen spezialisiert hat. A. verkaufen erst, nachdem der Aktienkurs wegen der Übernahme gestiegen ist.

Archivierung, → Dokumentenverwaltung

Armchair-Economics, Bezeichnung für eine ökonomische bzw. wirtschaftliche Vorhersage, die sich auf unzureichende Daten/Informationen stützt. Ein gutes Beispiel ist das Spekulieren über die wirtschaftlichen Auswirkungen des europäischen Binnenmarktes nach 1992. Vergleiche, die fundierte Rückschlüsse auf die Entwicklung zulassen, sind aufgrund des einmaligen Grades und Umfangs der Integration nicht möglich.

Arme Hunde (poor dogs), Produkte oder strategische Geschäftseinheiten, die in der → Marktanteils-Marktwachstums-Matrix in Märkten mit niedrigen Wachstumsraten mit einem niedrigen Marktanteil vertreten sind. Diese Produkte/strategischen Geschäftseinheiten erwirtschaften weder → cash flow noch Wachstum. – Als Normstrategie wird aufgrund der in stagnierenden Märkten unverhältnismäßigen Aufwendigkeit einer Marktanteilssteigerung die → Desinvestitions- bzw. eine → Abschöpfungsstrategie und evtl. die Liquidation empfohlen. Eine alternative Strategie ist die Marktsegmentierung mit dem Ziel, in einer Nische eine überlebensfähige Position aufzubauen (→ Nischenstrategie). Gelegentlich werden A. H. aus Gründen der Abrundung des Angebotsprogramms nicht eliminiert.

Artefakt, sichtbares, aber schwer deutbares Ausdrucksmittel der → Unternehmenskultur, etwa Gebäude, Einrichtung, verwendete Kunst, Technologie, sichtbare und hörbare Verhaltensschemata.

Artikelausgleich, → preispolitischer Ausgleich

ASCII (*A*merican *S*tandard *C*ode for *I*nformation *I*nterchange), international genormter Binärcode für die Darstellung und Übertragung von Daten.

Assessment Center, verhaltensorientiertes, eignungsdiagnostisches Verfahren der Potentialbeurteilung, das im Rahmen der → Personalauswahl und → Personalentwicklung eingesetzt wird, um Verhaltenskompetenzen der Teilnehmer einschätzen zu können. Unterschiede zu anderen Arten der Personalauswahl sind die Kombination mehrerer Beurteilungsverfahren (insbesondere Tests, Gruppenübungen und -diskussionen, Rollenspiele, Postkorb, Interviews, Fallstudienbearbeitung), die Beobachtung über mehrere Tage hinweg durch mehrere Beurteiler (die mindestens zwei Hierarchieebenen über den Teilnehmern angesiedelt sein sollen), die vorherige Festlegung mehrerer Bewertungskriterien, welche die zukünftigen aus der Stelle resultierenden Anforderungen widerspiegeln sollen, und die anschließende Rückkopplung der Ergebnisse an die Teilnehmer. Im Rahmen der Personalentwicklung dienen diese Gespräche zugleich der Festlegung individueller Entwicklungsprogramme (etwa Teilnahme an Seminaren) aufgrund der vorher erfolgten → Stärken-Schwächen-Analyse. – Das *Einzelassessment* ist eine Variante, bei der statt einer Gruppe eine Einzelperson im Hinblick auf ihre Eignung und ihr Qualitätspotential geprüft wird; findet i.d.R. nur bei der Besetzung höchster Führungspositionen Anwendung.

Asset, → balance sheet

Asset Plays, Übernahme von Unternehmen, die Immobilien oder sonstige Vermögenswerte bearbeiten, welche in der Bilanz unterbewertet sind/wurden.

Asset Redeplayment (Vermögensumschichtung), häufige Vorgehensweise einer neu eingesetzten Unternehmensführung, um die vermeintlichen Fehleinschätzungen der Vorgänger zu korrigieren: Verkauf eines Unternehmensteils, Ankauf eines anderen und Umschichtung von evtl. überschüssigem Kapital in einen dritten Unternehmensteil.

Assistenz Computer, für viele Führungskräfte ist der Computer unentbehrliches Arbeitsmittel. Er erleichtert Routinearbeit und unterstützt kreative Arbeiten. Die heutige Situation ist jedoch so, daß der Benutzer noch mit sehr vielen technischen Details und Kleinarbeit belastet wird. Ähnlich wie bei einem persönlichen Assistenten würde man sich wünschen, daß der Rechner auch mit vagen, unvollständigen, mehrdeutigen und z. T. sogar widersprüchlichen Anweisungen etwas Sinnvolles anzufangen wüßte. – Diesem Problembereich widmet sich die Gesellschaft für Mathematik und Datenverarbeitung (GMD) im Rahmen eines groß angelegten *Forschungsvorhabens* mit ihrem Konzept des AC. Ein Prototyp unterstützt z. B. die intelligente Konfiguration von Schriftsätzen in Ehescheidungssachen aus Textbausteinen auf der Basis einer vagen Situationsbeschreibung. Aus systemtechnischer Sicht handelt es sich um eine *zukunftsweisende Anwendung der → künstlichen Intelligenz.*

Aston-Gruppe, → Aston-Konzept

Aston-Konzept, von einer Forschergruppe der Aston University in Birmingham entwickelter Ansatz der Bürokratieforschung zur empirischen Erfassung von → Organisationsstrukturen und zur Systematisierung der Kontextfaktoren. Unterschieden wird zwischen horizontaler und vertikaler → Differenzierung, → Koordination, → Standardisierung, → Formalisierung und → Delegation als den operationalisierten Dimensionen formaler Organisationen sowie Einflußfaktoren auf gesamtbetrieblicher und individueller Ebene, die für die Ausprägung der Dimensionen entscheidend sind.

Attitüden-Strategie, geplante Maßnahme eines Unternehmens, die mit der Erzeugung einer positiven Einstellung bei den betroffenen Mitarbeitern verbunden wird, um möglichem Widerstand vorzubeugen und eine aktive Unterstützung zu erreichen.

Attribution, Zuschreibung; interne Wahrnehmungs- und Zuordnungs- bzw. Erklärungsversuche eines Individuums.

attributionstheoretisches Motivationsmodell, motivationstheoretischer Ansatz, welcher Leistungsmotivation auf der Grundlage der → Attributionstheorie erklärt. Das Verhalten wird als Funktion der internen Faktoren Fähigkeit und Anstrengung sowie der externen Faktoren Aufgabe und Glück bzw. Zufall gesehen; es ist abhängig davon, ob Erfolg bzw. Mißerfolg externen oder internen Faktoren zugeschrieben (attribuiert) wird. Demnach neigen hochgradig Leistungsmotivierte dazu, Erfolge bzw. Mißerfolge internen Faktoren zuzuschreiben, während gering Motivierte unzureichende Fähigkeiten und insbesondere externe Faktoren zur Erklärung heranziehen.

Attributionstheorie, sozialpsychologische Theorie, die davon ausgeht, daß Menschen das Verhalten anderer Menschen (sowie das eigene) nicht nur wahrnehmen, sondern ihm auch Ursachen zuschreiben (attribuieren), um es zu erklären, zu bewerten und adäquat reagieren zu können. Zu unterscheiden ist zwischen interner und externer Attribution (→ attributionstheoretisches Motivationsmodell).

Attributionstheorien der Führung, → Führungstheorien, die auf der Grundannahme der Wirklichkeitskonstruktion durch die Beteiligten basieren. Führung wird damit zu einem Phänomen, das wesentlich durch subjektive Betrachtungen bzw. wechselseitige Attributionen der Betroffenen beeinflußt ist. Die verhaltensorientierte Attributionstheorie sieht Führungsverhalten als Ergebnis dessen, wie der Führende das Verhalten der Geführten wahrnimmt. Die eigenschaftsorientierte Attributionstheorie faßt Führung als Ergebnis derjenigen Eigenschaften auf, welche die Geführten dem Führenden zuschreiben.

Attrition (Arbeitskräfteabgang), Personalabgänge aufgrund von Kündigung, Pensionierung und Tod (natürliche Gründe).

Audiokonferenz, → Telekonferenz

Aufbauorganisation (Strukturorganisation), System organisatorischer Einheiten zur Regelung der Zuständigkeiten im Rahmen der innerbetrieblichen Arbeitsteilung. Im Unterschied zur Ablauforganisation ist die Aufbauorganisation der statische Teil einer Organisation. Gestaltungsmittel nach einer entsprechenden Aufgabenanalyse sind die Bildung von Stellen und die Abteilungsbildung. Je nach Art der Abgrenzung der Kompetenzen und der Verknüpfung der Stellen und Abteilungen durch Kommunikationsbeziehungen ergeben sich unterschiedliche Modelle: a) als klassisches Modell das → Einliniensystem; b) das → Stab-Linien-System; c) das auf Taylors Funktionsmeisterprinzip zurückgehende → Mehrliniensystem; d) die → Matrixorganisation, die eine Kombination zweier Hierarchiesysteme darstellt; e) Teammodelle wie das Linking-pin-Modell (Selbstorganisation). – Gegensatz: → Ablauforganisation.

Aufbewahrungspflicht. 1. *Handelsrecht*: Verpflichtung eines Unternehmens bzw. freiberuflich Tätigen, Handelsbücher, Inventare, → Eröffnungsbilanzen, → Jahresabschlüsse, → Lageberichte, → Konzernabschlüsse, → Konzernlageberichte und die zu deren Verständnis notwendigen Arbeitsanweisungen und Organisationsunterlagen 10 Jahre aufzubewahren.
2. *Abgabenordnung*: Verpflichtung eines Unternehmens bzw. freiberuflich Tätigen, Bücher, Aufzeichnungen, Inventare, Bilanzen und die zu deren Verständnis notwendigen Arbeitsanweisungen und Organisationsunterlagen 10 Jahre, Geschäftsbriefe, Buchungsbelege und sonstige für die Besteuerung wichtigen Unterlagen 6 Jahre aufzubewahren.

Aufgabe, vorgegebene oder selbstgesetzte Zielsetzung für zweckrationale menschliche Handlungen. In der Organisationstheorie dauerhaft wirksame Aufforderung, festgelegte Handlungen vorzunehmen.

Aufgabenanalyse, systematische Analyse und Zergliederung der betrieblichen Gesamtaufgabe in Teilaufgaben, um diese im Rahmen der → Aufgabensynthese auf einzelne Handlungsträger (Stellen, Abteilungen) übertragen zu können. – Vorgehensweisen und Kriterien sind a) die *Verrichtungsanalyse* (Zergliederung in die einzelnen, zur Erfüllung der Gesamtaufgabe erforderlichen Verrichtungen); b) die *Objektanalyse* (Zergliederung anhand der einzelnen Objekte, an denen die Aufgabe erfüllt wird); c) die *Sachmittelanalyse* (Zergliederung anhand der Sachmittel, die zur Aufgabenerledigung benötigt werden); d) die *Ranganalyse* (Einordnung der Teilaufgaben in ein Rangverhältnis); e) die *Phasenanalyse* (Einordnung der Teilaufgaben in das Phasenschema: Planung, Realisation, Kontrolle); f) die *Zweckbeziehungsanalyse* (Einordnung der Teilaufgaben nach dem Zweck, wobei zwischen primären Aufgaben und sekundären, unterstützenden unterschieden wird); und g) die *Regionalanalyse* (Zergliederung nach dem Ort der Aufgabenerledigung).

Aufgabenbereicherung, → job enrichment

Aufgabendelegation, → Delegation

Aufgabenerweiterung, → job enlargement

Aufgabengliederung, → Aufgabenanalyse

Aufgabeninterdependenz, im Zusammenhang mit der → Aufgabenanalyse auftretendes Ausmaß der Abhängigkeit der für die Aufgabenerledigung verantwortlichen Stelle von den jeweils vor- und nachgelagerten Aufgabenträgern.

Aufgabenorientierung, im Rahmen der → Ohio-State-Studien der Führungsforschung eine der beiden voneinander unabhängigen Dimensionen zur Beschreibung von → Führungsstil, wobei die zweite Dimension die → Beziehungsorientierung bildet. Eine hohe A. drückt sich u.a. in der Betonung von Termineinhaltung, von Leistung, der Schwerpunktsetzung auf die Organisation von Beziehungen, Rollen und Strukturen aus.

aufgabenrelevanter Reifegrad, aus der → situativen Führungstheorie von Hersey und Blanchard stammende Bezeichnung für eine die Effektivität des → Führungsverhaltens beeinflussende Variable. – Der a. R. eines Mitarbeiters bzw. einer Gruppe begrenzt die Möglichkeit der → Delegation. Nur bei ausreichender Motivation und Kompetenz (hohe Reife) kann demnach eine Aufgabe delegiert werden. Bei niedrigem Reifegrad hingegen wird ein → autoritärer Führungsstil empfohlen. Der a. R. kann vom Vorgesetzten durch Maßnahmen der → Personalentwicklung beeinflußt werden.

Aufgabenstil, im → Drei-D-Programm einer von vier Grundtypen des → Führungsstils, bei dem die → Aufgabenorientierung dominiert. Eine effektive Nutzung erfolgt durch den Typ des Machers, der anspruchsvolle, realistische Ziele setzt und die Mitarbeiter durch die Zielsetzung und seine Person "mitreißt", eine ineffektive Nutzung erfolgt durch den seine Mitarbeiter überfordernden Autokraten (→ autokratischer Führungsstil). A. ist zu unterscheiden von → Führungsstil.

Aufgabenstruktur, Ergebnis der Verteilung aller in einer Organisation anfallenden Teilaufgaben auf einzelne Aufgabenträger (Personen, Gruppen, Abteilungen), i.d.R. durch → Spezialisierung.

Aufgabensynthese, Kombination der in der → Aufgabenanalyse gebildeten Teilaufgaben zu arbeitsteiligen Einheiten (Stelle). Die A. dient sowohl der Gestaltung der → Aufbauorganisation durch die Bildung von Stellen und Abteilungen als auch der → Ablauforganisation, indem die einzelnen Teilaufgaben räumlich und zeitlich kombiniert werden.

Aufgabenumwelt (task environment), Ausschnitt der gesamten Umwelt eines Unternehmens, der das engere Umfeld umfaßt. Dazu gehören vor allem Kunden, Lieferanten und Konkurrenten.

Aufgabenvariabilität, im Zusammenhang mit der → Aufgabenanalyse die Anzahl der Ausnahmefälle bei der Erledigung einer Arbeitsaufgabe, für die jeweils verschiedenartige Lösungsverfahren und -methoden notwendig sind. Gegensatz: → Standardisierung und → Normierung.

Aufgabenvielfalt, Ausmaß, in dem die Ausführung einer Arbeitsaufgabe (→ Aufgabe) unterschiedliche Fähigkeiten und Fertigkeiten erfordert.

Aufgeld, → Agio

Aufhebungsvertrag. 1. *Arbeitsrecht*: Vertrag zwischen Unternehmen und Arbeitnehmer über die Beendigung des bestehenden Arbeitsverhältnisses. Für A. existieren keine besonderen rechtlichen Schutzvorschriften.
2. *Handelsrecht*: Vertrag zur einvernehmlichen Aufhebung eines Schuldverhältnisses.

Aufrechnung. 1. *Bürgerliches Recht*: nach Bürgerlichem Gesetzbuch wechselseitige Verrechnung (Tilgung) von sich gegenüberstehenden → Forderungen zweier Personen, die sich gleichartige → Leistungen schulden.
2. *Rechnungswesen*: im Rahmen des Jahresabschlusses von Konzernen vorgenommene Verrechnung von Forderungen und Verbindlichkeiten u.a. der in die Konsolidierung einbezogenen Unternehmen.

Aufsichtsrat, gesetzlich vorgeschriebenes Organ einer Aktiengesellschaft und Genossenschaft, dem die Überwachung der Geschäftsführung, die Prüfung des Jahresabschlusses und des Lageberichts sowie die Berichterstattung vor der → Hauptversammlung der Aktionäre bzw. Halter der Genossenschaftsanteile und die Wahl des → Vorstandes obliegt. – Eine Gesellschaft mit beschränkter Haftung kann in ihrer Satzung die Bestellung eines A. festlegen und zugleich dessen Befugnisse bestimmen; für GmbHs mit mehr als 500 Arbeitnehmern ist ein A. obligatorisch; hier gelten die Bestimmungen des Aktienrechts. – Im Gesellschaftsvertrag einer Kommanditgesellschaft kann ein A. zur Beaufsichtigung der persönlich haftenden Gesellschafter (Komplementär) vorgesehen werden.

Aufstieg, → Karriere

Auftragsabwicklung, sämtliche Planungs-, Steuerungs-, Durchführungs- und Kontrolltätigkeiten, die im Zusammmenhang mit einer Leistungs- bzw. Produkterstellung anfallen. Es handelt sich um die verketteten Aktionskomplexe in allen Bereichen eines Unternehmens im Zusammenhang mit der Produkterstellung.

Auftragsproduktion, → Produktionstypen 2a)

Aufwand, → Aufwendungen

Aufwands- und Ertragsrechnung, → Gewinn- und Verlustrechnung

aufwandsgleiche Kosten, → Grundkosten

aufwandslose Kosten, → Zusatzkosten

Aufwandsrückstellungen, Positionen der → Passiva der → Bilanz, die für bestimmte Aufwendungen gebildet werden müssen bzw. können. Passivierungspflicht besteht für
– Aufwendungen für unterlassene Instandhaltung, die in den ersten drei Monaten des folgenden Geschäftsjahres nachgeholt werden,
– Aufwendungen für unterlassene Abraumbeseitigung, die innerhalb von 12 Monaten nachgeholt werden, sowie
– Aufwendungen für Gewährleistungen ohne rechtliche Verpflichtung.
Passivierungswahlrechte bestehen für
– Aufwendungen für unterlassene Instandhaltung, die innerhalb von vier bis 12 Monaten nachgeholt werden, sowie
– genau beschriebene Aufwendungen (z.B. Großreparaturen, Umstrukturierungsmaßnahmen).

aufwandsungleiche Kosten, → Anderskosten

Aufwendungen, in der Finanzbuchhaltung die → Ausgaben eines Unternehmens für Güter, Dienstleistungen sowie öffentliche Abgaben, die in einer Abrechnungsperiode verbraucht und in der Gewinn- und Verlustrechnung den → Erträgen gegenübergestellt werden. Wichtige A. sind solche für Roh-, Hilfs-, und Betriebsstoffe, Personalaufwand, Abschreibungen, Steuern, Mieten und Versicherungen. – A. unterscheiden sich von *Ausgaben*, wenn Zugang und Verbrauch der Güter auseinanderfallen. In solchen Fällen ist eine → Abgrenzung vorzunehmen. – Weiterhin werden die A. der Finanzbuchhaltung von den → *Kosten* der Kostenrechnung abgegrenzt. Betriebs-, periodenfremde sowie außerordentliche Aufwendungen gelten nicht als Kosten. – *Steuerrechtlich* wird zwischen abzugsfähigen und nicht abzugsfähigen A. unterschieden. Gegenteil: → Ertrag.

Ausbildung, Vermittlung vollkommen neuer → Qualifikationen durch organisiertes Lernen, i.d.R. im Sinne einer Berufsausbildung und im Gegensatz zur → Weiterbildung, bei der vorhandene Qualifikationen erweitert und/ oder vertieft werden sollen.

Ausbringung, → Beschäftigung

Auseinandersetzungsbilanz, → Sonderbilanz bei Ausscheiden eines Gesellschafters (Kündigung, Tod, Konkurs) in Personengesellschaften, die als Grundlage für die Auszahlung des Gesellschafters etc. dient.

Ausfallzeiten, vom Unternehmen aufgrund tarifvertraglicher oder gesetzlicher Regelungen nicht beeinflußbare → Fehlzeiten, krankheits- und arbeitskampfbedingte sowie durch → Betriebsvereinbarungen zugesicherte Fehlzeiten, die insgesamt die → effektive Arbeitszeit mindern.

Ausfuhrbürgschaften, → Exportbürgschaften

Ausfuhrgarantien, → Exportgarantien

Ausgaben, Abflüsse finanzieller Mittel und/oder Zunahme von Verbindlichkeiten. A. erfassen den Wert aller zugegangenen Güter und Dienstleistungen in einer Abrechnungsperiode. Sie werden von → Auszahlungen und → Aufwendungen abgegrenzt. Gegenteil: → Einnahmen.

Ausgleichsprinzip, Grundsatz der Unternehmenspolitik hinsichtlich Produktionsgestaltung. Das A. bezweckt, Absatzschwankungen und die damit verbundenen Kapazitätsschwankungen vom Produktionsgeschehen fernzuhalten, indem die Kapazität des Betriebes dem Durchschnittsabsatz angepaßt und nicht nach der Absatzspitze festgelegt wird. Der Betrieb produziert stets die gleiche Menge, die in absatzschwachen Zeiten auf Lager gelegt wird (Vorratsproduktion); in Zeiten guten Absatzes wird ab Lager geliefert. – Vorteilhaft sind die gleichmäßige Kapazitätsausnutzung und die damit verbundenen Kostenvorteile in der Produktion. Demgegenüber stehen höhere Lagerkosten.

Ausgründung, → spin off

Auslandseinsatz, eine i.d.R. zeitlich befristete Versetzung eines Mitarbeiters in eine ausländische Niederlassung bzw. ein Tochterunternehmen; wird in → internationalen Unternehmen teilweise als Instrument der → Karriereplanung eingesetzt. Ein A. in einem anderen Kulturkreis erfordert eine gründliche Vorbereitung, insbesondere durch Sprachkurse und → Cross-cultural-Training.

Auslandsinvestitionen. 1. *Direkte Auslandsinvestitionen* (Direktinvestitionen): Internationale Kapitalbewegungen von privaten Unternehmen, um auf diese Weise die Geschäftstätigkeit auf andere Länder auszuweiten. Das Unternehmen erwirbt Immobilien, errichtet Betriebsstätten oder Tochterunternehmen, erwirbt ausländische Unternehmen oder beteiligt sich an ausländischen Unternehmen in einem Umfang, der einen maßgeblichen Einfluß auf die Geschäftstätigkeit gewährleistet. – Gründe für das Engagement von Unternehmen im Ausland sind vielfältig, so z. B. Steuervorteile im Ausland, niedrigeres Lohnniveau, unterschiedlich scharfe Umweltauflagen, Umgehung von Handelsschranken, Erschließung und Erhaltung von Absatzmärkten sowie Sicherung der Lieferung von Rohstoffen und Vorprodukten.

2. *Indirekte Auslandsinvestitionen* (Portfolioinvestitionen): Hierbei handelt es sich um Übertragungen inländischen Kapitals ins Ausland zum Zweck des Erwerbs von Forderungen, die allerdings keine direkten Eigentumsrechte begründen. Es handelt sich dabei beispielsweise um den Kauf von Anteilen an einen Immobilienfonds, von Obligationen etc.

Ausschüttung, → Gewinnausschüttung

Außendienst, unternehmensinterne und -externe Personen, die meist außerhalb des Unternehmens mit der → Akquisition und Abwicklung von Aufträgen beschäftigt sind. Die wichtigsten Mitarbeiter des A. sind → Handelsvertreter und → Reisende.

Außendienst-Promotions, → Verkaufsförderung

Außenfinanzierung, → Finanzierung

Außenhandelsfinanzierung, → Exportfinanzierung

Außenumsatzerlös, → Umsatzerlös

außerordentliche Aufwendungen. 1. Position der *Gewinn- und Verlustrechnung* für → Aufwendungen, die außerhalb der gewöhnlichen Geschäftstätigkeit einer Kapitalgesellschaft anfallen. Sie sind, sofern für die Beurteilung der Ertragslage nicht von untergeordneter Bedeutung, im Anhang zu erläutern. Außerordentliche Aufwendungen schlagen sich im → außerordentlichen Ergebnis in der Gewinn- und Verlustrechnung nieder.
2. in der *Kostenrechnung* Teil der → neutralen Aufwendungen, die zwar betrieblichen Zwecken dienen, aber unvorhersehbar oder außergewöhnlich hoch sind. Gegensatz: → außerordentliche Erträge

außerordentliche Erträge. 1. Position der *Gewinn- und Verlustrechnung*, die → Erträge ausweist, die außerhalb der gewöhnlichen Geschäftstätigkeit einer Kapitalgesellschaft anfallen. Sie sind, sofern für die Beurteilung der Ertragslage nicht von untergeordneter Bedeutung, im Anhang zu erläutern. Außerordentliche Erträge schlagen sich im → außerordentlichen Ergebnis in der Gewinn- und Verlustrechnung nieder.
2. In der *Kostenrechnung* Teil der → neutralen Erträge, die zwar im Zusammenhang mit betrieblichen Zwecken entstanden sind, aber unvorhersehbar oder außergewöhnlich hoch sind.
Gegensatz: → außerordentliche Aufwendungen

außerordentliche Kündigung, einseitige, i.d.R. fristlose Aufkündigung eines Arbeitsverhältnisses aus wichtigem Grund, d.h., wenn Tatsachen vorliegen, angesichts derer eine Aufrechterhaltung des Arbeitsverhältnisses bis Ablauf der Kündigungsfrist unter Abwägung der Interessen der Beteiligten nicht zumutbar ist. Wichtige Gründe sind insbesondere grobe Pflichtverletzungen, trotz → Abmahnung wiederholtes pflichtwidriges Verhalten, im Betrieb begangene oder mit der Arbeit in Verbindung stehende strafbare Handlungen. Eine a. K. muß innerhalb von zwei Wochen nach Bekanntwerden der Tatsachen erfolgen. Fehlt ein wichtiger Grund, ist die Kündigung unwirksam.

außerordentliches Ergebnis, Position der Gewinn- und Verlustrechnung in Kapitalgesellschaften, die sich aus → außerordentlichen Erträgen und → außerordentlichen Aufwendungen zusammensetzt.

Aussperrung, von einem oder mehreren Arbeitgebern planmäßig vorgenommene Nichtzulassung von Arbeitnehmern zur Arbeit unter Verweigerung der Lohnzahlung mit dem Willen der Wiedereinstellung nach Erreichen des Kampfziels. A. kann alle Arbeitnehmer eines Betriebes treffen oder sich gegen eine Gruppe richten, die schon in Streik getreten ist. Sie ist nur im Rahmen von Tarifkonflikten als Reaktion auf begrenzte Teilstreiks (*Abwehraussperrung*) zulässig. Grundsätzlich gilt das Prinzip der Verhältnismäßigkeit, d.h. der Berücksichtigung wirtschaftlicher Gegebenheiten und des Gemeinwohls. A. muß zum Erreichen des Kampfziels und des Arbeitsfriedens beitragen und erforderlich (sozusagen als das letztmögliche Mittel), fair, auf das Tarifgebiet begrenzt und zahlenmäßig verhältnismäßig sein. Ist die A. rechtswidrig, bestehen wie beim Streik Unterlassungs- und Schadensersatzansprüche.

Austauschtheorie der Führung, → Führungstheorie, die Führung als einen sozialen Austauschprozeß beschreibt, bei dem insbesondere Anerkennung, Belohnung und Leistung wechselseitig vergeben werden.

Austrittsbarrieren, Bestandteil der Analyse der Wettbewerbskräfte und -strategien. Ökonomische, strategische und emotionale Barrieren führen dazu, daß ganze Unternehmen oder Teilbereiche trotz negativer Ergebnisse im Markt bleiben. Ökonomische A. entstehen z.B. durch spezielle, nur mit Verlust liquidierbare Aktiva, Sozialpläne sowie Umsiedlungskosten, wodurch ein Verbleib im Markt erzwungen wird. Strategische A. entstehen in diversifizierten Unternehmen (Diversifikationsstrategie) durch Wechselbeziehungen mit anderen Unternehmensbereichen z.B. in Hinblick auf Image, Marktstellung und Zugang zum Finanzmarkt. Emotionale Bindungen der Manager wie Identifikation mit den Geschäftsfeldern, Loyalität gegenüber den Mitarbeitern, Angst um die eigene Karriere sind weitere A. Staatliche und soziale Restriktionen können die gleiche Wirkung haben. Hohe A. führen dazu, daß nicht wettbewerbsfähige Unternehmen im Markt bleiben und vorhandene Überkapazitäten nicht abgebaut werden. A. sind besonders in schrumpfenden Branchen von Bedeutung. Je höher die A. sind, desto härter wird der Wettbewerb für die im Markt verbleibenden Unternehmen. Gegenteil: → Eintrittsbarrieren.

Auswahlgespräch, → Bewerbungsgespräch

Auswahlinterview, → Bewerbungsgespräch

Auswahlrichtlinie, allgemeine unternehmensweite Richtlinie zur Standardisierung von Kriterien für Personalauswahl, Versetzungen, Kündigungen und Umgruppierungen. Die Aufstellung einer A. ist mitbestimmungspflichtig; verstoßen personelle Einzelmaßnahmen gegen sie, kann der Betriebsrat die Zustimmung zur Maßnahme verweigern.

Auswahlverfahren, → Personalauswahl

Ausweichkapazität, Produktionsvermögen eines Betriebes für Produkte, das aufgrund der Produktionsmittelausstattung bei entsprechenden Markterfordernissen statt des normalen Erzeugungsprogramms vorübergehend hergestellt werden kann, indem die Produktionsmittel entsprechend umgestellt und umorganisiert werden.

Auszahlungen, Abflüsse liquider Mittel aus dem Unternehmen (Bargeld und Sichtguthaben) in einer Abrechnungsperiode. Sie entstehen durch Erwerb von Vermögensgegenständen, Tilgung von Verbindlichkeiten, Gewinnausschüttung u.a. – A. werden von *Ausgaben* abgegrenzt (vgl. hierzu → Abgrenzung). Gegenteil: → Einzahlungen.

autokratischer Führungsstil, weitgehend entpersönlichter → Führungsstil, bei dem der autoritär Führende sich zur Herrschaftsausübung eines umfangreichen Apparates bedient. Die nachgeordneten Instanzen der Hierarchie haben jeweils die Entscheidungen des Autokraten umzusetzen.

Automatisierung. *1. Begriff und Arten:* Maschinisierung beinhaltet die Übernahme von Funktionen des Produktionsprozesses durch künstliche Systeme (Maschinen). Während bei Mechanisierung die Maschinen lediglich die Zufuhr der für den Produktionsprozeß erforderlichen Energie übernehmen, beinhaltet A. auch die Übernahme von Prozeßsteuerungs- und ggf. Prozeßregelungsaufgaben durch künstliche Systeme. Je nach Umfang der Übernahme von Steuerungs- und Regelungsaufgaben durch die Maschine wird von *Teil- oder Vollautomatisierung* gesprochen. Der Anteil, den die automatisierten Funktionen an der Gesamtfunktion eines Produktionssystems haben, wird als *Automatisierungsgrad* bezeichnet. Eine Gegenüberstellung von handwerklichen, mechanisierten und automatisierten Produktionssystemen zeigt die Übersicht.

2. *Ziele*: Während Automatisierungsbemühungen bisher darauf gerichtet waren, starre, wiederkehrende Produktionsabläufe möglichst vollständig von Maschinen durchführen zu lassen und dabei Produktivitätssteigerungen im Vordergrund standen, gehen Bestrebungen heute dahin, Arbeitsfolgen mit unterschiedlichen Aufgabenstellungen durch flexibel automatisierte Produktionssysteme vollziehen zu lassen. Hier-

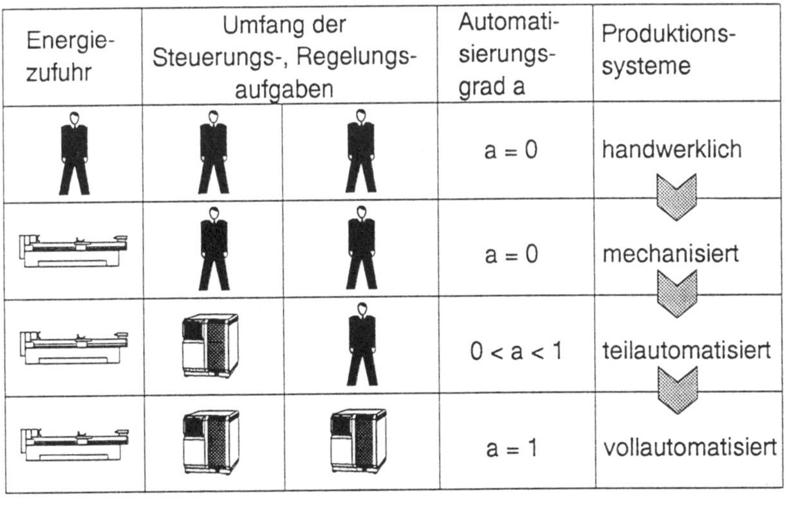

durch sollen nicht nur Produktivitätssteigerungen, sondern auch Flexibilisierung und insgesamt erhöte Wirtschaftlichkeit erreicht werden.
3. *Organisatorische und personelle Voraussetzungen*: In allen Bereichen der A. führt der Einsatz neuer Betriebsmittel zu einer Veränderung der Arbeitssituation der Mitarbeiter. Die Vorteile der A. können nur ausgeschöpft werden, wenn organisatorische und personelle Maßnahmen zur Anpassung an ein neues Produktionssystem rechtzeitig durchgeführt werden. Neben der rechtzeitigen Durchführung spezifischer Qualifizierungsmaßnahmen sind prämienorientierte Lohnformen einzusetzen, deren Bemessungsgrundlagen den veränderten Zielsetzungen und Anforderungen der Produktionssysteme entsprechen. Darüber hinaus begünstigen oder erforden automatisierte Produktionssysteme sogar eine flexible Arbeitszeitgestaltung. Durch den Einsatz hochautomatisierter Produktionssysteme entstehen auch neue (Organisations-) Typen der Produktion, z.B. Zentrenproduktion. Die Einführung von Automatisierungskonzepten erfolgt vielfach stufenweise.

Automatisierungsgrad, → Automatisierung

Autonomie, weitgehende Freiheit von Fremdbestimmung; insofern Synonym für Selbstbestimmung.

Autonomiespielraum, → Handlungsspielraum

Autopoiesis, aus der Biologie stammender Begriff, den die Systemtheorie für Prozesse der Selbstorganisation und -steuerung eines Systems benutzt (→ Selbstreferenz).

autoritärer Führungsstil, im Rahmen der IOWA-Studien definierter → Führungsstil, bei dem sich der Führende die alleinige Entscheidungskompetenz vorbehält, seine Entscheidungen lediglich verkündet, Anweisungen erteilt, von den Mitarbeitern aufgrund seiner Machtstellung Gehorsam verlangt sowie die Aufgabenausführung umfassend kontrolliert.

Autorität, legitime, d.h. gerechtfertigte Macht, die auf formalen oder personalen → Machtgrundlagen basieren kann.

B

Babbage-Prinzip, auf dem → Taylorismus basierendes Prinzip der → Arbeitsorganisation, das auf die wirtschaftlichen Vorteile der Arbeitsteilung abstellt. Danach können durch eine hohe Arbeitsteilung die Anforderungen an die Arbeitenden drastisch reduziert werden; die logische Weiterentwicklung ist die Fließbandarbeit.

Bachelor of Business Administration (BBA), Abschluß, den amerikanische Colleges Studenten, die sich in den letzten zwei Jahren ihres insgesamt vier Jahre dauernden Studiums auf business administration spezialisiert haben, verleihen.

Backup-Rechenzentrum. Ein B. springt ein, wenn das eigentliche Rechenzentrum durch eine Katastrophe ausfällt. Ein heißes B. besteht an einem anderen Ort parallel zum eigentlichen Rechenzentrum. Es ist jederzeit voll funktionsfähig und verfügt über aktuelle Datenbestände und Programmversionen. Häufig schließen sich verschiedene Unternehmen zusammen und gründen eine gemeinsames B. Des weiteren besteht die Möglichkeit, über einen Vertrag mit einem professionellen B. Vereinbarungen für den Katastrophenfall zu treffen.

balance sheet, US-amerikanische Bilanz, in der auf der Aktivseite die *assets* (Anlage- und Umlaufvermögen) und auf der Passivseite *liabilities* (Verbindlichkeiten) und *shareholders equity* (Eigenkapital) aufgeführt werden.

back to the future (zurück in die Zukunft), Zukunftsstrategie von Unternehmen, die lautet: Konzentriere dich auf die traditionellen Hauptgeschäftsbereiche bzw. auf die Wurzeln des Unternehmens!

Bank-Wiring-Observation-Room-Studie, Teil der → Hawthorne-Experimente, mit dem die Bedeutung informeller Gruppen für die Arbeitsleistung ermittelt werden konnte.

Bank, → Kreditinstitut

Bargaining, Verhandlung mit externen Interessengruppen, um gemeinsame Vereinbarungen über bestehende Konflikte zu treffen, z.B. Tarifvertragsverhandlungen.

bargeldlose Gesellschaft (cashless society), eine Vision der Kreditkarteninstitute: Eines Tages werden alle Einkäufe mit „Plastikgeld" bezahlt. Der heutige Widerstand der Einzelhändler gegen die Provisionen, die die Kartenhersteller verlangen, hat bisher eine relativ geringe Akzeptanz zur Folge.

Barliquidität, → Liquiditätsgrade

Basis-upwards-Strategie, Vorgehensweise in Organisationen, bei der ein Veränderungsprozeß von hierarchisch niedrig angeordneten Instanzen (der „Basis") ausgeht. Der Vorteil liegt darin, daß die Interessen der unteren hierarchischen Ebenen berücksichtigt werden, der Nachteil darin, daß die oberen

Ebenen nicht für die Veränderung gewonnen werden können. Veränderungen von unten werden in Unternehmen durch Lernstatt und Qualitätszirkel teilweise zwar institutionalisiert, beziehen sich aber nur auf begrenzte Bereiche. Grundlegende Veränderungen erfolgen häufiger durch die → Top-down-Strategie.

Batchverarbeitung, → Stapelverarbeitung

Baukastenstückliste, in der Fertigungstechnik Zusammenfassung aller Teile bzw. Baugruppen, die direkt in eine übergeordnete Baugruppe eingehen. Es wird je Fertigungsstufe eine gesonderte Stückliste aufgestellt. Die Mengenangaben beziehen sich jeweils auf die übergeordnete Einheit. Vorteilhaft sind B., wenn Computer eingesetzt werden, da die Zusammensetzung der Baugruppe nur einmal gespeichert werden muß.

Baukastensystem, Verfahren zur Beschränkung des Produktionsprogramms auf große Serien zwecks Nutzung der Auflagendegression, auch bei Verlangen des Marktes nach einer gewissen Typenvielfalt (z.B. Werkzeugmaschinenmarkt). Man beschränkt die Verwendung bestimmter Bauelemente und Teilaggregate nicht nur auf einen Typ, sondern konstruiert die zum Programm gehörenden Typen in einer Weise, daß möglichst viele Bauelemente in allen Maschinentypen oder wenigstens einem Teil der Typen verwandt werden können. Die unterschiedlichen Typen sind dann wie in einem Baukasten aus einigen allgemeinen Grundelementen, die in Großserien hergestellt werden können, und den die Spezialeigenschaften bewirkenden Sonderelementen zusammengesetzt.

BBA, → Bachelor of Business Administration

Bearbeitungszentrum, → Zentrenproduktion 2

BCG-Matrix, Abkürzung für die → Marktanteils-Marktwachstums-Matrix der Boston Consulting Group.

BDE (Betriebsdatenerfassung), → PPS

Bedarf, auf ein konkretes Objekt ausgerichtetes → Bedürfnis, z.B. Produkte.

Bedarfsmengenplanung, Ermittlung des Materialbedarfs der Produktion für zukünftige Perioden; wird im Rahmen der → Materialbedarfsplanung durchgeführt.

Bedarfsplanung, Ermittlung des zukünftigen Bedarfs unterschiedlichster Bereiche: z.B. Bedarfsmengenplanung, Bereitstellungsplanung, Personalbedarf und Personalbereitstellungsplanung.

Bedienungsrelation, im Rahmen der → Personalplanung verwendete Angabe, wieviel Mitarbeiter (spezifiziert nach Qualifikationen) erforderlich sind, um eine Produktionsanlage zu bedienen, zu kontrollieren und zu warten.

Bedürfnis, individueller Wunsch, der aus Mangelempfinden resultiert und als interner Reiz die betreffende Person in eine allgemeine Handlungsbereitschaft versetzt. Tritt die Bereitschaft zur Beseitigung des Mangels hinzu, wird von Motiv gesprochen. B. und Motive gelten im Gegensatz zu Instinkten und Trieben als weitgehend erlernt. In den Verhaltenswissenschaften finden sich verschiedene Versuche, B. zu klassifizieren, etwa nach natürlichen Bedürfnissen, Grundbedürfnissen und gesellschaftlichen Bedürfnissen. Spranger unterschied in seiner Wertpyramide zwischen wirtschaftlichen Grundmotiven als Basis, theoretischen, ästhetischen, sozialen und politischen Motiven als Mittelteil der Pyramide und religiösen Motiven als Spitze. Am bekanntesten ist die → Bedürfnispyramide von Maslow. Jegliche Klassifizierungsversuche sind jedoch wissenschaftlich sehr umstritten. Die Auffassung, daß von einer konstanten Bedürfnismenge und -struktur ausgegangen werden kann, wird aufgrund der weitgehenden Ausdifferenzierung und Individualisierung der westlichen Industriegesellschaften und des seit den 70er Jahren zu beobachtenden → Wertewandels zunehmend weniger vertreten.

Bedürfnishierarchie, → Bedürfnispyramide

Bedürfnispyramide, von Maslow formulierte → Inhaltstheorie der Motivation, die menschliche Bedürfnisse in eine Hierarchie einordnet. Diese Rangfolge besteht aus physiologischen und sozialen Bedürfnissen, Sicherheitsbedürfnissen, Wertschätzung sowie Selbstverwirklichung. Nur jeweils unbefriedigte Bedürfnisse erzeugen einen motivierenden Spannungszustand; Be-

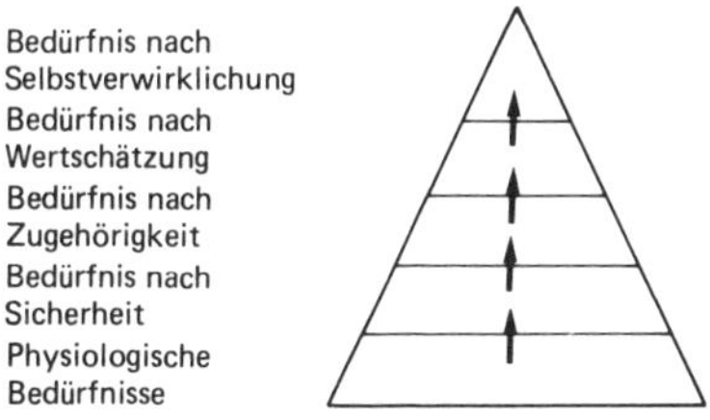

dürfnisse der in der Rangfolge untergelagerten Schicht müssen zunächst weitgehend befriedigt sein, bevor hierarchisch höhergelagerte handlungswirksam werden.

Beförderung, hierarchischer Aufstieg eines Mitarbeiters, i.d.R. verbunden mit einem höheren Entgelt.

behavioral accounting, Forschungsrichtung im Rechnungswesen, welche sich mit den Konsequenzen der Rechnungslegung für das Verhalten der Entscheidungsträger sowie der Aktionäre befaßt. Im Zentrum der Untersuchungen steht die externe Rechnungslegung, der vor allem Informationsfunktionen zukommen.

Behavioral Sciences, → Verhaltenswissenschaften

Beherrschungsvertrag, Unternehmensvertrag, durch den eine Aktiengesellschaft oder Kommanditgesellschaft auf Aktien die Leitung einem anderen Unternehmen unterstellt (§ 291 AktG).

Belastung, in der Arbeitswissenschaft objektive Gegebenheiten der → Arbeitssituation wie Lärm, Arbeitstempo, Verantwortung, die sich körperlich und/oder geistig auswirken können und dann zu → Streß führen, wenn ein Mißverhältnis zwischen ihnen und den Fähigkeiten und Bedürfnissen des Arbeitenden besteht.

Belastungsstudien, → ergonomische Arbeitsstudien

Belegverarbeitung. Ein großer Kostenfaktor für die Kreditwirtschaft ist der defizitäre Bereich des Zahlungsverkehrs. Deshalb ist ein starker Trend zum beleglosen Scheck-, Lastschrift- und Überweisungsverkehr festzustellen. Dennoch wird es auch in Zukunft eine großen Teil beleggebundener Zahlungsaufträge von Privatkunden geben.

Man versucht, diese Aufträge in elektronische Datensätze zu überführen. Dazu werden vermehrt Schriftenlesesysteme verwendet. Im Gegensatz zum klassischen Belegleser, der nur die in OCR-Schrift codierte unterste Belegzeile erfassen kann, kann heute über Schriftenleser der gesamte Beleginhalt erfaßt werden.

Beleihungsgrenze, maximaler Beleihungswert eines zur → Kreditsicherung beliehenen Beleihungsobjektes (→ Hypothekendarlehen, → Lombardkredit).

Bellmannsches Optimalitätsprinzip, Regel, die eine optimale Entscheidungspolitik mit der Eigenschaft verbindet, daß, ungeachtet des Anfangszustandes und der ersten Entscheidung, die noch zu treffenden Entscheidungen bezüglich des aus der ersten Entscheidung erwachsenen Zustandes optimal sind.

bellwether industries (Schlüsselindustrie), Branchen bzw. Industriezweige, wie z.B. chemische Industrie und Stahlindustrie, deren Erfolg als Indikator dafür dient, welche Entwicklung die Gesamtwirtschaft im kommenden Monat, Vierteljahr oder Jahr nehmen wird.

Benutzerfreundlichkeit, → Software-Ergonomie

Benutzerservice, Einrichtung zur Unterstützung von Endbenutzern beim Einsatz von Informationsverarbeitung am Arbeitsplatz (z. B. Dialoganwendungen, PC-Einsatz, Individuelle Datenverarbeitung. – Daraus leiten sich die beiden Aufgaben, komplexe Systempflege und Anwenderbetreuung, ab. Zur *Systempflege und -verwaltung* gehören insbesondere die Teilaufgaben: Verwaltung von Zugriffsberechtigungen, Dokumentieren und Verfolgen von Fehlermeldungen, Beheben von Störungen, Steuerung der Systemauslastung, Wartung und Pflege von Softwarebibliotheken und Hardware, Führen von Übersichten über Hard- und Softwareausstattung. Zu dem Komplex *Anwenderbetreuung* zählen insbesondere „Hot-Line"-Service mit Unterstützung bei aktuellen Problemen, Organisation und Durchführung von anwendungsbezogenen Schulungen, Entwicklung von Arbeitshilfen (z.B. Benutzerhandbuch, Musterbeispiele), Förderung und Organisation des Informations- bzw. Erfahrungsaustausches zwischen den Benutzern, Beratung bei Anforderungsanalyse und Systemauswahl, Installation von Hard- und Software. – Der B. kann nach zu betreuenden Organisationseinheiten oder nach zu betreuenden Anwendungssystemen strukturiert werden. Die organisatorische Zuordnung kann zentral oder dezentral zu den Fachbereichen erfolgen. – Abhängig von der Unternehmensgröße ist auch ein *mehrstufiges Unterstützungs- und Betreuungskonzept* sinnvoll. Die Betreuungsspanne variiert in Abhängigkeit von der Art der betreuten Anwendungen und dem Qualifikationsstand der Benutzer. Statistisch ermittelte Durchschnittswerte schwanken zwischen 1:25 und 1:60 (Servicemitarbeiter: Benutzer).

Beratung, Beanspruchung der Leistungen eines Unternehmensberaters oder Sachverständigen (etwa eines Wirtschaftsprüfers). In der → Unternehmensberatung existieren unterschiedliche Konzepte. Teilweise wird damit ein Arzt-Patienten-Verhältnis bezeichnet, bei dem der Berater eine Diagnose stellt und ein Rezept zur Problemlösung liefert. Die → Organisationsentwicklung hingegen geht von einer Hilfe zur Selbsthilfe aus, bei der der Berater den Prozeß der Problemlösung unterstützend begleitet und das beratene Unternehmen sowie seine Mitarbeiter aktiv einbezogen werden.

Bereitstellungsplanung, Teilplanung im Rahmen der → Produktionsplanung. Die Aufgabenstellung hat dafür Sorge zu tragen, daß die für den Vollzug der → Produktionsplanung erforderlichen Betriebsmittel, Arbeitskräfte und Werkstoffe nach Art, Menge und Zeit verfügbar sind. Dies ist eine wichtige Voraussetzung für eine rationelle Gestaltung des Produktionsprozesses und dessen planmäßige Durchführung. – a) *Betriebsmittel*: Entsprechen die vom Fertigungsprogramm anzufordernden betrieblichen Kapazitäten den vorhandenen Kapazitäten, so ist die Leistungsfähigkeit des Betriebsmittelbestandes durch Instandhaltungs- und Reparaturplanung sowie durch Ersatzinvestitionen aufrechtzuerhalten. Stimmt der vorhandene Betriebsmittelbestand nicht mit den Anforderungen der Fertigungsprogrammplanung überein, so sind Erweiterungs- und Rationalisierungsinvestitionen zu planen oder Stillegung bzw. Verkauf der nicht benötigten Betriebseinrichtungen vorzunehmen. – b) *Arbeitskräfte*: Das Arbeitskräftepotential muß in qualitativer wie in quantitativer Hinsicht mit den aus der Fertigungsplanung abzuleitenden Anforderungen übereinstimmen. Wichtige Hilfsmittel: die Arbeitsbedarfsrechnung, die auf den Relationen zwischen Produktmenge und dem Arbeitskräftebedarf in den einzelnen Betriebsabteilungen aufgebaut ist sowie die Stellenbesetzungsplanung u.a. mit Hilfe der Personalplanung und der Warteschlangentheorie bei Mehrstellenarbeit. – c) *Fremdleistungen*: Vornehmlich die Planung der von außen zu beziehenden Fertigteile zum Einbau in die Produkte und die Vergabe von Lohnarbeiten, wenn die betriebseigenen Anlagen voll ausgelastet sind; ferner die Inanspruchnahme von fremden Dienstleistungen. – d) *Werkstoffe*: Aus den Daten der Werkstoffplanung für die in dem Fertigungsprogramm vorgesehenen Produkte wird der notwendige Werkstoffbedarf unter Berücksichtigung des Abfalls und des Ausschusses errechnet. Werkstoffeingangslager ermöglichen eine elastische → Beschaffungsplanung unter Beachtung der optimalen Bestellmenge, günstiger Bestellzeitpunkte usw. bei gleichzeitiger Erfüllung der Anforderungen der B.

bergrechtliche Gewerkschaft (bergrechtliche Gesellschaft), Erwerbsgesellschaft, die kein Grundkapital hat und Bergwerkseigentum erwerben sowie nutzen kann. Anteilseigner sind die sogenannten Gewerken, die Anteile (→ Kuxe) erwerben können. Eingetragen sind sie im sogenannten Gewerkenbuch. Organe sind die Gewerken, der Grubenvorstand und fakultativ der Aufsichtsrat (ab 500 Beschäftigten obligatorisch).

Berichtigungsaktie, → Gratisaktie

Berichtssystem, im allgemeinen Sinne Instrument des → Controlling zur Sammlung von als wichtig empfundenen Daten. Der Begriff wird jedoch auch teilweise eingegrenzt verstanden als Teil von EDV-gestützten Marketinginformationssystemen, mit denen Daten über Angebote, Absatz u.a. gesammelt werden.

Beschaffung, betriebliche Grundfunktion, die die notwendigen Maschinen, Werkstoffe, Geldmittel, Personal etc. für die Güterherstellung besorgt und zum richtigen Zeitpunkt am richtigen Ort bereitstellen soll.

Beschaffungsmarkt, Bezeichnung für den Markt, von dem ein Unternehmen die für die Leistungserstellung notwendigen Rohstoffe, Werkstoffe, Geldmittel etc. bezieht. Gegensatz: → Absatzmarkt.

Beschaffungsplanung. 1. In *industriellen Betrieben:* Planung des Bezugs sämtlicher für die Leistungserstellung notwendigen Maschinen, Werkstoffe, Geldmittel, Personal, Fremdleistungen etc. Aufgabe der B. ist es, diese zum richtigen Zeitpunkt am richtigen Ort kostengünstig bereitzustellen.
2. In *Handelsbetrieben:* Einkauf der Waren unter Zuhilfenahme von Kriterien wie Größe des Warenlagers, Umschlagsgeschwindigkeit und erwartetem Absatz.

Beschäftigung (Ausbringung), Auslastung der → Kapazität von einzelnen Produktionsanlagen, Kostenstellen, Betriebsteilen und des gesamten Betriebes. Die B. gilt in der Kostenrechnung als zentrale → Kosteneinflußgröße.

Beschäftigungsgrad. 1. *Allgemein*: Verhältnis der Istbeschäftigung zur Kapazität eines Betriebes. Der Beschäftigungsgrad wirkt sich auf die Kosten aus (→ Kosteneinflußgrößen).
2. In der *Plankostenrechnung*: Verhältnis der Ist- zur Planbeschäftigung.

Beschäftigungsmix, Ansatz des Personalmanagements zur Flexibilisierung des → Personalbestandes. Ziel ist die Erreichung einer Zusammensetzung der Mitarbeiterschaft aus flexibel arbeitenden und einer möglichst geringen Anzahl unflexibel arbeitender Mitarbeiter, um mögliche Auslastungsunterschiede kostengünstig auffangen zu können. Instrumente sind die Fremdvergabe von Teilarbeiten (z.B. Auslagerung von Produktionsteilen und Dienstleistungen), die Erledigung weiterer Teilarbeiten durch Fremdpersonal mit Zeitverträgen (z.B. Personalleasing) sowie die Schaffung einer flexiblen Stammbelegschaft durch Einführung von Modellen → flexibler Arbeitszeit. Die unflexibel arbeitende Stammbelegschaft soll dabei möglichst gering gehalten werden.

Beschwerde. 1. *Arbeitsrecht*: Antrag eines betroffenen Arbeitnehmers auf Abänderung einer Maßnahme.
2. *Zivilprozeßordnung*: In vom Gesetz ausdrücklich bestimmten Fällen Einschreiten gegen Beschlüsse eines Gerichtes.
3. *Steuerrecht*: Einschreiten gegen Entscheidungen des Finanzgerichtes.
4. *Verwaltungsgericht*: Einschreiten gegen Entscheidungen eines Verwaltungsgerichtes, außerdem Einwand gegen Entscheidungen von Behörden und Verhaltensweisen von deren Mitarbeitern (Dienstaufsichtsbeschwerde).

Besitzgesellschaft, → Doppelgesellschaft

Beständewagnis, → kalkulatorische Wagnisse

Bestandskonto, Konto, auf dem Bestände sowie Zu- und Abgänge an → Vermögen und → Kapital ausgewiesen werden. B. werden im Unterschied zu den → Erfolgskonten in die Bilanz einbezogen.

Bestandsveränderung, Veränderung des Bestands von fertigen und unfertigen Erzeugnissen. Diese werden in der Gewinn- und Verlustrechnung nach dem → Gesamtkostenverfahren berücksichtigt.

Bestätigungsvermerk, positives Prüfungsergebnis des Abschlußprüfers, welcher Buchführung, Jahres- bzw. Konzernabschluß und ggf. den Lagebericht hinsichtlich der gesetzlichen Vorschriften und der Grundsätze ordnungsgemäßer Buchführung prüft. Ergänzend kann beim B. auf die Übereinstimmung mit dem Gesellschaftsvertrag bzw. der Satzung hingewiesen werden.

Bestellerkredit, → Exportfinanzierung

Bestellproduktion, → Produktionstypen 2 a)

Besteuerung, → Steuern

Beteiligung, Erwerb eines Mitgliedschaftsrechts durch Kapitaleinlage (Geld- oder Sacheinlage) bei einer anderen Personen- oder Kapitalgesellschaft. B. kann durch eine Einzelperson oder auch durch ein Unternehmen erfolgen. Ziel der B. durch Unternehmen kann die gegenseitige wirtschaftliche Förderung oder auch die Beherrschung des anderen Unternehmens sein.

Beteiligungsfinanzierung, → Finanzierung

Beteiligungsrecht, Recht eines Unternehmens, das eine bestimmte national gebundene Rechtsform hat, sich an einem anderen Unternehmen im Ausland mit einer diesem Lande entsprechenden Rechtsform zu beteiligen und über diese Beteiligung Herrschaft auszuüben.

Betrieb, allgemein der Ort der Leistungserstellung bzw. örtlich und technisch-organisatorische Einheit zum Zwecke der Erstellung von Gütern und Dienstleistungen primär zur → Fremdbedarfsdeckung. – Eine rechtliche und wirtschaftlich-finanzielle selbständige Einheit wird hingegen als → *Unternehmen* bezeichnet. Ein Unternehmen kann somit aus mehreren B. bestehen. – Juristisch finden sich je nach Zusammenhang unterschiedliche Definitionen dieses Begriffs. Im Arbeits- und Mitbestimmungsrecht ist ein B. eine organisatorische Einheit, innerhalb derer ein Arbeitgeber mit seinen Arbeitnehmern durch den Einsatz technischer und immaterieller Mittel fortgesetzt bestimmte arbeitstechnische Zwecke verfolgt, die nicht der Eigenbedarfsdeckung dienen. Hiernach können mehrere Unternehmen einen einheitlichen B. bilden, sofern arbeitstechnisch eine Einheit der Organisation vorliegt. Relevant ist dies für die Geltung von Bestimmungen des Betriebsverfassungsgesetzes und des Kündigungsschutzes. – Der Begriff *Unternehmung* bezeichnet dagegen die rechtliche und wirtschaftlich-finanzielle Einheit.

betriebliche Kennziffern, → Kennzahlen

betriebliche Sozialpolitik, → Sozialleistungen

betriebliche Übung, arbeitsrechtlicher Begriff zur Bezeichnung betrieblichen Gewohnheitsrechts, insbesondere von Verhaltensweisen des Arbeitgebers in einem Unternehmen, die so regelmäßig auftreten, daß der Arbeitnehmer davon ausgehen kann, daß sie einen dauerhaften Willen des Arbeitgebers ausdrükken. Der Arbeitnehmer erwirbt damit einen gewohnheitsmäßigen Rechtsanspruch auf Fortsetzung dieser Verhaltensweisen. Beispiel ist die Zahlung von Gratifikationen wie Weihnachtsgeld, auf die der Arbeitnehmer dann einen Rechtsanspuch erwirbt, wenn sie dreimal hintereinander ohne Formulierung eines Vorbehalts seitens des Arbeitgebers erfolgt.

betriebliches Vorschlagswesen, betriebliche Regelungen zur Förderung des Innovationsverhaltens der Mitarbeiter und zur Behandlung von technischen und ablauforganisatorischen Verbesserungsvorschlägen der Mitarbeiter. Sich als brauchbar erweisende und realisierte Vorschläge werden nach einem festgelegten System (z.B. Festprämien oder anteilige Beteiligung an den Einsparungen) prämiert.

Betriebsabrechnung, in der Vollkostenrechnung i.d.R. monatliche Verteilung der → Gemeinkosten auf die → Hauptkostenstellen; Grundlage der Verrechnung der Gemeinkosten auf die → Kostenträger. – Die einzelnen Schritte sind die Erfassung und Verteilung der primären Gemeinkosten auf die Kostenstellen, die innerbetriebliche Leistungsverrechnung, die Bildung von Kalkulationssätzen und die Kontrolle der Kosten in der Normal- und Plankostenrechnung. Die primären Gemeinkosten werden zunächst nach dem → Verursachungsprinzip auf die Hilfs- und Hauptkostenstellen verteilt. Danach erfolgt die Durchführung der innerbetrieblichen Leistungsverrechnung, durch die alle primären Gemeinkosten von den Hilfskostenstellen auf die Leistungen empfangenden Hauptkostenstellen umgelegt werden. Die derart umgelegten Kosten der Hauptkostenstellen heißen sekundäre Gemeinkosten. Als Ergebnis erhält man die gesamten Gemeinkosten aller Hauptkostenstellen. Im Anschluß werden Kalkulationssätze gebildet, mit denen die Gemeinkosten der Hauptkostenstellen verursachungsgerecht auf die Kostenträger umgelegt werden sollen, die diese Hauptkostenstellen in Anspruch genommen haben. Es handelt sich bereits um den ersten Schritt der → Kalkulation, der noch in der Kostenstellenrechnung erfolgt. Kalkulationssätze sind notwendig, um die Stückkosten nach dem Verfahren der Zuschlagskalkulation zu ermitteln.

Betriebsabrechnungsbogen (BAB), Instrument zur manuellen Abwicklung der → Betriebsabrechnung.

Betriebsänderung, Änderung im Betrieb hinsichtlich des → Standortes, der Verlegung bestimmter Betriebsteile, des Zusammenschlusses mit anderen Betrieben, der grundlegenden Veränderung der Betriebsorganisation, des Betriebszweckes, der Betriebsanlagen oder der Arbeitsmethoden und Fertigungsverfahren. Ab 20 wahlberechtigten Arbeitnehmern unterliegt die B. dem Mitbestimmungsrecht des Betriebsrates (§§ 111-113 BetrVG), sofern sie mit erheblichen Nachteilen für die Arbeitnehmer verbunden ist. Der Arbeitgeber hat in diesem Fall Beratungs- und Unterrichtspflichten sowie die Pflicht zur Durchführung eines Interessenausgleichs und zur Aufstellung eines Sozialplans.

Betriebsaufspaltung, → Unternehmensaufspaltung

Betriebsbuchhaltung, veralteter Begriff für die → Kostenrechnung sowie die betrieblichen Nebenrechnungen (Material-, Lohn- und Anlagenbuchhaltung).

Betriebserfolg, → Betriebsergebnis

Betriebsergebnis, Ergebnis der eigentlichen betrieblichen Tätigkeit, Differenz zwischen → Kosten und → Leistungen einer Abrechnungsperiode. Zu seiner Ermittlung ist die Abgrenzung von → Aufwendungen/→ Erträgen und → Kosten/ → Leistungen notwendig. – B. und → neutrales Ergebnis bilden das *Gesamt- oder Unternehmensergebnis.*

Betriebsergebniseinflußgrößenrechnung, Periodenrechnung zur Bestimmung des → Betriebsergebnisses, wobei die Gesamtunternehmung vom Beschaffungsmarkt bis zum Absatzmarkt in einem Modell linearer Erlös-, Kosten- und Produktionsfunktionen abgebildet wird. In diesem Modell können nach G. Laßmann die Einflußgrößen auf das kurzfristige Periodenergebnis erfaßt werden. Für alternative Produktionsprogramme können somit Periodenerfolge der Gesamtunternehmung bzw. Teilunternehmung ermittelt werden. Die B. gestattet die ergebnisorientierte Beurteilung kurzfristiger Handlungmöglichkeiten, insbes. die Beurteilung alternativer Programmzusammensetzungen, alternativer Rohstoffeinsätze, alternativer Nutzungszeiten der Betriebsmittel sowie alternativer Preise im Beschaffungs- und Absatzbereich.

Betriebsergebnisrechnung. 1. Bezeichnung für → *Kostenrechnung*.
2. (Kostenträgerzeitrechnung) *Bestandteil der → Kostenträgerrechnung,* der aus einer kurzfristigen Erfolgsrechnung für den Betrieb besteht und Höhe sowie Quellen des → Betriebsergebnisses ausweist. Die B. wird monatlich oder quartalsweise durchgeführt. Ihre Notwendigkeit resultiert aus der für dispositive Zwecke zu seltenen und zu undifferenzierten → Gewinn- und Verlustrechnung, in der auch neutrale Aufwendungen und Erträge ausgewiesen werden. In der B. werden die Kosten nach Erzeugnis- oder Kundengruppen oder nach sonstigen Kriterien gegliedert und den jeweils erzielten Leistungen gegenübergestellt.

Betriebsertrag, durch die eigentliche betriebliche Leistungserstellung erbrachter → Ertrag pro Periode.

Betriebsformen, sind die strategischen und organisatorischen Konzeptionen des Einzel- und Großhandels für die Kombination der Einsatzfaktoren Mensch, Ware und Raum unter Anwendung verschiedener Einteilungskriterien und Prinzipien wie Standort, Verkaufsfläche, Preisniveau sowie Bedienungsform. Die Abgrenzung der einzelnen Formen ist schwierig, da häufig Überschneidungen auftreten.

betriebsfremde Aufwendungen/Erträge, → Aufwendungen/ → Erträge, die nicht unmittelbar im Zusammenhang mit der Erbringung der eigentlichen betrieblichen Leistung stehen; Teil der → neutralen Aufwendungen/ → neutralen Erträge, die in der Kostenrechnung nicht berücksichtigt werden.

Betriebsfrieden, → vertrauensvolle Zusammenarbeit

Betriebsgeheimnis, mit dem Geschäftsbetrieb im Zusammenhang stehende, nicht offenkundige Informationen, die nach dem Willen des Inhabers geheimgehalten werden sollen bzw. an deren Geheimhaltung ein geschäftliches Interesse besteht, da Konkurrenzunternehmen durch das Bekanntwerden der Information Wettbewerbsvorteile erzielen könnten. Bei Arbeitnehmern ist die Wahrung von B. eine Nebenpflicht des Arbeitsverhältnisses (Verschwiegenheitspflicht) (die Verletzung des B. ist strafbar aufgrund von Bestimmungen des Gesetzes gegen unlauteren Wettbewerb); bei Betriebsräten bzw. anderen gewählten Vertretern ergibt sie sich aus dem Betriebsverfassungsgesetz.

Betriebsgemeinschaft, im Dritten Reich verbreitete normative Vorstellung von einer gemeinsamen Interessenlage aller in einem Betrieb Tätigen im Rahmen des Führerprinzips. Dementsprechend arbeiteten alle Arbeitnehmer als Gefolgschaft des Führers des Betriebes zur Förderung der Betriebszwecke sowie zum gemeinsamen Nutzen des Volkes und bildeten im Rahmen der Bemühungen zur Erreichung dieser Ziele eine Gemeinschaft.

Betriebsgewinn, positive Differenz zwischen → Kosten und → Leistungen einer Abrechnungsperiode (vgl. auch → Betriebsergebnis).

Betriebsgrößenersparnisse, → economies of scale

Betriebsinformatik, → Wirtschaftsinformatik

Betriebsklima, Menge an Charaktermerkmalen eines Unternehmens sowie Art und Weise, wie diese von den Mitarbeitern wahrgenommen und subjektiv bewertet wird. Die empirische Erfassung des B. erfolgt mittels objektiv zugänglicher Daten wie Fluktuation, Fehlzeiten, Häufigkeit von Beschwerden sowie subjektiv wahrgenommener Merkmale, die durch Befragungen der Mitarbeiter erhoben werden; hierbei kann auf eine Reihe standardisierter und strukturierter Erhebungstechniken zurückgegriffen worden. Die Einflußfaktoren auf das B. sind vielfältig: Sie umfassen insbesondere den zwischenmenschlichen Bereich wie Beziehungen in einer Arbeitsgruppe oder Abteilung, das Verhältnis zu Vorgesetzten und deren Verhalten (Führungsstil), organisatorische Rahmenbedingungen wie Arbeitsorganisation und Entgeltpolitik, Informations- und Mitwirkungsmöglichkeiten, die Arbeitsbelastung, Unternehmenspolitik, aber auch außerbetriebliche Einflußfaktoren. Die Qualität des B. kann erhebliche Auswirkungen auf den Unternehmenserfolg haben, da es das Verhalten der Mitarbeiter stark beeinflußt, insbesondere im Hinblick auf deren Arbeitszufriedenheit, -bereitschaft und Identifikation mit dem Unternehmen. Hieraus resultiert ein direkter Einfluß auf die individuelle Arbeitsleistung.

Betriebsleitung, oberste Managementebene eines Betriebes. Der Unterschied zur → Unternehmensführung besteht darin, daß ein Betrieb ein räumlich und organisatorisch zusammengefaßter Ort der Leistungserstellung ist, während ein Unternehmen als rechtlich und wirtschaftlich selbständige Einheit definiert ist. Es kann aus mehreren Betrieben bestehen, so daß einer Unternehmensleitung damit mehrere B. hierarchisch untergeordnet sein können.

Betriebsmittel, aus dem faktortheoretischen Ansatz der Betriebswirtschaftslehre stammende Bezeichnung für diejenigen materiellen Güter, die neben den Elementarfaktoren für die Produktion benötigt werden und nicht im Endprodukt aufgehen; entspricht der aus der Volkswirtschaftslehre stammenden Bezeichnung → Produktionsmittel.

Betriebsmorphologie, → Unternehmensmorphologie

betriebsnotwendiges Kapital, → Kapital (Eigen- und Fremdkapital), welches für die Erstellung der betrieblichen → Leistungen notwendig ist; dient in der Kostenrechnung zur Berechnung der angesetzten → kalkulatorischen Zinsen.

betriebsnotwendiges Vermögen, → Vermögen (Anlage- und → Umlaufvermögen), welches für die Erstellung der betrieblichen → Leistungen notwendig ist. Die Feststellung des betriebsnotwendigen Vermögens dient nur der Ermittlung des → betriebsnotwendigen Kapitals, das die Grundlage der Berechnung der → kalkulatorischen Zinsen in der Kostenrechnung ist.

Betriebsnutzungszeit, → Betriebszeit

Betriebspolitik, → Unternehmenspolitik

Betriebsrat, laut Betriebsverfassungsgesetz in Betrieben mit privater Rechtsform auf drei Jahre gewählte Vertretung der → Arbeitnehmer zur Wahrung ihrer Interessen und Rechte gegenüber dem Arbeitgeber. Im öffentlichen Dienst werden stattdessen auf der Grundlage des Personalvertretungsgesetzes *Personalräte* gewählt. Die Größe des B. richtet sich nach der Beschäftigtenzahl: eine Person (Betriebsobmann) bei 5 bis 20 dauerhaft Beschäftigten, 3 Personen ab 21 Beschäftigten usw. Die Untergrenze für die Bildung eines Betriebsrates sind 5 dauerhaft Beschäftigte, wobei Auszubildende unter 18 Jahren nicht mitgerechnet werden, da diese eine eigene Jugendvertretung wählen. Arbeiter und Angestellte müssen entsprechend ihrem Zahlenverhältnis im B. vertreten sein. Mitglieder des B. unterliegen einem besonderen Kündigungsschutz. Die *Zuständigkeiten* des B. sind nach Gegenstandsbereichen und Intensitätsstufen gegliedert; sie reichen von Informationsrechten als der schwächsten Ausprägung (Informationsanspruch) über Mitwirkungsrechte (Recht auf Anhörung und Beratung, Vorschlagsrecht) bis zu den Mitbestimmungsrechten im engeren Sinne (wobei der Arbeitgeber eine Maßnahme ohne Mitwirkung des B. nicht rechtskräftig durchführen kann). Originäre Mitbestimmungsrechte beziehen sich vor allem auf personelle und soziale Angelegenheiten. Der B. hat ferner darauf zu achten, daß die geltenden Gesetze, Verordnungen, Vereinbarungen und Tarifverträge seitens des Arbeitgebers eingehalten werden.

Betriebssoziologie, Teilbereich der Soziologie, der die sozialen Beziehungen auf betrieblicher Ebene und den Betrieb als soziales Gebilde analysiert. Forschungsschwerpunkte sind Probleme der Mitbestimmung, des Personalmanagements, der Aus- und Weiterbildung, Führung, Arbeitseinstellung, Humanisierung des Arbeitslebens, Information und Kommunikation, der Auswirkungen neuer Technologien auf den Betrieb und die Arbeit.

Betriebsstillegung (Betriebsunterbrechung), Einstellung jeglicher betrieblichen Tätigkeit. Die Gründe des Unternehmers dafür sind unerheblich. Beachtet werden muß die Mitbestimmung des Betriebsrates bei → Betriebsänderungen (§§111-113 BetrVG), wenn mehr als 20 Arbeitnehmer beschäftigt sind.

Betriebssystem, Sammelbezeichnung für alle Programme, die benötigt werden, um die Arbeitsfähigkeit der DV-Anlage herzustellen (→ Software). Das Betriebssystem verwaltet die Betriebsmittel einer Rechenanlage und weist den Benutzern die Ressourcen zu. Ebenso verwaltet das Betriebssystem Prozesse (Programmabläufe) und Dateien. Grundsätzlich ist das B. auf bestimmte Anlagen ausgerichtet.
1. *Großrechnerbereich*: In einer IBM-Umgebung unterscheidet man die Betriebssysteme MVS (Multiple Virtual Storage, MVS-ESA als neuestes Produkt), VSE und VM/SP (Virtual Machine System Product). Charakteristisch für MVS ist die Möglichkeit, einen virtuellen Speicher auf Magnetplatten oder in einem Erweite-

rungsspeicher zu nutzen. Dieses System wurde früher nur von Großanwendern (308X, beziehungsweise 309X-Anwender) benutzt, kann aber auch bei mittleren Großrechnern (4300-Familie) eingesetzt werden. Das Betriebssystem VSE wird häufig als Einstiegssystem verwendet. Für VM/SP ist charakteristisch, daß mehrere Betriebssysteme als Subsysteme im Parallelbetrieb unter VM ablaufen können. In einer Siemens-Großrechnerumgebung wird das Betriebssystem BS2000 verwendet. Ein weiterer wichtiger Vertreter ist UNIX.
2. *PC-Bereich*: Hier wird vor allem mit dem Betriebssystem MS-DOS und OS/2 gearbeitet. OS/2 ist nicht an die Speicherbeschränkung von MS-DOS gebunden. Darüber hinaus ist es zum sog. Mehrprogrammbetrieb (Multitasking), nicht jedoch zum Mehrbenutzerbetrieb fähig.

Betriebsunterbrechung, → Betriebsstillegung

Betriebsvereinbarung, Vereinbarung zwischen Betriebsrat und Unternehmensleitung über Fragen der Arbeitsbedingungen und Betriebsordnung, soweit sie nicht im Rahmen geltenden Rechts oder bestehender Tarifverträge bereits geregelt sind. Geltendes Recht und Tarifverträge brechen B.

Betriebsverfassungsgesetz, rechtliche Grundlage zur Regelung der Tätigkeit von Betriebsräten sowie der Beteiligung der Arbeitnehmer im Aufsichtsrat von Kapitalgesellschaften, die nicht unter das Mitbestimmungsgesetz fallen. Danach kann in Betrieben mit fünf oder mehr ständig beschäftigten Arbeitnehmern ein Betriebsrat gewählt werden, der die Interessen der Arbeitnehmer gegenüber der Unternehmensleitung vertritt. In Kapitalgesellschaften und Genossenschaften mit mehr als 500 Arbeitnehmern ist ein Aufsichtsrat zu bilden, der zu einem Drittel von Arbeitnehmervertretern besetzt wird, die in Urwahl bestimmt werden.

Betriebsvergleich, systematischer Vergleich betrieblicher Größen zur Beurteilung von wirtschaftlichen Tatbeständen, der als Instrument der Planung, Kontrolle und Lenkung des Betriebsgeschehens dient; wird durchgeführt als Selbstvergleich oder zwischenbetrieblicher Vergleich mit Daten aus anderen Betriebsteilen oder Unternehmen. Innerbetriebliche Vergleiche beinhalten die Betrachtung der Entwicklung des Unternehmens im Zeitablauf anhand bestimmter Kriterien. Bei einem externen B. wird nur mit veröffentlichten Daten (etwa Bilanzen) gearbeitet. Vergleiche mit anderen Unternehmen werden als → Konkurrenzanalyse bzw. Wettbewerbsanalyse vorgenommen, um die Wettbewerbsfähigkeit des Unternehmens oder einzelner Produkte zu überprüfen.

Betriebsverlust, negative Differenz zwischen → Kosten und → Leistungen einer Abrechnungsperiode (vgl. auch → Betriebsergebnis).

Betriebsversammlung, Versammlung zur Aussprache von Betriebsrat und Belegschaft sowie zur Unterrichtung der Belegschaft in den für sie wichtigen Fragen (§ 42 – 46 BetrVG). Die B. hat keine rechtliche Wirkung nach außen oder Einfluß auf den Betriebsrat. Durchgeführt wird sie in jedem Kalendervierteljahr. Wenn Betriebsrat, Arbeitgeber oder mindestens ein Viertel der Arbeitnehmer dies wollen, besteht die Möglichkeit, eine außerordentliche B. einzuberufen. Sie findet grundsätzlich während der Arbeitszeit statt, soweit die Eigenheiten des Betriebes nicht eine andere Regelung erforderlich machen.

Betriebswirtschaftslehre (BWL), einzelwirtschaftliche Teildisziplin der Wirtschaftswissenschaft (im Unterschied zur Volkswirtschaftslehre), die sich mit der rationalen Führung von Betrieben befaßt. Die BWL ist eine Realwissenschaft, da sie sich mit in der Wirklichkeit vorhandenen Objekten befaßt (im Gegensatz zu Formalwissenschaften), und eine angewandte Wissenschaft, da Erkenntnisse anderer Wissenschaftsdisziplinen auf betriebliche Sachverhalte angewandt werden. Erkenntnisziele sind die Theoriebildung, d.h. die wissenschaftliche Durchdringung und Erklärung betrieblicher Sachverhalte und das praktisch-normative Gestaltungsinteresse, das insbesondere mittels der Entwicklung von Entscheidungsmodellen Hilfestellungen für die Beherrschung und rationale Gestaltung des Betriebs liefern soll. – Die BWL als *Forschungs- und Lehrgebiet* ist aufgrund der unterschiedlichen Problemlage stark in einzelne betriebliche Funktionsbereiche und Betriebstypen gegliedert. Neben der Allgemeinen BWL, die auf eine Gesamterfassung des betrieblichen Geschehens abzielt, ist das Fach sowohl nach funktionalen (z.B. Produktion, Absatz/Marketing, Finanzierung, Beschaffung, Personal) wie institutionellen Gesichtspunkten (z.B. Banken, Handel, Versicherungen, öffentliche Betriebe) gegliedert. Innerhalb der BWL haben sich ferner unterschiedliche Ansätze herausgebildet: → faktortheoretischer Ansatz, → entscheidungsorientierter Ansatz → systemorientierter Ansatz → verhaltenswissenschaftlicher Ansatz und → arbeitsorientierte Einzelwirtschaftslehre. – Die *Entwicklung* der BWL als Wissenschaftsdisziplin geht auf die Buchhaltung und das Rechnungswesen sowie die Kameralwissenschaft zurück. Sie wurde um die Wende zum 20. Jahrhundert an den neu gegründeten Handelshochschulen als Lehrgebiet institutionalisiert, zunächst unter den Bezeichnungen Privatwirtschaftslehre und Handelswissenschaft bzw. Handelsbetriebslehre. Die öffentliche Anerkennung erfolgte erst in den 20er Jahren, insbesondere mit Arbeiten von Schmalenbach zu Fragen des Rechnungswesens in der Inflation und in den 50er Jahren mit einer neuen theoretischen Fundierung durch Gutenbergs faktortheoretischen Ansatz. BWL ist Fach an fast allen deutschen Hochschulen.

Betriebswissenschaft, Anfang des 20. Jahrhunderts verbreitete, inzwischen ungebräuchliche Bezeichnung für eine auf → Taylorismus und → industrial engineering aufbauende ingenieurwissenschaftlich orientierte Lehr- und Forschungsrichtung an deutschen Hochschulen, die sich vor allem mit Fragen der inneren Betriebsführung und dem Zusammenspiel von Mensch, Arbeit und Technik befaßte.

Betriebszeit, Nutzungszeit der betrieblichen Anlagen bzw. Dauer der Betriebsbereitschaft oder Öffnungszeit, unabhängig von der Arbeitszeit der einzelnen Mitarbeiter. Insbesondere bei hohen Investitionskosten für betriebliche Anlagen besteht ein betriebswirtschaftliches Interesse des Unternehmens an einer möglichst langen B., die teilweise durch Modelle der Arbeitszeitflexibilisierung (→ flexible Arbeitszeit) erreichbar ist.

Beurteilung, → Personalbeurteilung

Bewerbung, allgemein übliches Verfahren, mit dem ein an einem Arbeitsplatz Interessierter sein Interesse am

Abschluß eines Arbeitsvertrages bekundet. B. erfolgen entweder aufgrund von Stellenanzeigen (etwa in Zeitungen), von unternehmensinternen Stellenausschreibungen oder von Vermittlungen durch das → Arbeitsamt, basieren also auf einem offensichtlichen Stellenangebot eines Unternehmens oder auf dem Wunsch des Bewerbers, bei dem betreffenden Unternehmen zu arbeiten. I.d.R. erfolgt eine B. schriftlich; von ihr hängt ab, ob der Bewerber zu einem persönlichen Vorstellungsgespräch eingeladen wird. Zu einer schriftlichen B. gehören ein Anschreiben mit Hinweisen darauf, warum sich der Bewerber für geeignet für die zu besetzende Stelle hält, sowie Bewerbungsunterlagen (vor allem Lebenslauf, Foto, Zeugnisse).

Bewerbungsgespräch, Gespräch, das ein Einsteller mit Bewerbern für einen Arbeitsplatz zum Zwecke der → Personalauswahl führt, um deren Eignung für den zu besetzenden Arbeitsplatz zu überprüfen. Für den Bewerber bietet sich die Möglichkeit, von ihm als wichtig empfundene Informationen zu sammeln, um seinerseits eine Entscheidung treffen zu können, ob er den fraglichen Arbeitsplatz besetzen will.

Bewertung, Zuordnung von Werten zu den in der Bilanz ausgewiesenen Verbindlichkeiten und Vermögensgegenständen. Grundlage der B. letzterer sind die Anschaffungskosten für fremdbezogenes Vermögen sowie die Herstellungskosten für Eigenleistungen, vermindert um planmäßige bzw. gegebenenfalls außerplanmäßige Abschreibungen. Grundlage der B. von Verbindlichkeiten ist der Rückzahlungsbetrag, den der Schuldner bei Fälligkeit der Verbindlichkeit aufbringen muß. – Wichtige *Bewertungsgrundsätze* sind die → Bilanzidentität, das → Going-Concern-Prinzip, die → Einzelbewertung, das → Vorsichtsprinzip, das → Realisationsprinzip und das → Imparitätsprinzip.

Bewertungsgrundsätze, → Bewertung

Bewertungskontinuität, → Bilanzkontinuität, → Bewertungsstetigkeit

Bewertungsstetigkeit, → Grundsatz ordnungsgemäßer Buchführung, der eine Methodenstetigkeit fordert. Diese bezieht sich auf die gleichbleibende Anwendung von Bewertungsmethoden (z.B. Abschreibungsmethoden) in den Jahresabschlüssen. Vom Prinzip der B. darf nur in begründeten Ausnahmefällen abgewichen werden.

Bewertungsvereinfachungsverfahren, vom Prinzip der → Einzelbewertung abweichende vereinfachende Verfahren zur Bewertung von Vermögensgegenständen für den Jahresabschluß. Unterschieden werden → Gruppenbewertung und → Festwertverfahren.

Beziehungsebene, neben der Sach- oder Problemebene bestehende Ebene der Kommunikation zwischen zwei Individuen oder in Gruppen. Vielfach werden Probleme einer Ebene auf eine andere transportiert (auch unbewußt), wodurch die Problemlösung erschwert wird. Bei Gruppenprozessen werden daher z.T. Moderatoren eingesetzt, die sich auf die B. konzentrieren und dadurch die sachbezogene Arbeit der Gruppe unterstützen können.

Beziehungsorientierung, im Rahmen der → Ohio-State-Studien der Führungsforschung eine der beiden voneinander unabhängigen Dimensionen zur Beschreibung von → Führungsstil. B. beschreibt die Art und Weise des

Umgangs des Führenden gegenüber Mitarbeitern. Eine hohe B. drückt sich u.a. in vertrauensvollem, respektvollem und warmherzigem Verhalten, Beachtung der Wünsche und Interessen der Mitarbeiter sowie Sensibilität für soziale Prozesse aus.

Beziehungsstil, im → Drei-D-Programm einer von vier Grundtypen des → Führungsstils, bei dem die → Beziehungsorientierung dominiert. Der B. wird effektiv vom Typus des „Förderers" genutzt, der weitgehend delegiert sowie Personalentwicklung als Mittel zu einer besseren Aufgabenerfüllung systematisch einsetzt, und ineffektiv durch den „Gefälligkeitsapostel", der über eine Steigerung der Zufriedenheit der Mitarbeiter die Aufgabenerfüllung vernachlässigt.

Bezogener, → Wechsel

Bezugsbindung, Form der → Vertriebsbindung, bei der beispielsweise ein Händler verpflichtet wird, bei einem bestimmten Lieferanten seine Waren zu beziehen oder auch nicht zu kaufen. Möglich ist auch die Untersagung des Erwerbs bestimmter Waren (z.B. Konkurrenzprodukte). Wettbewerbsrechtlich sind B. nach § 18 GWB (Gesetz gegen Wettbewerbsbeschränkungen) zu überprüfen.

Bezugsrecht, Recht der bisherigen Aktionäre, bei einer → Kapitalerhöhung der Aktiengesellschaft an der Ausgabe neuer Aktien entsprechend ihrer bisherigen Anteile am Grundkapital teilzuhaben. B. gelten auch für Wandel-, Gewinnschuldverschreibungen sowie für Genußscheine. Dadurch erhält der Altaktionär einen Schutz vor Vermögensverlust z.B. durch sinkende Aktienkurse nach der Ausgabe. B. können von den Altaktionären verkauft und an der Börse gehandelt werden. Das B. kann durch Beschluß der Hauptversammlung mit qualifizierter Mehrheit ausgeschlossen werden.

BGB-Gesellschaft, → Gesellschaft bürgerlichen Rechts

Big Bang (Großer Knall), Ausdruck für die Modernisierung und Deregulierung an den Londoner Finanzmärkten 1986. Angelehnt ist die Bezeichnung an die gleichnamige Theorie, die die Entstehung des Universums als „großen Knall" beschreibt. Fast ein Jahr später kam es zum Beinahe-Börsenkrach, dem sog. „Schwarzen Montag".

Bilanz, Bestandteil des → Jahresabschlusses; stichtagsbezogene Zusammenfassung und Gegenüberstellung von Vermögen auf der Aktivseite (Aktiva) und Kapital eines Unternehmens auf der Passivseite (Passiva), wobei die Summe auf beiden Seiten der B. gleich ist. Auf der Passivseite wird die Herkunft der finanziellen Mittel, auf der Aktivseite ihre Verwendung aufgeführt. Damit ist letztere Ausdruck der → Investitionen und erstere Ausdruck der → Finanzierung. – In der Grobgliederung der B. werden auf der Aktivseite → Anlagevermögen und → Umlaufvermögen, auf der Passivseite → Eigenkapital und → Fremdkapital sowie eventuell ein → Gewinn bzw. → Verlust aufgeführt. Auf beiden Seiten der B. werden → Rechnungsabgrenzungsposten aufgeführt. Die Vermögensseite ist im wesentlichen nach → Liquidität gegliedert, die Kapitalseite nach der Fristigkeit der dem Unternehmen zur Verfügung stehenden Mittel. – Jeder Kaufmann hat zu Beginn der Geschäftstätigkeit und am Ende eines jeden Geschäftsjahres eine B. zu *erstellen.* Ihre Aufgabe ist die Bereitstellung von Informationen über Entwicklung und Lage des Unternehmens für dispositive Zwecke der Unternehmensführung sowie für weitere Interessenten außerhalb des Unternehmens wie Kapitalgeber, Gläubiger, Arbeitnehmer, Öffentlichkeit und Kapitalmarkt. Zu den Teilaufgaben der B. gehören der Ausweis von Erfolg, Kapital, Vermögen und Liquidität. – Adressat der → *Steuerbilanz* ist der Fiskus. – Zu bestimmten Anlässen sind → *Sonderbilanzen* aufzustellen.

Bilanzanalyse, systematische Auswertung und Beurteilung der → Bilanzen, der → Gewinn- und Verlustrechnungen sowie der → Lageberichte und → Anhänge. Hilfsmittel der Analyse sind Betriebs- und Zeitvergleiche. B. dienen der Verdichtung von Informationen durch → Kennzahlen, der Wahrheitsfindung, Urteilsbildung und Entscheidungsfindung. – Unterschieden werden interne und externe sowie formelle und materielle B. Interne werden im Unternehmen durchgeführt und haben den Vorteil einer über die publizierten Daten hinausgehenden Informationsbasis. Externe werden von Außenstehenden (Anteilseignern, Geschäftspartnern, Arbeitnehmern, der Öffentlichkeit) durchgeführt und basieren auf den publizierten Daten. Formelle B. hinsichtlich der gesetzlichen und satzungsmäßigen Bestimmungen werden bei nach Handelsgesetzbuch und Publizitätsgesetz veröffentlichten Jahresabschlüssen vom Abschlußprüfer durchgeführt. Die materielle B. dient der inhaltlichen Analyse der Jahresabschlüsse

Bilanzgewinn, in der Bilanz einer Kapitalgesellschaft ausgewiesener Gewinn, sofern die Bilanz unter Berücksichtigung der vollständigen oder teilweisen Verwendung des Jahresergebnisses aufgestellt wird. Bilanzgewinn/Bilanzverlust treten an die Stelle von „Jahresüberschuß/Jahresfehlbetrag“ und „Gewinnvortrag/Verlustvortrag“.

Bilanzidentität, Übereinstimmung der → Eröffnungsbilanz des laufenden und der → Schlußbilanz des abgelaufenen Geschäftsjahres.

Bilanzierung, Erstellung der → Bilanz in formeller und materieller Hinsicht. Formell handelt es sich um die B. dem Grunde nach, d.h. um die Frage, ob ein Vermögensgegenstand oder eine Schuldenposition überhaupt bilanzierungsfähig ist. Materiell geht es um die B. der Höhe nach, d.h. um die Frage, mit welchem Betrag die Positionen anzusetzen sind (→ Bewertung, → Grundsätze ordnungsgemäßer Buchführung).

Bilanzierungsgrundsätze, → Grundsätze ordnungsgemäßer Buchführung

Bilanzierungshilfen, Aktivierungswahlrechte (→ Aktivierung) für bestimmte Aufwendungen in der Bilanz, die keine Vermögensgegenstände sind. Der Ansatz der B. ist nur in vom Gesetzgeber bestimmten folgenden Ausnahmefällen zulässig: Aufwendungen für die Ingangsetzung und Erweiterung des Geschäftsbetriebes dürfen von Kapitalgesellschaften aktiviert werden. Gründungsaufwendungen sowie Aufwendungen zur Beschaffung von Eigenkapital gehören nicht dazu; der (derivative) Firmenwert, sofern er entgeltlich erworben wurde, darf angesetzt werden. Der Firmenwert ergibt sich als Differenz zwischen Kaufpreis und Reinvermögen zu Wiederbeschaffungskosten; der Verschmelzungsmehrwert, der bei der Verschmelzung von → Aktiengesellschaften entsteht, darf geltend gemacht werden, ebenso aktive latente Steuern von Kapitalgesellschaften für erwartete Steuerminderbelastungen, die auf einer Differenz von handels- und steuerrechtlichem Gewinn basieren.

Bilanzkontinuität, Bewertungsgrundsatz, der in formeller Hinsicht → Bilanzidentität und in materieller Hinsicht → Bewertungsstetigkeit erfordert.

Bilanzkosmetik, → window dressing

Bilanzplanung, → Planbilanz

Bilanzpolitik, Gestaltung von → Jahresabschluß sowie → Lagebericht im Rahmen der Spielräume, die Gesetze, Verordnungen und Grundsätze ordnungsgemäßer Buchführung zulassen. Bilanzpolitisches Ziel ist die Beeinflussung der Beurteilung des Jahresabschlusses durch die Adressaten (Eigentümer, Gläubiger, Arbeitnehmer u.a.), um diese zu einem Verhalten zu bewegen, das der Verwirklichung unternehmenspolitischer Ziele dient. Instrumente sind vor allem die Ausnutzung von Wahlrechten bei der Bilanzierung (z.B. aktive latente Steuern) und Bewertung von Bilanzpositionen (Herstellungskosten), Sachverhaltsgestaltung (Wahl des Bilanzstichtages) sowie Darstellungswahlrechte (Umsatz- oder Gesamtkostenverfahren).

Bilanzrichtlinie, → Bilanzrichtliniengesetz

Bilanzrichtliniengesetz (BiRiLiG), Gesetz vom 19.12.1985, das Richtlinien der EG in deutsches Recht umsetzt. Die Umsetzung erfolgt vor allem durch ein neu in das Handelsgesetzbuch eingeführtes Drittes Buch und hat erhebliche Auswirkungen auf die Rechnungslegungs-, Prüfungs- und Offenlegungspflichten für Aktiengesellschaften, Kommanditgesellschaften auf Aktien und Gesellschaften mit beschränkter Haftung.

Bilanzstrukturregeln, → Finanzierungsregeln

Bilanzverlust, in der Bilanz einer Kapitalgesellschaft ausgewiesener Verlust, sofern die Bilanz unter Berücksichtigung der vollständigen oder teilweisen Verwendung des Jahresergebnisses aufgestellt wird. Bilanzgewinn/Bilanzverlust treten an die Stelle von „Jahresüberschuß/Jahresfehlbetrag" und „Gewinnvortrag/Verlustvortrag".

Bilanzverschleierung, Manipulation von Bilanzposten und Wertansätzen, durch die ein falsches, üblicherweise zu günstiges Bild der Vermögens-, Finanz- und Ertragslage sowie der Schuldverhältnisse entsteht. Die B. verstößt gegen die → Grundsätze ordnungsgemäßer Buchführung und kann strafbar sein.

Bilanzwahrheit, Grundsatz, der Vollständigkeit und Richtigkeit bei der Aufstellung von Bilanzen erfordert; wird durch die Anwendung des → Vorsichtsprinzips, die zur Bildung stiller Reserven führt, häufig durchbrochen.

Bildschirmtext, dient der Übermittlung von Texten und grafischen Darstellungen zur Wiedergabe auf Bildschirmgeräten und wird von der Deutschen Bundespost Telekom angeboten. – Grundsätzlich bietet BTX folgende *Funktionen*: (1) Anbieterfunktion (ein Teilnehmer stellt anderen BTX-Teilnehmern Informationen zum Abruf zur Verfügung, z.B. Produktinformationen), (2) Informationsfunktion (der Teilnehmer kann Informationen über BTX-Seiten abrufen, z.B. Ansprechpartner), (3) Kommunikationsfunktion (über einen eigenen Mitteilungsübermittlungsdienst können formlose Mitteilungen oder formularähnliche Antwortseiten verschickt werden) und (4) Interaktionfunktion (BTX dient als Zugangsmedium zu Dialoganwendungen in externen Rechnern, die mit dem BTX-Netz verbunden sind, z.B. Bestellung von Ersatzteilen). – Der *Zugang* zum BTX-Dienst erfolgt über das Telefonnetz. Im einfachsten Fall reicht als Endgerät ein mit einem Decoderzusatz versehenes Fernsehgerät. – Die Bedeutung von BTX liegt weniger im ursprünglich anvisierten privaten Bereich als vielmehr bei professionellen bzw. semi-professionellen Anwendungen. In diesem Fall dient in der Regel ein PC mit Software-Decoder als Endgerät. Beim PC-Einsatz ergeben sich interessante Anwendungen, z.B. direkter Zugriff auf BTX-Seiten über Stichworte, Übernahme von Informationen aus BTX-Seiten in PC-Dateien (z.B. Aktienkurse), Automatisierung der Mitteilungsübermittlung, kostengünstiger Datentranfer über BTX-Seiten. – Bei *BTX-Nutzung über* → *ISDN* verkürzen sich die langen Bildaufbauzeiten.

Bildungscontrolling, Teilbereich des → Personalcontrollings zur Steuerung und Erfolgskontrolle der Weiterbildungsaktivitäten (Personalentwicklung). Meßgrößen sind u.a. Belastbarkeit, Qualifikation, Kontrolle der Seminarangebote etwa durch Seminarbewertungen und Beobachtung sowie Lerntransferüberprüfungen.

biographical information blank, → Personalfragebogen

biographischer Fragebogen, → Personalfragebogen

bipolare Strategie, → Sandwich-Strategie

Bit, ein Binärzeichen (*b*inary dig*it*) als kleinste Informationseinheit zur Darstellung von Daten in einem Binärcode (Code mit einem Zeichenvorrat von zwei Zeichen, z.B. 0 und 1). Ein B. kann entweder den Wert einer binären Null oder einer binären Eins annehmen. – Neben dem B. werden auch das *Kilobit* (kb oder kbit, gleich 2^{10} Bits), das *Megabit* (Mb oder Mbit, gleich 2^{20} Bits) bzw. das *Gigabit* (Gb oder Gbit, gleich 2^{30} Bits) als Maßgrößen verwendet. – Acht B. wiederum bilden ein → Byte.

Blockplanung, → Planungshorizont

Blockteilzeitarbeit, → flexible Arbeitszeit

Bombenwurf, Vorgehensweise zur Veränderung von Organisationen, bei der die betroffenen Organisationsmitglieder von der Veränderung überrascht werden (z.B. von der Installation von Computern am Arbeitsplatz); typische → Top-down-Strategie ohne Einbeziehung der Betroffenen. Im Vergleich zu partizipativem Vorgehen ist der B. zunächst zeitsparend, jedoch u.U. mit erheblichen Akzeptanzproblemen verbunden, durch die der Zeitgewinn i.d.R. verlorengeht.

Bonität, Bezeichnung für die aktuelle und zukünftige Leistungs- bzw. Zahlungsfähigkeit eines Schuldners. Die B. eines Kunden wird im Rahmen der → Kreditprüfung beurteilt und ist relevant für die Vergabe von Krediten und die Stellung von Kreditsicherheiten.

Bonus, → Mengenrabatt

Börse, Markt, der hinsichtlich Ort, Zeit, Marktteilnehmern und Ablauf genau geregelt ist. Charakteristische Merkmale sind Fungibilität der gehan-

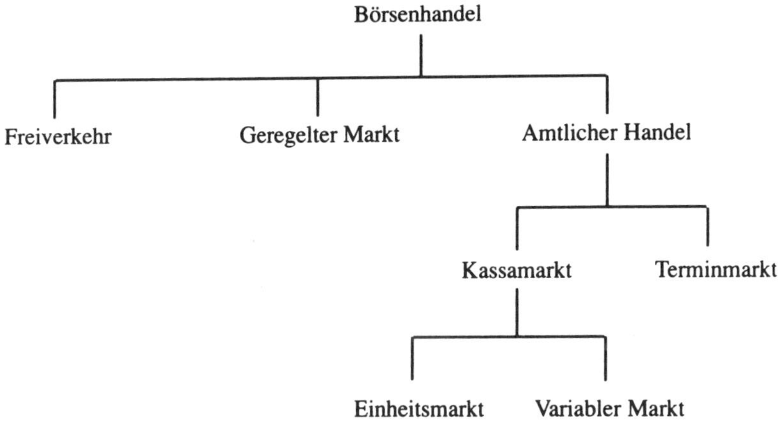

delten Objekte wie Waren, Devisen oder Effekte sowie die örtliche Konzentration von Angebot und Nachfrage. Letzteres verliert jedoch aufgrund der neuen Informations- und Kommunikationstechnologien zunehmend an Bedeutung. – Zu unterscheiden sind: a) Auf der *Warenbörse* werden Waren wie Getreide, Rohstoffe etc. gehandelt, z. B. in Hamburg und Bremen sowie international in New York. b) Zu den *Dienstleistungsbörsen* zählen die verschiedenen Versicherungsbörsen der Schiffahrt und des Luftverkehrs sowie die Transportbörse. c) *Devisenbörsen* befinden sich in Frankfurt, Hamburg, Düsseldorf, München und Berlin. d) Auf der *Effekten- bzw. Wertpapierbörse* wird mit Wertpapieren des Kapitalmarktes gehandelt. Die Wertpapierbörsen sind in Teilmärkte gesplittet, auf denen jeweils nur speziell zugelassene Papiere ghandelt werden dürfen: amtlicher und geregelter Markt. Im Rahmen des ungeregelten Freiverkehrs (Telefonverkehr) werden dagegen Papiere außerhalb der Börse in der Regel zwischen Banken telefonisch gehandelt.

Bottom-up-Planung, Verfahren der vertikalen → Planabstimmung in hierarchisch strukturierten Organisationen. Der Planungsprozeß läuft im Gegensatz zur → Top-down-Planung von unten nach oben, d.h., die unteren Führungsebenen sind Ausgangspunkt der Planerstellung. Die strategischen Ziele der Unternehmen ergeben sich als Aggregat der operativen Ziele der unteren Ebenen. Vorteilhaft ist eine mit diesem Verfahren geförderte hohe Identifikation der Beteiligten mit den Plänen.

boundary spanning roles, Aufgabenbereich in einer Organisation, der sich auf Herstellung und Aufrechterhaltung der Interaktion mit anderen Organisationen bezieht. Mitglieder, die solche Aufgaben bzw. Rollen wahrnehmen, haben eine relativ große Distanz zu den anderen Organisationsmitgliedern bei gleichzeitig engen Kontakten zu externen Gruppen und befinden sich oft in dem Dilemma, einerseits Außenansprüche an die Organisation, andererseits organisationale Ansprüche an außenstehende Gruppen herantragen zu müssen. Problematisch ist aus Sicht des Managements die Einbindung dieser Personengruppe. Z.B. werden Unternehmensberater, die hierunter fallen, oft von Klienten abgeworben, was bei Beratungsunternehmen zu einer relativ hohen Fluktuation führt.

Brainstorming, → Kreativitätstechnik bzw. Ideensuch- und Problemlösungsverfahren, bei dem die Mitglieder einer Gruppe möglichst viele Ideen sammeln sollen. Die einzelnen, teilweise reihum geäußerten Ideen dürfen nicht kommentiert und diskutiert werden; eine Auswertung erfolgt erst danach.

Brainwriting, → Kartenabfrage, → Moderationstechnik

Branchenattraktivitäts-Unternehmenspositions-Matrix, von der amerikanischen Unternehmensberatungsfirma McKinsey entwickelte → Portfolio-Analyse, die auf der Umweltdimension Branchenattraktivität und der Unternehmensdimension Unternehmensposition beruht. Letztere erfaßt die Stellung des Unternehmens in der Branche und wird durch die Teildimensionen Wettbewerbsstärke und finanzielle Stärke bestimmt. Die Branchenattraktivität resultiert aus Nachfragestabilität und Branchenflexibilität.

Branchenattraktivitäts-Wettbewerbsstärken-Matrix, Weiterentwicklung der von der Unternehmensberatung Boston Consulting Group entwickelten → Marktanteils-Marktwachstums-Matrix mit einer stärkeren Betrachtung der Umweltfaktoren. Die von McKinsey und General Electric entwickelte B. entsteht durch Gegenüberstellung von Branchenattraktivität und Wettbewerbsintensität mit je unterschiedlichen Ausprägungen. Empfohlen werden die Normstrategien der Marktanteils-Marktwachstums-Matrix.

Branchenlebenszyklus, Konzept zur Analyse von Branchen, das die Entwicklung von Branchen analog des → Lebenszykluskonzepts in Lebensphasen (Aufbau, Wachstum, Reife, Degeneration) einteilt.

Brand Management, → Produktmanagement

Break-even-Analyse (Nutzschwellen-Analyse, Gewinnschwellen-Analyse), Ermittlung der Absatzmenge in der Kostenrechnung, bei der die Erlöse die Kosten des Betrachtungszeitraumes decken und weder Gewinn noch Verlust realisiert wird. Voraussetzung der B. ist die Aufspaltung der Gesamtkosten des Unternehmens in fixe und variable Kosten. Der *Break-even-Punkt* wird erreicht, wenn die Summe der Deckungsbeiträge (Preis abzüglich variable Kosten) den gesamten Fixkosten entspricht. Der Gesamtertrag ergibt sich als Produkt aus Verkaufspreisen und Break-even-Menge. Die Gesamtkosten sind die Summe von fixen und variablen Kosten, multipliziert mit der Break-even-Menge.

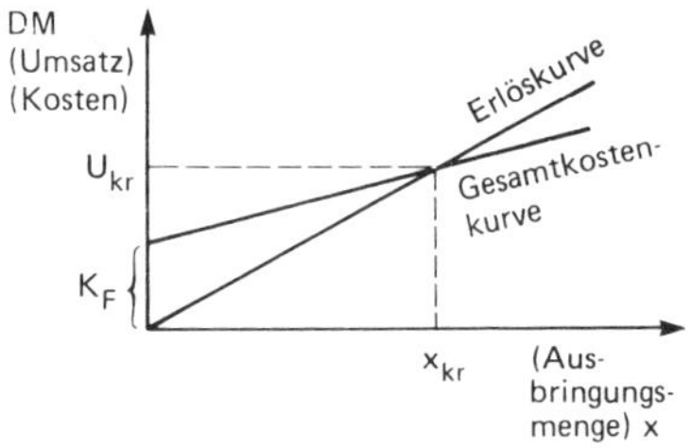

Break-even-Punkt, → Break-even-Analyse

Breitband-ISDN, → ISDN

Breitbandkommunikation, Nachrichtenaustausch, der bei der Übertragung von digitalen Signalen mit einer Übertragungsgeschwindigkeit von mehr als 64 Kilobit pro Sekunde erfolgt. Während diese Übertragungsgeschwindigkeit zur digitalen Übertragung von Sprache ausreicht (z.B. im Rahmen von ISDN), sind zur Übertragung farbiger Bewegtbilder (wie sie für Telekonferenzen notwendig sind) wesentlich höhere Übertragungsgeschwindigkeiten notwendig. Die Deutsche Bundespost Telekom bietet für diese Zwecke einen Bildübertragungsdienst mit einer Übertragungsrate von 140 Megabit pro Sekunde an. Diese Bildübertragung wird auf der Basis von Lichtwellenleitern (Glasfaser) realisiert. – Im Rahmen der Verteilkommunikation gehört auch das im Privatbereich verfügbare *Kabelfernsehen* zur Klasse der B.

Breite der Leitungsgliederung, durch die → Kontrollspanne ausgedrückte Anzahl der jeweils einem Vorgesetzten zugeordneten Mitarbeiter.

Bridge, Anpassungsschaltung, die der Kopplung zweier gleichartiger lokaler Netze (→ LAN) dient. Damit können Teilnehmer eines Netzes mit Teilnehmern eines anderen Netzes kommunizieren. – Eine andere Form der Anpassungsschaltung wird als → *Gateway* bezeichnet.

Briefing, kurze Sitzung, bei der die Teilnehmer die wesentlichen Informationen zu einem bestimmten Sachverhalt, einem Projekt oder einem unmittelbar bevorstehenden Arbeitsauftrag erhalten.

BTX, → Bildschirmtext

Buchführung, → Rechnungswesen, → Finanzbuchhaltung, → Kostenrechnung

Buchführungspflicht, durch das Handelsgesetzbuch bestehende Verpflichtung jedes → Vollkaufmanns zur Führung von Büchern, in denen die Handelsgeschäfte unter Berücksichtigung der → Grundsätze ordnungsgemäßer Buchführung fortlaufend, lückenlos, richtig und nachprüfbar aufgezeichnet werden, so daß sich ein sachverständiger Dritter innerhalb einer angemessenen Zeit einen Überblick über die Lage des Unternehmens verschaffen kann. Die Buchführung ist Grundlage der Aufstellung von → Bilanz sowie → Gewinn- und Verlustrechnung, der → Kostenrechnung, Betriebsstatistik und Planungsrechnung. Die B. gilt nach Handelsgesetzbuch nicht für → Minderkaufleute. Die Vorschriften des Handelsgesetzbuches werden durch handelsrechtliche Bestimmungen des Aktien-, GmbH- und Genossenschaftsgesetzes ergänzt.

Buchgewinn, → Gewinne, die bei der Auflösung → stiller Reservern, z.B. durch den Verkauf einer abgeschriebenen Maschine zu einem den Restwert übersteigenden Preis oder durch die Auflösung von → Rückstellungen entstehen.

Buchhaltung, → Rechnungswesen, → Finanzbuchhaltung, → Kostenrechnung

Buchwert, → Restbuchwert

Budget. 1. in seiner ursprünglichen Bedeutung Synonym für Finanzplan.
2. Einzelnen Abteilungen eines Unternehmens im Rahmen der (strategischen) → Planung vorgegebene Mengen- oder Wertgrößen.

Bürgerliches Gesetzbuch (BGB), vom 18.8.1896 stammende und mit späteren Änderungen versehene wesentliche gesetzliche Grundlage des bürgerlichen Rechts, die seit dem 1.1.1900 in Kraft ist. Enthalten sind allgemeine Vorschriften, die für das gesamte Privatrecht Gültigkeit haben (u.a. Regelungen zur Geschäfts- und

Rechtsfähigkeit, Fristen, Verjährung), das Recht der Schuldverhältnisse (allgemeine Regeln über den Inhalt von Schuldverhältnissen und einzelne Schuldverhältnisse, z.B. Miete, Kaufvertrag), das Sachenrecht sowie das Familien- und Erbrecht. Daneben existieren auch ergänzende Gesetze (z.B. AGB-Gesetz, Wohnungseigentumsgesetz).

Bürgschaft, → Kreditsicherheiten

Bürokommunikation, Ziel ist die Verbesserung der Effektivität und Effizienz von Büroarbeit. Dies wird dadurch erreicht, daß man die Potentiale moderner Informations- und Kommunikationstechnik nutzt. Im wesentlichen handelt es sich um Systemkomponenten zur Unterstützung der Direktkommunikation (z.B Telefon, Telekonferenz) und der Dokumentenkommunikation (z.B. Dokumentenerstellung, Dokumentenverwaltung, Dokumentenaustausch, Elektronische Post). – Aus organisatorischer Sicht eröffnen diese Systemkomponenten *neue Formen der Aufgabengestaltung*. Insbesondere stehen eine Verringerung der Arbeitsteilung, die Verminderung von Medienbrüchen im Arbeitsablauf, die Beschleunigung von Transportvorgängen und die Erhöhung der Erreichbarkeit von Kommunikationspartnern im Vordergrund. – Am Anfang standen Insellösungen (z.B. Einrichtung eines zentralen Schreibbüros) mit Rationalisierungseffekten im Vordergrund. Heute ist der *Integrationsgedanke* in den Mittelpunkt gerückt. Integration von klassischen Bürokommmunikationsfunktionen mit operativen DV-Anwendungen (→ Informationssystem) am einzelnen Arbeitsplatz, in Arbeitsgruppen (→ Groupware), im gesamten Unternehmen und über die Unternehmensgrenzen hinaus (→ EDI, → EDIFACT) sind aktuelle Interessensschwerpunkte bei Anwendern und Herstellern sowie im Forschungsbereich.

Bürokratie-Ansatz, auf M. Weber zurückgehendes Modell zur Gestaltung von Organisationen auf der Basis legaler → Herrschaft. Merkmale bürokratischer Organisation sind die Regelgebundenheit der Amtsführung, genau abgegrenzte Kompetenzbereiche (Arbeitsteilung), das Prinzip der Amtshierarchie, Aktenmäßigkeit der Verwaltung, entpersönlichte Amtsführung, festgelegte Anforderungsmerkmale für die Stelleninhaber, Laufbahnregelungen und Anstellung durch Vertrag. Bürokratische Organisationen sind Weber zufolge effektiver als andere Organisationstypen. – Die → *Bürokratieforschung* hat seit den 50er Jahren den B. als Erklärungsmodell für formale Organisationen benutzt und in die Organisations- und Managementlehre integriert.

Bürokratieforschung, auf M. Webers → Bürokratie-Ansatz aufbauende empirische Forschungsrichtung der Organisationstheorie und Managementlehre zur Erklärung formaler Organisationen, die wesentlich zur Entwicklung des → situativen Ansatzes beigetragen hat. Im Mittelpunkt stehen die Konzeptionalisierung von Strukturdimensionen, die Entwicklung von Erhebungsinstrumenten und die Analyse der die Ausprägung der Strukturdimensionen beeinflussenden Kontextfaktoren.

bürokratische Herrschaft, nach M. Weber die reinste Form legaler → Herrschaft (→ Bürokratie-Ansatz).

bürokratischer Führungsstil, weitgehend entpersönlichter → Führungsstil, bei dem die Führung überwiegend durch bürokratische Regelungen und

Strukturen bestimmt und das Verhalten des Führenden wie der übrigen Organisationsmitglieder entsprechend geregelt ist. Individuelle Willkür des Führenden ist damit ausgeschlossen. Die Machtgrundlage des Führenden ist i.d.R. Sachkompetenz (legale Herrschaft); aufgrund dieser erfolgt auch die Auswahl von Führungskräften.

Bürokratisierungsgrad, empirisch feststellbares Maß der Ausprägung bürokratischer Merkmale (Bürokratie-Ansatz) in einer Organisation.

Bürozirkel, andere Bezeichnung für die Umsetzung des Konzepts der → Lernstatt im Bürobereich.

Bug, → Computerviren

Bus, computerinternes Verbindungssystem, das von den angeschlossenen Einheiten genutzt werden kann. Innerhalb eines Mikroprozessors können über den Datenbus entsprechende Daten transportiert werden. Über den Adressbus werden entsprechende Adressen ausgetauscht.

business administration, der → Betriebswirtschaftslehre vergleichbare Lehr- und Forschungsdisziplin an den anglo-amerikanischen Business Schools.

Business-as-usual-Budgeting, Berechnung des nächstjährigen Budgets auf der Grundlage des diesjährigen Budgets unter Berücksichtigung eines feststehenden Multiplikators. Dieser entspricht in der Regel der festgesetzten Inflationsrate. Die Gefahr besteht darin, daß sich mit der Zeit Fehler einschleichen können.

business ethics, → Unternehmensethik

business policy, amerikanische Bezeichnung für die im Rahmen der → Unternehmenspolitik ablaufende Festlegung von Zwecken, Zielen und Visionen der Unternehmen. – Das → *strategische Management* gilt als eine Weiterentwicklung von b. p. und → strategischer Planung.

business portfolio, Profil eines Unternehmens durch Zuordnung der strategischen Geschäftseinheiten im Rahmen der → Portfolio-Analysen.

Business School, Bezeichnung für Wirtschaftshochschulen, die in den USA zumeist als begrenzt autonome Fakultät (school) in eine Universität integriert sind. Abschlüsse sind (auf College-Ebene, d.h. deutschem Vordiplom-Niveau) der Bachelor of Business Administration und (auf Diplomanden-Ebene, dem Diplom-Kaufmann vergleichbar) der Master of Business Administration. Neben der allgemeinen betriebswirtschaftlichen Ausbildung bieten zahlreiche Business Schools spezialisierte branchen- und funktionsspezifische Ausbildungsgänge mit eigenen Master-Diplomen an.

business systems (Wertekette), auf der Ebene der betrieblichen Funktionalbereiche permanent erfolgende Beobachtung von Faktoren, hinsichtlich derer das Unternehmen sich von den Konkurrenten unterscheidet. Die Wettbewerbsvorteile und -nachteile sind hinsichtlich des führenden Wettbewerbers zu beobachten, um entsprechende Maßnahmen zu konzipieren. Elemente des b. s. sind angewandte Forschung, experimentelle Entwicklung, Projektierung und Konstruktion, Beschaffung, Komponentenherstellung, Zusammenbau, Logistik, Marketing beziehungsweise Vertrieb, Design sowie Kundendienst.

business unit, → strategische Geschäftseinheit

buy out, → management-buyout

buying center, → Einkaufsgremium

BWL, Abkürzung für → Betriebswirtschaftslehre

Byte, ein B. setzt sich aus acht Bits (→ Bit) zusammen. Rechnerintern kommt noch ein neuntes Bit als *Prüfbit* (parity bit) hinzu. Mit Hilfe eines B. lassen sich im Binärcode (→ Bit) 256 (2^8) Zeichen darstellen. Das B. stellt vielfach die kleinste adressierbare Informationseinheit eines Rechners dar. (→ Speicher). – Neben dem B. werden auch das *Kilobyte* (kB, gleich 2^{10} Bytes), das *Megabyte* (MB, gleich 2^{20} Bytes) und das *Gigabyte* (GB, gleich 2^{30} Bytes) als Maßgrößen für Speichervolumen verwendet.

C

C, (prozedurale) → Programmiersprache, die Anfang der 70er Jahre von B.W. Kernighan und D.M. Ritchie in den Bell Laboratories entwickelt wurde. Die Sprachelemente erlauben sowohl die Behandlung kommerzieller als auch technischer Problemstellungen. Darüber hinaus ist auch ein systemnahes Programmieren möglich. – Besondere Verbreitung hat die Programmiersprache C auf Rechnersystemen mit dem *Betriebssystem UNIX*. UNIX selbst ist in C geschrieben. – *Verbreitung und Bedeutung*: Aufgrund der hohen Portabilität von C-Programmen ist die Sprache bei Softwarehäusern besonders beliebt. Die weite Verbreitung der Sprache wird auch durch die Standardisierung vom American National Standards Institute (ANSI) mit Sitz in New York unterstützt. – Als *wesentliche Merkmale* der Programmiersprache C können vor allen Dingen genannt werden: ein Datentypenkonzept, das Referenzen (Pointer) und Strukturen umfaßt, sowie ein Speicherklassenkonzept für die Bestimmung des Geltungsbereichs und der Lebensdauer von Objekten; ein physisches Modulkonzept für getrennt übersetzbare Programmeinheiten, ein Funktionenkonzept zur logischen Modularisierung und Sprachkonstrukte zur Unterstützung der strukturierten Programmierung; ein C-Präprozessor für Textersetzungen und bedingte Übersetzungen sowie Bibliotheken mit einem großen Vorrat an Standardfunktionen, die eine komfortable Programmierung ermöglichen.

CAD/CAE (*C*omputer *A*ided *D*esign/ *C*omputer *A*ided *E*ngineering). CAE befaßt sich mit dem rechnergestützten Produktentwurf, während CAD sich mit dem rechnergestützten Konstruieren beschäftigt. Beides sind technisch-orientierte Informationssysteme und Komponenten innerhalb der rechnergestützten Fertigung (→ CIM). Ziel ist es, den Produktentwickler bzw. Konstrukteur bei seiner Arbeit so zu unterstützen, daß sowohl die Produktivität als auch die Qualität gesteigert wird. Die ist insbesondere bei hohen Anforderungen an die Flexibilität im Zusammenhang mit der zunehmenden Individualisierung technischer Produkte notwendig. – Der *rechnergestützte Arbeitsplatz eines Konstrukeurs* besteht i. d. R. aus einem grafischen Sichtgerät, verschiedenen Eingabegeräten (z.B. Tastatur, Digitalisiertablett, Maus und Lichtstift) und einer numerisch gesteuerten Zeichenmaschine (Plotter). Diese Arbeitsplatzausstattung ist an einen leistungsfähigen Rechner angeschlossen. Häufig handelt es sich um dezidierte Arbeitsplatzsysteme (CAD Workstation). – Grundsätzlich unterscheidet man *CAD-Software*-Typen, die eine Kanten-, Flächen- oder Volumendarstellung des geometrischen Objekts erlauben. Im Rahmen des CAE wird der Produktentwickler bei komplizierten Berechnungs-, Optimierungs- und Simulationsaufgaben unterstützt. – In zunehmendem Maß werden CAD-Arbeitsplätze auch *durch Informationssysteme ergänzt*, die eine fertigungsgerechte und kostenoptimale Konstruktion unterstützen (→ Expertensysteme). Der Nutzen von CAD/CAE kann nur zum Teil beim einzelnen Konstrukteur realisiert werden. Erst durch die Integration mit anderen Systemen (→ CAM, → PPS) ergeben sich die vollen Nutzeffekte.

Cafeteria-System, Konzept einer flexiblen, individuellen → Entgeltpolitik, mit dem seitens des Arbeitgebers versucht wird, auf unterschiedliche individuelle Interessen und Bedürfnisse der Arbeitnehmer im Hinblick auf ihre Entlohnung Rücksicht zu nehmen. Dabei hat der einzelne Arbeitnehmer die Möglichkeit, im Rahmen einer vorgegebenen Entgelthöhe die einzelnen Bestandteile seines Arbeitsentgeltes selbst zusammenzusetzen. Aufgrund des deutschen → Industrial-relations-Systems, in dem das Arbeitsentgelt in seiner Höhe und Zusammensetzung durch Arbeitgeberverbände und Gewerkschaften für ganze Industriezweige pauschal ausgehandelt und durch Tarifverträge fixiert wird, kommt in Deutschland das C. nur für übertarifliche, d.h. freiwillige betriebliche Leistungen zur Anwendung. Wahlmöglichkeiten („Menü“) bestehen hier im Hinblick auf die Arbeitszeit (z.B. Austausch von Zeit- und Entgeltanteilen), Formen der Erfolgsbeteiligung sowie die Art der Sozialleistungen (zusätzliche Renten, Lebensversicherung, Kredite des Arbeitgebers usw.).

CAI (*C*omputer *A*ided *I*ndustry), → CIM

CAM (*C*omputer *A*ided *M*anufacturing), CAM bzw. die rechnergestützte Produktion befaßt sich mit der Steuerung computergestützter Fertigungs-, Transport- und Lagersysteme sowie der computergestützten Qualitätssicherung. Ausgangspunkt der Fertigungsautomatisierung waren numerisch gesteuerte Werkzeugmaschinen (NC-Maschinen), bei denen das Steuerprogramm über Lochstreifen eingelesen wurde. Die nächste Stufe waren CNC (Computerized Numerical Control)-Maschinen, die über einen eigenen programmierbaren Mikrorechner verfügen. Nach dem gleichen Prinzip funktionieren die DNC (Direct Numerical Control)-Maschinen. Die Steuerung erfolgt für mehrere Maschinen zentral von einem Rechner. Eine weitere Maschinenklasse sind Roboter als elektronisch gesteuerte Bewegungsautomaten.- In den Bereich der Transportsysteme gehören fahrerlose Transportsysteme (FTS), die den Material- und Werkzeugtransport übernehmen. Bei den Lagersystemen geht es um die Automatisierung von Ein- und Auslagerungen sowie der Lagerplatzverwaltung. – Durch die Kombination verschiedener computergesteuerter Systeme in der Fertigung haben sich *neue Organisationsformen* gebildet. Ausprägungen sind bei kleineren Produktionsmengen Bearbeitungszentren, flexible Fertigungszellen, flexible Fertigungssysteme und bei Massenproduktionsvorgängen flexible Transferstraßen.

CAO (*C*omputer *A*ided *O*ffice), → CIM

CAP (*C*omputer *A*ided *P*lanning), CAP ist die rechnergestützte Erstellung von Arbeitsplänen und NC-Programmen (→ CAM). Dabei werden gespeicherte Informationen über Stücklisten, Betriebsmittel, Werkstoffe (→ PPS) sowie die Geometriedaten aus der Konstruktion (→ CAD) verwendet. Bei der Erstellung von Arbeitsplänen zur konventionellen Bearbeitung geht es im wesentlichen darum, die (menschlichen) Experten durch komfortablen Zugriff auf Daten (z.B. Erfahrungsdatenbank) und bei der Zeitrechnung zu unterstützen. Die nächste Stufe ist die Unterstützung durch wissensbasierte Systeme (→ Expertensystem) zur Arbeitsplanerstellung. Bei computergesteuerten Fertigungsanlagen nimmt das NC-Programm die Funktion eines detaillierten Arbeitsplanes wahr.

capital flow, angloamerikanischer Begriff zur Bezeichnung von Kapitalwanderungen zwischen Branchen oder Wirtschaftsgebieten.

CAQ (*C*omputer *A*ided *Q*uality Assurance), Komponente im Rahmen einer CIM-Konzeption (→ CIM). Der Qualitätssicherungsprozeß begleitet ein Produkt von der Entwicklung über die Fertigung bis hin zum Vertrieb und der Wartung. Die Aufgabe der Qualitätssicherung läßt sich in die beiden Bereiche Qualitätsplanung und Qualitätsprüfung unterteilen. Im Rahmen der Qualitätsplanung läßt sich der Rechner zur Rationalisierung der Erstellung und Verwaltung von Prüfplänen und Prüfanweisungen einsetzen. Im wesentlichen geht es dabei um die Kombination von Textverarbeitung und den Zugriff auf Qualitätsmerkmalsdaten zur Beschreibung von Prüfarbeitsplänen und der automatischen Erzeugung von Prüfanweisungen. Mit Hilfe statistischer Verfahren können auf der Basis vorhandener Prüfdaten und vorgegebener Qualitätsanforderungen durchzuführende Prüfarbeitsgänge sowie der Stichprobenumfang ausgewählt werden. Die eigentliche Qualitätsprüfung wird vom Rechner zum vorbestimmten Zeitpunkt (z.B. Fertigmeldung eines Arbeitsganges) durch die Aufgabe entsprechender Prüfanweisungen angestoßen. Dies kann durch das Ausdrucken der Prüfpapiere, die Ausgabe von Vorschriften auf dem Bildschirm oder durch die Übermittlung von Prüfprogrammen an vollautomatische Meß- und Prüfeinrichtungen geschehen. Als Idealzustand aus der Sicht von → CIM sollte die Qualitätsprüfung während des Bearbeitungsprozesses erfolgen, aufgetretene Mängel sollten sofort an das → PPS-System weitergemeldet werden, welches beispielsweise ein als fehlerhaft gemeldetes Los selbständig neu einplant. Die rechnergestützte Auswertung von Qualitätsdaten erlaubt eine zweckmäßige Schwachstellendiagnose. Weiterhin können die gewonnenen Erkenntnisse über Qualitätsmängel im Sinne einer vorbeugenden Qualitätssicherung bei der Entwicklung neuer Produkte berücksichtigt werden.

CASE (Computer Aided Software Engineering), Oberbegriff, unter dem ein ganzes Spektrum von Programmen zur automatisierten Unterstützung der Software-Entwicklung angeboten wird. Man spricht in diesem Zusammenhang auch von *Software-Entwicklungswerkzeugen* (Tools). Diese Werkzeuge unterstützen im Idealfall mehrere Phasen des Lebenszyklus eines Anwendungssystems (→ Phasenmodell). Es gibt jedoch heute kein Werkzeug, das den gesamten Lebenszyklus abdecken kann. Aus diesem Grund werden verschiedene Werkzeuge zu einer Software-Produktionsumgebung zusammengefaßt. – Von einem CASE-Einsatz verspricht man sich eine höhere Produktivität und Wirtschaftlichkeit bei der Entwicklung von Anwendungssoftware. Allerdings ist festzuhalten, daß eine Software-Produktionsumgebung keinen Ersatz für fehlende Entwicklungs- und Wartungsmethoden darstellt. – Auf dem Markt findet man heute zahlreiche Software-Produktionsumgebungen. Dabei handelt es sich um Workstations oder um Host-basierte Systeme mit unterschiedlichen grafischen Interaktionsmöglichkeiten. Am bekanntesten: IEW (Information

Engineering Workbench) der Firma Knowledgeware, PREDICT-CASE der Software-AG sowie Maestro von Softlab.

case study, → Fallstudie

Cash-and-carry-Großhandlungen, Selbstbedienungsgroßhandel; Betriebsform des Großhandels (→ Handels), bei der die Kunden (u.a. Einzelhändler, Gastwirte, Gewerbetreibende) die Waren selbst aussuchen, bezahlen und zum Ort der Verwendung transportieren. Das Sortiment besteht größtenteils aus Konsumgütern wie Nahrungs- und Genußmitteln und Non-Food-Artikeln bei großflächigen Abhollagern.

cash cow, → Cash-Kuh

cash flow, Kennzahl zur Berechnung des Geldmittelzuflusses, den ein Unternehmen nach Abzug der gesamten angefallenen Ausgaben durch seine wirtschaftliche Tätigkeit in einer Periode erzielt hat. Der c. fl. gibt die Fähigkeit zur Innenfinanzierung (→ Finanzierung) eines Unternehmens an und wird ermittelt aus dem Jahresüberschuß, korrigiert um Ab- oder Zuschreibungen auf Anlagevermögen sowie um die Zuführung zu oder Auflösung von Rücklagen und langfristigen Rückstellungen. Mit dem erzielten c. fl. können Verbindlichkeiten getilgt sowie Investitionen und Gewinnausschüttung finanziert werden. – Für externe Bilanzanalysen wie Kreditinstitute dient der c. fl. zur Beurteilung der Liquidität eines Unternehmens sowie der Ermittlung der Grenze des Kapitaldienstes und bezeichnet die Fähigkeit, Zinsen und Tilgungen aus dem Unternehmensprozeß heraus zurückzuzahlen.

Cash-Kuh (cash cow), Produkte bzw. strategische Geschäftseinheiten, die in der → Marktanteils-Marktwachstums-Matrix mit einem hohen Marktanteil in gering wachsenden Märkten vertreten sind. C. werfen einen hohen cash flow ab, der zur Finanzierung der anderen Produkte des strategischen Geschäftsfeldes verwendet werden kann. Zur Aufrechterhaltung der Position des Marktführers besteht kein hoher Investitionsbedarf mehr, sondern eventuell müssen Rationalisierungsinvestitionen durchgeführt werden. – Als Normstrategie wird eine → *Abschöpfungsstrategie* empfohlen.

Cash Management, an den finanzwirtschaftlichen Zielen und dem langfristigen Finanzplan ausgerichtete Disposition der Kassenbestände, vor allem in international tätigen Konzernen. C. M. versucht, den Konflikt zwischen Minimierung der Kassenbestände unter Rentabilitätsgesichtspunkten und der notwendigen Aufrechterhaltung der Zahlungsfähigkeit des Unternehmens auszugleichen. Grundsätzliches Ziel ist die Beschleunigung der Zahlungsvorgänge.

CD-ROM (*C*ompact *D*isk – *R*ead *O*nly *M*emory), → optische Speicher

Cash-Management-Systeme, → Electronic banking

Chancen-Risiken-Analyse, analytisches Hilfsmittel der strategischen Planung im Rahmen der → Situationsanalyse zur Bestimmung der Chancen und Risiken von Unternehmen und/oder strategischen Geschäftseinheiten.

change agent, unternehmensexterner oder -interner Berater bzw. das Beraterteam, der bzw. das als „Agent des Wandels" für die Durchführung von Projekten der Organisationsentwicklung verantwortlich ist.

Chargenproduktion, → Produktionstypen 2 b)

Charisma, Ausstrahlungskraft eines Individuums, die auf außergewöhnlichen Charaktermerkmalen und Fähigkeiten beruht.

charismatische Herrschaft, auf dem → Charisma des Führenden basierende Machtgrundlage; durch besondere persönliche und einmalige Charaktermerkmale und Fähigkeiten hat der Führende unabhängig von seiner formalen Position die Chance, auf andere Individuen Einfluß zu nehmen.

charismatischer Führungsstil, hochgradig persönlicher → Führungsstil, bei dem sich der Führende in seinem Herrschaftsanspruch auf besondere einmalige Charaktermerkmale und Fähigkeiten (Charisma) stützt. Führungserfolg erwächst damit vor allem aus dem persönlichen Auftreten des Führenden.

Checkliste, Hilfsmittel zur Systematisierung von Entscheidungsprozessen und zur individuellen → Arbeitsorganisation, bei der die relevanten Faktoren aufgelistet und übersichtlich in einer Liste zusammengestellt werden.

Chinese Wall (Informationsbarriere), Bezeichnung für die imaginären Schranken in Finanzinstituten, die Mitarbeiter in konkurrierenden Unternehmensbereichen davon abhalten, Informationen auszutauschen: z.B. Finanz- und Kreditspezialisten auf der einen Seite und Mergers- und Acquisitions-Spezialisten auf der anderen. Synonym wird auch der Begriff Fire wall (Brandmauer) verwendet.

Chip, Halbleiterbaustein, in dem elektronische Schaltungen auf kleinstem Raum integriert sind. Die Basis bietet ein Siliziumplättchen mit einer Kantenlänge von wenigen Millimetern. Auf diesem Baustein sind Zehn- oder auch Hunderttausend von Schaltelementen (Transistoren, Dioden, Widerstände) und die sie verbindenden Stromleitungen zusammengefaßt. – Nach der Funktion unterscheidet man *Logikchips* und *Speicherchips*. Während Logikchips z. B. im Zentralprozessor eines Rechners Verwendung finden, sind die Speicherchips Grundbestandteile des Abeitsspeichers. Die Kapazität des derzeit in Serie produzierten Speicherchips beträgt 4 Megabit, die demnächst in Serie gehende Chip-Generation hat 16 Megabit, und der 64 Megabit-Chip ist bereits labormäßig entwickelt.

Chipkarte, im Gegensatz zu konventionellen Kredit- oder Scheckkarten, die die entsprechenden Daten in einem codierten Magnetstreifen enthalten, ist auf der C. ein Mikroprozessor in Form eines Minichips (→ Chip) integriert. Bedingt durch die Speicherkapazität eines solchen Chips können Scheck- bzw. Kreditkarten auf Chipbasis mit Funktionen ausgestattet werden, die diejenigen der heutigen Karten bei weitem übersteigen (→ POS-System). – Von *Hybridkarten* spricht man, falls neben einem Chip auf der Karte auch noch der klassische Magnetstreifen vorhanden ist. Mit solchen Karten können dann auch konventionelle Geldausgabeautomaten weiter genutzt werden.

CI, → *C*orporate *I*dentity

CIM (*C*omputer *I*ntegrated *M*anufacturing). 1. *Begriff*: Mit CIM wird der integrierte EDV-Einsatz in allen mit der Produktion zusammenhängenden Betriebsbereichen bezeichnet. CIM umfaßt das informationstechnologische Zusammenwirken zwischen CAD

(Computer Aided Design), CAP (Computer Aided Planning), CAM (Computer Aided Manufacturing), CAQ (Computer Aided Quality Assurance) und PPS (Produktionsplanung und -steuerung). Hierbei soll die Integration der technischen und organisatorischen Funktionen zur Produkterstellung erreicht werden. Dies bedingt die gemeinsame, betriebsübergreifende Nutzung einer Datenbasis (→ Unternehmensdatenmodell). – Während sich der Begriff CIM in der zusammenbauenden Produktion weitgehend durchgesetzt hat, wird in der Chemischen Industrie für computergestützt und integriert durchzuführende Aufgaben der Rezeptur- und Verfahrensbestimmung sowie der Prozeßsteuerung und -überwachung in Analogie erst vereinzelt der Begriff *CIP* (*C*omputer *I*ntegrated *P*rocessing) verwendet.

2. *Teilkomplexe*: Den zentralen betriebswirtschaftlich-technischen Bereich im CIM-Konzept bildet die EDV-Software für das PPS-System (→ PPS). Der Bereich der primär technischen Anwendungen im CIM-Konzept umfaßt die computergestützte Konstruktion (→ CAD – Computer Aided Design), die computergestützte Produktionsvorbereitung (→ CAP – Computer Aided Planning), die computergestützte technische Steuerung und Überwachung der Potentiale bei der Durchführung der Produktionsprozesse (→ CAM – Computer Aided Manufacturing) sowie die computergestützte Qualitätssicherung (→ CAQ – Computer Aided Quality Assurance). – Erweitert man das CIM-Konzept um betriebswirtschaftliche Kernaufgaben, insbesondere des Controlling, so spricht man von *CAI* (*C*omputer *A*ided *I*ndustry). Vereinzelt werden die betriebswirtschaftlichen Aufgaben im Rahmen des CAI-Konzeptes auch als *CAO* (*C*omputer *A*ided *O*ffice) bezeichnet. – Als Instrument zur Erfassung der zur Durchführung der Programm- und Prozeßplanung, -steuerung und -kontrolle sowie der technischen Steuerung der Produktion erforderlichen Ist-Daten im Produktionsbereich sowie der Ermittlung von Soll-ist-Abweichungen dient die Betriebsdatenerfassung (BDE).

3. Ergebnis- und Flexibilitätswirkungen: Die Möglichkeiten der Ergebnisbeeinflussung durch CIM lassen sich unmittelbar durch die Zuordnung der CIM-Teilkomplexe zu Ergebniskomponenten verdeutlichen. CAD bewirkt insbesondere die Materialkostenverringerung durch Optimierung der konstruktiven Auslegung und die Absenkung der Vorleistungskosten/Sondereinzelkosten der Fertigung, CAP die Verringerung produktiver Bearbeitungskosten durch Optimierung der Arbeitspläne und die Reduktion der Kosten für Fertigungssoftware. Aufgrund von CAM ergibt sich eine Verringerung der produktiven Bearbeitungskosten, aufgrund von CAQ eine Verringerung der Qualitätssicherungskosten, eine Realisierung höherer Preise und/ oder Absatzmengen wegen verbesserter Qualitäten und auch eine Beeinflussung von Materialkosten unter Qualitätsgesichtspunkten. PPS beinhaltet eine Beeinflussung der Rüstkosten, eine Reduktion der Lagerkosten und der Transportkosten, eine Beeinflussung des Umfangs von Fremdvergabekosten, Verringerung von Konventionalstrafen durch verbesserte Termineinhaltung sowie eine Erhöhung der pro Periode produzierten Menge an Produkten (und somit grundsätzlich Erhöhung der Periodenerlöse) durch Optimierung der Kapazitätsbelegungsplanung. Generell zeigt sich, daß CIM neue Möglichkeiten für eine entwicklungs- und produktions- bzw. auftragsbegleitende Ergebnisrechnung eröff-

net. Bereits in der Konstruktionsphase können alternative Konstruktionsauslegungen im Hinblick auf ihre Kosten- und gegebenenfalls auch Erlöswirkungen überprüft werden. In der Produktionsphase eröffnet sich durch CIM in Verbindung mit einem leistungsfähigen Betriebsdatenerfassungssystem die Möglichkeit einer produktionsbegleitenden Kalkulation als Vor- und Nachkalkulation. Für spezifische Aufträge und Anfragen lassen sich über eine Bewertung der CAD-erstellten Konstruktionsstücklisten, der CAP-erstellten Arbeitspläne, der CAQ-erstellten Qualitätssicherungspläne sowie der PPS-erstellten auftragsorientierten Termin- und Kapazitätsbelegungspläne kurzfristig relevante Plankosten ermitteln. Im Rahmen der integrierten Programm- und Prozeßplanung ermöglichen es die CIM-Komponenten, alternative Produktprogrammkombinationen und Prozeßkombinationen auf verbesserter technisch-betriebswirtschaftlicher Informationsbasis durchzuspielen, um so mit Hilfe von Simulationsverfahren zumindest ein relatives Optimum bezüglich der Ergebniswirkungen zu erreichen.

CIP (*C*omputer *I*ntegrated *P*rocessing), → CIM

Cityruf, → Mobilkommunikation

claimant, → stakeholder

Client-Server-Prinzip, laufen bei → verteilter Informationsverarbeitung einerseits Anwendungen direkt auf Rechnern am Arbeitsplatz und andererseits auf einem → Host-Rechner ab, so spricht man vom C. Dabei übernimmt der Host-Rechner die Funktion eines Servers (Bedieners) für die Arbeitsplatzrechner, die als Clients (Kunden) bezeichnet werden.

Clique, informelle Gruppe in einer Organisation mit relativ hoher → Kohäsion.

closed shop, im angloamerikanischen Raum teilweise bestehender Zwang, daß nur Mitglieder einer bestimmten Gewerkschaft als Arbeitnehmer angestellt werden dürfen bzw. Neueingestellte der betreffenden Gewerkschaft beitreten müssen; in Deutschland verboten.

Closed-shop-Prinzip, im Personalmanagement die Beschränkung bei → Personalbeschaffung und → Personalauswahl (insbesondere bei der Besetzung von Führungspositionen) auf bereits vorhandene Mitarbeiter; externe Bewerber werden nicht oder nur in unumgänglichen Situationen berücksichtigt (wenn organisationsintern kein geeigneter Bewerber vorhanden ist).

Closed-shop-Strategie, strategische Einsetzung des → Closed-shop-Prinzips bei → Personalbeschaffung und → Personalauswahl. Ziele sind die Reduzierung der Anzahl an Neueinstellungen und Entlassungen, die gezielte unternehmensinterne Vorbereitung von unternehmensspezifisch sozialisierten (Sozialisation) Mitarbeitern auf andere Tätigkeiten im Unternehmen (Karriereplanung) sowie die Nutzung von internen Karrieremöglichkeiten als Motivationsinstrument.

Cluster, → Clusteranalyse

Clusteranalyse, zusammenfassende Bezeichnung für statistische Verfahren, mit denen eine große Menge von Daten durch Bildung homogener Klassen, Gruppen oder „Cluster“ in einem bestimmten Sinn optimal strukturiert werden soll. Die einzelnen Cluster sollen nur Elemente enthalten, die einander ähnlich sind; Elemente verschiedener Gruppen sollen dagegen möglichst unähnlich sein. Die Ähnlichkeit muß dabei jeweils in bestimmtem Sinne definiert sein und gemessen werden können. Bei Durchführung der Clusteranalyse mit Hilfe eines statistischen Programmpakets (z.B. BMDP, PSS, SAS) können meist verschiedene Modellvarianten nach Eingabe der Datenmatrix durch verschiedene Programmbefehle gewählt werden.

C-Netz, → Mobilkommunikation

Coaching, aus dem Sport entnommener Begriff zur Bezeichnung eines Konzepts der → Personalentwicklung, bei dem einem leitenden Mitarbeiter zur fachlichen und psychologischen Beratung ein i.d.R. in der Unternehmenshierarchie übergeordneter Berater und Förderer (Coach) zugeordnet wird, der sowohl der fachlichen Unterstützung dient als auch gemeinsam mit dem betreffenden Mitarbeiter Entwicklungsprogramme (Karriereplanung) für diesen entwirft.

Cobol (*C*ommon *B*usiness *O*riented *L*anguage), (prozedurale) → Programmiersprache, die 1959 von der CODASYL (Conference on Data Systems Languages), einer amerikanischen Organisation von Computerherstellern und -anwendern entwickelt wurde. Dies geschah mit dem Ziel, Computeranwendungen in der kommerziellen Datenverarbeitung zu unterstützen. Die Sprachelemente eignen sich insbesondere zur Bearbeitung großer Datenmengen. Nicht geeignet ist die Sprache für umfangreiche mathematische Berechnungen. – *Vorbereitung*: In der kommerziellen Datenverarbeitung ist sie die weltweit am stärksten verbreitete Programmiersprache. Sie zeichnet sich besonders aufgrund ihrer Normierung von 1968, 1974 und 1985 durch das American National Standards Institute (ANSI) mit Sitz in New York aus. Durch die Anpassung der Sprache in der Normierung von 1985 unterstützt C. auch in höherem Umfang die strukturierte Programmierung.

coercive power, Macht eines Individuums, die aus der Möglichkeit der Bestrafung anderer Individuen resultiert.

colleague model (Kollegialmodell), von Golembiewski entwickeltes Strukturmodell, das als Alternative zum → Stab-Linien-System zu verstehen ist. Stabs- und Linienfunktion werden in Teams (colleague groups) zusammengefaßt. Die klassische Hierarchie wird durch eine Hierarchie von Gruppen abgelöst, wobei jede zusammen mit den direkt untergeordneten Gruppen jeweils ein colleague team bildet. In den Gruppen sind sämtliche zur Aufgabenerfüllung erforderlichen fachlichen und Entscheidungskompetenzen zusammengefaßt; technische Fragen werden statt in der Gruppe von Einzelpersonen entschieden.

college recruiting, Methode der → Personalbeschaffung (insbesondere in den USA), bei der ein Unternehmen benötigte neue Mitarbeiter an den Hochschulen aus Absolventenkreisen rekrutiert.

commercial banks, in den USA Kreditinstitute, die vor allem im Zahlungsverkehrsgeschäft und im kurz- und mittelfristigen Einlagen- und Kreditgeschäft tätig sind. Sie dürfen im Unterschied zu den → investment banks keinerlei Wertpapiergeschäfte betreiben.

commercial letter of credit (CLC), → Akkreditiv

commercial paper, vorwiegend in den USA gebräuchliche Form ungesicherter Geldmarktpapiere, die hauptsächlich von erstklassigen Industrieunternehmen und Finanzierungsgesellschaften ausgestellt werden, mit einer Laufzeit zwischen einem und neun Monaten.

commitment, organisationspsychologisches Konstrukt zur Bezeichnung der allgemeinen → Einstellung eines Mitarbeiters zur jeweiligen Organisation, die über passive Loyalität hinausgeht; insbesondere die Stärke der Identifikation mit der Organisation, Selbstverpflichtung, psychologische Selbsteinbindung (involvement) und aktive Bereitschaft, sich in hohem Maße für die Realisierung der Ziele der Organisation zu bemühen; vergleichbar dem → psychologischen Vertrag.

communication network, → Kommunikationsnetzwerk

comparative management, → vergleichende Managementforschung

complex man, Menschenbild neuerer Management- und Organisationstheorien, das von der Wandlungsfähigkeit des Menschen und menschlicher Bedürfnisse ausgeht sowie die Individualität berücksichtigt. Konsequenzen für das Management: Generell effektive Strukturen und Verhaltensweisen sind nicht existent; der Manager wird zum Analysten, der sein eigenes Verhalten und die Gestaltung der Strukturen auf die Situation abstellen muß. Daraus resultieren in Verbindung mit dem Wertewandel Konzepte zur Individualisierung der Führung und des Personalmanagements.

compliance, Konformität eines Individuums gegenüber einer Gruppe oder Organisation, die durch Einwilligung entsteht. Das betreffende Individuum stimmt zwar mit den Gruppennormen nicht überein, paßt sich aber dennoch mehr oder weniger freiwillig entsprechend an.

Computer Aided Design, → CAD/CAE

Computer Aided Engineering, → CAD/CAE

Computer Aided Industry, → CIM

Computer Aided Manufacturing, → CAM

Computer Aided Office, → CIM

Computer Aided Planning, → CAP

Computer Aided Quality Assurance, → CAQ

Computer Aided Software Engineering, → CASE

Computer Conferencing, → Telekonferenz

Computer Integrated Banking, Weiterentwicklung des → electronic banking, bei dem eine direkte elektronische Datenweitergabe von Banken an Kunden (und umgekehrt) und eine direkte Weiterverarbeitung durch die EDV ohne neuerliche Erfassung erfolgt.

Computer Integrated Manufacturing, → CIM

Computer Integrated Processing, → CIM

computergestützte Unternehmenssimulation, → Unternehmensplanspiel, bei dem mit Hilfe von Computermodellen die Auswirkungen von Entscheidungen und Aktionen der miteinander konkurrierenden Teilnehmergruppen auf das Unternehmensgeschehen und den Markt simuliert werden. Wird zur Schulung im Rahmen der Personalentwicklung eingesetzt.

Computerkriminalität, in den letzten Jahren ist dieser Begriff verstärkt in den Blickpunkt der Öffentlichkeit gerückt. Neben der selteneren direkten Gewalteinwirkung auf Rechenzentren sind Unternehmen verstärkt dem Computer-Mißbrauch ausgesetzt. Krimineller Computer-Mißbrauch kann in der unberechtigten Nutzung der Hard- und Softwareressourcen (Hacker, Raubkopien), der unberechtigten Einsichtnahme in geschützte Daten (→ Datenschutz) und der Verfälschung von Daten und Programmen (→ Computerviren) bestehen. Hier sind die Unternehmen gefordert, entsprechende Vorsorgemaßnahmen zu ergreifen (→ Datensicherheit) beziehungsweise das entsprechende Risiko zu begrenzen (→ DV-Versicherungen, → Backup-Rechenzentrum).

Computerviren, Programme, die unbemerkt in bestehende Programme kopiert werden und die Funktions- und Arbeitsweise des Rechners beeinträchtigen. Beim Start eines infizierten Programms dupliziert sich das Virenprogramm im Regelfall und infiziert daduch weitere Programme und Daten. Ebenso können C. diverse Manipulationen an Datenbeständen und Programmen vornehmen. Sie können sie z.B. löschen oder unbemerkt verändern. C. stellen ein Problem beim Austausch von Programmen und Daten dar.

Concert Party, in privaten Investitionskreisen Begriff für eine Gruppe, die sich verständigt, die gleiche Aktie zu erwerben, und als Block stimmt, um den Preis oder das Unternehmen zu beeinflussen. In einigen Ländern illegal.

Concurreny-Kontrolle, → Datensicherheit

conglomerate (Mischkonzern), → laterale Diversifikation

consequence management, Führung, die über die Gestaltung der Konsequenzen von Mitarbeiterverhalten erfolgt und auf der → Lerntheorie der Führung basiert (im Sinne der Verhaltensmodifikation). Der Führende kann versuchen, unerwünschte Verhaltensweisen durch Sanktion abzubauen oder positive bzw. negative Verstärkung erwünschten Verhaltens vorzunehmen.

consideration, → Beziehungsorientierung

Consulting, → Unternehmensberatung

consumer jury method, Methode zur Einschätzung der potentiellen Wirksamkeit eines Werbemittels, indem einer Gruppe von Verbrauchern dessen Entwurf zur Beurteilung vorgelegt wird.

contingency approach, → situativer Ansatz

contract labor system, → Personalleasing

controllership, im amerikanischen Sprachgebrauch die Gesamtheit der Controllingaufgaben (→ Controlling).

Controlling. 1. *Begriff und Aufgaben:* C. gehört zu den wichtigsten Aufgaben bzw. Aufgabenbereichen eines Unternehmens. Es ist Aufgabe des C., das gesamte Entscheiden und Handeln in einem Unternehmen durch eine entsprechende Aufbereitung von Führungsinformationen ergebnisorientiert auszurichten. C. ist damit eine *Führungskonzeption.* Hierbei versteht man unter Führung einen personengebundennen Informationsverarbeitungsprozeß, einen Prozeß der Willensbildung und Willensdurchsetzung gegenüber anderen, weisungsgebundenen Personen unter Übernahme der hiermit verbundenen Verantwortung und stets verbunden mit einem spezifischen Führungsverhalten. Dieser Prozeß beinhaltet Planungs- bzw. Entscheidungsphasen, Steuerungs- bzw. Vorgabephasen und Kontroll- bzw. Überwachungsphasen im Hinblick auf Ziele und Zielerreichungsmöglichkeiten (Maßnahmen und Ressourcen) im Zusammenhang mit den Unternehmen. – Dieser i.d.R. multipersonale und mehrstufige, nach dem Regelkreiskonzept interpretierbare Prozeß ist vielfach mit *Integrations- bzw. Systemerhaltungsaufgaben* und grundsätzlich mit *Koordinationsaufgaben* verbunden. *Generelle Aufgabe* ist *die informationelle Sicherung ergebnisorientierter Planung, Steuerung und auch Überwachung des Unternehmensgeschehens,* die vielfach mit einer Integrationsfunktion (Planungs- und Kontrollsystemgestaltung und -organisation) und grundsätzlich mit einer Koordinationsfunktion (zielorientierte Abstimmung der Planungs- und Kontrollprozesse) verbunden ist. Die Sicherung ergebnisorientierter Planung, Steuerung und Überwachung ist hierbei nur durch ein entsprechend aufbereitetes Zahlenwerk des Rechnungs- und Finanzwesens möglich – im Idealfall im Rahmen einer betriebswirtschaftlich-technischen Daten- und Modellbank. – Aus der generellen Aufgabe des C. lassen sich spezielle *Aufgaben* ableiten: Dienstleistungs- bzw. Beratungsfunktionen sowie Mitentscheidungs- und Entscheidungsfunktionen in unterschiedlichster Ausprägung – bezogen auf die Gesamtunternehmen, Unternehmensbereiche/Divisions, Funktionsbereiche, Produkte und Projekte in allen organisatorischen Ebenen eines Unternehmens. Hieraus ergibt sich der Charakter des C. als *Führungsunterstützungs- und Führungsfunktion.* – 2. *Instrumente:* Als wichtigstes Integrations- und Koordinationsinstrument des C. ist ein *Planungs– und Kontrollsystem mit integrierter Planungs- und Kontrollrechnung (PUK-System)* anzusehen. Dieses bedingt ein hierzu passend aufgebautes Rechnungs- und Finanzwesen als Dokumentationssystem. Dem C. obliegt die Gestaltung eines pyramidenartig aufgebauten, mehrstufigen, periodischen und aperiodischen *Plan- und Berichtssystems.* Insbesondere sind hier auch *Kennzahlen und Kennzahlensysteme* von Bedeutung. Einen Überblick über ausgewählte Controllinginstrumente, die den verschiedenen Aufgabenkomplexen zugeordnet sind, gibt die Abbildung S. 70.

3. *Organisation:* Organisatorisch wird das C. heute in großen Unternehmen durch einen *eigenen Vorstands- bzw. Geschäftsführungsbereich* oder zusammen mit dem Treasuring und weiteren Aufgaben im Vorstands- bzw. Geschäftsbereich Finanzen, auch Betriebswirtschaft und Finanzwirtschaft genannt, vertreten. Im Hinblick auf die Organisation des Controllingbereichs wird dabei das amerikanische und das deutsche Controllingkonzept unterschieden: a) Das *amerikanische Controllingkonzept* beinhaltet neben der ergebnisorientierten Planung und Kontrolle bzw. Planungs- und Kontrollrechnung sowohl das interne Rechnungswesen (Kosten- und Leistungsrechnung) als auch das externe Rech-

Aufgaben	Instrumente
A. Mitwirkungsaufgaben	
– Analysen, Prognosen	– Frühwarnsysteme, Szenariotechnik
– Produktplanung	– Wertanalyse (WA) – Kalkulation
– Projektplanung	– Netzplantechnik (NPT) – Wirtschaftlichkeitsrechnungen/ Investitionsrechnungen
– Funktionsbereichsplanung	– Kostenstellenrechnung – Gemeinkostenwertanalyse (GWA)
– Programm- und Prozeßplanung	– Simulation – Lineare Programmierung (LP) – Ergebniseinflußgrößenrechnung
– Programmplanung (strategisch)	– Portfolioanalysen (mit Cash-flow, stufenweiser Deckungsbeitragsrechnung)
– Programm- und Potentialplanung (strategisch)	– Investitionsrechnung, Nutzenwertanalyse
B. Eigenaufgaben: System integrierter Ergebnis- und Finanzplanung (mehrperiodig)	
– Betriebsergebnisplanung – Unternehmensergebnisplanung – Finanzplanung	– PuK-Grundkonzept
= Gesamtunternehmungsplanung	– Simulation – gemisch-ganzzahlige Programmierung

nungswesen (Buchhaltung mit GuV und Bilanz). Darüber hinaus werden dem Controlling weitere Nebenfunktionen zugeordnet, wie z.B. Steuern, Versicherungen. Nicht zum C. gehört jedoch der Bereich Finanzwirtschaft (Treasuring). b) Das *deutsche Controllingkonzept* umfaßt neben der Planung und Kontrolle bzw. Planungs- und Kontrollrechnung für das Gesamtunternehmen und dessen Subsystemen nur das interne Rechnungswesen. Die Bereiche des externen Rechnungswesens sowie Steuern, Zölle und Versicherungen sind hier i.d.R. nicht Bestandteil des C. Beide Konzepte umfassen darüber hinaus die System- und Verfahrensentwicklung für ergebnisorientierte Planungs-, Kontroll- und entsprechende Dokumentationsrechnungen als Aufgabe des C. – Im Hinblick auf die Einordnung des C. in die Aufbauorganisation primär funktional organisierter Unternehmen hat sich in den letzten Jahren das sog. *begleitende oder dezentrale C.* entwickelt, um die Grundidee des C. in allen Bereichen eines Unternehmens bestmöglich durchsetzen zu können. Dabei werden nicht nur für Produkte und Objekte, sondern auch für die wichtigsten Funktionsbereiche und Werke spezifische Controller ernannt. – Bei Unternehmen mit divisionaler Aufbauorganisation kann bei Vorliegen eines heterogenen Produktprogramms oder regional abgegrenzten bzw. internationalen Tätigkeitsfeldern für die verschiedenen Divisionen das sog. *Profit-Center-Konzept* (→ Profit Center) zur Verwirklichung der Controllingkonzeption angewendet werden.

convenience goods, Güter des täglichen Bedarfs, z.B. Brot und Milch. Gegensatz: → shopping goods, → speciality goods.

coordination by feedback, Technik der → Koordination, bei der die Abstimmung durch ständige Interaktion von Vertretern der zu koordinierenden Bereiche erfolgt.

coordination by plan, Technik der → Koordination, bei der die Abstimmung durch die Vorgabe von Plänen und Programmen erfolgt.

corporate attitude, → corporate behavior

corporate behavior, Bezeichnung für das Verhalten eines Unternehmens als Gesamtheit sowohl nach innen gegenüber den Mitarbeitern wie nach außen, etwa gegenüber Kunden und Lieferanten. Das c. b. umfaßt personenbezogenes Verhalten sowie instrumentelles Unternehmens- und Medienverhalten; Instrument zur Beeinflussung der → corporate identity eines Unternehmens.

corporate communication, einheitliche Kommunikationsstrategie eines Unternehmens sowohl intern (gegenüber den Mitarbeitern) wie extern (gegenüber Kunden und Öffentlichkeit); gilt als Teil der → corporate identity.

corporate culture, → Unternehmenskultur

corporate design, einheitliches visuelles Erscheinungsbild eines Unternehmens als Teil der gewünschten → corporate identity. Instrumente sind konstante Gestaltungsmittel wie Firmenzeichen, einheitliche Farben und Typographien.

corporate identity, nach innen und außen kommuniziertes Erscheinungsbild eines Unternehmens, das die Unternehmensphilosphie bzw. -kultur (→ Unternehmensleitbild) sichtbar zum Ausdruck bringen soll. Die Schaffung einer c. i. stellt außerdem den Versuch dar, die einzelnen Unternehmensteile, -aktivitäten und Mitarbeiter nach außen hin, insbesondere gegenüber den Konsumenten, leicht erkennbar zu machen und ein von der Unternehmensleitung gewünschtes und im Rahmen der → Unternehmensstrategie angestrebtes Image aufzubauen. Mittel sind u.a. ein einheitliches optisches Erscheinungsbild (→ corporate design), bestimmte Kommunikationsstrategien sowie die Verhaltensweisen des Unternehmens als Ganzes und der einzelnen Mitarbeiter nach innen wie nach außen.

corporation, → Aktiengesellschaft

cost benefit analysis, → Kosten-Nutzen-Analyse

Cost Center, Organisationsform der → Divisionen einer → Spartenorganisation nach Kostenverantwortlichkeit. Alternative Zielvorgaben sind Umsatzmaximierung bei vorgebenen Budgets oder Kostenminimierung und Umsatzvorgaben (vgl. auch → Profit Center).

Cost-constraint-Analyse, Planungsmethode, bei der potentielle Widerstände (constraints), die bei der Umsetzung eines → Planes oder einer Strategie auftreten können, berücksichtigt werden; umfaßt die Analyse potentieller Widerstände gegen einzelne Planalternativen sowie die Einschätzung von Kosten und Nutzen zu deren Überwindung.

counselling, Methode der → Personalentwicklung; auf dem → Mentoring aufbauende Beziehung zwischen Vorgesetzten und Mitarbeitern, bei der eine gegenseitige Beratung und Unterstützung erfolgt.

countervailling power (gegengewichtige Marktmacht), Hypothese von J. K. Galbraith, die besagt, daß dem Mißbrauch wirtschaftlicher Macht durch Gegenkräfte des Marktes begegnet werden kann. Diese Gegenkräfte können z.B. die Öffentlichkeit, Gewerkschaften oder die Regierung sein.

Country-Club-Stil, im → Verhaltensgitter ein ausschließlich beziehungsorientierter → Führungsstil, bei dem über der Beachtung und Pflege zwischenmenschlicher Beziehungen und der Verwirklichung einer freundlichen, zur Zufriedenheit führenden Arbeitsatmosphäre die Aufgabenerfüllung weitgehend vernachlässigt wird.

Critical-incidents-Methode, halbstandardisierte Methode zur Ermittlung von Leistungsverhalten. Grundidee ist, daß bestimmte Verhaltensweisen bzw. kritische Ereignisse entscheidenden Einfluß auf Erfolg oder Mißerfolg haben. Durch Beobachtungen wird die Häufigkeit entsprechender Verhaltensweisen ermittelt. Bei der Analyse von Arbeitsplätzen sowie im Zusammenhang mit der Ermittlung von Anforderungsprofilen werden Personen aufgefordert, Listen kritischer Ereignisse der Vergangenheit zu erstellen. Die C. kann auch verwendet werden, um Inhalte von Maßnahmen der → Personalentwicklung zu bestimmen.

Cross-cultural-Management, Bezeichnung für das kulturbewußte Management einer Organisation (Unternehmen) oder Gruppe mit Mitarbeitern aus unterschiedlichen Kulturkreisen bzw. für ein Management in einem anderen Kulturkreis bei einem Auslandseinsatz. Ziel ist das Vermeiden von Konflikten und Problemen, die aus der Unkenntnis von Denk- und Verhaltensweisen anderer Kulturkreise entstehen können, sowie die gezielte Nutzung möglicher Synergieeffekte (sog. *Cross-cultural-synergy)*, wie z.B. Anregung/ Ergänzung durch die Kontakte mit Personen des anderen Kulturkreises. Als Forschungsrichtung beschäftigt sich C., zu verstehen als kulturvergleichende Managementforschung, mit den Problemen, die beim Management in anderen Kulturkreisen entstehen können.

Cross-cultural-Training, gezielte Vorbereitung von Mitarbeitern auf eine Tätigkeit in einem anderen Kulturkreis. Der Teilnehmer soll mit den im anderen Kulturkreis üblichen Denk- und Verhaltensstandards bekanntgemacht und in die Lage versetzt werden, mit den dort lebenden Menschen erfolgreich zusammenarbeiten zu können. Teilweise (und sinnvollerweise) werden bei solchen Trainings auch die Lebenspartner des Mitarbeiters einbezogen.

Cross-Impact-Analyse (Interaktionsanalyse), analytisches Instrument, welches im Rahmen der → strategischen Planung eingesetzt werden kann und mit dem nicht nur einzelne Entwicklungen der Umwelt, sondern die Interdependenzen (Interaktionen) der Umweltentwicklungen untereinander analysiert werden können. Die C. kann quantitativ und qualitativ ausgerichtet sein. Bei der qualitativen Variante werden Einschätzungen vorgenommen, welche Wirkungsbeziehungen zwischen den Umweltentwicklungen in welcher Intensität und in welcher Zeit vorliegen; quantitativ orientierte Analysen dagegen basieren auf statistischen Verfahren der Wahrscheinlichkeitsrechnung.

CSCW , → Groupware

Current Ratio, → Liquiditätsgrad

Customer-active-Paradigma, die hauptsächliche Initiative zur Hervorbringung von Innovationen und ihrer Verfeinerung, Weiter- und Fortentwicklung kann vom ursprünglichen Ersteller (manufacturer) oder vom Käufer bzw. Anwender (customer) ausgehen. Im ersten Fall spricht man vom sogenannten *manufacturer-active-Paradigma*, im zweiten Fall vom C.-a.-P. Vielfach wird davon ausgegangen, daß erst durch die anwenderseitigen Erfahrungen mit innovativen Produkten und Verfahren wachstumsträchtige Fort- und Weiterentwicklungen angestoßen werden. Durch den konkreten Einsatz im Einzugsbereich des Nutzers und durch die Verbindung mit der dort bereits vorhandenen Ressourcenausstattung und Sortimentszusammensetzung werden vielfach erfolgreiche Komplementäreffekte und zusätzliche Anwendungsmöglichkeiten entdeckt, die aus dem Blickwinkel des ursprünglichen Bereitstellers übersehen würden.

cut-off rate (cut-off point), Begriff der Investitionsrechnung für die von der Unternehmensleitung gewünschte effektive Mindestverzinsung für geplante Investitionsobjekte.

D

Dachgesellschaft, → Holding

Damnum (Darlehensabgeld), Differenz zwischen dem Nennbetrag eines Darlehens, der zurückgezahlt werden muß, und dem ausgezahlten Betrag.

Darlehen, langfristiger Firmenkredit zur Finanzierung von Investitionen, Umschuldungen u.a., der vor allem von Kreditinstituten vergeben wird. D. unterscheiden sich hinsichtlich der Konditionen (Laufzeit, Verzinsung, Tilgungsweise, zeitliche Gültigkeit der vereinbarten Konditionen u.a.). Es ist eine Auszahlung mit → Damnum üblich, d.h. es wird nicht die volle Kreditsumme ausbezahlt. Die Tilgung erfolgt in der vollen Höhe der Kreditsumme. Wichtige Darlehensformen sind das Abzahlungs- und das Annuitätendarlehen.

Darlehensabgeld, → Damnum

Dateiverarbeitung, die Daten, die ein Anwendungsprogramm zur Verarbeitung benötigt, kann man in Dateien speichern. Dann kommt es im Regelfall zu einer Kopplung zwischen Daten und Verarbeitungsprogramm. Dies führt dazu, daß gleiche Daten häufig mehrfach in unterschiedlichem Format gespeichert werden (Datenredundanz). Es besteht so die Gefahr inkonsistenter Datenbestände. Zudem ist die Pflege der Datenbestände erschwert (Mehrfachpflege). Man geht deshalb dazu über, die Daten in einer Datenbank zu sammeln.

Datenbank, innerhalb einer D. werden die relevanten Datenbestände gesammelt. Im Gegensatz zur klassischen → Dateiverarbeitung besitzt nicht mehr jedes Anwendungsprogramm eine eigene Datei. Man spricht in diesem Zusammenhang von Daten- und Funktionstrennung. Die Datenbanksoftware steuert die Verwaltung der Datenbestände und versorgt die Anwendungsprogramme mit den benötigten Daten im entsprechenden Format. – Man unterscheidet folgende *Datenbanksysteme:*(1) *Hierarchische Datenbanken:* In hierarchischen D. können hierarchische Beziehungen von Objekten sehr gut abgebildet werden. Man erhält auf diese Weise eine typische Baumstruktur. Innerhalb des Modells stößt man sehr bald auf Schwierigkeiten, wenn man komplexere Sachverhalte, die nicht hierarchisch gegliedert sind, darstellen will. So ist beispielsweise die Beziehung zwischen den Objekten „Mitarbeiter“ und „Projekt“, nämlich „Mitarbeiter ist beteiligt an Projekt“ nicht ohne weiteres darstellbar, da ein Mitarbeiter mehrere Projekte betreuen und umgekehrt ein Projekt mehrere Mitarbeiter umfassen kann. Dies widerspricht offensichtlich der Baumstruktur. Zur Abfrage hierarchischer Systeme muß der Benutzer die Struktur der Datenbank genau kennen. Deshalb kommt eine Abfrage für den ungeübten Benutzer nicht in Betracht. Dennoch sind hierarchische Systeme sehr weit verbreitet. Das überhaupt am häufigsten eingesetzte Datenbanksystem ist die hierarchische IMS von

IBM mit der Abfragesprache DL/1. – (2) *Netzwerk-Datenbank:* Wurde eingeführt, um die Schwächen des hierarchischen Modells zu mildern. Darstellbar sind netzwerkartige Strukuren, so daß man nicht mehr ausschließlich an die Modellierung hierarchischer Beziehungen gebunden ist. Allerdings stellte man fest, daß auch dieses Modell bei der Modellierung komplexer Sachverhalte an seine Grenzen stößt. Die Abfrage einer Netzwerkdatenbank gestaltet sich oft schwierig, da der Benutzer im Prinzip den ganzen Datenbankaufbau kennen muß (Navigieren durch die Datenbank). Die bekanntesten Produkte sind IDMS der Firma Cullinet sowie UDS von Siemens. – (3) *Relationale Datenbanken:* Das relationale Modell zeichnet sich durch eine extrem einfache Strukturierung aus. Alle Daten werden in Tabellen gespeichert. Jede Zeile der Tabelle repräsentiert die Information über ein Datenobjekt, während jede Spalte für eine bestimmte Eigenschaft (Attribut) des Objekts steht. Das relationale Modell ist durch eine umfangreiche Theorie (→ Normalisierung) fundiert. Es wurde in den 70er Jahren von Codd entwickelt. Moderne Datenbankanwendungen werden heute häufig in relationalen Systemen implementiert. Codd hat Regeln aufgestellt, wann man von einem relationalen System sprechen kann. Man mag darüber streiten, ob eine Datenbank das Prädikat „relational“ verdient oder nicht. Bekannte Produkte sind DB2 von IBM mit der Abfragesprache SQL, ORACLE im Großrechner- und PC-Bereich sowie INGRES. Auch im PC-Bereich gibt es eine Vielzahl relationaler Systeme (dBase, Rbase uva.). – (4) Im Prototypen- beziehungsweise Forschungsstadium befinden sich derzeit *Objektorientierte Datenbanksysteme:* Die Entwicklung dieser Datenbanksysteme wurde von zwei Seiten betrieben. Zum einen wurden objektorientierte Programmiersprachen um Datenbankeigenschaften (insbesondere um die Möglichkeit, komplexe Datentypen zu definieren und Methoden anzubinden) erweitert. Im ersten Fall spricht man von strukturell objektorientierten, im zweiten Fall von verhaltensmäßig objektorientierten Systemen. Verbindet man beide Konzepte, erhält man voll objektorientierte Systeme. – Von besonderer Bedeutung ist die → Datenmodellierung. – Vgl. auch → externe Datenbank, → verteiltes Datenbanksystem.

Datenbankadministration, Verwaltung, Aufbau und Pflege von → Datenbanken ist Aufgabe der D. Als Aufgabenbeispiele seien Vergabe und Verwaltung von Zugriffsrechten, Aufbau und Pflege eines → Data Dictionaries, physische Umsetzung der Datenbankschemata (→ Datenmodellierung) genannt. – Als Berufsbild entstand die Tätigkeit des *Datenbankadministrators* (DBA).

Datenbankdesign, → Datenmodellierung

Datenbankprogramm, → Datenbank

Datenbanksysteme, → objektorientierte Datenbanksysteme

Datenbus, → Bus

Datenfernübertragung, → Datenübertragung

Datenflußdiagramm, → Funktionsmodellierung

Datenmodellierung (Datenbankdesign), der effektive Einsatz von Informationen erfordert methodisches Vorgehen bei der Abbildung des zu modellierenden Realitätsausschnittes in einem Datenbanksystem. Neben der korrekten Abbildung sind redundanzfreie Datenhaltung (keine Mehrfachspeicherung von Daten) und die Konsistenz der Daten (keine sich gegenseitig und der Realität widersprechenden Daten) weitere wichtige Designziele. – Erfahrungen aus der Vergangenheit haben zu einem bestimmten *Vorgehensmodell* geführt. Am Anfang des Designprozesses steht die → Informationsbedarfsanalyse. Als zweiter Schritt schließt sich die Erstellung des konzeptionellen Schemas an. Dort wird häufig auf das → Entity-Relationship-Modell zurückgegriffen. Das konzeptionelle Schema enthält alle wichtigen Objekte und Beziehungen sowie die jeweiligen Attribute (Eigenschaften von Objekten und Beziehungen) in strukturierter Form, jedoch noch losgelöst von DV-Gegebenheiten. Hat man sich auf ein bestimmtes Datenbanksystem festgelegt, mit dessen Hilfe die Realisierung erfolgen soll, wird das logische Schema erstellt. Dieses hat bereits starken DV-Bezug. Innerhalb des Schemas wird auch festgelegt, welchen Teilausschnitt des Systems Anwendungsprogramme beziehungsweise Benutzer benötigen (externes Schema, Festlegen der Benutzerschichten – Views –). Die eigentliche Implementierung erfolgt dann im physischen oder internen Schema.

Datenschutz, zum einen Schutz von Daten im engeren Sinne und zum anderen der Schutz von DV-Anlagen und Programmen. Maßnahmen zum Datenschutz betreffen das gesamte organisatorische, rechtliche, wirtschaftliche und technische Umfeld der Datenverarbeitung eines Unternehmens. Auf der technischen Seite steht die Entwicklung einbruchsicherer DV-Systeme im Mittelpunkt. – Das Bundesdatenschutzgesetz (BDSG) regelt ausschließlich den *Schutz personenbezogener Daten*. Der darin normierte Datenschutz basiert auf den Grundsätzen der Abwägung der Interessen des Datenverarbeiters und des von der Datenspeicherung Betroffenen, der Pflicht zur technischen und organisatorischen Datensicherung sowie der Kontrolle durch den Betroffenen, die Datenschutzbeauftragten und die staatliche Aufsicht. Das novellierte BDSG ist zum 30.6.1991 in Kraft getreten. Es entspricht in seinem Aufbau im wesentlichen dem bisherigen BDSG. Allerdings beinhaltet es u.a. Klarstellungen zur Übermittlung listenmäßig zusammengefaßter Daten, Verschärfungen, wie etwa die Einführung eines speziellen Haftungstatbestandes für die Verarbeiter personenbezogener Daten, und erhöhte Anforderungen an die Einrichtung automatisierter Abrufverfahren.

Datensicherheit, Maßnahmen zur D. sollen die ständige Verfügbarkeit und Korrektheit innerhalb der Datenverarbeitung sicherstellen. Insbesondere im Bereich der Datenbanken muß darauf geachtet werden, daß die Veränderung von Datensätzen entweder vollständig oder überhaupt nicht durchgeführt wird (z.B. Soll- und Habenbuchungen). Dazu dient die → Transaktionssteuerung. Ebenso ist auszuschließen , daß gleichzeitig mehrfach zum Schreiben auf denselben Datensatz zugegriffen wird (*Concurrency-Kontrolle*). Schließlich fällt unter diesen Punkt auch die regelmäßige Sicherung von Datenbeständen und Programmen, die Erstellung fehlertoleranter Software (→ Qualitätssicherung) sowie die Entwicklung von *Maßnahmen im Katastrophenfall* (u.a. → Backup-Rechenzentrum).

Datenübertragungsdienste, im Rahmen von D. der Deutschen Bundespost

Telekom werden Daten im Sinne von Bitströmen zwischen Endstellen transportiert. Der Netzzugang erfolgt über Wählanschlüsse mit digitalen Anschaltpunkten, Festanschlüsse bzw. Direktanschlüsse. – Grundsätzlich sind drei *Dienstkategorien* zu unterscheiden: (1) Leitungsvermittelte Wählverbindungen der Gruppe 3 (*Datex-L*): Beim Datex-L werden Sender und Empfänger wie beim Telefon über eine Leitungsdurchschaltung miteinander verbunden. Die Tarifierung erfolgt vor allem abhängig von der Geschwindigkeit (300 bit/s bis 64 kbit/s), Verbindungsdauer und Entfernung. (2) Paketvermittelte Wählverbindungen der Gruppe 5 (*Datex-P*): Beim Datex-P-Dienst steht dem Sender und Empfänger die aufgebaute Verbindung nicht ausschließlich zur Verfügung. Es handelt sich um eine logische (virtuelle) Verbindung. Die zu übertragenden Daten werden in Pakete (max. 1.024 bit) aufgeteilt und von Netzknoten zu Netzknoten teilstreckenvermittelt. Die Tarifierung erfolgt primär nach dem Übertragungsvolumen unabhängig von der Entfernung. (3) *Direktrufverbindung* (früher HfD): Die Direktrufverbindung verbindet permanent zwei an Direktrufanschlüssen angeschaltete Stellen. Ein Verbindungsaufbau ist nicht notwendig. Die Verfügbarkeit ist damit extrem hoch. Die Tarifierung erfolgt nutzungsunabhängig über eine geschwindigkeits- und entfernungsabhängige Gebühr. – Im Rahmen von → ISDN können Daten kostengünstig mit hoher Qualität übertragen werden und zwar grundsätzlich leitungsvermittelt. In Zukunft wird es auch einen ISDN-Dienst auf der Basis der Paketvermittlung geben.

Datenverarbeitung (DV), grundsätzlich zählt zur Datenverarbeitung jeder Vorgang, der sich auf die Erfassung, Speicherung, Transformation und Übertragung von Daten bezieht. Hierzu gehört eine Vielzahl von Verrichtungen. Beispielsweise kann man im Rahmen der Datentransformation identifizierende, reproduzierende, vergleichende, sortierende, komprimierende, umformende und rechnende Verrichtungen unterscheiden. Historisch gesehen stand die rechnergestützte Verarbeitung von Daten am Anfang, zunächst mit mechanischen Rechenmaschinen. Daraus leitet sich der Begriff Datenverarbeitung und später elektronische Datenverarbeitung (EDV) ab. Der Zusatz elektronisch ergibt sich aus den eingesetzten technischen Geräten, die auf elektronischen Bauelementen basieren (→ Chip, → Hardware).
In neuerer Zeit wurde insbesondere von Rechner-Herstellern, u.a. unter Marketing-Gesichtspunkten, der Begriff der Informationsverarbeitung geprägt. Damit soll zum Ausdruck gebracht werden, daß neben Daten auch andere Informationsdarstellungen (Bilder und Sprache) verarbeitet werden können. In der Praxis werden die Begriffe Daten- und Informationsverarbeitung vielfach synonym für den Einsatz von Rechnern im Unternehmen verwendet.

Datex-L, → Datenübertragungsdienste (1).

Datex-P., → Datenübertragungsdienste (2).

Davoser Manifest, 1973 beim 3. Europäischen Management Symposium in Davos als Selbstverpflichtung formulierter Verhaltenskodex des Managements. Demzufolge soll das Management den Kunden, Mitarbeitern, Geldgebern und der Gesellschaft dienen und widerstreitende Interessen zum Ausgleich bringen. Dabei sei der Gewinn notwendiges Mittel, um die Existenz des Unternehmens langfristig zu sichern, nicht aber Endziel.

Debitoren-Management, Management der Debitorenpositionen, d.h. das Fällen von Entscheidungen über Umfang von Lieferantenkrediten in Wechsel- und Buchform sowie die Bedingungen ihrer Vergabe an Abnehmer im In- und Ausland. Die Kompetenz bezüglich des D.-M. können beim Finanz- oder aber Vertriebsleiter liegen, je nachdem ob Lieferantenkredite in erster Linie als Mittel der Absatzförderung gesehen werden.

Decision support systems, → Management-support-Systeme

Deckungsbeitrag, Differenz aus → Umsatzerlösen und → variablen Kosten, die zur Deckung der → fixen Kosten sowie zur Erzielung von Gewinn benötigt wird (vgl. auch → Deckungsbeitragsrechung, → Break-even-Analyse).

Deckungsbeitragsrechnung, aus der Kritik an der Vollkostenrechnung entwickelte → Kostenträgerrechnung auf Teilkostenbasis (Kostenrechnungssysteme). Voraussetzung ist die Auflösung der Kosten je nach ihrer Abhängigkeit von Beschäftigungsschwankungen in fixe und variable. Die D. basiert auf dem Grundgedanken der auf dem Absatzmarkt realisierbaren Preise und gibt die Differenz von Nettoverkaufserlösen und den variablen Stückkosten (Einzelkosten und variable Anteile der Gemeinkosten) an; sie ist als Stück- und als Periodenrechnung möglich. Der Deckungsbeitrag je Stück ergibt sich aus dem Verkaufserlös je Stück abzüglich der variablen Stückkosten. Die kurzfristige Preisuntergrenze ist erreicht, wenn der Preis die variablen Stückkosten deckt. Als Periodenrechnung wird der Gesamtdeckungsbeitrag aus der Anzahl der verkauften Produkte, multipliziert mit den Stückdeckungsbeiträgen, errechnet (→ Break-even-Analyse). Der Gesamtumsatz abzüglich der variablen Gesamtkosten ergibt den Deckungsbeitrag der Periode. Wird dieser um die Fixkosten korrigiert, erhält man das → Betriebsergebnis. – Unterschieden werden a) *ein- und mehrstufige D.* je nach Behandlung der Fixkosten: Bei der mehrstufigen werden die Fixkosten weiter differenziert (in Erzeugnis-, Erzeugnisgruppen-, Kostenstellen-, Bereichs- und Unternehmensfixkosten), so daß bereichsspezifische Entscheidungen getroffen werden können; b) *absolute und relative D.* je nach ihrem Bezug zu anderen Größen: Die relative wird für Entscheidungen in Engpaßsituationen benötigt; c) *Soll- und Ist-D.* nach ihrem Zeitbezug: diese können entweder vergangenheitsorientiert oder vorausschauend zu Zwecken der Kostenplanung durchgeführt werden. –
Bedeutung: Die D. ist für dispositive Zwecke geeigneter als eine Vollkostenrechnung, da die Bestimmung von kurz- und langfristigen Preisuntergrenzen, die optimale Gestaltung des Produktionsprogramms, die Annahme zusätzlicher Aufträge, die Entscheidung zwischen Eigen- oder Fremdfertigung und die Anpassung an Beschäftigungsschwankungen verbessert wird.

Defender, → Unternehmensstrategie, die sich auf Besetzung und Verteidigung eines attraktiven Marktsegmentes (→ Marktsegmentierung) richtet, für das ein Paket von Produkten und Dienstleistungen angeboten wird. Durch dauerhafte Kundenbeziehungen soll die Unternehmensumwelt stabilisiert werden. Innerhalb des Segmentes wird die Position durch aggressive

Maßnahmen wie Preispolitik, Service u.a. erhalten. Angestrebt werden weiterhin Kostenreduktionen in Produktion und Vertrieb bei gleichzeitiger Verbesserung der Produktqualität. Der dadurch erreichte Kosten- und Qualitätsvorsprung erschwert potentiellen neuen Konkurrenten den Eintritt in die Nische. Der D. wächst langsam und stetig durch → Marktdurchdringung, wobei die Gefahr entstehen kann, daß mit dem Wachstum des jeweiligen Marktsegmentes nicht Schritt gehalten werden kann. D. neigen zum Ignorieren von Entwicklungen außerhalb des engen Tätigkeitsbereiches und können durch größere Marktverschiebungen in Krisen geraten.

Defensivstrategie, → selektive Strategie, die sich für strategische Geschäftseinheiten anbietet, welche im Rahmen der → Portfolio-Analyse eine geringe Marktattraktivität und hohe relative Wettbewerbsvorteile aufweisen. Empfohlen wird aufgrund des erwirtschafteten positiven Cash flow ein Halten der Wettbewerbsvorteile, die Abschirmung des Marktsegments sowie die Maximierung des Cash flow.

degressive Abschreibung, → Abschreibungsverfahren

degressive Kosten, → variable Kosten

Delegation, Verlagerung von Aufgaben und der zu ihrer Erfüllung notwendigen Entscheidungsbefugnisse auf hierarchisch nachgeordnete Stellen oder Abteilungen. D. kann dauerhaft durch die Abgabe von → Kompetenzen oder punktuell erfolgen. Notwendig ist in jedem Fall, daß die betreffende Organisationseinheit, der eine Aufgabe delegiert wird, über die notwendige Fachkompetenz zu ihrer Erledigung und die entsprechende → Motivation zu ihrer Übernahme verfügt. Ferner müssen die Aufgaben als solche sowie die Bewertungskriterien für die Erledigung eindeutig sein. D. entlastet die delegierende Stelle und kann die mit der Erledigung beauftragte Stelle motivieren, indem deren Autonomiegrad erhöht wird; sie ist ein zentrales Element verschiedener → Führungskonzepte.

Delkredere (Ausfallbürgschaft), im Handelsrecht Gewährleistung für den Eingang einer Forderung. Im Rechnungswesen Wertberichtigungen für voraussichtliche Ausfälle bei Forderungen, die einzeln oder pauschal vorgenommen werden können.

Delphimethode, schriftliche Expertenbefragung, die in mehreren Durchgängen erfolgt; gehört zu den qualitativen Prognosemethoden. Die D. wurde in den 40er Jahren von Helmer und Mitarbeitern bei der Rand-Corporation entwickelt. Ziel ist die Bildung eines Gruppenurteils zu dem interessierenden Sachverhalt. Die Vorgehensweise ist wie folgt: Mehrere Experten erhalten Informationen über das Prognosegebiet und geben ihre Einschätzungen – unter Wahrung der eigenen Anonymität – ab. In einem zweiten Durchgang erhalten die Teilnehmer eine Liste mit den ermittelten Entwicklungen, die zeitlich hinsichtlich ihres Eintretens eingeschätzt werden sollen. In der dritten Phase werden die Ergebnisse der zweiten Phase allen Beteiligten gegeben, die dann Schätzungen korrigieren oder Abweichungen begründen können. In der vierten Runde werden die zuvor ermittelten Ergebnisse verteilt und abschließende Schätzungen durchgeführt. Die Anzahl der Runden kann jedoch auch erhöht werden, wobei die Vorgehensweise gleich bleibt.

demand pull (need pull), man spricht von d. p., wenn der Anlaß zur Förderung und Weiterentwicklung einer Technologie oder eines Produktes von den Bedürfnissen der Nachfrage ausgeht. Gegensatz ist der → technology push, bei dem der Anlaß vom technologischen Potential ausgeht.

Deprivationsthese, Begriff der Motivationstheorie, wonach nur nicht oder nicht in ausreichendem Maße befriedigte Bedürfnisse aktivierend wirken.

derivativer Firmenwert, → Bilanzierungshilfen

Design (Produktdesign), Festlegung des Erscheinungsbildes eines Produktes (Produktgestaltung, Produktdesign), einer Gesamtheit von Produkten bis hin zu großen Gebilden wie Unternehmen (Corporate Design). Das Produktdesign dient der Produktdifferenzierung. Erzeugnisse werden in Qualität, Form, Verpackung und Markierung so gestaltet, daß sich bedarfs-, verfahrens- und/oder materialbedingte Produktvariationen ergeben. Dies kann bis zur Kreation und Realisation vollständig neuer Sachgüter und Dienstleistungen führen. Das Corporate Design soll zu einem erwünschten einheitlichen Erscheinungsbild eines Unternehmens beitragen, das das Selbstverständnis und die Kultur des Unternehmens nach außen und innen kommunizieren soll.

Desinvestition, Phase des Kapitalrückflusses einer → Investition, in der die im Vermögen gebundenen Finanzierungsmittel als Einnahmen zurück in das Unternehmen fließen.

Desinvestitionsstrategie (Liquidationsstrategie), Normstrategie der → Marktanteils-Marktwachstums-Matrix (im Rahmen der Portfolio-Analyse), die den Rückzug aus stagnierenden oder schrumpfenden Märkten empfiehlt. In dieser Matrix wird die → Desinvestition für Problemprodukte und für eine Auswahl nicht hinreichend zukunftsträchtigen Nachwuchses empfohlen.

desk research, → Sekundärforschung

deskriptive Entscheidungstheorie, → Entscheidungstheorie

Desktop Publishing (DTP), Erstellen von druckfertigen Vorlagen mit Hilfe eines Arbeitsplatzrechners. Diese Vorlagen können aus Texten, Tabellen, Grafiken und Bildern bestehen. Der Prozeß umfaßt das Erstellen bzw. Erfassen und Aufbereiten der Dokumentenbestandteile sowie das Zusammenführen dieser Elemente zu einem druckfertigen Dokument. – *DTP-Software* umfaßt als Hauptfunktionen das Definieren und Ändern des Seiten-Layouts, das Einsetzen und Positionieren von Text und Grafik auf den Seiten sowie das typografische Gestalten des Textes. Manipulationen an dem Dokument erfolgen nach dem *WYSIWYG-Prinzip* (What You See Is What You Get). Die Ausgabe der Dokumente geschieht unter der Kontrolle des DTP-Programms, das den Drucker direkt ansteuert oder ein geräteunabhängiges Druckformat in einer sogenannten Seitenbeschreibungssprache (z.B. PostScript) erzeugt. – Verwendung: DTP eignet sich insbesondere für die Druckvorlagenerstellung von Publikationen kleineren bis mittleren Umfangs, bei denen eine höhere Qualität gefordert ist, die man bei einfachen Textverarbeitungssystemen nicht erreichen kann. Gegenüber einer konventionellen Publikationserstellung erhöht sich die Flexibilität aufgrund kürzerer Durchlaufzeiten, darüber hinaus ergibt sich i.d.R. eine Kostensenkung.

deterministische Managementtheorien, → Managementansätze, die von einer weitgehenden Determiniertheit des Handelns von Managern durch äußere Faktoren ausgehen, insbesondere → situative Ansätze, die Managerhandeln als durch Situationsfaktoren bestimmt sehen, strukturalistische Ansätze, die auf Organisationsstrukturen und Systemansätze (→ systemorientierter Ansatz), die auf innere Strukturen und System-Umwelt-Beziehungen als entscheidende Faktoren abstellen. Gegensatz: → voluntaristische Managementtheorien.

Dezentralisation, Trennung von Aufgaben, die im Hinblick auf bestimmte Merkmale gleichartig sind, und Zuteilung auf unterschiedliche Abteilungen und Stellen innerhalb des Unternehmens. *Vorteile* der D. liegen in der Bildung von Expertentum und einer daraus resultierenden Entlastung der Unternehmensspitze sowie in der Erhöhung von Verantwortungsgefühl und Arbeitszufriedenheit von Mitarbeitern durch die Übertragung eigenständiger Aufgabenbereiche und der damit zusammenhängenden Kompetenzen. *Nachteile* können ein möglicher mangelnder Überblick der Unternehmensspitze, eine Zersplitterung von Kompetenzen und der Verlust von Rationalisierungsvorteilen der Arbeitsteilung sein. Gegensatz: Zentralisation.

Diagnose, im Rahmen der → Unternehmensberatung bzw. → Organisationsentwicklung diejenige Phase, in der eine Problemerhebung und -analyse erfolgt. Gesucht werden Ursache und Anlaß der Probleme, Möglichkeiten ihrer Lösung und Maßnahmen zu deren Realisierung. Während bei traditionellen Beratungskonzepten der Berater die D. vornimmt und diese dem Klienten wie im Arzt-Patienten-Modell vorlegt, erfolgt im Rahmen der Organisationsentwicklung eine Einbeziehung des Klientensystems in möglichst allen Phasen; die D. wird gemeinsam mit den Betroffenen erstellt.

dialogische Unternehmenspolitik, → Konsensmanagement

Dialogverarbeitung, im Gegensatz zur → Stapelverarbeitung handelt es sich um eine interaktive Betriebsart. Der Benutzer erteilt nacheinander Teilaufträge, die jeweils vom System abgearbeitet werden. D. ist immer dann einzusetzen, wenn die Verarbeitungslogik den Eingriff des Benutzers erfordert.

Dienstbereitschaft, → Arbeitsbereitschaft

Dienstleistungsmarketing, Teilgebiet des → Marketing, das die spezifischen Besonderheiten von Dienstleistungen berücksichtigt. Das Angebot von Dienstleistungen ist abstrakt und immateriell, nicht lagerfähig, nur in Ausnahmefällen transportfähig, oftmals individualisiert und einmalig, häufig personalintensiv sowie schwer standardisierbar. Die Beziehung zum Kunden ist oft direkt und intensiv. Das Spektrum der angebotenen Leistungen ist vielfältig, wobei zwischen konsumptiven (an Konsumgüterhaushalte erbrachten) und investiven (in Produktionsprozessen eingesetzten) Leistungen unterschieden wird. Die Empfänger der Dienstleistung sind oftmals an ihrer Erstellung beteiligt. Diese Besonderheiten sind bei der Entwicklung von Marketingkonzeptionen und beim Einsatz von Marketinginstrumenten zu berücksichtigen. Es besteht jedoch eine enge *Verbindung zwischen D. und Sachlei-*

stungsmarketing, denn Sachleistungsmarketing schließt in unterschiedlichem Umfange Dienstleistungen (z. B. Lagerhaltung, Beratung von Kunden etc.) ein, Dienstleistungsmarketing dagegen schließt in einigen Fällen Sachleistungen ein. – Aufgrund der Immaterialität ergeben sich vor allem folgende *Konsequenzen hinsichtlich des Marketing*: Mit dem potentiellen Dienstleistungsnachfrager muß ein intensives Vertrauensverhältnis durch Seriosität des Anbieters und Attraktivität des Angebots, die gleichzeitig erfüllt sein müssen, geschaffen werden. Der Wert einer Dienstleistung, damit die Angemessenheit der Preis-Leistungs-Relation, können vom Nachfrager nur sehr schwer eingeschätzt werden, wobei dies einen relativ großen Spielraum für die Preis- und Konditionenpolitik bedeutet. Aufgrund der „Synchronität" von Produktion und Distribution einer Dienstleistung ist neben der fachlichen Fähigkeit, eine Dienstleistung zu erstellen, auch die Bereitschaft, diese zum gewünschten Zeitpunkt zu erbringen, Voraussetzung. Der intensive Kontakt erfordert auf Seiten des Dienstleisters Kontaktfähigkeit, Vertrauenswürdigkeit, Einfühlungsvermögen, Flexibilität, Improvisationsgabe und Selbstbeherrschung. – In Wissenschaft und Praxis wurde bisher fast ausschließlich das → *Handelsmarketing* beachtet; erst in den letzten Jahren wuchs die Bedeutung anderer Bereiche des D.

Dienstunfähigkeit, → Arbeitsunfähigkeit

Dienstvertrag, aus dem Bürgerlichen Gesetzbuch (§ 611ff) stammende Bezeichnung für ein Rechtsverhältnis, bei dem eine Partei zur Leistung der versprochenen Dienste, die andere Partei zur Gewährung der vereinbarten Vergütung verpflichtet ist; kann über jede Art von Dienstleistungen abgeschlossen werden. D. für unselbständig Tätige ist der → Arbeitsvertrag; bei selbständig Tätigen werden besondere Verträge geschlossen.

Dienstweg, vorgeschriebener Kommunikationsweg in einer Organisation.

differenzierte Normstrategien, aus der → Marktstadien-Wettbewerbspositions-Matrix der amerikanischen Unternehmensberatungsfirma A.D. Little abgeleitete Normstrategien, die die Gegebenheiten des Marktes und der Wettbewerbsposition des Unternehmens stärker als andere → Portfolio-Analysen berücksichtigen.

Differenzierung. 1. *Strategisches Management*: → Wettbewerbsstrategie zum Aufbau von in der Branche einzigartigen Produkten bzw. Dienstleistungen mit dem Ziel einer monopolartigen Marktstellung. Differenzierungsansätze sind u.a. Design, Markenname, Technologie, Werbung, Service und Händlernetz. D. schirmt die Unternehmen erfolgreich gegen den Druck der Wettbewerbskräfte ab. Der Aufbau der Kundenloyalität führt zu einer Eintrittsbarriere und zu einer Verringerung der Bedrohung durch → Substitutionsgüter sowie der Preisempfindlichkeit. D. kann das Erreichen eines hohen Marktanteils verhindern. Erforderliche Fähigkeiten und Mittel sind u.a. entsprechende Marketingfähigkeiten, Kreativität, Grundlagenforschung und Qualitätsimage. Organisatorische Anforderung ist die enge Koordination der zentralen Bereiche Forschung und Entwicklung sowie Marketing.

2. *Organisationstheorie:* Verteilung der Organisationselemente Aufgaben, Informationen und Entscheidungskompetenzen (Autorität) auf die Organisati-

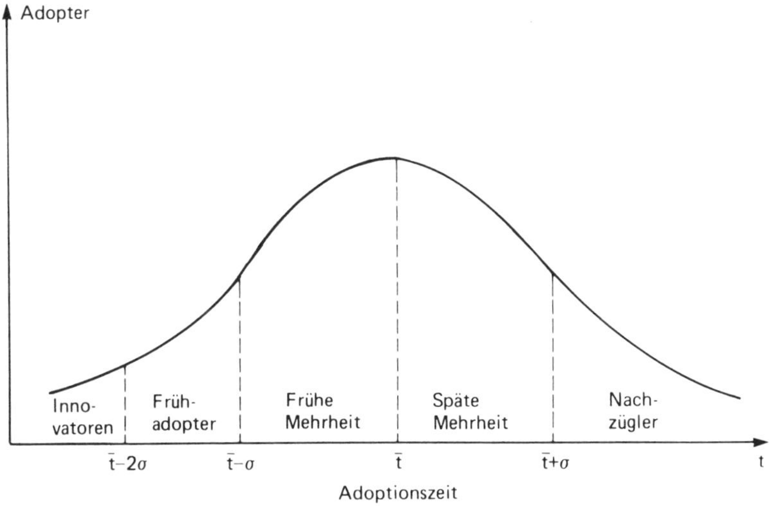

onsmitglieder und ihre Arbeitsmittel (etwa Maschinen). Zu unterschieden ist zwischen einer horizontalen D., die zu einer institutionalisierten Spezialisierung führt (etwa durch Abteilungsbildung), und einer vertikalen, mit der die Unternehmenshierarchie festgelegt wird (z.B. Festlegung von Dienstwegen, Kontrollspannen und Art der Hierarchisierung).

Diffusion (Adoption), Ausbreitung neuer Produkte, Verfahren und Ideen (→ Innovationen) in sozialen Systemen im Zeitablauf.

Diffusionsforschung, Untersuchung von Faktoren, die die Verbreitung von Innovationen (→ Diffusion) beeinflussen. Untersucht wird, in welcher Zeit und in welchen Kommunikationskanälen Informationen über neue Produkte und Ideen von der Quelle zu den potentiellen Verwendern gelangen. Insbesondere wird erforscht, durch welche Merkmale sich die Gruppe der Innovatoren von anderen Gruppen unterscheidet (→ Diffusionsprozeß).

Diffusionskurve, → Diffusionsprozeß

Diffusionsprozeß, Verhalten von potentiellen Käufern vom Empfang der ersten Produktinformationen bis hin zur vollen Übernahme der Neuerung. Die Übernahme von neuen Produkten, Verfahren und Ideen hängt von mehreren Einflußfaktoren ab, z.B. der Art der Informationsquellen, den Persönlichkeitsmerkmalen der Käufer und den Wahrnehmungsprozessen. Diese Einflußfaktoren können modellhaft erfaßt werden (vgl. Abbildung). Dabei werden Käufer in Gruppen (*Adopterklassen)*, die sich hinsichtlich Annahme und Akzeptanz von Innovationen unterscheiden, eingeteilt. Differenziert werden die Adopter in Innovatoren, Frühadopter, Frühe Mehrheit, Späte Mehrheit und Nachzügler. Der D. verläuft in den Phasen Erkennen, Interesse, Bewertung, Versuch und Annahme der Neuerung ab. Die Dauer des A. hängt u.a. auch von der Risikobereitschaft der Käufer ab.

DIN-Normen, → Norm 2.

direct costing, → Teilkostenrechnung, die auf der Aufspaltung in fixe und variable Kosten basiert. Die → Beschäftigung gilt als einzige Kosteneinflußgröße.

direkte Steuern, → Steuern, die direkt an der Leistungsfähigkeit natürlicher und juristischer Personen ansetzen. Zu den Personensteuern gehören Einkommensteuer, Körperschaftsteuer, Vermögensteuer, Erbschaftsteuer und Kirchensteuer. Zu den Objektsteuern gehören Gewerbesteuer und Grundsteuer. Gegenteil: → indirekte Steuern.

Direktinvestitionen, → Auslandsinvestitionen

Direktionsrecht, Recht des Arbeitgebers, seinen Arbeitnehmern Weisungen zu erteilen und insbesondere Art, Inhalt und Umfang der Arbeit sowie die Arbeitszeit zu bestimmen. Das D. wird begrenzt durch die gesetzlichen Grundlagen des Arbeitsschutzes, Tarifverträge, bestehende Betriebsvereinbarungen, die rechtliche Verpflichtung des Arbeitgebers zur Fürsorge für den Arbeitnehmer und den Inhalt des abgeschlossenen Arbeitsvertrages. Die Arbeitspflicht und Tätigkeit des Arbeitnehmers wird in der Regel durch den Arbeitsvertrag zumindest rahmenmäßig festgelegt; je weniger detailliert der Arbeitsvertrag Art, Inhalt und Umfang der Arbeit beschreibt, um so weiter gefaßt sind die Möglichkeiten des D. In Notfällen kann der Arbeitgeber allerdings den Rahmen des Arbeitsvertrages überschreiten. Folgt der Arbeitnehmer nicht dem D. des Arbeitgebers, so kann dieser die Kündigung wegen Arbeitsverweigerung aussprechen.

Direktor, uneinheitlich verwendete Bezeichnung für herausgehobene Mitglieder der Führungshierarchie eines Unternehmens.

Direktorialprinzip, Methode der Willensbildung in einer hierarchischen Organisation, wonach Entscheidungen von einer Person oder Instanz getroffen werden. Gegensatz: → Kollegialprinzip.

Direktrufverbindung, → Datenübertragungsdienste (3)

Direktwerbung, Form der individuellen, nicht persönlichen Kommunikation zwischen Anbieter und Nachfrager, u.a. durch Werbebriefe, Kataloge und Prospekte.

Disagio (Abgeld), Abschlag, um den der Wert eines Wertpapieres vom Nennwert oder einer Geldsorte oder Devise von der Parität bei der Ausgabe bzw. beim Handel vermindert wird. Anleihen werden i.d.R. mit Disagio ausgegeben; die Ausgabe von Aktien mit Disagio ist dagegen verboten. Gegensatz: Agio.

Diskontierung, Abzug der für den Zeitraum anfallenden Zinsen (*Diskont*) von der Wechselsumme beim Ankauf eines → Wechsels vor dessen Fälligkeit durch ein Kreditinstitut.

diskontinuierliche Produktion, → Produktionstypen 2 b)

Diskontkredit (Wechseldiskontkredit), Form des → Kredits zur Refinanzierung eines Unternehmens, das → Wechsel von seinen Kunden vor deren Fälligkeit an eine Bank verkauft. Für diesen Kredit wird die Wechselsumme nicht in voller Höhe ausgezahlt, sondern unter Abzug der Zinsen für die Zeit vom Tag des Ankaufes bis zur Fälligkeit durch Diskontieren des Wechsels. Die Laufzeit beträgt üblicherweise 90 Tage mit Prolongationsmöglichkeit.

Diskontsatz, Zinssatz, den die Deutsche Bundesbank beim Ankauf von Wechseln von Kreditinstituten anwendet. Er ist Grundlage des an die Kunden weitergegebenen Zinssatzes beim Ankauf von Wechseln.

Diskriminierung, → job discrimination

Diskriminierungsverbot. 1. Für die *Personalauswahl* bedeutsame, aus dem Grundgesetz abgeleitete Vorschrift, wonach niemand wegen Geschlecht, Religion oder Rasse benachteiligt (diskriminiert) werden darf.
2. Im *Geschäftsverkehr zwischen marktbeherrschenden bzw. marktstarken Unternehmen* und den von ihnen abhängigen Unternehmen das Verbot unbilliger Behinderung und ungleicher Behandlung, ohne daß hierfür sachliche Gründe vorliegen. Ziel ist die Verhinderung einer Ausnutzung von Marktmacht.

Diskurs, Prozeß der argumentativen Verständigung zwischen zwei oder mehr Personen über Geltungsansprüche, bei denen lediglich das Interesse an rationaler Begründung und Kritik argumentationsleitend ist sowie von den Beteiligten ein Konsens angestrebt wird; Mittel zur rationalen Begründung von Geltungsansprüchen (z.B. Werten, Normen).

Diskursethik, Regelwerk für das Führen von → Diskursen, mit dem gesichert werden soll, daß lediglich rationale Begründung und Kritik statt Zwang oder instrumentelle Interessen argumentationsleitend sind (Argumentationsregeln). Da Diskurse möglichst durch Herrschaftsfreiheit gekennzeichnet sein sollten, ist das Einhalten der Regeln eine Frage der individuellen Einsicht, insofern also eine ethische Frage.

diskursive Organisationsentwicklung, Ansatz der → Organisationsentwicklung, der als Gegenmodell zu einer vom Management gesteuerten Unternehmenskultur darauf abzielt, → Diskurse in Organisationen durch entsprechende strukturelle Regelungen zu institutionalisieren (struktureller Ansatz) und die Organisationsmitglieder durch Entwicklungsmaßnahmen (→ Partizipationskompetenz) zu Diskursen zu befähigen (personeller Ansatz).

Display-Material. 1. Die Verkaufsförderung unterstützende Materialien, die am Verkaufsort eingesetzt werden, z.B. Hinweisschilder, Plakate und Regale.
2. Form der Warenauslage, bei der der Kunde entweder selbst Zugriff zur Ware hat (offener Display) oder vom Verkäufer bedient wird (geschlossener Display).

Disposition, einmalig gültige Regelung eines bestimmten organisatorischen Sachverhaltes. Strukturierung durch D. ist nur zweckmäßig, wenn der Sachverhalt einmalig oder sehr selten auftritt. Ansonsten ist eine Strukturierung durch → Improvisation und → Organisation zweckmäßiger.

dispositiver Faktor, aus dem von Gutenberg entwickelten → faktortheoretischen Ansatz der Betriebswirtschaftslehre stammende Bezeichnung für die Gesamtheit der Führungsorgane in einem Unternehmen. Funktion der dispositiven Arbeit ist die Kombination der Elementarfaktoren zu einem wirtschaftlich sinnvollen Ganzen. Die dabei anfallenden dispositiven Tätigkeiten sind insbesondere die Planung, Organisation, Leitung und Kontrolle des Betriebsprozesses sowie das Vorbereiten und Treffen der notwendigen Entscheidungen. Statt des Begriffes dispositiver Faktor bürgert sich mehr und mehr der Begriff → Management ein.

dissatisfier, → Hygienefaktor

Dissonanz, kognitives Ungleichgewicht eines Individuums, das entstehen kann aus fehlender logischer Übereinstimmung (Inkonsistenz), aus fehlenden Übereinstimmungen zwischen eigenem Verhalten und kulturellen Normen, zwischen einer Kognition und einer allgemeineren bzw. umfassenderen Kognition oder zwischen alten und neuen Erfahrungen; führt zu Versuchen des Individuums, das als störend empfundene Ungleichgewicht abzubauen bzw. Konsonanz herzustellen.

Distribution (Verteilung), alle Entscheidungen und Handlungen, die im Zusammenhang mit dem Weg eines Produktes vom Hersteller zum Endverkäufer stehen. Dazu gehört nicht nur die physische Bewegung des Produktes (z.B. Entscheidungen über Transportwege), sondern auch tätigkeitsorientierte Entscheidungen (z.B. Wahl der einzuschaltenden Absatzmittler).

Distributionsgrad, Prozentsatz von → Absatzmittlern, die ein Produkt während eines bestimmten Zeitraums oder zu einem bestimmten Zeitpunkt führen.

Distributionskosten, aufsummierte Kosten aller Beteiligten (produzierende Unternehmen, Handel, Absatzhelfer etc.) innerhalb einer → Absatzkette, die bei der Warenverteilung entstanden sind. – D. sind abzugrenzen von → *Vertriebskosten*, die sich nur auf die entstandenen Kosten eines Herstellers oder Händlers beziehen.

Distributionsmix, Kombination der Instrumente der → Distributionspolitik und Ergebnis der Entscheidungen, die in ihrem Rahmen getroffen werden; Teilbereich des → Marketingmix eines Unternehmens.

Distributionspolitik, alle Entscheidungen und Aktivitäten, die im Zusammenhang mit dem Weg eines Produktes vom Ort seiner Entstehung bis zum Endverkäufer stehen. Dazu gehört die Gestaltung des Systems der → Absatzkanäle und die physische Distribution der Produkte (Marketinglogistik). Entscheidungen, die bei der Gestaltung des Systems der Absatzkanäle anfallen, sind die Wahl der Absatzwege (z.B. des indirekten oder direkten Vertriebs), Zahl und Art der auf jeder Stufe einzuschaltenden Absatzmittler sowie Wahl und Art der einzusetzenden Außendienstmitarbeiter. Die Entscheidungen zur Gestaltung des Systems hängen von Art und Erklärungsbedürftigkeit des Produktes, von Marketingzielsetzung und Vertriebskosten ab.

Distributionssystem, alle an der → Distribution beteiligten Glieder, z.B. Hersteller, Einzel- und Großhändler, Weiterverarbeiter, Verwender und Verbraucher.

Distributionsweg, → Absatzweg

Diversifikation (Diversifizierung), Entwicklung und Aufbau neuer Produkt-Markt-Kombinationen durch eine → Diversifikationsstrategie.

Diversifikationsstrategie, eine der vier → Produkt-Markt-Strategien der Produkt-Markt-Matrix. D. zielen als → Wachstumsstrategien auf die Ausweitung des Leistungsangebotes durch neue Produkte in neuen Märkten. Bei der Strategiewahl auf der Ebene des Geschäftsbereichs ist die Diversifikation eine der strategischen Optionen. Im Verhältnis zu den anderen Produkt-Markt-Strategien entfernt sie sich am weitesten von der ursprünglichen Produkt-Markt-Kombination des Unternehmens. Damit können mit ihr die geringsten Synergieeffekte realisiert werden. – Ziele von D. sind neben dem Wachstum der Unternehmen die Verteilung des Risikos von einer Branche auf mehrere sowie eine Umsatz- und Gewinnsteigerung. Folgende *Varianten* werden unterschieden: → horizontale Diversifikation, → vertikale Diversifikation und → laterale Diversifikation. Durch Übernahme, Beteiligung, Kooperation und Eigenaufbau lassen sich Diversifikationen realisieren.

Diversifizierung, → Diversifikation

Dividende, Bestandteil des → Gewinns von Aktiengesellschaften, der an die Aktionäre ausgeschüttet wird. Vorstand und Aufsichtsrat schlagen die Höhe der D. der Hauptversammlung vor, die diese beschließt. Die D. bezieht sich immer auf eine Aktie.

Dividendenpolitik, Maßnahmen bezüglich der an die Aktionäre auszuschüttenden → Dividenden. Dabei spielen die Gesichtspunkte Unternehmensziele, Öffentlichkeitsarbeit und Aktionärspflege eine wesentliche Rolle. – In der Regel gilt es, eine gleichbleibende bzw. eine gleichmäßig steigende Dividende (*Dividendenkontinuität*) auszuschütten, damit positive Wirkungen auf die Dividendenerwartungen und folglich auch auf die Kursentwicklung erreicht werden.

Division (Geschäftsbereich), organisatorischer Teilbereich eines Unternehmens, der nach dem → Objektprinzip abgegrenzt wird (sog. *Divisionalisierung*).

divisionale Organisation, auf der zweiten Hierarchieebene nach dem → Objektprinzip in Divisionen, Geschäftsbereiche oder Sparten eingeteilte Organisationen. Sie eignen sich besonders für diversifizierte Unternehmen, die auf unterschiedlichen Produkt-Markt-Feldern tätig sind, für die unterschiedliche Strategien entwickelt werden (→ Diversifikationsstrategien, → Geschäftsbereichsstrategien). Auf der dritten Hierarchieebene findet eine Gliederung nach Verrichtungen bzw. Funktionen (→ Verrichtungsprinzip) statt. Zentral organisiert werden häufig Einkauf, Finanzierung sowie Grundlagenforschung. Die Steuerung erfolgt durch → Profit Center oder → Cost Center.

Divisionskalkulation, → Kalkulationsverfahren, nach dem die Gesamtkosten des Betriebes oder einzelner Bereiche undifferenziert, d.h. ohne eine Aufspaltung in Einzel- und Gemeinkosten, durch die hergestellten bzw. abgesetzten Stückzahlen dividiert werden. – *Form*: Unterschieden werden die D. im engeren Sinne sowie die Äquivalenzziffernkalkulation, und zwar jeweils ein-, zwei- sowie mehrstufig. Voraussetzung für die Anwendbarkeit der einfachen D., bei der die Gesamtkosten durch die Stückzahl dividiert werden, ist ein Einproduktbetrieb ohne Lagerbestandsveränderungen an unfertigen und fertigen Erzeugnissen. Im Rahmen der einstufigen D. ist folglich keine

Kostenstellenrechnung erforderlich, und alle → Kosten verhalten sich proportional zur Ausbringungsmenge, so daß diese Form der Kalkulation kaum praxisrelevant ist. Zweistufige und mehrstufige D. lassen Lagerbestandsveränderungen zu; daher ist für sie bereits eine einfache Kostenstellenrechnung notwendig. Die Selbstkosten ergeben sich aus den getrennt ermittelten Herstell-, Verwaltungs- und Vertriebskosten. Die D. eignet sich nur für Massenproduktion. – Die *Äquivalenzziffernrechnung* ist eine Variante, bei der die Homogenität der Produkte nicht mehr strikt vorausgesetzt wird, sondern Sortenfertigung möglich ist. Unterstellt wird, daß die Produkte ähnliche Kosten verursachen, die mit Äquivalenzziffern erfaßt werden.

Dokumentation. Anwendungssysteme müssen gelegentlich aufgrund der Veränderung rechtlicher bzw. organisatorischer Rahmenbedingungen angepaßt werden (→ Konfigurationsmanagement). Dies ist nur dann effizient möglich, wenn das System selbst und die bereits durchgeführten Veränderungsarbeiten sauber dokumentiert wurden. Es ist zu beachten, daß die Änderungen häufig nicht durch den ursprünglichen Entwickler vorgenommen werden, sondern durch dritte Personen. – Zur Dokumentation gehören Handbücher als schriftliche Unterlagen, aber auch Daten- und Funktionsverzeichnisse (→ Data Dictionary) in elektronischer Form. Im allgemeinen ist zwischen Handbüchern für die Fachabteilung (Anwender-Handbuch) und für die DV-Abteilung (Technisches Handbuch) zu unterscheiden. – Die Dokumentation muß aus den oben beschriebenen Gründen laufend aktualisiert werden. Mit der nachträglichen Erstellung einer D. beschäftigt sich unter anderem das → Reengineering.

Dokumentenstandard. Dokumente sind in der Informationsverarbeitung eine als Einheit übermittelbare Informationsmenge in unterschiedlichster Darstellung (Text, Daten, Bild, Sprache), die der menschlichen Wahrnehmung zugänglich ist. Bei elektronischen Dokumenten besteht die grundsätzliche Problematik, daß ein und dasselbe Dokument auf unterschiedlichen Rechnersystemen intern differenziert dargestellt wird. Daraus ergeben sich Probleme bei der Übertragung, so daß eine Weiterverarbeitbarkeit nicht grundsätzlich gegeben ist. – Um nicht eine Vielzahl bilateraler Vereinbarungen treffen zu müssen, wurde die ISO Norm 8613 für unstrukturierte Dokumente erarbeitet, die unter der Bezeichnung ODA/ODIF (Office Document Architecture/Office Document Interchange Format) bekannt ist. Auch → EDI/EDIFACT ist ein Dokumentenstandard, jedoch für strukturierte Handelsdokumente. Im Rahmen von ODA hat man sich ganz grundsätzlich über die Architektur von Dokumenten Gedanken gemacht. Man kann davon ausgehen, daß sich ein Dokument durch eine logische Struktur (z.B. Text, geometrische Grafik, Rastergrafik) beschreiben läßt. In sogenannten Anwendungsprofilen sind auf der Basis der umfangreichen ODA Festlegungen von der EWOS (European Workshop for Open Systems) Teilmengen der ODA-Funktionalität gebildet worden, die für konkrete Anwendungen zur Verfügung stehen. Das Profil Q/111 ist funktional kompatibel mit → Teletex. Q/112 unterstützt darüber hinaus eingeschränkte Vektor- und Rastergrafik, während Q/113 die Funktionalität von → Desktop-Publishing-Programmen abdeckt.

Dokumentenverwaltung. Fallen die Dokumentenerstellung und die Dokumentennutzung zeitlich auseinander, so ergibt sich die Notwendigkeit der Dokumentenspeicherung (Archivierung) und damit verbunden das Problem des Wiederauffindens. Die Dokumentenspeicherung kann in persönlichen Archiven (Ablagen) sowie in Gruppenarchiven und Langzeitarchiven auf zentraler Ebene erfolgen. Technisch stehen für elektronische Dokumente elektronische, magnetische und optische Speichermedien (→ Speicher) zur Verfügung. Für das Wiederauffinden ist eine Beschreibung der Dokumente notwendig. Die Dokumentenbeschreibung kann sich gliedern in die administrative, referenzielle und inhaltliche Beschreibung. Die administrative Beschreibung enthält beispielsweise die Dokumentenidentifikation, den Dokumententyp, den/die Verfasser, Datumsangaben usw. In der referenziellen Beschreibung sind Beziehungen zu anderen Dokumenten festgehalten, z.B. die Zugehörigkeit zu einer Akte oder einem Vorgang. Die inhaltliche Beschreibung erfolgt mit Hilfe von Beschreibungswörtern, den Deskriptoren.

Man unterscheidet grundsätzlich manuelle und automatische Deskribierung. Bei der automatischen Deskribierung werden vom Rechner alle bedeutungstragenden Worte als Deskriptoren selektiert. Bei manueller oder intellektueller Deskribierung werden die Deskriptoren auf der Basis des Textes, mit Hilfe von Schlagworten (z.B für Grafiken) und unter Umständen auf der Grundlage eines fachspezifischen Wörterbuchs (Thesaurus) vorgenommen. – Das Wiedergewinnen von Dokumenten erfolgt mit Hilfe eines rechnergestützten Suchens durch Spezifikation von Suchbegriffen. Diese Suchbegriffe können mit Booleschen Operatoren (z.B. und/oder) verknüpft und auf die Dokumentenbeschreibung angewandt werden. Eine maximale inhaltliche Suche erreicht man durch die Volltextrecherche, bei der alle gespeicherten Dokumente nach den Suchworten durchforscht werden. Dabei können die Suchworte auch durch Kontextoperatoren (z.B. müssen zwei Suchworte im gleichen Satz vorkommen) verknüpft werden.

Doppelgesellschaft, Form der → Betriebsaufspaltung, bei der zwei oder mehrere rechtlich selbständige Gesellschaften entstehen, die einem wirtschaftlich einheitlichen Betrieb dienen. D. entsteht durch Gründung, durch → Betriebsaufspaltung, bei der eine Kapitalgesellschaft ausgegliedert wird, oder durch umgekehrte Betriebsaufspaltung, bei der eine Personengesellschaft ausgegliedert wird. Formen sind Betriebs- und Besitz- (Kapital- und Personengesellschaften betreffend) sowie Vertriebs- und Produktionsgesellschaft (Personengesellschaften betreffend). Im allgemeinen übernimmt die Betriebsgesellschaft die Forderungen und das Vorratsvermögen der Besitzgesellschaft und pachtet die Produktionsanlagen von ihr.

Dow-Jones-Index, Kursindex der New Yorker Wertpapierbörse, der gesondert für bestimmte unterschiedliche Industriegruppen berechnet wird. Der Industrieindex umfaßt 30 Titel, der Transportindex 20 und der Gesamtindex 65 Titel.

Down-up-Planung, von oben nach unten und umgekehrt ablaufendes Verfahren der vertikalen → Planabstimmung in hierarchisch strukturierten Organisationen, mit dem die Vorteile der → Top-down-Planung und der → Bottom-up-Planung kombiniert werden.

Downsizing, Reduzierung von Abfall durch Produktion kleinerer Produkte. Daimler Benz stellte z.B. in den frühen

80er Jahren ein „downsized model", den Mercedes 190, vor.

Drei-D-Programm, von Reddin formuliertes, auf dem → Ohio-State-Leadership-Quadranten aufbauendes situatives Führungsmodell, das neben den Dimensionen → Aufgabenorientierung und → Beziehungsorientierung als dritte die Effektivität des jeweiligen → Führungsverhaltens einbezieht. Danach können die vier Grundstile (Aufgaben-, Beziehungs-, Verfahrens- und Integrationsstil) situationsbezogen sowohl effektiv wie ineffektiv genutzt werden.

Grundstil	ineffektive Variante	effektive Variante
Aufgabenstil	Autokrat	Macher
Beziehungsstil	Gefälligkeitsapostel	Förderer
Verfahrensstil	Kneifer	Bürokrat
Integrationsstil	Kompromißler	Integrierer

Drei-Phasen-Modell, von Lewin formuliertes Modell der Beschreibung bestimmter Gesetzmäßigkeiten beim Ablauf von Veränderungen auf individueller und organisationaler Ebene, das aus den Phasen Unfreezing (organisationaler und individueller Veränderung entstammender Begriff zur Bezeichnung der ersten Phase, in der eine Motivation zu Änderungen Anlaß gibt und bisher stabile Einstellungen, Verhaltensweisen und Strukturen aufgetaut werden müssen, bevor Veränderungen erfolgen können), Moving (organisationaler und individueller Veränderungen entstammender Begriff zur Bezeichnung der Phase, in der neue Einstellungen, Verhaltensweisen und Strukturen entwickelt werden) und Refreezing (organisationaler und individueller Veränderungen entstammender Begriff zur Bezeichnung der Phase, in der nach dem Veränderungsprozeß neue Einstellungen, Verhaltensweisen und Strukturen stabilisiert, d.h. „eingefroren" werden, besteht. Zunächst müssen stabilisierte Zustände und Einstellungen aufgetaut und eine Bereitschaft für Veränderungen geschaffen werden, dann folgt die eigentliche Phase der Veränderung, der sich eine Phase des Einfrierens bzw. Stabilisierens der veränderten Verhältnisse anschließt.

Drittparteienintervention, Methode der → Organisationsentwicklung, bei der die Handhabung von Konflikten im Vordergrund steht. Der Berater soll als unparteiische dritte Partei den Konfliktparteien helfen, ihren Konflikt zu analysieren und zu lösen. Ähnlich wie bei der → Prozeßberatung konzentriert er sich dabei auf die prozessuale Ebene (Beziehungsebene).

Drittparteienschlichtung, Schlichtung eines Konfliktes zweier Parteien durch einen neutralen Dritten (Schlichter); findet sich institutionalisiert im Rahmen von Tarifkonflikten und als Drittparteienintervention.

DTP, → Desktop Publishing

duale Arbeitssituationsanalyse, Verfahren der → Arbeitsanalyse, bei dem das personenunspezifische sogenannte objektive Verfahren mit subjektiven Verfahren zur Erfassung der subjektiv wahrgenommenen → Arbeitssituation kombiniert wird.

duale Finanzierung, Form der Finanzierung im öffentlichen Bereich, bei der mehrere Finanzierungsträger jeweils bestimmte Kostenarten finanzieren, z. B. bei Krankenhäusern, im Rettungswesen und bei Heimen. I.d.R. erfolgt eine d. F. derart, daß von den öffentlichen Haushalten die Investitionen finanziert werden und von den Leistungsabnehmern bzw. den Versicherungen die Kosten des laufenden Betriebs zu tragen sind.

duale Führung, Bezeichnung für das Phänomen, daß in vielen Gruppen nicht eine Person sämtliche Führungsfunktionen wahrnimmt, sondern eine Ausdifferenzierung stattfindet (Divergenztheorem). Unterschiedliche Personen haben zeitweilig oder dauerhaft unterschiedliche Funktionen, z.B. der Tüchtigkeitsführer die → Lokomotionsfunktion, der Beliebtheitsführer die → Kohäsionsfunktion. Die Funktionsverteilung kann wechseln; i.d.R. ist sie nicht auf zwei Personen beschränkt (Führungsplural).

duale Organisation, weitgehende Überlappung der historisch gewachsenen → Primärorganisation durch eine → Sekundärorganisation zur Lösung neuer oder zeitlich befristeter Aufgaben.

Dumping, Anbieten von Waren auf dem Auslandsmarkt zu einem Preis, der deutlich unter dem marktüblichen Wert im Inland liegt. Ziel der räumlichen → Preisdifferenzierung kann die Verdrängung von Konkurrenz oder das Ausnutzen von zusätzlichen Produktionskapazitäten im Inland sein. Ermöglicht wird D. z.B. durch Export- und Zinssubventionen.

Durchführungskontrolle, operative und strategische Kontrolle der Durchführungsmaßnahmen, die der Erreichung operativer und strategischer Ziele dient.

Durchlaufzeit, Zeitspanne, die bei der Produktion eines Gutes zwischen dem Beginn des ersten Arbeitsvorgangs und dem Abschluß des letzten Arbeitsvorgangs verstreicht. Die D. eines Auftrags setzt sich aus den Bearbeitungszeiten (einschl. Rüstzeiten), den Transportzeiten zu den Betriebsmitteln und den Wartezeiten vor den Betriebsmitteln zusammen. – Zeitziel der Produktionsprozeßplanung, Produktionsprozeßsteuerung und Produktionsprozeßkontrolle ist die Durchlaufzeit- bzw. Wartezeitminimierung.

Durchschnittsbewertung, Vereinfachungsverfahren der Bewertung gleichartiger, beweglicher Gegenstände des Anlage- und Umlaufvermögens, vor allem des Vorratsvermögens (Gruppenbewertung). Danach werden die durchschnittlichen Anschaffungskosten angesetzt, sofern der Tageswert der zu bewertenden Güter am Bilanzstichtag nicht niedriger ist (→ Niederstwertprinzip).

Durchschnittskosten, durchschnittlich auf eine produzierte Einheit entfallende → Kosten, die errechnet werden, indem die Gesamtkosten durch die Ausbringungsmenge dividiert werden.

Durchschnittsprinzip, Grundprinzip der Kostenrechnung, das auf Durchschnittsbildung basiert. Im Unterschied zum → Verursachungsprinzip werden die Gemeinkosten durchschnittlich auf die Leistungseinheiten oder sonstigen Bezugsgrößen aufgeteilt, wobei jeder Einheit der Bezugsgröße oder Leistung derselbe Kostenbetrag zugeordnet wird.

DV, → Datenverarbeitung

DV-Versicherungen. Die große Abhängigkeit heutiger Unternehmen von ihrer Datenverarbeitung (DV) schafft neue Risikodimensionen. Es sei beispielsweise auf einen länger dauernden Computerausfall und auf die steigende Zahl von Fällen der Computerkriminalität verwiesen. – Inzwischen kann man zahlreiche Versicherungen abschließen. Zu erwähnen sind die Elektronik-Sachversicherung (Versicherung der Hardware gegen Zerstörung und Beschädigung), Datenträgerversicherungen (Schutz gegen Zerstörung, Beschädigung und Entwendung), Mehrkostenversicherungen (im Katastrophenfall, bezieht sich ausschließlich auf die Kostenseite), Betriebsunterbrechungsversicherungen (auf die Kosten- und Ertragsseite bezogen), Versicherungen gegen Computermißbrauch sowie die DV-Vermögensschaden-Versicherung (Versicherung gegen fehlerhafte Programme beziehungsweise gegen Operatingfehler).

Dyade, aus zwei Personen bestehende Kleingruppe.

Dyopol, → Marktform

E

EAN (*E*uropäische *A*rtikel *N*ummer), → Informationsverarbeitung im Handelsbetrieb

Ecklohn, durch Tarifvertrag festgelegter Stundenlohn für die „normale Facharbeitergruppe“, der die Grundlage für die durch prozentuale Zu- oder Abschläge berechneten Tariflöhne für die übrigen Lohngruppen bildet. Die Zu- bzw. Abschläge werden im Rahmen der → Arbeitsbewertung festgelegt.

economic man, → homo oeconomicus

economies of scale (Betriebsgrößenersparnisse, Skalenerträge), Größendegressionseffekte; die Stückkosten der Produkte und Dienstleistungen sinken mit einer Erhöhung der Ausbringung; d.h., eine Erhöhung des Inputs führt zu einer überproportionalen Erhöhung des Outputs. Die economies of scale gelten als eine der Ursachen des Erfahrungskurveneffekts (→ Erfahrungskurvenkonzept). Die Kostensenkungen können in allen betrieblichen Funktionsbereichen (Einkauf, Fertigung, Vertrieb u.a.) auftreten. In diversifizierten Unternehmen (→ Diversifikationsstrategie) werden Betriebsgrößenersparnisse dadurch erzielt, daß bestimmte betriebliche Funktionen von mehreren strategischen Geschäftseinheiten genutzt werden. Die sich in den → Kosten niederschlagenden Größenvorteile stellen einen erheblichen Wettbewerbsvorteil für das betreffende Unternehmen dar. Sie erhöhen die Gewinnspanne und ermöglichen im Vergleich zu den Konkurrenten niedrigere Verkaufspreise. Darüber hinaus wirken sie auf dem Markt als Eintrittsbarriere für potentielle Konkurrenten.

Economies of scope, Verbundersparnisse, die vorliegen, wenn ein Unternehmen verschiedene Produkte oder Dienstleistungen bei gleichen Mengen kostengünstiger herstellen kann als zwei oder mehrere separate Unternehmen. Die Ursachen dieses Effektes liegen in der gemeinsamen Nutzung von Ressourcen der Unternehmen, z.B. Grundlagenforschung, Image u.a. Economies of scope wirken als → Eintrittsbarrieren für neue Konkurrenten und werden im Rahmen der Umweltanalyse betrachtet.

EDI (*E*lectronic *D*ata *I*nterchange), betrifft den automatisierten Austausch von Handelsdaten (z.B. Aufträge, Rechnungen, Lieferabrufe) zwischen Rechneranwendungen kooperierender Geschäftspartner. Ziel ist die Vermeidung von Medienbrüchen bei der Übertragung vorhandener Daten des einen Systems (z.B. Rechnungsdaten beim Lieferanten), die auch im System des Geschäftspartners (z.B. Daten der Eingangsrechnung beim Kunden zur Rechnungsprüfung) benötigt werden. Zur Vermeidung der Notwendigkeit bilateraler Vereinbarungen sind branchenübergreifend normierte Vereinbarungen (Protokolle) notwendig. Der elektronische Austausch von Handelsdaten basiert auf einheitlichen Syntax-

Regeln zur Gestaltung von Nachrichtentypen (z.B. Raster- oder Trennzeichensyntax), der Festlegung von Datenelementen innerhalb der Nachrichtentypen (z.B. Zahlungsbedingungen), der Fixierung von Nachrichtentypen auf einzelne Geschäftsfälle (z.B. Rechnung) und der Festlegung geeigneter Übertragungsdienste zur Übermittlung.

EDIFACT (*E*lectronic *D*ata *I*nterchange for *A*dministration, *C*ommerce and *T*ransport). Dieses Protokollsystem hat den international vereinheitlichten Datenaustausch zum Ziel. Es basiert auf der Trennzeichensyntax. Bisher sind die Nachrichtentypen Rechnung und Bestellung vollständig normiert. U.a. kann auch das Übertragungsmodell X.400 genutzt werden. In einzelnen Branchen gibt es bereits eine Vielzahl von spezifischen Standards (z.B. der VDA-Standard in der Automobilindustrie), die langfristig in EDIFACT aufgehen sollen. Die heutigen Implementierungen basieren auf Protokollkonvertern, die anwendungsspezifische Datenstrukturen in EDIFACT-Strukturen umsetzen.

effektive Arbeitszeit (Nettoarbeitszeit), tatsächlich erbrachte Arbeitszeit einschließlich geleisteter Überstunden unter Berücksichtigung von Abwesenheitszeiten und Kurzarbeit.

ehernes Gesetz der Oligarchie, auf eine Anfang des Jahrhunderts von Michels durchgeführte Fallstudie über die deutsche Sozialdemokratie zurückgehende These, wonach sich strukturimmanent in großen Organisationen die Macht von der Mehrheit der Organisationsmitglieder auf kleine elitäre Minderheiten verlagert. Zusätzlicher Bestandteil oligarchischer Tendenzen ist die Entwicklung der Organisation aus einem Mittel zum Zweck zu einem Selbstzweck, insbesondere im Interesse der Oligarchie.

Eigenbetrieb, Form des öffentlichen Betriebs. E. sind juristisch unselbständig, aber organisatorisch und von der Verwaltung her selbständig. Der Haushalt ist aus dem Haushalt des öffentlichen Gemeinwesens ausgegliedert. Städtische Versorgungs- und Verkehrsbetriebe weisen diese Form häufig auf.

Eigenfinanzierung, → Finanzierung

Eigengeschäft (Propergeschäft), Geschäft im eigenen Namen und auf eigene Rechnung, das von Einkaufskontoren des Großhandels, von Zentralen kooperativer Gruppen oder Filialunternehmen getätigt wird. Die einkaufende Organisation agiert wie ein selbständig beschaffendes Unternehmen und übernimmt das volle Absatzrisiko. Die Organisation muß dann mit den Mitgliedern Abnahmemengen und Preise verhandeln. Gegensatz: → Fremdgeschäft.

Eigenkapital, Position der Passivseite (Passiva) der Bilanz; ergibt sich als Saldo aus → Vermögen und → Verbindlichkeiten. Das E. besteht aus dem von den Eigentümern eingebrachten → Kapital und den durch → Gewinne zurückliegender Perioden entstandenen → Rücklagen. Es ist zum langfristigen Verbleib im Unternehmen bestimmt. Einzelfirmen und Personengesellschaften weisen das E. auf variablen → Kapitalkonten aus, die sich durch Gewinne und Verluste sowie Einlagen und Entnahmen ständig verändern. Kapitalgesellschaften haben ein konstant bleibendes E. (Nominalkapital) sowie ein bewegliches in Form offener und stiller Rücklagen. Das E. in Kapitalgesellschaften besteht aus → gezeichnetem Kapital, Kapitalrücklage, Gewinnrücklagen, Gewinn- bzw. Verlustvortrag, Jahresüberschuß bzw. -fehlbetrag. – E. hat eine *Vorausshaftungsfunktion*; d.h., bei der Deckung von Verlusten wird es zuerst herangezogen. Es bildet die *Grundlage der Ausübung von Eigentümerrechten* (Geschäftsführungs-, Informations- sowie Kontrollrechte). Gegenteil: → Fremdkapital.

Eigenkapitalkosten, → Kosten im Sinne der Renditeerwartungen der Eigentümer.

Eigenkapitalrentabilität, → Rentabilität

Eigenkapitalzinsen, → kalkulatorische Zinsen

Eigenproduktion, Herstellung aller Einzelteile, die im Endprodukt Eingang finden sowie aller Artikel im eigenen Unternehmen, die zum Verkaufsprogramm gehören. Entscheidungsproblem: Eigenproduktion oder Fremdbezug.

Eigenschaftsansatz der Führung, historisch älteste Richtung der → Führungstheorie, die davon ausgeht, daß sich der Führende von den Geführten durch bestimmte Persönlichkeitsmerkmale unterscheidet und folgerichtig versucht, diese herauszustellen. In den verschiedenen Studien werden u.a. Merkmale wie Intelligenz und Ausdrucksfähigkeit, Leistungen (etwa Schulerfolg), Status und Verantwortung (Zuverlässigkeit, Ausdauer) sowie Aktivitätsgrad benannt. Der Eigenschaftsansatz hat eine stark individualistische Sicht, die zu einem Elitedenken neigt (great-man-theory). Empirisch ist er kaum abgesichert. In Form der → Attributionstheorien erlebt er dennoch z.Zt. eine Renaissance.

Eigenschaftstheorien der Führung, → Eigenschaftsansatz der Führung

Eigentum. 1. Im *Grundgesetz* der Bundesrepublik Deutschland ausdrücklich gewährleistetes Recht auf Privateigentum (Art. 14 GG), wodurch der Eigentümer Rechte, aber auch Pflichten erhält.
2. Im *Bürgerlichen Gesetzbuch* werden Umfang beziehungsweise Beschränkungen, Erwerb und Schutz des Eigentums, insbesondere der Eigentumsklagen geregelt.

Eigentumsvorbehalt, → Kreditsicherheit durch Rechte an Vermögensgegenständen. Käufer und Verkäufer vereinbaren, daß das Eigentum bei einer Lieferung auf Ziel solange beim Verkäufer bleibt, bis der Kunde den Kaufpreis vollständig entrichtet hat. Der E. ist die wichtigste Sicherung für → Lieferantenkredite. Bei einem erweiterten E. ist die Übertragung des Eigentums abhängig davon, ob die sonstigen Verpflichtungen des Käufers gegenüber dem Lieferanten erfüllt sind. Beim verlängerten E. gilt bei der Weiterveräußerung der Ware die Forderung als an den ursprünglichen Lieferanten abgetreten.

Eigenverantwortlichkeit, Verfügung über einen gewissen Entscheidungsspielraum bei der Aufgabenerfüllung. E. entsteht auf den Ebenen unterhalb der Spitze der Hierarchie durch Delegation von Entscheidungskompetenzen.

Eignung, im Rahmen der → Personalauswahl die Übereinstimmung zwischen den Anforderungen des Unternehmens an den zukünftigen Stelleninhaber und den körperlichen, kognitiven und sozialen Kompetenzen des Bewerbers.

Eignungsprofil, Hilfsmittel bei der → Personalauswahl, das durch den Vergleich des Anforderungsprofils einer Stelle mit dem Fähigkeitsprofil des Bewerbers entsteht.

Einbindungskonzept, → involvement

Einflußgrößen, → Kosteneinflußgrößen

Einflußprojektmanagement, → Projektmanagement

Einfuhrfinanzierung, → Importfinanzierung

Einheit der Auftragserteilung, auf Fayol zurückgehendes Prinzip, demzufolge jeder Mitarbeiter nur einen einzigen Vorgesetzten mit Weisungskompetenz ihm gegenüber hat; entspricht dem klassischen → Einliniensystem.

Einheitswert, einheitlicher Wert von Vermögensgegenständen als Bemessungsgrundlage der Erhebung von → Steuern. Das Gewerbekapital wird z.B. aus dem E. des Betriebs abgeleitet.

Einigungsstelle, Institution zur Beilegung von Meinungsverschiedenheiten zwischen Betriebsrat und Arbeitgeber (§ 76 BetrVG), die aus Vertretern der Konfliktparteien und einem oder zwei unparteiischen Vorsitzenden, die von Arbeitgeber und Betriebsrat akzeptiert werden müssen, besteht. Ihr Spruch ersetzt die Einigung zwischen Arbeitgeber und Betriebsrat. Sie wird im Bedarfsfall gebildet, kann aber auch eine dauerhafte Einrichtung sein. Die Kosten übernimmt der Arbeitgeber.

Einkaufsgemeinschaft, horizontale oder vertikale Kooperation von Handels- bzw. Handwerksbetrieben, Warenhäusern und Großhändlern mit dem Ziel, durch den gemeinsamen Einkauf Preisvorteile zu nutzen. E. können als Genossenschaft (Einkaufsgenossenschaft), als Aktiengesellschaft und Gesellschaft mit beschränkter Haftung organisiert sein.

Einkaufsgenossenschaft, Zusammenschluß von Einzelhändlern in Form einer Genossenschaft mit dem Ziel, durch Bündelung der Einkäufe bessere Einkaufskonditionen zu erreichen; ursprünglich als Selbsthilfeorganisation des mittelständischen Einzelhandels zur Erhaltung der Selbständigkeit gegenüber Warenhäusern und Konsumgenossenschaften gedacht, heute teilweise umfassender ausgerichtet (sog. Full-Service-Kooperation). Die Mitglieder haben keine Bezugsverpflichtungen.

Einkaufsgremium (buying center), Gremium, das für die Durchführung von Einkaufsprozessen in Unternehmen verantwortlich ist; ein theoretisches Konstrukt, das im Rahmen der Kaufverhaltensforschung zur Erklärung organisationalen Kaufverhaltens herangezogen wird. Im Mittelpunkt der Forschung stehen Entscheidungs- und Gruppenprozesse, die verschiedenen Rollen der Gruppenmitglieder sowie Macht- und Autoritätsstrukturen.

Einkaufskontor, Kooperation zwischen selbständigen Großhandelsunternehmen mit dem Ziel, durch gemeinsamen Warenbezug Kostenvorteile durch geringere Einstandspreise und rationellere Beschaffung zu erreichen. Unterstützt werden die Mitglieder durch Informationen über das Warenangebot sowie bei der Geschäftsabwicklung, u.a. durch Eigen- und Delkrederegeschäfte. Allerdings ist die hohe Einkaufskonzentration wegen der häufigen Mehrfachmitgliedschaft in mehreren E. schwer zu erreichen, da die Mitglieder keine Bezugsverpflichtungen haben. Die Mitglieder sollen den Verkauf der über das Kontor bezogenen Produkte aktiv unterstützen und zum Ausbau eines leistungsfähigen Vertriebsstellennetzes beitragen.

Einkommensteuer, → Steuer auf das Einkommen des Steuerpflichtigen in einem Kalenderjahr. Das zu versteuernde Einkommen ergibt sich aus den Einkünften verschiedener Einkunftsarten abzüglich der Sonderausgaben und Ausgaben für außergewöhnliche Belastungen sowie des Kinderfreibetrags, des Haushaltsfreibetrags und weiterer abzuziehender Beträge.

Einlagen. 1. *Handelsrechtlicher Begriff*, der die Bar- und Sacheinlagen der Eigentümer eines Unternehmens bezeichnet; vgl. auch → verdeckte Einlagen.
2. *Steuerrechtlicher Begriff* für Wirtschaftsgüter, die aus dem Privatvermögen von den Eigentümern in das Betriebsvermögen eingebracht werden. E. sind mit dem Teilwert bzw. höchstens mit den → Anschaffungs- oder Herstellungskosten anzusetzen.
3. *Guthaben bei Kreditinstituten*. Unterschieden werden → Sichteinlagen, → Termineinlagen und → Spareinlagen.

Einlagenfinanzierung, → Finanzierung

Einliniensystem, Modell der → Aufbauorganisation, das dem Prinzip der → Einheit der Auftragserteilung folgt. Hierarchisch untergeordnete Stellen und Abteilungen erhalten Weisungen ausschließlich von jeweils einem Vorgesetzten, der allerdings mehreren organisatorischen Einheiten gleichzeitig übergeordnet sein kann. Das E. stellt sich als Pyramide mit einem Entscheidungszentrum an der Spitze dar. Die interne Kommunikation verläuft vertikal: Von oben nach unten werden Anweisungen gegeben; von unten nach oben wird die Erledigung der überwiesenen Arbeitsaufträge gemeldet. Vorteile des E. sind die Klarheit der Unter- und Überordnungen, der Abgrenzung von Kompetenzen und der Regelung der Kommunikation. Nachteile ergeben sich aus einer möglichen Überlastung der Vorgesetzteninstanzen mit Kommunikations- und Kontrollaufgaben, der Starrheit der Kommunikationsbeziehungen sowie der Entscheidungsprozesse.

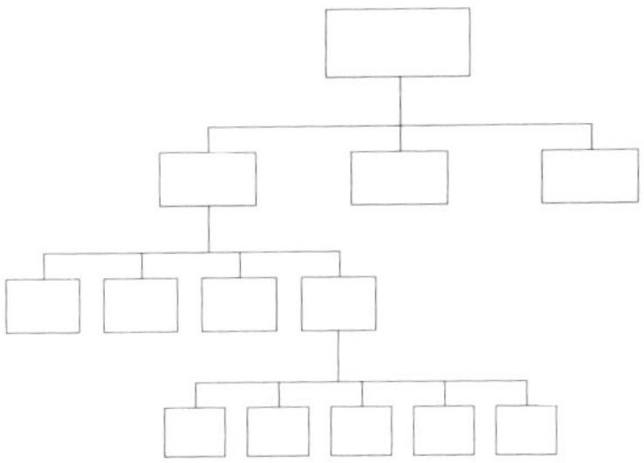

Einnahmen, Zuflüsse finanzieller Mittel (Einzahlungen) und/oder Zunahme von Forderungen. E. erfassen den Wert aller veräußerten Leistungen der Periode und werden von *Einzahlungen* und *Erträgen* abgegrenzt. Gegenteil: → Ausgaben.

Einstellung, 1. *Personalmanagement / Arbeitsrecht*: Abschluß eines Arbeitsvertrages aufgrund von Personalbedarf.
2. *Sozialpsychologie*: positive, negative, und neutrale Bewertungen und Auffassungen von konkreten Objekten, Personen oder Situationen, die die Wahrnehmung und meist das Verhal-

ten beeinflussen. Sie werden durch Sozialisation erworben und können sich daher auch verändern. Als hypothetische Konstrukte sind sie nicht direkt beobachtbar. Daraus ergeben sich Probleme hinsichtlich der → Einstellungsmessung. – E. werden in drei *Komponenten* unterteilt: affektive (Gefühle, Emotionen), kognitive (Wissen) und konative (Verhaltensabsicht bzw. Intention zum Handeln). – Über die *Wirkungszusammenhänge* zwischen bestimmten E. und dem Verhalten gibt es unterschiedliche und teilweise widersprüchliche Forschungsergebnisse.

Einstellungsgespräch, → Bewerbungsgespräch

Einstellungsmessung, Feststellung von Bewertungen und Auffassungen von konkreten Objekten, Personen oder Situationen unter Anwendung verschiedener Meßmethoden. – Die E. wird häufig mit → Skalierungsverfahren durchgeführt.

einstufige Produktion, → Produktionstypen 2 a)

Eintrittsbarrieren (Markteintrittsbarrieren), Bestandteil der in einer Branche wirkenden Wettbewerbskräfte, die bei der Entwicklung von → Wettbewerbsstrategien zu betrachten sind. Sie werden gegen die Gefahr des Markteintritts neuer Konkurrenten aufgebaut bzw. verteidigt, um diese davon abzuhalten, in ein aus ihrer Sicht attraktives Geschäftsfeld zu investieren. Dazu gehören: a) Betriebsgrößenersparnisse (Economies of scale), die dazu führen, daß Neuanbieter entweder mit hohen Stückzahlen einsteigen müssen, mit Vergeltungsmaßnahmen der etablierten Unternehmen rechnen oder mit niedrigen Stückzahlen einsteigen und den Kostennachteil akzeptieren müssen; b) die Produktdifferenzierung, die durch den Aufbau von Käuferloyalität ebenfalls zu E. führt; c) weitere Barrieren entstehen durch hohen Kapitalbedarf, z.B. für Forschung und Entwicklung. Staatliche Politik (Umweltschutzbestimmungen, Lizenzzwang u.a.) kann ebenfalls den Markteintritt begrenzen oder verhindern. Die Bedingungen des Markteintritts werden in dem für den Eintritt kritischen Preis zusammengefaßt. Etablierte Unternehmen neigen dazu, den Preis so zu setzen, daß er unter dem hypothetischen liegt.

Einzahlungen, Zuflüsse finanzieller Mittel (Bargeld und Sichtguthaben) in das Unternehmen in einer Abrechnungsperiode. Sie entstehen z.B. durch den Verkauf von Anlagevermögen (Grundstücke), durch die Aufnahme eines Kredits und durch den Barverkauf von Erzeugnissen. – E. werden von → *Einnahmen* abgegrenzt. Gegenteil: → Auszahlungen.

Einzelabschluß, → Jahresabschluß eines Unternehmens (vgl. auch → konsolidierter Jahresabschluß).

Einzelassessment, → Assessment

Einzelbewertung, Grundsatz der → Bewertung, nach dem Vermögensgegenstände und Verbindlichkeiten für die Erstellung der Bilanz einzeln bewertet werden müssen. Gegenteil: → Bewertungsvereinfachungsverfahren.

Einzelfirma (Einzelunternehmen), Unternehmen, bei dem Kapitaleigentum, Führung und Leitung miteinander verbunden sind. Geführt wird es von einem Einzelkaufmann, der mit seinem gesamten Vermögen haftet. Er muß für die Firma seinen Familiennamen und einen ausgeschriebenen Vornamen wählen.

Einzelhandelspanel, → Handelspanel

Einzelkaufmann, → Einzelfirma

Einzelkosten, → Kosten, die im Unterschied zu den → Gemeinkosten direkt aus der Kostenartenrechnung ohne eine Verrechnung über Kostenstellen den einzelnen betrieblichen Leistungen zugerechnet werden können, wobei das → Verursachungsprinzip eingehalten wird. Beispiele: Einzelmaterialkosten, Einzellohnkosten, → Sondereinzelkosten.

Einzelproduktion, Elementartyp der Produktion (→ Produktionstypen), der sich aus dem Merkmal der Prozeßwiederholung ergibt. Die E. ist durch den einmaligen Prozeßvollzug in einer Betrachtungsperiode bei technologisch unverbundener Produktion gekennzeichnet. In größeren Zeitabständen kann jedoch eine Wiederholung von Einzelproduktprozessen auftreten. – Beispiel: Herstellung von Großdampferzeugern für Kraftwerke oder Schiffe. – Vgl. auch → Serienproduktion, → Sortenproduktion, → Massenproduktion.

Einzelwerbung, einzelne Personen ansprechende → Werbung. Werbemittel ist vor allem das → Verkaufsgespräch. Gegensatz: → Allgemeinwerbung.

Elastizität, Begriff der Wirtschaftstheorie, der das Verhältnis der relativen Änderung einer Größe (z.B. Höhe des Preises) zur relativen Änderung einer anderen (Nachfrage nach einem Gut) angibt. Dazu gehören z.B. die → Nachfrageelastizität und die → Angebotselastizität.

Electronic banking, Nutzung von Informations- und Kommunikationstechniken, um Kunden Dienstleistungen des Bankenbereiches auf elektronischem Wege anbieten zu können. Die Bankdienstleistungen werden durch Vernetzung von Bank und Kunden im Dialog, teilweise on-line, erbracht. – Man unterscheidet zum einen den beleglosen Zahlungsverkehr (→ Belegverarbeitung), den Einsatz von Geldausgabeautomaten und anderen Medien der Kundenselbstbedienung, Home Banking (über Bildschirmtext), → POS-Systeme sowie Dienstleistungen im Bereich des Cash Managements für Firmenkunden.

Electronic mail, → Elektronische Post

Elektronische Post. Grundsätzlich wird hierunter die elektronische Übermittlung von Mitteilungen (z.B. Briefen, Telegrammen) verstanden. Hierunter fallen im Bereich öffentlicher Dienste neben → Telebox auch Dienste wie Telex, → Teletex und → Telefax. – Zur Verbesserung der innerbetrieblichen Kommunikation werden vielfach Systeme zur elektronischen Post eingesetzt. Durch die elektronische Post werden insbesondere Probleme, wie lange Durchlaufzeiten, Nichterreichbarkeit von Kommunikationspartnern und mangelnde Informationsaktualität gemildert. Die Abwicklung erfolgt zumeist über vorhandene Rechnersysteme. Probleme bereitet oft die mangelnde Kompatibilität der Systeme. Vor diesem Hintergrund ist die Bedeutung der X.400-Empfehlungen des Comité Consultatif International Télégraphique et Téléphonique (CCITT) zu sehen. Gemäß dem ISO/OSI-Referenzmodell gehört X.400 zur Schicht 7. – Durch X.400 wird das funktionale Modell des Mitteilungsübermittlungssystems (MHS, Message Handling System) beschrieben. Die Architektur entspricht dem Modell der „Gelben Post" mit Hausbriefkasten,

Postbriefkasten und dem Netz von Postämtern. Im MHS-Zusammenhang spricht man von „User Agent" (UA), „Message Store" (MS) und „Message Transfer Agent" (MTA). Die Übermittlung erfolgt nach dem „store and forward"-Prinzip zwischen den MTA´s. Nach X.400 besteht eine Mitteilung aus Umschlag und Inhalt. Der Umschlag beinhaltet alle für den Transport notwendigen Protokollelemente. Der Inhalt ist in Form des Interpersonellen Mitteilungsübermittlungsdienstes noch unterteilt in Mitteilungskopf und -rumpf. Der Mitteilungskopf umfaßt Protokollelemente, die für die Bearbeitung in einer Büroumgebung typisch sind (z.B. Betreff, Verfalldatum, zu ersetzende Mitteilung). Den X.400-Standard gibt es in der Fassung von 1984 und 1988. Die neue Fassung beinhaltet auch Protokollelemente für ein umfassendes Sicherheitskonzept.

Emanzipation, Aufhebung von Fremdbestimmung und Schaffung von Möglichkeiten zur Selbstbestimmung bzw. -verwirklichung.

Emission, Ausgabe von → Wertpapieren durch Unterbringung im Publikum, wobei zwischen Selbst- und Fremdemission unterschieden wird. Die Selbstemission, bei der das Unternehmen seine Wertpapiere selbst auf dem Kapitalmarkt plaziert, ist in Deutschland nur bei Kreditinstituten üblich; bei der Fremdemission werden z.B. die → Aktien von einem Kreditinstitut oder einer Gruppe (Bankenkonsortium) in Umlauf gebracht. Dabei kann das Kreditinstitut entweder nur als Kommissionär auftreten (Begebungskonsortium) oder den Gesamtbetrag übernehmen und auf eigenes Risiko vertreiben (Übernahmekonsortium). – Die Ausgabe kann unter dem Nennwert (*Unterpari-Emission*) oder aber über dem Nennwert (*Überpari-Emission*) erfolgen. Die Unterpari-Emission von Aktien ist in Deutschland allerdings verboten.

Emotion (Gefühl), innerer Erregungszustand (z.B. Angst, Glück, Sympathie, Freude), der für das Individuum angenehm oder unangenehm sein kann sowie mehr oder weniger bewußt erlebt wird. E. können auf drei Ebenen betrachtet und gemessen werden: (1) als neurophysiologische Vorgänge, (2) als subjektive Erlebnisse und (3) als mehr oder weniger beobachtbares Ausdrucksverhalten (z.B. Gesicht). Über das Zusammenwirken der Ebenen bestehen keine eindeutigen Erkenntnisse. – E. sind in der *Konsumentenforschung* von großer Bedeutung. Im Marketing sind sie und ihre Auswirkungen auf das Erleben des Konsums von Produkten von Interesse sowie die Vermittlung von spezifischen emotionalen Produkt- und Markenerlebnissen.

Empfehlungsgeschäft (Vermittlungsgeschäft), Form des → Fremdgeschäfts im Handel, bei der z.B. Einkaufskontore des Großhandels mit Lieferanten Preise aushandeln und diese dann den Mitgliedern empfehlen. Da meist keine zuverlässigen Absatzmengen durch die Einkaufskontore garantiert werden können, ist die Erzielung hoher Mengenrabatte kaum möglich.

Encounter-Gruppe, den → T-Gruppen ähnliches Instrument der Gruppendynamik zur ausschließlich individuellen Selbsterfahrung in einer Gruppe und zur Persönlichkeitsentwicklung. In vielen Fällen steht die Erfahrung von Grenzbereichen im Vordergrund.

Endkostenstelle, → Kostenstelle

Energetik, Begriff des → strategischen

Managements, der sich auf die Energien bezieht, mit denen die unternehmerischen Visionen verfolgt werden.

Energietechnik, → Produktionstechnik 1

EN-Normen, → Normen 2

Entfremdung, auf Marx zurückgehende Bezeichnung für ein spezifisches Verhältnis eines Arbeitnehmers zu seiner Berufstätigkeit, ursprünglich ausschließlich auf den Kapitalismus bezogen. Danach steht der Arbeitende sowohl dem Produkt seiner Arbeit, das nicht ihm, sondern dem die Produktionsmittel besitzenden Arbeitgeber gehört, als auch dem Akt des Produzierens fremd gegenüber. Durch hohe Arbeitsteilung, Konkurrenzkämpfe der Arbeitnehmer untereinander und soziale Beziehungen behindernde Arbeitsorganisationen sind dem einzelnen Arbeitnehmer seine Kollegen fremd und auch er sich selbst.

Entgelt, → Entgeltpolitik

Entgelt-Tarifvertrag, → Tarifvertrag

Entgeltpolitik. 1. *Marketing*: Instrumentalbereich, der die Gestaltung der Preise und der preisrelevanten Konditionen wie Rabatte und Skonti umfaßt. 2. *Personalmanagement*: E. ist die unternehmensweite Ausgestaltung des Arbeitsentgeltes. Die E. eines Unternehmens ist weitgehend durch den Tarifvertrag, der zwischen dem jeweiligen Arbeitgeberverband und der Gewerkschaft ausgehandelt wird, determiniert. Manteltarifverträge legen die Grundsätze für Lohn- und Gehaltsgruppen sowie die Eingruppierung fest; Lohn- und Gehaltstarifverträge bzw. Entgelt-Tarifvertäge bestimmen die Höhe des Arbeitsentgelts. Darüber hinaus kann ein Unternehmen freiwillige betriebliche Sozialleistungen bzw. eine übertarifliche Bezahlung als fakultativen Anteil des Arbeitsentgelts leisten und ggf. im Rahmen einer Betriebsvereinbarung auch vertraglich abgesichert zugestehen. – Die allgemeine *Zielsetzung* der E. besteht darin, ein Gleichgewicht zwischen dem Arbeitsentgelt als Leistungsanreiz und der Arbeitsleistung als individuellem Beitrag zur betrieblichen Zielerreichung herzustellen. Dabei ist einerseits auf die individuelle Wirkung des Entgelts im Hinblick auf Motivation und tatsächliche Arbeitsleistung und andererseits auf die betriebliche Belastung durch Personalkosten zu achten. – Die im Rahmen der E. erfolgende Lohn- und Gehaltsdifferenzierung geht vom Grundgedanken der *Entgeltgerechtigkeit* aus. Faktoren, die dabei berücksichtigt werden, sind Arbeitsleistung, Belastungen und Qualifikation bzw. Anforderung. – Die traditionellen *Formen* der E. sind Zeitlohn, Stücklohn und Prämienlohn. Weitere Entgeltformen sind Provisionen als prozentuale Beteiligung an bestimmten Geschäften, Tantiemen als Beteiligung am Geschäftsgewinn, Gratifikationen zu besonderen Anlässen und Zulagen, durch die Nachteile ausgeglichen werden sollen. Neuere Entgeltformen sind der Vertragslohn, Festlohn mit geplanter Tagesleistung und Programmlohn, die alle von einer erwarteten Periodenleistung ausgehen, rein qualifikationsorientierte Entgeltformen sowie Erfolgsbeteiligungen als zusätzliches freiwilliges Element. Um der individuell sehr unterschiedlichen Motivationswirkung einzelner Entgeltformen gerecht zu werden, sind ferner in den letzten Jahren flexible Entgeltsysteme wie das → Cafeteria-System entwickelt worden, das jedoch nur die übertariflichen Entgeltleistungen umfaßt.

Entity-Relationship-Modell, Modell, das häufig zum Entwurf des konzeptionellen Schemas für ein Programm verwendet wird. Die in der → Informationsbedarfsanalyse ermittelten Objekte und Beziehungen können in strukturierter Form dargestellt werden. Das ER-Modell verfügt über eine spezielle Symbolik, die eine sehr übersichtliche grafische Darstellung ermöglicht (vgl. Abbildung). Dabei werden Objekte als Rechtecke und die Beziehungen zwischen den Objekten als Rauten dargestellt. Innerhalb des ER-Modells sind zahlreiche referentielle Integritätsbedingungen (→ referentielle Integrität) spezifizierbar. Das ursprünglich von Chen entwickelte ER-Modell wurde in der Zwischenzeit verschiedentlich erweitert und generalisiert.

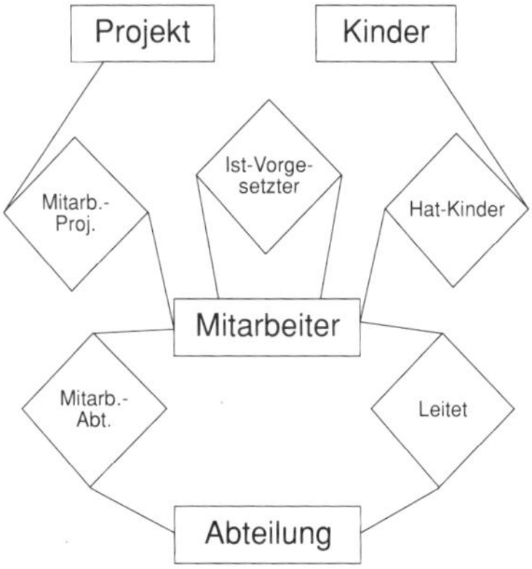

Enthierarchisierung, Veränderung von → Aufbauorganisation und → Ablauforganisation eines Unternehmens durch Einführung teamorientierter Strukturen (z.B. Linking-Pin-Modell) und eine Verflachung der Hierarchie durch Abbau von Hierarchiestufen.

Entlassung, → Kündigung

Entlohnung, → Entgeltpolitik

Entrepreneur, Person mit besonders ausgeprägtem Unternehmungsgeist und kreativen Handlungen im Bereich der Wirtschaft; gilt als Prototyp eines innovativen Unternehmers.

Entrepreneurship, → Intrapreneurship

Entscheidungsbaum. 1. *Operations Research*:→ Entscheidungsbaumverfahren.
2. *Arbeits- und Organisationspsychologie*: Modell, in dem der Grad der Partizipation der Geführten am Entscheidungsprozeß des Führenden u.a. abhängen soll vom Grad der Aufgabenkomplexität, dem Informationsstand der Geführten, dem Akzeptanzbedarf der Entscheidung bei den Geführten, der Zielhomogenität von Führenden und Geführten und dem Grad von Konflikten innerhalb der Arbeitsgruppe. Das Modell ist in der Praxis bestätigt und macht deutlich, wann Synergien auftreten.

Entscheidung, bewußte Wahl einer Aktion aus einer Menge möglicher Aktionsvarianten unter Berücksichtigung der Wechselwirkungen zur Umwelt. Das Treffen von E. gilt als Grundfunktion des → Managements.

Entscheidungsbaumverfahren, Verfahren des Operations Research, das auf der Konstruktion von Entscheidungsbäumen basiert.

entscheidungsorientierte Betriebswirtschaftslehre, → entscheidungsorientierter Ansatz

entscheidungsunterstützende Systeme, Systeme, die Führungsentscheidungen unterstützen. In diese Kategorie fallen insbesondere Systeme zur computergestützten Planung, → Informationssysteme (bzw. Führungsinformationssysteme) und → Expertensysteme.

entscheidungsorientierter Ansatz, auf Heinen zurückgehender Ansatz der Betriebswirtschaftslehre, der die betrieblichen Entscheidungen in den Mittelpunkt stellt und versucht, unter Gestaltungsgesichtspunkten Entscheidungsmodelle zu entwickeln. Der Ansatz baut einerseits auf der formalen Entscheidungstheorie auf und bezieht andererseits auch verhaltenswissenschaftliche Erkenntnisse ein.

Entscheidungstheorie, Theorie, die sich mit dem Entscheidungsverhalten von Individuen und Gruppen befaßt. – Zu unterscheiden sind die deskriptive und die normative E. Die *deskriptive E.* zeigt das Zustandekommen von Entscheidungen in der Realität auf, indem sie das tatsächliche Handeln beschreibt und erklärt. Die *normative E.* oder auch *wertende E.* untersucht das rationale Handeln von Entscheidungsträgern. – Unterstellt wird Rationalität als eine zweckmäßige Grundeinstellung. Abgeleitet wird, wie rational handelnde Individuen und Gruppen entscheiden sollen. Annahme ist, daß aus einer Anzahl von Alternativen (Aktionsparameter bzw. Instrumentalvariablen) anhand von Präferenzen (z.B. Sicherheits- und Zeitpräferenzen) eine Auswahl erfolgt. Abgeschätzt werden die jeweiligen Konsequenzen, die die Alternativen mit sich bringen. Die Präferenzen und Ziele werden in einer Zielfunktion abgebildet. Angegeben werden die Zusammenhänge zwischen den verschiedenen Variablen der Zielfunktion (Definitionsfunktion) sowie die Zusammenhänge zwischen Zielvariablen und Aktionsparametern (Erklärungsfunktion). Schließlich werden Nebenbedingungen formuliert. Abgeleitet werden dann Entscheidungsregeln. Es wird zwischen Entscheidungen unter Sicherheit, Risiko und Unsicherheit differenziert (→ entscheidungsorientierter Ansatz). – Die angewandten mathematischen *Verfahren* sind teilweise direkt problemorientiert, teilweise umfassen sie allgemeine Methoden der Entscheidungsfindung. Problemorientierte Verfahren sind u.a. die Warteschlangentheorie, die Ersatztheorie und das Projektmanagement. Zu den allgemeinen Methoden der Entscheidungsfindung gehören u.a. die Prognoseverfahren, die Szenariotechnik und Simulationsmethoden.

Entwicklungsdilemma. Steigende Komplexität und der zunehmende technologische Anspruch von Produkten sowie erhöhte Qualitätsanforderungen führen zu steigenden Entwicklungszeiten und -kosten. Auf der anderen Seite werden die Produktlebenszyklen von Produkten tendenziell immer kürzer. (Schätzungen gehen davon aus, daß bei einem Drittel der Industrien in der Bundesrepublik Deutschland die Lebenszyklen der Produkte unter drei Jahren liegen. Die Produktlebenszyklen von Personal Computern liegen in den 90er Jahren sogar nur bei etwa einem Jahr.) Damit sinkt auch die Amortisationsdauer für den immer mehr wachsenden Entwicklungsaufwand. Die sich durch diese Tendenzen ergebende Schere zwischen Entwicklungszeit und Produktlebensdauer wird als E. bezeichnet.

Entwicklungsgespräch, im Rahmen der → Personalentwicklung stattfindendes Gespräch zwischen einem Vorgesetzten und einem Mitarbeiter über dessen Entwicklungsmöglichkeiten; i.d.R. zugleich ein Beurteilungsgespräch. Gemeinsam werden karrierebezogene Entwicklungsmöglichkeiten des Mitarbeiters diskutiert und festgelegt (→ Karriereplanung) sowie entsprechende Maßnahmen der Personalentwicklung vereinbart.

Entwicklungsplanung, → Karriereplanung

Entwicklungsprognose, quantitative Prognosemethode zur langfristigen Vorhersage zukünftiger Entwicklungen, die in zwei Varianten vorkommt, der Trendextrapolation und der Indikatorprognose. Die Trendextrapolation betrachtet die langfristige Entwicklungsrichtung einer Zeitreihe mit analytischen Methoden über den Beobachtungszeitraum hinaus als unverändert gültig. Bei der Indikatorprognose werden Variablen herangezogen, die in Beziehung zum Untersuchungsgegenstand stehen können, aber nicht unbedingt müssen. Dies können Indikatoren der wirtschaftlichen Entwicklung sein, aber auch branchenbezogene oder produkt- und marktbezogene Variablen.

Entwicklungswagnis, → kalkulatorische Wagnisse

Equity-Theorie, → gleichheitstheoretische Motivationsmodelle

Erfahrungskurvenkonzept, Kostendegressionseffekt mit zentraler Bedeutung in der → strategischen Planung bzw. Portfolio-Analyse. Nach empirischen Untersuchungen der amerikanischen Unternehmensberatungsfirma Boston Consulting Group über den Zusammenhang von Stückkosten und Produktionsmenge eines Produktes tritt mit jeder Verdopplung des kumulierten Produktions- und Absatzvolumens erfahrungsgemäß eine reale, d.h. inflationsbereinigte Stückkostenreduktion um 20 bis 30 Prozent ein. Die Senkung der Stückkosten verläuft parallel zu den von den Unternehmen gemachten Erfahrungen in Produktion, Vertrieb, Forschung und Entwicklung, Verwaltung usw.

1. Die Erfahrungskurve wird auf vier *Ursachen* zurückgeführt: auf fertigungswirtschaftliche Lerneffekte (Lernkurve), auf Economies of scale, auf technischen Forschritt, der über verfahrenstechnische Innovationen zu einer wirtschaftlicheren Herstellung führt, sowie auf Rationalisierungsmaßnahmen zur Ausschöpfung der vorhandenen Kostensenkungspotentiale.

2. Das E. dient zur *Begründung von → Wachstumsstrategien.* Ursache für die kumulierte Produktionsmenge ist die auf dem Markt abgesetzte Menge. Das Unternehmen mit dem größten Marktanteil hat aufgrund der höchsten Produktionsmenge die größten Kostenvorteile und die höchste Rentabilität. Die Empfehlung der größtmöglichen Kapazitätserweiterung vernachlässigt jedoch das Verhalten der Konkurrenten und ist damit eigentlich keine richtige → Strategie. Die Kostenreduktionseffekte der Erfahrungskurve entstehen nicht automatisch, sondern nur bei entsprechenden Maßnahmen des Managements wie Auslastung bestehender und Aufbau neuer Kapazitäten sowie Rationalisierungsmaßnahmen. Es handelt sich daher nicht um eine Abbildung oder Prognose der Kostenentwicklung, sondern lediglich um ein Kostensenkungspotential. Die Bedeutung der Erfahrungskurve liegt vor allem in der Signalwirkung für Manager, da sie auf Kostensenkungspotentiale bei hohen Stückzahlen hinweist.

Erfahrungslernen (learning by doing), Methode der Aus- und Weiterbildung, bei der Lernen unmittelbar am Arbeitsplatz aus der jeweiligen Arbeitstätigkeit heraus erfolgt, teilweise mit Unterstützung von Vorgesetzten oder Trainern. Instrumente sind insbesondere

Maßnahmen der → Arbeitsstrukturierung, durch die neue Lernfelder geschaffen werden können.

Erfahrungswissenschaft, → Realwissenschaft

Erfolg, Resultat der Tätigkeit des Unternehmens, das durch → Bilanz sowie → Gewinn- und Verlustrechnung festgestellt wird. Der E. bezieht sich auf die Veränderung des → Eigenkapitals am Anfang und am Ende eines Geschäftsjahres, gegebenenfalls korrigiert um die → Entnahmen sowie um die Einlagen an neuem Eigenkapital.

Erfolgsbeteiligung, finanzielle Beteiligung der Arbeitnehmer am wirtschaftlichen Erfolg des Unternehmens. Die E. wird durch individual- oder kollektivvertragliche Regelungen (im Rahmen eines Arbeitsvertrages oder durch → Betriebsvereinbarungen) vereinbart und zusätzlich zum tarifvertraglich festgelegten Lohn bzw. Gehalt ausgezahlt. Berechnungsgrundlage kann der Unternehmensgewinn sein, der Ertrag oder bestimmte erbrachte Leistungen. Zielsetzung aus Sicht des Unternehmens ist die zusätzliche → Motivation der Arbeitnehmer. In wenigen Unternehmen erfolgt eine E. der Arbeitnehmer durch deren Beteiligungen am Unternehmenskapital, etwa durch Belegschaftsaktien. Hier kommt aus Sicht des betreffenden Unternehmens die Bindung an das bzw. die Identifikation der Arbeitnehmer mit dem Unternehmen hinzu.

Erfolgsfaktoren, → kritische Erfolgsfaktoren, → strategische Erfolgsfaktoren

Erfolgskonto, Konto, auf dem → Aufwendungen oder → Erträge ausgewiesen werden. E. werden entgegen den → Bestandskonten in die Gewinn- und Verlustrechnung einbezogen.

erfolgsorientiertes Handeln, auf die Erreichung eines bestimmten Zieles hin ausgerichtetes Handeln. Erfolgskriterium ist die Zielerreichung und damit → Zweckrationalität; stellt sich in sozialen Handlungssituationen als strategisches Handeln und in nicht-sozialen als instrumentelles Handeln dar. Gegensatz: → kommunikatives Handeln (verständnisorientiertes Handeln).

Erfolgspotentiale, interne Stärken eines Unternehmens in den verschiedenen Unternehmensbereichen wie Personal, Technik, Information, Struktur, Finanzen u.a., mit denen die Anforderungen im Produkt-Markt-Feld zu bewältigen sind. Die Suche nach neuen und die Pflege der vorhandenen E. ist Aufgabe des → strategischen Managements.

Erfolgsrechnung, → Gewinn- und Verlustrechnung

erfolgsunwirksamer Geschäftsvorfall, Vorfall, der im Unterschied zum → erfolgswirksamen Geschäftsvorfall nur → Bestandskonten und keine → Erfolgskonten berührt

erfolgswirksamer Geschäftsvorfall, Vorfall, der im Unterschied zum → erfolgsunwirksamen Geschäftsvorfall immer ein → Bestandskonto und ein → Erfolgskonto berührt. Die → Gewinn- und Verlustrechnung ergibt sich als Summe aller e. G.

ERG-Theorie, von Alderfer formulierte → Inhaltstheorie der Motivation, die Maslows → Bedürfnispyramide auf die drei Kategorien Existenz-, Beziehungs- und Wachstumsbedürfnisse reduziert. Mit zunehmender Befriedigung steigt die Bedeutung der jeweiligen Bedürfniskategorie und löst gleichzeitig Bedürfnisse der nächsthöheren Kategorie aus. Bei abnehmender Befriedigung sinkt die Bedeutung und löst Bedürfnisse der niedrigeren Kategorie aus.

Ergonomie, Teilbereich der → Arbeitswissenschaft, der sich mit der körpergerechten Gestaltung von Arbeitsplätzen befaßt (→ Arbeitsgestaltung). Ziel ist die Anpassung der Arbeit und Arbeitsumwelt mit ihren unterschiedlichen Belastungen an die körperlichen, geistigen und sozialen Fähigkeiten der Arbeitenden, insbesondere durch den Abbau von Belastungen auf ein zulässiges, humanes Maß (→ Humanisierung des Arbeitslebens).

ergonomische Arbeitsplatzgestaltung, → Ergonomie

ergonomische Arbeitsstudien (Belastungsstudien), Untersuchungen über das Ausmaß der Belastungen an einem Arbeitsplatz, welche die Grundlage für eine ergonomische Arbeitsplatzgestaltung bzw. einen Abbau der Belastungen bilden. Ergonomische Arbeitsstudien untersuchen physische und psychophysische Belastungen am Arbeitsplatz, physische und psychische Belastungen durch die Arbeitsmethode sowie Belastungen durch die Arbeitsumgebung, die sozialen Bedingungen der Arbeitsumgebung und die Organisation der Arbeit.

Erlös, Gegenwert, der z.B. durch den Verkauf und die Vermietung von → Vermögensgegenständen und → Leistungen entsteht, vermindert um → Umsatzsteuer und ev. korrigiert durch Erlösminderungen bzw. -erhöhungen.
Erlöse der in der Periode abgesetzten Produkte, gegliedert nach Produktarten bzw. Produktgruppen
./. Gesamtkosten der in einer Periode abgesetzten Produkte, gegliedert nach Produktarten bzw. Produktgruppen (bei Vollkostenrechnung)
= Betriebsergebnis

Eröffnungsbilanz, Bilanz einer Unternehmung bei Gründung (Gründungsbilanz) oder zu Beginn eines neuen Wirtschaftsjahres. Bei der Aufstellung werden die einzelnen Bilanzposten der Aktiv- und Passivseite der E. als Anfangsbestände auf den Hauptbuchkonten übernommen. Die Buchung erfolgt über das Bilanzkonto, auf dem die Aktivposten der Eröffnungsbilanz im Haben, die Passivposten der Eröffnungsbilanz im Soll wiedergegeben werden; dadurch ist der Grundsatz der doppelten Verbuchung gewahrt. Bei bestehenden Unternehmen ist die Eröffnungsbilanz identisch mit der Schlußbilanz des vorhergehenden Jahres (Bilanzidentität) – E. besonderer Art waren aufgrund der Währungsumstellungen (Währungsreform, deutsche Vereinigung) erforderlich. Hierbei erfolgt durch Bilanzierung in neuer Währung eine Unterbrechung der Bilanzkontinuität (*DM-Eröffnungsbilanz*).

Ertrag, gesamter erfolgswirksamer Wertezufluß in ein Unternehmen in einer Abrechnungsperiode, der in der Gewinn- und Verlustrechnung den → Aufwendungen gegenübergestellt wird. Der Ertrag der Finanzbuchhaltung wird von den → Leistungen der Kostenrechnung abgegrenzt. Betriebsfremde, periodenfremde sowie außerordentliche Erträge gelten nicht als Leistungen (→ neutraler Ertrag).

Ertragsteuer, → Steuer, die am erzielten → Gewinn bzw. → Ertrag anknüpft. Dazu gehören u.a. Einkommen-, Körperschaft- und Gewerbeertragsteuer.

Theorie-Element	Individuum	Management – Implikation
Erwartung	Kann ich die gewünschte Leistung erzielen?	Personalauswahl, Personalfortbildung, Klärung der Leistungsziele
Instrumentalität	Welche meiner Ziele kann ich mit den verschiedenen Leistungsgraden erreichen?	Enge Koppelung von Leistung und Anreiz; Strikte Einhaltung von Belohnungsversprechen
Valenz	Wie wichtig sind mir die Ziele, die ich mit Arbeitsergebnissen erreichen kann?	Identifikation der Mitarbeiterziele; Ausrichtung der Anreizsysteme auf die Mitarbeiterziele

Ertragswert, Barwert bzw. Kapitalwert zukünftiger Erträge aus einem Investitionsobjekt, die als Zahlungsüberschüsse verstanden werden, über die der Eigentümer des Investitionsobjektes verfügen kann.

Erwartungs-Valenz-Theorie, von Vroom formulierte → Motivationstheorie, die als Grundmodell für die meisten prozeßtheoretischen Ansätze gilt. Danach ist menschliches Handeln das Ergebnis der Beziehungen zwischen der subjektiven Bewertung (Valenz oder Wertigkeit) der Ergebnisse des Handelns, der Instrumentalität im Sinne der Erwartung, daß das Ergebnis der Erreichung des gewünschten Zieles dient, und der Erwartung bezüglich der Wahrscheinlichkeit, daß ein bestimmtes Handeln zu einem bestimmten Ergebnis führen wird. Vgl. auch obenstehende Abbildung.

Erwartungstheorie der Führung, → Führungstheorie, die das Verhalten der Geführten betont und nach Ansatzpunkten für motivationsförderndes Führungsverhalten sucht.

Erwartungstheorien (Erwartungswerttheorien), Prozeßtheorien der Motivation, bei denen die Erwartung den zentralen Aspekt darstellt. Grundmodell der meisten Erwartungstheorien ist die → Erwartungs-Valenz-Theorie.

Erwartungswertansatz, entscheidungstheoretische Methode der → Personalbedarfsplanung zur Berücksichtigung von den Bedarf erheblich beeinflussenden Umweltveränderungen. Sofern Wahrscheinlichkeitsverteilungen für den Eintritt von Umweltveränderungen geschätzt werden können, lassen sich planungsgeeignete Erwartungswerte ermitteln. Als Resultat ergeben sich Bandbreiten für den Personalbedarf in unterschiedlichen Arbeitnehmergruppen.

Erwartungswerttheorien, → Erwartungstheorien

erwerbswirtschaftliches Prinzip, für eine Marktwirtschaft charakteristische Grundlage der Betätigung von Unternehmen. Zielsetzung unternehmerischer Tätigkeit ist demzufolge die Gewinnerzielung.

Ethik, Suche, Setzung und Begründung von normativ richtigen Entscheidungen für Wollen und Handeln. Die → Wirtschaftsethik bezieht sich auf Norm- und Wertestandards des wirtschaftlichen Handelns, die → Unternehmensethik als spezieller Teil der Wirtschaftsethik auf eine normative Fundierung des Handelns von Unternehmen und Managern.

Ethnomethodologie, sozialwissenschaftliche Methode und Denkrichtung, die primär die sozialen Strukturen von Alltagshandlungen untersucht und dabei ebenso wie der → symbolische Interaktionismus davon ausgeht, daß Wirklichkeit sozial konstruiert ist und daher nur interpretativ, aus dem Verständnis der Teilnehmer heraus, deutbar ist.

ethnozentrische Einstellung, Beschränkung von Denk- und Verhaltensweisen eines Individuums oder einer Organisation auf die am Wohnort oder Stammland üblichen Standards. Einflüsse anderer Kulturen werden abgelehnt bzw. nicht zur Kenntnis genommen.

ethnozentrisches Unternehmen, → internationales Unternehmen, das sich ausschließlich an den im Stammland üblichen Denk- und Verhaltensweisen orientiert. – Die *Unternehmenskultur* ist primär national geprägt; die Manager der Zentrale wie der ausländischen Niederlassungen kommen aus dem Stammland.

Euromärkte (Eurodollarmärkte), internationale Märkte für finanzielle Transaktionen, die in einer Währung getätigt werden, die nicht Landeswährung eines der beteiligten Geschäftspartner ist. Gehandelt werden frei konvertierbare Währungen, und zwar US-Dollar, Deutsche Mark, Schweizer Franken, Holländischer Gulden, Französischer Franc, Britisches Pfund und Japanischer Yen. Wichtigste Finanzzentren sind London, Luxemburg, Zürich, Frankfurt a. M., Paris, Brüssel und Amsterdam, trotz der Bezeichnung auch New York, Toronto, Karibik, Bahrain, Tokio, Singapur und Hongkong. – Nach der Fristigkeit werden Eurogeld- und Eurokapitalmarkt unterschieden. Die Grenzen sind jedoch fließend; zukünftig auch kaum aufrechtzuerhalten.

Euronotes, Bezeichnung für Geldmarktpapiere, und zwar für nicht registrierte handelbare Inhaberpapiere mit einer Laufzeit von drei bis sechs Monaten, verschiedentlich sogar mit zwölf Monaten Laufzeit. Schuldner bzw. Anbieter von E. sind zur Hälfte Industrie- und Handelsunternehmen, jeweils zu einem Viertel Banken sowie staatliche und supranationale Emittenten. Nichtbanken wie Versicherungen etc. sind von zunehmender Bedeutung.

Eurosignal, → Mobilkommunikation

Evaluierung, → Auswertung

Expansionsstrategien, → Wachstumsstrategien

Expertenmacht, Macht eines Individuums oder einer Gruppe, die aus den von anderen Individuen oder Gruppen als überlegen empfundenen Kompetenzen (Wissen, Erfahrungen) resultiert.

Expertensysteme, Teilgebiet der → Künstlichen Intelligenz. Expertensysteme sollen das Wissen und die Erfahrung von Experten speichern sowie Schlußmechanismen zur Problemlösung simulieren. Der Unterschied zur konventionellen → Programmierung liegt darin, daß der Lösungsweg häufig nicht klar strukturiert und vorgegeben ist, unsicheres Wissen verarbeitet werden muß und der Schlußfolgerungsmechanismus für den Benutzer des Expertensystems nachvollziehbar sein soll. Ziel ist es, Experten von Routinearbeiten zu entlasten und ihr Wissen einem breiten Benutzerkreis zugänglich zu machen. – *Bestandteile*: Ein E. besteht in der Regel aus der Wissensbasis, der Problemlösungskomponente, der Erklärungskomponente, der Dialogkomponente und der Wissenserwerbskomponente. – Die *Darstellung des Wissens* in der Wissensbasis kann auf unterschiedliche Art erfolgen. So kann man bestimmte Regeln vorgeben (regelbasierte Systeme) oder man speichert das Wissen in deklarativer Form. Die Entwicklung von Expertensystemen kann entweder mit sogenannten Sprachen der künstlichen Intelligenz (→ Programmiersprache) wie Prolog und Lisp oder mit Shells erfolgen. Shells enthalten alle oben angegebenen Komponenten, so daß lediglich die Wissensbasis mit dem Expertenwissen zu füllen ist (→ Knowledge Engineering).

Exportfinanzierung (Ausfuhrfinanzierung, Außenhandelsfinanzierung). Die Finanzierung von Außenhandelsgeschäften kann sowohl durch den Exporteur als auch durch den Importeur erfolgen. Formen der kurzfristigen Finanzierung, die insbesondere beim Handel mit Konsumgütern vorgenommen werden, sind vor allem Handelswechsel, Akkreditiv, Devisentermingeschäfte und Factoring. Die im Bereich der Investitionsgüter vorzugsweise anzutreffenden lang- bzw. mittelfristigen Finanzierungsformen sind Lieferkredit und Forfaitierung. – Gegen die wirtschaftlichen und politischen Risiken kann sich ein Exporteur mittels → *Exportgarantien und -bürgschaften* absichern.

Exportgarantien und -bürgschaften (Ausfuhrgarantien und -bürgschaften). Bei Exportgarantien werden wirtschaftliche und politische Risiken von Außenhandelsgeschäften, bei Exportbürgschaften Risiken der Uneinbringlichkeit von Forderungen abgesichert. Garantien bzw. Bürgschaften werden seitens des Staates übernommen. Dies erfolgt auf Antragstellung an die Hermes-Kreditversicherungs-AG, einem Konsortium deutscher Kreditinstitute, und Entscheidung seitens eines interministeriellen Ausschusses.

extensionale Aufgabendefinition, Festlegung einer Aufgabe, bei der die Einzelschritte zur Zielerreichung vorgegeben werden. Gegensatz: → intensionale Aufgabendefinition.

Externalitäten, → externe Effekte

externe Datenbank (Online Datenbank). Im Gegensatz zu → Datenbanken im eigenen Unternehmen werden e. D. von Dritten betrieben. Im Regelfall wird interessierten Unternehmen oder Personen gegen Entgelt die Nutzung der e. D. ermöglicht. Dabei wird die Idee verfolgt, daß es für einzelne oft zu aufwendig ist, Detailinformationen zu bestimmten Bereichen, die häufig nur unregelmäßig benötigt werden, in einer eigenen Datenbank abzulegen und zu pflegen. Die Abfragen erfolgen über öffentliche Datennetze (→ Telekommunikation). – *Arten*: Man unterscheidet Fakten-Datenbanken, in denen konkrete Fakten zu bestimmten Problembereichen gespeichert sind, und Referenzdatenbanken, in denen Hinweise auf Fundstellen (Literatur, Bezugsquellen, Patente usw.) gegeben werden. Der große Teil der e. D. sind Wirtschaftsdatenbanken (z.B. GENIOS). Häufig findet man auch branchenbezogene Datenbanken (z.B. JURIS). – Als neues Berufsbild hat sich die Tätigkeit des *Informationsbrokers* entwickelt. Der Informationsbroker übernimmt für den gelegentlichen Nutzer die Abfragen und Auswertungen von Online-Datenbanken.

externe Effekte, nicht über marktwirtschaftliche Austauschbeziehungen entstehende und in der Kostenrechnung des Verursachers nicht berücksichtigte gesamtwirtschaftliche bzw. gesellschaftliche Auswirkungen einzelwirtschaftlichen Handelns, z.B. die ökologischen Auswirkungen bestimmter Produktionsverfahren.

externe Rechnungslegung (externes Rechnungswesen), Begriff für → Finanzbuchhaltung und → Jahresabschluß, der sich an der Unterscheidung der Adressaten des Rechnungswesens orientiert. Von externer Rechnungslegung wird gesprochen, wenn Informationen an interessierte Adressaten außerhalb des Unternehmens gegeben werden. Dazu gehören z.B. Kapitalanleger, Gläubiger, Arbeitnehmer, Fiskus, Gerichte und die sonstige interessierte Öffentlichkeit. Es sind hinsichtlich der externen Rechnungslegung bestimmte Normen des Gesetzgebers zwingend zu beachten.

externe Speicher, → Speicher

externes Rechnungswesen, → externe Rechnungslegung

extrafunktionale Qualifikation, als normative Orientierungen bezogene → Qualifikation, z.B. die Einstellung zur Arbeit, zur Übernahme von Verantwortung und die Identifikation mit der Organisation; diese können nicht im gleichen Maße wie funktionale Qualifikationen z.B. durch Weiterbildung oder Berufsausbildung vermittelt werden, stellen aber gleichwohl einen zentralen Aspekt erfolgreicher Aufgabenerfüllung dar.

extrinsische Motivation, → Motivation, die extern entsteht, bei der Arbeit z.B. aus deren Begleitumständen wie Entgelt oder Status. Gegensatz: → intrinsische Motivation.

F

Fabrik, Betriebsform in der Industrie, die durch starke Mechanisierung der Produktion, hohe Arbeitsteilung und Massenfertigung in zentralen Produktionsstätten gekennzeichnet ist.

Fachpromotor, Manager, der aufgrund seiner Fachkompetenz und durch Überzeugung Mitarbeiter bzw. die Organisation zu bestimmten Handlungen oder Veränderungen bewegen kann.

Factoring, Form der kurzfristigen Fremdfinanzierung (→ Finanzierung), bei der ein Unternehmen an ein entsprechend spezialisiertes Finanzierungsinstitut (Factor) seine Forderungen vor dem Fälligkeitstag verkauft, die damit bevorschußt werden (Finanzierungsfunktion). Des weiteren werden das Kreditrisiko (Delkrederefunktion) und die Debitorenbuchhaltung, Mahnwesen und Inkasso (Dienstleistungsfunktion) an den Factor abgegeben. Nur bei Abgabe aller drei Funktionen handelt es sich um echtes F.

Fähigkeit, technische und soziale Handlungskompetenz eines Individuums.

Fähigkeitspotential, Summe der bisher weitgehend ungenutzten, teilweise noch nicht ausreichend für eine Anwendung entwickelten Fähigkeiten eines Individuums, die den Ansatzpunkt für Maßnahmen der → Personalentwicklung darstellen.

Faktoreinsatzfunktion, Funktion der Produktionstheorie, mit der der Verbrauch von Einsatzfaktoren in Abhängigkeit von den Arbeitseinheiten bei konstanter Arbeitsintensität erfaßt wird.

faktortheoretischer Ansatz, von E. Gutenberg entwickelter Ansatz der → Betriebswirtschaftslehre, der den Prozeß der Kombination der Produktionsfaktoren in den Mittelpunkt stellt. Nicht zuletzt durch die Verwendung mikroökonomischer Methoden wird dabei ein hohes theoretisches Niveau erreicht. Der faktortheoretische Ansatz hat die betriebswirtschaftliche Diskussion im Nachkriegsdeutschland in erheblichem Maße beeinflußt und dazu beigetragen, die Betriebswirtschaftslehre in den 50er Jahren als wissenschaftliche Disziplin fest an den Hochschulen zu etablieren.

Fallstudie, konstruiertes oder tatsächliches (Problem-)Beispiel aus der Unternehmenspraxis, das im Rahmen der Managementaus- und -weiterbildung eingesetzt wird, um einerseits die Analysefähigkeit zu entwikkeln und andererseits die Anwendung theoretischer Kenntnisse auf die Lösung praktischer Probleme zu trainieren; wird insbesondere an amerikanischen Business Schools als Lehrmethode eingesetzt (sog. Harvard-Methode). Die Teilnehmer müssen den Fall zunächst selbständig (alleine oder in einer Gruppe) bearbeiten, bevor er in der gesamten Lerngruppe besprochen wird.

Fan Clubs, in Investitionskreisen Bezeichnung für eine Gruppe von Anlegern, die zufällig in dieselbe Aktie investieren und zwar aus unterschiedlichen Gründen. Im Gegensatz zur → Concert Party sind „fan clubs" legal.

Feedback, Rückkopplung eines wahrgenommenen Verhaltens an diejenige Person oder Gruppe, die es gezeigt hat. F. ist immer subjektiv; in der Gruppendynamik wird empfohlen, daß es nicht bewertend, konkret, kurz und konstruktiv sein sollte.

Feedbackkontrolle, traditionelle Überprüfung von Leistungsergebnissen, durch die Fehlentwicklungen erst im nachhinein erkannt werden können.

Feedforwardkontrolle, präventive Methode der Kontrolle, bei der nicht nur die Leistungsergebnisse (→ Feedbackkontrolle), sondern bereits der Input und der Transformationsprozeß selbst überprüft werden. Beispiele sind Wareneingangskontrolle, Qualitätssicherung, Personalentwicklung sowie Wartungs- und Instandhaltungsarbeiten.

Fehlertoleranz. Von Fehlertoleranz spricht man, wenn ein System trotz auftretender Fehler seinen Leistungsumfang ganz oder teilweise aufrechterhalten kann. Im Bereich fehlertoleranter Hardware kann man dies beispielsweise durch redundante Bauteile erreichen. Bei Ausfall eines bestimmten Teils übernimmt das ersatzweise vorgesehene Teil die entsprechenden Funktionen. Im Bereich der Software kann man Fehlertoleranz durch entsprechende Erkennungs- und Korrekturmechanismen erreichen.

Fehlzeiten, Ausfallzeiten, durch welche die Nettoarbeitszeit (effektive Arbeitszeit) reduziert wird. Ursachen sind gesetzlich, tarifvertraglich oder durch Betriebsvereinbarungen bedingte Ausfallzeiten sowie Krankheit von Arbeitnehmern, Kuren, Unfälle, Arbeitskämpfe oder unentschuldigtes Fernbleiben einzelner Arbeitnehmer vom Arbeitsplatz (→ Absentismus).

Fehlzeitenquote, durchschnittliche → Fehlzeiten in einem Unternehmen in Prozent der durchschnittlichen Soll-Arbeitszeit.

Feldforschung, → Primärforschung

Feldtheorie, von Lewin entwickelter Ansatz der Verhaltensforschung, der sich an physikalischen Methoden orientiert. Lewin geht vom Lebensraum, dem psychologischen Feld, eines Individuums aus, der sowohl die Person wie die psychologische Umwelt umfaßt. Die verschiedenen im Lebensraum wirkenden Kräfte werden als Vektoren und Valenzen dargestellt (Kräftefeld-Analyse); sie beeinflussen das individuelle Verhalten, das als Funktion von Person und psychologischer Umwelt definiert wird.

Fertigung, → Produktion

Fertigungsinsel, → Produktionsinsel

Fertigungskosten, durch die Produktion entstandene → Kosten eines Produktes, die aus Fertigungseinzelkosten (Fertigungslöhnen, → Fertigungsmaterial) und -gemeinkosten (Abschreibungen, Energiekosten u.a.) bestehen. Die F. sind Bestandteil der → Herstellungskosten und werden folgendermaßen berechnet:

	Fertigungseinzelkosten
+	Fertigungsgemeinkosten
+	Sondereinzelkosten der Fertigung
=	Fertigungskosten

Fertigungsqualitätskontrolle, → Qualitätssicherung

Fertigungstechnik, → Produktionstechnik 3

Fertigungswagnis, → kalkulatorische Wagnisse

Festgelder, → Termineinlagen

Festwertverfahren, Methode zur Vereinfachung der Bewertung (→ Bewertungsvereinfachungsverfahren) beweglicher Gegenstände des Sachanlagevermögens und des Vorratsvermögens (→ Sammelbewertung). Gegenstände mit gleichbleibender Menge und gleichbleibendem Wert können mit Festwerten angesetzt werden, wenn sie von nachrangiger Bedeutung sind, nur geringe Veränderungen aufweisen und regelmäßig alle drei Jahre durch Inventur aufgenommen werden.

Fifo-Verfahren (First-in-first-out-Verfahren), Methode zur Ermittlung des Wertes gleichartiger Gegenstände des Vorratsvermögens (→ Sammelbewertung). Unterstellt wird, daß die zuerst angeschafften Güter auch zuerst verbraucht werden. Der Bestand an Vorratsvermögen wird daher mit dem zuletzt bezahlten Preis bewertet.

finance leasing, → Leasing

financial futures (Finanztermingeschäfte), Sammelbegriff für: a) *foreign exchange futures* (Devisentermingeschäfte): Termingeschäfte mit international dominierenden Währungen (v.a. US-Dollar) als Basisgröße, älteste Form der f.f.; b) *interest rate futures* (Zinstermingeschäfte): Termingeschäfte mit festverzinslichen Wertpapieren (z.B. Treasury Bonds, Certificates of Deposits und Eurodollar-Guthaben) als Basisgröße; c) *stock index futures* (Aktienindextermingeschäfte): Termingeschäfte mit Aktienindizes als Basisgröße; d) *precious metals futures* (Edelmetall-Termingeschäfte). F.f. werden an den wichtigsten Börsen der Welt (u.a. London International Financial Futures exchange, Chicago Board of Trades, International Monetary Market Chicago, New York Futures Exchange) in öffentlichen Auktionen gehandelt (Terminbörsen). – *Basis-Index* der f.f. ist i.d.R. der → Dow Jones Index der New Yorker Börse.

Finanzanalyse, Beurteilung der Finanzierungssituation eines Unternehmens durch Zeit-, Betriebs- und Soll-Ist-Vergleich auch externe und interne Analysen. Die F. basiert auf Daten der Bilanz, der Gewinn- und Verlustrechnung, dem Geschäftsbericht, der Branche und der konjunkturellen Entwicklung. Unterschieden werden → Investitionsanalyse, → Finanzierungsanalyse sowie → Liquiditätsanalyse.

Finanzanlagen, Bestandteil des → Anlagevermögens auf der Aktivseite (Aktiva) der Bilanz. F. sind Anteile und Ausleihungen an verbundene Unternehmen (Mutter- und Tochterunternehmen in Konzernen) und Beteiligungsunternehmen (mehr als 20 % Anteil am Grundkapital), Wertpapiere des Anlagevermögens sowie sonstige Ausleihungen. Für F. gibt es besondere Bewertungsvorschriften, da sie im Unterschied zum sonstigen Anlagevermögen auch bei vorübergehenden Wertminderungen auf den am Bilanzstichtag beizulegenden niedrigeren Wert abgeschrieben werden dürfen.

Finanzbuchhaltung (Geschäftsbuchhaltung, Unternehmensbuchhaltung), neben der → Kostenrechnung (sog. Betriebsbuchhaltung) zentraler Bestandteil des → Rechnungswesens. Die Finanzbuchhaltung basiert auf der Erfassung aller Geschäftsvorgänge zwischen dem Unternehmen und anderen Wirtschaftssubjekten, die zu Einnahmen und Ausgaben führen. Sie ist die Grundlage der Aufstellung des → Jahresabschlusses.

finanzielles Gleichgewicht. 1. Im engeren Sinne → Liquidität.
2. Im weiteren Sinne langfristige Übereinstimmung von Kapitalverwendung und -beschaffung.

Finanzierung, Beschaffung und Rückzahlung von benötigtem → Kapital. Dabei handelt es sich um Eigenkapital und Fremdkapital. – *Arten*: Nach der Herkunft des Kapitals werden Außen- und Innenfinanzierung unterschieden, nach der Rechtsstellung des Kapitalgebers Eigen- und Fremdfinanzierung, nach der Fristigkeit zwischen kurz-, mittel-, langfristiger F. – a) Zur *Außenfinanzierung* zählt die Zufuhr von Eigenmitteln durch die bisherigen Eigentümer (Eigenfinanzierung), durch neue Eigentümer (Beteiligungsfinanzierung) sowie die Zufuhr von kurz-, mittel- und langfristigem Fremdkapital durch Gläubiger (Fremdfinanzierung). Auch Eigenschaften von Fremd- und Eigenkapital vermischende Formen der Mittelbeschaffung (z. B. Gewinnobligationen, Genußscheine, Wandelschuldverschreibungen) zählen dazu. b) Zur *Innenfinanzierung* zählt die Mittelbindung, die – jedenfalls bei haftungsbeschränkten Rechtsformen – generell durch die Ausschüttungssperrwirkungen des Jahresabschlusses bewirkt wird: Abschreibungen (Abschreibungsfinanzierung), Zuführungen zu sonstigen Rückstellungen, direkte Zusagen auf betriebliche Altersversorgung, die zu Pensionsrückstellungen führen. Zur Innenfinanzierung zählen weiterhin die Mittel, die im Bilanzsinn ausschüttungsfähig sind, aber auf Beschluß der entscheidenden Gremien nicht ausgeschüttet werden (Selbstfinanzierung).

Finanzierungsanalyse, im Rahmen der → Finanzanalyse vorgenommene Analyse der Vermögens- und Kapitalseite der Bilanz anhand von Kennzahlen. Die Art und Zusammensetzung von Kapital und Vermögen wird durch folgende Kennzahlen analysiert: a) *Horizontale Kennzahlen* stellen eine Beziehung zwischen Vermögens- und Kapitalpositionen her (z.B. Anlagendekkung durch langfristige Finanzierungsmittel und → Liquiditätsgrad); damit kann beurteilt werden, wie weit der Grundsatz der Fristenentsprechung eingehalten wurde. b) *Vertikale Kennzahlen* sollen Einblicke in die Vermögensstruktur (z.B. Anlagenintensität) und die Kapitalstruktur (z.B. Eigenkapitalquote und Verschuldungskoeffizient) sowie ihre Entwicklung insbesondere auch im Vergleich mit branchentypischen Relationen eröffnen.

Finanzierungskennziffern, → Finanzierungsanalyse, → Finanzierungsregeln

Finanzierungskosten, → Kapitalkosten

Finanzierungsregeln, Bilanzstrukturnormen, die auf die Liquiditätssicherung (Liquidität) abstellen. Sie stellen lediglich Sollvorschriften dar. – *Vertikale F.*: Hierbei handelt es sich um → Kapitalstrukturregeln. – Als sog. *horizontale F.* werden → goldene Finanzierungsregel sowie goldene Bilanzregel angewandt. Darüber hinaus werden häufig auch Liquiditätskennziffern (→ Liquiditätsgrade) herangezogen. Die Aussagefähigkeit der F. ist aufgrund ihrer auf Bilanzgrößen der Vergangen-

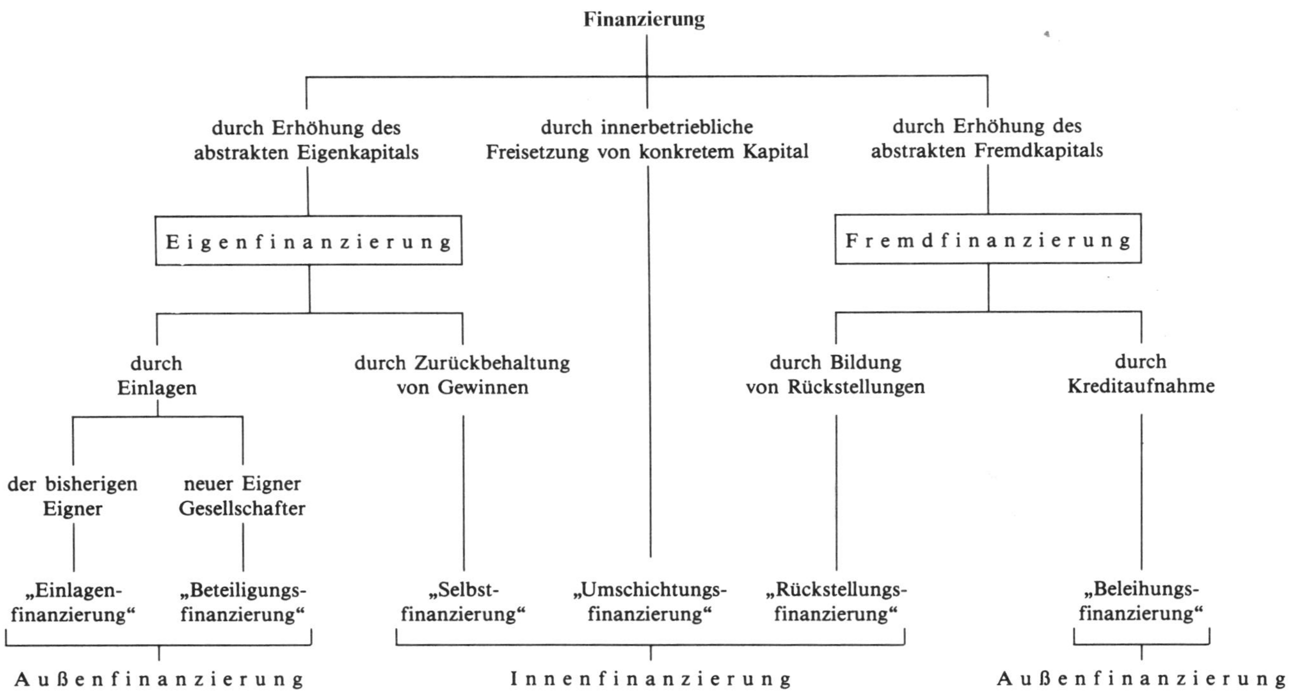
Finanzierung
durch Erhöhung des abstrakten Eigenkapitals
durch innerbetriebliche Freisetzung von konkretem Kapital
durch Erhöhung des abstrakten Fremdkapitals
Eigenfinanzierung
Fremdfinanzierung
durch Einlagen
durch Zurückbehaltung von Gewinnen
durch Bildung von Rückstellungen
durch Kreditaufnahme
der bisherigen Eigner
neuer Eigner Gesellschafter
„Einlagen-finanzierung“
„Beteiligungs-finanzierung“
„Selbst-finanzierung“
„Umschichtungs-finanzierung“
„Rückstellungs-finanzierung“
„Beleihungs-finanzierung“
Außenfinanzierung
Innenfinanzierung
Außenfinanzierung

heit aufbauenden, statischen Betrachtungsweise, die über die zukünftige Liquidität wenig aussagen kann, beschränkt. Dafür ist ein → Finanzplan und eine Analyse des → cash flow ergiebiger.

Finanzinnovationen. Im weiteren Sinne handelt es sich dabei um neue Märkte (→ Euromärkte) und Geschäftsformen (z.B. Forfaitierung, Swap), die sich seit dem Zweiten Weltkrieg entwickelt haben, begünstigt durch neue Kommunikationstechnologien; im engeren Sinne neue Formen des Einlage- und Kreditgeschäfts, insbesondere in den USA entwickelt. Es handelt sich im wesentlichen um Geldmarktfondsanteile, Geldmarkteinlagekonten, variabel verzinsliche Anleihen, verbriefte Bankkredite sowie standardisierte Formen der Sicherung von Kurs- und Zinsänderungsrisiken.

Finanzkontrolle, → Finanzplanung

Finanzmanagement, Gestaltung und Steuerung aller finanzwirtschaftlichen Prozesse eines Unternehmens inkl. der → Investitionen; umfaßt die Phasen Planung, Entscheidung, Anordnung sowie Kontrolle und ist damit umfassender als eine → Finanzplanung im engeren Sinne. Planungsaspekte stehen im Zusammenhang mit den diversen Teilplänen des Unternehmens. Kontrollaspekte beziehen sich vor allem auf eine statische oder dynamische Analyse der Ein- und Ausgabenströme. – Ein strategisches F. umfaßt das langfristige Management der Investitionen und der Kapitalstruktur. Ein operatives Finanzmanagement ist vor allem mit der Sicherung der Liquidität des Unternehmens befaßt (→ Finanzplan).

Finanzmarkt, Markt für kurz-, mittel- und langfristige Kredite, Beteiligungen, Wertpapiere, Guthaben u.a.. Der F. besteht aus Kapitalmarkt (mittel- und langfristigen Krediten, Beteiligungen und Wertpapieren) und Geldmarkt (kurzfristigen Krediten, Geldmarktpapieren und Guthaben). Im engeren Sinne gehören zum Geldmarkt nur der kurzfristige Geldleihverkehr unter den Kreditinstituten sowie die Refinanzierung dieser bei der Bundesbank.

Finanzplan, Plan zur Betrachtung der Kapitaldeckung; geht aus vom voraussichtlichen → Kapitalbedarf, der Ausdruck der Pläne der betrieblichen Teilbereiche ist (→ operative Planung). F. werden für verschiedene Zeithorizonte aufgestellt (Tage, Wochen, Monate, Quartale, Jahre). Der Jahresfinanzplan ermittelt aus dem Anfangsbestand an liquiden Mitteln, korrigiert um voraussichtliche Einnahmen und Ausgaben dessen Endbestand (Kapitalüberschuß und -bedarf). Dieser muß gegebenenfalls durch Maßnahmen zur Kapitaldeckung ausgeglichen werden.

Finanzplanung, Analyse und Disposition der für die Erreichung der Unternehmensziele erforderlichen finanziellen Mittel unter Berücksichtigung der Anforderungen der optimalen Liquidität. Ausgehend von der Ermittlung des voraussichtlichen kurz-, mittel- und langfristigen Kapitalbedarfs, der aus den Plänen der anderen betrieblichen Teilbereiche resultiert, werden unter Berücksichtigung der Finanzierungsalternativen Finanzierungsentscheidungen über die Kapitaldeckung getroffen und in einem → Finanzplan dargestellt. Aufgrund der Interdependenzen der betrieblichen Teilpläne ist die F. Bestandteil der gesamten → Unternehmensplanung. – Es sind die *Grundsätze* Vollständigkeit, Zeitpunkt- und Betragsgenauigkeit sowie ein Saldierungsverbot zu beachten. Abschließend werden die tatsächlich erzielten Resultate mit den Finanzierungszielen in einem Soll-Ist-Vergleich gegenübergestellt (Finanzkontrolle).

Finanzwirtschaft, → Finanzierung

finanzwirtschaftliche Ziele, der betrieblichen → Finanzierung zugrundeliegende Ziele: Rentabilität, Unabhängigkeit, Sicherheit und Liquidität.

Fire Wall, → Chinese Wall

Firma, Name, unter dem ein Vollkaufmann seine (Handels-) Geschäfte betreibt und seine Unterschrift leistet. Geregelt sind seine Pflichten und Rechte im Handelsgesetzbuch. Die Rechte des Kaufmanns hinsichtlich der Firma sind gegenüber Dritten absolut wirkendes Recht; die Vorschriften zur Sicherung der Rechte sind im Firmenschutz enthalten. Die F. hat Aufschluß über die Person des Inhabers und die Art seines Unternehmens zu geben (Grundsatz der Firmenwahrheit). Die Kennzeichnung der F. ist für die verschiedenen Rechtsformen unterschiedlich.

Firmenkultur, → Unternehmenskultur

Firmenübernahme, → Merger and Acquisition

Firmenwert, → Bilanzierungshilfen

first. 1. Unternehmen mit führender Technologieposititon.
2. Technologiestrategie, die darauf abzielt, durch verstärkten Ressourceneinsatz (z.B. im Bereich F&E) die Position eines Technologieführers zu erreichen („first-Strategie"). Die Forschungs- und Entwicklungsaktivitäten orientieren sich in diesem Fall nicht reaktiv an der Konkurrenz (follower), sondern sind aktiv und an der Gewinnung technologischer Spitzenleistungen als erster ausgerichtet.

Fishbein-Modell, von Fishbein entwickeltes kognitives Strukturmodell zur Messung von → Einstellungen. Es basiert auf der Annahme, daß zwischen der Einstellung eines Individuums zu einem Objekt und seinem darüber bestehenden Wissen (kognitive Basis) ein Zusammenhang besteht.

fixe Gemeinkosten, Bestandteil der → Gemeinkosten, der bei Schwankungen der → Beschäftigung unverändert bleibt.

fixe Kosten (Fixkosten), → Kosten, die unabhängig von der Auslastung der Beschäftigung des Betriebes entstehen. Dazu gehören Abschreibungen auf Gebäude, Versicherungskosten, Geschäftsführergehälter u.a. (vgl. auch intervallfixe Kosten).

flexible Arbeitszeit, Formen der Arbeitszeitgestaltung, die vom traditionellen Verfahren der →starren Arbeitszeit abweichen. F. Ar. können sich auf die Tages-, Wochen-, Monats- oder Jahresarbeitszeit beziehen. – *Modell:* gleitende Arbeitszeit (unter Berücksichtigung der vom Arbeitgeber festgelegten Kernarbeitszeit bestimmt der Arbeitnehmer Arbeitsbeginn und -ende); komprimierte Wochenarbeitszeit (weniger als 5 Tage je Woche); variable Arbeitszeit (keine Kernarbeitszeit); Teilzeitarbeit bzw. Blockteilzeitarbeit; job sharing; Schichtarbeit; Langzeit-Urlaub (bzw. sabbatical; Sonderurlaub aufgrund der über einen längeren Zeitraum angesammelten Arbeitszeit-Guthaben).

flexible Plankostenrechnung, → Plankostenrechnung

flexible Planung, Verfahren der Planung und Lösung mehrstufiger Entscheidungen unter Ungewißheit. Verbindlich festgelegt werden zunächst nur gegenwärtig zu treffende Maßnahmen; für zukünftige werden für unterschiedliche Umweltzustände Alternativen erarbeitet (Eventualpläne). Die f. P. kann erfolgen durch Aufstellen von Entscheidungsbäumen und Anwendung von linearer und dynamischer Optimierung.

flexible Produktionszelle, → Zentrenproduktion 2 c)

flexibles Produktionsmodell, → Zentrenproduktion 2 d)

Fließproduktion, Elementartyp der Produktion (→ Produktionstypen), der sich aus dem Merkmal der Anordnung der Arbeitssysteme (Fließprinzip) ergibt. – *Charakterisierung*: Bei F. werden die Produktionseinrichtungen bzw. Arbeitssysteme in der Abfolge der für die Produkterstellung erforderlichen Verrichtungsarten aufgestellt. Jeder Teilbetrieb nimmt in diesem Fall verschiedenartige Produktionseinrichtungen auf. Die Bildung der Teilbetriebe erfolgt nach dem Objektprinzip. Jedes Produkt bzw. jeder Auftrag durchläuft bei F. eine fest vorgegebene Maschinenfolge. Dabei ist es möglich, daß einzelne Stationen von bestimmten Produkten bzw. Aufträgen übersprungen werden. Nur bei Massen-, Großserien- und Sortenproduktion ist eine Anordnung nach der Folge der Verrichtungsarten zweckmäßig und wirtschaftlich vorteilhaft. Ein einzelner Betrieb kann aus einer Fließstrecke oder aber aus parallel arbeitenden Teilbetrieben mit mehreren Fließstrecken zur Herstellung gleicher oder verschiedener Produkte bestehen. – Vier *Ausprägungsformen* in Abhängigkeit von der räumlichen und zeitlichen Kopplung der Potentiale: a) Straßenproduktion (Reihenproduktion, Linienproduktion); Ohne zeitliche und räumliche Kopplung der Potentiale; b) Fließreihenproduktion: Ohne zeitliche, aber mit räumlicher Kopplung der Potentiale; c) Taktproduktion: Mit zeitlicher, aber ohne räumliche Kopplung der Potentiale; d) Fließbandproduktion: Mit zeitlicher und räumlicher Kopplung der Potentiale. Die *flexible Transferstraße* stellt eine *moderne Erscheinungsform* der F. dar. Die flexible Transferstraße ist zum einen gekennzeichnet durch eine Potentialanordnung nach dem Entstehungsprozeß der Produkte und taktgebundenen Produktion, zum anderen zeichnet sie sich durch kurze Umrüstzeiten der einzelnen Bearbeitungsstationen und somit durch eine hohe Flexibilität aus. Be- und Verarbeitungsvorgänge sind vollautomatisiert.

floating rate note, → Anleihe mit variabler Verzinsung und einer Laufzeit zwischen 5 und 10 Jahren. Die Verzinsung wird regelmäßig festgelegt und ist i.d.R. von einem ausgewählten Geldmarktzins (dem sog. Referenzzinssatz) und einem von der Bonität des Anleiheschuldners abhängigen Aufschlagzins (Spread).

Flop, Bezeichnung für ein erfolgloses Produkt, das die gesteckten Markt- und Marketingziele nicht erreicht hat und vom Markt entfernt wird.

Fluktuation, Oberbegriff für den sich innerhalb eines Zeitraums aus unterschiedlichen Gründen ergebenden Zu- und Abgang von Personal. Gründe sind u.a. Abgänge durch Kündigung seitens des Arbeitnehmers oder -gebers, Tod, Eintritt in das Rentenalter sowie Zugänge durch Einstellungen. Die natürliche F. klammert Personaleinstellungen und Kündigungen durch den Arbeitgeber aus.

follower, Unternehmen, die ihre Technologiestrategie an den F&E-Ergebnissen der Konkurrenz orientieren. F. reagieren auf technologische Änderungen, ohne auf sie aktiv vorantreibend einzuwirken. Sie imitieren meist die Produkte des first oder bieten ähnliche Podukte (meist auf geringerem technologischen Niveau) an. Ihre Stärke liegt weniger im F&E- sowie Technologiebereich, als in der Geschwindigkeit der Nachahmung von innovativen Produkten.

Force-Field-Analyse, → Kräftefeld-Analyse

Forced-Choice-Methode, verhaltensbezogenes Verfahren der Arbeitsanalyse und Leistungsbeurteilung, das auf der Grundlage von vorgegebenen Verhaltensbeschreibungen erfolgreicher und wenig erfolgreicher Mitarbeiter erfolgt. Das Verhalten der zu beurteilenden Person wird entsprechend zugeordnet.

Forderungen, Bestandteil des → Umlaufvermögens auf der Aktivseite (Aktiva) der Bilanz. F. resultieren aus erbrachten Lieferungen und Leistungen sowie aus Ansprüchen an verbundene bzw. Beteiligungsunternehmen.

Forderungsabtretung (Zession), → Kreditsicherheit durch Rechte an Vermögensgegenständen (Sachsicherheiten). Die Forderung des alten Gläubigers (Zedent) gegen seinen Schuldner geht auf einen neuen Gläubiger (Zessionar) über. Unterschieden wird zwischen a) *Einzelabtretung* zur Sicherung kurzfristiger und geringer Kreditüberschreitungen, b) *Mantelabtretung*, bei der sich der Schuldner verpflichtet, laufend Forderungen in einer bestimmten Höhe an das Kreditinstitut abzugeben, und c) *Globalabtretung*, bei der ein Schuldner die gegenwärtigen und künftigen Forderungen an bestimmte Schuldner an das Kreditinstitut abgibt.

Fordismus, auf dem → Taylorismus aufbauende Variante der → Arbeitsorganisation, die tayloristische Prinzipien durch die Einführung der Fließ- auf die Massenfertigung überträgt und mit sozialpolitischen Maßnahmen wie Lohnerhöhung und Arbeitszeitverkürzung verbindet.

Forfaitierung, Verkauf von Exportforderungen an einen Forfaiteur (eine auf Forfaitierungsgeschäfte spezialisierte Finanzierungsgesellschaft). Im Unterschied zum → Factoring übernimmt der Forfaiteur keine Dienstleistungsfunktionen. Aufgrund der mangelnden Rückgriffsmöglichkeit werden nur erstklassige, durch Bankakzepte oder staatliche Garantien zusätzlich gesicherte, vor allem mittel- und langfristige Forderungen verkauft.

Formalisierung, Ausmaß der schriftlichen Fixierung von organisatorischen Regeln und Vorgängen.

Formalziel, von konkreten Gegebenheiten unabhängiges Ziel der Unternehmenstätigkeit, das in Marktwirtschaften in der Erzielung von → Gewinn sowie in weiteren Erfolgszielen besteht (→ Sachziel).

formelle Gruppe, in der → Organisationsstruktur vorgesehene permanente Gruppe wie eine Abteilung oder ein Stab oder zur Erfüllung einer bestimmten Aufgabe zeitweilig eingesetzte Gruppe.

Forming, → Gruppenentwicklung

Forschung und Entwicklung (F&E), haben das Ziel, durch zielgerichtete planvolle, methodische und systematische Aktivitäten neue Erkenntnisse über Natur- und Kulturphänomene zu erwerben. Das Verwertungsinteresse der F&E-Ergebnisse ergibt sich aus der Stellung des Trägers der F&E-Aktivitäten. F&E in Hochschulen oder öffentlichen Forschungseinrichtungen liegt u.a. im allgemeinen Bildungsinteresse und ist meist besonders auf Bereiche konzentriert, die der Grundlagenforschung dienen. F&E in Unternehmen ist vor allem darauf ausgelegt, auf dem Markt verwertbare F&E-Kenntnisse hervorzubringen, die besonders bei Klein- und Mittelstandsunternehmen meist im direkten Produktzusammenhang stehen. – Häufig wird zwischen den Begriffen *Forschung* (mit den Subgebieten Grundlagenforschung und angewandte Forschung), *Entwicklung* (technische Entwicklung bzw. Neuentwicklung und Anwendungsentwicklung bzw. Weiterentwicklung) und *Anwendung* (Herstellung und Verbreitung) unterschieden. Im Rahmen der Forschung stehen wissenschaftliche Erkenntnisse sowie Erkenntnisse über die Entwicklungsreife von Produkten und Verfahren im Mittelpunkt (wissenschaftlicher Fortschritt). Bei der Entwicklung liegt die Zielsetzung vor allem in der erstmaligen Erstellung eines Prototyps (potentieller bzw. technologischer Fortschritt). Das Kriterium der Erstmaligkeit oder Neuheit ist oft nur schwer objektiv bestimmbar. Dies wird z.B bei der materiellen Prüfung von Patentanmeldungen versucht. – Wesentliche *Merkmale* von F&E sind die vergleichsweise komplexen Teilaktivitäten und die vor allem für den Betrachter von außen oft nur schwer durchschaubaren Zusammenhänge. Sie bergen sowohl hohe Prozeß- als auch hohe Verwertungsunsicherheit. Die (interne) Prozeßunsicherheit ergibt sich aus der Frage, ob die angestrebten technologisch-physikalischen Kenntnisse überhaupt erhältlich sind und inwieweit die entsprechenden F&E-Prozesse beherrscht werden. Die (externe) Verwertungsunsicherheit ergibt sich aus dem fehlenden Wissen darüber, ob die erzielten F&E-Ergebnisse am Markt überhaupt verwertet werden können.

Fortbildungsstrategie, Strategie des Personalmanagements, die auf den Aufbau von → Humanpotential im Unternehmen durch den Einsatz der Instrumente der → Personalentwicklung abzielt; wesentlicher Bestandteil des → Human-resource-Management.

Fortran, eine Programmiersprache der dritten Generation. Fortran wird überwiegend für technisch/wissenschaftliche Anwendungen eingesetzt. Der Name F. ist eine Zusammensetzung der Wörter „formula" und „translator".

Fortune-Liste, in der Zeitschrift „Fortune" jährlich veröffentliche Liste der größten US-amerikanischen und der größten internationalen Unternehmen.

Fragezeichen, → Nachwuchs

Fragmentierungsschema, muß im Zusammenhang mit → verteilten Datenbanksystemen erstellt werden. Prinzipiell besteht die Möglichkeit, einzelne Teile einer Tabelle nach bestimmten Kriterien zu verteilen (bei einer Großbank werden die Konten eines Filialbereichs in der Datenbank der Filiale gespeichert). Man spricht dann von horizontaler Fragmentierung. Bei der vertikalen Fragmentierung werden die Relationen auseinandergebrochen und die Attribute entsprechend auf dezentrale Rechner verteilt (→ verteilte Informations-verarbeitung). In der Praxis findet man häufig eine Kombination dieser beiden Verfahren.

Franchise (Franchising), Form der Vertriebsbindung, bei der der Franchisegeber (Hersteller) sich F.nehmer (Händler) sucht, die als selbständige Unternehmer mit eigenem Kapitaleinsatz Waren oder Dienstleistungen unter einem einheitlichen Marketingkonzept anbieten. Franchise-Systeme finden u.a im Automobilhandel, in der Getränkebranche und in Schnellgaststätten Anwendung. Rechte und Pflichten sind vertraglich festgelegt. Der Franchisegeber entwickelt u.a. das Marketingkonzept, wählt die Waren aus, betreibt die überregionale Werbung, stellt Dekorationsmaterial bereit und führt Personalschulungen durch. Der Franchisenehmer übernimmt u.a. Mindestabnahmeverpflichtungen, orientiert sich an einem festgelegten Preisniveau und beschränkt das Sortiment hinsichtlich der Konkurrenzprodukte. Die Vorteile für den Franchisegeber bestehen in fehlendem Kapitalrisiko für Ladenerwerb und -ausbau sowie in der eigenen Initiative der Franchisenehmer beim Absatz der Produkte. Der F.nehmer kann vom Marktimage des F.gebers und dessen Know how profitieren; er wird auch von vielen Entscheidungen enlastet (z.B. Preisfestsetzung und Sortiment).

Frauenförderung, Sammelbegriff für vielfältige Maßnahmen und Strategien zur Förderung der beruflichen Chancen von Frauen, insbesondere in untypischen Berufen und Führungspositionen. Die Ziele von Frauenfördermaßnahmen sind unterschiedlich und vielfältig. Sie reichen von der Forderung nach dem Abbau von geschlechtsspezifischen Rollenzuweisungen, über gleiche Bezahlung bis hin zu konkreten Vorschlägen zur Karriereberatung. Bei Fördermaßahmen auf der betrieblichen Ebene geht es i.d.R. in Großunternehmen um die bessere Nutzung und Förderung von Frauen sowie deren längeren Verbleib im Unternehmen. Diese Form der Unterstützung ist meist nur auf einen kleinen Teil der weiblichen Beschäftigten, nämlich die hochqualifizierten Frauen, gerichtet. Überwiegend werden Personalentwicklungsmaßnahmen durchgeführt, während strukturelle Veränderungen im Unternehmen i.d.R. nicht vorgenommen werden. Frauenfördermaßnahmen im öffentlichen Bereich setzen auch an einem quantitativen Abbau der Diskriminierung an, z.B. durch Quoten zur Erhöhung des Anteils weiblicher Führungskräfte im öffentlichen Dienst, unterstützt durch die Forderung nach gesetzlichen Regelungen. Allerdings wird über den Sinn von Quotenregelungen kontrovers diskutiert. Inhalt und Konzepte zur F. umfassen u.a. Einzelmaßnahmen wie Stellenausschreibungen, die ausdrücklich Frauen zur Bewerbung aufrufen, Programme zur Vereinbarkeit von Beruf und Familie, Karriereberatung und -planung für Frauen bis hin zu Quotenregelungen. Der bisherige Stand der Forschung hinsichtlich der Bewertung und des Erfolgs derartiger Maßnahmen in Unternehmen ist sehr fragmentarisch und scheitert sowohl an Barrieren der Unternehmen, Ergebnisse zu veröffentlichen, als auch an der mangelnden Akzeptanz dieses Forschungsgegenstandes im wissenschaftlichen Bereich.

Frauenquotierung, → Frauenförderung

freie Rücklagen, nach altem Aktienrecht in AGs offene Rücklagen, die neben den gesetzlichen Rücklagen ausgewiesen werden. Nach dem Bilanzrichtliniengesetz bestehen die offenen Rücklagen bei Kapitalgesellschaften aus → Kapitalrücklagen und → Gewinnrücklagen.

Freisetzung, → Personalfreisetzung

Freisetzungsplan, → Abbauplanung

Freiverkehr, → Börse

freiwillige betriebliche Sozialleistungen, → Sozialleistungen

Fremdbezug (buy), im weiteren Sinne die Beschaffung von Gütern und Dienstleistungen, die nicht im eigenen Unternehmen hergestellt werden und somit Gegenbegriff zu Eigenproduktion, im engeren Sinne der Bezug von Einzelteilen oder Produkten von anderen Unternehmen. – *Entscheidungsproblem*: → make or buy.

Fremdfinanzierung, → Finanzierung

Fremdgeschäft, Geschäft im fremden Namen und für fremde Rechnung, das von Einkaufsgenossenschaften und kooperativen Gruppen getätigt wird. Die Anbahnung wird u.a. durch Rundschreiben, hausinterne Ausstellungen und Ordersätze unterstützt. Die Geschäftsabwicklung erfolgt durch Zentralregulierungs-, Empfehlungs-, Delkredere- oder Abschlußgeschäfte. Gegensatz: → Eigengeschäft.

Fremdkapital, Position der Passivseite (Passiva) der → Bilanz; → Kapital, das von Fremden in das Unternehmen eingebracht wird. Hierzu gehören → Rückstellungen, → Verbindlichkeiten. F. steht im Unterschied zum → Eigenkapital dem Unternehmen i.d.R. zeitlich begrenzt zur Verfügung und hat Anspruch auf erfolgsunabhängige Zins- und Tilgungsleistungen.

Fremdkapitalkosten, → Kosten, die an das Kreditverhältnis gebunden sind. Neben den Zinsen sind vor allem die einmalig auftretenden Beschaffungskosten und Bearbeitungsprovisionen zu berücksichten. Innerhalb des → Fremdkapitals gibt es erhebliche Kostenunterschiede, z.B. zwischen einem Lieferanten- und einem Bankkredit. Mit steigendem Verlustrisiko aus der Sicht des Fremdkapitalgebers steigen die Kosten für das Unternehmen.

fringe benefits, sämtliche Zahlungen des Arbeitgebers neben Lohn oder Gehalt (z.B. Sozialleistungen), die dieser an den Arbeitnehmer leistet.

Fristenkongruenz, Übereinstimmung von Kapitalüberlassungs- und -verwendungsdauer; Grundgedanke der → Finanzierungsregeln.

Frühaufklärungssystem, → Früherkennungssystem, → Frühwarnsystem

Früherkennung, → Früherkennungssystem

Früherkennungssystem, Instrument der → strategischen Planung, mit dem durch → Frühindikatoren rechtzeitig Risiken und Chancen zukünftiger Entwicklungen für die verfolgten → Strategien ermittelt werden sollen. Ziel ist die Schaffung von Transparenz über Entwicklungen der komplexen und dynamischen Umwelten, in denen Unternehmen handeln. Diese sind durch Diskontinuitäten geprägt und damit üblicherweise nur teilweise überschaubar. Dadurch soll Zeit zur Entwicklung und Umsetzung notwendiger Anpassungsmaßnahmen gewonnen werden. F. werden umso wichtiger, je weniger verlängerbar die Trends der Vergangenheit in die Zukunft und je weniger aussagefähig damit die Zahlenwerte des traditionellen Berichtswesens sind. – In *operativen F.*, die Weiterentwicklungen des traditionellen → Rechnungswesens sind, werden sogenannte *starke Signale* verarbeitet, d.h. die Wirkungszusammenhänge zwischen ihnen sowie den Planungsprämissen und Planungsobjekten sind transparent und/oder plausibel. Besondere Bedeutung für strategische F. haben die sog. → *schwachen Signale*, deren Auswirkungen auf die verfolgten Strategien nicht eindeutig sind. Erfaßt werden Entwicklungen bezogen auf das gesamte Unternehmen, einzelne Bereiche und wichtige Umweltentwicklungen. – Die *Aussagekraft* von F. ist grundsätzlich begrenzt, da sie nicht in der Lage sind, die Vielschichtigkeit und Entwicklungsdynamik der Realität angemessen zu erfassen.

Frühindikatoren, Mittel im Rahmen von → Früherkennungssystemen zur möglichst frühzeitigen Aufdeckung von Chancen und Risiken relevanter zukünftiger Entwicklungen für das Unternehmen. Unterschieden werden interne und externe F. Zu ersteren gehören → Kennzahlen von Finanzwirtschaft, Produktion, Absatz, Personalwesen u.a., zu letzteren ökonomische, marktbezogene, technologische, soziale und politische F. Für den zentralen Bereich der Markt- und Branchenstruktur können Veränderungen der Determinanten der Wettbewerbssituation als F. zukünftiger Entwicklungen interpretiert werden (→ Wettbewerbssituation, → Wettbewerbsstrategien).

Frühwarnsystem, → Früherkennungssystem, welches davon ausgeht, daß Entwicklungen in Umwelt und Unternehmen vor allem potentielle Gefahren bzw. Risiken mit sich bringen, für die rechtzeitig Warnsignale ermittelt werden müssen. Da Umweltentwicklungen auch potentielle Chancen eröffnen, ist der Begriff Früherkennung angemessener.

Frustration, individueller Gefühlszustand, der sich einstellen kann, wenn das betreffende Individuum eine angestrebte Bedürfnisbefriedigung aufgrund von Umständen, die außerhalb seiner Kontrolle liegen, nicht erreicht; kann zu unterschiedlichen Reaktionen führen, die von Aggression bis zu konstruktiven Lösungsversuchen reichen.

Frustratoren, → Hygienefaktor

führender Wettbewerber, Unternehmen, dessen Überleben in einem bestimmten Marktsegment (→ Marktsegmentierung) auf eine einzigartige Kombination von Produktqualität, Preis, Service, Design u.a. zurückzuführen ist. Dadurch gelingt es dem Unternehmen, den gesamten Markt zu segmentieren und dauerhafte → Wettbewerbsvorteile zu erringen. – Der *Leitgedanke von Strategien und Wettbewerbsstrategien* richtet sich auf die Position des führenden Wettbewerbers. Gehört ein Unternehmen nicht zu den führenden Wettbewerbern, müssen systematisch Wettbewerbsvorteile aufgebaut werden. Voraussetzung dafür ist eine systematische Unternehmens-, Umwelt- und Konkurrentenanalyse, um die Marktsegmente zu erkennen, in denen das Unternehmen aufgrund seiner spezifischen Eigenschaften zu den führenden Wettbewerbern gehören kann.

Führung, Beeinflussung von Verhalten und Einstellung von Individuen und Gruppen zum Zwecke der Erreichung bestimmter Ziele. Im Unterschied zu anderen Arten der Verhaltensbeeinflussung (etwa durch die Organisationsstruktur, durch Regeln und Programme) ist die F. als Personalführung immer direkt und persönlich und stellt somit die personenbezogene Komponente des → Managements dar. – Sie umfaßt verschiedene Teilaspekte wie Motivation, Konfliktlösung, soziale Kontrolle bzw. Machtausübung und Kommunikation. Als Unternehmensführung beeinhaltet sie auch sachbezogene Elemente wie Planung, Organisation, Kontrolle, Entscheidungen über Ziele und Strategien.

1. *Formen:* Zu unterscheiden ist zwischen formeller und informeller F. Die formelle F. ist durch Kompetenzzuweisungen (formale Machtgrundlagen wie hierarchische Position) definiert. In Arbeitsgruppen und Abteilungen kann sich daneben eine informelle F. durch ein Individuum herausbilden, das zwar keine formellen Kompetenzen bzw. Machtgrundlagen hat, aber von den übrigen Gruppenmitgliedern geachtet wird und deshalb verhaltenssteuernd tätig sein kann. Die Möglichkeit der Verhaltenssteuerung basiert dann auf Faktoren, die in der Persönlichkeit dieser Person liegen (personale Machtgrundlagen wie Charaktermerkmale, Charisma, Wissen und Erfahrungen).

2. In der Führungsforschung gibt es *unterschiedliche Ansätze,* mit denen versucht wird, den Zusammenhang zwischen Führendem, Geführten und den Rahmenbedingungen der F. und Führungserfolg zu erfassen (→ Führungstheorien) sowie Verhaltensempfehlungen für den Führenden zu geben (→ Führungsstil). Umstritten ist ferner, ob Führung erlernbar ist oder weitgehend von Persönlichkeitsmerkmalen abhängt. Entscheidende Bedeutung hat diese Frage für die → Personalauswahl und die Karriereplanung. Wird Führungskompetenz als erwerbbar angesehen, so kann das Lernen im Rahmen der Personalentwicklung mittels verhaltensorientierter Führungsseminare erfolgen. Ist Führung von persönlichen Eigenschaften abhängig, dominiert die Personalauswahl; herauszufiltern sind diejenigen Personen, welche die zur Führung notwendigen Eigenschaften besitzen. Ein solcher Eigenschaftsansatz der Führung ist empirisch nicht hinreichend abgesichert.

Führungsaufgabe, → Führung

Führungsdeterminanten, Ansatz der Führungsforschung, der → Führungsverhalten in Abhängigkeit von Rahmenbedingungen untersucht. Grundthese ist, daß der Führende immer eingebunden ist in ein soziales System, das Verhaltensmöglichkeiten einschränkt. Hierzu gehören insbesondere die Umwelt der Organisation, die → Organisationsstruktur und die verwendete Technologie. Ohne Berücksichtigung solcher F. würde die individuelle Führung überbewertet.

Führungsdyaden-Modell, Variante der → Austauschtheorie der Führung, die im Gegensatz zu denjenigen Austauschtheorien, welche sich auf die Gruppenebene beziehen, die Beziehung zwischen Führendem und Mitarbeiter herausstellt und jeweils einzeln untersucht. Schwerpunkt ist die Analyse der gegenseitigen Rollenzuweisung, die sich in drei Phasen vollzieht: Rollenübernahme, -bildung und -stabilisierung. Im Hinblick auf die Mitarbeiter wird unterschieden zwischen sogenannten Vertrauenskadern, denen vom Führenden ein relativ großer Handlungsspielraum eingeräumt wird und die relativ wenig wechselseitige Probleme zum Führenden haben, sowie der äußeren Gruppe mit höherer Unzufriedenheit und zahlreichen Problemen mit dem Führenden. Demzufolge wird die Einbeziehung einer Person in den Vertrauenskader zu einem wichtigen Mittel der Leistungssteigerung.

Führungsentscheidung, von Gutenberg formulierter Katalog nicht delegierbarer Entscheidungen, die somit der Unternehmensspitze vorbehalten bleiben. Hierzu gehören: Festlegung der Unternehmenspolitik auf lange Sicht, Koordinierung großer betrieblicher Teilbereiche, Beseitigung von Störungen im laufenden Betriebsprozeß, Maßnahmen von außergewöhnlicher Bedeutung für das Unternehmen sowie Besetzung von Führungspositionen.

Führungsgrundsätze, schriftlich formulierte Verhaltensrichtlinen für die in einem Unternehmen mit Führungsaufgaben beauftragten Manager. Festgelegt werden darin die situationsunabhängig von der Unternehmensspitze gewünschten Verhaltensweisen gegenüber Mitarbeitern, die Rechte und Pflichten von Vorgesetzten sowie Art und Wege der Kommunikation. F. werden aus der Unternehmensphilosophie bzw. dem → Unternehmensleitbild abgeleitet und spiegeln die offiziell gewünschte → Unternehmenskultur wider. Im Regelfall sind sie sehr allgemein gehalten. Sie dienen dazu, gewünschte Verhaltensweisen unternehmensweit durchzusetzen bzw. Führungsverhalten zu harmonisieren und können die Grundlage für Führungstraining und die Auswahl von Führungskräften bilden. In den meisten Unternehmen mit F. wird ein partizipativer bzw. kooperativer Führungsstil als Verhaltenserwartung formuliert.

Führungshierarchie, hierarchische Anordnung der einzelnen Führungsebenen in einer Organisation. Grob vereinfacht kann zwischen der Unternehmensführung bzw. dem Top-Management, dem mittleren Management als mittlerer Führungsebene und dem lower management als unterer Führungsebene, die bis zum Meister geht, unterschieden werden.

Führungsideologien, normative → Führungsmodelle, die von einem bestimmten, weitgehend unhinterfragten → Menschenbild (das oft selbst schon als Ideologie fungiert) ausgehen und dieser Grundlage bestimmte, werthaltige Instrumente der Verhaltenssteuerung (→ Führung) vorschreiben. F. entbehren der empirischen Grundlage und bieten keine Möglichkeit zur Überprüfung bzw. Operationalisierung.

Führungsinformationssystem, → Managementinformationssystem

Führungskompetenz, die für das erfolgreiche Ausfüllen einer Führungs- bzw. Managementposition erforderlichen fachlichen und verhaltensbezogenen bzw. sozialen Qualifikationen (Kompetenzen). – In Führungsforschung und Unternehmenspraxis bestehen hierüber unterschiedliche *Auffassungen.* a) Der → *Eigenschaftsansatz* geht davon aus, daß bestimmte angeborene Eigenschaften (etwa Intelligenz, Ehrgeiz, bestimmte Fähigkeiten etc.) notwendig sind, um eine Führungsposition erfolgreich ausfüllen zu können. Aus diesem Ansatz lassen sich zwar konkrete Anforderungen ableiten, andererseits hat die Forschung gezeigt, daß Führungskräfte, die über entsprechende Eigenschaften verfügen, keineswegs in allen Führungssituationen einsetzbar sind. Ein universell verwendbarer Anforderungskatalog wird in der wissenschaftlichen Diskussion als unsinnig abgelehnt. b) *Verhaltens-*

ansätze der Führungsforschung konzentrieren sich demgegenüber folgerichtig auf → Führungsverhalten statt auf Eigenschaften (→ Führungsstil); sie vernachlässigen dabei die jeweilige Aufgabe wie die Situation. c) → *Situative Ansätze* betrachten Führungsverhalten in Abhängigkeit von der Situation (Aufgabe, Gruppe, Umwelt). Sie kommen zu dem Ergebnis, daß es nicht den besten, in allen Situationen und jederzeit erfolgreichen Führungsstil gibt. Zentrale Anforderung ist demnach die Fähigkeit, Situationen richtig zu analysieren und die Verhaltensflexibilität, sich situationsgerecht zu verhalten. Dementsprechend legen Unternehmen bei der Auswahl von Führungskräften idealtypisch situations- und aufgabenbezogen die jeweiligen Anforderungen fest und testen, ob ein Kandidat sie erfüllt. Moderne Auswahlverfahren wie das Assessment-Center werden jeweils stellen- und unternehmensbezogen konzipiert.

Führungskonzept, System von weitgehend normativen Handlungsempfehlungen an Manager in Vorgesetztenpositionen, das im Gegensatz zu → Führungsideologien auf einer → Führungstheorie beruht. Bekannte F. sind u.a. → Management by objectives auf motivationstheoretischer Grundlage, die auf den → Ohio-State-Studien basierenden Konzepte, → Verhaltensgitter, → Drei-D-Programm und → situative Führungstheorie, der auf den → Michigan-Studien beruhende → System-Vier-Ansatz, das → Vroom-Yetton-Modell und das auf der Systemtheorie aufbauende St.Galler Managementmodell.

Führungskraft, Person, die in einem Unternehmen Führungsaufgaben (→ Führung) wahrnimmt und die Befugnis besitzt, im Rahmen ihres Aufgabengebietes anderen, hierarchisch nachgeordneten Mitarbeitern Weisungen zu erteilen (das sog. Direktionsrecht); sie hat somit Anordnungs- und Entscheidungsbefugnisse sowie die entsprechende Verantwortung zu übernehmen. – Umgangssprachlich wird F. oft mit → *Manager* gleichgesetzt. – Im Hinblick auf *Anforderungen* für F., d.h. die erforderliche → Führungskompetenz, bestehen in der Führungsforschung und der Unternehmenspraxis unterschiedliche Auffassungen.

Führungskräftenachwuchs, → Führungsnachwuchs

Führungsmodell, normatives, handlungsorientiertes Soll-Konzept zur → Führung in Unternehmen, das i.d.R. im Vergleich zu → Führungstheorien vereinfacht auf den Anwendungsbedarf zugeschnitten ist. Das F. beinhaltet neben Handlungsempfehlungen für Führende zugleich Aussagen über Ziele und Prämissen der Anwendung und Anwendungsbedingungen. Situative Faktoren werden dabei – teilweise aus Gründen der Vereinfachung – weitgehend ausgeklammert. Das in Deutschland *bekannteste F.* ist das → Harzburger Modell.

Führungsnachwuchs, Mitarbeiter, die im Rahmen der → Karriereplanung entweder mit Hilfe unternehmensweiter Konzepte wie etwa der → Personalentwicklung oder bei Fehlen eines solchen Konzeptes aufgrund individueller Absprachen zwischen Vorgesetztem und Mitarbeiter gezielt auf die Übernahme von Führungsaufgaben vorbereitet werden.

Führungsstil, Art und Weise des Umgangs eines Vorgesetzten mit seinen Mitarbeitern, die im Unterschied zum → Führungsverhalten relativ stabil und damit weitgehend situationsunabhän-

gig ist. – *Arten:* In der Führungsforschung wird zwischen verschiedenen idealtypischen F. unterschieden:
(1) *nach M. Weber* zwischen patriarchalischem, charismatischem (basiert auf besonderen Persönlichkeitsmerkmalen), autokratischem (Führung mittels Hierarchie und Durchsetzung von Entscheidungen durch Linieninstanzen) und bürokratischem (weitgehend entpersönlicht, Durchsetzung mittels struktureller Regelungen, Organisationsstruktur, Regeln und Programme, Stellenbeschreibungen);
(2) *nach Lewin* zwischen autoritärem (Zielvorgabe, Arbeitsorganisation, Kontrolle durch den Führenden), demokratischem (Zielbildung und Arbeitsorganisation durch Gruppenentscheidung bei Unterstützung durch den Führenden) und laissez-faire (der Führende beteiligt sich kaum);
(3) auf *Grundlage der → Ohio-State-Studien* (wobei beide Dimensionen unabhängig voneinander sind) zwischen Aufgaben- und Beziehungsorientierung;
(4) auf der *Grundlage der → Group Dynamics-Studien* zwischen Lokomotionsfunktion (Beachtung der Zielerreichung, Handlungsanweisungen, Planung, Kontrolle) und Kohäsionsfunktion (Förderung guter zwischenmenschlicher Beziehungen und des Gruppenzusammenhaltes, Konfliktlösung). – Während einige Ansätze der Führungsforschung davon ausgehen, daß es einen optimalen F. gäbe, der in jeder Situation zum Erfolg führe, gehen andere Ansätze davon aus, daß der Führungserfolg situationsabhängig ist (→ situativer Ansatz). Der Führende hat die Aufgabe, die Situation zu analysieren und sein Verhalten entsprechend auszurichten.

Führungsstilkontinuum, → Michigan-Stilkontinuum

Führungssubstitut, Ersatzmöglichkeit für eine unmittelbar personenbezogene → Führung, d.h. Möglichkeit der Verhaltenssteuerung ohne unmittelbare Beteiligung des Vorgesetzten. F. sind u.a. Strukturen, Regeln und Programme, die nur begrenzte Handlungsspielräume offen lassen, Denkweisen, Einstellungen und Kompetenzen der Mitarbeiter, die weitgehende Selbststeuerung ermöglichen, und die Aufgabe selbst.

Führungstechniken, → Management-by-Techniken

Führungstheorie, geschlossenes Aussagensystem, in dem versucht wird, den Zusammenhang zwischen Führendem, Geführten, Rahmenbedingungen und dem Führungserfolg zu untersuchen sowie Verhaltensempfehlungen für den Führenden zu geben. In der Führungsforschung existieren unterschiedliche *Theorieansätze:* Der → Eigenschaftsansatz der Führung als historisch älteste Richtung mit einer stark individualistischen Sicht, die zu einem Elitedenken neigt, erlebt z.Zt. in Form der → Attributionstheorien der Führung eine Renaissance. Außerdem gibt es den → Interaktionsansatz der Führung, die Erwartungstheorien, die → Austauschtheorie und den → situativen Ansatz.

Führungstraining (Trainee), verhaltensorientiertes Training für Manager zur Entwicklung von → Führungskompetenz.

Führungsverhalten, Verhalten eines Vorgesetzten gegenüber Mitarbeitern, das im Gegensatz zum situationsübergreifenden → Führungsstil immer situationsbezogen ist, d.h., das Führungsverhalten kann in unterschiedlichen Situationen verschiedenartig sein.

Full-Service-Kooperation, Betriebsform des Einzelhandels, die aus den Einkaufsgenossenschaften hervorgegangen ist. Die Zentralorganisationen gehen mit ihren Leistungen weit über diese hinaus. Neben Zentralregulierungs- und Delkrederegeschäften werden Empfehlungs- und Abschlußgeschäfte sowie zunehmend → Eigengeschäfte getätigt. Teilweise werden auch eigene Produktionsstätten, die nur für Mitglieder Produkte herstellen, errichtet. Übernommen werden u.a. Aufgaben wie Anmietung von Grundstükken, Standortanalysen und statistische Analysen.

Function-Point-Methode, → Projektaufwandschätzung (2)

Funktelefon, → Mobilkommunikation

Funktionalbereiche, → Funktionalorganisation

funktionale Differenzierung, → Spezialisierung

Funktionalorganisation (Verrichtungsorganisation), weit verbreitetes Modell zur Strukturierung von Unternehmen, bei dem die Abteilungsbildung bzw. Kompetenzverteilung nach Funktionen bzw. betrieblichen Verrichtungen (etwa Beschaffung, Forschung und Entwicklung, Marketing und Vertrieb, Finanzierung, Verwaltung sowie Produktion) erfolgt. Die so gebildeten Teilbereiche des Unternehmens werden dann als *Funktionalbereiche* bezeichnet.

Funktionalqualität, technisch-funktionale Beschaffenheit bzw. Grundnutzen eines Produktes für den Konsumenten (→ Zusatznutzen).

Funktionsbaum, → Funktionsmodell

Funktionsbereichsstrategien, Umsetzung von → Strategien in den verschiedenen Funktionalbereichen des Unternehmens (→ Funktionalorganisation).

Funktionsmeistersystem, auf Taylor zurückgehendes Modell der funktionalen Aufteilung der Vorgesetztentätigkeit auf der Meisterebene, das strukturell in das → Mehrliniensystem mündet. Danach wird die Tätigkeit des traditionellen Universalmeisters aufgeteilt in acht Funktionsmeisterstellen (vier Ausführungsmeister und vier für Planungs- und Kontrollaufgaben zuständige Meister). Jeder Meister kann nur Weisungen erteilen, die sich auf seine Funktion beziehen. In der Unternehmenspraxis hat sich das F. ähnlich wie das Mehrliniensystem wegen der sich aus der Mehrfachunterstellung ergebenden Konflikte nicht durchsetzen können.

Funktionsmodell. Während das Datenmodell (→ Datenmodellierung) die statische Struktur der Unternehmensdaten darstellt, werden im Funktionsmodell die betrieblichen Funktionen dargestellt. Über einen sogenannten *Funktionsbaum* wird dabei eine sukzessive Verfeinerung erreicht. Auf der untersten Ebene des Funktionsbaumes erhält man Elementarfunktionen, die häufig direkt in entsprechenden Programmcode umgesetzt werden können. Jeder betrieblichen Funktion sind anschließend die zugehörigen Objekte und Beziehungen des Datenmodells zuzuordnen. Dies geschieht häufig über ein *Datenflußdiagramm.*

Funktionsrabatt, → Rabatt

Fusion (Verschmelzung), Form des → Unternehmenszusammenschlusses, bei der die beteiligten Unternehmen ihre wirtschaftliche und rechtliche Selbständigkeit aufgeben und zu einem neuen Unternehmen verschmelzen.

Fusionsbilanz, → Sonderbilanz bei Verschmelzung mehrerer zuvor rechtlich selbständiger Unternehmen, die die Aktiva und Passiva aller verschmolzenen Gesellschaften, ggf. unter Berücksichtigung eines Verschmelzungsverlusts oder -gewinns übernimmt. Die F. wird in §§ 339 – 358a des Aktiengesetzes geregelt; Liquidation und Einzelvermögensübertragung sind ausgeschlossen. Die übernehmende Gesellschaft, die die F. aufstellen muß, ist an die in der Übertragungsbilanz angesetzten Werte gebunden. Diese gelten als Anschaffungskosten im Sinne von § 252 I des Handelsgesetzbuches.

Futures, → financial futures

G

Gain-and-loss-Analyse, Methode der → Marktforschung, mit der Käuferwanderungen von Mitgliedern eines → Panels in bezug auf Einkaufsmengen und Marken ermittelt werden. Bei Repräsentativität der Untersuchungsergebnisse können Daten über mengenmäßige Marktanteilsgewinne und -verluste einzelner Marken sowie Informationen über neue und alte Käufer gewonnen werden.

Gap-Analyse (Planungslückenanalyse, Ziellückenanalyse, Lückenanalyse), traditioneller Bestandteil der → Situationsanalyse der strategischen Planung und neben dem Erfahrungskurvenkonzept Grundlage der → Portfolio-Analysen. Dieses grobe Instrument der Früherkennung basiert auf dem Grundgedanken, daß ohne eine Veränderung der bisherigen Strategien zwischen den Zielen (Umsatz, Gewinn u.a.) eines Unternehmens und deren prognostizierten Resultaten eine Ziellücke verbleibt, die mit den Jahren wächst. Das Verfahren beeinhaltet in Abhängigkeit von den gewählten Maßnahmen zwei oder mehr Zukunftsprojektionen. Das Basisgeschäft wird ohne Änderung der Strategien realisiert. – Die untere Kurve in der untenstehenden Graphik zeigt die Entwicklung ohne Veränderung der Strategien. Die operative Lücke kann auf der Grundlage der bisherigen Produkt-Markt-Kombinationen durch eine

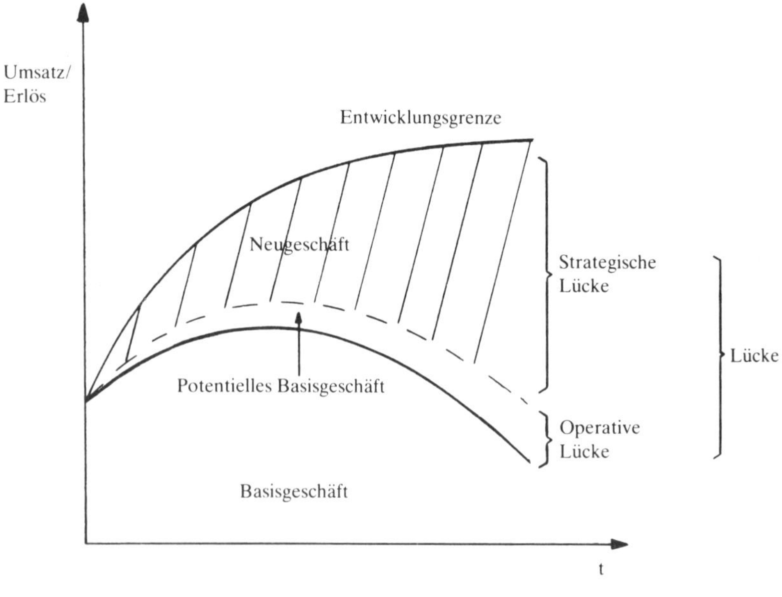

weitere → Marktdurchdringung mit absatzpolitischen Maßnahmen, Rationalisierung u.a. geschlossen werden. Die strategische Lücke kann nur durch den Aufbau neuer Erfolgspotentiale, d.h. durch eine Änderung der Strategien geschlossen werden (→ Produkt-Markt-Strategien).

Garantie, → Kreditsicherheit

garbage can model, → Mülleimermodell

gate-keeper, organisieren und kanalisieren den inner- und zwischenbetrieblichen Transfer technologischer Informationen. Für einen funktionsfähigen Technologietransfer sind sie wie sog. *technologische linking pins* unerläßlich. Es handelt sich dabei um Personen (z.B: technische Einkäufer, Innovationsberater) oder um Gruppen bzw. Abteilungen (z.B. Technologiebeobachtungsstelle). g.-k. können sich zu informationsundurchlässigen und -verzerrenden Filtern entwickeln, wenn sie F&E- sowie technologierelevante Informationen an die Bedarfsträger nicht oder falsch weitergeben und dadurch den Know-how-Transfer behindern oder manipulieren. Innerbetrieblich haben sie vor allem für einen engen Informationsaustausch zwischen F&E-, Vertriebs- und Produktionsabteilung sowie Unternehmensleitung zu sorgen.

Gateway, Anpassungsschaltung, die der Kopplung zweier unterschiedlicher lokaler Netze (→ LAN) dient. Im G. erfolgt eine entsprechende Protokollumsetzung. Dadurch können Teilnehmer unterschiedlichster Netze miteinander kommunizieren. – Eine andere Form der Anpassungsschaltung wird als → *Bridge* bezeichnet.

Gattungsmarken, → no names

Gebietsverkaufstest (Verkaufsgebietstest), Methode zur Messung des ökonomischen → Werbeerfolgs, die im Rahmen der → Werbeerfolgskontrolle durchgeführt wird. Ausgewählt werden ein Test- und ein Kontrollmarkt, auf denen unterschiedlich geworben wird. Durchgeführt werden Absatzkontrollen bei repräsentativ ausgewählten Einzelhändlern. Das Ergebnis des Werbeerfolgs ermittelt sich aus der Differenz zwischen den Absatzmengen vor und nach dem Einsatz der Werbung.

gebrochene Abschreibung, Aufteilung der → Abschreibungen im Rahmen der Grenzplankostenrechnung in fixe und proportionale Bestandteile. Die fixen Bestandteile resultieren aus dem Zeitverschleiß, die proportionalen aus dem Verschleiß durch Nutzung.

Gegengeschäft, → Kompensationsgeschäft

gegengewichtige Marktmacht, → countervailling power

Gegenstromverfahren, → Down-up-Planung

Gegenzeichnung, Kontrollmaßnahme durch vorgesetzte Instanzen in Fällen, in denen diese Entscheidungen hierarchisch nachgeordneter Instanzen zu decken haben bzw. bei Gesamtprokura eventuell vorgeschriebene Zustimmung eines Handlungsbevollmächtigten oder des Geschäftsinhabers zu bestimmten Entscheidungen.

Geheimbuchführung, nach den → Grundsätzen ordnungsgemäßer Buchführung möglicher Bestandteil der Buchführung, der den Angestellten des Unternehmens nicht zugänglich ist, z.B. Informationen über Eigenkapital und Ertragslage; technisch durch Führung des Hauptbuches durch den Unternehmer möglich. Grund- und Hilfsbücher werden von den Angestellten geführt.

geheime Wettbewerbsklausel, Vereinbarung zwischen zwei Unternehmern über die Art der Beschäftigung oder über die Nichtbeschäftigung eines Handlungsgehilfen, der bei einem der beiden beschäftigt ist oder früher war. Nach § 75f. Handelsgesetzbuch ist die getroffene Regelung jederzeit einseitig aufhebbar, und es gibt keine Ersatzansprüche bei Verstoß. Der Handlungsgehilfe kann unter Umständen Schadensersatzansprüche geltend machen, jedoch hat er keinen Unterlassungsanspruch gegen die Klausel.

Gehorsamspflicht, Verpflichtung eines Arbeitnehmers zur Befolgung der Anweisungen des Arbeitgebers aufgrund von dessen → Direktionsrecht.

Geldakkord, → Akkordlohn

Geldmarkt, → Finanzmarkt

Gelegenheitsgesellschaft, zeitlich begrenzter Zusammenschluß einzelner Personen oder Unternehmen zu einer → Gesellschaft bürgerlichen Rechts zur Durchführung gemeinsamer Geschäfte, z.B. gemeinsamer Bewirtschaftung. Aufgesetzt wird ein formloser Gesellschaftsvertrag, der die Verpflichtung der Geschäftspartner zur Förderung des gemeinsamen Zweckes in vereinbarter Weise enthält. Gelegenheitsgesellschaften sind nicht gewerbesteuerpflichtig.

Gemeinkosten, → Kosten, die im Unterschied zu den → Einzelkosten nur indirekt einzelnen Kostenträgern zurechenbar sind (Treibstoffkosten des Fuhrparks, Geschäftsführergehälter u.a.). Sie werden über eine Kostenstellenrechnung (→ Betriebsabrechnung) und die Ermittlung von Schlüsselgrößen auf die Kostenträger verteilt, wodurch das → Verursachungsprinzip teilweise oder total verletzt wird. – *Unterschieden* werden → primäre und → sekundäre, → echte und → unechte sowie → fixe und → variable Gemeinkosten.

Gemeinkostenschlüsselung, Verteilung der → Gemeinkosten mit Hilfe von Bezugsgrößen auf Kostenträger oder Kostenstellen; widerspricht dem → Verursachungsprinzip. – Die Gemeinkosten, die nur mehreren Bezugsobjekten gemeinsam zugerechnet werden können, sollen auf die einzelnen Bezugsobjekte aufgeteilt werden. Dabei liegt immer eine gewisse Willkürlichkeit zugrunde. Man versucht zwar in der Kostenrechnung stets, soviel Kosten wie möglich verursachungsgemäß den Kostenträgern zuzurechnen, wenn dies aber – wie bei den Gemeinkosten – nicht direkt möglich ist, dann wählt man den Weg über eine verursachungsgemäße Verteilung auf die Kostenstellen, weil man hofft, die Kosten von dort durch Auswahl geeigneter Bezugsgrößen (Schlüsselgrößen, Kostenschlüssel, Maßgrößen der Kostenverursachung) auf die Kostenträger verrechnen zu können.

Gemeinkostenwertanalyse (administrative Wertanalyse, Gemeinkosten-System-Engineering, overhead value analysis, valuee administration), Verfahren zur Reduzierung von (Kostenträger-) Gemeinkosten, insbesondere im Bereich der mit Verwaltungsaufgaben befaßten Kostenstellen. Eine von dem Beratungsunternehmen McKinsey entwickelte und 1975 in Deutschland eingeführte, spezielle Form der → Wertanalyse. Auf der Basis von Analysen des Verhältnisses von Kosten und Nutzen jeder Leistung der Gemeinkostenbereiche ("Infrastruktur") wird mir Kreativitätstechniken ermittelt, wo sich Kosten einsparen lassen, ohne daß Nutzen verloren geht. Es wird von einem überdurchschnittlich hohen Kreativitätspotential in den Reihen des mittleren Managements ausgegangen. Innerhalb des strategischen Managements bietet die G.-W. ein methodisches Gerüst für die Formulierung von Rationalisierungsstrategien zur Verbesserung der Wettbewerbsposition des Anwenders.

Gemeinkostenzuschlagssätze, aus dem Betriebsabrechnungsbogen ermittelte, prozentuale Zuschlagssätze, mit denen die Gemeinkosten auf die Kostenträger verteilt werden (→ Gemeinkostenschlüssel).

gemeinnütziges Unternehmen, Begriff des Steuerrechts für Unternehmen, mit deren Tätigwerden unmittelbar und ausschließlich gemeinnützige Zwecke verfolgt werden und bei denen das erwerbswirtschaftliche Gewinnziel nicht im Vordergrund steht. Rechtsformen können Kapitalgesellschaften, Genossenschaften und eingetragene Vereine sein. Gemeinnützige Unternehmen genießen steuerliche Vergünstigungen, insbesondere die Befreiung von der Körperschaftsteuer.

Gemeinschaftskontenrahmen (GKR), veralteter → Kontenrahmen für die Industrie, der am Prozeßgliederungsprinzip (dem Ablauf des betrieblichen Produktionsprozesses) orientiert ist. Der GKR besteht aus den Kontenklassen: 0. Anlagevermögen und langfristiges Kapital, 1. Finanz-Umlaufvermögen und kurzfristige Verbindlichkeiten, 2. neutrale Aufwendungen und Erträge, 3. Stoffe, Bestände, 4. Kostenarten, 5./6. Kostenstellen, 7. Bestände an halbfertigen und fertigen Erzeugnissen, 8. Erträge, 9. Abschluß.

Gemeinschaftsvertrieb, Zusammenschluß mehrerer Unternehmen zum Zwecke des gemeinsamen → Vertriebs. Ziel ist, die Effizienz zu steigern, die Vertriebskosten zu senken sowie zu rationalisieren. Der G. bietet sich für Industrieunternehmen mit einer Vielzahl von möglichen Märkten sowie breiten Verwendungsmöglichkeiten der Produkte an (z.B. in der chemischen Industrie). Mögliche Formen sind der gemeinschaftliche Absatz, z.B. über Verkaufskontor, Auslieferungslager oder Messestände.

Gemeinschaftswerbung, Form der → Kollektivwerbung, bei der der kooperierende Anbieter homogener Güter nicht namentlich hervortritt (z.B. in dem Slogan „Trinkt mehr Milch").

Gemeinschuldner, Schuldner, über dessen Vermögen Konkurs eröffnet ist. Die jeweilige Rechtsform eines Unternehmens bestimmt, wer G. ist; es muß kein Kaufmann sein. Mit der Eröffnung des Konkurses verliert der G. das Recht, das inländische Vermögen – soweit es zur Konkursmasse gehört – zu verwalten und darüber zu verfügen, an den Konkursverwalter.

Gemeinwirtschaft, wirtschaftliche Aktivitäten, die statt auf Gewinnerwirtschaftung bzw. individuelle Nutzenmaximierung auf das Gemeinwohl ausgerichtet sind. Die G. wird teilweise mit Planwirtschaft gleichgesetzt; vorherrschende Meinung ist jedoch, daß auch innerhalb einer Marktwirtschaft gemeinwirtschaftliche Betriebe, die i.d.R. im Besitz von Gebietskörperschaften und gemeinnützigen Organisationen sind, am Wirtschaftsleben teilnehmen und dort insbesondere Versorgungsaufgaben übernehmen, die im öffentlichen Interesse liegen bzw. für die sich angesichts unzureichender Möglichkeiten der Gewinnerwirtschaftung kein Unternehmen als privater Anbieter findet.

gemeinwirtschaftliches Unternehmen, auf das Gemeinwohl ausgerichtete Organisation, die wirtschaftliche Aktivitäten übernimmt und teilweise am Wettbewerb teilnimmt. Das Zielsystem gemeinschaftlicher Unternehmen orientiert sich im Gegensatz zu privatwirtschaftlichen Unternehmen am kollektiven Nutzen. Träger gemeinwirtschaftlicher Unternehmen sind im wesentlichen Gebietskörperschaften, Gewerkschaften, Parteien, Stiftungen, Verbände und Kirchen. Schwierig ist die Umsetzung des kollektiven Nutzens und damit die Abgrenzung zwischen privatwirtschaftlichem und gemeinwirtschaftlichem Verhalten.

genehmigtes Kapital, Möglichkeiten der Erhöhung des → Grundkapitals durch die Ausgabe neuer Aktien in Höhe des von der Hauptversammlung genehmigten Kapitals; wird vom Vorstand einer Aktiengesellschaft vorgenommen. Das g. K. darf maximal halb so groß sein wie das Grundkapital zum Zeitpunkt der Genehmigung.

general accepted accounting principles, US-amerikanische Buchführungsempfehlungen, die mit den → Grundsätzen ordnungsgemäßer Buchführung vergleichbar sind.

Generalvollmacht, den Beauftragten zur Vertretung in sämtlichen Geschäften ermächtigende Vollmacht. Prokuristen, die ein Unternehmen in sämtlichen Geschäftsangelegenheiten vertreten dürfen, werden i.d.R. als Generalbevollmächtigte bezeichnet.

generics, → no names

generische Personalfunktionen, diejenigen Aufgabengebiete des → Personalmanagements, die nicht durch die Personalabteilung, sondern nur durch den jeweiligen Vorgesetzten erfüllt werden können, insbesondere Teile der Personalauswahl, Personalbeurteilung, Personalentwicklung und Entgeltfindung.

generisches Marketingkonzept (generic concept of marketing), weitgefaßtes Marketingkonzept, das alle sozialen Austauschbeziehungen von Gütern und im weiteren Sinne von Organisationen mit ihrer Umwelt sowie innerorganisatorische Austauschprozesse umfaßt.

Genossenschaft, Gesellschaft zur Förderung und Unterstützung des Erwerbs oder der Wirtschaft der Mitglieder mittels eines gemeinschaftlichen Geschäftsbetriebs, der nicht gewinnorientiert sein darf. Die Mitglieder sind untereinander gleichberechtigt ohne Rücksicht auf die Höhe der Kapitalbeteiligung an der G. Es herrscht das Prinzip der Selbstverwaltung durch Genossenschaftsorgane. Die G. ist privatwirtschaftlich und in den marktwirtschaftlichen Prozeß eingebunden. Geregelt werden Rechte und Pflichten sowie Haftung im Genossenschaftsgesetz und im Handelsgesetzbuch.
1. *Formen:* Beschaffungsgenossenschaften, z.B. Bezugsgenossenschaften der Handwerker, Einkaufsgenossenschaften des Handels (z.B. Rewe), Konsumgenossenschaften; Absatzgenossenschaften, z.B. landwirtschaftliche Verwertungs- und Produktionsgenossenschaften; Kredit-, Wohnungsbau- und Nutzungsgenossenschaften.
2. *Ursprung:* Entstanden sind die G. in der Mitte des 19. Jahrhunderts zur Bekämpfung der Not der ländlichen Be-

völkerung, der Gewerbetreibenden und Arbeiter.

Genußschein, Sonderform der → Schuldverschreibung, die den Inhabern aktionärsähnliche Rechte (so z.B. den Anteil am Reingewinn oder Liquidationserlös) verbrieft. Dazu gehört bei Aktiengesellschaften jedoch nicht das Stimmrecht auf der Hauptversammlung. Es können auch Rechte auf Benutzung bestimmter Einrichtungen des Unternehmens gewährt werden. Mit G. ist eine Gewinnbeteiligung der Arbeitnehmer möglich. Ihre Ausgabe ist an keine Rechtsform gebunden.

geozentrische Einstellung, Orientierung von Denk- und Verhaltensweisen eines Individuums (als Weltbürger) oder einer Organisation (→ geozentrisches Unternehmen) nicht mehr auf eine nationale Kultur, sondern auf eine weltweite, globale Sichtweise.

geozentrisches Unternehmen, → internationales Unternehmen mit globaler statt stammlandbezogener Orientierung; die gesamte Welt wird als Markt betrachtet, entsprechend ist sowohl das → strategische Management als auch das → Personalmanagement global ausgerichtet; bei der Personalauswahl entscheidet nicht die Nationalität (etwa im Sinne nationaler Quotenregelungen), sondern ausschließlich die Qualität. – Sofern auch der Kapitalbesitz international gestreut ist, wird von einem → *transnationalen Unternehmen* bzw. bei internationaler Rechtsform von einem → *supranationalen Unternehmen* gesprochen.

geregelter Markt, → Börse

geringwertige Wirtschaftsgüter, abnutzbare, bewegliche Vermögensgegenstände des → Anlagevermögens, deren Anschaffungs- bzw. Herstellungskosten 800 DM ohne Umsatzsteuer nicht übersteigen. Diese müssen steuer- und handelsrechtlich nicht bilanziert werden, sondern können direkt als Aufwand (→ Aufwendungen) verbucht und damit im Anschaffungsjahr völlig abgeschrieben werden (→ Abschreibungen, → Absetzung für Abnutzung).

Gesamtbetriebsrat, laut Betriebsverfassungsgesetz in einem aus mehreren Betrieben bestehenden Unternehmen zu bildendes Mitwirkungs- und Mitbestimmungsorgan der Arbeitnehmer. Der G. (in einem Konzern wird von *Konzernbetriebsrat* gesprochen) besteht aus Mitgliedern, die von den einzelnen Betriebsräten entsandt werden. Er ist diesen nicht übergeordnet, sondern zuständig für Angelegenheiten, welche das Unternehmen als Ganzes oder mehrere Betriebe gleichzeitig betreffen, so daß die betreffende Angelegenheit nicht durch die einzelnen Betriebsräte innerhalb ihrer Betriebe geregelt werden kann. Der G. wird auch dann tätig, wenn er von einem Betriebsrat mit der Behandlung einer Angelegenheit beauftragt wird.

Gesamtergebnis, Resultat der gesamten Tätigkeit des Unternehmens (Gewinn, Verlust), welches durch Gegenüberstellung von → Aufwendungen und → Erträgen einer Abrechnungsperiode in der Gewinn- und Verlustrechnung ermittelt wird. Das G. setzt sich zusammen aus → Betriebsergebnis und → neutralem Ergebnis.

Gesamtjugend- und Auszubildendenvertretung, Vertretung der Jugendlichen und Auszubildenden, die nach § 72 Betriebsverfassungsgesetz in Unternehmen, in denen mehrere Jugend- und Auszubildendenvertretungen bestehen, zu errichten ist. Die Mitglieder dieser Vertretungen entsenden je ein Mitglied in die Gesamtjugend- und Auszubildendenvertretung und benennen jeweils ein Ersatzmitglied, das ggf. nachrücken kann. Die Mitgliederzahl kann durch Tarifvertrag oder Betriebsvereinbarung geregelt werden. Die Gesamtjugend- und Auszubildendenvertretung übernimmt die Angelegenheiten, die von der Jugendvertretung nicht geregelt werden können oder von ihr übertragen werden.

Gesamtkapital, → Kapital

Gesamtkapitalrentabilität, → Rentabilität

Gesamtkosten, die Summe aller in einer Abrechnungsperiode entstandenen → Kosten eines Unternehmens, aus denen die → Durchschnittskosten und die → Grenzkosten ermittelt werden können.

Gesamtkostenfunktion, idealtypische Darstellung des Kostenverlaufs der → Gesamtkosten in Abhängigkeit von der produzierten Menge. Unterschieden werden eine lineare (Typ A) und eine s-förmige Kostenkurve (Typ B). Bei Typ A wird eine direkte Abhängigkeit der Verbrauchsmengen an Produktionsfaktoren von der Ausbringung unterstellt. Typ B basiert auf der Annahme, daß der Kostenverlauf zunächst degressiv, dann proportional und schließlich progressiv verläuft.

Gesamtkostenverfahren. 1. Mögliche Systematik zur Gliederung der *Gewinn- und Verlustrechnung* und damit zur Ermittlung des Jahresüberschusses bzw. Jahresfehlbetrages. Den gesamten → Aufwendungen werden die gesamten → Erträge einer Abrechnungsperiode gegenübergestellt. Sofern Produktion und Absatz auseinanderfallen, müssen Lagerbestandsveränderungen an fertigen und unfertigen Erzeugnissen berücksichtigt werden. Das G. ermöglicht einen Einblick in die Struktur des Aufwands der Geschäftsperiode. – Folgende Positionen sind in Kapitalgesellschaften zu berücksichtigen: a) Umsatzerlöse, b) Erhöhung/Verminderung des Lagerbestands an fertigen und unfertigen Erzeugnissen, c) andere aktivierte Eigenleistungen, d) sonstige betriebliche Erträge, e) Materialaufwand, f) Personalaufwand, g) Abschreibungen, h) sonstige betriebliche Aufwendungen, i) Erträge aus Beteiligungen, j) Erträge aus anderen Wertpapieren und Ausleihungen des Finanzanlagevermögens, k) sonstige Zinsen und ähnliche Erträge, l) Abschreibungen auf Finanzanlagen und auf Wertpapiere des Umlaufvermögens, m) Zinsen und ähnliche Aufwendungen, n) Ergebnis der gewöhnlichen Geschäftstätigkeit, o) außerordentliche Erträge, p) außerordentliche Aufwendungen, q) außerordentliches Ergebnis, r) Steuern vom Einkommen und Ertrag, s) sonstige Steuern, t) Jahresüberschuß oder Jahresfehlbetrag.
2. Verfahren zur Errechnung des → Betriebsergebnisses in der *Kostenrechnung*:

Periodenerlös
+/- Herstellkosten der Bestandsmehrungen/-minderungen an Halb- und Fertigprodukten
- Gesamtkosten

= Betriebsergebnis

Gesamtprokura, Beschränkung der → Prokura dadurch, daß nur mehrere Prokuristen gemeinschaftlich handeln dürfen.

Gesamtschuldner, Schuldner, die verpflichtet sind, für die ganze Leistung zu haften und aufzukommen, wenn der Gläubiger dies will. Der Gläubiger darf die Leistung nur einmal fordern, entweder von jedem Schuldner ganz oder zu einem Teil. Bis die Leistung erbracht ist, bleiben alle Schuldner verpflichtet. Untereinander sind die Schuldner zu gleichen Anteilen verpflichtet; fällt der Betrag eines G. aus, so müssen die anderen den Ausfall zu gleichen Anteilen beitragen.

Gesamtsprecherausschuß, Ausschuß, der nach § 16 Sprecherausschußgesetz in einem Unternehmen mit mehreren → Sprecherausschüssen der leitenden Angestellten zu errichten ist. Entsendet wird von den Sprecherausschüssen jeweils ein Mitglied, und mindestens ein Ersatzmitglied muß festgelegt werden. Jedes Mitglied des G. hat soviele Stimmen, wie in seinem Betrieb leitende Angestellte in der Wählerliste der leitenden Angestellten eingetragen sind.

Gesamtvereinbarung, → Betriebsvereinbarung, → Tarifvertrag

Gesamtvertretung (Gesamtvollmacht), Vertretungsform, bei der das Zusammenwirken aller Bevollmächtigten mit dem Ziel verlangt wird, den Geschäftsverkehr abzusichern und Unvorsichtigkeiten vorzubeugen. Möglich ist, daß ein zur Vertretung Berufener mit Zustimmung der anderen im Namen der übrigen Gesamtvertreter das Geschäft abschließt. Die Erteilung einer Generalvollmacht ist verboten, Spezialvollmachten sind jedoch zulässig. Gegensatz: → Alleinvertretung.

Gesamtvollmacht, → Gesamtvertretung

Geschäftsanteil. 1. *Gesellschaft mit beschränkter Haftung*: Mitgliedschaftsrecht des Gesellschafters, das den übernommenen Betrag der Stammeinlage kennzeichnet. G. können vererbt werden und sind frei veräußerlich, soweit dies nicht im Gesellschaftsvertrag anders geregelt ist. Die Abtretung und die Verpflichtung zur Abtretung müssen öffentlich beurkundet werden. Im Gegensatz zur Aktie ist das Mitgliedschaftsrecht nicht verbrieft.
2. *Genossenschaft:* Höhe der Einlage, mit der die Mitglieder sich maximal beteiligen können. Der G. ist an die Person des Mitglieds gebunden und wird bei Beendigung der Mitgliedschaft der Genossenschaft entzogen. Maximale Höhe und Mindestbetrag des G. wird im Statut festgelegt. Möglich ist die Übernahme mehrerer G.; genauere Bestimmungen werden in der Satzung geregelt.

Geschäftsbedingungen, Katalog von Bestimmungen und Regelungen, die die Lieferungs- und Zahlungsbedingungen bei einem Kaufvertrag betreffen. Lieferungsbedingungen regeln im wesentlichen die Verpflichtungen hinsichtlich der zu erbringenden Lieferleistungen, z.B. Warenübergabe, Umtauschrecht, Konventionalstrafen, Mindestmengen etc. Zahlungsbedingungen beinhalten Regelungen über Zahlungsweise (Vorauszahlung, Nachnahme etc.), Zahlungsabwicklung (z.B. Barzahlung), Zahlungssicherungen, Zahlungsfristen etc.

Geschäftsbereich. 1. → Division.
2. Planungsebene der strategischen Planung, die aus mehreren → strategischen Geschäftseinheiten besteht. Auf dieser Ebene erfolgt die Abstimmung der Strategien für Geschäftseinheiten mit der Unternehmensstrategie.

Geschäftsbereichsorganisation, → divisionale Organisation

Geschäftsbereichsstrategien, Strategien, die sich im Unterschied zu den → Unternehmensstrategien auf die einzelnen Produkt-Markt-Bereiche bzw. strategischen Geschäftseinheiten beziehen. Sie stellen eine Detaillierung der Unternehmensstrategie dar. – Folgende *Konzeptionen* werden unterschieden: → Marktanteils-Marktwachstums-Analyse, → Portfolio-Analyse, → Produkt-Markt-Strategien, → Wettbewerbsstrategien.

Geschäftsbericht, aus dem alten Aktienrecht stammende Berichtsform. Der Vorstand einer Aktiengesellschaft hatte demnach den Jahresabschluß durch einen G., der einen Lage- und einen Erörterungsbericht enthalten mußte, zu ergänzen. Nach geltendem Recht gehört zum Jahresabschluß einer Kapitalgesellschaft anstatt eines G. ein Anhang mit Erläuterungen und Ergänzungen der Bilanz, der Gewinn- und Verlustrechnung sowie ein Lagebericht.

Geschäftsbuchhaltung, → Finanzbuchhaltung

Geschäftseinheit, → strategische Geschäftseinheit, → Planungsebenen

Geschäftsfeld, → strategisches Geschäftsfeld, → Planungsebenen

Geschäftsgeheimnis, → Betriebsgeheimnis

Geschäftswert, → Bilanzierungshilfen

geschlossenes System, → System

Gesellschaft bürgerlichen Rechts (BGB-Gesellschaft), auf einem Vertrag beruhende Personenvereinigung ohne Rechtsfähigkeit zur Förderung eines bestimmten Zweckes, die vom Wechsel der Mitglieder abhängig ist. Die BGB-Gesellschaft ist keine juristische Person und hat keine Firma. Für den Gesellschaftsvertrag ist wesentlich, daß der erkennbare Zweck gemeinschaftlich ist. Rechtsgrundlagen finden sich in den §§705-740 des Bürgerlichen Gesetzbuches; das Handelsgesetzbuch ist nicht anwendbar. BGB-Gesellschaften entstehen durch den Vertrag, der aus den entsprechenden Willenserklärungen sämtlicher Gesellschafter (natürlichen und juristischen Personen, Offenen Handels- und Kommanditgesellschaften) besteht. Der Gesellschaftsvertrag ist formfrei. Beendet wird die BGB-Gesellschaft durch Zweckerreichung, Auflösungsbeschluß, Kündigung, Tod oder Konkurs eines Gesellschafters. Die Rechte und Pflichten der Gesellschafter bestehen u.a. in der Leistung der Gesellschaftsbeiträge und Haftung untereinander für die Sorgfalt in eigenen Angelegenheiten. Das Gesellschaftsvermögen steht allen Gesellschaftern zur Verfügung. Die Teilung oder die Verfügung über den eigenen Anteil am Vermögen sind nicht möglich, soweit nicht andere Absprachen getroffen wurden oder die Gesellschaft nicht aufgelöst wurde.

Gesellschaft mit beschränkter Haftung (GmbH), → Kapitalgesellschaft mit eigener Rechtspersönlichkeit, die selbst unbeschränkt mit ihrem Vermögen haftet. Die GmbH ist Kaufmann und handelt unter ihrer Firma. Die Gesellschafter sind mit Stammeinlagen am Stammkapital beteiligt und haften in Höhe ihrer Einlagen. Das Stammkapital hat mindestens 50.000 DM zu betragen. Die Gründung erfolgt durch eine oder mehrere Personen mit Abschluß eines Gesellschaftsvertrages, der notariell beurkundet werden muß. Die Errichtung ist für jeden gesetzlich zulässigen Zweck (auch Nicht-Erwerbszweck) möglich. Im Gesellschaftsvertrag müssen Firma, Sitz und Gegenstand des Unternehmens, Betrag des Stammkapitals und der Stammeinlagen der Gesellschafter sowie Sonderleistungen der Gesellschafter enthalten sein. Die Gesellschaft entsteht durch Eintragung in das Handelsregister. – Geschäftsführer, Gesellschaftsversammlung und Aufsichtsrat sind ihre *Organe*. Geschäftsführer leiten die Gesellschaft im Innenverhältnis und besitzen auch nach außen hin unbeschränkte Vertretungsmacht; sie sind durch einen Anstellungsvertrag gebunden. Einschränkungen der Geschäftstätigkeiten der Geschäftsführer können im Gesellschaftsvertrag festgelegt werden. Die Gesellschafterversammlung ist das oberste Organ der Willensbildung der Gesellschaft, die ihre Beschlüsse mit einfacher Stimmenmehrheit faßt, soweit die Satzung nichts anderes vorsieht. Die Stimmen entsprechen den Geschäftsanteilen der Gesellschafter. Die Gesellschaftsversammlung bestimmt u.a. über Bestellung, Prüfung, Abberufung und Entlastung der Geschäftsführer, die Feststellung des Jahresabschlusses, die Verwendung des Reingewinns, die Einforderung von Einzahlungen auf das Stammkapital oder von Nachschüssen. In bestimmten Fällen können Zuständigkeiten der Gesellschafterversammlung durch die Satzung auf Geschäftsführer oder Aufsichtsrat übertragen werden. Der Aufsichtsrat besteht grundsätzlich nur, wenn die Satzung dieses festlegt, und muß bei mehr als 500 Arbeitnehmern gebildet werden. – Die *Gewinnverteilung* wird entweder im Gesellschaftsvertrag nach einem bestimmten Schlüssel festgelegt oder durch den Beschluß der Gesellschafterversammlung. Der Gewinn kann auch ganz oder teilweise zur Erhöhung des Eigenkapitals verwendet werden. – *Steuerlich* unterliegt das Einkommen der GmbH der Körperschaftsteuer, das Gesamtvermögen der Vermögensteuer, der Gewerbeertrag und das -kapital der Gewerbesteuer. Bei Gründung oder Kapitalerhöhung unterliegt die GmbH der Gesellschaftsteuer, soweit die Leistungen von den Gesellschaftern und nicht aus den Mitteln der Gesellschaft erbracht wurden.

Gesellschaftsrecht, Rechtsnormen, die u.a. Bezug nehmen auf Personenvereinigungen des Privatrechts, insbesondere Regelungen über die Gesellschaft bürgerlichen Rechts, Offene Handelsgesellschaft, die stille Gesellschaft, die Kommanditgesellschaft, die Aktiengesellschaft, die Kommanditgesellschaft auf Aktien und die Gesellschaft mit beschränkter Haftung. Das G. regelt die Kündigung von Gesellschaftern. Bei einer Offenen Handelsgesellschaft führt die Kündigung zur Auflösung der Gesellschaft. Die Kündigungsfrist liegt bei sechs Monaten zum Ende des Geschäftsjahres. Die Notwendigkeit der Auflösung der Gesellschaft kann durch den Gesellschaftsvertrag ausgeschlossen werden.

Gesellschaftsvertrag, Vertrag, der die Rechtsverhältnisse der Gesellschafter untereinander festlegt und damit die Grundlage jeglicher Tätigkeit der Gesellschaft darstellt. Er ist in Abhängigkeit von der Wahl der Rechtsform der Gesellschaften unterschiedlichen Formvorschriften zu unterwerfen. – Keine Formvorschriften und damit Gestaltungsfreiheit für den G. bestehen bei einer *Offenen Handelsgesellschaft* und einer *Kommanditgesellschaft*. Genannt werden müssen die Voraussetzungen der Offenen Handelsgesellschaft und Hinweise, daß die Gesellschafter als Vollkaufleute ein Handelsgewerbe unter gemeinsamer Firma betreiben wollen. Bei der *Gesellschaft* *mit beschränkter Haftung* muß der G. von allen Gesellschaftern unterzeichnet und notariell bestätigt werden. Beizufügen ist die Eintragung der Gesellschaft ins Handelsregister, die mindestens die Firma, den Sitz und den Gegenstand der Gesellschaft, den Betrag des Stammkapitals sowie die einzelnen Stammeinlagen enthält. Bei einer Aktiengesellschaft und *Kommanditgesellschaft auf Aktien* wird der G. Satzung genannt und bedarf der öffentlichen Beurkundung. In der Satzung müssen mindestens enthalten sein: die Angaben zu Firma und Sitz der Gesellschaft sowie Gegenstand und Form der Bekanntmachungen des Unternehmens, die Höhe des Grundkapitals, Informationen zum Nennwert, Ausgabebetrag sowie zur Gattung und Zahl der Aktien. Weiterhin werden oftmals Bestimmungen zur Tätigkeit des Aufsichtsrates und des Vorstandes hinzugefügt. Änderungen der Satzung sind durch den Beschluß der Hauptversammlung (meist mit Dreiviertelmehrheit des bei Beschlußfassung vertretenen Grundkapitals) möglich.

gesetzliche Rücklage, in Aktiengesellschaften und Kommanditgesellschaften auf Aktien vom Gesetzgeber vorgesehene Bildung von → Rücklagen. Fünf Prozent des um einen eventuellen Verlustvortrag aus dem vergangenen Jahr verminderten Jahresüberschusses sind so lange in die g. R. und die Kapitalrücklagen einzustellen, bis diese einen Anteil von 10 Prozent am Grundkapital erreicht haben. Die Satzung kann einen höheren Anteil vorsehen.

Gesinnungsethik, von M. Weber geprägter Ausdruck für Handeln, das ausschließlich und konsequent auf der Grundlage bestimmter ethischer Überzeugungen (einer Gesinnung) erfolgt; in Abgrenzung zur → Verantwortungsethik, die u.U. in Anbetracht von Interessen anderer und aktueller Notwendigkeiten ein von der Gesinnung abweichendes Handeln erfordert.

Gesprächstechniken, Vorgehensweise, Strategie und eingesetzte Hilfsmittel beim Führen von Gesprächen. Hierzu zählt insbesondere das Verhalten des Gesprächsführenden bzw. Diskussionsleiters. Hilfsmittel sind z.B. Medieneinsatz, gruppendynamische Techniken und Methoden der Ideenfindung.

Gestaltpsychologie, wahrnehmungspsychologische Theorie, welche die Wirkung von Reizen in ihrer Gesamtwirkung untersucht und dabei die gedankliche Verarbeitung und Ordnung wahrgenommener Reize in den Mittelpunkt stellt. Ausgangsthese ist, daß die menschliche Wahrnehmung und ihre geistige Verarbeitung auf ein hohes Maß an Ordnung und Einfachheit ausgerichtet sind; Wahrnehmung orientiert sich daher an der Erkennung von Mustern bzw. Gestalten. Fehlen Elemente zur Erkennung einer Gestalt, werden sie aufgrund bereits abgespeicherter Muster hinzugefügt.

Gewährleistungswagnis, → kalkulatorische Wagnisse

Gewerbe. 1. Rechtlich jede selbständige, planmäßige und auf Dauer angelegte Tätigkeit, die mit der Absicht der Gewinnerzielung verfolgt wird. Nicht eingeschlossen sind freie Berufe und Tätigkeiten in der Land- und Forstwirtschaft. Als gewerbliche Tätigkeit gilt auch nicht die gelegentliche Betätigung. Für die selbständige Tätigkeit ist Handeln im eigenen Namen und unter eigener Verantwortung rechtlich erforderlich.
2. In der Betriebs- und Volkswirt-

schaftslehre jede nicht naturgebundene Güterproduktion sowie Handwerk und Handwerksbetriebe mit Dienstleistungscharakter.

Gewerbeaufsicht, Überprüfung und Überwachung der Einhaltung von arbeitsrechtlichen sowie Arbeitsschutzbestimmungen durch die Gewerbeaufsichtsämter (technische Sonderverwaltungen der Länder) in Kooperation mit den Berufsgenossenschaften. Unterstützt werden sollen Gewerbeaufsichtsbeamte nach § 89 Betriebsverfassungsgesetz durch Anregungen, Beratung und Auskunft des Betriebsrates.

Gewerbeertragsteuer, → Gewerbesteuer

Gewerbekapitalsteuer, → Gewerbesteuer

Gewerbeordnung (GewO), Gesetz in der Fassung vom 1.1.1987 (Bürgerliches Gesetzbuch I 1425), das sämtliche Regelungen des Gewerberechts umfaßt. Dazu gehören u.a. Regelungen über Zulassung, Umfang sowie Ausübung eines Gewerbes, Art des Gewerbebetriebs, Arbeitsschutz, Arbeitsschutz für gewerbliche Arbeiter gegen mißbräuchliche Ausnutzung der Arbeitskraft, Zeugnisse und Kündigungen. Enthalten sind zahlreiche Straf- und Bußgeldvorschriften.

Gewerbesteuer (GewSt). Der GewSt unterliegen alle gewerblichen Unternehmen im Inland einschl. Reisegewerbebetrieben, die im Inland eine Betriebsstätte haben. Steuergegenstand sind der Gewerbeertrag und das Gewerbekapital. Die gleichzeitige Erwerbs- und Vermögensorientierung sorgt in Grenzen dafür, die Steuereinnahmen aus dieser Gemeindesteuer (mit Umlage an Bund und Länder) zu verstetigen. Um Gewerbeertrag und Gewerbekapital zu ermitteln, müssen Gewinn und Einheitswert um Hinzurechnungen und Kürzungen geändert werden. Zusätzlich müssen Freibeträge und Freigrenzen berücksichtigt werden. Da die Gemeinden unterschiedliche Hebesätze erheben, ergeben sich deutliche standortbedingte Steuerdifferenzen. Es gibt eine Diskussion und Vorschläge zu einer grundlegenden Gewerbesteuerreform.

Gewerkschaft, Interessenvertretungsorganisation der Arbeitnehmer gegenüber den Arbeitgebern, teilweise auch gegenüber dem Staat. – Die größte *Gewerkschaftsorganisation,* der Deutsche Gewerkschaftsbund (DGB), versteht sich als Parteigrenzen übergreifende Einheitsgewerkschaft, die nach dem Industrieverbandsprinzip in einzelnen Industriegewerkschaften organisiert ist. Weitere G. sind die Deutsche Angestelltengewerkschaft (DAG), der Christliche Gewerkschaftsbund, der Deutsche Beamtenbund und die Union Leitender Angestellter. – Die *Freiheit der gewerkschaftlichen Betätigung und Organisation* wird durch das Grundgesetz garantiert (Koalitionsfreiheit). – Im deutschen System der Arbeitsbeziehungen haben die G. vor allem die Aufgabe, mit Arbeitgeberverbänden die Tarifverträge auszuhandeln. An der betrieblichen Mitbestimmung sind die G. nur mittelbar beteiligt, indem sie Kandidaten für die Wahlen zum entsprechenden Mitbestimmungsorgan, den Betriebsrat und die Arbeitnehmervertreter im Aufsichtsrat stellen können. Eine rechtlich vorgesehene Funktion in den Betrieben selbst haben die G. damit nicht (→ gewerkschaftliche Vertrauensleute).

gewerkschaftliche Vertrauensleute, Ansprechpartner einer → Gewerkschaft im Betrieb; ihre konkrete Aufgabe ergibt sich aus Satzung und Richtlinien der einzelnen Gewerkschaften. Sie sind kein Vertretungsorgan der Arbeitnehmer gegenüber dem Arbeitgeber, teilweise aber aufgrund tarifvertraglicher Regelungen ähnlich wie die Betriebsräte arbeitsrechtlich besonders geschützt.

Gewinn, positive Differenz zwischen Aufwand (→ Aufwendungen) und → Ertrag in einer Abrechnungsperiode, und zwar beim (1) *Betriebsgewinn* die positive Differenz zwischen → Kosten (betrieblichen Aufwendungen) und → Betriebserträgen in einem Geschäftsjahr, (2) *neutralen Gewinn* die positive Differenz zwischen → neutralen Aufwendungen und Erträgen in einem Geschäftsjahr und beim (3) *Unternehmensgewinn* die positive Differenz zwischen → Erträgen und → Aufwendungen eines Geschäftsjahres, die in der Gewinn- und Verlustrechnung als Jahresüberschuß ausgewiesen wird. Der Unternehmensgewinn ergibt sich als Summe von Betriebsgewinn und neutralem Gewinn. – Gegenteil: → Verlust.

Gewinnabführungsvertrag, vertragliche Verpflichtung einer Aktiengesellschaft bzw. Kommanditgesellschaft auf Aktien zur vollständigen oder teilweisen Abführung des → Gewinns an ein anderes Unternehmen. Der Vertrag bedarf einer Dreiviertelmehrheit des vertretenen Kapitals in der Hauptversammlung, der schriftlichen Form sowie der Eintragung in das Handelsregister.

Gewinnausschüttung, Form der → Gewinnverwendung nach Beschluß der zuständigen Organe und Erfüllung der gesetzlichen oder satzungsmäßigen Verwendungsbestimmungen. In Aktiengesellschaften erfolgt die G. in Form von → Dividenden an die Aktionäre. In der Gesellschaft mit beschränkter Haftung erfolgt sie direkt.

Gewinnbeteiligung, → Erfolgsbeteiligung

Gewinnermittlung, Ermittlung des steuerpflichtigen → Gewinns durch eine Einnahmen-Ausgaben-Rechnung für nicht buchführungspflichtige Gewerbetreibende, einen Betriebsvermögensvergleich für buchführungspflichtige Gewerbetreibende, die Bildung von Durchschnittssätzen in der Land- und Forstwirtschaft sowie Schätzung bei Buchführungsmängeln.

Gewinner-Verlierer-Situation, Konfliktsituation, in der zumindest eine der beteiligten Parteien den Sieg und damit die Niederlage der/des anderen Beteiligten anstrebt; schließt Möglichkeiten des Kompromisses aus und führt daher vielfach zur Eskalation. Die Durchsetzung und Umsetzung des Sieges ist oft nur mit Machtmitteln möglich.

Gewinnmaximierung, als Annahme, daß ein Unternehmen in einer Marktwirtschaft bestrebt ist, den → Gewinn zu maximieren, eine Ausprägung des → erwerbswirtschaftlichen Prinzips; gilt analog zur Annahme, daß private Haushalte bzw. Verbraucher bestrebt sind, ihren individuellen Nutzen zu maximieren. Die G. ist insofern umstritten, als das Maximum kaum berechenbar ist.

Gewinnplanung, Bestandteil der betrieblichen Planungen, der sich mit den Auswirkungen der betrieblichen Teilpläne auf den → Gewinn befaßt.

Gewinnrücklage, in → Kapitalgesellschaften Bestandteil der → Rücklagen.

G. werden im Gegensatz zur → Kapitalrücklage nicht von außen zugeführt, sondern entstehen durch einbehaltene (thesaurierte) Gewinne, also aus dem Jahresüberschuß. Die Bildung von G. basiert auf folgenden Ursachen: (1) Die gesetzliche Rücklage muß bei Aktiengesellschaften und Kommanditgesellschaften auf Aktien in Höhe von fünf Prozent des um einen eventuellen Verlustvortrag geminderten Jahresüberschusses gebildet werden, bis sie zusammen mit der Kapitalrücklage 10 Prozent des Grundkapitals oder einen in der Satzung festgelegten höheren Anteil erreicht hat. Die Verwendungsmöglichkeiten sind auf den Ausgleich eines Jahresfehlbetrages bzw. Verlustvortrages beschränkt. (2) Rücklagen für eigene Anteile sind von Kapitalgesellschaften zu bilden, wenn sie solche besitzen, um zu verhindern, daß zu hohe Ausschüttungen an die Anteilseigner vorgenommen werden. Die Höhe muß der entsprechenden Position der Aktivseite (Aktiva) entsprechen. (3) Satzungsmäßige Rücklagen werden nach den Bestimmungen des Gesellschaftsvertrages oder der Satzung gebildet. (4) Außerdem gibt es sogenannte andere Gewinnrücklagen.

Gewinnschuldverschreibung, → Schuldverschreibung

Gewinnschwellen-Analyse, → Break-even-Analyse

Gewinnthesaurierung, Einbehaltung von → Gewinnen im Unternehmen zum Zwecke der Selbstfinanzierung (→ Finanzierung).

Gewinn- und Verlustrechnung (GuV) (Aufwands- und Ertragsrechnung), Bestandteil des → Jahresabschlusses, in dem Verbrauch (→ Aufwendungen) und Erwirtschaftung von Waren und Dienstleistungen (→ Ertrag) in einer Geschäftsperiode gegenübergestellt werden und damit der Periodenerfolg zeitraumbezogen ermittelt wird. Übersteigen die Erträge den Aufwand, konnte → Gewinn erwirtschaftet werden. Die GuV kann wahlweise nach dem → *Gesamtkostenverfahren* oder dem → *Umsatzkostenverfahren* durchgeführt werden.

Gewinnverwendung, Bezeichnung für die Verwendung des → Gewinns. In Kapitalgesellschaften kann der Gewinn u.a. zur Ausschüttung, Zuführung zu den Rücklagen, Verrechnung mit dem Verlustvortrag oder Bildung eines Gewinnvortrags verwendet werden.

Gewinnvortrag, in Kapitalgesellschaften Bestandteil des → Eigenkapitals auf der Passivseite (Passiva) der → Bilanz, der auf den Beschluß der Haupt- oder Gesellschafterversammlung über die Verwendung des → Gewinns des Vorjahres zurückgeht.

Gewohnheitskauf, Verhaltenstyp des Käuferverhaltens, wonach der Käufer routinemäßig nach einem erlernten Programm handelt und auf die Suche nach neuen Lösungen verzichtet. Es werden somit keine Informationsgewinnungs- und -verarbeitungsaktivitäten unternommen.

gezeichnetes Kapital, in Kapitalgesellschaften Bestandteil des → Eigenkapitals auf der Passivseite (Passiva) der Bilanz. Als haftendes Kapital muß es sich nicht um tatsächlich eingezahltes Eigenkapital handeln. In Aktiengesellschaften umfaßt das gezeichnete Kapital das → Grundkapital zum Nennwert, in der Gesellschaft mit beschränkter Haftung das → Stammkapital.

Giroeinlagen, → Sichteinlagen

GKR, → Gemeinschaftskontenrahmen.

Gleichberechtigung im Arbeitsleben, → Diskriminierungsverbot, → Gleichberechtigung von Frau und Mann

Gleichberechtigung von Frau und Mann. Gleichberechtigung ist in Art. 3 Abs. 2 des Grundgesetzes (GG) der Bundesrepublik Deutschland als Grund- und Menschenrecht festgeschrieben. Art. 3 GG bestimmt, daß alle Menschen vor dem Gesetz gleich, Frauen und Männer gleichberechtigt sind und eine Benachteiligung wegen des Geschlechts ausdrücklich verboten ist. 1957 wurde das Gleichberechtigungsgesetz verabschiedet, das das Familienrecht verbesserte, aber sonst unvollständig blieb. 1977 wurde die formale Gleichheit bei der Zuständigkeit für Haushalt und Familie durch die Familienrechtsform geschaffen. 1980 wurde das Gesetz zur Gleichbehandlung von Frauen und Männer am Arbeitsplatz in Kraft gesetzt. Formale Gleichheit vor dem Gesetz ist jedoch nicht hinreichend, denn Ungleichbehandlung und Diskriminierung sind sowohl auf der materiellen Ebene als auch bei der sozialen Akzeptanz innerhalb der Gesellschaft zu verzeichnen. Frauen sind nach wie vor in wichtigen gesellschaftlichen, politischen, wirtschaftlichen und kulturellen Positionen unterrepräsentiert. Sie stellen die Mehrheit der Sozialhilfeempfänger und Eigentumslosen, ihre Löhne und Gehälter liegen meist unter denen der Männer und dies auch bei Frauen, die in Führungspositionen sind. Hier setzen die Forderungen verschiedenster gesellschaftlicher Gruppen an, die sich für strukturelle Veränderungen nicht nur in der Arbeitswelt, sondern in allen gesellschaftlichen Bereichen einsetzen.

Gleichordnungskonzern, rechtlich selbständige Unternehmen, die unter einheitlicher Leitung in einem Konzern zusammengefaßt sind. Die einheitliche Leitung kann durch Koordination zustandekommen, ohne daß ein Abhängigkeitsverhältnis vorliegt. Das Führungsorgan wird in gegenseitiger Abstimmung festgelegt.

Gleichheitsprinzip, → Diskriminierungsverbot

gleichheitstheoretische Motivationsmodelle, → Prozeßtheorien der Motivation, deren Grundannahme darin besteht, daß das Erreichen eines Gleichgewichtszustandes zentrales menschliches Bedürfnis ist; seine Realisierung führt zu Zufriedenheit. Erkannte Dissonanzen bzw. Ungleichgewichte aktivieren zu einem auf deren Abbau gerichteten Verhalten.

Gleichungsverfahren, → innerbetriebliche Leistungsverrechnung

gleitende Arbeitszeit, → flexible Arbeitszeit

globale Umwelt, aus der Sicht des Unternehmens weiter als die → Aufgabenumwelt entfernt liegender Teil der Umwelt, deren Entwicklungen im Rahmen der → Umweltanalyse der strategischen Planung zunehmend bedeutsam werden. Unterschieden werden Entwicklungen der makro-ökono-mischen, technologischen, politisch-rechtlichen sowie sozio-kulturellen Umwelt.

globales Marketing (global marketing), Internationalisierung von Marketingstrategien ohne wesentliche Berücksichtigung länderspezifischer Besonderheiten. Ziel ist, durch eine Vereinheitlichung der Marketingprozesse und -instrumente die Erhöhung der Effizienz der Aktivitäten der Unternehmung im internationalen Geschäft zu erreichen. Grundgedanke ist die Identifizierung länderübergreifender Gemeinsamkeiten von Märkten und Zielgruppen und darauf aufbauend eine standardisierte Marktauswahl und -bearbeitung. Grenzen des globalen Marketings liegen in länderspezifischen Besonderheiten, die beispielsweise geografische, rechtliche und anthropologische Eigenarten betreffen können.

Globalisierung, Zusammenwachsen internationaler Märkte durch neue Informations- und Kommunikationstechniken sowie internationale Handelsverflechtungen und internationale Arbeitsteilung. Eine besondere Bedeutung hat der internationale Finanzmarkt (z.B. Handel „rund um die Uhr", neue Finanzinstrumente).

GmbH und Co KG, → Kommanditgesellschaft (KG), die eine handelsrechtliche Personengesellschaft ohne Rechtspersönlichkeit darstellt. Komplementär ist keine natürliche Person, sondern die GmbH als juristische Person. Durch die Beteiligung der juristischen Person wird die Haftung der Gesellschafter für das Vermögen der GmbH beschränkt. Die Gesellschafter der GmbH sind meist die Kommanditisten der KG. Die KG muß selbst Kaufmann sein; es reicht nicht, wenn die GmbH Kaufmann ist. Die Gründung erfolgt nach den Grundsätzen der Errichtung der KG. Die Firmenbezeichnung muß den Zusatz „GmbH" enthalten. Die GmbH und Co KG muß einen Firmennamen haben, der die Selbständigkeit beider Gesellschaften unterscheidbar ausweist.

goal attainment, in der → Systemtheorie bzw. dem → AGIL-Schema: Setzung von Zielen für ein System (ein Unternehmen) und deren Verwirklichung.

Going-concern-Prinzip, → Grundsatz ordnungsgemäßer Buchführung, der besagt, daß die Bewertung von Aktiv- und Passivpositionen für den Jahresabschluß unter dem Gesichtspunkt der Fortführung der Unternehmenstätigkeit nach dem Bilanzstichtag vorzunehmen ist.

going public, Umwandlung von Gesellschaften in Aktiengesellschaften mit Einführung an der Börse bzw. Umwandlung einer privaten Aktiengesellschaft in eine Publikumsgesellschaft. Die Unterbringung der Aktien im Publikum gehört zu den neueren Dienstleistungen von Kreditinstituten. Going public ist in den letzten Jahren vor allem für größere mittelständische Unternehmen mit starkem Wachstum und ungedecktem Kapitalbedarf relevant geworden.

goldene Bankregel, bezogen auf die Finanzierung von Unternehmen unsystematisch verwendeter Begriff für die → goldene Finanzierungsregel oder → goldene Bilanzregel.

goldene Bilanzregel, auf der → goldenen Finanzierungsregel aufbauende → Finanzierungsregel, nach der das langfristige Vermögen das langfristige Kapital nicht übersteigen soll. Dieser Grundsatz kann nach einzelnen Bilanzgruppen weiter untergliedert werden. Mit kurzfristigem Kapital sollen keine langfristigen Investitionen finanziert werden. Das Anlagevermögen soll durch Eigenkapital und langfristiges Fremdkapital finanziert werden. Im weiteren Sinne fordert diese Regel, daß Anlagevermögen und langfristig gebundenes Umlaufvermögen durch Eigenkapital und langfristiges Fremdkapital finanziert werden müssen. Daraus folgt, daß nur die umlaufenden Bestandteile des Umlaufvermögens durch kurzfristiges Kapital zu finanzieren sind.

goldene Finanzierungsregel, → Finanzierungsregel, nach der → Fristenkongruenz gewährleistet sein muß, d.h., Kapitalüberlassungsdauer und Kapitalverwendungsdauer müssen bezüglich der einzelnen Investitions- und Finanzierungsentscheidungen übereinstimmen. Langfristiges Vermögen soll langfristig, kurzfristiges kurzfristig finanziert werden. Die Einhaltung dieser Regel führt nur bei Rückfluß der investierten Mittel sowie der Möglichkeit zur Prolongation bzw. Substitution der dauerhaft benötigten Mittel zur Sicherung der Liquidität.

Gratisaktie (Berichtigungsaktie, Zusatzaktie, Aufstockungsaktie), → Aktie, die Altaktionäre bei einer → Kapitalerhöhung im Verhältnis zu ihrem bisherigen Anteil am Grundkapital erhalten. G. führen nicht zur Zuführung von finanziellen Mitteln von außen.

Great man-Theorie, Ansatz der Führungsforschung, der davon ausgeht, daß sich der Führende von den Geführten durch außergewöhnliche Charaktereigenschaften und Fähigkeiten unterscheidet (→ Eigenschaftsansatz der Führung).

Gremienorganisation, → Gremium

Gremium, Personengruppe, der eine bestimmte Aufgabe zur Bearbeitung übertragen wird. Bei ständigen G. *(standing committee)* handelt es sich um eine Daueraufgabe, bei *Ad-hoc-Gremien* (*ad hoc committee*) um eine zeitlich begrenzte Aufgabe, nach deren Lösung das G. aufgelöst wird. Im Gegensatz zu einem → Projektteam mit Vollzeitmitgliedern sind Gremienmitglieder nur zeitweilig für das G. tätig und hauptamtlich in einem anderen Bereich der Organisation beschäftigt.

Grenzerlös, Zuwachs des → Erlöses, der durch die Erhöhung der abgesetzten Menge um eine Einheit entsteht.

Grenzkosten, Gesamtkostenzuwachs, der bei wachsender Produktionsmenge für die Produktion der letzten Einheit entsteht; relevant für die Bestimmung von Preisuntergrenzen sowie die Grenzplankostenrechnung.

Grenzplankostenrechnung (Teilkostenrechnung, Proportionalkostenrechnung, Deckungsbeitragsrechnung), entstanden aus den Unzulänglichkeiten der Vollkostenrechnung (Gefahr von Fehlentscheidungen). Insbesondere ausgerichtet auf die dispositiven Aufgaben der Kostenrechnung, d.h. das Zur-Verfügung-Stellen von Kostendaten (relevante Kosten) für den Aufbau der kurzfristigen betrieblichen Planung. Insbesondere werden mit Hilfe geplanter Bezugsgrößen- oder Erzeugnisgrenzkosten Verfahrenswahlprobleme des Produktionsvollzugs (bei gegebenen Kapazitäten) optimal gelöst, z.B. die Wahl zwischen mehreren Maschinentypen, Einsatz von Lohnarbeit, Wahl zwischen Eigenerstellung und Fremdbezug, Bestimmung optimaler Seriengrößen. Die größte Bedeutung hat die G. für die optimale Verkaufssteuerung mit Hilfe von Deckungsbeiträgen. Bei freien Kapazitäten erfolgt die Verkaufssteuerung mit Hilfe von absoluten Deckungsbeiträgen. Wird ein Engpaß wirksam, so erfolgt die Verkaufssteuerung mit Hilfe von relativen Deckungsbeiträgen. Diese erhält man, in dem man die absoluten Deckungsbeiträge durch die Einheit der Engpaßplanung dividiert. Die Produktarten werden in der absteigenden Reihenfolge ihrer relativen Deckungsbeiträge in das Produktionsprogramm aufgenommen bis die Kapazitätsgrenze erreicht ist. Beim Wirksamwerden mehrerer Engpässe sind für den optimalen Aufbau der Produktions- und Absatzplanung Gewinnmaximierungsmodelle der mathematischen, insbesondere linearen Programmierung erforderlich, deren Zielfunktionen Deckungsbeitragsfunktionen sind. Neben den dispositiven Aufgaben dient die G. in gleicher Weise der Durchführung eines monatlichen Soll-Ist-Kostenvergleichs (Kostenkontrolle), wie die auf Vollkosten basierende flexible Plankostenrechnung.

grid, → Verhaltensgitter

Größendegression, durch zunehmende Größe einer Leistungseinheit entstehender Kostenvorteil; bei voller Kapazitätsauslastung erfolgt die Leistungserstellung in einer großen Einheit zu niedrigeren → Kosten je Leistungseinheit, als dies bei mehreren kleinen Einheiten mit insgesamt der gleichen Leistungskapazität der Fall wäre.

Group-Dynamics-Studien, Studien des Research Center for Group Dynamics im Bereich der Führungsforschung, die insbesondere bekannt wurden durch die Unterscheidung zwischen zwei zentralen Führungsfunktionen, die von einzelnen Mitgliedern einer Gruppe übernommen werden müssen und jeweils unterschiedliche Verhaltensweisen erfordern. Unterschieden wird zwischen der → Lokomotionsfunktion (z.B. Aufgabenstrukturierung, Betonung des Ziels) und der → Kohäsionsfunktion (z.B. Förderung des Zusammenhalts und der Zusammenarbeit der Gruppe).

group maintenance, → Kohäsionsfunktion

Groupthink-Phänomen, durch starken → Gruppendruck entstehende Wahrnehmungsverzerrung einer Gruppe bzw. der betreffenden Gruppenmitglieder, die zu übertriebenem Gruppengefühl (teamspirit), Überschätzung der Leistungsfähigkeit und moralischen Integrität der Gruppe, Ablehnung sowie Druck gegenüber Kritikern und Abweichlern und somit insgesamt zu einer reduzierten Fähigkeit zur Problemerkenntnis und -lösung führt.

Groupware, Klasse von Software, die der Computerunterstützung bei der Arbeit in Gruppen dient. Vielfach wird dieses Anwendungsgebiet auch mit *Computer Supported Cooperative Work (CSCW)* bezeichnet. Zur Unterstützung von Konferenzen gibt es Systeme, die Face-to-Face-Konferenzen (z.B. durch rechnergestütztes Protokoll, Group Decision Support Systems zur Strukturierung von Entscheidungsprozessen in Gruppen), elektronische Konferenzen (z.B. durch Screen-Sharing, Computer Conferencing, Videokonferenz mit Rechnerunterstützung (→ Telekonferenz)) und die Vor-/Nachbereitung von Konferenzen (z.B. durch Kalender-Management-Systeme, Group-Authoring-Software mit Vergleichs- und Identifikationsmöglichkeiten) unterstützen. – In generellem Zusammenhang lassen sich unter funktionalen Aspekten folgende *Schwerpunkte* von G. unterscheiden: Mitteilungssysteme (→ elektronische Post), Mehrbenutzer-Editoren (synchron und asynchron), Entscheidungsunterstützungssysteme für Gruppen, Computer Konferenzen und Koordinationssysteme. Koordinationssysteme spielen bei der arbeitsteiligen Bearbeitung von Geschäftsvorgängen eine Rolle (→ Bürokommunikation). Solche Vorgangssysteme (Workflow Management System) finden insbesondere bei der Definition und Steuerung von repetitiven arbeitsteiligen Geschäftsvorgängen Anwendung. Praktische Anwendungsbeispiele finden sich etwa im Versicherungswesen (→ Schriftgutmanagement) oder bei der Kreditantragsbearbeitung von Bausparkassen.

growth seeker, im Zusammenhang mit der → Zwei-Faktoren-Theorie der Motivation verwendeter Begriff zur Bezeichnung solcher Personen, die primär auf Motivatoren ansprechen.

Grundbuch. 1. (Journal) Begriff des Rechnungswesens für ein *Buch, in dem alle Geschäftsvorfälle in chronologischer Reihenfolge erfaßt* werden. Daneben wird jeder Geschäftsvorfall im → Hauptbuch erfaßt. Grundsätzlich gilt das Prinzip „keine Buchung ohne Beleg".
2. Bei den Amtsgerichten geführtes *öffentliches Register,* in welchem die Eigentumsverhältnisse von allen im jeweiligen Amtsbezirk vorhandenen Grundstücken offengelegt werden. In das G. wird u.a. die Bestellung von Grundpfandrechten eingetragen.

Grundkapital, Teil des → Eigenkapitals einer Aktiengesellschaft, das in der Satzung festgelegt wurde. Das G. entspricht dem Nennwert aller ausgegebenen Aktien und muß mindestens 100.000 DM betragen. Änderungen der Höhe des G. bedürfen eines Beschlusses der Hauptversammlung. Gewinne und Verluste wirken sich nicht direkt auf das G. aus, sondern berühren die variablen Kapitalkonten.

Grundkosten (aufwandsgleiche Kosten), bei der → Abgrenzung von → Kosten und → Aufwendungen der Bestandteil der Kosten, der den Aufwendungen (Zweckaufwand) entspricht.

Grundleistung, bei der → Abgrenzung von → Leistungen und → Erträgen der Bestandteil der gesamten Leistungen, der dem → Zweckertrag entspricht.

Grundlohn, im Tarifvertrag festgelegtes Entgelt für die übliche (Standard-) Arbeitsleistung in den verschiedenen Lohnformen.

Grundpfandrecht, Pfandrecht an Grundstücken, sofern eine Hypothek oder Grundschuld als → Kreditsicherheit in das Grundbuch eingetragen wurde.

Grundsätze ordnungsgemäßer Buchführung (GoB), grundlegende Ordnungsvorschriften, die dem Ordnungsempfinden ehrenwerter Kaufleute entsprechen und nur teilweise rechtlich fixiert sind. Als ordnungsgemäß gilt eine Buchführung, wenn sie einem sachverständigen Dritten (Steuerberater, Betriebsprüfer) in angemessener Zeit einen Überblick über die Geschäftsvorfälle sowie die Lage des Unternehmens geben kann. Die Grundsätze beziehen sich auf drei Teilgebiete der Buchführung:
1. Die *GoB im engeren Sinne* fordern eine materielle und eine formelle Ordnungsmäßigkeit der Buchführung. Das bedeutet, daß alle stattgefundenen Geschäftsvorfälle fortlaufend, vollständig, richtig, zeitgerecht sowie sachlich geordnet aufzuzeichnen sind. Die formelle besagt, daß die Buchführung übersichtlich und klar sein soll, so daß sich ein sachverständiger Dritter in angemessener Zeit einen Überblick über die Geschäftsvorfälle, ihr Entstehen und ihre Abwicklung sowie über die Lage des Unternehmens verschaffen kann. Das erfordert eine geordnete Buchung,

die Benutzung einer lebenden Sprache, Angabe der Beträge in Inlandswährung u.a. Keine Buchung darf ohne Beleg vorgenommen werden.
2. Die *Grundsätze ordnungsgemäßer Inventur* beziehen sich auf die vollständige, rechtzeitige und richtige Aufnahme aller Bestände mit den richtigen Werten (Einzelbewertung). Bestimmte → Bewertungsvereinfachungsverfahren sind zulässig.
3. Die *Grundsätze ordnungsgemäßer Bilanzierung* umfassen vier Grundsätze: a) Bilanzklarheit (Klarheit und Übersichtlichkeit der Bilanz); b) Bilanzwahrheit (Vollständigkeit und Richtigkeit unter Berücksichtigung des – Vorsichtsprinzips); c) Bilanzkontinuität (kontinuierliche Anwendung bestimmter Regeln bezüglich Stichtag, Gliederung, Inhalt der Bilanzposten und Bewertungsgrundsätze); d) Bilanzidentität von Schlußbilanz und Anfangsbilanz des auf die Schlußbilanz folgenden Jahres. Bücher, Inventuren und Bilanzen sind 10 Jahre, Belege 6 Jahre aufzubewahren. Bewertungsgrundsätze sind → Niederstwertprinzip, → Höchstwertprinzip, → Going-Concern-Prinzip, → Imparitätsprinzip, → Bewertungsstetigkeit, → Realisationsprinzip und → Einzelbewertung.

Grundschuld, → Kreditsicherheit vor allem im Rahmen einer langfristigen Fremdfinanzierung durch Belastung eines Grundstücks, welche in das Grundbuch eingetragen wird. Das Grundstück wird derart belastet, daß eine bestimmte Geldsumme aus dem Grundstück zu zahlen ist, ohne daß eine Forderung parallel existieren muß. Damit bleibt die G. auch ohne die Inanspruchnahme des Kredits in voller Höhe bestehen.

Gründungsbilanz, Eröffnungs- bzw. Anfangsbilanz, die bei Errichtung eines (der Buchführungspflicht unterliegenden) Betriebes aufzustellen ist (§ 242 HGB). Die G. gibt eine Übersicht über die Vermögens- und Schuldenposition zum Gründungszeitpunkt. Sie ist der Ausgangspunkt für die folgenden ordentlichen Jahresbilanzen. Für die G. gelten bereits die Gliederungs- und Bewertungsgrundsätze für Jahresbilanzen (vgl. im einzelnen →Jahresabschluß).

Gruppe, Anzahl von Individuen, die über einen längeren Zeitraum hinweg gekennzeichnet sind durch direkte Interaktion untereinander, ein Wir-Gefühl (Selbstwahrnehmung als Gruppe), gemeinsame Ziele, Werte und Normen, physische Nähe, interne Rollendifferenzierung und Statusverteilung sowie wechselseitige Verhaltensbeeinflussung.

Gruppenarbeit, Aufgabenerfüllung durch eine → Gruppe statt einer Einzelperson. Leistungsvorteile einer Gruppe liegen bei verschiedenen körperlichen Arbeiten, bei Tätigkeiten des Suchens und Findens (unstrukturierten Aufgaben) sowie Auswahl- und Normierungsproblemen vor.

Gruppenbefangenheit, → Groupthink-Phänomen

Gruppenbewertung, Verfahren zur Vereinfachung der → Bewertung gleichartiger Vermögensgegenstände des Vorratsvermögens sowie anderer gleichartiger oder annähernd gleichwertiger beweglicher Vermögensgegenstände. Diese können jeweils zu einer Gruppe zusammengefaßt und mit dem gewogenen Durchschnitt bewertet werden (Verbrauchsfolgediktion).

Gruppendruck, Zwang zur → Konformität, den eine Gruppe auf die einzelnen Mitglieder ausübt: Abweichende Meinungen und Verhaltensweisen werden nicht toleriert; kann im Extremfall zum → Groupthink-Phänomen führen.

Gruppendynamik. 1. Forschungsgebiet, das sich mit dem Entstehen, Entwickeln und Funktionieren von Kleingruppen befaßt.
2. Oberbegriff für verschiedene Trainingsmethoden zur Verbesserung des Verhaltens von und in Gruppen, z.B. das Laboratoriumstraining.

Gruppenentwicklung, von Lewin entwickeltes Modell zur Beschreibung der verschiedenen Phasen der Bildung von → Gruppen. Zu unterscheiden sind demnach: *Forming* (Phase, in der Unsicherheit und Abhängigkeit vom Führenden überwiegen; ein neues Verhalten wird ausprobiert sowie Regeln neu definiert), *Storming* (Phase, in der die Konflikte innerhalb der Gruppe sowie mit dem Gruppenführer zunehmen, sich Meinungen polarisieren und externe Kontrolle sowie Führungsverhalten insgesamt abgelehnt werden), *Norming* (Phase, in der Konflikte abgebaut werden und sich stattdessen Gruppennormen und -strukturen sowie ein Zusammenhalt herausbilden; Meinungen werden offen ausgetauscht; es entsteht ein Klima der Zusammenarbeit) und *Performing* (Phase, in der gruppendynamische Probleme weitgehend gelöst sind, sich Gruppenstrukturen bereits herausgebildet haben und die Gruppe arbeitsfähig geworden ist; Energie wird nicht mehr Beziehungsfragen, sondern der Aufgabe gewidmet).

Gruppenkohäsion, → Kohäsion

Gruppennormen, gemeinsame, von allen Mitgliedern einer Gruppe akzeptierte Regeln und Verhaltensweisen, die das Erleben und Handeln der einzelnen Mitglieder in bestimmten Situationen festlegen. Die Verhaltensweisen der Gruppenmitglieder gleichen sich durch Normen aneinander an. Außerhalb der Gruppensituation verhalten sich die einzelnen Mitglieder meist weniger den G. entsprechend und damit unterschiedlicher. Gruppenkonformes Verhalten wird durch die Mitglieder selbst überwacht und/oder durch positive und negative Sanktionen hergestellt.

Gruppenvorschlagswesen, → Vorschlagsgruppe

GuV, → Gewinn- und Verlustrechnung

H

Hacker, → Computerkriminalität

Haftung. 1. *Allgemein*: Im engeren Sinne haftet für die Erfüllung einer Schuld, unabhängig vom Rechtsgrund, der Schuldner mit seinem Vermögen. Im weiteren Sinne wird mit H. auch das Einstehen für eine aus einem Schuldverhältnis herrührende Schuld, insbesondere auf Schadenersatz, bezeichnet.
2. *Arbeitsrecht*: Der Arbeitgeber haftet für Personenschäden (Tötung und Verletzung) bei Arbeitsunfällen gegenüber dem Arbeitnehmer nur bei Vorsatz und Unfällen im allgemeinen Verkehr. Begründet wird dies durch die vollständige Übernahme der Betragszahlung der Unfallversicherung durch den Arbeitgeber, der deshalb von zusätzlichen Risiken befreit sein soll. Bei Sachschäden durch den Arbeitnehmer haftet der Arbeitgeber auch ohne Verschulden, es sei denn, die Schäden gehören zum allgemeinen Lebensrisiko des Arbeitnehmers oder sind im Arbeitsentgelt berücksichtigt. Der Arbeitnehmer haftet gegenüber dem Arbeitgeber, wenn er schuldhaft einen Schaden zufügt.

Haftungskapital, haftendes → Kapital eines Unternehmens, das sich aus dem Nominalkapital, dem aus Nachschußpflicht resultierenden Rückgriffskapital und sonstigen von außen zugeführten Mitteln zusammensetzt.

Halo-Effekt, Wahrnehmungsirrtum, der darin besteht, daß ein Individuum auf der Grundlage eines einzelnen hervorstechenden Merkmals beurteilt wird. Die positive oder negative Beurteilung dieses Merkmals wird auf alle anderen Eigenschaften des betreffenden Individuums übertragen.

Handel. 1. *Funktion*: im funktionellen Sinne die wirtschaftliche Tätigkeit des An- und Verkaufs von Waren ohne wesentliche Be- und Verarbeitung.
2. *Institution*: im institutionellen Sinn selbständige Einrichtungen (Handelsbetriebe), die ausschließlich oder überwiegend Handelsfunktionen übernehmen. Differenziert wird zwischen Groß- und Einzelhandel, d.h. nach der Stellung im Distributionsprozeß sowie zwischen Ein- und Ausfuhrhändlern. – *Betriebsformen des H.* sind die strategischen und organisatorischen Konzeptionen des Einzel- und Großhandels für die Kombination der Einsatzfaktoren Mensch, Ware und Raum unter Anwendung verschiedener Einteilungskriterien und Prinzipien wie Standort, Verkaufsfläche, Preisniveau sowie Bedienungsform. Die Abgrenzung der einzelnen Formen ist schwierig, da häufig Überschneidungen auftreten.

handelgerichtetes Marketing, → Push-Marketing

Handelsbetrieb, → Handel (institutioneller Begriff)

Handelsbetriebslehre, Institutionenlehre der Betriebswirtschaftslehre, deren Erkenntnisobjekte die Handelsbetriebe und deren Führung (→ Handelsmanagement) sind. Schwerpunkte: Institutionenlehre des Handels, einschl. Binnenhandelspolitik; Lehre von den Handelsfunktionen, einschl. deren Verteilung im Absatzkanal; Handelsmanagement, meist mit deutlicher Betonung des Handelsmarketings (Übergänge zum Fach Marketing fließend). Methodische Ansätze: Systemtheoretischer Ansatz, geeignet zur Beschreibung der Handelsinstitutionen und deren Beziehungen in der Distributionswirtschaft; entscheidungstheoretischer Ansatz, bevorzugt zur Untersuchung der Entscheidungen des Handelsmanagements; warentypologischer Ansatz, liefert Erklärung für Brancheneinteilung, Betriebsform und Sortimentsentscheidungen.

Handelsbilanz, durch das Handelsgesetzbuch vorgeschriebene, zum Beginn der Geschäftstätigkeit und jährlich zum Abschluß des Geschäftsjahres vorzulegende → Bilanz, die nach handelsrechtlichen Bilanzierungs- und Bewertungsgrundsätzen aufzustellen ist. H. dienen der Information externer Interessenten (Kapitalgeber, Gläubiger, Arbeitnehmer, Öffentlichkeit, Kapitalmarkt). Handelsrechtliche Bestimmungen finden sich ferner im Aktiengesetz, im GmbH-Gesetz, Genossenschaftsgesetz und im Publizitätsgesetz. – Die H. ist *Grundlage der → Steuerbilanz*, sofern keine steuerrechtlichen Sonderregelungen zu beachten sind.

Handelsgesellschaft, in das Handelsregister eingetragene Gesellschaft, die von zwei oder mehr Personen mit dem Ziel des Betriebs von Handelsgeschäften gegründet wird. Eine H. kann in Form einer → Personengesellschaft (außer stillen Gesellschaften) oder → Kapitalgesellschaft geführt werden. Die handelsrechtlichen Vorschriften des Handelsgesetzbuches sind anzuwenden.

Handelsgesetzbuch (HGB), Gesetz vom 10.5.1897 mit späteren Änderungen, das die für Kaufleute geltenden abweichenden Bestimmungen vom Bürgerlichen Gesetzbuch regelt. Durch das Bilanzrichtliniengesetz von 1985 wurde es in vielerlei Hinsicht geändert. Das HGB untergliedert sich in fünf Bücher: das erste umfaßt die Regelungen zum Handelsstand, d.h. die Rechte des Kaufmanns und seines Unternehmens sowie die Rechte der kaufmännischen Hilfspersonen; das zweite umfaßt einen Teil des Gesellschaftsrechts, und zwar über Handelsgesellschaften und stille Gesellschaft; das dritte Buch umfaßt die Handelsbücher, das vierte die Handelsgeschäfte und das fünfte den Seehandel.

Handelshochschule, Ausbildungsstätte für Kaufleute auf akademischem Niveau, aber praktischer Orientierung, vergleichbar den amerikanischen Business Schools. Die erste deutsche H. wurde 1898 in Leipzig gegründet. Mit wenigen Ausnahmen (St.Gallen, Wien, Leipzig) sind die H. seit den 20er Jahren in das traditionelle Hochschulsystem als wirtschaftswissenschaftliche Fakultäten integriert worden.

Handelsmanagement, Führung von Unternehmen des Handels durch den Eigentümer der Unternehmen selbst (meist bei mittelständischen Handelsbetrieben) oder durch angestellte Manager (meist bei Großbetrieben und in den Zentralen der Konzentrations- und Kooperationsformen des Handels). Die wachsende Bedeutung der letzten Gruppe hat zu einer zunehmenden Professionalisierung und Akademisierung im H. geführt. – *Führungsbereiche:* Ziel- und Mittelentscheidungen sowie

Planung und Kontrolle aller unternehmenspolitischen Entscheidungen hinsichtlich ihres Beitrags zur Zielerreichung, also: konstitutive Entscheidungen (Betriebsformenwahl, Standort, Betriebsgröße, Rechtsform, Organisation, ggf. Fusion) und laufende Entscheidungen. *Aufgaben im einzelnen:* Handelsmarketing, insbesondere Steuerung von Warenwirtschaftssystemen, Personalpolitik, Finanzierungs- und Investitionspolitik mit einem Schwergewicht bei der regionalen Standortplanung, die eine Voraussetzung für die konzentrierte, rationale Warenlogistik schafft, das gesamte Rechnungswesen einschl. Controlling, das durch den Einsatz von EDV-Anlagen und die Möglichkeiten der raschen Datenfernübertragung eine zunehmende Bedeutung als aktuelle Informationsbasis für die gesamte Unternehmenspolitik gewinnt.

Handelsmarken, Produkt, das mit dem Waren- oder Firmenzeichen eines Handelsbetriebs oder einer -organisation versehen ist, um die so gekennzeichneten Artikel exklusiv zu vertreiben. Ziel ist es, Sortimentslükken zu schließen oder wenig bekannte Herstellermarken zu ersetzen. Die Kunden sollen dadurch an ein Unternehmen gebunden werden. Werbung für diese Produkte wird durch Werbung für die jeweilige Institution unterstützt. – H. werden im Unterschied zu → *Herstellermarken* nur in dem betreffenden Handelsunternehmen angeboten und sind meist eine preisgünstige Alternative zu diesen. Eine weitere Variante von H. stellen → *no names* dar.

Handelsmarketing, → Marketing für Handelsunternehmen. Im Mittelpunkt stehen auf die speziellen Gegebenheiten des Handels abgestimmte Instrumente des Beschaffungs- und Absatzmarketing. Als Instrumente des Beschaffungsmarketing werden Beschaffungswegepolitik, Bestellmengenpolitik, Beschaffungspreis- und -konditionenpolitik sowie Beschaffungswerbung eingesetzt. Häufig werden als Absatzmarketinginstrumente Standortpolitik, Lieferbereitschaftspolitik, Sortiments- und Produktpolitik, Servicepolitik, Absatzpreis-, -konditionen- und -kommunikationspolitik angewandt. – Charakteristisches Merkmal für die Handelsbranche ist die Dominanz der Beschaffungsinstrumente, und zwar nicht nur, wenn auf den Beschaffungsmärkten Engpässe auftreten, sondern auch bei starkem Wettbewerb auf den Absatzmärkten und dem daraus resultierenden Zwang zur konsequenten Nutzung aller nur möglicher Beschaffungsvorteile.

handelsorientierte Strategieansätze, Basisstrategien des → vertikalen Marketings; Möglichkeiten und Maßnahmen des Herstellers, die Absatzwege zu gestalten und auf Marketingaktivitäten des Handels zu reagieren. – Vier *Strategien* sind zu unterscheiden, und zwar Anpassungs-, Konflikt-, Kooperations- und Umgehungsstrategie. Als Unterscheidungskriterien werden die aktive und passive Gestaltung der Absatzwege durch das Unternehmen sowie die Reaktion des Herstellers auf Marketingaktivitäten des Handels herangezogen. a) Bei der *Anpassungsstrategie* verhält sich der Hersteller passiv in beiden Ausprägungen; bewährte Vertriebswege werden genommen, neue Vertriebsformen nicht ausprobiert. b) Die *Konfliktstrategie* zeichnet sich durch eine aktive Gestaltung der Absatzwege und eine passive Haltung gegenüber Marketingaktivitäten des Handels aus. Der Hersteller versucht gegen den Widerstand des Handels, seine eigenen Interessen durchzusetzen. c) Die *Kooperationsstrategie* umfaßt eine passive Gestaltung der Absatzwege und eine aktive Haltung zu den Marketingaktivitäten des Handels. Hier findet eine unterschiedlich stark ausgeprägte Verhaltensabstimmung zwischen Hersteller und Handel statt (z.B. Informationsaustausch, Franchising). d) Die *Umgehungsstrategie* zeichnet sich durch eine aktive Gestaltung der Absatzwege und aktive Reaktion auf die Handelsaktivitäten aus. Auf eine Verhaltensabstimmung wird verzichtet.

Handelspanel, → Panel, das sich aus als repräsentativ geltenden Einzel- oder Großhandelsgeschäften zusammensetzt. Beobachtet werden die Verkäufe der interessierenden Produkte in den Geschäften. Ermittelt wird u.a. auch die durchschnittliche Lagerdauer sowie die durchschnittliche Umschlagshäufigkeit von Produkten. Die Erhebung wird meist von Marktforschungsinstituten durchgeführt und betreut.

Handelsregister, bei den Amtsgerichten geführtes öffentliches, d.h. von jedem einsehbares Register mit Angaben über Vollkaufleute und Handelsgesellschaften. Einzutragen sind u.a. die Firma, die Art des Geschäfts, Firmensitz, Errichtung von Filialen, Name der Inhaber, Bestellung und Widerruf von Prokuristen, Vergleichsverfahren, Löschung des Unternehmens durch Liquidation und Konkurs. Die Eintragung erfolgt auf Antrag durch den Inhaber. Verschiedene Gesetze regeln die Pflicht zur Eintragung.

Handelsspanne, prozentualer Anteil, den der Handel auf den Einkaufspreis eines Produktes aufschlägt, bevor es weiter verkauft wird.

Handelsvertreter, selbständige Gewerbetreibende, die ihre Tätigkeiten weitgehend frei gestalten und die Arbeitszeit selbst bestimmen können. Sie sind meist für mehrere Unternehmen tätig und erhalten von diesen eine umsatzabhängige Provision. – Zu *unterscheiden* sind der Versandhandels-, der Bezirks- und der Generalvertreter. Ersterer verkauft die Produkte von Handels- und Industrieunternehmen direkt an Endverbraucher. Der Bezirksvertreter ist für einen bestimmten Bezirk zuständig und hat Anspruch auf Provision für alle in seinem Bezirk getätigten Verkäufe, auch wenn diese ohne seine eigene Mitwirkung zustandegekommen sind. Ein Generalvertreter bearbeitet die ihm übertragenen Gebiete nicht selbst, sondern beauftragt damit Untervertreter. – Die *Entscheidungen eines Unternehmens für Handelsvertreter oder für Reisende* hängt von mehreren Faktoren ab, u.a. Kosten, Art und Beratungsintensität des Produktes, Einflußmöglichkeiten des Unternehmens auf die Tätigkeit sowie Ziele des Unternehmens.

Handelswechel, → Wechsel, dem ein Waren- oder Handelsgeschäft zugrundeliegt. Nur H. werden u.U. von der Deutschen Bundesbank diskontiert. Finanzwechsel, denen kein Handelsgeschäft zugrundeliegt, sind von der Refinanzierung durch die Bundesbank ausgeschlossen.

Handelswissenschaft, kaum noch verbreitete Wissenschaft, die sich mit Handel im funktionellen Sinne befaßt und dabei gesamtwirtschaftliche Aspekte insbesondere des Welt- und des Binnenhandels sowie einzelwirtschaftliche Fragen der Führung von Handelsbetrieben umfaßt. Gilt in der traditionellen, voruniversitären Form der → Handlungswissenschaft (17. bis 19. Jahrhundert) als ein Vorläufer der

→ Betriebswirtschaftslehre. – Managementbezogene Aspekte des Handels werden im Rahmen der Betriebswirtschaftslehre als → *Handelsbetriebslehre*, teilweise auch unter → *Marketing* behandelt, außenwirtschaftliche Fragen unter → *International Management* und Außenwirtschaftslehre.

Händler-Promotions, → Verkaufsförderung

Handlungsgehilfe, im Handelsgewerbe zur Leistung kaufmännischer Dienste gegen Entgelt verpflichteter Angestellter (§ 59 – Handelsgesetzbuch). Für den → Arbeitsvertrag ist keine bestimmte Form festgelegt. Zugrunde gelegt werden die im § 59ff. HGB aufgeführten Mindestvorschriften sowie Regelungen des → Bürgerlichen Gesetzbuchs, arbeitsrechtliche Vorschriften und Bestimmungen aus → Tarifverträgen. Der Handlungsgehilfe unterliegt der Treuepflicht, so wie der Arbeitgeber der Fürsorgepflicht. Wird der H. vom Arbeitgeber gekündigt, so muß dieser bestimmte Kündigungsfristen einhalten.

Handlungsspielraum, in der Arbeitsorganisation der Spielraum, den ein → Arbeitsfeld zur Eigengestaltung durch den Aufgabenträger offen läßt; besteht aus dem Tätigkeits- sowie dem Entscheidungs- und Kontrollspielraum.

Handlungssystem, systemtheoretische Bezeichnung für ein offenes soziales → System, das wie ein Unternehmen aus Handlungen zusammengesetzt ist und nicht aus Personen als solchen. Die Personen (im Sinne von Persönlichkeit) werden danach eher der Umwelt des Systems zugerechnet; zum System gehören sie nur im Hinblick auf die im Rahmen des und für das System getätigten Handlungen.

Handlungswissenschaft, voruniversitärer Vorläufer der → Betriebswirtschaftslehre im 17. bis 19. Jahrhundert, in dessen Mittelpunkt die Tätigkeit von Handelsbetrieben (z.B. Kaufleuten) stand. Ziel war die Aus- und Weiterbildung von Kaufleuten. Zu den Teilbereichen gehörten u.a. Buchhaltung, kaufmännisches Rechnen, Waren- und Länderkunde.

Hands-on-Manager, man nennt einen Manager „hands-on", wenn er von den Räumen des Geschäftsführers „herabsteigt", um auf allen Ebenen in das Geschäft miteinbezogen zu werden.

Hardware, Einrichtungen, die für die maschinelle Abwicklung von Informationsverarbeitungsprozessen eingesetzt werden können. Insbesondere sind Zentraleinheit und Peripheriegeräte zur Ein- und Ausgabe sowie zur Speicherung zu nennen. Die Kombination aller Geräte ergibt die sogenannte *Hardware-Konfiguration.* – Klassen: Man unterscheidet Superrechner (für extrem rechenintensive Anwendungen), Großrechnersysteme (Mainframes), Minirechner (etwa UNIX-Systeme, Workstations) und Mikrorechner (PC). Diese Klassifizierung erfolgt primär nach der Rechnerleistung. Wegen des Leistungszuwachses im PC-Bereich verwischen sich diese Grenzen allerdings zunehmend. Eine andere Klassifikation unterscheidet je nach Einsatztyp Zentralrechner, Abteilungsrechner und Arbeitsplatzrechner. Typische Arbeitsplatzrechner sind PC.

Harvard-Ansatz, an der Harvard Business School entwickelter Ansatz, der → Human-resource-Management durch vier Politikfelder definiert: Mitarbeiterbeteiligung (im Sinne von Partizipation), Human-resource-Bewegungen (Personalbeschaffung, -auswahl, -einsatz und -freisetzung), Anreizsystem und Arbeitsorganisation. Aufgabe des Managements ist die inhaltliche Abstimmung dieser Politikfelder untereinander sowie mit der Unternehmensstrategie. Maßgebliche Einflüsse gehen dabei von situativen Faktoren und Interessen der Organisationsteilnehmer (→ Stakeholder-Ansatz) aus. – Unterschieden wird zwischen drei möglichen *Strategien*: Bürokratie (Mitarbeiter als Untergebene), Markt, bei dem sich Maßnahmen ausschließlich am aktuellen Bedarf orientierten, und Clan mit Partizipation und lebenslanger Beschäftigung.

Harvard-Konzept der Strategieentwicklung, an externen Entwicklungen orientiertes Modell der → Strategieentwicklung mit folgenden Phasen: Identifikation des strategischen Profils (Tätigkeitsfeld, Wettbewerbsposition); Identifikation relevanter Umweltausschnitte (z.B. rechtlicher, politischer, sozialer und ökonomischer Entwicklungen); strategische Prognosen für relevante Umweltausschnitte; Stärken-Schwächen-Analyse im operativen und finanziellen Bereich sowie im Management; Entwicklung strategischer Alternativen (z.B. Liquidation, Spezialisierung, Diversifikation, Internationalisierung); Konsistenztest zur Abstimmung der Stärken und Schwächen des Unternehmens mit den Chancen und Risiken der Umwelt; strategische Wahl, z.B. Maximieren der Chancen versus Minimieren der Risiken, Festlegung der zeitlichen Abfolge der Vorgehensschritte, Antizipation möglicher Gegenreaktionen der Konkurrenten u.a.

Harvard-Methode, → Fallstudie

Harwood-Experimente, in den 60er Jahren durchgeführtes Projekt der Organisationsentwicklung, bei dem versucht wurde, den → System-Vier-Ansatz von Likert in die Praxis umzusetzen. Die Harwood Manufacturing Corporation ist seit 1939 Betätigungsfeld für verhaltenswissenschaftlich orientierte Managementforschung; bereits damals wurde der Sozialpsychologe Lewin dort als Berater tätig.

Harzburger Modell, in den 50er Jahren entwickelte, umstrittene normative Managementtechnik, deren Ziel die Überwindung autoritärer Führung (→ autoritärer Führungsstil) und eine stärkere → Delegation von Verantwortung sind. Die Delegation erfolgt überwiegend durch in Stellenbeschreibungen verankerte Zuweisung von Kompetenzen. Durch Vorgabe detaillierter Verhaltensvorschriften für Vorgesetzte steht das Modell in der Gefahr, autoritäre Führung durch bürokratische (→ bürokratischer Führungsstil) abzulösen, denn situative Aspekte werden vernachlässigt.

Hauptbuch, Buch, in dem alle Geschäftsvorfälle nach sachlichen Kriterien systematisiert aufgeführt werden. Zuvor wird jeder Geschäftsvorfall im → Grundbuch erfaßt. Das H. bildet, da es bereits Sachkonten enthält, die Grundlage für die → Bilanz.

Hauptkostenstellen, → Kostenstellen

Hauptversammlung, Organ der → Aktiengesellschaft, durch das die Aktionäre ihre Rechte in den Angelegenheiten der Gesellschaft ausüben, soweit das Gesetz nichts anderes vorsieht. Nach dem Gesetz (§ 119 Aktiengesetz) ist die H. zuständig für die Entlastung von Vorstand und Aufsichtsrat, für die Bestellung der Abschlußprüfer, für Satzungsänderungen, für Kapitalerhöhung und -herabsetzung, für die Prüferbestellung zur Prüfung von Vorgängen bei der Gründung oder Geschäftsführung sowie Auflösung der AG. Weitere Kompetenzen werden in der Satzung festgelegt. Die ordentliche H. ist jährlich in den ersten acht Monaten des Geschäftsjahres vom Vorstand einzuberufen, außerordentliche H. finden je nach Bedürfnis statt.

Haushaltspanel, → Verbraucherpanel

Hawthorne-Effekt, unter Bezugnahme auf die → Hawthorne-Experimente von Mayo vorgenommene spezifische Erklärung beobachteter Verhaltensveränderungen im Betrieb. Als Ursache für beobachtete Effekte wird nicht der Inhalt spezifischer Maßnahmen, sondern der Tatbestand der Veränderung an sich gesehen.

Hawthorne-Experimente, im Hawthorne-Werk der Western Electric Company von 1924 bis 1932 durchgeführte empirische Forschungsarbeiten zum Einfluß von Arbeitsbedingungen auf die Arbeitsleistung; die Arbeiten stellten insofern eine Wende in der damaligen Managementforschung dar, als daß dabei die Bedeutung sozialer bzw. verhaltenswissenschaftlicher Aspekte auf das Arbeitsleben ermittelt werden konnte. Dies führte zur Entwicklung der → Human relations-Bewegung und der Entstehung einer verhaltenswissenschaftlich orientierten Managementforschung.

head hunter, Personalberater, der sich auf die Vermittlung von Führungskräften spezialisiert hat (→ head-hunting).

head-hunting, gezielte An- und Abwerbung von bisher in einem anderen Unternehmen tätigen Führungskräften durch Einschaltung eines Personalberaters (eines sog. *head hunter),* der damit beauftragt wird, für eine zu besetzende Managementposition potentielle Kandidaten zu ermitteln und ggf. abzuwerben. Die Bezahlung des Beraters erfolgt prozentual zum Bruttojahreslohn der Stelle.

Hearing. Anhörung von Interessenverbänden und Fachleuten zu einem bestimmten Problem oder Vorhaben. Ziel ist die Schaffung einer besseren Grundlage der Meinungsbildung und Entscheidung.

Hebelwirkung, → Leverage-Effekt

Hedging. 1. *Rohstoffhedging*: Sicherungsgeschäfte in Form von Warentermingeschäften, um Preisrisiken bei Welthandelsrohstoffen auszuschalten.
2. *Finanzhedging*: Sicherungsgeschäfte zur Absicherung von Zins- und Wechselrisiken im Devisen-, Edelmetall- und Wertpapierhandel. Der Hedger überträgt die Zins- und Wechselrisiken auf einen Kontrahenten, der entweder das Risiko aus spekulativen Gründen akzeptiert oder ein entgegengesetztes Risiko absichern will.

Heimarbeit, dem → Verlagssystem ähnliche, besondere Form des Beschäftigungsverhältnisses. Hierunter fallen nach dem Heimarbeitergesetz Hausgewerbetreibende und Mitarbeiter, die ihre Erwerbstätigkeit zu Hause oder in einer selbstgewählten Betriebsstätte ausüben. – H. unterliegt nicht dem *Kündigungsschutz,* da sie zwar wirtschaftlich abhängig, jedoch persönlich selbständig erfolgt.

Hermeneutik, ursprünglich Kunst des Auslegens, der Deutung; Denkrichtung bzw. Methode innerhalb der Philosophie bzw. Sozialwissenschaften (insbesondere von Dilthey und Husserl), bei der im Gegensatz zum positivistischen Denken Sachverhalte aus ihrem jeweiligen Zusammenhang heraus verstanden werden sollen. Die H. wurde bei Husserl erweitert zur Idee der Lebenswelt, bei Apel (teilweise auch Habermas) zur Vorstellung von Gesellschaft als Kommunikations- bzw- Argumentationsgemeinschaft. – Hermeneutisches Denken findet *Anwendung* im Zusammenhang mit der Unternehmenskultur bei der → Kulturanalyse: Kultur ist demzufolge nur interpretativ verstehbar, nicht aber mit quantitativen Verfahren der empirischen Sozialforschung.

Herrschaft, im Gegensatz zum Begriff der Macht, in dem der eigene Wille auch gegen Widerstand durchgesetzt wird, auf der Legitimität, d.h. auf der Überzeugung der Beherrschten von der Richtigkeit und Berechtigung der H. beruhend. Nach M. Weber ist zu unterscheiden zwischen: a) *der rationalen H.*, bei der die Legitimität von legalen Ordnungssystemen abgeleitet wird; b) der *traditionalen H.*, die auf dem Glauben an den Selbstwert und die Heiligkeit der traditionell zur Herrschaft berufenen Personen beruht, und c) der *charismatischen H.,* die einer Person mit charismatischen Fähigkeiten erwächst.

herrschendes Unternehmen, Unternehmen, das auf ein anderes rechtlich selbständiges (→ abhängiges Unternehmen) einen beherrschenden Einfluß ausübt (§ 17 Aktiengesetz).

Herstellkosten, Begriff der Kostenrechnung für die durch die Herstellung eines Gutes entstandenen → Kosten. H. dienen der internen Bewertung von selbsterstellten Vermögensgegenständen und umfassen i.d.R. die Summe aus Fertigungseinzel- und Fertigungsgemeinkosten sowie Materialeinzel- und Materialgemeinkosten.

Herstellungskosten, bilanzieller Begriff für → Aufwendungen, die für die Herstellung von Vermögensgegenständen durch den Verbrauch von Gütern und Dienstleistungen entstanden sind. Nach dem Handelsgesetzbuch sind selbsterstellte Gegenstände des Anlagevermögens mit ihren H. vermindert um die notwendigen Abschreibungen anzusetzen. H. werden ggf. auch für die Bewertung des Umlaufvermögens benötigt. In die H. müssen Materialeinzelkosten und Fertigungseinzelkosten sowie Sondereinzelkosten der Fertigung einbezogen werden (Aktivierungspflicht). Aktivierungswahlrechte gibt es für angemessene Teile der Materialgemeinkosten, Fertigungsgemeinkosten, Abschreibungen auf das Anlagevermögen, allgemeine Verwaltungskosten, Aufwand für Sozialeinrichtungen, freiwillige Sozialleistungen, Aufwendungen für betriebliche Altersversorgung u.a. Vertriebskosten vor allem dürfen nicht aktiviert werden.

Heuristik, Methode zur Lösung von schlecht strukturierten Problemen, für die ein exakter Lösungsweg nicht bekannt oder sinnvoll ist. Der Lösungsweg wird durch subjektive Erfahrungen und überlieferte Verhaltensweisen gefunden.

HfD, → Datenübertragungsdienste (3)

Hierarchie, eine durch Über- und Unterordnung der einzelnen Elemente gekennzeichnete Art der → Aufbauorganisation.

Hierarchisierung, → Differenzierung

Hifo-Verfahren (Highest-in-first-out-Verfahren), Methode zur Ermittlung des Wertes gleichartiger Vermögensgegenstände des Vorratsvermögens (→ Sammelbewertung). Unterstellt wird, daß die zum höchsten Preis eingekauften Waren zuerst verbraucht werden. Dieses Verfahren ist steuerrechtlich nicht zulässig.

Hilfskostenstellen, → Kostenstellen

Höchstwertprinzip, Prinzip der Bewertung von Bilanzpositionen der Passivseite (Passiva). Verbindlichkeiten sind aufgrund des → Imparitätsprinzips und analog dem → Niederstwertprinzip für Vermögensgegenstände stets zu dem höheren von zwei möglichen Werten anzusetzen.

Holding, Beteiligungsgesellschaft, die selbst keine Gütererzeugung vornimmt, sondern sich in ihrer wirtschaftlichen Tätigkeit auf die Verwaltung von Kapitalanteilen der von ihr beherrschten Unternehmen beschränkt. Eine Holding-Gesellschaft wird zumeist in der Form gebildet, daß mehrere Gesellschaften ihre Kapitalanteile (etwa Aktien) in der Rechtsform einer Aktiengesellschaft einbringen; die Kapitaleigner (Aktionäre) erhalten dafür Aktien der H. (Effektensubstitution). Die von der H. beherrschten Unternehmen bleiben (zumindest nach außen) rechtlich selbständig. Ihre wirtschaftliche Selbständigkeit geht bezüglich der Finanzierung vollständig und im Hinblick auf die Unternehmenspolitik weitgehend auf die H. über. Eine H. beschränkt sich entweder auf die Kontrolle der beherrschten Unternehmen oder stellt als Dachgesellschaft die Verwaltungsspitze eines → Konzerns dar. Als Dachgesellschaft ist sie zuständig für Planung, Entwicklung und Finanzierung der ihr zugehörigen Unternehmensgruppe. Um eine Doppelbesteuerung zu vermeiden, sind Holding-Gesellschaften bei der → Körperschaft- und Vermögensteuer begünstigt.

homo oeconomicus, Menschenbild, in dem das Individuum als ausschließlich rational entscheidend und handelnd, als egoistisch und nach Nutzenmaximierung strebend angesehen wird; bildet die Grundlage traditioneller Managementkonzepte (z.B. des → scientific management), der klassischen und neoklassischen Volkswirtschaftstheorie sowie auch der Mehrzahl der im Rahmen des Operations Research benutzten Entscheidungsmodelle. Insbesondere die verhaltenswissenschaftliche Forschung hat die Realitätsferne dieses Modells aufgezeigt.

Homöostase-Theorien, sozialwissenschaftliche Theorien, die davon ausgehen, daß Menschen versuchen, Ungleichgewichte bzw. Unstimmigkeiten zu vermeiden und Gleichgewichte herzustellen.

horizontale Diversifikation, → Diversifikationsstrategie, mit der neue Produkte oder Dienstleistungen für neue Märkte auf derselben Produktions- oder Handelsstufe und in derselben Branche wie die angestammten Produkt-Markt-Kombinationen (→ Produkt-Markt-Strategien) entwickelt werden. Alte und neue Kombinationen stehen in einem sachlichen Zusammenhang. Beispielsweise können bei einer Ausdehnung der Breite der Produktion Synergieeffekte im Bereich Einkauf, Produktion und Absatz entstehen. Ziel ist insbesondere die Risikominimierung, entweder durch eigenständige Ausdehnung oder durch horizontalen Unternehmenszusammenschluß.

horizontale Integration. 1. Formen der → Koordination auf der gleichen Hierarchieebene, durch Regeln und Programme, Organisationspläne, Bildung von Komitees oder durch die Bereitstellung und Kontrolle von Budgets.

2. Zusammenschluß zweier oder mehrerer Unternehmungen derselben Produktionsstufe (→ vertikale Diversifikation).

horizontale Werbung, → Kollektivwerbung

horizontaler Unternehmenszusammenschluß, → Unternehmenszusammenschluß

Host-Rechner, zentrale Verarbeitungsrechner (→ Hardware, → Client-Server-Prinzip).

hostile takeover, → takeover

Huckepackwerbung, Form der → Kollektivwerbung, bei der gleichzeitig für mindestens zwei unterschiedliche Produkte verschiedener Hersteller geworben wird. Voraussetzung ist die weitgehende Übereinstimmung der Zielgruppe.

human asset, → Humankapital

human capital, → Humankapital

Humanpotential, Gesamtheit der Arbeitskraft. Hierzu zählen sowohl Wissen als auch Können und Wollen (→ Motivation) der Mitarbeiter.

Humanisierung der Arbeit, zusammenfassende Bezeichnung für alle auf die Verbesserung des Arbeitsinhaltes und der Arbeitsbedingungen gerichteten Maßnahmen. Durch Abbau einseitiger Belastungen (job rotation, Ergonomie), Erweiterung des Tätigkeitsspielraumes (job enlargement) sowie Erweiterung der Verantwortung (Job Enrichment) soll die Arbeitsbelastung verringert werden. Neben solchen arbeitsorganisatorischen Maßnahmen soll die Arbeit auch nach psychologischen Gesichtspunkten gestaltet werden, das heißt die Arbeit soll auf die individuellen arbeitsbezogenen Motive (job diagnostic survey) abgestimmt werden. Der Begriff „Humanisierung" impliziert möglicherweise, daß Arbeitsbedingungen prinzipiell inhuman sind, was in dieser Schärfe hauptsächlich von marxistischen Wissenschaftlern vertreten wurde (Aufhebung der Ausbeutungsbedingungen der Arbeit, die sich nur durch Abschaffung der kapitalistischen Verwertungsbedingungen erreichen läßt). Die Diskussion um die Humanisierung der Arbeit wird heute vielfach unter den Schlagworten Wertewandel, Unternehmenskultur oder Qualität der Arbeit weitergeführt.

Humanisierung des Arbeitslebens, 1974 von der damaligen Bundesregierung aufgelegtes, 1983 weitgehend eingestelltes Forschungs- und Aktionsprogramm mit der Zielsetzung, auf der betrieblichen Ebene die Arbeitsbedingungen zu optimieren. Die verschiedenen Projekte dienten vor allem dazu, Arbeitsinhalte und -beziehungen zu verbessern, Über- und Unterbeanspruchungen abzubauen, flexible Formen der Arbeitszeit zu entwickeln, die Arbeitssicherheit zu erhöhen und neue Formen der Arbeitsorganisation mit erweiterten individuellen Handlungsspielrahmen zu entwickeln.

humanistische Psychologie, auf Maslow zurückzugehende Denkrichtung innerhalb der Psychologie, die den Menschen als nach Selbstverwirklichung strebendes Wesen (→ self actualizing man) ansieht und bei ihrer Forschung vor allem Fragen nach dem Sinn des Lebens und der Selbstverwirklichung herausstellt. Behavioristische und psychoanalytische Ansätze der Psychologie werden demzufolge abgelehnt.

Humankapital (Humanvermögen), Denkrichtung, bei der die Mitarbeiter eines Unternehmens als Ressource bzw. Vermögensteil betrachtet werden. Ausgaben für Personal, insbesondere für Aus- und Weiterbildung stellen demnach weniger einen Kostenfaktor als vielmehr eine Investition dar, die in der Bilanz auf der Aktivseite anzusetzen ist.

Humankapital-Theorie, auf T. Schultz zurückgehender Versuch, in Analogie zur volkswirtschaftlichen Gesamtrechnung für eine Gesellschaft Investitionen in das → Humankapital nicht als Kostenfaktor, sondern als Aktivum aufzufassen (für die Unternehmensebene: → Humanvermögensrechnung). Daraus abzuleiten sind Empfehlungen für die Politik, in die Entwicklung, die Erhaltung, die Nutzung und die Allokation von Humanressourcen zu investieren, da diese die zentrale Quelle volkswirtschaftlichen Reichtums darstellen.

Human relations-Ansatz, in den 30er Jahren im Zusammenhang mit den → Hawthorne-Experimenten entstandene Denkrichtung innerhalb der Managementlehre, die den Menschen vor allem als Gruppenwesen mit ausgeprägten sozialen Bedürfnissen sieht (→ social man); Ausgangsbasis verhaltenswissenschaftlicher Managementansätze.

Human-relations-Techniken, → Sozialtechnologien

human resource accounting, → Humanvermögensrechnung

Human-resource-Ansatz, neuere Denkrichtung innerhalb der Managementlehre, bei der Mitarbeiter als wesentliche Ressource statt als Kostenfaktor eines Unternehmens gesehen werden; führt zum → Human-resource-Management.

Human-resource-Management, spezifische Ausprägung und neuere Denkrichtung innerhalb der Managementlehre und insbesondere des Personalmanagements, bei der die Mitarbeiter eines Unternehmens nicht primär als Kostenfaktor, sondern als wettbewerbsentscheidender Faktor gesehen werden. In Mitarbeiter, die das → Humankapital eines Unternehmens darstellen, muß demgemäß ähnlich investiert werden wie in die zum Anlagevermögen gehörenden Produktionsanlagen. Entsprechend erhält vor allem die Personalentwicklung eine zentrale Bedeutung. Sie wird zum Mittel, das Humanpotential eines Unternehmens zu erhöhen und durch die Vertiefung und Erweiterung der Qualifikationen der Mitarbeiter strategisch relevante Fähigkeiten aufzubauen. – *Teilelemente* des Human-resource-Managements sind: a) traditionelle personalpolitische Ansätze (Personalverwaltung), b) Personalentwicklung, c) ein spezifisches Menschenbild, das Menschen als Humankapital und als entwicklungsfähig und -willig sieht, d) die Integration des Personalmanagements in das strategische Management.

Human-resource-Portfolio, Anwendung der → Portfolio-Analyse im Bereich des Personalmanagements; dient einer qualitativen → Personalbedarfsplanung durch Erfassung der Stärken und Schwächen der derzeitigen Personalstruktur in Form eines Portfolios.

Human-resources-Index, auf Schuster zurückgehender Versuch, das → Humankapital eines Unternehmens nicht durch Finanzdaten, sondern durch Klimaerhebungen zu erfassen. Aufbauend auf der → Likert-Skala entwickelte Schuster einen Fragebogen mit 64 Aussagen zur Beschreibung eines Unternehmens für die Mitarbeiter. Die Ergebnisse werden mit den Branchendurchschnittswerten verglichen.

human systems development (HSD), an der Univ. of Calif. in Los Angeles entwickelter Ansatz innerhalb der Lehr- und Forschungsdisziplin organizational behavior, der Arbeits- und Organisationspsychologie, Organisationssoziologie und -entwicklung mit der Systemtheorie konzeptionell verbindet.

Humanvermögen, → Humankapital

Humanvermögensrechnung, auf Likert zurückgehender Versuch, in Analogie zur Rechnungslegung Veränderungen im → Humankapital eines Unternehmens zu bilanzieren; angesichts ungelöster Bewertungsprobleme weitgehend gescheitert.

Hybridkarte, → Chipkarte

Hygienefaktor, → Zwei-Faktoren-Theorie

Hypothek, → Kreditsicherheit vor allem im Rahmen einer langfristigen Fremdfinanzierung durch Belastung eines Grundstücks, welche in das Grundbuch eingetragen wird. Das Grundstück wird in der Weise belastet, daß eine bestimmte Geldsumme zur Befriedigung einer dem Gläubiger zustehenden Forderung aus dem Grundstück zu zahlen ist. Die H. ist im Unterschied zur → Grundschuld vom Bestand und Umfang der zugrundeliegenden Forderung abhängig.

Hypothekendarlehen, durch Hypotheken bzw. andere Grundpfandrechte gesicherte langfristige → Kredite, die von allen Unternehmen in Anspruch genommen werden können. Die Darlehen werden bis zur Höhe der Beleihungsgrenze (etwa 60 Prozent) gewährt. Darlehensgeber sind Banken, Sparkassen, Realkreditinstitute, Versicherungen sowie Bausparkassen.

I

ideal image, → Trommsdorff-Modell

Ideenauswahl, → Ideenselektion

Ideenfindung, → Ideengewinnung

Ideengewinnung (Ideenfindung, Ideensammlung), kreative Phase zur Generierung neuer Ideen bzw. Ideenfindung für Produkte, Projekte etc. Die Ideengewinnung kann sowohl durch systematische Ideensammlung unter Ausnutzung interner (z.B. Forschungs- und Entwicklungsabteilung) und externer Quellen (z.B. Fachzeitschriften, Berater, langfristige technologische Vorhersagen) als auch durch Ideenproduktion unter Zuhilfenahme von → Kreativitätstechniken geschehen. Im Marketing wird davon ausgegangen, daß bei der Gewinnung neuer Produktideen 95% sich nicht für eine Markteinführung eignen. Daher kommt der → Ideenselektion eine große Bedeutung zu.

Ideenprüfung, → Ideenselektion

Ideenquellen, → Ideengewinnung

Ideenrealisation, schließt sich an die Phase der → Ideenselektion an. – Im *Marketing* wird nach der Vorauswahl der Produktideen die ausgewählte Idee weiter überprüft. Im Rahmen von Produkt- bzw. Markttests werden die marketingpolitischen Instrumente getestet und ggf. verändert. Daran schließt sich die konkrete Planung der → Produkteinführung an.

Ideensammlung, → Ideengewinnung

Ideenselektion (screening, Ideenauswahl), Auswahl von Ideen unter Anwendung bestimmter, für das Unternehmen relevanter Kriterien, z.B. Unternehmensziele und Vereinbarkeit mit bisherigen Produktprogrammen; schließt sich an die Phase der → Ideengewinnung an. Eine Methode, die die Selektionsphase unterstützt, ist beispielsweise das Scoring-Modell, dem Wirtschaftlichkeitsanalysen folgen.

Identifikation, Ausmaß, in dem ein einzelner Mitarbeiter mit der Organisation, in der er tätig ist, ihren Zielen (etwa dem Unternehmensleitbild), der Unternehmenskultur und den an ihn gerichteten Verhaltenserwartungen übereinstimmt und sein Verhalten willentlich nach diesen ausrichtet. Ein hohes Maß an I. wirkt motivierend, führt zu weitgehender Selbststeuerung sowie -kontrolle und reduziert somit den Führungsaufwand sowie die innerbetrieblichen Konflikte.

Identitätstheorie, Theorie der → Motivation, welche das vom Vorgesetzten zu vermittelnde Gefühl persönlicher Identität, bei dem Rollenzuweisung und -erwartung übereinstimmen, als zentralen Motivationsfaktor ansieht.

ideographische Forschungsmethode, → Ethnomethodologie

Idiosynkrasiekredit, Status, den ein Individuum in einer Gruppe erworben hat und der sich in dem Ausmaß zeigt, in dem es von den Gruppenerwartungen abweichen darf, ohne Strafmaßnahmen befürchten zu müssen.

IDV, → Individuelle Datenverarbeitung

IKR, → Industriekontenrahmen

Illiquidität, Unfähigkeit eines Unternehmens, die fälligen Verbindlichkeiten termingerecht zu erfüllen, da die vorhandenen Zahlungsmittel und leicht in diese umwandelbaren (liquidierbaren) Vermögensgegenstände nicht ausreichen. Auch ein Unternehmen, das weder überschuldet ist, noch Verluste ausweist, kann in einen Zustand der I. geraten, sofern Einzahlungen und notwendige Auszahlungen nicht aufeinander abgestimmt werden. Gelingt es nicht, beide zeitlich zu koordinieren (etwa durch Beschleunigung fälliger Geldeingänge und Verbesserung des Mahnwesens), durch Aufnahme eines kurzfristigen Kredites Differenzen zu überbrücken, oder dem Unternehmen weitere Eigenmittel zuzuführen, tritt der Zustand der → Zahlungsunfähigkeit ein, was wiederum die Anmeldung von → Vergleich oder → Konkurs bedeutet.

Image, → Einstellungen hinsichtlich bestimmter Objekte, z.B. Personen, Produkte, Unternehmen, Länder, die von einer größeren Gruppe von Personen vertreten wird.

Imitationsstrategie, Strategie der Nachahmung eines fremden Produktes. Die Nachahmung wird meist zu einem deutlich niedrigeren Preis angeboten als das Original und ist oft von geringerer Qualität.

imitator, → follower

immaterielle Vermögensgegenstände, vermögenswerte Vorteile, Bestandteil des → Anlagevermögens auf der Aktivseite der Bilanz sind. Dazu gehören Konzessionen, gewerbliche Schutzrechte, ähnliche Rechte und Werte sowie Lizenzen an diesen, der Geschäfts- oder Firmenwert und geleistete Anzahlungen. I. V. sind zu aktivieren, wenn sie entgeltlich erworben wurden. Für den derivativen Firmenwert besteht ein Aktivierungswahlrecht. Selbsterstellte i. V. dürfen nicht aktiviert werden, während i. V. des Umlaufvermögens aktiviert werden müssen.

immaterielle Wirtschaftsgüter, steuerrechtlicher Begriff für → immaterielle Vermögensgegenstände. Die Bewertung für Zwecke der Steuerbilanz erfolgt unter Berücksichtigung des → Maßgeblichkeitsprinzips nach steuerrechtlichen Bestimmungen.

Imparitätsprinzip, Prinzip der → Bewertung von Bilanzpositionen, das die Ungleichbehandlung von nicht realisierten → Gewinnen und nicht realisierten Verlusten im Jahresabschluß bezeichnet. Nicht realisierte Verluste, die entstehen, wenn der Anschaffungswert über dem Tageswert liegt, müssen ausgewiesen werden (→ Vorsichtsprinzip). Das I. schlägt sich vor allem im → Niederstwertprinzip nieder.

Importfinanzierung (Einfuhrfinanzierung). Die I. umfaßt alle Formen der Fremdfinanzierung zur Deckung des durch Importe entstehenden Kapitalbedarfs. Die wichtigsten Formen sind Akkreditiv und Rembourskredit.

Improvisation, vorläufige, spezifische Regelung bestimmter organisatorischer Sachverhalte für eine begrenzte Anzahl von Einzelfällen (→ Disposition, → Organisation).

Impulskauf, Verhaltenstyp des Käuferverhaltens, wobei der Käufer spontan den Eingebungen des Augenblicks folgt; es werden keine Informationsgewinnungs- und -verarbeitungsaktivitäten unternommen.

incentive, → Anreiz

Incentivreisen, Reisen, die ein Arbeitgeber zur Motivation oder zur Belohnung für ausgewählte Mitarbeiter veranstaltet.

Indikator, → Indikatorprognose

Indikatorprognose, Form der → Entwicklungsprognose zur Bestimmung der zukünftigen Entwicklung von Unternehmensgrößen. Als Grundlage werden Indikatoren (Variablen) herangezogen, die für das Unternehmen von Bedeutung sind, die jedoch nicht von ihm selbst beeinflußt werden können. Voraussetzung einer aussagefähigen Prognose ist die Vorhersagbarkeit der ausgewählten Größen sowie eine hohe Korrelation zwischen Indikatoren und der zu prognostizierenden Variable der Unternehmensentwicklung.

indirekte Steuern, → Steuern, die indirekt die Leistungsfähigkeit von Personen über deren Vermögen oder bei der Einkommensverwendung erfassen. – *Unterschieden* werden → Verkehrsteuern und → Verbrauchsteuern.

individual contributor, Fach- und Führungskraft, die sich durch besondere Fähigkeiten auszeichnet und der im Rahmen eines strategiekonformen → Personalmanagements besondere Bedeutung zukommt. Für sie müssen in horizontaler und vertikaler Richtung Entwicklungs- und Karrieremöglichkeiten aufgebaut werden (→ Karriereplanung).

Individualisierung, Ergebnis des Ausdifferenzierungsprozesses der Industriegesellschaften, im Rahmen dessen sich traditionelle Milieus und für bestimmte Bevölkerungsgruppen weitgehend einheitliche Wertmuster und Lebensweisen auflösen und sehr unterschiedliche individuelle Orientierungen entstehen. Für das Management ergibt sich daraus das Problem, daß Mitarbeiter aufgrund verschiedenartiger Bedürfnisse und Interessen kaum noch einheitlich geführt und motiviert werden können; stattdessen sind individualisierte Führungskonzepte (→ Individualisierung der Führung), Arbeitszeitgestaltungsmodelle und Anreizsysteme wie das Cafeteria-System notwendig.

Individualisierung der Führung, Konzept der situativen Führung (→ situative Führungstheorie), bei der die individuellen Bedürfnisse und Interessen der Mitarbeiter als zentraler Aspekt der → Führungssituation behandelt werden und zugleich eine weitgehende → Individualisierung der Mitarbeiter unterstellt wird. Obwohl dieser Ansatz der betrieblichen Realität entspricht, ist an ihm problematisch, daß von einer erheblichen Bandbreite sowohl des Führungsverhaltens der Vorgesetzten als auch des Einsatzes von Führungsinstrumenten ausgegangen wird. Dies überfordert teilweise die Verhaltenskompetenzen der Führenden, widerspricht dem administrativen Interesse an Standardisierung und instrumentellen Möglichkeiten (siehe Probleme der Einführung von → Cafeteria-Systemen) und kann gegen den Grundsatz der Gleichbehandlung (Diskriminierungsverbot) verstoßen.

Individualpanel, → Verbraucherpanel

Individuelle Datenverabeitung (IDV), unter dem Begriff IDV werden eigenständige Entwicklungen der Fachabteilungen ohne Beteiligung der DV-Abteilung zusammengefaßt. Voraussetzung ist das Vorhandensein von Endbenutzersprachen der vierten Generation (→ Programmiersprache) und von (integrierten) Softwarepaketen. In diesem Zusammenhang sind Tabellenkalkulation, Präsentationsgrafik, Datenbanksysteme u.ä. zu nennen. – Aufgrund der starken PC-Durchdringung der Unternehmen und dem Anwendungsstau in der DV-Abteilung gewinnt die IDV zunehmend an Bedeutung. Auf der anderen Seite besteht die Gefahr des „Wildwuchses" von Anwendungen, die nicht zueinander kompatibel sind (Insellösungen). Deshalb bedarf es eines organisatorischen Konzeptes, um die Vorteile, die IDV bietet, nutzen zu können (→ Benutzerservice).

Indossament, auf einem Wechsel, Scheck bzw. Aktie (Namensaktie) eingetragene Erklärung, mit der der Inhaber (Indossant) Eigentum und Recht an diesem auf eine von ihm genannte Person (Indossator) übertragt.

industrial democracy, von Norwegen ausgehende forschungsbasierte Überlegungen zu Demokratisierung und Humanisierung der Industriegesellschaft. Im Mittelpunkt stehen Versuche zur Humanisierung der Arbeit durch Maßnahmen der → Arbeitsstrukturierung in Verbindung mit partizipativen Formen der Organisationsgestaltung und einer Institutionalisierung von Mitbestimmungsrechten. Im Gegensatz zur → work democracy versteht sich die industrial-democracy-Bewegung als ein auf die Umgestaltung der gesamten Gesellschaft zielender Ansatz.

industrial marketing, → Investitionsgütermarketing

industrial relations, → Industrial-relations-System

Industrial-relations-System, System der industriellen Arbeitsbeziehungen (industrial relations), das aus drei Akteuren und den Beziehungen zwischen diesen besteht: dem Staat, den Unternehmen, vertreten durch das Management und verschiedene Unternehmens- und Arbeitgeberverbände, sowie den Arbeitnehmern und ihren Organisationen, insbesondere den Gewerkschaften. Innerhalb des I. können fünf Interaktionsebenen unterschieden werden, die in unterschiedlichem Ausmaß durch staatliche Gesetzgebung beeinflußt werden, und zwar die staatliche Ebene, Tarifvertrags-, Unternehmens-, Betriebsebene und der Arbeitsplatz bzw. die Ebene individueller Arbeitsverträge. In der Bundesrepublik ist das I. weitgehend rechtlich geregelt (z.B. durch Betriebsverfassungsgesetz, Mitbestimmung, Arbeitsrecht) und damit der Charakter der Beziehungen zwischen Arbeitgebern und -nehmern in hohem Maße determiniert und standardisiert.

Industrie, gewerbliche Produktion mit mechanischen Mitteln unter Einschluß der maschinellen Veredelung von Rohstoffen und des Bergbaus. – *Gliederung*: a) Nach Waren bzw. nach der Konsumnähe: Verbrauchsgüter produzierendes Gewerbe: Bekleidung, Schuhe, Möbel, Hausgeräte; Investitionsgüter produzierendes Gewerbe: Maschinen, Baustahl, Schiffsplatten u.ä., auch (volkswirtschaftlicher Aspekt i.w.S.) das Grundstoff- und Produktionsgütergewerbe, das bei betriebswirtschaftlicher Betrachtung gesondert aufzuführen wäre. – b) Nach der Vermögensstruktur: anlageintensive Industrie, in der hohe fixe Aufwendungen durch starken Kapitaleinsatz entstehen

(Braunkohleindustrie, Schiffbau); arbeitsintensive Industrie mit hohem Anteil von Lohn- und sonstigen Arbeitskosten (Spitzenindustrie, Bijouterieherstellung, Uhrenfabrikation); rohstoffintensive I. (Textilindustrie, Ziegeleien, Möbelfabriken). Meist ist ein bestimmter Industriezweig nicht durch einen, sondern durch eine Kombination von zwei Intensitätsfaktoren charakterisiert. – c) Nach dem Standort: rohstofforientierte I.: Porzellanindustrie, Ziegelfabrikation; verbrauchsorientierte I.: Brotindustrie, Molkereien und sonstige Nahrungsmittelindustrie; arbeitskostenorientierte I.; verkehrs-orientierte I. *Zukunftsrisiken der deutschen Industrie:* Die deutsche I. wurde durch die Römischen Verträge (EG) begünstigt, die deutsche Landwirtschaft benachteiligt. Die Entwicklung der Weltpolitik (z.B. Osteuropa, Sowjetunion) und die internationalen Währungsverhältnisse bringen für die Zukunft ständige Unsicherheiten über Richtung, Größe und Preise des Exports sowie Art und Stärke der Importkonkurrenzen mit. Tendenzen zur Humanisierung der Arbeitswelt sowie Verkürzung der Arbeitszeit (35-Stunden-Woche) werden Produktionsveränderung, Kostenumlagerungen und, wahrscheinlich, Aufwanderhöhungen von im voraus unbestimmtem Umfang mit sich bringen. In Anbetracht der zunehmenden Bedeutung des Umweltschutzes wird mit Auflagen und sonstigen gesetzlichen Regelungen für die I. zu rechnen sein; entsprechende Kosten (v.a. auch Invstitionskosten) bei der I. für den Umweltschutz, u.U. mit internationalen Wettbewerbsnachteilen verbunden, werden die Folge sein. Die Konkurrenz aus sog. Billiglohn-Ländern auf internationalem und nationalem Markt sowie weitere Faktoren, wie z.B. Kurs des US-$ und Überkapazitäten, werden zu einer Wettbewerbsverschärfung führen.

Industriebetriebslehre. 1. *Begriff und Abgrenzung*: I. als wissenschaftliche Teildisziplin der → Betriebswirtschaftslehre umfaßt die Erforschung und Lehre des Wirtschaftens von Industriebetrieben. Erkenntnisobjekt der I. ist der Industriebetrieb. Dieser kann als komplexes, offenes soziotechnisches System verstanden werden, in dem primär Sachgüter zur Fremdbedarfsdekkung in einem ingenieurtechnischen Prozeß zur Realisierung von Gewinn und anderen Zielen erstellt werden. Wirtschaften läßt sich als Wählen bzw. Entscheiden zwischen Alternativen interpretieren. Somit kann die I. auch als Wissenschaft von Entscheidungen in Industriebetrieben oder auch als Wissenschaft der Führung (Entscheidungs-, Steuerungs- und Kontrollprozesse) von Industriebetrieben gekennzeichnet werden. – Die *Grenzen* zwischen allgemeiner Betriebswirtschaftslehre und I. sind nicht scharf zu ziehen. Dies ist zum einen darauf zurückzuführen, daß bei vielen Aussagen der allgemeinen Betriebswirtschaftslehre industrielle Betriebsverhältnisse zugrunde gelegt werden, zum anderen darauf, daß von Industriebetrieben ähnliche Funktionen wahrzunehmen sind wie von anderen Betrieben, zum Beispiel Absatz, Beschaffung, Finanzierung. Grundsätzlich ergänzt die I. das Wissenschaftsprogramm der allgemeinen Betriebswirtschaftslehre durch einen erhöhten Konkretisierungsgrad. Dieser könnte durch die Konzeption spezieller I. (z.B. des Maschinenbaus, des Textilbetriebes) erhöht werden. Der Ansatz ist jedoch bis heute nur wenig ausgebaut. – Relevante *Nachbardisziplinen* sind – neben der allgemeinen Betriebswirtschaftslehre – Ingenieurwissenschaften, Rechtswissenschaft, Arbeits-

wissenschaft und Informatik.
2. *Charakterisierung der Teilgebiete:* Kernbereiche des Systems Industriebetrieb ist der Produktions- (Fertigungs-) bereich mit dem in ihm stattfindenden ingenieur-technischen Transformationsprozeß, der Be- und/oder Verarbeitung von Stoffen. Im Rahmen der Gestaltung und Lenkung dieses Prozesses unter besonderer Beachtung ökonomischer und anderer z.B. sozialer Ziele sind Entscheidungen auf folgenden – stichpunktartig beschriebenen – Gebieten zu treffen: Produktwirtschaft (Produktplanung, Forschung und Entwicklung, Wertanalyse, Normung/Typung); Anlagewirtschaft (Kapazität, Layout, innerbetrieblicher Standort, Instandhaltung); Personalwirtschaft (Arbeitsgestaltung, Arbeits- und Leistungsbewegung, Lohnformen, Personaleinsatz); Programmwirtschaft (Produktprogrammplanung mit Produktionsverfahrens-, Losgrößen-, Eigenproduktions-/ Fremdbezugswahl); Prozeßwirtschaft (Produktionsprozeßwirtschaft als auftrags- und potentialorientierte Produktionsprozeßsteuerung und -kontrolle als Arbeitsverteilung, Arbeitsingangsetzung und Arbeitsfortschritts- und -qualitätskontrolle); Materialwirtschaft (Bedarfsmittlung, Lagerhaltung und Bestelldisposition); Informationswirtschaft (Kostenrechnungsinformation, Investitionsrechnungsinformation, Organisation des Produktions-Controlling).
3. *Ausblick:* Entwicklungen auf technischem, wirtschaftlichem und sozialem Gebiet werden auch in Zukunft die Aufgabenstellung der I. beeinflussen. In jüngster Zeit ist hier insbes. auf dem Gebiet der EDV eine Tendenz zur Integration der betriebswirtschaftlich-organisatorischen und der technisch orientierten Anwendung zu beobachten. Diese Entwicklung wird unter der Bezeichnung → CIM (Computer Integrated Manufacturing) diskutiert. In Verbindung hiermit erfolgt eine zunehmende Automatisierung der Produktion, z.B. durch Einsatz von flexiblen Fertigungssystemen und Industrierobotern. Aus dieser Entwicklung resultieren veränderte Anforderungen an die Mitarbeiter und veränderte Arbeitszeitstrukturen.

Industriekontenrahmen (IKR), 1971 vom Bundesverband der Deutschen Industrie (BDI) empfohlener → Kontenrahmen für Industrieunternehmen, der aufgrund des Bilanzrichtliniengesetzes 1986 modifiziert wurde. Der IKR unterliegt dem Abschlußgliederungsprinzip mit dem Ziel einer rationellen Durchführung des → Jahresabschlusses und soll den → Gemeinschaftskontenrahmen ablösen. – *Kontenklassen*: Der IKR besteht aus 10 Kontenklassen (0-9) und basiert auf einer klaren Trennung zwischen Finanzbuchhaltung (Kontenklasse 0-8) und Kostenrechnung (Kontenklasse 9), sogenanntes Zweikreissystem. 0. Immaterielle Vermögensgegenstände und Sachanlagevermögen; 1. Finanzanlagen; 2. → Umlaufvermögen und aktive Rechnungsabgrenzung; 3. Eigenkapital, Rückstellungen; 4. Verbindlichkeiten und passive Rechnungsabgrenzung; 5. Erträge; 6. betriebliche Aufwendungen; 7. weitere Aufwendungen; 8. Eröffnung bzw. Abschluß; 9. → Kosten- und Leistungsrechnung.

industrielle Beziehungen, → Industrial-relations-System

Industriesoziologie, Teilbereich der Soziologie, der die Wechselbeziehungen zwischen Produktionsweise (Produktionsorganisation und -technologie), Wirtschaftsordnung und Gesellschaft bzw. gesellschaftlichen Teilbereichen untersucht.

Informatik. Die I. untersucht grundsätzliche Verfahrensweisen für die Verarbeitung von Informationen sowie allgemeine Methoden der Anwendung solcher Verfahrensweisen in den verschiedensten Bereichen. Eine besondere Rolle spielt dabei die Verarbeitung von Informationen mit Hilfe von Rechnern (Computer). – Die I. läßt sich in vier *Teilgebiete* aufgliedern: (1) Die *technische I.* beschäftigt sich mit Rechnerorganisation, Schaltungstechnologie, Mikroprogrammierung, Entwicklung von Prozeß- und Spezialrechnern und Entwicklung von Peripheriegeräten. (2) Die *theoretische I.* beschäftigt sich v. a. mit formalen Sprachen, der Theorie der Programmierung, der Automaten-, Algorithmen-, Komplexitäts- und Schaltwerktheorie, der abstrakten Darstellung von Informationen sowie der Codierung von Informationen. (3) Die *praktische I.* widmet sich der Entwicklung von Programmiersprachen, der Entwicklung von Datenstrukturen, der grafischen Datenverarbeitung, dem → Software Engineering, der → künstlichen Intelligenz sowie der Simulation von Abläufen auf Rechnern. (4) Die *angewandte I.* beschäftigt sich vor allem mit der Anwendung der Informatik in speziellen Anwendungsgebieten, z.B. Medizin, Technik oder Wirtschaft (→ Wirtschaftsinformatik). – Ursprung/Entwicklung: Die I. hat ihre Wurzeln in der Mathematik und Philosophie des Altertums (z.B. der Begriff des Algorithmus aus dem Arabischen), in der Rechenmaschinentechnik (z.B. Rechenmaschinen von Schickard, Pascal und Leibniz) sowie der Nachrichtentechnik und der Physik. In den 60er Jahren entwickelte sich die I. zu einer selbständigen wissenschaftlichen Disziplin. 1967 wurde an der Technischen Universität München der erste Vollstudiengang für I. eingerichtet.

Information, zweckorientiertes Wissen über Zustände und Ereignisse, die für Entscheidungsprozesse im Unternehmen herangezogen werden.

information center, Konzept zur individuellen Datenverabeitung bzw. betriebliche Abteilung zur Koordination bei dezentraler Datenverarbeitung mit dem Ziel, Fragen der Endbenutzer zur Informationsverarbeitung im Unternehmen zu beantworten und Hilfestellung zu leisten. Aufgabengebiete des information center liegen in der Durchführung von Schulung, Beratung sowie Standardisierung von Hard- und Software.

Information Center, → Benutzerservice

information engineering, soll eine ganzheitliche Gestaltung der betrieblichen Informationstechnik ermöglichen. Der Einsatz der Informationstechnik soll sich dabei an den Unternehmenszielen orientieren. Information wird als vierter Produktionsfaktor verstanden, dessen Einsatz als knappes Gut sorgfältig zu planen ist. – Generell wird eine *datenorientierte Vorgehensweise* verfolgt. Dies geschieht insbesondere vor dem Hintergrund der Erkenntnis, daß betriebliche Funktionen einem ständigen Wandel unterliegen, während Datenstrukturen oft langfristige Stabilität aufweisen. – I. e. umfaßt die *Gebiete* Strategische Planung (Ausrichtung der Informationstechnik an den Unternehmenszielen (→ strategische Informationssystemplanung)), Analyse und Design. – Im Mittelpunkt des *Analyseprozesses* steht der Benutzer als Experte seines Unternehmensbereichs. Der Aufwand für Programmierung, Test und Wartung soll auf ein Minimum beschränkt werden. Änderungen betrieblicher Funktionen werden durch den Benutzer im Rahmen der Analyse (Neukonzeption) vorgenommen und durch → CASE-Werkzeuge wird möglichst automatisiert ein entsprechendes Design erzeugt.

information management, → Informationsmanagement

information resource management, → Informationsmanagement

Informationsbedarfsanalyse, Technik, die im allgemeinen dem eigentlichen Designprozeß (→ Datenmodellierung) vorgeschaltet wird. Im Rahmen einer Top-Down-Vorgehensweise werden die Informationsbedürfnisse und Anforderungen sukzessive bis auf Arbeitsplatzebene ermittelt. Moderne Ansätze versuchen, aus einem Vergleich des am einzelnen Arbeitsplatz erhobenen Informationsbedarfs (Istzustand) mit den aus einem globalen Entwurf abgeleiteten Bedürfnissen (Sollzustand) Defizite festzustellen und diese zu bereinigen. – Als *formale Techniken* sind BIER und HIBOL-2 bekannt geworden. Dabei simuliert HIBOL-2 einen Schreibtisch mit Formularen, Ein- und Ausgabepostkorb usw. Gerade dadurch ist auch der Angestellte ohne DV-Erfahrung in der Lage, mit dieser Methode seine Informations- und Kommunikationsflüsse zu beschreiben.

Informationsbroker, → externe Datenbank

Informationsgewinnung, → Informationsmanagement, → Marketingforschung

Informationsinfrastruktur. Unter diesem Begriff versteht man die Zusammenfassung der Datenverarbeitungs-Infrastruktur des Unternehmens mit seinen technologischen Möglichkeiten der Informations- und Kommunikationsaktivitäten.

Informationsmacht, Macht, die auf der Grundlage von Informationen bzw. Spezial- und Expertenwissen beruht.

Informationsmanagement. Information wird heute vielfach als vierter Produktionsfaktor betrachtet. Der effiziente und effektive Einsatz der Ressource Information ist von herausragender Bedeutung. Schon aus diesem Grund darf die Handhabung und Verwaltung dieser Ressource nicht einzelnen Stellen oder Organisationseinheiten überlassen werden. Es ist notwendig, ein spezielles I. zu etablieren, das alle Führungsaufgaben im Zusammenhang mit der → Informationsverarbeitung übernimmt. – Die letztlich verantwortliche Person, der *Informationsmanager* (Information Executive), ist im allgemeinen auf der Ebene der Geschäftsleitung anzusiedeln. Aus *institutioneller Sicht* ist I. die in einem Unternehmen für den Einsatz von Informations- und Kommunikationstechnologien zuständige Abteilung, aus *funktionaler Sicht* Aktivitäten zur Gewinnung, Aufbereitung, Verfügungstellung von Informationen und deren Verbindung zu den klassischen Funktionen des → Managements. – Das I. umfaßt das Management des Einsatzes interner und externer Informationen, der Strukturen und der Gestaltung der Informationssysteme im Unternehmen sowie der informations- und kommunikationstechnischen Infrastrukturen.

Informationsmarkt, Methode zur Sammlung und Weitergabe von Informationen, die die Bearbeitung bestimmter Themen und Probleme in Unternehmen zum Ziel hat. Teilnehmer des I. gehen zu Informationsständen, die unterschiedliche Themen zum Gegenstand haben und wo je nach Art des Themas bzw. Problems mit unterschiedlichen Methoden sowie Unterstützung von Moderatoren (→ Moderationstechnik) gearbeitet wird. Ziel von I. ist die Beteiligung möglichst vieler Mitglieder eines Unternehmens bei der Lösung von Problemen.

Informationsökonomik, Oberbegriff neuerer Gebiete der Wirtschaftswissenschaften, die die Bedeutung der Informationen betonen. Einen Schwerpunkt bildet das Entscheidungskalkül von Wirtschaftsobjekten über den notwendigen Informationsumfang: Je mehr Informationen beschafft werden, desto bessere Entscheidungen lassen sich treffen; andererseits sind mit der Informationsbeschaffung und -verarbeitung Kosten verbunden. Die Wirkungen der Annahmen spezieller Informationslücken auf das Verhalten ökonomischer Entscheidungsträger sind für viele einzelne Märkte (Güter-, Versicherungs-, Arbeits-, Kapitalmärkte usw.) untersucht worden. In jüngster Zeit befassen sich insbesondere kontrakttheoretische Modelle (Einbeziehung von Unsicherheit über zukünftige Umweltzustände, z. B. Absatzchancen) sowie der Transaktionskostenansatz (Informationen sind nicht kostenlos erhältlich, sondern es müssen dafür Transaktionskosten aufgewendet werden) mit der I.

Informationspflicht, Verpflichtung eines Handlungsträgers zur regelmäßigen oder unregelmäßigen Weitergabe von Informationen an einen anderen Handlungsträger.

Informationsrecht, → Betriebsrat

Informationssystem, Summe aller geregelten betriebsinternen und -externen Informationsbeziehungen einschließlich der technischen Einrichtungen und organisatorischen Regelungen. In der Regel wird der Begriff I. heute als ein Sammelbegriff für alle Arten von Planungs-, Entscheidungs-, Dispositions-, Kommunikations- usw. Systemen verstanden. Alle Systemarten haben den Zweck, betriebliche Informations-verarbeitung bzw. Informationsverarbeitungsprozesse zu unterstützen. Bei rechnergestützten I. bestehen die technischen Komponenten aus der Hardware und der anwendungsspezifischen Software. – Die Menge an I. im Unternehmen läßt sich in mehrere *Klassen* einteilen: (1) Auf unterster Ebene sind die mengenorientierten operativen I. (Administrations- und Dispositionssyteme) angesiedelt. Dabei handelt es sich in einem Industriebetrieb beispielsweise um I. der Auftragslogistik, der Materialwirtschaft, der Betriebsdatenerfassung usw.; im Bankbereich um Systeme zur Abwicklung des Zahlungsverkehrs sowie des Spar- und Girogeschäfts. (2) Die *wertorientierten Abrechnungssysteme* bilden die zweite Ebene mit der Finanzbuchhaltung, Lohn- und Gehaltsabrechnung u.ä. (3) Die dritte Ebene betrifft die *Berichts- und Kontrollsysteme,* z.B. Controlling und Kostenrechnung. (4) Auf der vierten Ebene sind die Analyseinformationssysteme (z.B. Personalinformationssysteme oder Marketinginformationssysteme) und (5) auf der fünften Ebene die *Planungs- und Entscheidungssysteme der Geschäftsleitung.* – Die Sprachregelung ist auf diesem Gebiet nicht einheitlich. Im obigen Sinne sind DV-Anwendungen mit I. gleichzusetzen. Früher wurde der Begriff I. nur für die Gruppe von DV-Anwendungen, deren Schwerpunkt in der Auswertung und entscheidungsbezogenen Aufbereitung vorhandener Basisinformationen lag, verwendet. Die innerhalb eines I. anfallenden Daten werden im allgemeinen in strukturierter Form in → Datenbanken gesammelt. Besondere Bedeutung haben *integrierte I.* Sie sollen bereichsübergreifend im Unternehmen genutzt werden können (→ Unternehmensdatenmodell). Erst damit können Schnittstellenprobleme (zwischen nicht integrierten Systemen), Datenredundanzen und Inkonsistenzen (zwischen den Daten nicht integrierter Systeme) vermieden werden.

Informationssystemplanung, → strategische Informationssystemplanung

informationstechnische Arbeitsplatzgestaltung, in der → Ergonomie Maßnahmen zur Erleichterung der Informationsaufnahme des Arbeitenden und zum Abbau von Fehlerquellen der Wahrnehmung bei der Arbeitsplatzgestaltung.

Informations- und Kommunikationstechnik. 1. *Grundlagen der rechnergestützten → Informationsverarbeitung.* Diese Techniken bestehen zum einen aus der → Hardware, zum anderen aus der → Software. Dabei bekommt unter dem Aspekt der unternehmensübergreifenden Informationsverarbeitung v.a. die Telekommunikation eine zunehmende Bedeutung. Vor dem Hintergrund der Integration der Informationsverarbeitung nimmt die Datenbanktechnik eine besondere Stellung ein.
2. Die *Akzeptanz* durch die Benutzer ist Voraussetzung für die Realisierung des Nutzenpotentials moderner Informations- und Kommunikationstechnik. Die Akzeptanz drückt sich zum einen in der Einstellung, zum anderen im Verhalten der Benutzer aus. Akzeptanz kann erreicht werden, wenn die bereitgestellte Informations- und Kommunikationstechnik den Erwartungen der Benutzer so weit wie möglich entspricht. Voraussetzung hierfür ist die intensive Einbeziehung der Benutzer in den Gestaltungsprozeß, so daß Ängste möglichst nicht aufkommen. Der anzustrebende Idealzustand ist der überzeugte Benutzer, der eine positive Einstellung zur Technik hat und sie aktiv nutzt.

Informationsverarbeitung. 1. *Begriff*: Informationen können als zweckorientiertes Wissen verstanden werden. Ihre Verarbeitung betrifft das Erfassen, Speichern, Transformieren und Kommunizieren von Informationen durch Menschen und/oder Maschinen. Die rechnergestützte Informationsverarbeitung drückt sich aus in konkreten → Informationssystemen im Unternehmen.
2. *Nutzen*: Früher standen für Systeme der Informationsverarbeitung nahezu auschließlich verfügbare Rationalisierungspotentiale im Mittelpunkt von Wirtschaftlichkeitsbetrachtungen. Bei heutigen Anwendungssystemen müssen jedoch weitere Größen berücksichtigt werden. So führen Informationssysteme im Regelfall zu einer höheren Produktivität der Mitarbeiter, zu einer Verbesserung der Qualität der betrieblichen Leistungen und zu einer Verschiebung der Tätigkeitsstrukturen der Mitarbeiter hin zu höherwertigen Tätigkeiten. Als Problem erweist sich meist die zahlenmäßige Abschätzung dieser Effekte. Dazu wurden in der einschlägigen Literatur einige Modelle vorgestellt (z.B. Hedonistisches Modell). Vgl. auch → Informationsmanagement. Immer wichtiger werden andererseits strategische Aspekte bei der Realisierung von Informationssystemen. So verspricht man sich durch solche Systeme häufig eine verbesserte Wettbewerbsposition, den Aufbau von Markteintrittsschranken für Mitbewerber u.a. Die zahlenmäßige Abschät-

zung des Nutzens solcher Systeme ist natürlich, wenn überhaupt, nur sehr schwer möglich. Deshalb setzt man gerade in diesem Bereich auf den Vergleich mit bereits abgewickelten Projekten und versucht dort vorgefundene Szenarien auf die eigene Situation zu übertragen. 3. *Organisation*: Die organisatorische Gestaltung der Informationsverarbeitung in Unternehmungen betrifft zum einen die Aufbau- und zum anderen die Ablauforganisation. Im Rahmen der Aufbauorganisation stellt sich einerseits die Frage der Eingliederung in die Organisation der Unternehmung und andererseits des Aufbaus der Informationsverarbeitung. In vielen mittleren und größeren Unternehmungen wurden die DV-Abteilungen früher dem Funktionsbereich Finanz- und Rechnungswesen zugeordnet. Aufgrund der zunehmenden unternehmerischen Bedeutung der Informationsverarbeitung gibt es in einigen Großunternehmen bereits einen Vorstandsbereich „Informationsverarbeitung“ (→ Informationsmanagement). Dies trifft insbesondere für Banken und Versicherungen zu.
In Abhängigkeit von der Größe und der Vielfalt der vorhandenen und zu entwickelnden → Informationssysteme läßt sich der Bereich Informationsverarbeitung beispielsweise gliedern in: Systemanalyse und -entwurf, Programmierung, Rechenzentrum, Rechnernetze und Kommunikationssysteme, Benutzerservice, Controlling der Informationsverarbeitung, Unterstützungsfunktionen (z.B. Methoden und Werkzeuge, Schulung). Die konkrete Entwicklung von DV-Anwendungen erfolgt in der Regel in gemischten Projektteams (→ Projektmanagement). In diesen Teams sind sowohl Fachleute aus dem Bereich Informationsverarbeitung als auch Mitarbeiter aus den Fachabteilungen vertreten. In zunehmendem Umfang geht man in größeren Unternehmungen dazu über, in den einzelnen Fachbereichen eigene Kompetenz und Verantwortung für Informationsverarbeitung aufzubauen. – 4. *Controlling*: Vgl. → Controlling

informelle Gruppe, sich aufgrund von Sympathiebeziehungen von der Organisation ungeplant herausbildende Gruppe, die i.d.R. nicht deckungsgleich mit → formellen Gruppen ist und oft abweichende Gruppennormen, Verhaltensweisen und Kommunikationswege hat. Informelle Gruppen können mit Hilfe der Soziometrie identifizert werden.

informelle Kommunikation, sich in einer Organisation abweichend von den im Rahmen der → Ablauforganisation geplanten Kommunikationsstrukturen aufgrund von Sympathiebeziehungen bzw. → informellen Gruppen ergebende → Kommunikation.

informelle Organisation, Gesamtheit der sich in einer Organisation aufgrund von Sympathiebeziehungen entwikkelnden → informellen Gruppen und → informellen Kommunikation, die dazu führt, daß de facto neben der offiziellen geplanten Aufbau- und Ablauforganisation eine zweite Organisationsstruktur entsteht.

Infotainment. Diese Kombination aus Information und Entertainment (Unterhaltung) beschreibt die Vermischung von Techniken aus dem Showbusiness mit der Informationspräsentation, z.B. im Fernsehen.

Inhaltstheorien der Motivation, motivationstheoretische Ansätze, die zu erklären versuchen, was individuelles Handeln und Verhalten erzeugt. Die bekanntesten Inhaltstheorien sind die

→ Bedürfnispyramide von Maslow, die → ERG-Theorie von Alderfer und die → Zwei-Faktoren-Theorie von Herzberg.

initiating structure, → Aufgabenorientierung

Inkasso, Einzug von fälligen Forderungen, z.B. Wechseln.

Inkassopolitik, Instrument im Rahmen des → Debitoren-Managements. Das Unternehmen kann mehr oder weniger starken Druck auf säumige Schuldner mit Hilfe des Mahnwesens, durch Inkassobüros und gegebenenfalls durch gerichtliche Verfolgung ausüben. Diese „liberale Kreditpolitik“ kann u. U. den Absatz fördern.

inkrementale Planung, Planungsverfahren, das im Gegensatz zur → synoptischen Planung auf einer schrittweisen, an aktuellen Problemsituationen orientierten Vorgehensweise basiert, ohne daß explizite Zielvorgaben existieren. Vorteilhaft ist die hohe Problemlösungskapazität.

Inkrementalismus, sukzessive Anpassung an sich verändernde Umweltbedingungen, z.B. durch den Verzicht auf explizite Zielvorgaben und Strategiealternativen sowie Auswahl derjenigen Handlungsalternativen, die für die aktuelle Problemlösung am geeignetsten erscheinen (→ inkrementale Planung).

Inkubator-Organisation, („Mutter-“) Organisation, aus der heraus ein innovativer Gründer seine eigene Unternehmung (spin off) gründet (z.B. früherer Arbeitgeber, Hochschule). Vielfach entwickeln spätere Unternehmensgründer ihre Gründungsidee aus dem engeren Arbeitsumfeld heraus, in dem sie früher tätig waren. Die Gründungsideen können im Hinblick auf das Produkt- und Leistungssortiment der I. konkurrieren, komplementären oder indifferenten Charakter haben. Auch die Strategie des Gründers kann bezogen auf die Wettbewerbsposition der I. unterschiedlich ausgestaltet sein. Häufig versucht das Management von I. – insbesondere, wenn es sich um ökonomisch tragfähige und technologisch attraktive Gründungsideen handelt –, durch Unterstützungsleistungen finanzieller (z.B. günstige Kredite), personeller (z.B. Mitnutzung von Sekretariat) oder infrastruktureller Art (z.B. Öffnung von Vertriebswegen) eine nutzbringende Verbindung zum Gründungsunternehmen aufrechtzuerhalten oder aufzubauen und/oder sich am Gründungsunternehmen sogar zu beteiligen, um sich einen Zugriff auf Innovationspotentiale zu erhalten. In Einzelfällen können I. die „Ausgründung“ als institutionalisierte Form der Verselbständigung innovativer Know-how-Träger aktiv vorantreiben. Diese Situation wird sich vor allem dann ergeben, wenn sich innovativ-unternehmerische Belegschaftsmitglieder als Störenfriede entpuppen oder sich innovative Ideen im u.U. engen organisatorischen Rahmen der Mutterorganisation nicht erfolgreich vorantreiben lassen.

Innendifferenzierung, in der Systemtheorie eine Strategie zur Reduktion von Umweltkomplexität, die in der Bildung von spezialisierten Subsystemen besteht. Diese sind leichter als das Gesamtsystem in der Lage, mit den entsprechenden Umweltausschnitten zu interagieren bzw. sich dortigen Änderungen anzupassen.

Innenfinanzierung, → Finanzierung

Innenrevision, → interne Revision

Innenumsatzerlöse, → Umsatzerlöse

innerbetriebliche Leistungen, in Abgrenzung zu Absatz- oder Marktleistungen erbrachte Leistungen, die im Betrieb wieder verbraucht werden. – Unterschieden werden, bezogen auf den Jahresabschluß, aktivierbare und nicht aktivierbare innerbetriebliche Leistungen. *Aktivierbare* werden wie fremdbezogene Leistungen behandelt und über ihre Nutzungsdauer hinweg abgeschrieben; *nicht aktivierbare* werden in der Abrechnungsperiode ihrer Erstellung verbraucht (z.B. selbsterstellter Strom). Sie werden im Rahmen der → innerbetrieblichen Leistungsverrechnung erfaßt und über die Verteilung auf Kostenstellen auf die Kostenträger umgelegt.

innerbetriebliche Leistungsverrechnung, Erfassung und Verrechnung der Leistungen eines Unternehmens, die nicht Marktleistungen sind, sondern in der Abrechnungsperiode vom Betrieb wieder verbraucht werden (→ innerbetriebliche Leistungen). Diese Leistungen werden auf die empfangenden → Kostenstellen umgelegt (erfolgt im Rahmen der → Betriebsabrechnung). – Grundproblem der i. L. ist die gegenseitige Verflechtung der Leistungsbeziehungen, d.h. daß eine Kostenstelle ihre Leistungen eigentlich erst dann kalkulieren kann, wenn sie weiß, mit welchen Kosten die von anderen Kostenstellen empfangenen Leistungen anzusetzen sind. – Drei *Verfahren* werden unterschieden: Anbau-, Gleichungs- und Stufenleiterverfahren. a) *Anbauverfahren*: Der innerbetriebliche Leistungsaustausch zwischen den Hilfskostenstellen wird nicht berücksichtigt, sondern die Hilfskostenstellen werden direkt über die Hauptkostenstellen abgerechnet. b) *Gleichungsverfahren*: Der innerbetriebliche Leistungsaustausch wird bei diesem Verfahren mit Hilfe von linearen Gleichungen erfaßt, wobei die Variablen der Gleichungen den ermittelten Verrechnungssätzen entsprechen. Wegen der exakten Kostenüberwälzung gilt das Gleichungsverfahren als am geeignetsten. c) *Stufenleiterverfahren (Treppenverfahren)*: Das Stufenleiterverfahren ist eine einfache Näherungslösung. Die Leistungen der noch nicht abgerechneten Hilfskostenstellen werden bei der Ermittlung der Leistungen einer vorhergehenden Hilfskostenstelle vernachlässigt.

innerbetriebliche Stellenausschreibung, → interne Stellenausschreibung

Innovation. Als I. bezeichnet man eine technische, soziale, prozessuale, strukturale oder ökonomische Neuerung (Invention, Erfindung), wenn sie vom Innovator erstmals angewandt bzw. am Markt eingeführt wird. Der Anwendungsbezug und die subjektive Neuheit für den Anwender sind kennzeichnende Eigenschaften von I. Die Rolle des Innovators ist nach Schumpeter eine der wichtigsten Funktionen des Unternehmers. Innovationen sind für die Unternehmensentwicklung sehr wichtig. Die Stärke der Innovationskraft eines Unternehmens wird in der Praxis durch die Innovationsrate (Verhältnis des Umsatzes der in den letzten n (z.B. 5) Jahren neu eingeführten Produkte oder Verfahren zum Gesamtumsatz in einem Jahr gemessen. Bei zwischenbetrieblichen und zeitlichen Vergleichen ist Vorsicht angebracht. Innovative Ideen werden entweder durch Re-Interpretaion von bereits bestehenden Informationen oder durch völlig neuartige Informationen hervorgebracht (revolutionäres Informationsverhalten). Ihr Ursprung kann auf zufälliger und unbewußter Perzeption (unternehmerische Intuition) oder auf bewußten und zielgerichteten Managementaktivitäten basieren (gezielte Forschung und Entwicklung), die im Einzelfall durch verschiedene Kreativitätstechniken unterstützt werden können (z.B. morphologischer Kasten, Brainstorming, Synektik). – Im Rahmen des sog. Innovationsprozesses gehen der Innovation mögliche Forschungs- und Entwicklungsaktivitäten voraus, die meist mit dem expliziten Ziel der Hervorbringung von Inventionen bzw. Erfindungen vorangetrieben werden. Dies schließt nicht aus, daß auch in den zeitlich nachgelagerten Phasen der Diffusion und anschließenden Imitation von I. Fort- und Weiterentwicklungen entstehen. Häufig sind es gerade die frühen Käufer und Anwender von Innovationen (Adopter) und weniger die ursprünglichen Erfinder, die durch ihren Gebrauch in der Praxis ergänzende oder neuartige Anwendungsgebiete für die Innovationen erschließen und damit erst zur kräftigen Diffusion in einem breiten Markt beitragen.

Innovationsbarrieren, strukturelle und psychologische Hindernisse für → Innovationen innerhalb einer Organisation, z.B. wenn die Mitarbeiter eher negative Einstellungen gegenüber Innovationen haben oder die → Organisationsstruktur deren Entwicklung und Anwendung behindert. – Aufgabe des *Innovationsmanagements* ist es, solche Barrieren abzubauen und stattdessen ein positives → Innovationsklima zu schaffen.

Innovationsgruppen, → Vorschlagsgruppen

Innovationsklima, Art der in einer Organisation vorherrschenden → Einstellung gegenüber → Innovationen; kann bei vorherrschender positiver Einstellung Innovationen fördern und bei negativer eine → Innovationsbarriere darstellen.

Innovationsmanagement, Teil der → Unternehmenspolitik; je nachdem wie weit der Begriff → Innovation gefaßt wird, kann es sich dabei um Führungsaktivitäten handeln, die die Markteinführung von neuen Produkten (Produktinnovationen), innerbetriebliche Durchsetzung von Prozeß- oder Sozialinnovationen etc. zum Gegenstand haben.

Input, in der Systemtheorie die Aufnahme von Ressourcen (z.B. Güter, Dienstleistungen) aus der Umwelt durch das System (z.B. Unternehmen).

Insolvenz, → Zahlungsunfähigkeit

Instandhaltungskosten, für die Aufrechterhaltung der Betriebsbereitschaft der Gegenstände des Anlagevermögens notwendige → Kosten, die im Jahresabschluß als Aufwendungen den Jahresüberschuß vermindern.

Instandhaltungsplanung, Systematische Vorbereitung und Festlegung aller Aktionen, die erforderlich sind, um die Funktionsfähigkeit der Produktionsanlagen eines Industriebetriebes bis zum Ende der wirtschaftlichen Nutzungsdauer vor Beeinträchtigungen zu schützen bzw. bei Verschleiß und Störungen wiederherzustellen. Die I. beinhaltet somit die zielorientierte Suche alternativer Instandhaltungsmaßnahmen, deren Beurteilung sowie die Auswahl der Instandhaltungsstrategie mit dem höchsten Zielerhaltungsgrad. – Monetäre *Hauptziele* der I.: Minimierung der Instandhaltungskosten; Minimierung der → Stillstandskosten. – Die Instandhaltungsmaßnahmen lassen sich in zwei grundsätzliche *Vorgehensweisen* unterscheiden: (1) Maßnahmen *vorbeugender Instandhaltung*. Diese umfaßt Planung und Abwicklung von Instandhaltungsmaßnahmen grundsätzlich vor Eintritt eines bestimmten schadensbedingten Anlagenzustandes bzw. eines ungesteuerten Anlagenausfalls. Hierzu zählen insbesondere Inspektion und Wartung. Aber auch vorbeugende Reparatur und vorbeugender Austausch oder sonstige vorbeugende Maßnahmen, wie z.B. Schutzanstriche oder Installation von Warneinrichtungen zählen dazu. (2) Maßnahmen *ausfallbedingter Instandsetzung.* Die Instandsetzung grenzt an den Ersatz ganzer Produktionsanlagen und erfaßt die Reparatur oder den Austausch von Baugruppen und einzelnen Anlageteilen. Die Beurteilung der alternativen Vorgehensweisen im Hinblick auf die Erreichung der Ziele kann vornehmlich mit Hilfe der Simulation vorgenommen werden.

Instandsetzungskosten, für die Erneuerung oder Renovierung von Gegenständen des Anlagevermögens entstehende → Kosten. Führt die Instandsetzung zu einer Werterhöhung des Anlagevermögens, so sind die I. im Unterschied zu den → Instandhaltungskosten in der Bilanz zu aktivieren und über die Nutzungsdauer abzuschreiben.

Instanz, Bezeichnung für eine Leitungseinheit, die mit Weisungsbefugnis gegenüber den ihr hierarchisch untergeordneten organisatorischen Einheiten ausgestattet ist. I. können nach der Zahl der Handlungsträger unterschieden werden: Singularinstanz und Pluralinstanz. Die I. ist ein Element der → Aufbauorganisation.

Institutionalisierung, in der Systemtheorie eine Strategie zur Reduktion von Umweltkomplexität, die in der organisationsweiten Vorschreibung bestimmter Verhaltensweisen, mit denen auf die Umwelt reagiert werden kann, besteht. Hierdurch werden andere mögliche Verhaltensweisen systematisch ausgeklammert.

instrumentelle Rationalität, technisch verstandene → Rationalität, die sich auf die Wahl von geeigneten Mitteln zur Erreichung eines gegebenen Zwekkes bezieht. Die Rationalität des gegebenen Zweckes wird dabei nicht hinterfragt, insofern ist i. R. immer formal.

Insurance-Management, → Risk-Management

Integration, in der Organisationstheorie → Koordination arbeitsteiliger Prozesse in einem Unternehmen, insbesondere deren Ausrichtung auf die Unternehmensziele. – In der Betriebswirtschaftslehre bezeichnet der Begriff auch den wirtschaftlichen und/oder rechtlichen Zusammenschluß mehrerer Unternehmen (→ Unternehmenszusammenschluß, → Konzentration).

Integrationsstil, im → Drei-D-Programm einer von vier Grundtypen des → Führungsstils, bei dem sich der Führende um eine gleichwertige Beziehungs- und Aufgabenorientierung bemüht. Eine effektive Nutzung erfolgt durch den Integrierer (Integrator), eine ineffektive durch den entscheidungsscheuen Kompromißler, der bei dem Versuch, es allen recht zu machen, weder die Aufgabe erfüllt, noch Mitarbeiterinteressen gerecht wird.

Intelligenztest, Instrument der → Personalauswahl, mit dem das geistige Vermögen und die Schnelligkeit des Denkens überprüft werden sollen.

intensionale Aufgabendefinition, Aufgabe, bei der nur ein unspezifisches Ziel angegeben wird, nicht jedoch der Weg zur Zielerreichung. Gegenteil: → extensionale Aufgabendefinition.

Inter-Media-Selektion, Auswahl geeigneter Werbeträgerarten bzw. -gruppen (z.B. Tageszeitung, Funk und Fernsehen) aus den in Betracht kommenden Mediengattungen. Selektionskriterien sind u.a. Darstellungsmöglichkeiten der Mediengattung, Durchdringung des Marktes, Reichweite, Verfügbarkeit und Kosten (Mediaselektion).

Interaktion, zweckgerichtetes soziales Handeln zwischen mindestens zwei Individuen bzw. Interagierenden, das aus zustandekommender verbaler und nonverbaler → Kommunikation sowie Austauschbeziehungen besteht.

Interaktionsanalyse, → Cross-Impact-Analyse

Interaktionsansatz der Führung, → Führungstheorie, bei der die wechselseitigen Beziehungen zwischen Führendem und Geführten in den Vordergrund gestellt und somit eine Brücke zwischen dem → Eigenschaftsansatz und dem → situativen Ansatz geschlagen wird. Führungserfolg ist danach eine Funktion der Eigenschaften und Fähigkeiten der beteiligten Individuen, den Situationsbedingungen und den jeweiligen führungsrelevanten Interaktionsprozessen.

Interaktions-Prozeß-Analyse, von Bales entwickeltes Verfahren zur Beschreibung von → Interaktion – insbesondere der Kommunikationsbeziehungen – in einer Gruppe. Danach ordnet ein Beobachter das Interaktionsverhalten der Gruppenmitglieder in ein Kategorienschema ein, das in vier Bereiche (positive bzw. negative Reaktionen, Bemühen um Antwort, Fragen) sowie gleichzeitig in sechs Problemfelder eingeteilt ist.

Interaktionsspiele, gruppendynamische Übungen, die durch eine Reduzierung der Komplexität wirklicher Prozesse dazu beitragen sollen, die Teilnehmer im Hinblick auf herausgestellte Aspekte der Interaktion zu sensibilisieren.

Interaktionstheorien der Führung, → Interaktionsansatz der Führung

Interdependenz, allgemein: gegenseitige Abhängigkeit

Intergruppenentwicklung (Intergruppenintervention), Methode der → Organisationsentwicklung zur Verbesserung der Zusammenarbeit zwischen zwei oder mehreren Gruppen unter Zuhilfenahme eines neutralen Dritten. Bei einem gemeinsamen Treffen stellen die beteiligten Gruppen ihre Sichtweise der jeweils anderen vor, so daß die Möglichkeit der Aufarbeitung von Wahrnehmungsverzerrungen und Vorurteilen besteht.

Intergruppenintervention, → Intergruppenentwicklung

interkulturelle Vergleichsforschung, → Cross-cultural-Management

internal consulting, → interne Beratung

Internalisierung, Übernahme von Normen und Werten in die Motiv-, Willens- und Handelsstruktur von Individuen. Diese Normen und Werte werden so Teil der Persönlichkeit und der

Personalidentität. Nur auf der Basis internalisierter Normen und Werte kann selbstbestimmtes Handeln auf Dauer verwirklicht werden. I. und damit das Verbindlich-Machen eines bestimmten Normen- und Wertsystems ist Ziel der Sozialisation und Erziehung.

international management, Teil der Managementlehre und -forschung, der sich auf Management in → internationalen Unternehmen (vgl. im einzelnen dort) und Aspekte des Managements im Ausland, insbesondere in anderen Kulturkreisen bezieht (→ Cross-cultural-Management).

internationales Marketing, planmäßige und systematische Bearbeitung ausländischer Märkte. Möglich sind verschiedene Formen der Internationalisierung: (1) *national marketing,* d.h. die länderspezifische Anwendung von Marketingstrategien (differenzierte Marktbearbeitung), (2) *global marketing,* d.h. keine Berücksichtigung länderspezifischer Besonderheiten, sondern standardisierte Marktbearbeitung sowie (3) *Mischformen* des national und des global marketing. – Für die einzelnen Formen der Internationalisierung sind verschiedene *Vor- und Nachteile* zu nennen. Die länderspezifische Bearbeitung berücksichtigt politische, wirtschaftliche, soziokulturelle und branchenspezifische Verhältnisse und ermöglicht die optimale Ausschöpfung des Marktpotentials. Die differenzierte Bearbeitung ist jedoch mit hohen Kosten verbunden. Das globale Marketing führt durch die Vereinheitlichung der Marketingstrategien und -prozesse zu höherer Effizienz, so daß Synergieeffekte genutzt werden können. Nachteilig ist die mangelnde Berücksichtigung von länderspezifischen Besonderheiten. Die Mischform ermöglicht die Ausnutzung der Vorteile der Standardisierung und der Differenzierung und versucht durch die Kombination der beiden Formen deren Nachteile zu vermeiden.

internationales Unternehmen, Unternehmen, das seine über den reinen Vertrieb hinausgehenden Aktivitäten auf mehrere Volkswirtschaften verteilt und in diese dauerhaft integriert hat. Die → Internationalisierung eines Unternehmens erfolgt i.d.R. über Vertriebsaktivitäten im Ausland, die Gründung von Tochtergesellschaften, Joint Ventures oder den Aufkauf von ausländischen Unternehmen bis hin zur Verlagerung von Aktivitäten, die über den Vertrieb hinausgehen (z.B. Produktion oder Forschung und Entwicklung). – Internationale Unternehmen können nach der *Art ihrer internationalen Orientierung* unterschieden werden. Während in → ethnozentrischen Unternehmen die Bedingungen des Stammlandes die Unternehmenspolitik dominieren, richten → polyzentrische Unternehmen ihre Politik nach den Bedingungen des jeweiligen Marktes aus. → Geozentrische Unternehmen verfolgen hingegen eine globale Strategie; bei ihnen ist i.d.R. auch das Kapital international verteilt. Wichtiger Schritt hierfür ist bei Aktiengesellschaften die Einführung an mehreren international wichtigen Börsen. – Das Ausmaß der Internationalisierung einzelner Unternehmen läßt sich anhand des Auslandsanteils bestimmter Potentiale (Gesamtvermögen, Anlagevermögen, Beschäftigte) Leistungsmerkmale (Produktionsvolumen, Umsatz, Gewinn) oder Kostenarten (z.B. Personalkosten, F+E-Kosten) messen, wobei eine Kombination dieser und anderer Merkmale die Aussagefähigkeit erhöht. – *Unternehmenspolitik:* Die Heterogenität der Umwelt und deren Einwirkung auf die Unternehmenspolitik ist das konstitutive Merkmal der i. U. Die Umweltvielfalt eröffnet einerseits die Chance, länderspezifische Unterschiede hinsichtlich der Faktorkosten, der Besteuerung, der staatlichen Reglementierungen usw. im Sinne der Verfolgung der Unternehmensziele zu nutzen. Andererseits stellt sie die Unternehmensleitung vor komplexere, teils auch neuartige Entscheidungsaufgaben: anders als bei der nationalen Unternehmung wird die Wahl der Umwelt (des Investitionslandes) für die i. U. zum Entscheidungsproblem, von dessen Lösung nachhaltige Wirkungen ausgehen. Die Tätigkeit in den verschiedenen Staaten erfordert ein gewisses Maß an Anpassung der betrieblichen Strukturen und Prozesse; die einzelnen Konzerngesellschaften müssen sich auf die Rechts-, Wirtschafts- und Währungsordnung des jeweiligen Staates einstellen und in ihrer Geschäftspolitik die ökonomischen und soziokulturellen Umweltbedingugnen berücksichtigen. Andererseits liegt in der weltweiten Einheitlichkeit der Unternehmenspolitik eine Stärke der i. U.: sie ist Voraussetzung für die Wahrnehmung von Synergieeffekten. Der Unternehmensleitung ist die schwierige Aufgabe gestellt, die geeignete Mischung von Differenzierung und Vereinheitlichung der Unternehmenspolitik zu finden, und zwar für jeden Funktionsbereich gesondert und im Zeitablauf immer wieder neu. Erfahrungsgemäß ist die Investitionspolitik in hohem Maße vereinheitlicht und organisatorisch zentralisiert, während etwa die Personalpolitik primär von der Umwelt geprägt und deshalb differenziert und organisatorisch dezentralisiert ist. Da die unternehmensinternen Austauschprozessse hinsichtlich Kapital, Know-how, Personal- und Sachgütern in i. U. Grenzen zu überwinden haben und bei von nationalstaatlichen Regelungen behindert und gar verhindert werden, entsteht ein weiteres Gestaltungsproblem. Eine zusätzliche Problemdimension der i. U. wird durch politische und Währungsrisiken aufgeworfen. Motive der Internationalisierung sind hauptsächlich: Marktsicherung (gegen Importrestriktionen und/oder Konkurrenz) und Markterschließung: die Bearbeitung eines Auslandsmarktes wird durch den Aufbau einer Produktionsstätte in diesem Markt erheblich erleichtert, woraus in der Regel auch die an dem Internationalisierungsschritt nicht beteiligten Sparten eines Unternehmens Vorteile ziehen („Brückenkopfeffekt“). Mit deutlichem Abstand folgen ressourcenorientierte Motive (Sicherung des Zugangs zu Rohstoffen, Energie und neuen Technologien), deren Bedeutung aber in den letzten Jahren zugenommen hat. Für deutsche Unternehmungen mit arbeitsintensiven Fertigungen hat das hohe Lohnniveau im Inland in früheren Jahren vielfach Anlaß zum Aufbau von Produktionsstätten im Ausland gegeben.

Internationalisierung, Prozeß der Entwicklung eines Unternehmens von einem nationalen zu einem → internationalen Unternehmen. I.d.R. verläuft die I. über die Erschließung eines ausländischen Marktes als Absatzgebiet oder dortige Kapitalbeteiligung bis zur Verlagerung zumindest eines Teiles der Leistungserstellung in den ausländischen Markt. Der Grad der I. eines Unternehmens läßt sich anhand des Auslandsanteils in mehreren Bereichen wie Kapitalanteile, Anlagevermögen, Beschäftigtenzahlen, Umsatz, regionale Verteilung der Produktionspotentiale etc. messen.

Internationalisierungsstrategie, Übergangsstrategie zum Aufbau eines auf ausländischen Märkten tätigen Unternehmens. Ursachen sind gesättigte Heimatmärkte, zu hohe Produktionskosten im Heimatland, Sicherung des Rohstoffzugangs, Zugang zu im Inland nicht verfügbarem Know-how u.a. Unter strategischen Gesichtspunkten liegt eine Internationalisierung nur dann vor, wenn das internationale Engagement auf eine Erschließung ausländischer Märkte zielt. Ansonsten handelt es sich z.B. bei der Verlagerung der Produktion aus Kostengründen um die Realisierung einer Strategie der Kostenführerschaft. Der Eintritt in ausländische Märkte ist durch Export, Lizenzverträge, Franchise, Joint Ventures sowie Tochtergesellschaften möglich. Nach der Übergangsphase müssen → multinationale Strategien entwickelt werden.

interne Beratung, Variante der → Unternehmensberatung, wobei die Beratung durch einen internen, beim Unternehmen angestellten Mitarbeiter (bzw. eine Gruppe von Mitarbeitern) erfolgt; wird in größeren Unternehmen zur Einrichtung einer für unternehmensinterne Beratungsleistungen zuständigen Einheit institutionalisiert.

interne Revision (Innenenrevision), → Prüfung, die durch Mitarbeiter des Unternehmens erfolgt, die nicht in die zu prüfenden Funktionsbereiche eingebunden sind; institutionell gesehen diejenige Stelle oder Abteilung innerhalb einer Organisation, die mit der Durchführung von Prüfungsaufgaben dauerhaft beauftragt ist.

interne Stellenausschreibung, als Instrument der organisationsinternen → Personalbeschaffung die Mitteilung über eine offene, zu besetzende Stelle, die zunächst an die Mitarbeiter des Unternehmens geht. Durch Betriebsvereinbarung bzw. im Rahmen von Auswahlrichtlinien kann festgelegt werden, daß bei jeder Stellenbesetzung erst eine interne Stellenausschreibung erfolgen muß, bevor potentielle externe Bewerber angesprochen werden, und daß bei der → Personalauswahl interne Bewerber zu bevorzugen sind.

interne Umwelt, Begriff der Systemtheorie, wonach aus der Sicht eines Subsystems alle anderen Teile des Systems (die anderen Subsysteme) Umwelt sind. Die interne Umwelt weist im Gegensatz zur externen einen höheren Ordnungsgrad und einen geringeren Grad an Komplexität auf.

internes Kontrollsystem, unternehmensinterner Teilbereich der Überwachung einer Organisation, der sämtliche Maßnahmen und Mechanismen der Kontrolle umfaßt; geht von den Grundsätzen der Funktionstrennung (Trennung von Durchführung und Kontrolle), angemessenen organisatorischen Regelung (weitgehenden Schaffung von Programmen) und der Automatik der Kontrolle aus. Instrumente sind z.B. Arbeitsanweisungen, Organisationspläne, Kontenpläne und mechanische Kontrollvorrichtungen.

internes Rechnungswesen, Begriff für die → Kostenrechnung als Bestandteil des → Rechnungswesens, der sich an der Unterscheidung der Adressaten des Rechnungswesens orientiert. Von internem Rechnungswesen wird gesprochen, wenn die Adressaten, die die Informationen vor allem zu dispositiven Zwecken benötigen, innerhalb des Unternehmens sind. Gegensatz: → Rechnungslegung (externes Rechnungswesen).

internes Überwachungssystem, → internes Kontrollsystem

Internship, → Praktikum

intervallfixe Kosten (sprungfixe Kosten), → Kosten, die innerhalb bestimmter Beschäftigungsbereiche den Charakter von → fixen Kosten haben. Ab der jeweiligen Grenze gibt es einen sprunghaften Fixkostenanstieg.

Intervention, Eingriff eines → change agent in das Klientensystem durch Anwendung der Methoden der Organisationsentwicklung.

Intra-Media-Selektion, Auswahl von Trägern innerhalb einer bestimmten Mediagruppe (z.B. Zeitschriften). Selektionskriterien sind z.B. räumliche Reichweite, zeitliche Verfügbarkeit, quantitative und qualitative Reichweite (Erreichen der Zielgruppe), Nutzungspreise etc. (→ Mediaselektion).

intracorporate entrepreneur, → Intrapreneur

Intrapreneur, innerbetriebliche „Unternehmer", die zwar festangestellte Mitarbeiter des Unternehmens sind, sich aber aufgrund ihrer Kreativität und Tatkraft wie innovative Unternehmer verhalten und neue Produkte, Dienstleistungen und Verfahren entwickeln; Intrapreneuring ist ein wesentliches Mittel des → Innovationsmanagements. Aufgabe ist die Unterstützung solcher Mitarbeiter und die Schaffung von Freiräumen.

Intrapreneuring, → Intrapreneur

Intrapreneurship, Geist von Innovation und Kreativität, der sich innerhalb eines bereits bestehenden Unternehmens entwickelt. Dagegen bezeichnet der Begriff *Entrepreneurship* dieselbe Einstellung, allerdings in einem neugegründeten Unternehmen.

intrinsische Motivation, → Motivation, die ohne Dazutun Außenstehender aus der betreffenden Person heraus entsteht; im Zusammenhang mit Arbeitsmotivation bezieht das betreffende Individuum aus der Aufgabenerledigung selbst Befriedigung und Motivation. Gegensatz: → extrinsische Motivation.

Inventar, mengen- und wertmäßiges Bestandsverzeichnis aller Vermögensgegenstände und Verbindlichkeiten eines Unternehmens zu einem bestimmten Zeitpunkt. Das Handelsgesetzbuch verpflichtet jeden Kaufmann bei der Aufnahme seines Gewerbes und zum Abschluß eines jeden Geschäftsjahres zur Aufstellung eines I. – Die *Grobgliederung des I.* besteht aus Vermögen, Schulden und Reinvermögen. – *Voraussetzung* für die Aufstellung ist eine → Inventur.

Invention, → Innovation

Inventur, mengen- und wertmäßige körperliche Bestandsaufnahme aller tatsächlich vorhandenen dinglichen Vermögensgegenstände (Maschinen, Kassenbestand u.a.) sowie durch Buchinventur von anderen Vermögensgegenständen (Forderungen, Bankguthaben) und Verbindlichkeiten zum Bilanzstichtag. -Folgende *Inventurmethoden* werden unterschieden: Stichtags-, verlegte, permanente sowie Stichprobeninventur.

Investition, zielgerichtete Verwendung von Finanzmitteln zur Beschaffung von → Anlagevermögen (Kapitalverwendung). – *Arten*: I. können nach Güterart, Investitionsanlaß, Träger, Funktions- und Aufgabenbereich, Bedeutung der Rendite, geographischen Raum usw. unterschieden werden. a) Nach dem Kriterium der Güterart differenziert man *Sach-, Finanz- und im-*

materielle Investitionen. b) Nach dem Kriterium des Investitionsanlasses erhält man *Neu-, Erweiterungs-, Rationalisierungs-, Ersatz- und Sozialinvestitionen.*

Investitionsanalyse, im Rahmen der → Finanzanalyse vorgenommene Analyse der Aktivseite der Bilanz durch die Aufstellung von Kennzahlen zur Ermittlung der Vermögensstruktur.

Investitionsgütermarketing (industrial marketing), Vermarktung von Wiedereinsatzfaktoren, die in Industrieunternehmen bzw. Organisationen zum Einsatz gelangen. Das Spektrum der angebotenen Marktleistungen ist breit gefächert, u.a. Roh- und Einsatzstoffe, Energie, Anlagen, schlüsselfertige Fabriken. Die Käuferkreise sind sehr heterogen, z.B. Klein-, Mittel- und Großunternehmen, Behörden sowie Regierungen. – Folgende *Merkmale* weist das I. auf: Es handelt sich um einen abgeleiteten Bedarf. Die Entscheidungsprozesse sind wesentlich langwieriger als im Konsumgütermarketing und werden u.a. von Faktoren wie Neuartigkeit der Problemlösung, Bereitschaft zum organisatorischen Wandel und Investitionsvolumen beeinflußt. Es sind i.d.R. mehrere Personen beteiligt, so daß den Entscheidungsprozessen in Gruppen sowie den unterschiedlichen Rollen und Interessen der Entscheider große Bedeutung zukommt. Charakteristisch ist die internationale Ausrichtung des Investionsgüterbereichs, da der Inlandsmarkt i.d.R. aufgrund der hohen Spezialisierung keine ausreichenden Absatzmöglichkeiten bietet. – Die *Marketinginstrumente* Produkt- und Programmpolitik, Kommunikations-, Distributions- sowie Kontrahierungspolitik weichen hinsichtlich der inhaltlichen Ausgestaltung und Schwerpunktsetzung vom Konsumgütermarketing ab. Die Produktpolitik dominiert alle anderen Instrumentalbereiche, insbesondere bei hoher Komplexität der Produkte und hohem Technologieniveau. Im Mittelpunkt kommunikationspolitischer Entscheidungen steht der persönliche Verkauf, der durch die hohe Erklärungsbedürftigkeit und Komplexität der Produkte begründet wird. Die mediengestützte Werbung steht eher im Hintergrund. In der Distributionspolitik bilden Formen des direkten Vertriebs den Mittelpunkt. Formen des indirekten Vertriebs, z.B. Handelsvertretungen sind besonders im internationalen Marketing von Bedeutung. Gegenstand der Kontrahierungspolitik sind Fragen der Vertragsgestaltung, während die Preis- und Rabattpolitik weniger bedeutend ist als im Konsumgütermarketing.

Investitionsplanung, Unternehmens-Teilplanung als Grundlage für Investitionsentscheidungen (→ Investition). – Die Investitionsplanung läßt sich in mehrjährige Investitions(programm)planung, einjährige Investitions(programm)planung – auch als Investitionsbudgetierung bezeichnet – sowie Investitionsprojektplanung unterscheiden. a) Die *mehrjährige I.* dient der Prognose des langfristigen Investitionsbedarfs und des hierfür erforderlichen Bedarfs. b) Die *einjährige I.* dagegen beschränkt sich auf die Investitionen des kommenden Planjahres. c) Für jedes Investitionsvorhaben wird eine *Investitionsprojektplanung* aufgestellt. – Die Investitionsplanung steht in enger Beziehung zur Finanz-, Produktions- und Absatzplanung, die das Investitionsprogramm determinieren.

Investitionspolitik, Bestandteil der → Unternehmenspolitik; realisierte und geplante Investitionen zur Verwirklichung der Unternehmensziele.

Investitionsrechnungen, im Rahmen der Planung von → Investitionen diskontinuierlich stattfindende Rechnungen, die die quantifizierbaren Faktoren einer Investitionsentscheidung berücksichtigen. – Formen: Unterschieden werden statische, dynamische sowie simultane I. (vgl. Abbildung). – a) *Die statischen I.* beschränken sich auf eine Betrachtungsperiode. Es handelt sich je nach Entscheidungskriterium um Kosten-, Erlös-, Gewinn-, Rentabilitäts- oder Amortisationsvergleichsrechnung. – b) Die *dynamischen, mehrperiodischen Verfahren* (Kapitalwertmethode, Methode des internen Zinsfußes, Annuitätsmethode) gehen davon aus, daß den zu beurteilenden Investitionsmöglichkeiten jeweils eine Auszahlungs-(Ausgaben-)Reihe und eine Einzahlungs-(Einnahmen)Reihe zugeordnet werden kann. (1) *Kapitalwertmethode:* Die möglichen Investitionsobjekte sind nach Maßgabe ihres Kapitalwertes je DM eingesetzten Kapitals (Anschaffungsausgaben) zu ordnen. Das Investitionsobjekt wird als das günstigste angesehen, das den höchsten Kapitalwert pro eingesetzter DM aufweist. Es ist als erstes in das Investitionsprogramm einzustellen. Es folgt das Projekt mit dem zweithöchsten Kapitalwert pro eingesetzter DM usw. Das Verfahren ist solange fortzusetzen, bis entweder kein Investitionsobjekt mit einem positiven Kapitalwert mehr vorhanden oder aber das für Investitionszwecke verfügbare Kapital aufgebraucht ist. (2) *Methode des internen Zinsfußes* (der möglichen Investitionsobjekte): Der Umfang des Investitionsobjekts wird – wie auch schon beim ersten Verfahren – bestimmt entweder durch die finanziellen Möglichkeiten des Unternehmens oder durch die vorhandenen Investitionsmöglichkeiten selbst. Verwirklicht werden nur solche, deren interner Zins über einen bestimmten, von der Unternehmensleitung geforderten Höhe liegt. (3) *Simultane I.*: Die neuere Entwicklung der I. geht dahin, Methoden zu finden, die es erlauben, das optimale Investitionsprogramm auch dann zu bestimmen, wenn die einengenden Voraussetzungen der dynamischen I. nicht oder nur zum Teil erfüllt sind. Mit Hilfe der linearen Optimierungsrechnung konnten Investitionsmodelle entwickelt werden, die in ihren Prämissen wesentlich weniger einengend sind als die oben beschriebenen traditionellen Methoden. Die lineare Optimierung erlaubt es, eine Maximierungs- oder Minimierungsaufgabe unter Nebenbedingungen zu lösen, die auch in Form von Ungleichungen gegeben sein dürfen. Das zentrale Anliegen der I., nämlich die Bestimmung des optimalen Investitionsprogramms, besteht nun aber gerade darin, eine bestimmte Größe unter Berücksichtigung bestimmter in Form von Ungleichungen gegebener Nebenbedingungen zu maximieren.

investment banks, in den USA Kreditinstitute, die vor allem Kredite an Unternehmen vergeben und im Wertpapiergeschäft tätig sind. Gegensatz: → commercial banks.

Investmentgesellschaften, Kapitalanlagegesellschaften, die Aktien und Anleihen (Schuldverschreibung) aus verschiedenen Branchen und Unternehmen kaufen, an denen eine Beteiligung über Investmentanteile möglich ist.

involvement (Einbindungskonzept), psychologische Selbsteinbindung eines Mitarbeiters in die jeweilige Organisation, in der eine positive Meinung hinsichtlich der eigenen Arbeit zum Ausdruck kommt und die sich insbesondere durch Verhaltensweisen ausdrückt, die über formal gefordertes (etwa in

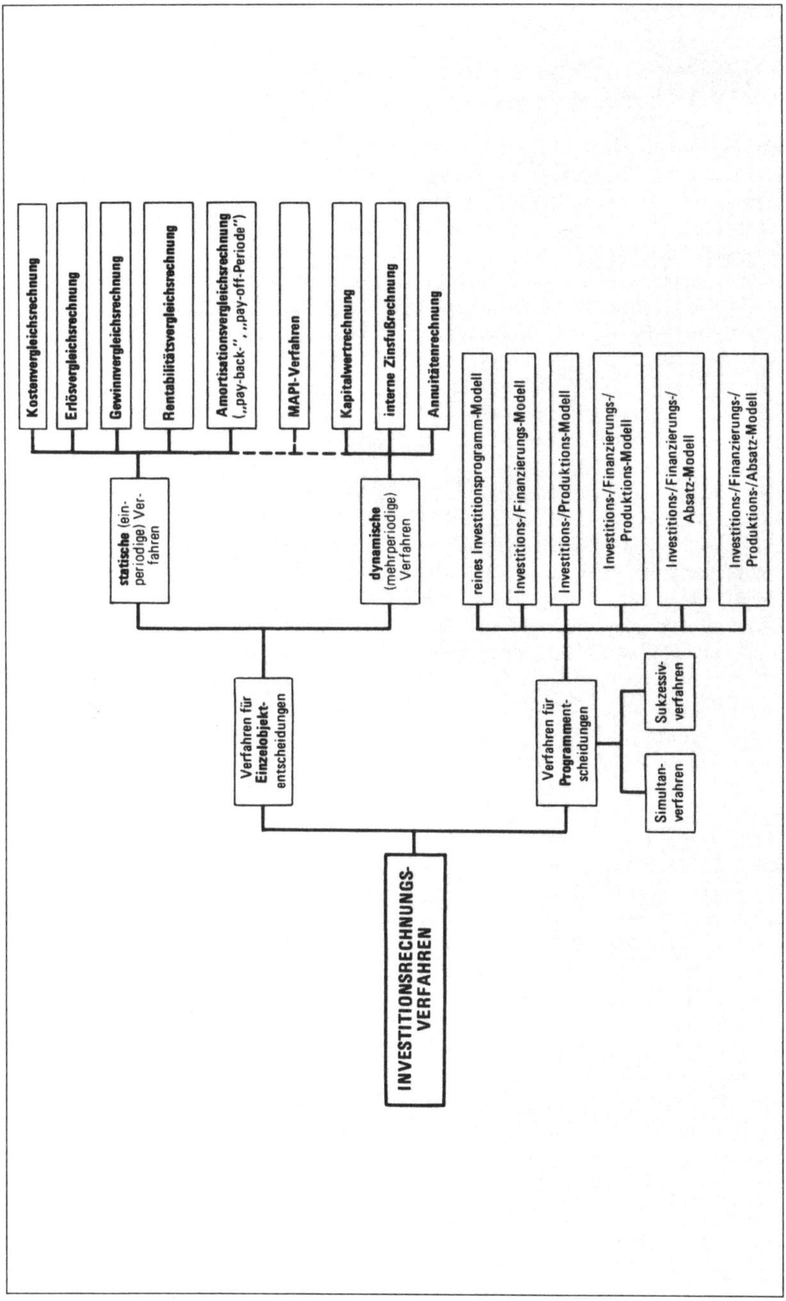
INVESTITIONSRECHNUNGS-VERFAHREN
Verfahren für Einzelobjektentscheidungen
Verfahren für Programmentscheidungen
statische (einperiodige) Verfahren
dynamische (mehrperiodige) Verfahren
Kostenvergleichsrechnung
Erlösvergleichsrechnung
Gewinnvergleichsrechnung
Rentabilitätsvergleichsrechnung
Amortisationsvergleichsrechnung („pay-back-", „pay-off-Periode")
MAPI-Verfahren
Kapitalwertrechnung
interne Zinsfußrechnung
Annuitätenrechnung
reines Investitionsprogramm-Modell
Investitions-/Finanzierungs-Modell
Investitions-/Produktions-Modell
Investitions-/Finanzierungs-/Produktions-Modell
Investitions-/Finanzierungs-/Absatz-Modell
Investitions-/Finanzierungs-/Produktions-/Absatz-Modell
Simultanverfahren
Sukzessivverfahren

der Stellenbeschreibung festgehaltenes) Verhalten hinausreichen.

IOWA-Studien, Ende der 30er Jahre von Lewin und Mitarbeitern mit Kindern durchgeführte verhaltenswissenschaftliche Experimente zur Beobachtung der Auswirkungen unterschiedlichen Führungsverhaltens auf Individual- und Gruppenverhalten. Die Studien führten zur klassischen Einteilung in den autoritären, den demokratischen Führungsstil und den Laissez-faire-Stil; sie gelten als Ausgangspunkt der modernen Führungsforschung.

ISDN (Integrated Services Digital Network). Während heute das öffentliche Fernsprechnetz auf der analogen Übertragungstechnik basiert, erfolgt die Übertragung und Vermittlung bei ISDN auf digitaler Basis. Dies ist die technische Grundlage zur einheitlichen Übertragung von Sprache, Text, Daten und Bild über ein Netz. Der Zugang zum ISDN erfolgt über einen Universalanschluß. Diesen gibt es als ISDN-Basisanschluß mit zwei 64 kbit/s B-Kanälen und einem D-Kanal mit 16 kbit/s als Signalisierungskanal. An diesen Basisanschluß können acht ISDN-Endgeräte angeschlossen werden, von denen zwei parallel betrieben werden können. Zum Anschluß an digitale Nebenstellenanlagen gibt es den Primärmultiplexanschluß mit 30 B-Kanälen und einem D-Kanal. – Die *Vorteile* von ISDN bestehen darin, daß sowohl Sprache, Text, Daten als auch Bild über einen Anschluß mit hoher Qualität und Geschwindigkeit übertragen werden können. Beim Telefonieren wird eine wesentlich verbesserte Dienstgüte erreicht. Der Komfort ergibt sich u.a. aufgrund einer Vielzahl neuer Dienstmerkmale. Beispiele hierfür sind bei den Anschlußdienstmerkmalen der Mehrdienstebetrieb und der Dienstewechsel; bei den Verbindungsdienstmerkmalen das Anklopfen mit Anzeige im Display, die Anrufweiterschaltung oder die Konferenzverbindung und bei den Informationsdienstmerkmalen die Anzeige der Verbindungsgebühr, Anzeige der Rufnummer des Anrufenden oder die Dienstekennung. – Alle anderen Text-, Daten- und Bildübertragungssdienste außer Telex werden mittel- bis langfristig durch ISDN-spezifische Dienste abgelöst werden. Ende 1993 wird die Deutsche Bundespost Telekom die *Vollversorgung des westlichen Teils der Bundesrepublik* erreicht haben. – Die Zukunftsperspektive stellt das *Breitband-ISDN* dar, bei dem auch die Bewegtbildkommunikation integriert sein wird.

ISO/OSI Referenzmodell. Das von der International Organization for Standardization (ISO) entwickelte Referenzmodell für offene Systeme (OSI, *O*pen *S*ystems *I*nterconnection) spezifiziert eine universelle Struktur zur Abwicklung der Datenkommunikation zwischen (Rechner-)Systemen. Das komplexe Problem der Datenübertragung wird in Teilprobleme (Schichten) zerlegt. Diese Schichten sind hierarchisch aufgebaut, so daß die vorgelagerte Schicht der nachgelagerten Schicht jeweils einen definierten Dienst bereitstellt. Bei beiden Kommunikationspartern findet sich die identische Schichtenstruktur, wobei die Schichten gleicher Stufe über sogenannte Protokolle miteinander kommunizieren. Diese Protokolle werden in Protokolldateneinheiten beschrieben. – Das Referenzmodell schlägt sieben Protokollschichten vor. Die Bitübertragungsschicht (Schicht 1) befaßt sich mit der elektronischen Darstellung der Bits und ihres ungesicherten Transports zwischen zwei benachbarten Systemen. Die Sicherungsschicht (Schicht 2) hat den grundsätzlichen Zweck, gesicherte Systemverbindungen zu gewährleisten, wobei Übertragungsfehler erkannt und korrigiert werden sollen. Die Vermittlungsschicht (Schicht 3) befaßt sich mit dem Datenaustausch zwischen Endsystemen über mehrere Knoten hinweg. Eine wesentliche Aufgabe ist die Wegewahl (Routing). Die Transportschicht vermittelt Daten zwischen den Endbenutzern in Endsystemen. Dadurch wird der Endbenutzer von den spezifischen Merkmalen der darunterliegenden Schichten abgeschirmt. Während die ersten vier Schichten dem anwendungsunabhängigen Transportsystem zuzurechnen sind, sind die Schichten 5 bis 7 anwendungsbezogen. Die primäre Aufgabe der Kommunikationssteuerungsschicht (Schicht 5) ist der Aufbau, die geordnete Durchführung und die Beendigung einer Kommunikationsbeziehung zwischen Anwendungssystemen (Endbenutzern). Die Darstellungsschicht (Schicht 6) stellt u.a. Sprachmittel bereit, die es erlauben, die Struktur von Protokolldateneinheiten der Anwendungsschicht zu beschreiben. In der Anwendungsschicht (Schicht 7) werden alle anwendungsspezifischen und kommunikationsrelevanten Teile eines Anwendungsprozesses abgebildet. – Ein *Beispiel* ist der X.400 Standard zur Abwicklung der Mitteilungsübermittlung.

Issue-Management, Vorstufe des → Krisenmanagements, das ein in seinen Chancen und Risiken noch weitgehend unbewertetes unternehmensrelevantes Ereignis (issue) zum Anlaß für Managementaktivitäten nimmt. Krisenmanagement im eigentlichen Sinne setzt erst da ein, wenn dieses Ereignis die Form einer Krise annimmt. – Vgl. auch → strategisches I.-M.

Istbeschäftigung, in der Plankostenrechnung die tatsächliche → Beschäftigung in der Abrechnungsperiode.

Istkosten. 1. Tatsächlich angefallene → Kosten der Abrechnungsperiode, die in der → *Istkostenrechnung* benötigt werden;
2. In der → *Plankostenrechnung* die zu Planpreisen angesetzte Istverbrauchsmenge.

Istkostenrechnung, Verrechnung der tatsächlich angefallenen → Kosten (Istpreise multipliziert mit Istverbrauchsmengen) einer Abrechnungsperiode. Preisschwankungen wirken sich direkt auf die Istkosten aus. Als reine Form ist die I. nicht zu verwirklichen, da immer Formen der Durchschnittsbildung vorliegen, z.B. bei der Berechnung der → kalkulatorischen Zinsen. Der Vorteil besteht in der Möglichkeit zur → Nachkalkulation, die nur auf Istkostenbasis möglich ist, der zentrale Nachteil darin, daß eine → Kostenkontrolle fast unmöglich ist.

Ist-Portfolio, im Rahmen der → Portfolio-Analyse vorgenommene Eingruppierung der Produkte bzw. strategischen Geschäftseinheiten (SGE) eines Unternehmens in eine Matrix z.B. in die → Marktanteils-Marktwachstums-Matrix. Durch Entwicklung und Gegenüberstellung eines → Soll-Portfolios können Handlungsschritte zur systematischen Entwicklung der strategischen Geschäftseinheiten abgeleitet werden.

Item, Grundaufbauelement einer Skala (z. B. eines Tests, eines Index, eines Fragebogens). Inhalt eines I. können Fragen, Aussagen (statements), Meinungen o. ä. sein, die die Auskunftsperson zu einer als Indikator verwendeten Reaktion veranlassen.

Iteration, Verfahren zur schrittweisen Lösung einer Gleichung oder eines Gleichungssystems. Mit Hilfe einer ersten Näherungslösung werden weitere Näherungslösungen berechnet, wobei diese Folge von Näherungslösungen unter gewissen Voraussetzungen gegen einen Grenzwert geht, der die Lösung des Gleichungssystems darstellt. Dieses Verfahren wird bei der Berechnung der Effektivverzinsung, bei Zeitreihenanalyse, geschichteten Zufallsstichprobenverfahren und bei Methoden des Operations Research angewandt.

IV, → Informationsverarbeitung

J

Jahresabschluß, am Schluß des Geschäftsjahres nach handelsrechtlichen Bestimmungen von Einzelfirmen und Personengesellschaften aufzustellende → Bilanz sowie → Gewinn- und Verlustrechnung. Kapitalgesellschaften haben zusätzlich → Anhang und → Lagebericht zu erstellen. Der J. dient der Dokumentation, der Gewinnermittlung und der Information des Kaufmanns sowie gegebenenfalls Außenstehender.

Jahresfehlbetrag, in Gewinn- und Verlustrechnung sowie Bilanz ausgewiesener → Verlust, der entsteht, wenn in einer Abrechnungsperiode die → Aufwendungen die → Erträge übersteigen. Gegenteil: → Jahresüberschuß.

Jahresüberschuß, in Gewinn- und Verlustrechnung sowie Bilanz ausgewiesener → Gewinn, der entsteht, wenn in einer Abrechnungsperiode die → Erträge die → Aufwendungen übersteigen. Gegenteil: → Jahresfehlbetrag.

Job, umgangssprachliche Bezeichnung für eine i.d.R. vorübergehende und niedrig qualifizierte Arbeitstätigkeit.

job assignment, Zuordnung von Personal auf bestimmte Stellen mit Hilfe der Methoden des Operations Research.

job characteristic model, Modell zur Beschreibung des Wirkungszusammenhanges zwischen der Art der → Arbeitsgestaltung und den Folgen für die Arbeitsplatzinhaber. Danach rufen fünf zentrale Dimensionen der Arbeit (Autonomiegrad, Feedback über die Arbeitsergebnisse, Vielfalt, Ganzheitlichkeit und Bedeutung der Aufgabe) beim Arbeitsplatzinhaber einen psychologischen Zustand (eine wahrgenommene Sinnhaftigkeit der Arbeit und Verantwortung für das Ergebnis und dessen Kenntnis) hervor, der zu konkreten Folgen für den Arbeitenden und die Arbeit führt (Motivation, Arbeitszufriedenheit, -qualität, Fluktuation und Absentismus). Die Dimensionen der Arbeit lassen sich dem Modell zufolge durch das → motivation potential score erfassen, der psychologische Zustand teilweise durch den → job diagnostic survey.

job description, → Stellenbeschreibung

job design, → Arbeitsfeldstrukturierung

job diagnostic survey, Instrument der Arbeitsgestaltung zur Erhebung des vom Arbeitsplatzinhaber wahrgenommenen Arbeitsinhaltes mittels eines standardisierten Fragebogens. Aufgrund der Befragungsergebnisse werden ggf. Änderungen des Arbeitsinhaltes vorgenommen (job characteristic model).

job discrimination, Diskriminierung bzw. Benachteiligung bestimmter Gruppen von Arbeitnehmern am Arbeitsplatz, der i.d.R. außerbetriebliche Motive zugrundeliegen. Die Diskriminierung spiegelt eine gesellschaftlich verbreitete Benachteiligung insbesondere von Frauen sowie religiösen, rassischen, politischen oder sexuellen Minderheiten wider.

job enlargement (Arbeitserweiterung), Methode der → Arbeitsstrukturierung, bei der der Arbeitsinhalt quantitativ durch die Einbeziehung weiterer Arbeiten vergleichbaren Schwierigkeitsgrades vergrößert wird.

job enrichment (Arbeitsbereicherung), Methode der → Arbeitsstrukturierung, bei der der Arbeitsinhalt qualitativ vergrößert wird durch die Einbeziehung von vor- und nachgelagerten Aufgaben der Planung und Kontrolle. *Variante*: → orthodox job enrichment.

job evaluation, → Arbeitsbewertung

job pairing, Variante des → job sharing, bei der zwar eine Stellenaufteilung erfolgt, wesentliche Entscheidungen jedoch gemeinsam getroffen werden müssen.

job redesign, Neugestaltung eines Arbeitssystems durch Maßnahmen der → Arbeitsstrukturierung.

job restructuring, → job design

job rotation, Methode der → Arbeitsstrukturierung, bei der der Arbeitnehmer zur Vermeidung von Monotonie geplant und regelmäßig zwischen Arbeitsplätzen mit unterschiedlichen Arbeitsinhalten wechselt (rotiert).

job sharing (Partnerteilzeitarbeit), Teilung von Arbeitsplätzen (Stellenaufteilung) durch zwei oder mehr Arbeitnehmer mit Teilzeitarbeitsverhältnissen. *Varianten*: → job pairing, → job splitting.

jobshop sequencing, → Reihenfolgeplanung

job splitting, Variante des → job sharing, bei dem im Gegensatz zum → job pairing die beteiligten Arbeitnehmer die während ihrer Arbeitszeit anfallenden Tätigkeiten und Entscheidungen ohne Einbeziehung der anderen Beteiligten erledigen können.

job structuring, → Arbeitsstrukturierung

Johari-Fenster, Instrument zur Analyse von Interaktionsbeziehungen zwischen zwei Individuen und von Gruppenprozessen. Das J. umfaßt vier Quadranten zur Erfassung der unterschiedlichen Bewußtseinsebenen, die für Interaktionsbeziehungen wichtig sind. Bei Gruppenprozessen beschreibt die Größe des jeweiligen Quadranten die jeweilige Bedeutung einer Ebene.

	anderen unbekannt	anderen bekannt
mir bewußt	verborgen (2)	offen (1)
mir unbewußt	unbekannt (4)	unbewußt (3)

Joint Venture, Form der Zusammenarbeit eines ausländischen Unternehmens mit einem oder mehreren Unternehmen eines Gastlandes (Auslandsmarktes), etwa durch Lizenzvergabe, Vertragsfertigung, Managementverträge oder Gründung von Gemeinschaftsunternehmen. Im engeren Sinne bezeichnet Joint Venture ein Beteiligungs- oder Gemeinschaftsunternehmen, das sich auszeichnet durch kapitalmäßige Beteiligung und anteilige Risikoübernahme der Partner, unterschiedliche Nationalitäten der Partner und längerfristige Zusammenarbeit auf vertraglich geregelter Basis. Joint Ventures können verschiedenen Zwecken dienen: z.B. in der Produktion zum Erzielen von Kostenvorteilen und einer geographischen Nähe zum Absatzmarkt; im Vertrieb zur Verwirklichung von Wettbewerbs-, Marketing- und Rationalisierungszielen; in Forschung und Entwicklung zur Kostenreduzierung. Eingegangen werden sie von einem Unternehmen jedoch nur dann, wenn dieses nach eigener Auffassung nicht in der Lage ist, den betreffenden Auslandsmarkt selbst zu erschließen. Entsprechende Gründe können sein: mangelnde Kenntnis über den Markt, Eintrittsbarrieren für ausländische Unternehmen, fehlendes Distributionssystem oder Kapitalmangel. In vielen Fällen beendet ein Partner die Zusammenarbeit, sobald diese Barrieren beseitigt sind.

Journal, → Grundbuch

Jugendarbeitsschutz, Gesetz zum Schutze der arbeitenden Jugend vom 12.4.1976 mit Änderung vom 15.10.1984, das die Beschäftigung von Kindern und Jugendlichen regelt. Von den Regelungen betroffen sind Personen unter 18 Jahren, wobei zwischen Kindern (unter 14 Jahren) und Jugendlichen (14 – 18 Jahre) unterschieden wird. Bis auf einige Ausnahmen ist die Arbeit für Kinder grundsätzlich verboten. Ausnahmen werden unter bestimmten Voraussetzungen gemacht, z.B. bei einem Betriebspraktikum, gelegentlichen, leichten Tätigkeiten oder Mithilfe in der Landwirtschaft, wobei eine Arbeitszeit von 2-3 Stunden täglich nicht überschritten werden soll. Jugendliche sollen höchstens 8 Stunden täglich und nicht mehr als 40 Stunden wöchentlich arbeiten. Zwischen 20 und 6 Uhr dürfen Jugendliche nicht beschäftigt werden, außer in Gastwirtschaften, Hotels, Bäckereien und Schichtbetrieben. Besondere Regelungen gelten auch für die Arbeit an Samstagen, Sonn- und Feiertagen. 15jährige erhalten 30 Tage Urlaub, 16jährige 27 und 17jährige 25 Werktage im Jahr.

Jugendvertretung, spezielle Interessenvertretung jugendlicher Arbeitnehmer, die laut Betriebsverfassungsgesetz in Betrieben mit mehr als fünf Beschäftigten unter 18 Jahren zu bilden ist. Die Wahlperiode beträgt zwei Jahre. Hierdurch soll jugendlichen Arbeitnehmern, die an der Wahl des Betriebsrates nicht beteiligt sind, die Möglichkeit gegeben werden, ihre Interessen und Belange selbst wahrzunehmen. Die J. kann an Sitzungen des Betriebsrates beratend teilnehmen. Sie hat im Betriebsrat ein Stimmrecht, sofern dort Beschlüsse überwiegend jugendliche Arbeitnehmer betreffen. Ferner kann die J. spezielle Jugendversammlungen einberufen und hat über die Einhaltung der besonderen Schutzrechte für Jugendliche zu wachen.

Just-in-time-Management, in Japan entwickeltes Verfahren der dezentralen Planung und Steuerung, bei dem die zur Produktion notwendigen Vorleistungen genau dann produziert oder angeliefert werden, wenn sie benötigt werden. Ziele sind insbesondere die Reduktion der Lagerhaltung und die Verringerung der Durchlaufzeit in der Fertigung. Maßeinheit ist in der Regel ein Tag. Einsatzmöglichkeiten finden sich vor allem bei Großserienfertigung. Unternehmensintern bedeutet J. eine Synchronisation der einzelnen Produktionsstufen, für Zulieferer eine Abstimmung der eigenen Produktion der Vorleistungen mit der Produktion des Abnehmers sowie eine Übernahme der entsprechenden Logistik und ggf. der Lagerhaltung. J. erfolgt entweder verbrauchsorientiert (→ Kanban-Management), indem produziert bzw. angeliefert wird, was am Vortag verbraucht wurde, oder bedarfsorientiert (Synchronproduktion), indem produziert bzw. angeliefert wird, was am Folgetag benötigt wird.

K

Kader, in der früheren DDR benutzter Begriff zur Bezeichnung von Personen, die aufgrund ihrer politischen Zuverlässigkeit und fachlichen Fähigkeiten sowie ihrer charakterlichen Eigenschaften als geeignet für Führungspositionen galten; wird teilweise auch in Österreich und der Schweiz zur Bezeichnung von → Führungskräften benutzt.

Kaizen, japanischer Ausdruck für ständiges Streben nach → Qualitätssicherung und -verbesserung.

Kalkulation, Ermittlung der Selbst- bzw. Herstellkosten der produzierten Leistungen mit verschiedenen → Kalkulationsverfahren. Nach dem Zeitpunkt der Kalkulation werden Vor-, Zwischen- und Nachkalkulation unterschieden. Die *Vorkalkulation* wird vor der Durchführung spezieller Anträge vorgenommen, um so eine Entscheidung über Annahme oder Ablehnung eines Auftrages treffen zu können. Eine *Zwischenkalkulation* wird zwecks Bilanzierung bei langen Produktionsdauern sowie für dispositive Zwecke durchgeführt. Die *Nachkalkulation* wird zur Ermittlung der Istkosten eines Auftrages durchgeführt und dient der Erfolgskontrolle.

Kalkulationsprogramme, → Tabellenkalkulation

Kalkulationssätze, Sätze zur Verrechnung der Gemeinkosten auf die Kostenträger. Sie werden in der Betriebsabrechnung gebildet und verbinden Kostenstellen- und Kostenträgerrechnung. K. werden durch den Bezug der Gemeinkosten einer Kostenstelle auf eine Bezugsgröße für diese Kostenstelle ermittelt. Im Materialbereich wird beispielsweise unterstellt, daß die Materialgemeinkosten in einer Beziehung zu den Einzelmaterialkosten stehen.

Kalkulationsverfahren, Verfahren zur → Kalkulation der betrieblichen Leistungen. Unterschieden werden → Divisionkalkulation, → Zuschlagskalkulation sowie → Kuppelkalkulation.

kalkulatorische Abschreibung, Bestandteil der → kalkulatorischen Kosten, der in der → Kostenartenrechnung erfaßt wird. Die k. A. entsteht durch eine andere Bewertung des betriebsbedingten Werteverzehrs des Anlagevermögens als die → Abschreibungen, die im Rahmen des Jahresabschlusses gebildet werden (→ Anderskosten). K. A. sollen den tatsächlichen Wertverlust der Anlagen erfassen, um eine → substantielle Kapitalerhaltung zu gewährleisten, so daß nach Ablauf der Nutzungsdauer eine Wiederbeschaffung möglich ist. Deshalb wird von den Wiederbeschaffungskosten inkl. Preissteigerungen ausgegangen, von denen planmäßige Abschreibungen vorgenommen werden. Im Unterschied hierzu steht das Prinzip der → nominellen Kapitalerhaltung in Bilanz sowie Gewinn- und Verlustrechnung. Von den → Abschreibungsverfahren ist die lineare Abschreibung in der Praxis aufgrund der rechnerischen Einfachheit sowie der gleichmäßigen Belastung der Abrechnungsperioden stark verbreitet. K. A. werden nur vom betriebsnotwendigen Anlagevermögen vorgenommen, sie enden im Gegensatz zur bilanziellen Abschreibung nicht mit dem Ablauf der planmäßigen, sondern erst mit Ablauf der tatsächlichen Nutzungsdauer im Betrieb.

kalkulatorische Kosten, neben den → Grundkosten (→ Zweckaufwand) Bestandteil der → Kosten, der durch eine andere Bewertung der Aufwendungen der Gewinn- und Verlustrechnung sowie durch die Erfassung zusätzlicher Kosten entsteht. Die k. K. dienen der Erfassung des tatsächlichen Wertverzehrs, der für die betriebliche Leistungserstellung und -verwertung nötig ist. *Unterschieden* werden → Anderskosten und → Zusatzkosten.

kalkulatorische Miete, Bestandteil der → kalkulatorischen Kosten, die in der Kostenartenrechnung erfaßt werden (→ Zusatzkosten). Die kalkulatorische Miete wird für die Nutzung privater Räume durch den Betrieb in Höhe der ortsüblichen Vergleichsmiete samt Nebenkosten angesetzt.

kalkulatorische Wagnisse, Bestandteil der → kalkulatorischen Kosten, die in der Kostenartenrechnung erfaßt werden (→ Anderskosten). Nur spezielle Einzelwagnisse sind, sofern sie nicht durch Fremdversicherungen gesichert sind (→ Risk-Management), kalkulatorische Wagnisse. Dazu gehören Anlagewagnis (Verlust von Anlagevermögen durch Schadensfälle), Bestände- (Lagerverluste durch Diebstahl, Schwund, Veralten, Preisverfall u.a.), Fertigungs- (Mehrkosten aufgrund von Konstruktionsfehlern u.a.), Gewährleistungs- (Garantieleistungen und Preisminderungen), Entwicklungs- (Verwertungsrisiko von Forschung und Entwicklung), Vertriebswagnis (Forderungsausfälle, Währungsrisiken) sowie sonstige Wagnisse, die aus der Eigenart des Betriebes resultieren (Bergschäden, Flugzeugverluste u.a.). Das allgemeine Unternehmerrisiko gehört nicht zu den kalkulatorischen Wagnissen, sondern wird durch den → Gewinn abgegolten.

kalkulatorische Zinsen, Bestandteil der → kalkulatorischen Kosten, die in der Kostenartenrechnung erfaßt werden. K. Z. dienen der Ermittlung des Werteverzehrs des gesamten im Betrieb eingesetzten Kapitals (Fremd- und Eigenkapital). In der Gewinn- und Verlustrechnung werden nur die Fremdkapitalzinsen als → Aufwendungen ausgewiesen. Grundlage der Berechnung der k. Z. ist das gesamte betriebsnotwendige Kapital. Dieses errechnet sich aus dem betriebsnotwendigen Anlagevermögen (nicht abnutzbare Teile zu kalkulatorischen Ausgangswerten sowie abnutzbare Teile zu halben kalkulatorischen Ausgangswerten) und → Umlaufvermögen (angesetzt zu kalkulatorischen Mittelwerten), häufig korrigiert um das Abzugskapital, welches dem Unternehmen zinslos zur Verfügung steht. Das betriebsnotwendige Kapital wird mit dem Zinsfuß für langfristiges Fremdkapital multipliziert und ergibt die angesetzten k. Z. Vom Charakter her handelt es sich bei den kalkulatorischen Eigenkapitalzinsen um → Zusatzkosten, bei den kalkulatorischen Fremdkapitalzinsen um → Anderskosten.

kalkulatorischer Unternehmerlohn, Bestandteil der → kalkulatorischen Kosten, die in der Kostenartenrechnung erfaßt werden (→ Zusatzkosten). In Kapitalgesellschaften wird für dispositive Arbeitsleistungen Gehalt gezahlt, das als Kosten in die Kostenrechnung eingeht. In Einzelfirmen und Personengesellschaften erhalten mitarbeitende Inhaber und Gesellschafter kein Gehalt, sondern ihre Arbeitsleistung wird durch den → Gewinn abgegolten. Zur Berücksichtigung der dispositiven Tätigkeiten in der Kostenrechnung wird ein fiktiver Unternehmerlohn angesetzt, der für eine vergleichbare Tätigkeit in einem anderen Unternehmen gezahlt wird.

Kampfstrategien, Vorgehensweise, bei der ein Anbieter durch sehr niedrige Preise andere Konkurrenten zu verdrängen versucht; eine sehr risikoreiche und eher seltene Form des Konkurrenzkampfes, da die Gefahr der Preisunterbietung durch andere Konkurrenten groß ist.

Kanban-Management, Variante des → Just-in-time-Managements, bei der die Abstimmung verbrauchsorientiert erfolgt. Produziert und angeliefert werden jeweils diejenigen Vorprodukte, die am Vortag verbraucht wurden.

Kanban-System. 1. *Begriff:* in Japan entwickeltes System zur flexiblen, dezentralen → Produktionsprozeßsteuerung; auf allen Fertigungsstufen wird eine „Produktion auf Abruf" (→ Just-in-time-Prinzip) angestrebt, damit Materialbestände reduziert und hohe Termintreue erreicht werden können. – 2. *Elemente:* a) Vermaschte, selbststeuernde Regelkreise zwischen erzeugenden und verbrauchenden Fertigungsbereichen; b) „Hol-Prinzip" für nachfolgende Fertigungsstufe, Material wird „just in time" von der vorhergehenden Stufe mit Hilfe der Kanban-Karte angefordert; c) flexibler Personal- und Betriebsmitteleinsatz, kurzfristige Steuerung durch Mitarbeiter in der Produktion. – 3. *Anwendungsbereich :* vor allem bei Großserien- und Massenproduktionen. K. kann als Steuerungsprinzip zur Eigenproduktion und für Zulieferer, insbes. zur fertigungssynchronen Anlieferung, verwendet werden.

Kannibalismus-Effekt, → Spill-over-Effekt

Kannkaufmann, Person, die erst durch Eintragung in das Handelsregister zum → Vollkaufmann wird, aber nicht zur Eintragung verpflichtet ist. Die Regelung findet bei Land- und Forstwirten Anwendung. Mit der Eintragung ins und Löschung aus dem Handelsregister müssen die Vorschriften des Handelsgesetzbuches eingehalten werden.

Kapazität, Bezeichnung für die maximal mögliche Ausbringung auf den vorhandenen Produktionsanlagen. Die → Beschäftigung gibt die reale Ausnutzung der Kapazität an (→ Kapazitätsnutzungsgrad).

Kapazitätsbelegungsplanung (Maschinenbelegungsplanung), Teilbereich der → Produktionsprozeßplanung. Die anlagenorientierte *K.* führt die für die Auftragsabwicklung erforderliche Belegung der Kapazitäten auf allen Produktionsstufen durch. Den Kapazitätsbedarfsdaten je Auftrag und Kapazitätsträger nach Art, Menge, Zeitdauer und Termin werden Kapazitätsangebotsübersichten gegnübergestellt, aus denen die maximal verfügbare Kapazität und die bereits erfolgte Kapazitätsbelegung je Kapazitätsträger ersichtlich wird. Anschließend werden zeitliche, intensitätsmäßige und quantitative Anpassungsmöglichkeiten geprüft.

Kapazitätserweiterungseffekt, Effekt, der bei der Finanzierung aus Abschreibungsgegenwerten (→ Finanzierung) auftreten kann. Werden die durch → Abschreibungen freigesetzten Beträge permanent reinvestiert, tritt unter bestimmten Umständen eine dauerhafte Kapazitätserweiterung auf. Voraussetzungen sind die permanente Reinvestition in gleiche Anlagen, deren Wiederbeschaffungskosten konstant bleiben, keine Erlösminderungen bei steigender Absatzmenge, eine mit Eigenkapital finanzierte Erstausstattung und die konstante Leistungsfähigkeit der Anlagen.

Kapazitätsnutzungsgrad, Bezeichnung für die tatsächliche Nutzung der vorhandenen → Kapazität der Produktionsanlagen.

Kapazitätsterminierung, in der Produktionsplanung und -steuerung uneinheitlich verwendeter Begriff für die zeitliche Abstimmung zwischen Kapazitätsangebot und -bedarf: (1) Synonym für Feinterminierung, Feinplanung, Ablaufplanung oder Maschinenbelegungsplanung. (2) Synonym für Durchlaufterminierung und Kapazitätsplanung.

Kapital, auf der Passivseite (Passiva) der Bilanz aufgeführte Herkunft der Mittel, denen auf der Aktivseite (Aktiva) die konkreten Vermögensgegenstände gegenüberstehen. Das K. setzt sich aus → Eigenkapital und → Fremdkapital zusammen. Ersteres wird in Abhängigkeit von der Wahl der Rechtsform ausgewiesen: in Einzelfirmen und Personengesellschaften auf variablen Kapitalkonten; in Kapitalgesellschaften werden die konstanten Eigenkapitalbestandteile als Grundkapital bzw. Stammkapital und die variablen z.B. als Rücklagen ausgewiesen.

Kapitalbedarf, in einer Abrechnungsperiode benötigte finanzielle Mittel, die entweder durch Innen- oder durch → Außenfinanzierung (→ Finanzierung) in das Unternehmen fließen. Bestimmungsfaktoren des K. sind nach Gutenberg Prozeßanordnung, Beschäftigungssituation, Betriebsgrößenänderung, Variabilität des Produktionsprogramms, Prozeßgeschwindigkeit sowie Rationalisierungsmaßnahmen. In der Kapitalbedarfsrechnung wird versucht, den schwankenden K. einzuschätzen. Danach werden die Möglichkeiten der → Kapitaldeckung betrachtet und die → Finanzpläne aufgestellt.

Kapitalbedarfsdeckung, → Kapitaldeckung

Kapitalbedarfsrechnung, → Kapitalbedarf

Kapitalbeschaffung, → Finanzierung

Kapitalbeteiligungsgesellschaften, Finanzierungsinstitutionen, die die Finanzierung von nicht emissionsfähigen, vor allem mittelständischen Unternehmen und innovativen Unternehmensgründern (Venture Capital Fonds) durch die Bereitstellung von Kapital vornehmen. Hierbei handelt es sich um Minderheitsbeteiligungen unter 50 % des Eigenkapitals. Die Institutionen werden entweder staatlich gefördert oder von Tochterunternehmen der großen Kreditbanken gewerbsmäßig betrieben. Häufig gibt es ein Mitspracherecht der K. in den finanzierten Unternehmen.

Kapitalbindung, Zeiträume von Kapitalüberlassung und Kapitalverwendung, die nach den → Finanzierungsregeln übereinstimmen sollen (→ Fristenkongruenz).

Kapitalbindungsplan, Plan, der die Entwicklung der finanziellen Situation eines Unternehmens über einen längeren Zeitraum zeigt (→ Finanzplanung). Daher wird von Mittelverwendung (Investitionen u.a.) und Mittelherkunft (Darlehen, Einlagen u.a.) gesprochen.

Kapitaldeckung (Kapitalbedarfsdekkung), zur Sicherung der → Liquidität notwendige dauerhafte Deckung des → Kapitalbedarfs.

Kapitalerhaltung, → nominelle Kapitalerhaltung, → substantielle Kapitalerhaltung

Kapitalerhöhung, Erhöhung des dem Unternehmen zur Verfügung stehenden → Eigenkapitals. In → Personengesellschaften erfolgt dies durch zusätzliche Einlagen der bisherigen Gesellschafter, durch die Aufnahme neuer Gesellschafter sowie durch Selbstfinanzierung, in Aktiengesellschaften durch die Ausgabe neuer Aktien sowie die Ausgabe von Schuldverschreibungen, die zu Eigenkapital werden (bedingte K.). Beide Varianten können auf einer Erhöhung des → genehmigten Kapitals basieren. In der → Gesellschaft mit beschränkter Haftung ist eine Erhöhung des Stammkapitals sowie die Einforderung von Nachschüssen möglich. Des weiteren können in Kapitalgesellschaften durch Umwandlung von Gewinnrücklagen und Kapitalrücklagen Grund- bzw. Stammkapital erhöht werden (*K.* aus Gesellschaftsmitteln).

Kapitalgesellschaft, Rechtsform einer → Handelsgesellschaft, bei der im Gegensatz zur → Personengesellschaft die Kapitalbeteiligung der Gesellschafter im Vordergrund steht. Grundvoraussetzung für die Beteiligung ist eine Kapitaleinlage, deren Höhe in der Regel auch die Willensbildung (Beschlußfassung) mitbestimmt. Persönliche Mitarbeit der Gesellschafter ist nicht erforderlich. Da die K. eine juristische Person ist, erfolgen Geschäftsführung und Vertretung durch besondere Organe. Grundsätzlich sind die Anteile der Gesellschafter übertragbar, deren Eintritt oder Ausscheiden hat keinen Einfluß auf den Bestand der Gesellschaft. Die Gesellschafter haften nicht mit ihrem persönlichen Vermögen für die Schulden der Gesellschaft; Ausnahme bildet der Komplementär einer Kommanditgesellschaft auf Aktien. Mögliche Formen der K. sind → Aktiengesellschaft, → Kommanditgesellschaft auf Aktien und → Gesellschaft mit beschränkter Haftung.

Kapitalherabsetzung, Verminderung des dem Unternehmen zur Verfügung stehenden → Eigenkapitals. Die nominelle K. besteht z.B. in der Aktiengesellschaft in der Herabsetzung der Nennwerte der Aktien, die effektive liegt bei einer Rückzahlung an die Anteilseigner vor.

Kapitalkonto, Konto, auf dem → Eigenkapital ausgewiesen wird. – Unterschieden werden konstante und variable K. a) Das *konstante K.* gibt es bei der Kommanditgesellschaft, der Gesellschaft mit beschränkter Haftung, der Aktiengesellschaft und der Kommanditgesellschaft auf Aktien. Zu den konstanten K. gehört z.B. das Grundkapital der Aktiengesellschaft bzw. das Stammkapital der Gesellschaft mit beschränkter Haftung. Die konstanten K. können nur durch Beschlüsse der Haupt- bzw. Gesellschafterversammlung geändert werden (Kapitalerhöhung und -herabsetzung). b) *Variable K.* gibt es bei allen Rechtsformen; wesentliches Merkmal ist ihre jährliche Bestandsveränderung aufgrund von Gewinnen und Verlusten sowie von Entnahmen und Einlagen.

Kapitalkosten, Kosten, die durch → Eigenkapital und → Fremdkapital entstehen. Eigenkapitalkosten sind immer aufgrund der Steuerbelastung höher als die Fremdkapitalkosten, die zu einer Verminderung des zu versteuernden Gewinns führen. K. dienen als Grundlage der Beurteilung der → Kapitaldekkung unter Rentabilitätsgesichtspunkten.

Kapitalmarkt, → Finanzmarkt

Kapitalrendite, → Return on Investment (RoI)

Kapitalrücklage, in Kapitalgesellschaften Bestandteil der Rücklagen → (Eigenkapital) auf der Passivseite (Passiva) der Bilanz. Die K. entsteht z.B. in der Aktiengesellschaft durch ein eventuelles Agio aus der Emission von Aktien, Erträgen aus Wandel- und Optionsschuldverschreibungen, Vorzugsaktien sowie in der Gesellschaft mit beschränkter Haftung durch Zuzahlungen von Gesellschaftern in das Eigenkapital.

Kapitalstruktur, Art und Zusammensetzung des → Kapitals auf der Passivseite der Bilanz, das in der Finanzanalyse anhand von → Kapitalstrukturregeln beurteilt wird.

Kapitalstrukturregeln, vertikale → Finanzierungsregeln, wobei für die im Rahmen der Finanzanalyse betrachtete Zusammensetzung des Kapitals auf der Passivseite der Bilanz (→ Kapitalstruktur) Kennzahlen gebildet werden. Vor allem Kreditinstitute haben bestimmte Vorstellungen bezüglich der K.; anhand von K. sind jedoch zuverlässige Aussagen über die Liquididtät des betrachteten Unternehmens nicht möglich. Die ursprüngliche Vorstellung, daß Eigen- und Fremdkapital gleich hoch sein sollen, hat heute an Bedeutung verloren (→ Leverage-Effekt). Es handelt sich im einzelnen um folgende Größen:

$$\text{Fremdkapitalquote} = \frac{\text{Fremdkapital}}{\text{Gesamtkapital}}$$

$$\text{Verschuldungskoeffizient} = \frac{\text{Fremdkapital}}{\text{Eigenkapital}}$$

$$\text{Eigenkapitalquote} = \frac{\text{Eigenkapital}}{\text{Gesamtkapital}}$$

$$\text{Bilanzkurs} = \frac{\text{Eigenkapital} \times 100}{\text{gezeichnetes Kapital}}$$

Kapitalumschlag, Kennzahl zur Erfassung des Verhältnisses vom → Umsatz zum eingesetzen → Kapital (Eigen- und Gesamtkapital). Je schneller der K., desto höher die → Rentabilität.

Kapitalverwendung, → Investition

Kapitalwert, → Investitionsrechnung

Karriere. 1. Aus *betrieblicher Sicht* die Stellenfolge eines Individuums in einer Organisation; wird vielfach verkürzt als → Beförderung verstanden, beinhaltet jedoch mehrere Richtungen: a) vertikale Beförderungen auf eine hierarchisch übergeordnete Stelle; b) diagonale Beförderungen auf eine hierarchisch übergeordnete Stelle eines anderen Funktionsbereiches; c) horizontale Versetzungen auf eine hierarchisch gleichgeordnete Stelle; d) zentripetale Versetzungen von einer Niederlassung in die Zentrale bzw. umgekehrt ohne Veränderungen in der Hierarchie.
2. Aus *individueller Sicht* die Stellenfolge insgesamt, auch in unterschiedlichen Organisationen.

Karriereberatung, unternehmensintern angebotene Beratung (durch die Personalabteilung, Vorgesetzte, die Unternehmensleitung), die den Mitarbeitern unabhängig von mit dem jeweiligen Vorgesetzten geführten → Entwicklungsgesprächen helfen soll, sich über Karrierewünsche und -möglichkeiten im Unternehmen sowie die entsprechenden Angebote der Personalentwicklung klar zu werden. Die K. ist oftmals Teil der betrieblichen → Karriereplanung. Sie kann aber auch extern, d.h. durch Personalberater, erfolgen.

Karriereplanung, Oberbegriff für eine systematische → Personalplanung, bei der zukünftige Einsatzfelder von Mitarbeitern in Absprache mit diesen festgelegt werden und eine gezielte Vorbereitung auf diese zukünftigen Aufgabengebiete erfolgt. K. umfaßt sowohl den vertikalen Aufstieg in der Unternehmenshierarchie wie den horizontalen Wechsel in andere Aufgabengebiete, Funktionsbereiche und Einsatzorte (etwa eine Auslandstätigkeit). Grundlage sind eine detaillierte → Personalbedarfsplanung des Unternehmens, eine Analyse des Leistungs- und Entwicklungspotentials der Mitarbeiter (etwa durch Assessment Center und andere Arten der Personalbeurteilung) und eine Abstimmung der Unternehmensinteressen und -pläne mit den individuellen Interessen und Plänen der Mitarbeiter (etwa durch Karriereberatung und Entwicklungsgespräche mit Vorgesetzten). Die Vorbereitung auf neue Aufgabengebiete erfolgt durch Maßnahmen der → Personalentwicklung (etwa Weiterbildung und job rotation). K. kann sowohl personenbezogen durch individuelle Karrierepläne erfolgen als auch auf der Grundlage standardisierter, unternehmensweiter Laufbahnen. In der Regel wenden sich die Instrumente der K. an Führungskräfte sowie den Führungskräftenachwuchs und dienen der Sicherung des zukünftigen Bedarfs an Führungskräften.

Kartenabfrage, Teil der → Moderationstechnik, bei der die Mitglieder einer Gruppe Ideen, Einschätzungen oder Vorwissen jeweils einzeln auf Karten schreiben (schriftliche Diskussion). Die gesammelten Karten werden vom Moderator zusammen mit der Gruppe zu sogenannten Ideenwolken geclustert (→ Cluster). Die K. wird eingesetzt als Instrument des → Brainstormings, bei → Problemanalysen und als Planungstechnik.

Kassamarkt. K. ist definiert als Markt für Waren, Devisen und Effekten, die sich im Unterschied zu den auf dem → Terminmarkt durchgeführten Termingeschäften dadurch auszeichnen, daß die Vertragsabschlüsse sofort zu erfüllen sind.

Kaufabsicht, hypothetisches Konstrukt der Theorie des Konsumentenverhaltens und der Marktforschung, das die Wahrscheinlichkeit des Kaufs eines Gutes zu einem bestimmten Zeitpunkt aus der Perspektive des Interessenten bzw. dessen subjektive Beurteilung unter Berücksichtigung der Kaufsituation angibt. Einflußfaktoren sind u.a. die finanzielle Situation, die Verfügbarkeit des Angebots, die → Einstellung zum Produkt und die zur Verfügung stehende Zeit. Das Konstrukt dient zur Vorhersage des zukünftigen Kaufverhaltens.

Kaufentscheidung, im weiteren Sinne der Prozeß von der Produktwahrnehmung bis zur -auswahl; im engeren Sinne der Kaufentschluß. Unterschieden werden können individuelle und kollektive K. Zu letzteren zählen das organisationale und familiäre Kaufverhalten. Differenziert werden kann auch nach Art und Ausmaß der zur Entscheidung herangezogenen Informationen und der psychischen Aktivierung. – Zu unterscheiden sind im wesentlichen der → Gewohnheitskauf, der → Impulskauf und der → Rationalkauf.

Käufersegmente, → Marktsegmentierung

Käufertypologie, Typologie basierend auf unterschiedlichen, teilweise miteinander kombinierten kaufrelevanten Kriterien, die zur → Marktsegmentierung herangezogen werden. Dazu gehören soziodemografische Kriterien (u.a. Alter, Geschlecht, Einkommen) und psychografische (produktbezogene Einstellungen, Käuferverhalten). Ziel ist eine typenspezifische Ausrichtung der Marketingstrategie und der marketingpolitischen Instrumente.

Käuferverhalten, Verhaltensweisen von privaten Haushaltungen (Konsumentenverhalten) und Organisationen (organisationales Kaufverhalten), die sowohl alle für den Einkauf relevanten Aspekte in qualitativer und quantitativer sowie zeitlicher, personeller und räumlicher Hinsicht umfassen als auch das Informationsverhalten während des Kaufprozesses.

kaufmännischer Direktor, im Unterschied zum → technischen Direktor für alle kaufmännischen Angelegenheiten eines Unternehmens verantwortliche Person; in vielen Fällen gemeinsam mit dem technischen Direktor für die → Geschäftsführung des Unternehmens zuständig.

Kausalattribution, → Attributionstheorie

Keilstrategie, Vorgehensweise bei der Veränderung von Organisationen, bei der der Veränderungsprozeß von der hierarchischen Mittelebene ausgeht (z.B. dem mittleren Management). Vorteile liegen darin, daß die Veränderung von einer breiten, qualifizierten Mitarbeitergruppe ausgeht, Nachteile darin, daß diese kaum die Macht haben, die Veränderungen gegen Top-Management und die Masse der Organisationsmitglieder durchzusetzen.

Kennzahlen (Kennziffern), Maßstabswerte für inner- und zwischenbetriebliche Vergleiche. K. werden im Rahmen von → Kennzahlenanalysen bei der Bilanzanalyse errechnet. Unterschieden wird zwischen absoluten (z.B. Anzahl der Mitarbeiter, Umsatz) und relativen K., die durch den Bezug zweier Größen i.d.R. aussagekräftiger sind. Relative K. können sich auf die Kapitalseite der Bilanz (z.B. bei der Finanzierung: Eigenkapital und Fremdkapital), auf die Vermögensseite der Bilanz (z.B. beim Vermögensaufbau: Anlage- und Umlaufvermögen), auf Relationen von Kapital- und Vermögensseite, Relationen auf der Aufwandsseite wie der Ertragsseite der Gewinn- und Verlustrechnung sowie auf Relationen zwischen Größen der Bilanz und der Gewinn- und Verlustrechnung (z.B. Umsatz zu eingesetztem Kapital) beziehen. – *Bedeutung*: Die Auswertung von K. ermöglicht einem Unternehmen einen Vergleich von vergleichbaren Betriebsteilen oder der Gesamtstellung im Verhältnis zu gleichartigen Unternehmen der gleichen Branche. Benutzt werden dabei häufig Richtzahlen bzw. Branchendurchschnittszahlen. Unternehmensintern spielen K. bzw. ganze Kennzahlensysteme eine Rolle im → Controlling und bei Führungskonzepten wie dem → management by exceptions.

Kennzahlenanalyse, wesentlicher Bestandteil der → Bilanzanalyse. Voraussetzung ist die Aufbereitung von → Bilanz sowie Gewinn- und Verlustrechnung durch Bilanzbereinigung (Zurechnung der aktiven → Rechnungsabgrenzungsposten zu den kurzfristigen Forderungen, Behandlung von Rückstellungen als Eigenkapital u.a.) und durch Bilanzaufbereitung (Gruppierung der Aktiva nach Liquiditätsgesichtspunkten, der Passiva nach Kapitalherkunft und -fristigkeit). Danach können → Kennzahlen errechnet werden.

Kennzahlengruppen, Zusammenfassung von → Kennzahlen nach ihrem Ursprungsort oder Inhalt; es gibt u.a. Bilanz-, Gewinn- und Verlustrechnungs-, Rentabilitäts-, Umschlagskennzahlen und solche für den Personal-, Absatz- sowie Fertigungsbereich.

Kennzahlensysteme, Systeme von → Kennzahlen mit dem Ziel der Erhöhung der Transparenz der betrieblichen Zusammenhänge. Häufig wird von einer Ausgangskennzahl ausgegangen. Verbreitete Systeme sind das „Du-Pont-System", das sich auf den → Return on Investment) als Spitzenkennzahl bezieht und das „ZVEI-Kennzahlensystem", das sowohl einen Kennzahlenvergleich als auch eine -zerlegung vornimmt.

Kennziffern, → Kennzahlen

Kerngruppe, → Gruppe, die rechtlich (nach Gesetz oder Satzung) dazu berechtigt ist, Entscheidungen zu treffen, insbesondere die Ziele einer Organisation festzulegen (z.B. die Geschäftsführung oder der Vorstand).

Kettenarbeitsvertrag, mehrere befristete, sich zeitlich aneinanderreihende Arbeitsverträge für einen einzelnen Arbeitnehmer; rechtlich ungültig, wenn dadurch der Kündigungsschutz umgangen werden soll oder ein sachlicher Grund fehlt.

key account management, → Kundenmanagement

KG, → Kommanditgesellschaft

KGaA, → Kommanditgesellschaft auf Aktien

kill, wird als aggressive Version für „sale" (Verkauf) oder „deal" (Geschäft) verwandt. Die Verbraucher werden als Ziel, die Verkäufer als Jäger und das Verkaufsargument als Munition angesehen. Wenn ein Geschäft abgeschlossen ist, ist der Verbraucher „killed" (getötet).

Killerphrasen, unreflektierte Standardsprüche, die dazu dienen, neue Ideen abzublocken, z.B. „Das haben wir noch nie so gemacht.".

Kinesik, Wissenschaftsdisziplin, die nicht-verbale Aspekte der → Kommunikation untersucht.

Kleeblatt-Organisation, von Lievegoed entwickeltes Organisationsmodell, bei dem die Organisation primär unter dem Aspekt sozialer Beziehungen als vierblättriges Kleeblatt mit der Unternehmensführung im Zentrum betrachtet wird. Die Blätter (im Sinne notwendiger Managementaufgaben) sind Beziehungspflege nach innen und außen, Steuerung aller materiellen, finanziellen und informationsbezogenen Prozesse, Mittelverwaltung und Informationsverarbeitung.

Know-how-Transfer, → Technologietransfer

knowledge engineering, beschäftigt sich mit der Abbildung von natürlicher Sprache in einer Wissensbasis (Expertensystem). Daraus hat sich das Berufsbild des knowledge engineers entwickelt.

Koalition, im Sinne der Reaktionsmöglichkeit eines Unternehmens auf Anforderungen der Umwelt der Zusammenschluß bzw. die Zusammenarbeit mit anderen Organisationen, um gemeinsam bestimmte Ziele besser erreichen zu können.

Koalitionsfreiheit, grundgesetzlich garantierte Freiheit von Arbeitnehmern und Arbeitgebern, sich zu Interessenvertretungen (Gewerkschaften, Arbeitgeberverband) zusammenzuschließen.

Koalitionstheorie, Betrachtung von Organisationen als Koalition der an ihr beteiligten Gruppen bzw. Individuen. Beim Organisationstypus des Unternehmens sind die wichtigsten als *Organisationsteilnehmer* bezeichneten Koalitionsgruppen die Kapitalgeber, Arbeitnehmer, Abnehmer, Lieferanten und der Staat. Teilnahme- und Leistungsentscheidungen der Koalitionäre versucht die → *Anreiz-Beitrags-Theorie* zu erklären.

kognitive Dissonanz, → Dissonanz

Kohäsion, Ausmaß der Stabilität und des Zusammengehörigkeitsgefühls einer Gruppe sowie der Attraktivität für bestehende und neue (potentielle) Gruppenmitglieder.

Kohäsionsfunktion. 1. Begriff der Group Dynamics-Studien der *Führungsforschung* zur Bezeichnung derjenigen Führungsfunktion, die auf den Zusammenhalt (Kohäsion) abzielt. Hierzu gehören u.a. die Schaffung eines angenehmen, motivations- und leistungsfördernden Klimas, Bemühungen zur Lösung von Konflikten, Unterstützung einzelner Gruppenmitglieder, Schutz von Gruppenmitgliedern, die zu einer Minderheit gehören, Förderung der Selbständigkeit der einzelnen wie der Zusammenarbeit der gesamten Gruppe.
2. Funktion, die im Rahmen des *strategischen Managements* den verfolgten Strategien hinsichtlich der funktionalen Politiken (→ Funktionsbereichsstrategien) zukommt, so daß die betroffenen Entscheidungsträger zum richtigen Zeitpunkt die richtigen, d.h. strategiekonforme Entscheidungen treffen.

Kollegialmodell, → colleague model

Kollegialprinzip, Methode der Willensbildung in einer Organisation, wonach Entscheidungen von den Betroffenen gemeinsam entweder durch Mehrheitsentscheid oder Konsens gefällt werden.

Kollektivwerbung (kooperative Werbung), gemeinsame Werbung mehrerer Unternehmen, die auf der gleichen Wirtschaftsstufe angesiedelt sein können (horizontale Werbung) oder hintereinanderfolgenden Stufen angehören können (vertikale Werbung). Als Formen sind möglich: die Huckepack-, die Gemeinschafts-, die Sammel- und die Verbundwerbung. Die Entscheidung für K. oder für → Alleinwerbung ist oftmals eine Kostenfrage.

komitee, → Gremium

Kommanditgesellschaft (KG), → Personengesellschaft mit einem oder mehreren persönlich haftenden Gesellschaftern (*Komplementären*) und mindestens einem Gesellschafter, dessen Haftung auf die Kapitaleinlage beschränkt ist (*Kommanditist*). Auch juristische Personen können Komplementär oder Kommanditist sein. Eine KG wird durch den Kommanditvertrag, einen Gesellschaftsvertrag, begründet; dieser regelt im Rahmen der gesetzlichen Bestimmungen des Handelsgesetzbuches (§§ 161-177) das Innenverhältnis. Grundsätzlich obliegt die *Geschäftsführung* den Komplementären.

Kommanditgesellschaft auf Aktien (KGaA), Mischform von → Kommanditgesellschaft und → Aktiengesellschaft, bei der ein oder mehrere Gesellschafter persönlich mit ihrem gesamten Vermögen haften (Komplementär) und die übrigen Gesellschafter nur mit ihrer durch Aktien verbrieften Kapitaleinlage. Für das Innenverhältnis gelten im wesentlichen die Vorschriften des Aktiengesetzes (§§ 278-290). Die Komplementäre bilden den Vorstand; bestimmte Beschlüsse der Hauptversammlung bedürfen ihrer Zustimmung.

Kommanditist, → Kommanditgesellschaft (KG)

Kommunikation, Austausch von Informationen zwischen zwei oder mehreren Beteiligten. Im allgemeinen technischen Sinne bezeichnet K. lediglich die Übermittlung einer Information von einem Sender zu einem Empfänger einschließlich sämtlicher für Senden, Übermitteln und Empfangen notwendigen Aktivitäten. Im Gegensatz dazu spielen bei der sozialen K. auch nicht-verbale Aspekte (Mimik, Gestik) und versteckt oder unbewußt übermittelte Informationen eine Rolle.

Kommunikationsanalyse, die K. ist ein Verfahren im Rahmen der Systemanalyse. Analysegegenstand sind Kommunikationsströme. Insbesondere im Zusammenhang mit Bürokommunikationssystemen (→ Bürokommunikation) erfolgt eine Quantifizierung des Kommunikationsaufkommens und der Kommunikationshäufigkeit, differenziert nach Kommunikationspartner (Sender- und Empfänger), Kommunikationsinhalt (Daten, Text, Bild, Sprache) und Kommunikationsmedium (z.B. Brief, Formular) bzw. -kanal (z.B. Bote, Telefax). – *Darstellung*: Die Ergebnisse können mit Hilfe einer Kommunikationsmatrix oder mit Kommunikationsnetzwerken in Kommunikationstabellen und -diagrammen dargestellt werden. – Mit Hilfe einer K. können in globaler Form *Ansatzpunkte für Rationalisierungspotentiale* identifiziert werden, die in einer aufgaben- bzw. vorgangsorientierten Prozeßanalyse genauer untersucht werden müssen. Von Beratungsinstitutionen werden z.T. darüberhinausgehende, rechnergestützte Verfahren angeboten.

Kommunikationsbarriere, Hindernis einer funktionierenden → Kommunikation (z.B. schlechtes Betriebsklima, vorgefaßte Meinungen, Vorurteile, Vielzahl an Übermittlern, unterschiedliche Sprachkompetenz), das zu einer Verfälschung übermittelter Inhalte (z.B. Übertreibungen), einem Auslassen von Informationen (Filtern) oder einer Umleitung in informelle Kommunikationsnetzwerke, etwa durch Bildung von Gerüchten, führen kann.

Kommunikationsmix, Kombination der Instrumente der → Kommunikationspolitik und Ergebnis der in ihrem Rahmen getroffenen Entscheidungen; Teilbereich des → Marketingmix eines Unternehmens.

Kommunikationsnetzwerk (communication network), Fluß von verbalen und nonverbalen, schriftlichen und sonstigen Signalen zwischen zwei oder mehr Mitgliedern einer Gruppe. Prototypen sind Sterne, Ketten, Kreise, Y-Strukturen und Vollstrukturen (bei denen jeder mit jedem kommuniziert). Die Art des Netzwerks hat erhebliche Auswirkungen auf Leistung, Führung und Zufriedenheit.

Kommunikationspolitik, Instrument des → Marketing, das alle Entscheidungen umfaßt, die die systematische Gestaltung der Kommunikation zwischen Unternehmen und Markt betreffen. Ziel ist die Verhaltenssteuerung aktueller und potentieller Käufer unter Einsatz der Instrumente → persönlicher Verkauf, → Werbung, → Verkaufsförderung und → Public Relations. Entscheidungen über den → Kommunikationsmix werden in Abstimmung mit den anderen Instrumentalbereichen des Marketings (Produkt-, Kontrahierungs- und Distributionspolitik) getroffen.

kommunikatives Handeln, von Habermas im Rahmen seiner → Theorie des kommunikativen Handelns entwickelte Bezeichnung für einen Typus des Handelns, bei dem nicht → Zweckrationalität und damit die Lösung technischer Fragen im Vordergrund steht, sondern Verständigungsorientierung. Dabei stellt sprachliche Verständigung den Mechanismus der Handlungskoordinierung dar; die Beteiligten sind nicht primär am eigenen Erfolg interessiert, sondern versuchen, ihre Einzelinteressen auf der Grundlage einer gemeinsamen Situationsklärung abzustimmen.

Kommunikatoreffekt, Effekt, bei der ein Verkaufsvorgang durch die Art der Darbietung der Verkaufsargumente (Botschaft) des Verkäufers positiv beeinflußt wird. Man nimmt dabei an, daß der Verkaufsvorgang ein sozialer Prozeß ist, der durch die Elemente eines Kommunikationsvorganges (Sender, Medium und Empfänger) erfaßt werden kann.

Kompensationsgeschäft (Gegengeschäft), vor allem im internationalen Handel mit devisenarmen Ländern stattfindende Tauschgeschäfte, die sich wechselseitig ausgleichen. Finanzielle Transaktionen finden – sofern in einem Land mehr als ein Transaktionspartner teilnimmt – nur unter den Beteiligten innerhalb eines Landes statt.

Kompetenz. 1. *Öffentliches Recht*: Zuständigkeit zum Erlassen von Hoheitsakten.
2. *Unternehmen und Verwaltung*: Befugnis, die zur Erfüllung der zugewiesenen Aufgaben notwendigen Maßnahmen einzuleiten. Unterschieden werden Entscheidungskompetenz, Realisationskompetenz und Kontrollkompetenz. Vgl. auch → Delegation.
3. *Umgangssprachlich*: die fachliche Fähigkeit eines Individuums, bestimmte Aufgaben lösen zu können.

Komplementär, → Kommanditgesellschaft (KG), → Kommanditgesellschaft auf Aktien (KGaA)

Komplementärgut, Gut, dessen Verwendung die Verwendung eines anderen Gutes zur Folge hat (z.B. Briefpapier und Briefumschläge). Die Erzeugnisse sind eng miteinander verbunden, so daß Preiserhöhungen und Nachfrageveränderungen des einen Gutes meist auch Konsequenzen für das andere Gut haben.

komprimierte Wochenarbeitszeit, → flexible Arbeitszeit

Konditionenpolitik, Zusammenfassung aller Instrumente der → Kontrahierungspolitik, die außer dem Preis Gegenstand vertraglicher Leistungen sein können. Dazu gehören Rabatte, Absatzkredite, Lieferungs- und Zahlungsbedingungen.

Konfiguration, auf welchen Hard- und Softwarekomponenten die Informationsverarbeitung eines Unternehmens basiert, hängt von den jeweiligen Einsatzbedingungen ab. Man spricht in diesem Zusammenhang auch von Hard- bzw. Softwarekonfiguration. Der Begriff K. wird auch für die Anpassung von Softwaresystemen an die jeweilige Einsatzumgebung verwendet (hierzu vergleiche im einzelnen → Systementwicklung).

Konfigurationsmanagement, → Systementwicklung

Konflikt, auf unterschiedlichen Interessen und Wertsystemen beruhende Auseinandersetzung oder Gegensätzlichkeit. Bei manifesten K. ist die Auseinandersetzung offen und gewollt, bei latenten treten zwar Spannungen auf, es kommt aber zu keiner offenen Konfliktaustragung. K. können auf unterschiedlichen *Ebenen* auftreten: zwischen Gesellschaften und Organisationen, innerhalb von Organisationen, etwa zwischen unterschiedlichen dort vorhandenen Interessengruppen oder aufgrund unterschiedlicher Funktionen (intraorganisatorischer K.), zwischen Individuen (interindividueller K.) oder bei unterschiedlichen gleichzeitigen Rollenerwartungen auch innerhalb einer Person (intraindividueller K.). Verschiedene Auffassungen bestehen bezüglich der *Bewertung von K.*: Soziale, auf der Ebene von Gesellschaften auftretende K. werden teilweise als destruktiv bewertet (z.B. von Hobbes) und teilweise als Motor gesellschaftlichen Wandels betrachtet (z.B. bei Simmel und Marx). In einer pluralistischen Gesellschaft gelten K. als normal und funktional; ihre Austragung wird durch geeignete Instrumente und verbindliche Regeln kanalisiert und teilweise institutionalisiert. In der Managementlehre besteht gleichfalls eine eher positive Auffassung von K., die als u.a. produktivitätsfördernd angesehen werden. In Form der Matrixorganisation werden K. durch konfliktfördernde Strukturen institutionalisiert.

Konfliktgespräch, gruppendynamisches Instrument zur kooperativen Lösung von → Konflikten in Gruppen, bei dem ein externer Moderator hinzugezogen wird. Ziel ist es, den Konflikt, seine Hintergründe und die Interessenlage der Konfliktparteien transparent zu machen, um so die Teilnehmer in die Lage zu versetzen, gemeinsam nach Lösungen zu suchen.

Konflikthandhabung, → Konfliktmanagement

Konfliktmanagement, Art und Weise der Handhabung von → Konflikten im Rahmen ihrer nur begrenzt steuerbaren Eigendynamik. Hierzu gehören die bewußte Schaffung von als produktiv empfundenen Konflikten sowie ihre Unterdrückung, Lösung oder Regelung (durch Verhandlung, Schlichtung oder Vermittlung).

Konfliktstrategie, → handelsorientierte Strategieansätze

Konflikttheorie, auf Simmel zurückgehende soziologische Theorie, die von Konkurrenzverhalten und Konflikten als wesentlichen Formen der Beziehung zwischen Individuen ausgeht.

Konformität, sich im Verhalten ausdrückende (echte oder vorgetäuschte)

Übereinstimmung eines Individuums mit den Verhaltenserwartungen und Normen einer Gruppe oder Organisation.

Konfrontationssitzung, → Konfrontationstreffen

Konfrontationsstreffen, Methode der → Organisationsentwicklung, bei der aufgrund eines starken Bedürfnisses nach Veränderungen in kurzer Zeit, z.B. bei einem eintägigen Workshop, das Problem analysiert und nach Lösungen gesucht wird; typische Top-down-Strategie, bei der allerdings die betroffenen Mitarbeiter einbezogen werden.

Kongruenz-Effizienz-Hypothese, in den 60er Jahren vorherrschende Meinung innerhalb der → Kontingenztheorie, derzufolge eine Organisation umso effektiver arbeitet, je besser die Übereinstimmung zwischen der Organisationsstruktur und der relevanten Umwelt ist; inzwischen durch empirische Untersuchungen weitgehend widerlegt.

Konkurrentenanalyse, Bestandteil der → Unternehmensanalyse im Rahmen der strategischen Planung zur Identifizierung der Stärken und Schwächen eines Unternehmens (Stärken-Schwächen-Analyse). Aufbau bzw. Erhalt strategischer Wettbewerbsvorteile ist nur im Vergleich mit den aktuellen oder potentiellen Konkurrenten möglich. Bestandteile der K. sind derzeitige und zukünftige Strategien sowie Prämissen der voraussichtlichen Strategien, Stärken und Schwächen der Konkurrenten. Eine K. kann auch anhand → kritischer Erfolgsfaktoren vorgenommen werden.

Konkurrenzverhalten, Verhalten aktueller und potentieller Konkurrenten, das im strategischen Management bei der → Konkurrentenanalyse betrachtet wird.

Konkurs, gerichtliches Vollstreckungsverfahren mit dem Ziel der Auflösung eines zahlungsunfähigen oder überschuldeten Unternehmens. Dabei soll das gesamte, dem Schuldner zum Zeitpunkt der Konkurseröffnung gehörende und pfändbare Vermögen benutzt werden, um die Forderungen der an dem Verfahren teilnehmenden Gläubiger gleichmäßig zu befriedigen. Der Konkursantrag kann sowohl vom zahlungsunfähigen bzw. überschuldeten Unternehmen als auch von Gläubigern beim zuständigen Amtsgericht gestellt werden, sofern die → Illiquidität nachgewiesen werden kann. Sie ist im allgemeinen der Konkursgrund und wird bei einer Einstellung von Zahlungen vermutet. Bei Unternehmen oder Vereinen kann auch eine Überschuldung Konkursgrund sein; es handelt sich dabei um eine Situation, in der das Vermögen geringer ist als die Verbindlichkeiten und in der dies auf absehbare Zeit nicht geändert werden kann. Voraussetzung für die Eröffnung eines Konkursverfahrens ist das Vorhandensein einer Vermögensmasse, mit der zumindest die Verfahrenskosten abgedeckt werden können. Andernfalls wird das Konkursverfahren mangels Masse abgelehnt. Rechtsgrundlage für K. ist die Konkursordnung.

Konkursbilanz, → Sonderbilanz bei der unfreiwilligen Auflösung eines Unternehmens aufgrund von Zahlungsunfähigkeit, Konkurs. Die K. wird bei Konkurseröffnung vom Konkursverwalter erstellt. Die → Vermögensgegenstände werden in Abweichung zu den sonstigen Grundsätzen der → Bewertung mit ihren voraussichtlichen Verkaufserlösen bewertet.

Konkursverfahren, Verfahren, das bei → Konkurs eines Unternehmens eingeleitet wird, sofern eine Vermögensmasse vorhanden ist, mit der zumindest die Verfahrenskosten abgedeckt werden können. Das K. wird durch Gerichtsbeschluß eröffnet. Benannt werden dabei der Konkursverwalter, ein Termin für eine erste Gläubigerversammlung und eine Frist für die Anmeldung von Forderungen der Gläubiger. Der Konkursverwalter übernimmt das gesamte zur Konkursmasse gehörende Vermögen; der Schuldner ist nicht mehr verfügungsberechtigt. Die angemeldeten und anerkannten Forderungen werden in der Konkurstabelle zusammengefaßt; diese hat rechtlich die gleiche bindende Wirkung wie ein rechtskräftiges Urteil. Nach der Verwertung der nicht baren Konkursmasse (durch Verkauf oder Versteigerung) durch den Konkursverwalter wird diese auf die Gläubiger verteilt. Reicht sie nicht aus, alle Ansprüche zu befriedigen, werden zunächst die Masseschulden und die -kosten befriedigt. Masseschulden sind die Ansprüche aus den Geschäften des Konkursverwalters (z.B. Prozeßkosten und Gehälter für Weiterbeschäftigung), rückständige Löhne sowie Gehälter und Sozialabgaben aus den letzten sechs Monaten vor Konkurseröffnung; Massekosten sind die Verfahrenskosten und Ausgaben des Konkursverwalters (z.B. dessen Vergütung). Danach werden die Forderungen der Gläubiger in sechs Rangklassen eingeteilt:
Klasse 1: rückständige Löhne, Gehälter und Sozialabgaben, sofern nicht bereits Teil der Masseschuld,
Klasse 2: rückständige öffentliche Abgaben (insbesondere Steuern),
Klasse 3: rückständige Forderungen von Kirchen, Schulen und öffentlichen Verbänden,
Klasse 4: Heil- und Pflegekosten aus dem letzten Jahr vor der Konkurseröffnung,
Klasse 5: Mündelansprüche,
Klasse 6: Forderungen der übrigen Gläubiger. Diese erhalten nach Befriedigung der Forderungen aus den Klassen 1 bis 5 aus der dann noch verfügbaren Konkursmasse die sogenannte Konkursquote.

Konsens, Übereinstimmung zwischen den Mitgliedern einer Gruppe oder Organisation bezüglich eines Sachverhaltes, einer Einschätzung, einer gegenseitigen Verhaltenserwartung etc.

Konsensmanagement, von P. Ulrich stammende Bezeichnung für ein dialogorientiertes Management und damit die Anwendung der Diskursidee (→ Diskurs) auf Unternehmen: Im Dialog soll ein Interessenausgleich mit allen vom Unternehmenshandeln intern und extern Betroffenen herbeigeführt werden. Ziel ist die Klärung der Ziele des Wirtschaftens unter Berücksichtigung der Nebenwirkungen und die Verbindung von ökonomischer Rationalität mit lebenspraktischer Vernunft.

Konsistenz-Effizienz-Hypothese, Annahme, daß die Wirksamkeit einer Organisation weitgehend von der internen Übereinstimmung zwischen den einzelnen Strukturvariablen abhängt.

Konsistenztheorien, sozialpsychologische Theorien, die davon ausgehen, daß Individuen Komplexität bzw. einen Zustand der → Dissonanz als störend empfinden und daher versuchen, diesen abzubauen und Konsonanz herzustellen. Dahinter steht die Grundannahme der → Gestaltpsychologie, derzufolge der menschliche Geist auf ein hohes Maß an Ordnung und Prägnanz eingestellt ist.

konsolidierter Jahresabschluß, Zusammenfassung von Einzelbilanzen sowie Gewinn- und Verlustrechnungen der Unternehmen in Konzernen zu einem Konzernabschluß auf der Grundlage der Einheitsfiktion, nach der nicht die rechtliche, sondern die wirtschaftliche Einheit des Konzerns zentral ist. Der Konzernabschluß muß ein den tatsächlichen Verhältnissen entsprechendes Bild der Vermögens-, Finanz- und Ertragslage der insgesamt in die Konsolidierung einbezogenen Unternehmen geben. Alle Unternehmen, bei denen ein Beteiligungsverhältnis besteht, müssen einbezogen werden, es sei denn, es existieren ausdrücklich Wahlrechte bzw. -verbote. Durch die Konsolidierung wird eine Doppelerfassung (z.B. Erfassung als Beteiligung beim Mutterunternehmen und als einzelne Vermögensgegenstände bei dem Tochterunternehmen) vermieden. Die Summen der Einzelbilanzen werden nicht einfach addiert, sondern die konzerninternen Leistungsverflechtungen (z.B. Gewinne aus Lieferungen und Leistungen untereinander, gegenseitige Forderungen und Verbindlichkeiten) werden herausgerechnet (→ Konsolidierungsgrundsätze).

Konsolidierung (Konsolidation), Transformation von Schulden in Eigenkapital oder langfristige Verbindlichkeiten sowie Aufrechnung konzerninterner Vorgänge (z.B. Beteiligungen, interne Warenströme).

Konsolidierungsgrundsätze, neben den → Grundsätzen ordnungsgemäßer Buchführung bei der Aufstellung des → konsolidierten Jahresabschlusses zu beachtende Grundsätze. Dazu gehören vor allem das Vollständigkeitsgebot (Einbeziehung aller Tochterunternehmen), die Einheitsfiktion (Fiktion eines rechtlich einheitlichen Konzerns), der Grundsatz der einheitlichen Bilanzierung und Bewertung (z.B. in allen einbezogenen Unternehmen werden bei den → Herstellungskosten nur die Einzelkosten berücksichtigt) sowie das Wirtschaftlichkeitsprinzip. Bei der Erstellung von konsolidierten Jahresabschlüssen sind die Einzeljahresabschlüsse der in die Konsolidierung einbezogenen Unternehmen von Doppelerfassungen zu bereinigen. Die Konsolidierung *umfaßt*: (1) Kapitalkonsolidierung: Beteiligungen sind mit dem entsprechenden Eigenkapital zu verrechnen, (2) Schuldenkonsolidierung: Forderungen und Verbindlichkeiten der einbezogenen Unternehmen untereinander sind aufzurechnen, (3) Aufwands- und Ertragskonsolidierung: Aufwendungen und Erträge zwischen den Unternehmen sind aufzurechnen, (4) Zwischenergebniseliminierung: Gewinne und Verluste, die die einbezogenen Unternehmen durch Lieferungen und Leistungen untereinander realisieren, sind zu eliminieren.

konsumentengerichtetes Marketing, → Pull-Marketing

Konsumentenpanel, → Verbraucherpanel

Konsumerismus, gesellschaftliche Bewegung, die darauf abzielt, Rechte und Macht der Verbraucher gegenüber den Unternehmen zu stärken. U.a. soll dies durch Verbraucheraufklärung (Warentests) sowie Einflußnahme auf gesetzliche Maßnahmen zum Schutz von Gesundheit und Sicherheit der Konsumenten verwirklicht werden. Die Bewegung ist aus den Verbraucherbewegungen in den USA hervorgegangen. In der Bundesrepublik zählen z.B. die Verbraucherzentralen und die Stiftung Warentest zu Institutionen, die diese Aufgaben übernommen haben.

Konsumgütermarketing, → Marketing, das sich an private Konsumenten (Endverbraucher) richtet, d.h. an die Endstufe des Wirtschaftsprozesses. Unterschieden wird dabei zwischen der Vermarktung von Gebrauchs- und Verbrauchsgütern sowie Gütern des täglichen (convenience goods), des gehobenen (shopping goods) und des Spezialbedarfs (speciality goods), da je nach Produktkategorie andere Einkaufsverhaltensweisen und damit verbunden Konsequenzen für das anzuwendende Marketingmix zu verzeichnen sind. – Für die verschiedenen Formen des Konsumgütermarketing sind folgende *Merkmale* jedoch grundsätzlich kennzeichnend: originärer Bedarf; viele Bedarfsträger; viele Individualentscheidungen; mehrstufige, indirekte Distribution; anonyme Marktkontakte. – Als *Marketing-strategien* kommen aus Sicht der Konsumgüterhersteller in Frage: (1) Konsumentengerichtetes Marketing bzw. Pull-Marketing: Über Massenwerbung wird eine hohe Bekanntheit des Produktes und ein positives Image erzeugt, durch das ein Nachfragesog beim Handel ausgelöst wird. (2) Handelsgerichtetes (Push-)Marketing: Durch intensive Verkaufsbemühungen, gezielte Verkaufsförderungsmaßnahmen, leistungsgerechte Rabatte und Konditionen wird der Handel zur Aufnahme von Produkten in das Sortiment veranlaßt; durch Produktführung und aktiven Verkauf entsteht ein Angebotsdruck. (3) Vertikales Marketing: ein über alle Distributionsstufen koordiniertes Marketingkonzept.

Konsum- und Marktpsychologie, Teilbereiche der Wirtschaftspsychologie, die das individuelle Kaufverhalten zu erklären versuchen (z. B. Konzepte der Kognitions- und allgemeinen Sozialpsychologie).

Kontenrahmen, Organisations- und Gliederungsplan für das → Rechnungswesen, der aus 10 Kontenklassen besteht (→ Gemeinschaftskontenrahmen, → Industriekontenrahmen).

Kontingenzansatz, → situativer Ansatz

Kontingenztheorie der Führung, von Fiedler formulierte → Situationstheorie der Führung, welche Führungserfolg (im Sinne von Gruppenleistung und Zufriedenheit der Mitglieder) in Abhängigkeit von Führungsstil, Führungssituation und Effektivität der Arbeitsgruppe untersucht. Zur Führungssituation werden die Positionsmacht des Führenden, der Strukturierungsgrad der Aufgaben und die Beziehung zwischen Führendem und Mitarbeitern gerechnet. Aufgrund der jeweiligen Kombination dieser drei Situationselemente werden Empfehlungen im Hinblick auf den Führungsstil abgegeben. Dabei wird zwischen einem aufgaben- und einem personenorientierten Stil unterschieden. Der für eine Person charakteristische Stil läßt sich durch den mit Hilfe eines Fragebogens ermittelten LPC-Wert ermitteln. Die Kontingenztheorie geht davon aus, daß der charakteristische Führungsstil kaum veränderbar ist, so daß im Ergebnis die Führungssituation mit ihren drei Elementen an den jeweiligen Vorgesetzten angepaßt werden soll.

kontinuierliche Produktion, → Produktionstypen 2 b)

Kontinuumtheorie, Führungstheorie, die Führungsverhalten nach dem Ausmaß der Autoritätsanwendung durch den Führenden (autoritär) und der Entscheidungsfreiheit der Geführten (demokratisch) auf einem Kontinuum anordnet und nach Faktoren für die Wahl effektiven Führungsverhaltens sucht. Solche Faktoren sind die Charakteristika des Führenden, der Geführten und der Situation.

Kontokorrentkredit, Instrument der kurzfristigen Fremdfinanzierung (→ Finanzierung), das von Kreditinstituten an Unternehmen zur Finanzierung von Produktion und Absatz gewährt wird. Der K. ist in der Höhe nicht festgelegt und kann von dem Unternehmen bis zu einer bestimmten *Kreditlinie* in Anspruch genommen werden. Die Höhe des Kredits schwankt in Abhängigkeit von den Unternehmensbedürfnissen. Formal steht der K. kurzfristig, de facto langfristig zur Verfügung. K. sind vergleichsweise teuer.

Kontrahierungsmix, Kombination der Instrumente der → Kontrahierungspolitik und Ergebnis der Entscheidungen, die in ihrem Rahmen getroffen werden; Teilbereich des → Marketingmix eines Unternehmens.

Kontrahierungspolitik, Entscheidungen und Maßnahmen, die die Gesamtheit der vertraglichen Vereinbarungen bei einem Verkauf (Transaktionsbedingungen) betreffen. Kontrahierungspolitische Instrumente sind die Preisgestaltung (Preispolitik), sowie die Instrumente der → Konditionenpolitik, wie vor allem Rabatte sowie Lieferungs- und Zahlungsbedingungen.

Kontraktmanagement, → Managementvertrag

Kontrolle, als Vergleich zwischen geplanten und realisierten Größen die Analyse des Grades der Zielerreichung und ggf. der Ursachen für Abweichungen. Voraussetzung ist die Existenz von Zielvorgaben bzw. Plänen, deren Realisierung überprüft werden kann. Als zweiter Schritt muß der Ist-Stand der Zielerreichung erfaßt werden. Dies kann als Total- oder als Stichprobenkontrolle, laufend oder sporadisch, als Fremd- oder Selbstkontrolle erfolgen. Der Soll-Ist-Vergleich und seine Analyse folgen als dritter Schritt. – Zentraler Unterschied zum → *Controlling* ist, daß dieses zusätzlich die Mängelbeseitigung einschließt. Im Gegensatz zur → *Prüfung* stellt die K. eine ständige Überwachung betrieblicher Vorgänge dar, während Prüfungen punktuell und vergangenheitsbezogen sind.

Kontrollkarte, statistisches Instrument der → Produktionskontrolle. Die Kontrollkarte bzw. Qualitätsregelkarte ist ein Formblatt zur graphischen Darstellung von Werten, die bei der Qualitätsprüfung einer fortlaufenden Reihe von Stichproben aus dem Produktionsprozeß anfallen. Die Prüfungsergebnisse werden mit Grenzlinien auf der Qualitätsregelkarte verglichen und ggf. auch bezüglich der folgenden Prüfungen ausgelöst. Als Grenzlinien werden Warn- und Eingriffsgrenzen unterschieden, die nach statistischen Gesichtspunkten festgelegt werden. Die Überschreitung einer Warngrenze führt zu einer stärkeren Überwachung des Prozesses, während der Zweck der Eingriffsgrenzen die rechtzeitige Auslösung von Korrekturmaßnahmen zur Prozeßverbesserung ist.

Kontrollklima, Art der in einer Organisation vorherrschenden Einstellung gegenüber dem dortigen Kontrollsystem; abhängig u.a. von der Organisation des Kontrollsystems, der Legitimation der Kontrolleure und den Kontrollinformationen.

Kontrollspanne (span of authority, span of control, span of supervision, Leitungsspanne), als Maßzahl für die

Breite der Leitungsgliederung die Zahl der Mitarbeiter, die einem einzelnen Vorgesetzten zugeordnet sind. Die K. ist im Sinne einer effektiven Arbeit (Überschaubar- und Kontrollierbarkeit, Aufrechterhaltung persönlicher Kontakte) zu begrenzen; in der Organisationstheorie werden Zahlen von 3 bis 30 als Obergrenze genannt.

Konventionalstrafe, → Vertragsstrafe

Konzentration, im strategischen Management Wettbewerbsstrategie mit konsequenter Ausrichtung auf Marktnischen, d.h. bestimmte Abnehmergruppen, Teile des Produktionsprogramms oder regional begrenzte Märkte. Innerhalb der Marktnische besteht die Möglichkeit, eine → Differenzierung, → Kostenführerschaft bzw. eine Kombination beider Strategien zu verfolgen. Die Abschirmung der Wettbewerbskräfte entspricht den Strategien der Differenzierung und Kostenführerschaft, was eine Kombination der Fähigkeiten, Mittel sowie organisatorischen Kompetenzen dieser beiden Strategien erfordert.

Konzern, Zusammenfassung mehrerer Unternehmen, die zwar rechtlich selbständig bleiben, aber nicht wirtschaftlich, da sie unter einheitliche Leitung eines → herrschenden Unternehmens kommen. Die *Arten und Zielsetzungen der Konzernbildung* sind unterschiedlich. Im Aktiengesetz wird zwischen → Gleichordnungs- und Unterordnungskonzernen unterschieden. Ersterer entsteht durch Einrichtung eines die Unternehmensentscheidungen bestimmenden Gemeinschaftsorgans, letzterer durch einen → Beherrschungsvertrag (Vertragskonzern), durch Eingliederung von Unternehmen oder durch Mehrheitsbeteiligung (→ verbundene Unternehmen) an einem Unternehmen (Beteiligungskonzern). K., die sich auf aufeinanderfolgenden Produktionsstufen bilden, werden als vertikal bezeichnet (→ Unternehmenszusammenschluß). Daneben gibt es Horizontalkonzerne, die eine Konzentration auf der gleichen Produktionsstufe darstellen, sowie diagonale K. und Mischkonzerne, die primär der wirtschaftlichen Risikominimierung dienen. Entsteht durch die Konzernbildung eine *Monopolstellung* oder *Marktbeherrschung*, so kann sie durch das Bundeskartellamt untersagt werden.

Konzernabschluß, → konsolidierter Jahresabschluß

Konzernbetriebsrat, → Gesamtbetriebsrat

Kooperationsstrategie, Zusammenarbeit zweier oder mehrerer rechtlich und wirtschaftlich unabhängiger Konkurrenten, um im national und international zunehmenden Wettbewerbsdruck die Risiken von Marktentwicklungen zu verringern, die Fertigungs- und Vertriebskosten zu senken sowie den Austausch von Knowhow u.a. zu organisieren. K. basieren auf dem Ausnutzen von Synergieeffekten. Sie sind nur dann erfolgreich, wenn jeder Kooperationspartner Vorteile hat, die seiner spezifischen Interessenlage entsprechen. Kooperationen sind in allen betrieblichen Bereichen (Beschaffung, Produktion, Forschung und Entwicklung, Marketing u.a.) möglich. Für kleine und mittlere Unternehmen sind sie eine Alternative zur → Wachstumsstrategie. Die Kooperation von Wettbewerbern unterscheidet sich von den → Wettbewerbsstrategien.

kooperative Werbung, → Kollektivwerbung

Kooptation, im Sinne einer Reaktionsmöglichkeit eines Unternehmens auf Anforderungen der Umwelt das Einbinden oder die Aufnahme neuer Organisationsmitglieder aus Umweltbereichen oder externen Interessengruppen, die für das Bestehen oder die laufende Tätigkeit der Organisation bedrohlich sein könnten.

Koordination, Abstimmung und Harmonisierung von Teilaktivitäten eines arbeitsteiligen Systems (etwa eines Unternehmens), um ein übergeordnetes Ziel erreichen zu können. K. gilt als eine zentrale Managementaufgabe. Ursachen des Koordinationsbedarfs in Unternehmen sind die sich in Stellen und Abteilungen widerspiegelnde innerbetriebliche Arbeitsteilung (→ Differenzierung) sowie Ziel- und Interessenunterschiede zwischen Unternehmen und Mitarbeitern, den einzelnen Mitarbeitern sowie den einzelnen Struktureinheiten. Je stärker ein Unternehmen strukturell und sozial differenziert, je größer es und je größer die regionale Distanz zwischen den einzelnen Einheiten ist, um so größer ist der Koordinationsbedarf. *Methoden der K.* sind direkte Kontrolle durch den Vorgesetzten und die technische Kontrolle durch Vorgaben der Produktions- oder Bürotechnologien (etwa Taktzwang), durch Pläne oder bürokratische Kontrolle mittels Regeln und Programmen zur Aufgabenerledigung (coordination by plan). Neben solchen Verfahren der Fremd- ist auch eine Selbstkoordination möglich durch eine ständige Interaktion von Vertretern der zu koordinierenden Bereiche, die bis zu Varianten der Selbstorganisation der Mitarbeiter bzw. Selbstkoordination von Abteilungen (z.B. teilautonomen Arbeitsgruppen) gehen kann (coordination by feedback). Eine K. von Unternehmens- und Mitarbeiterzielen kann ferner erfolgen durch betriebliche Sozialisation, Verfahren der Personalauswahl sowie eine weitgehende Identifikation und Internalisierung mit dem Ergebnis, daß die K. durch eine interne Kontrolle der jeweiligen Mitarbeiter stattfindet

Koordinationstechniken, → Koordination

Körperschaftsteuer, → Ertragsteuer mit der Bemessungsgrundlage des Gewinns als Einkommen juristischer Personen. Steuerpflichtig sind Kapitalgesellschaften, Erwerbs- und Wirtschaftsgenossenschaften, Versicherungsvereine auf Gegenseitigkeit, sonstige juristische Personen des privaten Rechts, nichtrechtsfähige Vereine, Anstalten, Stiftungen etc. sowie Betriebe gewerblicher Art von juristischen Personen des öffentlichen Rechts.

Korrelation, Bezeichnung für den mehr oder weniger starken Zusammenhang zweier quantitativer Merkmale in der Statistik. Trifft ein hoher Wert des einen Merkmals mit einem tendenziell hohen Wert des anderen Merkmals zusammen, so liegt eine positive K. vor. Eine negative K. besteht beim Zusammentreffen eines hohen Wertes des einen mit einem tendenziell niedrigen Wert des anderen Merkmals. Werden qualitative Variablen untersucht, so wird von Assoziation bzw. Kontingenz gesprochen.

Korrelationsanalyse, Bezeichnung für die Untersuchung der Stärke des Zusammenhangs zweier quantitativer Merkmale in der deskriptiven Statistik und in der Inferenzstatistik.

Kosten, in Geld bewerteter Verbrauch von Gütern und Dienstleistungen (inkl. der Abgaben an den Staat) in einer Abrechnungsperiode, sofern dieser für die

Erbringung der eigentlichen betrieblichen Leistungen (Erstellung und Absatz) sowie zur Aufrechterhaltung der Betriebsbereitschaft notwendig ist. K. werden aus den → Aufwendungen ermittelt (→ Anders-, → Grund-, → Zusatzkosten) und lassen sich nach verschiedenen Kriterien gliedern:
– nach verbrauchten Produktionsfaktoren in Personal-, Werkstoff-, Betriebsmittel-, Dienstleistungskosten (inkl. Abgaben an den Staat),
– nach betrieblichen Funktionen in Beschaffungs-, Fertigungs-, Vertriebs-, Verwaltungskosten,
– nach der Art der Verrechnung in Einzel- und Gemeinkosten,
– nach ihrem Verhalten bei Beschäftigungsschwankungen in fixe, intervallfixe und variable Kosten,
– nach der Art der Kostenerfassung in aufwandgleiche und → kalkulatorische Kosten (→ Grundkosten, → Zweckaufwand),
– nach der Art der Herkunft in primäre und sekundäre K.

Kostenabweichung, → Abweichungsanalyse

Kostenarten, Differenzierung der → Kosten nach Art der verbrauchten Güter und Dienstleistungen (vgl. im einzelnen → Kostenartenrechnung).

Kostenartenrechnung, erster Schritt der → Kostenrechnung durch Erfassung und Systematisierung aller in der Periode entstandenen → Kosten. Die K. basiert auf der → Finanzbuchhaltung sowie der Material-, Lohn- und Ge- haltsabrechnung. Die *wichtigsten Kostenarten* sind Werkstoff-, Personal-, Dienstleistungs- sowie kalkulatorische Kosten. Personalkosten (Löhne, Gehälter, gesetzliche und freiwillige Sozialkosten sowie sonstige Personalkosten) werden aus der Lohn- und Gehaltsabrechnung übernommen. Dienstleistungskosten umfassen alle Leistungen außenstehender Dienstleistungsunternehmen. Die öffentlichen Abgaben können hinzugerechnet werden. Von den Steuern werden nur die Kostensteuern wie Vermögen-, Gewerbe-, Kraftfahrzeugsteuern, nicht aber die Umsatzsteuer berücksichtigt. Den kalkulatorischen Kosten stehen keine Aufwendungen oder Aufwand in anderer Höhe in der Gewinn- und Verlustrechnung gegenüber. Sie sind notwendig, um den Werteverzehr der Produktionsfaktoren für die Zwecke der Kostenrechnung richtig zu erfassen.

Kosteneinflußgrößen, quantitative oder qualitative Ursachen der Höhe der → Kosten. Dazu gehören neben den zentralen Einflußgrößen wie → Kapazität und → Beschäftigung Qualifikation und Entlohnung des Personals, technologische Faktoren des Produktionsprozesses u.a.

Kostenerfassung, Erfassung der → Kosten in der → Kostenartenrechnung durch Ermittlung der Verbrauchsmengen und Werte der Einsatzfaktoren sowie des sonstigen Leistungsverzehrs (→ Abschreibungen u.a.).

Kostenführerschaft, im strategischen Management auf die niedrigsten Kosten in der Branche zielende → Wettbewerbsstrategie. Notwendige Maßnahmen sind Auf- und Ausbau von Produktionsanlagen, Ausnutzung von Kostendegressionseffekten, Kostenkontrolle, Konzentration auf wichtige Kunden u.a. Die Minimierung der Kosten bezieht sich auf Forschung und Entwicklung, Service und Distributionskanäle sowie Marketing. Qualität, Service u.a. entsprechen nur den Mindestanforderungen. Die am kostengünstigsten produzierenden Unternehmen erzielen überdurchschnittliche Erträge und können auch dann noch überleben, wenn die Rivalität unter den Wettbewerbern so stark zugenommen hat, daß diese keine Gewinne mehr realisieren können. Der Kostenwettbewerb führt zu hohen Eintrittsbarrieren. Die Strategie der K. hat im Zuge der Verbreitung des → Erfahrungskurvenkonzepts in den 70er Jahren in den USA eine hohe Bedeutung gewonnen.

Kostenfunktion, → Gesamtkostenfunktionen

Kostenkontrolle, wesentliche Aufgabe der → Kostenrechnung, vor allem durch Kostenvergleiche (vor allem in Form von Soll-Ist-, Betriebs-, Zeitvergleiche, Abweichungsanalyse).

Kostenkurve, → Gesamtkostenfunktion

Kosten-Nutzen-Analyse, quantitativ ausgerichtetes Verfahren zur Analyse und Bewertung von Alternativen, deren Vor- und Nachteile ermittelt werden.

Kostenplanung, Planung der → Kosten für spätere Abrechnungsperioden (→ Plankostenrechnung).

Kosten- und Leistungsrechnung, → Kostenrechnung

Kostenrechnung (Betriebsbuchhaltung, Kosten- und Leistungsrechnung), Bestandteil des betrieblichen → Rechnungswesens, der im Unterschied zur → Finanzbuchhaltung nicht gesetzlich vorgeschrieben ist. Orientierungsgröße ist die substantielle Erhaltung des Betriebsvermögens (→ substantielle Kapitalerhaltung). Aufgabe ist die vollständige, kontinuierliche, systematische und verursachungsgerechte Erfassung und Gegenüberstellung von → Kosten und → Leistungen einer Abrechnungsperiode zur Wirtschaftlichkeitskontrolle und zur → Kalkulation der betrieblichen Leistungen. Die K. basiert auf den Daten der Finanzbuchhaltung, der Material-, Lohn- und Gehalts- sowie der Anlagenabrechnung. Einige Daten der K. sind für die Finanzbuchhaltung notwendig (Herstellungskosten). Die K. wird i.d.R. als Monatsrechnung durchgeführt. *Teilbereiche* der K. sind → Kostenartenrechnung, → Kostenstellenrechnung und → Kostenträgerrechnung.

Kostenrechnungssysteme, Systematisierung der Varianten der → Kostenrechnung nach Zeitbezug und Sachumfang der verrechneten → Kosten. Bei einer Differenzierung nach dem Zeitbezug werden Systeme der → Istrechnung, → Normalrechnung und → Plankostenrechnung, bei einer Differenzierung nach dem Umfang der verrechneten Kosten Systeme der → Voll- und → Teilkostenrechnung unterschieden. Es ergeben sich somit sechs K.: Ist-, Normal- und Plankostenrechnung, jeweils auf Voll- sowie auf Teilkostenbasis.

Kostenstellen, Entstehungsort der → Kosten; betriebliche Teilbereiche, die kostenrechnerisch selbständig abgerechnet werden. Voraussetzung ist die Bildung durch möglichst räumlich abgrenzbare, selbständige Verantwortungsbereiche, das Vorhandensein möglichst genauer Meßgrößen zur Erfassung der Kosten sowie einfache Kontierbarkeit der Kostenbelege. Die Gliederung in K. endet, wenn sie unwirtschaftlich wird. K. werden in Gruppen zusammengefaßt: Material-, Fertigungs-, Vertriebs-, Verwaltungs-, allgemeine Kostenstellen sowie Forschungs-, Entwicklungs- und Konstruktionsstellen. Nach der Art der Abrechnung im Betriebsabrechnungsbogen werden *Haupt- und Hilfskostenstellen* (z.B. Fuhrpark) unterschieden. Außerdem wird zwischen End- und Vorkostenstellen unterschieden, je nachdem ob die Kosten direkt oder über die innerbetriebliche Leistungsverrechnung Kostenträgern zugerechnet werden.

Kostenstellenrechnung, auf der → Kostenartenrechnung basierende Verteilung der Kosten auf → Kostenstellen. Da Einzelkosten direkt → Kostenträgern zugeordnet werden können, ist ihre Verteilung auf Kostenstellen nicht notwendig. Gemeinkosten werden, da sie nicht direkt auf die Kostenträger verteilt werden können, anteilig und verursachungsgerecht den Kostenstellen zugeordnet, in denen sie entstanden sind. Die Kosten der Hilfskostenstellen werden im Rahmen der → innerbetrieblichen Leistungsverrechnung erst auf andere Kostenstellen (Hilfs- und Hauptkostenstellen) verrechnet (Betriebsabrechnung). Die Kosten der Hauptkostenstellen werden im Anschluß mit Hilfe von → Kalkulationssätzen auf die Kostenträger umgelegt. Aufgaben der K. sind die Kontrolle der Wirtschaftlichkeit der Kostenstellen, die Erhöhung der Genauigkeit der Kalkulation und die Ermittlung relevanter Kosten.

Kostensteuern, Steuern, die im Rahmen der Kalkulation als → Kosten berücksichtigt werden, vor allem gewinnunabhängige Steuern.

Kostenträger, → Leistungen, für die → Kosten angefallen sind. Unterschieden werden Absatzleistungen und → innerbetriebliche Leistungen, wobei die innerbetrieblichen Leistungen in aktivierbare und nicht aktivierbare differenziert werden.

Kostenträgerrechnung, letzter Schritt in der → Kostenrechnung, in dem ermittelt wird, wofür die → Kosten angefallen sind. Unterschieden werden: Kostenträgerzeitrechnung (→ Betriebsergebnisrechnung) und Kostenträgerstückrechnung, → Kalkulation.

Kostenträgerstückrechnung, → Kostenträgerrechnung

Kostenträgerzeitrechnung, → Betriebsergebnisrechnung

Kostenüberdeckung/-unterdeckung, → Abweichungsanalyse

Kosten- und Leistungsrechnung, → Kostenrechnung

Kostenverläufe, → Gesamtkostenfunktionen

Kräftefeldanalyse, auf Lewin zurückgehende Sichtweise von Wandlungsprozessen, derzufolge in jeder Situation Kräfte vorhanden sind, die Wandel behindern (retardierende Kräfte), und solche, die auf Wandel hinwirken (akzelerierende Kräfte). Im Gleichgewichtszustand beider Kräfte finden keine Veränderungen statt (Status quo). Soll der vorhandene Gleichgewichtszustand verändert werden (*Unfreezing*), müssen entweder die akzelerierenden Kräfte gestärkt, die retardierenden Kräfte geschwächt oder die Richtung einer Kraft umgedreht werden. Nach dem Wandel sind die Veränderungen durch ein neues Gleichgewichtsniveau abzusichern (*Freezing*). Die K. wird auch als Instrument zur Analyse der Ausgangssituation und der Erfolgschancen von Wandlungsprozessen benutzt, indem die unterschiedlichen, den Wandel behindernden oder fördernden Kräfte erfaßt und als Vektoren miteinander in Beziehung gesetzt werden.

Kreativitätstechniken, Suchregeln und Hilfsmittel, die eingesetzt werden, um ein Individuum oder eine Gruppe bei der Lösung eines unstrukturierten oder innovativen Problems, das kreative Lösungen erfordert, zu unterstützen. Erhöht werden soll die Wahrscheinlichkeit, Ideen bzw. Lösungsansätze zu finden. Zu unterscheiden sind systematisch-analytische (z.B. morphologischer Kasten, Cross-Impact-Analyse) und kreativ-intuitive Techniken (z.B. Brainstorming).

Kredit, zeitweise Überlassung von Geld, Sachen oder Sicherheiten, die mit einem Zins vergütet wird. Unterschieden werden kurz- und langfristige Fremdfinanzierungen. Erstere werden durch Handels- (Lieferanten- und Kundenkredit) oder Bankkredite (Kontokorrent-, Akzept-, Lombard-, Avalkredit u.a.) getätigt, letztere durch Hypothekendarlehen, Schuldverschreibungen und Darlehen.

Kreditfähigkeit, Bezeichnung für die Fähigkeit, rechtswirksam Kreditverträge abschließen zu können. Geschäftsfähige, natürliche Personen, juristische Personen des öffentlichen und privaten Rechts sowie die Offene Handelsgesellschaft und die Kommanditgesellschaft sind kreditfähig.

Kreditfinanzierung, → Finanzierung

Kreditinstitut, Bankgeschäfte betreibendes Unternehmen. Dazu gehören Kreditbanken (Groß-, Regional-, Privat-, Auslandsbanken und sonstige Banken), Sparkassen und Landesbanken/Girozentralen, Genossenschaftsbanken (Volks- und Raiffeisenbanken, Zentralkassen), Realkreditinstitute (Hypothekenbanken, Grundkreditanstalten), Teilzahlungsbanken, Kreditinstitute mit Sonderaufgaben u.a. Keine Kreditinstitute hingegen sind Bausparkassen (private und Landesbausparkassen), Versicherungen, Pfandleihunternehmen, die Bundesbank und (mit Ausnahmen) die Bundespost.

Kreditprüfung, Grundlage der Gewährung eines → Kredites von einem Kreditinstitut an einen Kunden, wobei festgestellt wird, mit welcher Wahrscheinlichkeit mit einer fristgerechten Rückzahlung des Kredites zu rechnen ist. Verschiedene Maßnahmen kommen zum Einsatz: persönliche Gespräche mit dem Kreditnehmer, Auskünfte, Betriebsbesichtigungen, Finanzstatus, Jahresabschluß, Finanzpläne. Ermittelt werden die rechtlichen, persönlichen und wirtschaftlichen Verhältnisse.

Kreditsicherheiten, dienen dem Ausgleich der Kapital- und Zinsrisiken, die der Fremdkapitalgeber zu tragen hat. Neben der Prüfung der Kreditfähigkeit in rechtlicher Hinsicht, der Kreditwürdigkeit in persönlicher Hinsicht (Charakter, Ruf, Familienverhältnisse, fachliche Qualifikation u.a.) wird bei der Kreditprüfung die sachliche Leistungsfähigkeit des Unternehmens analysiert. Hierbei geht es vor allem um die Vermögens-, Ertrags- und Liquiditätslage des Unternehmens. Verbleibende Risiken der Kreditvergabe sollen durch K. abgedeckt werden. – *Formen*: a) *Personalsicherheit*: neben dem eigentlichen Schuldner haftet eine weitere Person für den Kredit. Unterschieden werden vor allem Bürgschaft und Garantie: (1) Durch eine Bürgschaft verpflichtet sich der Bürge gegenüber dem Kreditgeber, für die Verbindlichkeiten des Schuldners einzustehen. Bei einer normalen Bürgschaft tritt die Haftung erst ein, wenn eine Zwangsvollstreckung gegen den Schuldner erfolglos war. Bei einer selbstschuldnerischen Bürgschaft wird darauf verzichtet, und der Gläubiger kann vom Bürgen sofort die Zahlung verlangen. Bei einer Ausfallbürgschaft wird nur für den Teil der Forderung gehaftet, der nach Verwertung der sonstigen Sicherheiten und Zwangsvollstreckung ungedeckt bleibt. (2) Durch eine Garantie verpflichtet sich der Garant, für einen zukünftigen Erfolg oder Schaden einzustehen. Die Garantie ist unabhängig vom Bestand der Hauptschuld, weshalb die eingegangenen Verpflichtungen des Garanten größer als bei einer Bürgschaft sind. – b) *Sachsicherheiten*, bei denen der Kreditgeber im Unterschied zu den Personensicherheiten sachenrechtliche Ansprüche erhält. Unterschieden werden vor allem Eigentumsvorbehalt, Forderungsabtretung, Sicherungsübereignung, Pfandrecht, Hypothek und Grundschuld.

Kreditsicherung, Stellung von Vermögenswerten und -rechten seitens des Schuldners zur Sicherung des Gläubigers vor Verlusten aus gewährten Krediten. – Möglichkeiten der K.: → Kreditsicherheiten

Kreditwürdigkeit, → Kreditprüfung

Kreditwürdigkeitsprüfung, → Kreditprüfung

Krisenbewältigungsmanagement, → Krisenmanagement

Krisenintervention, → Krisenmanagement

Krisenmanagement, gezielte Bemühungen des → Managements, eine → Unternehmenskrise zu bewältigen und das Überleben des Unternehmens mittel- bis langfristig abzusichern. Im Vordergrund stehen weniger kurzfristige Versuche zur Lösung akuter Probleme (*trouble-shooting*), als Versuche der Krisenvermeidung bei latenten Krisen sowie bei manifesten das Suchen nach grundsätzlichen Lösungen im Sinne einer → Sanierung des gefährdeten Unternehmens (→ Sanierungsmanagement, → Turn-around-Management). Notwendig ist hierfür die Entwicklung einer entsprechenden Strategie im Rahmen des strategischen Managements. Teil des K. kann im Falle einer nicht beherrschbaren Krise die Liquidation des Unternehmens sein.

kritische Erfolgsfaktoren, für die Marktstellung und damit für den Erfolg des Unternehmens in den Marktsegmenten (→ Marktsegmentierung) maßgebliche Faktoren, die im Rahmen der → Umweltanalyse der strategischen Planung untersucht werden. Die Analyse der Wettbewerbskräfte in dem jeweiligen Sektor bildet die Grundlage der Ermittlung k. E. Zu diesen gehören u.a. Produktlinien, Marketing, Finanzsituation, Forschung und Entwicklung, Produktion, Rohstoff- und Energieversorgung, Kostenvorteile sowie Qualität des Managements. In der → Unternehmensanalyse werden die Stärken und Schwächen der Unternehmen in Hinblick auf die kritischen Erfolgsfaktoren der Umweltanalyse bestimmt.

Kryptologie. Die K. beschäftigt sich mit Verfahren zur sicheren Übermittlung von Nachrichten. Zeichenfolgen werden durch komplizierte Algorithmen beim Sender verschlüsselt (chiffriert) und anschließend beim Empfänger entschlüsselt (dechiffriert). Es gibt eine Vielzahl von Algorithmen, von denen der RSA- und der DES-Algorithmus am bekanntesten sind. Bei sogenannten Public-Key-Systemen ist der Verschlüsselungsmechanismus öffentlich bekannt, der Entschlüsselungsmechanismus allerdings geheim

(RSA-Algorithmus als Beispiel). In diesem Zusammenhang ist der Begriff der digitalen oder elektronischen Unterschrift zu erwähnen. Dieses Prinzip ist heute jedem vertraut, der Geldausgabeautomaten (Chipkarte) benutzt.

Kultur, Summe der Verhaltensstrukturen, Werte und Einstellungen, welche die Mitglieder einer sozialen Einheit (Gesellschaft, Organisation) gemeinsam teilen und überliefern – gewissermaßen der „soziale Kitt" dieser Einheit; Grundlage für die → Sozialisation neuer Mitglieder.

Kulturanalyse, Versuch, → Kultur im allgemeinen und → Unternehmenskultur im besonderen zu beobachten und zu messen. Umstritten ist, inwieweit dies überhaupt möglich ist. Unterschiedliche Meinungen hierzu ergeben sich aus einem verschiedenartigen Verständnis von Kultur. Wird sie subjektivistisch als Ideensystem verstanden, kommen interpretative Verfahren zur Anwendung. Wird Kultur objektivistisch als beschreibbarer Bestandteil jeglichen Sozialsystems (neben anderen Bestandteilen wie Strukturen) verstanden, kommen quantitative Methoden der empirischen Sozialforschung zur Anwendung. Anderen Auffassungen zufolge (z.B. nach Schein) hängt die Möglichkeit einer K. von der jeweiligen Ebene der Kultur ab; sichtbare Ebenen lassen sich danach mit Methoden der empirischen Sozialforschung erfassen, während unsichtbare und teilweise auch unbewußte Ebenen (etwa grundlegende Annahmen) quantitativ nicht erfaßbar sind.

kulturbewußtes Management, von P. Ulrich geprägter Begriff für ein Management, das sich nicht omnipotent als Kulturstifter versteht, sondern die Möglichkeiten eines → Kulturmanagements als begrenzt ansieht. Stattdessen sollen die Manager die jeweilige Unternehmenskultur analysieren und bei ihren Entscheidungen berücksichtigen, um Handlungen zu vermeiden, die nicht zur jeweiligen Kultur passen.

Kulturdenken, dem → Groupthink-Phänomen vergleichbare Erscheinung auf der Ebene von Organisationen mit ausgeprägten Kulturen (Unternehmenskultur). Dabei werden andere Meinungen und Werte von der Organisation systematisch abgelehnt, während von den Mitgliedern in hohem Maß Konformität erwartet und durchgesetzt wird.

Kulturentwicklung, planmäßiger und gezielter Wandel der → Unternehmenskultur; wurde bereits vor dem Aufkommen der Diskussion um Unternehmenskultur als zentrales Ziel der Organisationsentwicklung verstanden, jedoch nicht als Wandel von oben im Sinne von → Kulturmanagement, sondern als prozessuale Gestaltung durch die Betroffenen, d.h. die Gesamtheit der Organisation.

Kulturmanagement, im Rahmen der Diskussion über Unternehmenskultur deren gezielte Veränderung durch das Management. Manager werden dabei als aktive Gestalter der Kultur verstanden. Es handelt sich um einen umstrittenen Ansatz, da unklar ist, ob Kultur (Werte, Normen) überhaupt durch Managementaktivitäten gezielt gestaltbar ist.

Kulturschock, Effekt, der sich bei einem Individuum im Falle des Umzugs in ein anderes kulturelles Umfeld einstellen kann, weil es u.U. die andere Kultur nicht versteht und mit ihren Verhaltensanforderungen nicht zurechtkommt. Ergebnis ist in vielen Fällen ein pauschales Ablehnen der anderen Kultur.

Kulturtypen, Versuche, die unterschiedlichen Arten von → Unternehmenskultur durch Typenbildung zu kategorisieren. K. stehen als grobe Vereinfachungen in der Gefahr, Aspekte individuell ausgeprägter Kulturen zu vernachlässigen.

kulturvergleichende Managementforschung, → Cross-cultural-Management

Kundencontrolling, Teil des → Personalcontrollings. Ziel ist die Steuerung, Kontrolle und Effizienzmessung der Kundenorientierung sowie Schaffung eines entsprechendes Frühwarnsystems. Die Kundenorientierung der Mitarbeiter wird gemessen anhand von Kennzahlen, die Zufriedenheit (z.B. mit Betreuung und Produkten) und Loyalität der Kunden ausdrücken sollen. Eine auftretende Unzufriedenheit der Kunden dient als Frühwarnsignal zum Einleiten von Gegenmaßnahmen.

Kundendienst, Zusatzleistungen eines Unternehmens, die nach dem Kauf erfolgen, z.B. Kundenschulung, Montage, Verpacken, Wartung. Ziel ist, den störungsfreien Einsatz der Problemlösung beim Kunden sicherzustellen und dadurch Präferenzen zu bilden. Zwischen Kunden und Unternehmen soll ein Vertrauensverhältnis aufgebaut werden (→ After-Sales-Service), u.a. durch eine Kundendienstpolitik, d.h. durch Entscheidungen über Art, Umfang und zeitlichen Einsatz des K.

Kundenkredit, → Handelskredit, der durch die Vorauszahlungen des Kunden an das Unternehmen entsteht. Durch die Vorauszahlung kommt es zu einem zinslosen Kredit.

Kundenmanagement (account management), Organisationsprinzip des Marketingmanagements, bei dem für verschiedene Kunden bzw. Kundengruppen spezifische Marketingprogramme entwickelt werden. Dadurch soll unterschiedlichen Problemen und/oder der besonderen Marktbedeutung einzelner Abnehmer(-gruppen) Rechnung getragen werden. Die Institutionalisierung des Kundenmanagements erfolgt durch eine mehrdimensionale Organisationsstruktur, bei der eine gegebene Grundstruktur durch die organisatorische Verankerung von Kompetenz für die aus den einzelnen Kunden(-gruppen) resultierenden speziellen Aufgaben ergänzt wird. – Diese Organisationsstruktur kann sich auf einen Teilbereich beschränken oder teilbereichsübergreifend sein. Sie kann in Form von Stäben (*Stabs-Kundenmanagement*) oder Entscheidungseinheiten (*Matrix-Kundenmanagement*) erfolgen. – Vor allem bei der Konzentration der Nachfrage auf wenige Großabnehmer reicht die Differenzierung bis zu einzelnen Großkunden (key accounts). Ein solches *key account management* ist z.B. immer stärker für die Lebensmittelindustrie typisch, wo große Handelsketten, Einkaufsgenossenschaften und Warenhauskonzerne für ihre eigene Marktprofillierung differenzierte Marketingkonzepte fordern und mit ihren Lieferanten abgestimmt angehen.

kundenorientierte Organisationsform, → Kundenmanagement

Kundenorientierung, Haltung/Einstellung der Unternehmensleitung/des Unternehmens, das die Kundenwünsche an die erste Stelle stellt. Jeder Hersteller von Konsumgütern erkennt so z.B. den Vorrang des Verbrauchers an. Vgl auch → Marktorientierung.

Kundenproduktion, → Produktionstypen 2 a)

Kündigung, einseitiger Rechtsakt, durch den ein Rechtsverhältnis, insbesondere ein Arbeitsverhältnis, nach Ablauf der gesetzlich oder vertraglich vorgesehenen Fristen beendet werden soll. Hierzu muß dem zu Kündigenden eine entsprechende Erklärung zugehen. Je nach Art des Rechtsverhältnisses bestehen für eine K. unterschiedliche Vorschriften. Bei einem Arbeitsverhältnis bildet das Kündigungsschutzgesetz die rechtliche Grundlage → Kündigungsschutz. Für einzelne Arbeitnehmergruppen sind die gesetzlichen Kündigungsfristen unterschiedlich geregelt. Bei Arbeitern beträgt die Kündigungsfrist 2 Wochen; bei Angestellten sechs Wochen zum Quartalsende. Bei einzelvertraglicher Regelung ist ein Monat das Minimum, längere Fristen sind möglich, gelten jedoch nicht bei einer K. durch den Arbeitnehmer. In Betrieben, die dem Betriebsverfassungsgesetz unterliegen, ist vor der Kündigung der Betriebsrat zu hören. Erfolgt dies nicht, ist die Kündigung unwirksam. Eine Angabe von Kündigungsgründen ist gesetzlich nicht vorgeschrieben, aber üblich. Bei einer außerordentlichen K., bei der das Arbeitsverhältnis ohne Kündigungsfristen beendet werden soll, ist eine Angabe von Gründen notwendig.

Kündigungsgelder, → Termineinlagen

Kündigungsschutz, rechtliche Möglichkeit zur Abwehr einer Kündigung durch den Gekündigten sowie rechtliche Ausschlüsse von Kündigungen. Bei Arbeitsverhältnissen wird der K. vor allem durch das Kündigungsschutzgesetz geregelt. Dieses gilt für alle Betriebe und Verwaltungen des privaten und öffentlichen Rechts, nicht aber für Betriebe mit fünf oder weniger regelmäßig Beschäftigten. Das Gesetz legt fest, daß eine Kündigung sozial gerechtfertigt sein muß. Dies ist dann der Fall, wenn die Kündigungsgründe in der Person (personenbedingte Kündigung) oder dem Verhalten (verhaltensbedingte Kündigung) des Arbeitnehmers liegen oder aus dringendem betrieblichen Interesse, die einer Weiterbeschäftigung entgegenstehen, resultieren (betriebsbedingte Kündigung). Im letztgenannten Fall hat der Arbeitgeber ferner soziale Gesichtspunkte bei der Auswahl der zu Kündigenden zu berücksichtigen. Bei einer personen- oder verhaltensbedingten Kündigung unterliegt der Arbeitgeber der Beweispflicht. Für bestimmte Arbeitnehmergruppen (ältere Arbeitnehmer, Schwangere, Behinderte) besteht aufgrund besonderer persönlicher Verhältnisse oder der Ausübung einer im Allgemeininteresse liegenden Tätigkeit (bei Wehr- und Zivildienstleistenden, Parlamentariern) ein besonderer K. Dieser existiert ferner für Betriebsräte. Die Klärung, ob eine Kündigung wirksam bzw. ob seitens des Arbeitgebers gegen den K. verstoßen wurde, erfolgt aufgrund einer Feststellungsklage des Gekündigten vor dem Arbeitsgericht. Die Klage muß innerhalb der Ausschlußfrist von drei Wochen erfolgen; andernfalls ist die Kündigung rechtswirksam.

Künstliche Intelligenz (KI), Versuch, intelligentes menschliches Verhalten auf Datenverarbeitungsanlagen abzubilden bzw. den Computer zu einem „intelligenten“ Verhalten zu veranlassen. Wichtige Teildisziplinen sind Systeme zur automatischen Problemlösung und Entscheidungsfindung (deduktive Systgeme), maschinelle Beweisverfahren, Mustererkennung (Sprachverarbeitung und Bildverarbeitung), Robotik, neuronale Netzwerke sowie Expertensysteme. – Heute verfolgt man zum einen das Ziel, die Techniken der KI der *betrieblichen Anwendung* zu erschließen (Expertensysteme, Robotik). Dabei kann auf eine Vielzahl anerkannter Methoden zurückgegriffen werden (Such-, Deduktions- und Repräsentationsmethoden). Zum anderen wird im Bereich der KI-Forschung versucht, menschliche Denkprozesse auf Computern zu *simulieren*.

Kuppelkalkulation, → Kalkulationsverfahren zur Kalkulation sogenannter Kuppelprodukte. Diese fallen in bestimmten Produktionsprozessen zwangsläufig an (z.B. fällt in einer Kokerei neben der Steinkohle auch absatzfähiges Gas sowie Teer an). Die Anwendung des → Verursachungsprinzips bei der Zuordnung der Kosten zu den einzelnen Kuppelprodukten ist grundsätzlich nicht möglich. Zur Verteilung der Kosten auf die Produkte kommen zwei Verfahren zur Anwendung: a) Die *Restwertmethode*: Bei einem Hauptprodukt und mehreren Nebenprodukten werden die Gesamtkosten korrigiert um Erlöse und Vernichtungskosten der Neben- und Abfallprodukte. Der Restwert wird dem Hauptprodukt zugeordnet. b) Die *Verteilungsmethode*: Bei ähnlichen Produkten bietet sich ein Verfahren analog der Äquivalenzziffernrechnung (→ Divisionskalkulation) an.

Kuppelproduktion, → technologisch verbundene Produktion

Kurs, → Aktienkurs

Kurzarbeit, Reduzierung der betrieblichen und damit auch der individuellen Arbeitszeit bei entsprechender Kürzung des Arbeitsentgelts, insbesondere bei einem Mangel an Aufträgen. Die Einführung ist nur mit Zustimmung des Betriebsrats möglich. Zur Vermeidung von Massenentlassungen kann dieser Kurzarbeit ggf. verlangen. Während der Zeit der Kurzarbeit bekommen die betroffenen Arbeitnehmer i.d.R. als finanziellen Ausgleich für die Entgelteinbußen Leistungen der Arbeitslosenversicherung, das sog. *Kurzarbeitergeld.*

Kurzarbeitergeld, → Kurzarbeit

kurzfristige Erfolgsrechnung, → Betriebsergebnisrechnung

kurzfristige Planung, → Planungshorizont

Kux, Anteil an einer → bergrechtlichen Gewerkschaft, der in das Gewerkenbuch eingetragen wird; Inhaberpapier, das durch Abtretung und Umschreibung übertragen werden kann. Im Gegensatz zu den → Aktien lautet die K. nicht auf einen bestimmten Nennbetrag, sondern auf eine Quote am Gesellschaftsvermögen. Ihre Bedeutung als Finanzierungsinstrument sinkt wie die der Rechtsform der bergrechtlichen Gewerkschaft.

Kybernetik, als Theorie aller dynamischen Systeme Grundlage der Systemtheorie. Im Mittelpunkt steht die Untersuchung von Prozessen der Informationsverarbeitung sowie die Regelung und Steuerung von Systemen.

L

Laboratoriumstraining (Sensitivitätstraining), Verfahren der Gruppendynamik, bei dem die Mitglieder einer Kleingruppe aus ihrem eigenen Verhalten, dem entsprechenden → Feedback der anderen Teilnehmer sowie der Entwicklung der Gruppe in der Laborsituation lernen; wird auch im Rahmen der → Organisationsentwicklung eingesetzt.

Labour-process-Theorie, in der marxistischen Tradition wurzelnder Ansatz zur Untersuchung der in Unternehmen notwendigen Kontrolle und der zur Herrschaftssicherung und Gewinnerzielung notwendigen Kontrollmechanismen in Abhängigkeit von der jeweiligen Entwicklungsstufe des Kapitalismus.

Lagebericht, neben dem → Jahresabschluß von Kapitalgesellschaften aufzustellender Bericht, der Aussagen über die gegenwärtige wirtschaftliche Lage der Gesellschaft enthält. Darüber hinaus soll auf besonders wichtige Vorgänge, die nach Abschluß des Geschäftsjahres stattgefunden haben, auf die voraussichtliche Entwicklung des Unternehmens und den Forschungs- und Entwicklungsbereich eingegangen werden.

Lagerhaltungslogistik, → Marketinglogistik

Laissez-faire-Stil, im Rahmen der → IOWA-Studien definierter → Führungsstil, bei dem der Führende nach der Aufgabenerteilung auf Interventionen bzw. Verhaltenssteuerung verzichtet und der Gruppe bzw. dem betroffenen Individuum völlige Entscheidungsfreiheit einräumt.

LAN (Local Area Network), verbindet unabhängige Geräte zur Übertragung von Informationen innerhalb von Grundstücksgrenzen. LANs gehören zur Gruppe der hausinternen Netze im Gegensatz zu den öffentlichen Weitverkehrsnetzen (WAN, Wide Area Network). Neben LANs gibt es herstellerspezifische DV-Netze (z.B. SNA-Netze von IBM) und Netze auf der Basis digitaler Nebenstellenanlagen. Neben der Informationsübertragung zwischen angeschlossenen Arbeitsplatzrechnern lassen sich in LANs den einzelnen Geräten (Requester oder Clients) unterschiedliche Dienstleistungen auf Servern bereitstellen, z.B. gemeinsame Datenbestände (File-Server), gemeinsam genutzte Peripheriegeräte (z.B. Drucker) oder Funktionen spezieller Rechner. – Lokale Netzwerke unterscheiden sich hinsichtlich der Netztopologie, des Übertragungsmediums, der Übertragungstechnik und des Zugriffsverfahrens. Die wichtigsten Netztopologien sind das Stern-, Ring- und das vermaschte Netz sowie der Bus. Als Übertragungsmedien kommen verdrilltes Kupferkabel, Koaxialkabel und Glasfaserkabel zum Einsatz. Bei Übertragungstechniken unterscheidet man die Basis- und Breitbandtechnik. Da alle angeschlossenen Geräte auf ein gemeinsames

Übertragungsmedium zugreifen, muß der Zugriff geregelt werden. Hinsichtlich der Bestimmbarkeit des Zugriffszeitpunktes eines Gerätes unterscheidet man deterministische (z.B. Tokenverfahren) und probabilistische (z.B. CSMA/CD, Carrier Sense Multiple Access/Collision Detection) Zugriffsverfahren. Mehrere gleichartige LANs können über eine → Bridge verbunden werden. Die Ankopplung unterschiedlicher LANs bzw. die Verbindung zu anderen Netzarten erfolgt über → Gateways.

langfristige Planung, → Planungshorizont

Langzeiturlaub (sabbatical), → flexible Arbeitszeit

latency (pattern maintenance), in der → Systemtheorie bzw. dem → AGIL-Schema die Entwicklung und Erhaltung der Sozialstruktur (Werte, Normen, anders ausgedrückt der → Unternehmenskultur) eines Systems (eines Unternehmens) sowie einer für die Systemaktivitäten ausreichenden Motivation der Mitglieder.

latente Steuern, Differenz zwischen tatsächlichem Steueraufwand aufgrund der → Steuerbilanz und fiktivem Steueraufwand aufgrund der → Handelsbilanz. Ist der handelsrechtliche höher als der steuerrechtliche Steueraufwand, so ist ein passivischer Posten zu bilden (Rückstellung für latente Steuern). Umgekehrt kann ein aktivischer Posten gebildet werden (Abgrenzungsposten für aktive latente Steuern).

laterale Diversifikation, → Diversifikationsstrategie, bei der grundlegend neue Produkt-Markt-Kombinationen angestrebt werden. Zu den bisherigen Beschaffungsmöglichkeiten, Fertigungstechnologien und Absatzwegen besteht kein sachlicher Zusammenhang. Diese Strategie erfordert einen hohen finanziellen Aufwand, bringt ungünstige Kostenstrukturen und enthält ein hohes Einzelrisiko. Es können keine Synergieeffekte erzielt werden, sondern die Ziele sind finanzwirtschaftlicher und risikopolitischer Art. Durch die laterale Diversifikation können Unternehmen das Verlassen schrumpfender Märkte oder Branchen einleiten.

Laufbahn, normierter beruflicher Werdegang im öffentlichen Dienst.

Laufbahnberatung, → Karriereberatung

Laufbahnplanung, → Karriereplanung

layoff, angloamerikanische Bezeichnung für eine oft nur vorübergehende Entlassung.

Layoutplanung, im engeren Sinne die Planung der räumlichen Anordnung (Layout) der einzelnen Arbeitsplätze und Betriebsteile auf dem Betriebsgelände, während im weiteren Sinne auch die Planung und Entscheidung über Art und Menge der anzuschaffenden Arbeitssysteme dazuzählt.

Leader-match-Konzept, auf der → Kontingenztheorie der Führung aufbauendes Führungskonzept, das von der Einschätzung ausgeht, ein individueller Führungsstil könne durch Führungstraining kaum verändert werden. Das Ziel der Übereinstimmung (match) zwischen Führungsstil und -situation kann daher nur durch Austausch des Führenden oder eine Situationsveränderung erreicht werden. Trainiert wird hingegen die Fähigkeit des Führenden, die Situation zu analysieren und zu modifizieren. Die Modifikation der Führungssituation (insbesondere von Aufgabenstruktur, Vorgesetzten-Mitarbeiter-Beziehung, Positionsmacht des Führenden) wird als → situational engineering bezeichnet.

leadership, in der amerikanischen Managementliteratur benutzter Begriff, der umfassender ist als die Übersetzung → Führung. Während mit dieser primär der personenbezogene Teil des Managements bezeichnet wird, beinhaltet l. insbesodere die Richtungsvorgabe für die gesamte Unternehmung, etwa durch Schaffung von Visionen und Zielvorgaben, bzw. die Bestimmung der Unternehmenspolitik.

lean production, → Magermanagement

learning by doing, → Erfahrungslernen

Leasing, für einen bestimmten Zeitraum bestehendes Mietverhältnis, innerhalb dessen der Leasinggeber dem Leasingnehmer Vermögensgegenstände zur Nutzung überläßt. Unterschieden werden das *Operating Leasing*, das kurzfristig und jederzeit kündbar ist, sowie das *Finanzierungsleasing*, das auf einer innerhalb einer Grundmietzeit nicht kündbaren Nutzung basiert. L. kann eine Alternative zur langfristigen Fremdfinanzierung sein. – Die *Kosten des L.* liegen meist deutlich über den Anschaffungskosten beim Kauf.

Lebenswelt, aus der Phänomenologie stammender, im Rahmen der → Theorie des kommunikativen Handelns von Habermas aktualisierter Begriff zur Bezeichnung des kulturell überlieferten und sprachlich organisierten Vorrats an Deutungsmustern einer Gesellschaft bzw. sozialen Einheit. Die L. stellt danach einen den Teilnehmern immer schon vertrauten kulturellen Wissensvorrat dar; ihre grundlegenden Bestandteile sind Sprache und Kultur. Dieser Wissensvorrat versorgt die Teilnehmer mit Hintergrundüberzeugungen, die von diesen als unproblematisch empfunden und gemeinsam als garantiert unterstellt werden. Dem Lebensweltkonzept zufolge ist Kultur, folglich auch Unternehmenskultur, nur aus der Perspektive der Teilnehmer zu verstehen; hierbei können nur interpretative Verfahren, nicht aber solche der quantitativen empirischen Sozialforschung zur Anwendung kommen.

Lebenszykluskonzept, Konzept, das auf einer Analogie zu biologischen Entwicklungsprozessen basiert und einen idealtypischen, in Phasen einteilbaren Verlauf der Entwicklung von Produkten, Märkten und Branchen unterstellt. – Der Lebenzyklus durchläuft folgende *Phasen*: Entwicklung, Einführung, Wachstum, Reife, Sättigung und Degeneration, wobei die Zahl der aufgeführten Phasen variiert. – Zu unterscheiden sind: → *Branchenlebenszyklus,* → *Marktlebenszyklus* und → *Produktlebenszyklus* .

legale Herrschaft, von M. Weber definierte Form der → Herrschaft, die im Unterschied zur traditionellen und zur charismatischen Herrschaft auf Satzung, d.h. gesetztem Recht, statt Willkür des Herrschenden beruht. Weber zufolge ist die → bürokratische Herrschaft die reinste Form der legalen Herrschaft.

Leiharbeit, → Personalleasing

Leistungen (performance), gesamte betriebsbedingte Wertzuflüsse einer

Abrechnungsperiode. Unterschieden werden Umsatzleistungen, die auf dem Markt realisiert werden, und → innerbetriebliche Leistungen, die vorübergehend oder auf Dauer im Unternehmen verbleiben, z.B. aktivierte Eigenleistungen. Gegenteil: → Kosten.

Leistungsabschreibung, → Abschreibungsverfahren

Leistungsbedürfnis, → Leistungsmotivationstheorie

Leistungsbereitschaft, → Leistungsentscheidung

Leistungsbeurteilung, Vergleich von beobachtbaren Leistungsergebnissen mit dem Soll-Arbeitsergebnis (ersatzweise von Arbeitsverhalten mit Soll-Arbeitsverhalten) durch den Vorgesetzten mit dem Ziel der Festlegung eines leistungsgerechten Arbeitsentgelts insbesondere bei Zeitlohn. Wesentlicher Bestandteil des → management by objectives; dort findet die L. durch den Vergleich von Zielvereinbarung und Ausmaß der Zielerreichung statt.

Leistungsdruck, → Streß

Leistungsfaktoren, → Produktionsfaktoren

Leistungskontrolle, betriebsorganisatorische Maßnahme zur Überprüfung der erstellten Leistung (Menge und Qualität) im Verhältnis zur aufgewandten Zeit. Im Industrieunternehmen kann die L. weitestgehend durch Fließproduktion und durch Akkordlohn, in der Verwaltung durch Einschaltung gewisser Kontrollen (Aktenzeichen, Anzahl der bearbeiteten Vorgänge oder Briefe usw.) sowie im Handwerksunternehmen durch statistische Erfassung der Arbeitsleistung (Umsatz je Verkäufer usw.) erfolgen.

Leistungsmotivation, → Motivation

Leistungsmotivationstheorie, von McClelland und Atkinson formulierte → Inhaltstheorie der Motivation, die von drei durch Sozialisation und frühe Berufserfahrung ausgeprägten Grundbedürfnissen ausgeht, nämlich Leistungsstreben, sozialem Streben und Machtstreben. Stark ausgeprägtes Leistungsstreben wird als Voraussetzung für eine erfolgreiche Managementtätigkeit gesehen. Die Ausprägung hängt ab von der Stärke des Grundmotivs, Erfolg zu haben, den Erwartungen hinsichtlich der Erfolgswahrscheinlichkeit und der Anreizwirkung des Zieles.

Leistungstest, relativ aussagekräftige Methode der → Personalauswahl, mit der berufsspezifische Kompetenzen des Bewerbers durch Arbeitsproben überprüft werden sollen.

leitende Angestellte, spezielle Gruppe von Arbeitnehmern, die mit der Ausfüllung von Arbeitgeberfunktionen beauftragt sind (Berechtigung zur selbständigen Entlassung oder Einstellung), Generalvollmacht oder Prokura besitzen oder im Unternehmen im wesentlichen frei von Weisungen handeln können. – L. A. haben kein aktives und passives Wahlrecht bei Betriebsratswahlen. Sie können aber, sofern dies eine Mehrheit der *l. A.* wünscht, entweder auf Betriebs- oder Unternehmensebene einen eigenen → Sprecherausschuß bilden. Bei der Wahl von Arbeitnehmervertretern in den Aufsichtsrat besitzen die l. A. aktives wie passives Wahlrecht. Einer der gewählten Arbeitnehmervertreter muß laut Mitbestimmungsgesetz ein l. A. sein.

Leitungsgliederung, Verteilung von → Autorität in einer Organisation; besteht aus den Dimensionen der Tiefe der L. als Ausdruck für die Anzahl der Hierachieebenen und der Breite der L. als Ausdruck der Anzahl der einem Vorgesetzten jeweils zugeordneten Mitarbeiter.

Leitungsspanne, → Kontrollspanne

Leitungssystem, → Linienmanagement

Leitungswissenschaft, wirtschaftswissenschaftliche Lehr- und Forschungsdisziplin in der früheren DDR, die sich mit Fragen der Leitung und Planung sowohl der gesamten Volkswirtschaft wie auf betrieblicher Ebene befaßte.

Lernen, reflexives, d.h. bewußtes Aneignen neuer Kenntnisse, Fähigkeiten und Verhaltenskompetenzen, das zu dauerhaften Verhaltensänderungen führt; kann alleine oder mit Hilfe anderer Individuen, organisiert oder eher spielerisch (learning by doing, → Erfahrungslernen) erfolgen.

Lerngruppe, im Rahmen der → Lernstatt Gruppe von Mitarbeitern aus einem betrieblichen Bereich, die sich zum Zweck des gemeinsamen, weitgehend selbstgesteuerten Lernens zusammenfinden. Die Gruppe löst sich auf, wenn der Lernbedarf befriedigt ist.

Lernkurve, Begriff der Produktionstheorie, teilweise auch im Rahmen des strategischen Managements gebraucht zur Bezeichnung des Zusammenhangs zwischen Dauer bzw. Häufigkeit eines Produktionsprozesses und den dabei anfallenden Kosten. Grundannahme ist, daß durch Wiederholung und damit Übungs- bzw. Erfahrungseffekte die Kosten pro Produktionseinheit sinken.

Lernstatt, sich weitgehend selbst steuernde Gruppe im Unternehmen, die sich während der Arbeitszeit zum Zwecke des gemeinsamen Lernens zusammengefunden hat und dabei vom Unternehmen unterstützt wird (z.B. durch eine den Referenteneinsatz leitende und die einzelnen Lerngruppen koordinierende Lernstatt-Zentrale).

leveraged buyout (LBO), Form des → management buyouts. Im Falle des LBO wird der → Leverage-Effekt ausgenutzt.

Leverage-Effekt (Hebelwirkung), Effekt, nach dem die Eigenkapitalrendite mit zunehmender Fremdfinanzierung von Investitionen steigt, sofern der Fremdkapitalzinssatz unter der erzielten Gesamtkapitalrendite liegt. Aus der Wirkungsweise dieses Effekts werden andere Empfehlungen abgeleitet als aus den vertikalen Finanzierungsregeln, den → Kapitalstrukturregeln. Bei positivem L. ist folglich eine Erhöhung des Fremdkapitalanteils zweckmäßig. Der L. kann jedoch auch negativ sein und der Vorteil sich ins Gegenteil verkehren. Die Eigenkapitalrentabilität sinkt umso stärker, je höher der Verschuldungsgrad ist.

liabilities, → balance sheet

Lieferantenanalyse, Untersuchung und Beurteilung von Lieferanten unter Anwendung mehrerer Kriterien wie Zuverlässigkeit, Preise und Konditionen, Service, Qualität sowie Ausmaß der Abhängigkeit. Die L. wird häufig mittels eines Scoring-Modells durchgeführt und dient als Entscheidungsgrundlage zur Auswahl von Lieferanten.

Lieferungsbedingungen, → Geschäftsbedingungen

Lifo-Verfahren (Last-in-first-out-Verfahren), Methode zur Ermittlung des Wertes gleichartiger Gegenstände des Vorratsvermögens (→ Gruppenbewertung). Unterstellt wird, daß die zuletzt angeschafften Güter zuerst verbraucht werden. Der Bestand an Vorratsvermögen wird daher mit dem zuerst bezahlten Preis bewertet. Bei steigenden Preisen kommt es zur Bildung → stiller Reserven.

Ligaturen, weitgehend unhinterfragte Sinnbezüge (soziale Werte und Normen), die als soziale Bindungen eine Gemeinschaft zusammenhalten, das Denken und Handeln der Mitglieder gleichartig ausrichten und dadurch, daß sie handlungsleitend wirken, den Handelnden von laufenden Entscheidungszwängen bezüglich der Sinnhaftigkeit des eigenen Handelns entlasten. Begriff geht auf Dahrendorf zurück.

Likert-Skala, von R. Likert entworfener, sich am → System-Vier-Ansatz orientierender Fragebogen, mit dessen Hilfe eine Organisation einem Prototypen zugeordnet werden kann. Die Skala bezieht sich auf Aspekte der Führung, Motivation, Kommunikation, Kontrolle und Entscheidungsfindung. Ursprünglich wurde sie eingesetzt im Rahmen der Führungsforschung und als Mittel zur Umgestaltung von Organisationen zu partizipativen Systemen; mittlerweile wird sie eher als Mittel zur Erhebung des Betriebssklimas benutzt.

lineare Abschreibung, → Abschreibungsverfahren

lineare Optimierung, (lineare Programmierung) Teilbereich des → Operations Research und damit Bestandteil formalwissenschaftlicher Managementansätze. Ziel ist die Unterstützung von Managemententscheidungen durch Anwendung von Verfahren der mathematischen Optimierung und ihrer Übertragung auf wirtschaftliche Entscheidungsprozesse.

lineare Programmierung, → lineare Optimierung

Linienautorität, direkte Weisungsbefugnis (→ Direktionsrecht) des Vorgesetzten gegenüber den hierarchisch untergeordneten Mitarbeitern.

Linienorganisation, → Linienmanagement

Linienmanagement (Leitungssystem, Linienorganisation, Liniensystem), innerhalb der → Aufbauorganisation die hierarchische Verknüpfung einzelner Stellen und Abteilungen durch Schaffung von Anordnungswegen bzw. Weisungsbefugnissen von oben nach unten und Berichtswegen von unten nach oben (Dienstwege). Zentrales Merkmal ist die → Einheit der Auftragserteilung. – *Grundformen* sind das → Einliniensystem und das → Mehrliniensystem. – Dem Manager, dem die *Linienautorität* (die direkte Anweisungsbefugnis gegenüber den hierarchisch untergeordneten Stellen) obliegt, wird als *Linienmanager* bezeichnet.

Linking-pin-Modell (Partizipationsmodell), von Likert entworfenes, partizipatives Modell der Strukturierung von Organisationen, das sich als Alternative zu hierarchischen Strukturmodellen (z.B. zum Einliniensystem und Stab-Linien-System) versteht. Danach wird die Organisation statt in Abteilungen in fachbezogene Arbeitsgruppen eingeteilt, die durch jeweils zwei Gruppen zugehörige und den traditionellen Vorgesetzten ablösende Gruppenkoordinatoren (linking pins) miteinander verbunden werden. Entscheidungen werden partizipativ in den Gruppen getroffen.

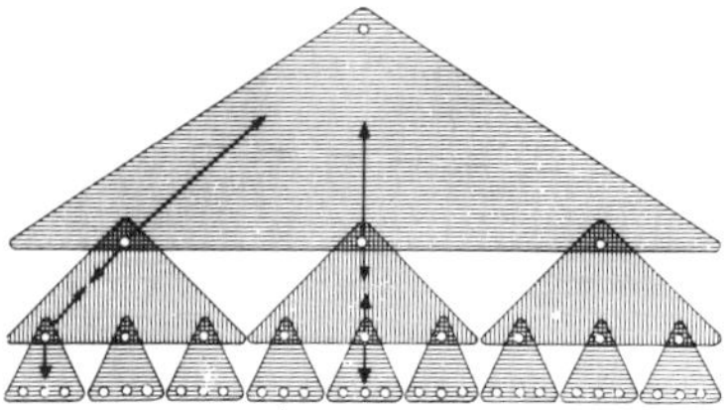

(Die Pfeile zeigen die „linking pin" Funktion)

Liquidation, → Abwicklung

Liquidationsbilanz, → Sonderbilanz bei freiwilliger Beendigung der Tätigkeit eines Unternehmens, in der die Vermögensgegenstände mit den voraussichtlichen Veräußerungspreisen verglichen werden.

Liquidationsstrategie, → Abschöpfungsstrategie, → Desinvestitionsstrategie, → Normstrategie

Liquidität. 1. *Absolute L.*: Liquidierbarkeit von Vermögensgegenständen. 2. *Relative L.*: Fähigkeit und Bereitschaft eines Unternehmens, jederzeit und ohne Einschränkungen fristgerecht allen ordnungsgemäßen Zahlungsverpflichtungen entsprechen zu können. Notwendig zur Aufrechterhaltung der L. ist das finanzielle Gleichgewicht: Verbindlichkeiten und Vermögen sowie resultierende Zahlungsströme müssen zeit- und wertmäßig aufeinander abgestimmt sein. Dies setzt voraus, daß die Zahlungsmitteldeckung zu jedem Zeitpunkt größer ist als der Zahlungsmittelbedarf oder mindestens diesem entspricht. Ist diese Bedingung erfüllt, befindet sich das Unternehmen im finanziellen Gleichgewicht. – Unterschieden werden die Zonen der L.: a) Unterliquidität: Die L. ist nicht ausreichend, was schlechte Zahlungsmoral, Stockungen von Zahlungen und mangelnde Kreditwürdigkeit zur Folge haben kann; b) Überliquidität: In diesem Fall liegt zuviel L. vor, was unter Rentabilitätserwägungen ungünstig ist; c) → Illiquidität. – *Die Beurteilung der L.* eines Unternehmens erfolgt im Rahmen der → Finanzanalyse.

Liquiditätsanalyse, im Rahmen der → Finanzanalyse vorgenommene Analyse beider Seiten der Bilanz durch horizontale Bilanzsstrukturkennzahlen (→ Finanzierungsregeln). Die Liquidität 1. Grades wird auch als *Barliquidität*, die Liquidität 2. Grades als *quick ratio* und die Liquidität 3. Grades als *current ratio* bezeichnet.

Liquiditätsgrad, Kennzahl zur Einschätzung der → Liquidität eines Unternehmens, um Störungen des → finanziellen Gleichgewichts zu erkennen. – Kreditinstitute haben bestimmte Vorstellungen über den Liquiditätsgrad: Die Liquidität ersten Grades soll möglichst klein, aber positiv sein; die zweiten Grades soll über 100 % betragen, da dann Vorratsvermögen u.a. langfristig finanziert sind; die dritten Grades soll 150 bis 200 % betragen, um Finanzierungsreserven aufzubauen. Die Liquidität eines Unternehmens kann durch die Berechnung des Liquiditätsgrads nicht angemessen erfaßt werden, da die Datenbasis aus Werten der Vergangenheit besteht, wobei diese Werte wiederum Maßnahmen der → Bilanzpolitik unterliegen, zukünftige Zahlungsverpflichtungen (Löhne, Zinsen u.a.) vernachlässigen, keine Aussagen über die Fälligkeit der kurzfristigen Verbindlichkeiten zulassen u.a. Daher ist zur Einschätzung der Liquidität eine Analyse des → cash flow ergiebiger.

$$\text{Liquidität 1. Grades} = \frac{\text{Zahlungsmittel}}{\text{kurzfristige Verbindlichkeiten}}$$

$$\text{Liquidität 2. Grades} = \frac{\text{Zahlungsmittel} + \text{kurzfristige Forderungen}}{\text{— kurzfristige Verbindlichkeiten}}$$

$$\text{Liquidiät 3. Grades} = \frac{\text{Zahlungsmittel} + \text{kurzfristige Forderungen und Warenbestände}}{\text{kurzfristige Verbindlichkeiten}}$$

Liquiditätskennziffern, → Liquiditätsgrad

Liquiditätsplanung, umfaßt die kurzfristige → Finanzplanung mit einem viertel- oder halbjährigen Horizont. – Ein *Liquiditätsplan* hat folgende Grobstruktur: Anfangsbestand an Zahlungsmitteln +/- voraussichtlichen Einzahlungen/Auszahlungen = Über-/Unterdeckung +/- Ausgleichsmaßnahmen bei Unter-/Überdeckung = Endbestand an Zahlungsmitteln.

Lisp, wie → Prolog ist Lisp eine Programmiersprache der fünften Generation und basiert auf einem mathematischen Kalkül. Lisp wird nahezu ausschließlich im Bereich der künstlichen Intelligenz eingesetzt und ist für nahezu jeden Rechnertyp beziehungsweise jedes Betriebssystem verfügbar.

Lizenz, vertraglich vereinbarte Erlaubnis zur gewerblichen Nutzung des Rechtes eines anderen, insbesondere Urheber-, Patent- und Gebrauchsmusterrechte. Die Lizenzgebühren werden unterschiedlich vereinbart, da keine allgemeinen Richtlinien und Grundsätze zur Bemessung existieren.

Lobbying, → Lobbyismus

Lobbyismus (Lobbying), im Sinne einer Reaktionsmöglichkeit eines Unternehmens auf Anforderungen der Umwelt der Versuch der Beeinflussung von Gesetzgebung oder Regierungshandeln durch Kontaktaufnahme und Beeinflussung der maßgeblichen Stellen und Parteien.

locus of control, Form der Kausalattribuierung (→ Attributionstheorie), bei der es um die Selbsteinschätzung eines Individuums und das Ausmaß der externen Kontrolle der eigenen Leistungen bzw. des eigenen Schicksals geht. Danach schreiben extern kontrollierte Individuen die eigenen Erfolge oder Mißerfolge externen bzw. situativen Bedingungen zu, während intern kontrollierte Individuen Erfolg und Mißerfolg aus der eigenen Leistung ableiten.

Lifo-Verfahren (Lowest-in-first-out-Verfahren), Methode zur Ermittlung des Wertes von gleichartigen Vermögensgegenständen des Vorratsvermögens (→ Gruppenbewertung). Unterstellt wird, daß die zum niedrigsten Preis eingekauften Güter zuerst verbraucht werden. Der Bestand an Vorratsvermögen wird mit dem höchsten Preis bewertet. Steuerrechtlich ist dieses Verfahren nicht zulässig.

Logistik, alle Transport-, Lager- und Umschlagsvorgänge von Material, Energie und Produkten innerhalb und zwischen Betrieben. Ebenso Bezeichnung für das wirtschaftswissenschaftliche Teilgebiet, das sich mit der Beschreibung, Erklärung und Gestaltung dieser Prozesse befaßt. Die Optimierung von Material-, Waren- und Energieflußsystemen muß über den einzelbetrieblichen Bereich hinausgehen und die gesamte logistische Kette im Auge haben: Zulieferer-Fertigungsbetrieb-Warenverteilung-Endabnehmer. Viele Basisprozesse haben logistische Bedeutung (z.B. Standortwahl, Produktgestaltung, Verpackung, Verkoppelung einzeler Produktionsprozesse). In Ansätzen wie der Just-in-Time-Produktion oder der Lean Production spielt die Logistik eine entscheidende Rolle.

Logo (Firmenzeichen), graphisches Symbol, das für das gesamte Unternehmen steht und es gegenüber der Konkurrenz abheben soll; Ausdruck der Philosophie des Unternehmens (→ Unternehmenskultur).

Lohmann-Ruchti-Effekt, → Kapazitätserweiterungseffekt

Lohnformdifferenzierung, Wahl der jeweiligen → Lohnformen nach betriebswirtschaftlichen Gesichtspunkten, insbesondere im Hinblick auf die Motivationswirkung der jeweiligen Form, sowie möglichst unter Berücksichtigung der → Lohngerechtigkeit.

Lohnformen, Berechnungsweisen für die Zahlung von Löhnen. – *Grundformen* sind der → Zeitlohn mit Bezahlung der Anwesenheit, der → Akkordlohn mit Bezahlung analog der Erbringung einer bestimmten Arbeitsleistung, der → Pensumlohn und der → Prämienlohn als Mischform zwischen Zeit- und Akkordlohn, bei dem zusätzlich zum Grundlohn für einen Teil der Mehrleistung Prämien gezahlt werden.

Lohngerechtigkeit, auf dem → Äquivalenzprinzip beruhender Grundsatz einer leistungsgerechten Entlohnung mit den Dimensionen Anforderungsgerechtigkeit (ermittelt u.a. durch Verfahren der → Arbeitsbewertung und →Lohnsatzdifferenzierung) und Leistungsgerechtigkeit (durch → Lohnformdifferenzierung). Ziel ist eine relative Gerechtigkeit im Hinblick auf das Verhältnis der betrieblichen Löhne bzw. Lohnempfänger untereinander.

Lohngruppe, mit Hilfe des Lohngruppenverfahrens (Verfahren der → Arbeitsbewertung) gebildete, merkmalsähnliche Gruppe von Arbeitsplätzen mit gleicher Eingruppierung bzw. Entlohnung. Beispielsweise kann man folgende acht Lohngruppen unterscheiden: (1) einfachste Arbeiten, die ohne jegliche Ausbildung nach kurzer Anweisung ausgeführt werden können; (2) einfache Arbeiten, die eine geringe Sach- und Arbeitskenntnis verlangen, aber ohne jegliche Ausbildung nach einer kurzfristigen Einarbeitungszeit ausgeführt werden können; oder einfachste Arbeiten von erschwerender Art; (3) Arbeiten, die eine Zweckausbildung oder ein systematisches Anlernen bis zu 6 Monaten, eine gewisse berufliche Fertigkeit, Übung und Erfahrung verlangen; ferner einfache Arbeiten von besonders erschwerender Art; (4) Arbeiten, die ein Spezialkönnen verlangen, das erreicht wird durch eine abgeschlossene Anlernausbildung; oder einfachere Arbeiten von ganz besonders erschwerender Art; (5) Facharbeiten, die neben beruflicher Handfertigkeit und Berufskenntnissen einen Ausbildungsstand verlangen, wie er entweder durch eine fachentsprechende, ordnungsgemäße Berufslehre oder durch eine abgeschlossene Anlernausbildung und zusätzliche Berufserfahrung erzielt wird; (6) schwierige Facharbeiten, die besondere Fertigkeiten und langjährige Erfahrungen verlangen; oder Arbeiten, die eine abgeschlossene Anlernausbildung erfordern und unter besonders erschwerenden Umständen ausgeführt werden müssen; (7) besonders schwierige oder hochwertige Facharbeiten, die an das fachliche Können und Wissen besonders hohe Anforderungen stellen und völlige Selbständigkeit und hohes Verantwortungsbewußtsein voraussetzen; ferner schwierige Facharbeiten unter besonders erschwerenden Umständen; (8) hochwertigste Facharbeiten, die meisterliches Können, absolute Selbständigkeit, Dispositionsvermögen, umfassendes Verantwortungsbewußtsein und entsprechende theoretische Kenntnisse erfordern.

Lohnsatzdifferenzierung, mit Hilfe von Verfahren der → Arbeitsbewertung und der → Personalbeurteilung erfolgende Festlegung der Höhe der Arbeitsentgelte.

Lokales Netz, → LAN.

Lombardkredit, Form der kurzfristigen Fremdfinanzierung, die auf der Verpfändung bestimmter beweglicher Sachen oder Rechte an ein Kreditinstitut basiert (Effekten, Waren, Wechsel, Forderungen, Edelmetall). Für diese liegen die Beleihungsgrenzen zwischen 50 Prozent für Waren und 80 Prozent für mündelsichere, festverzinsliche Wertpapiere.

Lombardsatz, von der Zentralbank festgelegter Zinssatz für die Gewährung von → Lombardkrediten an Kreditinstitute. Der L. liegt in der Regel über dem → Diskontsatz.

Löschung, nach dem Registerrecht das Entfernen einer Eintragung, und zwar (1) aus dem Handelsregister nach Anmeldung oder durch das Amt, wenn die Voraussetzungen für die Eintragung weggefallen sind, z.B. durch Verkauf des Unternehmens, und (2) aus dem Grundbuch, wenn dies beantragt wurde. Der Eintrag wird nicht unkenntlich gemacht, sondern nur rot unterstrichen und mit einem Vermerk versehen (Löschungsvermerk).

Losgrößenplanung, Ausgehend vom geplanten Gesamtjahresbedarf jeder Produktart, wird je Produktart jene Zahl von Losen – ein Los ist die Menge einer Produktart, die ohne Unterbrechung durch die Produktion anderer Produktarten hintereinander erzeugt wird – mit jeweils bestimmter Stückzahl ermittelt, bei der die entscheidungsrelevanten Gesamtkosten (Rüst- und Lagerkosten) ein Minimum bilden. Hierbei nehmen mit zunehmender Zahl der Lose die durchschnittlich gebundenen Lagerbestände und damit Zins- und sonstigen Lagerkosten ab, gleichzeitig nehmen mit wachsender Zahl der Lose die Umrüstvorgänge und damit die Umrüstkosten zu. Die optimale Losgröße wird erreicht, wenn die Summenfunktion aus auflagevariablen und auflagefixen Kosten ein Minimum aufweist.

lower management, → Managementebenen

LPC-Wert (Least-Preferred-Coworker-Wert), mit Hilfe eines standardisierten Fragebogens ermittelter Wert, der das Ausmaß angibt, in dem ein Vorgesetzter den von ihm am wenigsten geschätzten Mitarbeiter noch positiv bewertet. Instrument zur Feststellung des Betriebsklimas, teilweise eingesetzt im Rahmen von Führungstrainings (beispielsweise das Leader-match-Konzept).

Lückenanalyse, → Gap-Analyse

M

Macht, Möglichkeit einer Person, Gruppe oder Organisation, Verhalten und Verhaltensänderungen anderer auch gegen deren Willen durchzusetzen; nach M. Weber die Möglichkeit, „innerhalb einer sozialen Beziehung den eigenen Willen auch gegen Widerstreben durchzusetzen".

Machtgrundlage, Basis, aufgrund derer → Macht ausgeübt werden kann. I.d.R. wird unterschieden zwischen: a) *formaler M.*: Macht und Autorität, die ein Individuum aus seiner Position in einer Organisation bezieht, z.B. Linienautorität; weitgehend unabhängig von persönlichen Charakteristika dieses Individuums; *personale M.*: Macht bzw. Autorität, die ein Individuum nicht aus seiner formalen Position in einer Organisation (z.B. Linienautorität) schöpft, sondern aus persönlichen Charakteristika (z.B. Charisma, besondere Kompetenzen, Beliebtheit).

Machtpromotor, Manager, der aufgrund seiner formalen Machtposition in der Unternehmenshierarchie Mitarbeiter bzw. die Organisation zu bestimmten Handlungen oder Veränderungen bewegen (oder zwingen) kann.

macro organizational behavior, → organizational behavior

Magermanagement (Lean Management); (lean production), aus Japan stammende Denkrichtung zur Materialeinsparung, bei der materialintensive Massenfertigung durch → Werkstattfertigung ersetzt wird; vergleichbar den flexiblen Produktionsgruppen oder Produktionsinseln in Deutschland. (→ Zentren produktion).

Mainframe, → Hardware

major mission, primäre Zielsetzung einer Organisation, die Ausgangspunkt für die innere Organisationsgestaltung, die Gestaltung der Beziehungen zur Umwelt und die verwendeten Technologien ist.

make or buy (Eigenproduktion oder Fremdbezug), bei gegebenem Absatzprogramm entstehendes Entscheidungsproblem, ob die Produkte selbst hergestellt oder von außen zugekauft werden sollen. Entscheidungskriterien sind Kosten, Vergleichbarkeit des Produkts, eigene Produktionskapazität, finanzielle Ressourcen, Lieferantenzuverlässigkeit, Unabhängigkeit u.a.

Makroökonomie, Teilgebiet der Volkswirtschaftslehre, das sich mit dem wirtschaftlichen Verhalten ganzer Sektoren der Volkswirtschaft befaßt.

Management, alle Leitungsaufgaben und -funktionen, die in arbeitsteiligen Organisationen zur Leistungserstellung und -sicherung erfüllt werden müssen. Der aus dem Anglo-Amerikanischen stammende, im deutschen Sprachgebrauch unübersetzt gebliebene Begriff wird unter zwei Gesichtspunkten betrachtet: Er bezeichnet sowohl eine Funktion als auch eine Institution.

1. *M. als Funktion* umfaßt die Prozesse und Funktionen, die bei der Leitung arbeitsteiliger Organisationen relevant sind. Typischerweise fallen → Planung, → Organisation, → Koordination und → Kontrolle als sachorientierte Aufgaben und → Führung als unmittelbar personenbezogene Aufgabe an. In der Literatur werden darüber hinaus teilweise auch Personalausstattung, Information und Budgetierung genannt. Die sachbezogenen Funktionen können außerdem als Phasen des Managementprozesses gesehen werden. Eine Art Überfunktion stellt die Entscheidung dar, die alle Managementaufgaben überlappt. Die einzelnen Managementfunktionen fallen unabhängig von ihrer jeweiligen Gewichtung in allen Bereichen (Beschaffung, Produktion, Vertrieb etc.) eines Unternehmens an. – *Kernaufgabe* des M. ist die Unternehmenspolitik bzw. das strategische M., im Rahmen derer die grundsätzliche Zielrichtung des Unternehmens und die zur Zielerreichung eingeschlagenen Strategien für das Gesamtunternehmen wird für die einzelnen Geschäftseinheiten festgelegt werden. Die Unternehmenspolitik bildet die Grundlage für die zuvor aufgeführten, eher operativen Managementfunktionen. – Außerdem kann bei der Betrachtung von M. als Funktion danach gefragt werden, welche Aktivitäten Manager in Unternehmen ausüben. Die von dieser Fragestellung ausgehende empirische Forschung (Fremdbeobachtung, Selbstbeobachtung bzw. Tagebuch, Interviews) unterscheidet zwischen verschiedenen beobachtbaren *Rollen*, die sich zu den Bereichen Beziehungspflege, Information und Entscheidung zusammenfassen lassen. Die einzelnen Managementtätigkeiten sind demnach sehr kurz, stark abwechselnd und fallen oft ad hoc an, so daß kaum ein längerer Zeitraum für die Bearbeitung einer Frage zur Verfügung steht. Der personenbezogene Teil (Besprechungen, Telefonate, Besuche usw.) nimmt einen wesentlichen Teil der Arbeitszeit ein. Auf den einzelnen Hierarchieebenen gestaltet sich die Tätigkeit von Managern unterschiedlich.
2. *M. als Institution* bezeichnet die Personen oder Personengruppen, die Managementaufgaben wahrnehmen. In einem Unternehmen sind dies alle Personen, die mit Direktionsrecht ausgestattet und nach außen hin für das Unternehmen vertretungsberechtigt (Prokura) sind. Demnach reicht das M. von der Ebene der Meister bis hin zur Unternehmensleitung (→ Managementebenen). Im deutschen Sprachgebrauch wird das M. weitgehend mit den → leitenden Angestellten gleichgesetzt.

management audit, Ansatz zur Effizienz-Messung einer Organisation, der auf betriebswirtschaftlichen Vergleichsrechnungen unter Zuhilfenahme von Kennzahlensystemen (→ Kennzahlen) basiert. Danach werden auf der Grundlage von Fragenkatalogen Soll-Ist- und Zeitvergleiche für verschiedene Organisationsaktivitäten und Funktionsbereiche (z.B. Unternehmenspolitik, Wettbewerbsfähigkeit, Branchenvergleiche) sowohl organisationsintern als auch im Vergleich zu gleichartigen Organisationen vorgenommen.

management by delegation, unspezifische Bezeichnung für Führungskonzepte, bei denen Entscheidungskompetenzen und Verantwortung weitgehend an hierarchisch nachgeordnete Instanzen delegiert werden. Voraussetzungen sind entsprechende Motivation und Fähigkeiten der Mitarbeiter, eine klare Definition der delegierten Aufgabe und die Übertragung von Kompetenzen (insbesondere Entscheidungskompetenzen) zur Aufgabenerledigung.

management by exception, Führungskonzept, bei dem hierarchisch übergeordnete Stellen nur bei außergewöhnlichen Abweichungen von vereinbarten Plänen und Vorgaben eingreifen. Voraussetzung ist die Vorgabe von Kennzahlen und tolerierbaren Abweichungen sowie die Klärung, wann und wem Abweichungen zu melden sind.

management by love, Führungskonzept mit besonderer Betonung der zwischenmenschlichen Beziehungen und gegenseitiger Wertschätzung. Dadurch soll die Motivation der Mitarbeiter und der Sinn der Arbeit gefördert werden. Dieser Ansatz gehört in den Rahmen der New-Age-Ansätze.

management by motivation, → management by participation

management by objectives, Führungskonzept auf motivationstheoretischer Grundlage, bei dem ein Vorgesetzter und seine Mitarbeiter gemeinsam Ziele festlegen sowie den jeweiligen Verantwortungsbereich und Bewertungsmaßstäbe abklären. Die Zielvereinbarung ist aus den übergeordneten Zielen abzuleiten; sie soll aber auch die individuellen Ziele der Mitarbeiter berücksichtigen. Motivierend wirkt dieses Führungskonzept durch die Berücksichtigung individueller Ziele und eine weitgehende Delegation von Entscheidungskompetenz. Durch

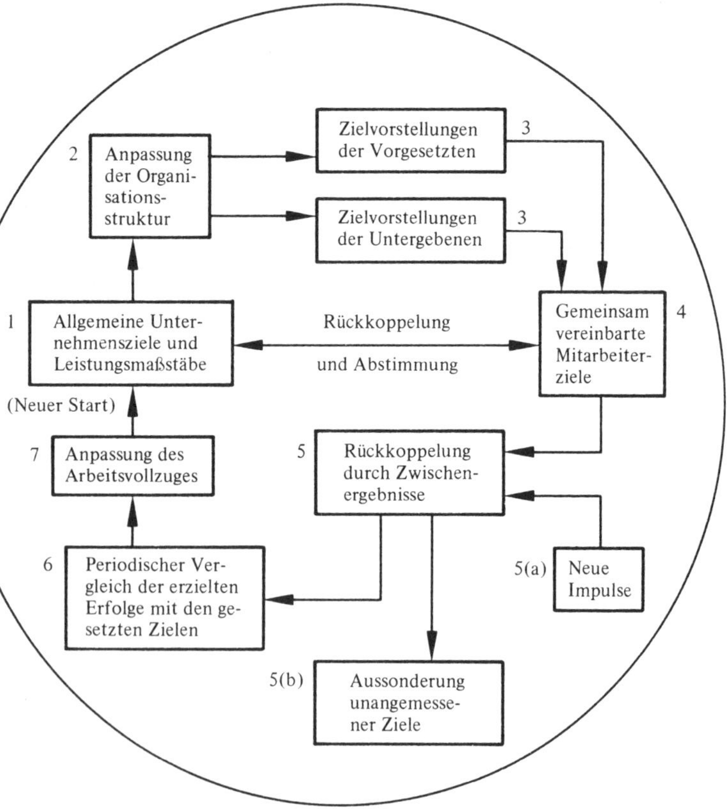

die Beteiligung der Mitarbeiter an der Zielformulierung kann zugleich die Akzeptanz der Ziele erhöht werden. Die Arbeitsergebnisse werden in vereinbarten Abständen an den Vorgesetzten gemeldet. Ansonsten wird dieser nur bei unvorhergesehenen, vom Mitarbeiter nicht zu meisternden Problemen eingeschaltet. Die Realisierung setzt ein kooperatives Führungsverhalten der Vorgesetzten voraus sowie ausreichende Kompetenz und Motivation auf seiten der Mitarbeiter. Vgl. nebenstehende Abbildung.

management by participation (management by motivation), unspezifische Bezeichnung für Führungskonzepte, bei denen die Beteiligung der Mitarbeiter an den sie betreffenden Entscheidungen betont wird (→ Partizipation). Dabei wird davon ausgegangen, daß eine Identifikation der Mitarbeiter mit den Zielen bzw. deren Akzeptanz leistungssteigernd wirkt.

management by results, dem → management by objectives verwandtes Führungskonzept, welches die Ergebnissteuerung durch einen systematischen Ausbau der Zielplanung zum Führungsinstrument in den Vordergrund stellt. Die Organisationseinheiten (Abteilungen, Stellen) sollen ihre Tätigkeit auf wenige, für sie motivierend wirkende, quantitative Entscheidungsmaximen konzentrieren. Diese werden anders als beim management by objectives jedoch nicht mit den Betroffenen vereinbart. Verhaltenserwartungen werden deutlich gemacht. Die Kontrolle erfolgt über den Vergleich zwischen geplanten und realisierten Zielen.

management by system, Führung durch Systemsteuerung, die durch eine Systematisierung aller Leitungs- und Kontrolltätigkeiten erfolgt, insbesondere durch Schaffung von Verfahrensvorschriften für sich wiederholende Tätigkeiten (Regeln und Programme). Insofern gibt es Anknüpfungspunkte zu bürokratischen Ansätzen sowie zu kybernetischem Denken, da durch Koordination einzelner Verfahrensvorschriften und Methoden innerhalb der Organisationseinheiten Einzeltätigkeiten zu strukturierten Ganzheiten verbunden werden sollen.

management by walking around (management by wandering around), unspezifische Managementtechnik, deren zentrale Aussage darin besteht, daß Manager sich nicht in ihren Büros verschanzen, sondern aktiv und gezielt den Kontakt mit Mitarbeitern in allen Bereichen der Organisation suchen sollen, um vom Betriebsalltag nicht abgeschottet zu sein und Informationen über alltägliche Betriebsprobleme zu bekommen. Voraussetzung ist ein „Herumgehen" in der Organisation und aktive Versuche, über Ansprache von Mitarbeitern von diesen Problemen zu erfahren und Anregungen zu bekommen. Das management by walking around ist zugleich ein Instrument der Motivation, da der Manager, insbesondere das Top-Management, für die Mitarbeiter sichtbar und ansprechbar sind.

management by wandering around, → management by walking around

management contracting, → Managementvertrag

management development (management training), Maßnahmen der → Personalentwicklung, die auf eine starke Herausbildung managementrelevanter Fach- und Verhaltenskompetenzen abzielen.

Management durch Zielvereinbarung, → management by objectives

management gap (Managementlücke), relativer Vorsprung und Rückstand eines Landes in Managementwissen oder -leistung, der zur Ursache von Außenhandelsüberschüssen oder -defiziten führen kann (→ Gap-Analyse).

management science, formalwissenschaftliche Ansätze der → Managementlehre, deckungsgleich mit → Operations Research.

Management-support-System, informationstechnologische Unterstützung des Managements durch EDV-gestützte Erfassung, Verarbeitung und Weiterleitung von Informationen (i.d.R. mit Hilfe von Personalcomputern). Das M.-s.-S. erhebt anders als das → Managementinformationssystem nicht den Anspruch, teilweise Managemententscheidungen zu ersetzen, sondern beschränkt sich auf unterstützende Funktionen.

management training, → management development

management trust, Kapitalanlagegesellschaft, bei der Entscheidungen über die Art der Anlage des zur Verfügung gestellten Kapitals dem Managament überlassen bleiben.

Managementansätze (Managementtheorien), genauer: Denk- und Forschungsansätze sowie -richtungen der → Managementlehre. a) Hierzu gehören als *traditionelle Ansätze*, den Ausgangspunkt der wissenschaftlichen Beschäftigung mit Fragen des Managements bildende Ansätze der → Taylorismus, auf Arbeiten des Franzosen Fayol aufbauende administrative Ansätze und der eng verwandte, von M. Weber begründete → Bürokratieansatz sowie als eher verhaltenswissenschaftlich orientierte Richtung die → Psychotechnik und der → Human relations-Ansatz. – b) Als *moderne Ansätze* gelten die verhaltenswissenschaftlich orientierte Managementforschung zu Fragen der → Führung und → Organisation, die formalwissenschaftliche Richtung des → Operations Research, die Übertragung der → Systemtheorie auf die Managementlehre und → situative Ansätze. – Angesichts dieser Vielzahl wurde bereits in den 60er Jahren von einem *„management theory jungle"* gesprochen. – Grundsätzlich zu unterscheiden sind → *deterministische Managementtheorien* sowie → *voluntaristische Managementtheorien.*

Managementberatung, → Unternehmensberatung

management-buyout, Form des Unternehmensverkaufs, bei dem die Übernahme (Kauf) der Kapitalanteile eines Unternehmens durch eine Gruppe von in diesem Unternehmen tätigen Managern erfolgt; kann als Übernahme eines Unternehmens oder eines Unternehmensteiles, der dann ausgegliedert wird (→ spin off), geschehen.

Management-by-Techniken (Managementtechniken), in der populärwissenschaftlichen deutschen Managementliteratur eingeführter Begriff zur Bezeichnung einer Reihe von Führungstechniken: (1) → management by delegation, (2) → management by love, (3) → management by exceptions, (4) → management by motivation (bzw. → management by participation), (5) → management by objectives, (6) → management by results, (7) → management by systems sowie (8) → management by walking around (bzw. → management by wandering around).

Managementebenen, Bezeichnung für die unterschiedlichen Hierarchiestufen des Managements innerhalb der Unternehmenshierarchie. – I.d.R. wird unterschieden zwischen dem *lower management,* (untere Hierarchieebenen), dem *mittleren Management* (auch middle management; mittlere Hierarchieebene, die mehr als eine Ebene unter sich hat; teilweise unklare Abgrenzung zum lower management) und dem *Top-Management* (oberste, für die Geschäftsführung zuständige Führungsebene in einem hierarchisch strukturierten Unternehmen, bei Kapitalgesellschaften der Vorstand; zentrale Aufgabe ist die Festlegung der langfristigen Unternehmenspolitik, deren interne und externe Durchsetzung sowie die Außenvertretung des Unternehmens. Das T. trägt die Verantwortung für den geschäftlichen Erfolg des Unternehmens gegenüber den Kapitalgebern).

Managementfunktionen, Haupttätigkeitsfelder von Managern, nach funktionalen und prozessualen Gesichtspunkten betrachtet. Hierzu werden i.d.R. gezählt: → Planung, → Organisation, Personalausstattung, → Führung, → Kontrolle. Die einzelnen M. werden vielfach auch in sachbezogene (Planung, Organisation, Kontrolle) und personenbezogene Funktionen (Führung) unterteilt.

Managementinformationssystem, informationstechnologische Unterstützung der Unternehmensführung durch EDV-gestützte Erfassung, Verarbeitung und Weitergabe von Informationen. Zielsetzung war ursprünglich eine zumindest teilweise Automatisierung von Managemententscheidungen, insbesondere auf der Ebene des mittleren Managements. Diese weitreichenden Erwartungen konnten jedoch wegen Überbetonung des nachrichtentechnischen Aspekts von Kommunikation und Vernachlässigung sozialer Kommunikation nicht erfüllt werden. Gleichzeitig hat sich gezeigt, daß Technik menschliche Entscheidungen, insbesondere bei strategischen Fragen, kaum ersetzen kann. Entsprechend wird inzwischen von →Management-support-Systemen gesprochen.

Managementlehre, Ansammlung von managementrelevantem, anwendungsbezogenem Wissen in den Teilbereichen: a) Unternehmensführung als auf wirtschaftliche Institutionen bezogenes betriebswirtschaftliches Teilgebiet, b) Personalführung als auf Individuen und Kleingruppen bezogenes verhaltenswissenschaftliches Teilgebiet, c) Unternehmensforschung (Operations Research) als auf Verfahren bezogenes formalwissenschaftliches Teilgebiet (management science). – Umstritten ist das *Verhältnis zwischen Betriebswirtschaftslehre (BWL) und M.* Teilweise wird die M. als nordamerikanische BWL (business administration) aufgefaßt, teilweise eingeschränkt als Lehre von der Unternehmensführung, teilweise erheblich weiter gefaßt, indem betont wird, daß sich Management auf jegliche Art von Organisation beziehe und nicht nur auf den spezifischen Organisationstypus des Unternehmens. Dieser dritten Position zufolge ist die BWL als spezielle M. aufzufassen. Im Zuge der Integration von Managementwissen in die BWL wird außerdem die Auffassung vertreten, die BWL solle sich von einer rein ökonomischen Disziplin zu einer Sozioökonomie weiterentwickeln und sich explizit als Führungslehre verstehen. Unabhängig davon greift die M. auf Forschungsergebnisse unterschiedlicher Disziplinen zurück und ist tendenziell interdisziplinär.

Managementtechniken, → Management-by-Techniken

Managementtheorien, → Managementansätze

Managementvertrag (management contracting), Form der Zusammenarbeit zwischen zwei Unternehmen: Während ein Unternehmen die Direktinvestition trägt, übernimmt das andere als „contracting firm" das Management. Der M. ist verbreitet im Auslandsgeschäft, u.a. als Vorbereitung späterer Direktinvestitionen der contracting firm, möglicherweise durch Übernahme von Kapitalanteilen, aber auch im Dienstleistungssektor, z.B. bei Hotels, indem ein Unternehmen das Hotelgebäude erstellt, ein anderes das Hotel führt und i.d.R. in ein internationales Buchungssystem eingliedert sowie Wettbewerbsvorteile durch Nutzung eines bekannten Namens erlangt. M. bieten sich für regionale Investoren an und solche, die im Hinblick auf das Management des jeweiligen Objekts bzw. in der Branche kaum über Knowhow verfügen.

Manager, Person, die in einer Organisation Managementaufgaben wahrnimmt (→ Management). In einem Unternehmen sind dies alle Personen, die mit einem Direktionsrecht anderen Mitarbeitern gegenüber ausgestattet sind, also eine Hierarchieebene unter sich haben und/oder nach außen hin für das Unternehmen vertretungsberechtigt (Prokura) sind. Demnach gehören Meister ebenso wie die Unternehmensleitung zu den M. (→ Managementebenen). – Im deutschen Sprachgebrauch werden aber überwiegend → *leitende Angestellte* als M. bezeichnet.

manager buyout, → management buyout

managerial approach, → Finanzmanagement

managerial budgeting, → Finanzmanagement

managerial control, → Controlling

managerial grid, → Verhaltensgitter

Managerkontrolle, Situation, in der die Unternehmenspolitik einer Aktiengesellschaft weitgehend durch das dortige Management kontrolliert wird, d.h. die Aktionäre de facto entmachtet sind. Es ist kein Großaktionär vorhanden.

manager-led work teams, auf Hackman zurückgehende Bezeichnung für eine Form der Gruppenarbeit im Produktionsbereich. Anders als bei teilautonomen Arbeitsgruppen bzw. self-managing work teams und den autonomen self-designing work teams bleibt der größte Teil der Verantwortung in den Händen von → Managern; die Gruppe ist lediglich für die Arbeitsausführung verantwortlich.

Manpower-Methode, Methode der → Personalbedarfsplanung, bei welcher der Personalbedarf aus dem Verhältnis der prognostizierten Leistung zur prognostizierten Arbeitsproduktivität ermittelt wird.

Manteltarifvertrag (Rahmentarifvertrag), → Tarifvertrag mit mehrjähriger Laufzeit, in dem die allgemeinen Arbeitsbedingungen (Arbeitszeit, Urlaub usw.) festgelegt werden.

manufacturer active-Paradigma, → customer active-Paradigma

Markenartikel, Konsumgut, das sich durch individuelle Kennzeichnung

(Markierung oder Markenbildung) von anderen, eigentlich gleichwertigen, homogenen Gütern abheben soll (künstliche Heterogenisierung). Zu den Merkmalen des M. gehören gleichbleibende Aufmachung, Menge und Qualität, Ubiquität, hoher Bekanntheitsgrad sowie intensive Werbung. Die Verbraucher sollen eine einheitliche Produktvorstellung hinsichtlich Qualität und Preis des Produktes erhalten. – Entscheidungen über Art und Ausmaß der Markierung bzw. Markenbildung werden im Rahmen der → *Markenpolitik* getroffen.

Markenbildung, → Markenartikel

Markendesign, äußeres, physisches Erscheinungsbild einer → Marke, durch das sie auch visuell von anderen Marken unterscheidbar sein soll.

Markenfamilie, mehrere Produkte oder eine Produktgruppe, die die gleichen Bedürfnisse oder Substanzen aufweisen und unter einem Namen (Familiennamen) zusammengefaßt sind. Häufig wird damit der Versuch unternommen, den Erfolg einzelner Marken auf ähnliche Produkte zu übertragen.

Markenimage, Einstellungen von potentiellen und aktuellen Verwendern hinsichtlich bestimmter Marken (→ Image).

Markenname, verbale Bezeichnung der → Marke. Namen können sich auf den Hersteller (Herstellermarken) bzw. den Handel (Handelsmarken), auf einzelne Produktgruppen (Familien-Markennamen), die Firma (z.B. BMW) oder auch auf eine Person (Dr. Oetker) beziehen. Möglich ist aber auch die Wahl eines eigenständigen, individuellen Namens (z.B. Persil, Pritt).

Markenpolitik, Entscheidungen und Maßnahmen, die die Markierung von Produkten betreffen. Ziele sind Aufbau von → Markentreue beim Konsumenten, Präferenzbildung hinsichtlich der Marke, Unterstützung und Förderung des Absatzes, Schaffung eines preispolitischen Spielraums sowie die differenzierte Marktbearbeitung.

Markentreue, Erscheinung, daß Verbraucher mehrfach und über einen längeren Zeitraum hinweg eine bestimmte → Marke kaufen. Die Entstehung von M. kann durch eine positive Einstellung zum Produkt und/oder durch Gewohnheit begründet sein.

Markenzeichen, Komponente einer → Marke, die zwar identifiziert, aber nicht verbal wiedergegeben werden kann (z.B. Symbol, Grafik, Farbe).

market hopping, Ausgleich des globalen Aktien-Portfolios durch Verkauf von Aktien in Land A und Ankauf von Aktien in Land B.

market research, → Marktforschung

Marketing, der aus dem angelsächsischen Sprachraum übernommene Begriff bezeichnet die Planung, Koordination und Kontrolle aller marktorientierten (umfaßt sowohl den aktuellen als auch den potentiellen Markt) Unternehmensaktivitäten hinsichtlich einer dauerhaften Befriedigung der Kundenbedürfnisse einerseits und der Erfüllung der Unternehmensziele andererseits. Begriff und Konzeption stehen für die in den letzten zwei Jahrzehnten aufgrund des Wandels vom Verkäufer- zum Käufermarkt eingetretene Neuorientierung: von der Produktions- über die Verkaufs- zur Kunden- bzw. Marketingorientierung. – Unter *Absatz* wird in der Regel das Vermarkten von

Leistungen verstanden. Informationsgewinnung über Kundenbedürfnisse, Schaffung und Ausgestaltung von Gütern entsprechend dieser Bedürfnisse sowie Wahl des Absatzmarktes bleiben aber als marktbezogene Aufgaben beim traditionellen Begriff des Absatzes ausgeklammert. – Grundlegend wird zwischen *kommerziellem Marketing* und *nicht-kommerziellem Marketing* (letzteres wird auch als → *Nonprofit-Marketing* und *Social Marketing* bezeichnet) unterschieden. Spezielle Ausrichtungen des M. gibt es außerdem hinsichtlich unterschiedlicher Typen anbietender Unternehmen (v.a. → Herstellermarketing und → Handelsmarketing), spezieller Güter (v.a. → Sachgütermarketing und → Dienstleistungsmarketing) oder Art der Nachfrager (v.a. → Konsumgütermarketing, → Investitionsgütermarketing und → Handelsgütermarketing). – *Marketingmanagement:* Unternehmensführung bzw. Unternehmensphilosophie im Sinne eines konsequent marktbezogenen Denkens. Dies verlangt die bewußte Absatz- und Kundenorientierung aller Unternehmensbereiche. Nach Heribert Meffert verlangt die Verwirklichung dieses umfassenden Ansatzes eine schöpferisch-gestaltende Funktion der Marktsuche und -erschließung (Informationsaspekt), die planmäßige Gestaltung des Marktes mit Hilfe aller Marketinginstrumente (Aktionsaspekt), die marktbezogene Koordination aller Unternehmensaktivitäten (Organisationsaspekt) sowie die Berücksichtigung sozialer und umweltbezogener Belange beim Einsatz der Marketing-Instrumente (Sozialaspekt).

marketing audit, Überprüfung des Marketingsystems (→ Distributionssystem) eines Unternehmens mit dem Ziel, dieses auf die sich permanent ändernden Umweltbedingungen abzustimmen. M. a. ist von der ergebnisorientierten Marketingkontrolle (Beurteilung von Umsatz, Marktanteil, Image etc.) zu unterscheiden. – Der Prozeß des m. a. untergliedert sich in drei *Phasen*: Ermittlung des Ist-Zustandes, Bewertung der Situation durch Soll-Ist-Vergleich und Ableitung von Empfehlungen sowie Verbesserungsmöglichkeiten für das Marketingsystem.

marketing research, → Marketingforschung

Marketingforschung (Absatzforschung, marketing research), systematische Suche, Sammlung, Aufbereitung und Interpretation von Informationen, die sich auf alle Probleme des → Marketings von Gütern und Dienstleistungen beziehen. Dazu gehören Fragen der Organisation, der Gestaltung der Prozesse und Aktivitäten sowie der Wirkungen des Marketings. Ziel ist die Verbesserung der Entscheidungsgrundlagen der Entscheidungsträger, die Überprüfung der Marketingstrategien und -maßnahmen. Herangezogen und ausgewertet werden unternehmsinterne und -externe Daten. – Zur Vorbereitung von Entscheidungen im Marketingmanagement wird ein *vierphasiger Marketingforschungsprozeß* durchlaufen: (1) Definitions- bzw. Designphase (in dieser Phase wird das Marketingproblem analysiert, um daraus ein Marktforschungsproblem zu entwikkeln; Voraussetzung der Problemdefinition sind jedoch Informationen über die angestrebten Marketingziele sowie über die relevanten Umweltfaktoren wie z.B. Kaufgewohnheiten und Konkurrenz); (2) Informationsgewinnungsphase (in dieser Phase werden Entscheidungen über die Methoden der Informationsgewinnung getroffen, die für die benötigten Daten sinnvoll sind); (3) Auswertungsphase (diese Phase gilt

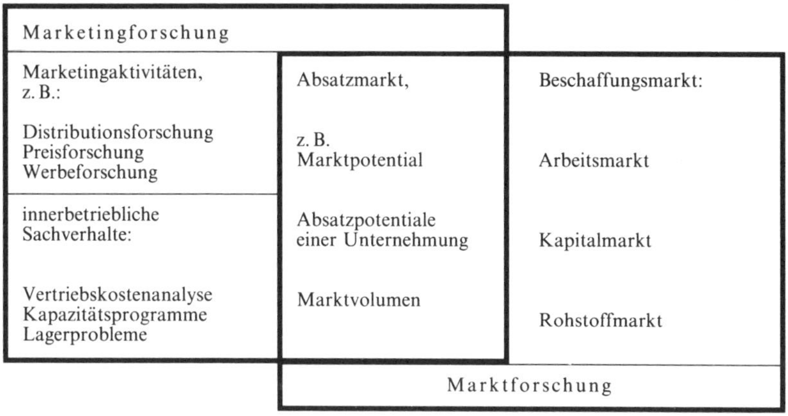

als wichtigste; in dieser Phase wird die Auswertung und Interpretation der zuvor gewonnen Informationen vorgenommen); (4) Kommunikationsphase (die gewonnenen Informationen und deren Interpretationsmöglichkeiten werden für die Entscheidungsträger im Marketingmanagement z. B. in Form eines Forschungsberichtes oder einer Präsentation aufbereitet). Zum Teil wird auch von einem fünfphasigen Prozeß gesprochen, wobei Definitions- und Designphase zwei getrennte Phasen bilden. – Überschneidungen mit dem Bereich der → *Marktforschung* (vgl. obenstehende Übersicht).

Marketinginstrumente (absatzpolitische Instrumente), Gesamtheit der marktbeeinflussenden Faktoren und Handlungsalternativen, die auf Marktteilnehmer und Makroumwelt ausgerichtet werden. Unterschieden werden vier Teilbereiche (Submixbereiche): Instrumente der → Produktpolitik (Produktmix), der → Kommunikationspolitik (Kommunikationsmix), der → Distributionspolitik (Distributionsmix), der → Preispolitik und → Konditionenpolitik bzw. → Kontrahierungspolitik (Kontrahierungsmix). Jedes M. enthält sowohl strategische als auch taktische Komponenten.

Marketingkonzeption, strategische Überlegungen, die die Entwicklung und Konzeption der marktbezogenen Aktivitäten betreffen. Dazu gehören u.a. die Festlegung der → Marketingziele und Abstimmung mit den Unternehmenszielen, die Entwicklung der → Marketingstrategien (z.B. Entscheidungen über die zu bearbeitenden Marktsegmente, Strategien der Marktbearbeitung) sowie Auswahl und Einsatz der marketingpolitischen Instrumente → Marketinginstrumente. – *Generisches M.* (generic concept of marketing): weitgefaßtes Marketingkonzept, das alle sozialen Austauschbeziehungen von Gütern und im weiteren Sinne von Organisationen mit ihrer Umwelt sowie innerorganisatorische Austauschprozesse umfaßt.

Marketinglogistik, physischer Transfer von Produkten vom Anbieter zum Nachfrager. Entscheidungen, die im Rahmen der M. getroffen werden, betreffen u.a.: Wahl der Transportwege, -mittel, Standort, Lagerhaltung.

Marketingmanagement, → Marketing

Marketingmix, letzte Stufe in der Entwicklung der → Marketingkonzeption; Umsetzung der Marketingstrategie in operative Maßnahmen. Kombiniert werden die Instrumente der Produkt-, Preis-, Kommunikations- und Distributionspolitik zu einem bestimmten Zeitpunkt und in einer bestimmten Ausprägung.

Marketingorganisation, im weiteren Sinne die organisatorische und strukturelle Einbindung des → Marketing in die Unternehmensorganisation. Entsprechend den Erfordernissen einer marktorientierten Unternehmensführung und den Aufgaben des Marketings sind die Funktionsbereiche möglichst so auszurichten, daß flexible, innovative und kreative Elemente des Marketings strukturell unterstützt und umgesetzt werden können. Im engeren Sinne ist die M. die Organisation der absatzspezifischen Aufgaben.

Marketingplanung, systematische Planung der Marketingaktivitäten, die in mehreren Phasen verläuft: Analyse der Unternehmensumwelt (→ Situationsanalyse), Ziel- und Strategieplanung sowie Maßnahmenplanung (Kombination der Marketinginstrumente). Ziel ist, den Entscheidungsprozeß zielorientierter, zukunftsorientierter und für alle Organisationsmitglieder transparenter zu gestalten sowie die Koordination der Marketingaktivitäten zu gewährleisten. Die M. kann in eine längerfristige und eine taktische Planung unterteilt werden.

marketingpolitische Instrumente, → Marketinginstrumente

Marketingprogramm, → Marketingkonzeption

Marketingrevision, → marketing audit

Marketingstrategien, Planung und Umsetzung von Marketingzielen über einen längeren Zeitraum sowie Präzisierung marketingpolitischer Überlegungen. Grundsätzlich dienen M. der Konkretisierung der Unternehmens- und Marketingzielsetzung. Der Begriff der M. wird nicht einheitlich, sondern für verschiedene Strategien verwendet:
1. Strategien der *Markterschließung* bzw. der *Erschließung von Wachstumsquellen* sind die → Marktdurchdringungsstrategie, die → Produktentwicklungsstrategie, die → Marktentwicklungsstrategie und die → Diversifikationsstrategie.
2. Auf der Basis der Bildung von strategischen Geschäftseinheiten, die durch eine Produkt-Markt-Matrix abgebildet werden, lassen sich beim *Portfolio-Management* folgende Normstrategien ableiten: → Investitionsstrategien und → Wachstumsstrategien, → Abschöpfungsstrategien und → Desinvestitionsstrategien.
3. *Marktwahlstrategien* legen die Abnehmergruppen bzw. die Marktsegmente (→ Marktsegmentierung) fest.
4. → *Marktteilnehmerstrategien* befassen sich mit den am Markt befindlichen Akteuren, den Konsumenten, den Wettbewerbern und dem Handel.

Marketingsystem, → Distributionssystem

Marketingziele, anzustrebende Soll-Zustände, die durch marketingpolitische Strategien und Instrumente umgesetzt und in Abstimmung mit den → Unternehmenszielen formuliert werden.

Markt, ökonomischer Ort des Tausches von Gütern und Dienstleistungen, an dem sich durch Zusammentreffen von Angebot und Nachfrage Preise bilden. Der Übergang eines Wirtschaftsobjektes (Gut, Faktorleistung, Förderung) von einem Wirtschaftssubjekt auf ein anderes wird als Transaktion bezeichnet. Transaktionen werden überwiegend auf M. abgewickelt und deshalb als Markttransaktionen bezeichnet. – Es werden nach sachlichen Merkmalen *Güter-, Dienstleistungs- und Faktormärkte* unterschieden. – Auf *offenen M.* steht jedem der Zugang offen, es herrscht freie Konkurrenz. Auf *beschränkten M.* (häufigster Fall) ist der Zugang nur unter bestimmten Voraussetzungen möglich (Kapitalbedarf, Konzessionierung, Befähigungsnachweis, Prüfung usw.). Bei *geschlossenen M.* ist der Zugang auf der Angebots- oder Nachfrageseite einem bestimmten Kreis vorbehalten (z.B. Deutsche Bundespost als Anbieter für Beförderungsleistungen, Staat als Nachfrager für Rüstungsgüter). – Alle Maßnahmen einer ziel- und wettbewerbsorientierten Ausrichtung der marktrelevanten Aktivitäten von Unternehmen werden unter dem Begriff M. zusammengefaßt.

Marktabgrenzung, Frage des relevanten Marktes. Problem bei der Bestimmung des Marktanteils bzw. Marktvolumens und Marktpotentials. Nach Zweckmäßigkeitsüberlegungen wird ein Markt nach sachlichen, räumlichen und zeitlichen Kriterien eingeengt.

Marktanteil, Verhältnis des → Absatzvolumens eines Unternehmens im Verhältnis zum gesamten → Marktvolumen in Prozent. Der M. liefert dem Unternehmen Hinweise über dessen Konkurrenzstärke. Die Beschaffung der Daten zur Bestimmung des gesamten Marktvolumens ist schwierig, da die Absatzdaten der Konkurrenz nur ungefähr ermittelbar sind.

Marktanteils-Marktwachstums-Matrix, Anfang der 70er Jahre von der Boston Consulting Group entwickelte Vierfeldermatrix, die Bestandteil der → Situationsanalyse der strategischen Planung ist und der Ableitung strategischer Verhaltensweisen für strategische Geschäftseinheiten dient. Die Matrix basiert auf der Kombination der → strategischen Erfolgsfaktoren relativer Marktanteile im Verhältnis zum stärksten Konkurrenten und zukünftigem Marktwachstum. Als hohes Marktwachstum gelten Wachstumsraten ab 10 %. Aus den jeweiligen Kombinationen in den Quadranten werden → *Normstrategien* für bestimmte Produkte (→ Stars, Nachwuchs, Arme Hunde, Cash-Kühe) mit den Zielkriterien Gewinn bzw. Rendite durch einen hohen Marktanteil sowie der Finanzmittelausgleich (cash flow) durch ein ausgewogenes Portfolio von Geschäftsfeldern unterschiedlicher Lebensphasen abgeleitet. Je größer das Marktwachstum und das Bemühen, den Marktanteil zu erhöhen, desto höher sind die erforderlichen Investitionen. Voraussetzung ist die Bildung von strategischen Geschäftseinheiten, die bestimmten Marktsegmenten zugeordnet werden. – *Bedeutung*: Die weite Verbreitung der Marktanteils-Marktwachstums-Matrix erklärt sich aus ihrer Transparenz, Einfachheit, hohen Informationsverdichtung und Quantifizierbarkeit der beiden Erfolgsfaktoren. Problematisch ist die Reduktion sämtlicher Umweltbedingungen und -prozesse auf Marktwachstum. Gleiches gilt für die Stärken und Schwächen eines Produktes, die auf den relativen Marktanteil reduziert werden. Zudem sind die meisten Produkte eher in der Mitte der Matrix anzusiedeln, weshalb die Strategieempfehlungen zu unspezifiziert sind. Für schrumpfende Märkte, die tendenziell an Bedeutung gewinnen, gelten die Empfehlungen nicht. Der Vorteil des Konzepts liegt ähnlich wie bei dem Erfahrungskurven- und dem → Lebenszykluskonzept in seinen Signalwirkungen für das → Management, da das Problembewußtsein erhöht und strategisches Denken angeregt wird. Positiv ist weiterhin, daß die Bereitstellung von Mitteln auf einer Gesamtsicht basiert und nicht isoliert auf einzelnen Investitionsprojekten.

Marktattraktivität, → Marktattraktivitäts-Geschäftsfeldstärken-Matrix

Marktattraktivitäts-Geschäftsfeldstärken-Matrix, von der amerikanischen Unternehmensberatung McKinsey entwickeltes → Multifaktoren-Portfoliokonzept, das in Weiterentwicklung der einfachen → Portfolio-Analysen eine Vielzahl strategischer Variablen erfaßt. Die Attraktivität des Marktes wird mit Hilfe der Kriterien Marktwachstum, -größe, -risiko, -eintrittskosten, Konkurrenzsituation u.a. ermittelt. Die Bestimmung der Stärke der Unternehmen erfolgt anhand des relativen Marktanteils, der Qualität der Produktion, der Standort- und Vertriebsvorteile u.a. Problematisch ist die Auswahl relevanter Teilvariablen. – Die Matrix kann im Rahmen der → Situationsanalyse der strategischen Planung eingesetzt werden.

Marktausschöpfung, → Marktdurchdringung

Marktaustrittsbarrieren, → Austrittsbarrieren

Marktausweitung, → Marktentwicklung

Marktbearbeitung, Entscheidung über die Art und Weise, mit der das Unternehmen seine Produkte auf dem Markt anbietet sowie die strategische Ausrichtung des Marketings. – Zwei grundlegende Marktbearbeitungsstrategien sind zu unterscheiden, die undifferenzierte (*Marktunifizierung*) und differenzierte M. (*Marktsegmentierung*). Bei der undifferenzierten Marktbearbeitungsstrategie werden den Konsumenten Standardprodukte angeboten. Die kommunikationspolitischen Aktivitäten, insbesondere die Werbung zielen auf das Herausarbeiten von Gemeinsamkeiten der Bedürfnisse und Verhaltensweisen der Zielgruppe. Dies bietet sich an bei Massenproduktion. Die differenzierte Marktbearbeitungsstrategie zielt auf die Herausarbeitung der Besonderheiten der Zielgruppe ab, wobei die Marketinginstrumente auf die unterschiedlichen Kunden abgestimmt werden.

Marktbeherrschung, Tatbestandsmerkmal der Fusionskontrolle und der Mißbrauchsaufsicht (Kartellgesetz). M. liegt vor, wenn Unternehmen keinem wesentlichen Wettbewerb ausgesetzt sind oder eine überragende Marktstellung besitzen.

Marktdurchdringung (Marktausschöpfung, Marktpenetration), Ausschöpfung des Marktpotentials vorhandener Produkte durch Intensivierung der Marketingaktivitäten. In gegenwärtigen Märkten wird mit alten Produkten versucht, die Produktverwendung zu erhöhen (z.B. durch Schaffung neuer Anwendungsbereiche), bisherige Nichtverwender zu gewinnen (z.B. durch Einschaltung neuer Distributionskanäle) und Kunden zu bekommen, die bisher bei der Konkurrenz gekauft haben (z.B. durch Verkaufsförderung).

Marktdurchdringungsstrategie, → Produkt-Markt-Strategie, die in der Produkt-Markt-Matrix dargestellt wird. Ansatzpunkt dieser → Wachstumsstrategie sind die vorhandenen Produkt-Markt-Kombinationen mit dem Ziel, den Absatz der vorhandenen Produkte auf den vorhandenen Märkten im Vergleich zu den Konkurrenten zu erhöhen. Dies ist entweder über die Erhöhung der Absatzmenge je Abnehmer und/oder der Abnehmerzahl möglich. Üblicherweise wird zunächst die Marktbearbeitung durch entsprechende Maßnahmen des Marketings intensiviert. Die M. nutzt die Effekte des → Erfahrungskurvenkonzepts. Verglichen mit den anderen Produkt-Markt-Strategien werden Risiken minimiert und Synergieeffekte maximiert.

Markteintrittsbarrieren, → Eintrittsbarrieren

Marktentwicklung (Marktausweitung), Erschließung neuer Märkte mit alten Produkten durch regionale, nationale oder internationale Ausdehnung oder durch Gewinnung neuer Marktsegmente (z.B. durch psychologische Produktdifferenzierung).

Marktentwicklungsstrategie, → Produkt-Markt-Strategie, die in der Produkt-Markt-Matrix dargestellt wird. Ziel dieser vertriebsorientierten Wachstumsstrategie ist die Suche und Erschließung neuer geographischer Märkte, die Entdeckung neuer Abnehmerzielgruppen in Märkten anderer Branchen für die bestehenden Produkte oder die Erschließung neuer Teilmärkte durch Produktvariation. Durch Kapazitätserweiterungen können die Effekte der Erfahrungskurve (→ Erfahrungskurvenkonzept) realisiert werden. Diese Strategie weist bei begrenztem finanziellen Aufwand hohe Synergieeffekte sowie ein etwas größeres Risiko als die → Marktdurchdringungsstrategie auf.

Markterfassung, → Marktsegmentierung

Markterkundung, zufällige und gelegentlich durchgeführte Analyse von Umsatzentwicklungen. Anders: → Markterforschung.

Marktfestigung, Strategie zur Bearbeitung von Zielgruppen, die darauf abzielt, durch Werbung bisherige Nicht-Käufer des Produktes zu erreichen. Herausgestellt wird z.B. der Zusatznutzen des Produktes.

Marktformen, Strukturformen zur Charakterisierung wesentlicher Eigenschaften des Marktes, die als Grundlage zur theoretischen Analyse von Angebot und Nachfrage sowie Preisbildung herangezogen werden. – Unterschiedliche *Kriterien* werden zur Strukturierung verwendet:
(1) *Anzahl der Marktteilnehmer auf der Angebots- und Nachfrageseite* (morphologische Unterscheidung). Man unterscheidet zwischen einem (Monopol, Nachfragemonopol), wenigen (Oligopol, Nachfrageoligopol) und vielen (Polypol) Anbietern und Nachfragern (vgl. Schemata S. 246). Dieses Grundschema führt zu neun Kombinationsmöglichkeiten. Die Marktformenschemata sind aufgrund der Unterscheidung in wenige und viele Marktteilnehmer nicht streng voneinander abzugrenzen; die Substitutionskonkurrenz wird nicht berücksichtigt, und je nach Definition des Gutes ergibt sich eine weitere oder engere Form des Marktes.
(2) *Verhalten der Marktteilnehmer*, das in friedliche Anpassung sowie Kampf- und Verhandlungsstrategien unterteilt wird;
(3) *Vollkommenheit bzw. Unvollkommenheit des Marktes*;
(4) *Stärke der Wirkung einer Preisänderung* eines Unternehmens auf die Absatzmenge der anderen Wettbewerber (Kreuzpreiselastizität).

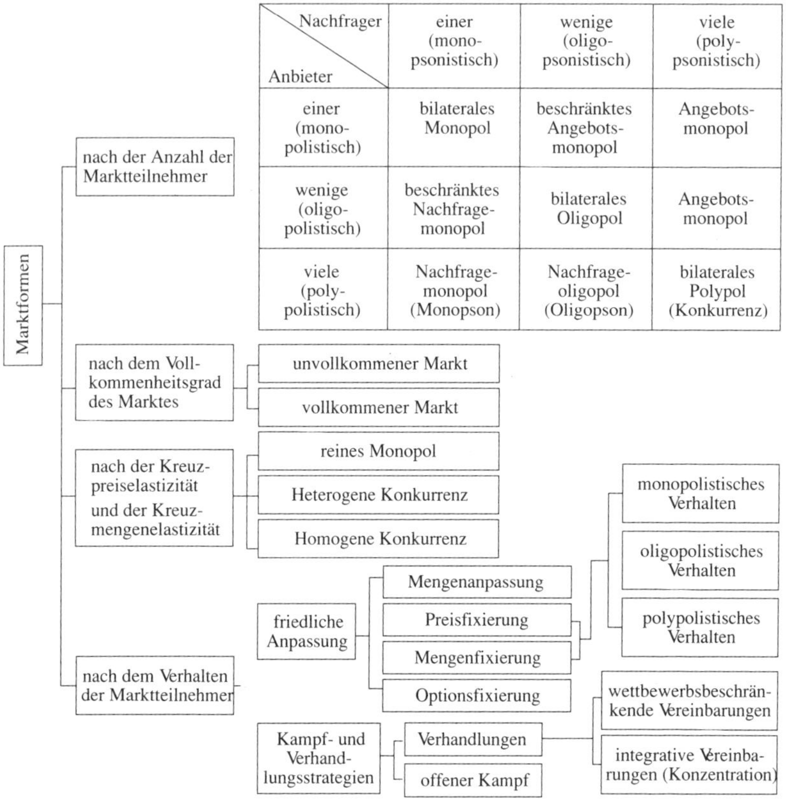

Marktforschung, systematische Erforschung der Märkte eines Unternehmens, der Beschaffungs- und der Absatzmärkte. Relevante Informationen beziehen sich auf Struktur, Größe und Besonderheiten des Marktes (→ Marketingforschung). – *Formen*: Nach dem Untersuchungsgegenstand werden unterschieden demoskopische und ökoskopische M., nach dem Datenmaterial → *Sekundärforschung* und → *Primärforschung*. (1) Im Mittelpunkt der *demoskopischen M.* stehen Personen und ihr Verhalten. Empirisch untersucht werden subjektbezogene Größen wie Motive, Meinungen, Alter, Geschlecht, Beruf etc. (2) Bei der *ökoskopischen M.* werden objektive Marktgrößen wie Umsätze, Preise, Zahl und Struktur der Anbieter untersucht.

Marktklassifikation, → Marktformen

Marktkommunikation, gezielte Übermittlung von Informationen und Botschaften, die darauf ausgerichtet sind, Meinungen, Einstellungen, Erwartungen und Verhaltensweisen im Sinne des Unternehmens zu beeinflussen. Unterschieden wird zwischen persönlicher und unpersönlicher Kommunikation. – Im Rahmen der → Kommunikationspolitik werden Entscheidungen über die geeigneten → Kommunikationsinstrumente getroffen.

Marktlebenszyklus, Variante des → Lebenszykluskonzepts, in der folgende Marktphasen unterschieden werden: Experiment, Expansion, Reife, Stagnation bzw. Rückbildung. Die Marktphasen unterscheiden sich hinsichtlich der Eintrittsbarrieren, der Gewinnmöglichkeiten und der Wettbewerbsspielregeln. Je reifer der Markt, desto höher die Intensität des Wettbewerbs, desto höher die Gefahr des Aufbaus von Überkapazitäten und desto höher der Internationalisierungsgrad u.a. – Das Marktlebenszykluskonzept bildet eine *Grundlage der → Marktstadien-Wettbewerbspositions-Matrix,* einer Weiterentwicklung der Marktanteils-Marktwachstums-Matrix.

Marktnische, Teil des Gesamtmarktes, der sich durch spezialisierte Abnehmerwünsche auszeichnet. M. werden von Unternehmen durch → Nischenstrategien bearbeitet.

Marktorientierung, Haltung/Einstellung der Unternehmensleitung/des Unternehmens, daß die Unternehmensstrategie aufgrund von Marktinformationen zu planen ist. Große Anstrengung wird auf das Studium von Markttendenzen verwandt. Vgl. hierzu auch → Kundenorientierung.

Marktpenetration, → Marktdurchdringung

Marktpotential, Aufnahmefähigkeit eines Marktes bzw. mögliche Absatzmenge für ein bestimmtes Produkt oder eine bestimmte Produktkategorie.

Marktproduktion, → Produktionstypen 2 a)

Marktprognose, Ermittlung und Identifikation von Marktentwicklungen. Untersucht und verglichen werden die Entwicklungen und Zusammenhänge unterschiedlicher Märkte sowie anderer wirtschaftlicher Faktoren (→ Prognoseverfahren).

Marktsegmentierung, Aufteilung eines Gesamtmarktes (z.B. Waschmittelmarkt) in homogene Käufergruppen. Jedes Marktsegment soll in sich homogen und nach außen hin heterogen sein. Ziel der Segmentierung ist es, Unterschiede zwischen den Käufern herauszuarbeiten, um daraus Empfehlungen für eine differenzierte → Marktbearbeitung ableiten zu können. Die M. beschäftigt sich nicht nur mit aktuellen und potentiellen Käufern, sondern auch mit Verwendern und kaufbeeinflussenden Personen. Die Segmentierung (Markterfassung) kann nach unterschiedlichen Kriterien erfolgen, die mit vorhandenen Marktforschungsmethoden ermittelbar und für Marketingmaßnahmen verwertbar sein sollen. Die Kriterien sind so zu wählen, daß die Marktsegmente hinreichend groß sind, damit sich die Entwicklung eines Marketingprogramms lohnt. – *Formen:* (1) Bei der *demographischen M.* wird ein Gesamtmarkt unter Anwendung sozio-ökonomischer und geographischer Kriterien (wie Geschlecht, Alter, Familienstand, Beruf, Ausbildung, sozialer Stand, Großstadt, Kleinstadt, Bezirke) aufgeteilt wird. Zur Segmentierung werden in der Regel mehrere Kriterien herangezogen, z.B. Alter, Einkommen und Familiengröße. Demographische Kriterien sind relativ leicht erfaßbar, allerdings hinsichtlich der Entwicklung von Produktpräferenzen und Käuferverhalten nicht aussagekräftig genug. (2) Bei der *psychographischen M.* erfolgt die Aufteilung eines Gesamtmarktes unter Anwendung psychologischer Kriterien wie Einstellungen und Erwartungen gegenüber einem bestimmten Produkt oder einer Produktgruppe, Persönlichkeitsmerkmalen, Charaktereigenschaften und Verhaltensmerkmalen (z.B. Kaufgewohnheiten) der Käufer.

Marktstadien-Wettbewerbspositions-Matrix, → Portfolio-Analyse, in der die Matrix auf den zwei Dimensionen Marktstadium (Anfang, Wachstum, Reife, Alterung) und Konkurrenzlage (stark, günstig, gleich, schwach) basiert. Aus dieser werden → differenzierte Normstrategien abgeleitet, die besser als die zu allgemeinen Normstrategien an die jeweilige Markt- und Wettbewerbssituation angepaßt sind.

Marktteilnehmerstrategien, Strategien, die für das Marketing relevante Akteure auf dem Markt betrachten, und zwar Konsumenten (→ kundenorientierte Strategieansätze), Wettbewerber (→ konkurrenzorientierte Strategieansätze) sowie den Handel (→ handelsorientierte Strategieansätze). Bei kundenorientierten Ansätzen geht es um die Entscheidung über die Art der Marktbearbeitung, die undifferenziert oder differenziert sein kann. Bei konkurrenzorientierten Ansätzen geht es darum, wie das Angebot gegenüber der Konkurrenz positioniert wird. Bei handelsorientierten Ansätzen stehen die Marketingaktivitäten des Herstellers (insbesondere Gestaltung der Absatzwege) gegenüber dem Handel (→ vertikales Marketing) im Mittelpunkt.

Markttest, Instrument der → Marketingforschung, das u.a. zur Überprüfung der Marktgängigkeit sowie der Wirkung der ausgewählten → Marketinginstrumente dient. In einem Testmarkt werden neue bzw. veränderte Produkte über einen gewissen Zeitraum (meist drei Monate) überprüft und die Ergebnisse zur Korrektur der entwickelten Marketingstrategien und -instrumente genutzt. Probleme liegen oftmals in der fehlenden Bereitschaft des Handels mitzuarbeiten.

Marktvolumen, realisierte oder vorhergesagte effektive Absatzmenge einer Branche.

Marktwahlstrategien, → Marketingstrategien, → Marktsegmentierung

Maschinenbelegungsplanung, → Kapazitätsbelegungsplanung

Massenproduktion, Elementartyp der Produktion (→ Produktionstypen), der sich aus dem Merkmal der Prozeßwiederholung ergibt. Bei M. ist die Auflage der mit derselben Sollqualität herzustellenden Produkte für den Betrachtungszeitraum unbegrenzt, d.h. ein und derselbe Prozeß wird für die überschaubare Zukunft identisch wiederholt. Vgl. auch → Einzelproduktion, → Serienproduktion, → Sortenproduktion.

Maßgeblichkeitsprinzip, Grundsatz, der besagt, daß die → Handelsbilanz maßgeblich für die → Steuerbilanz ist, sofern nicht steuerrechtliche Regelungen entgegenstehen.

Master of Business Administration (MBA), Diplom, das amerikanische (z.T. europäische) Business Schools` nach einem ein- bis zweijährigem betriebswirtschaftlichen Studium verleihen.

Materialbereitstellungsplanung, → Bereitstellungsplanung

materiale Rationalität, → Wertrationalität

Materialkostenstellen → Kostenstellen

Matrixorganisation, mehrdimensionales Modell der → Aufbauorganisation, bei dem zwei Hierarchie- bzw. Kompetenzsysteme miteinander kombiniert werden. Im Regelfall erfolgt eine Kombination von Objektmodell, insbesondere einzelnen Produkten und Produktgruppen, und Verrichtungsmodell (Funktionsbereichen). Durch gewollte Kompetenzüberschneidungen sind Konfliktfelder bewußt eingebaut. Ziel ist es, daß sich die jeweils zuständigen Stellen bzw. Abteilungen argumentativ mit einem Sachverhalt auseinandersetzen und dabei jeweils unterschiedliche, aus ihrer Funktion bedingte Sichtweisen einbringen. Vorteile der M. liegen in der fachlichen Spezialisierung der Leitung und dem Zwang zur Zusammenarbeit unterschiedlicher Fachbereiche. Nachteile resultieren vor allem aus dem hohen Kommunikations- und Abstimmungsbedarf, der zu Zeitverlusten führen kann. – Neben der M. als ständigem Strukturierungsmodell besteht die Möglichkeit von rotierenden Matrixstrukturen, die bei befristeten Projekten Anwendung finden (*Projekt-Matrixorganisation*).

Maus, Zusatzeinrichtung zu einem Datensichtgerät bzw. einem PC zur schnellen Steuerung der Positionsmar-

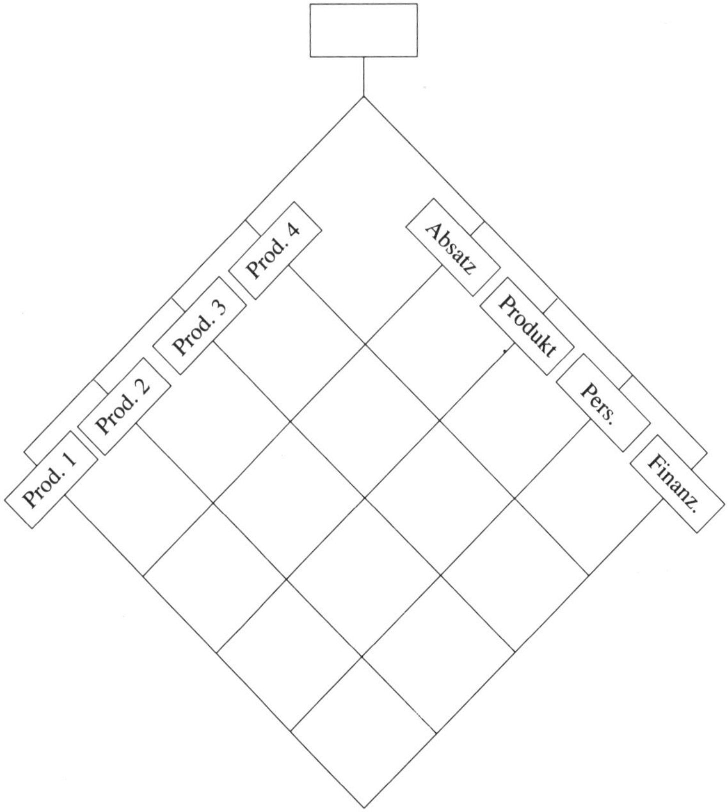

ke (Cursor) und zum Auslösen von Funktionen über Funktionstasten. Im Zusammenhang mit grafischen Benutzeroberflächen hat die Maus eine unverzichtbare Stellung als Eingabeinstrument eingenommen.

MBA, → Master of Business Administration

MbO, → Management by objectives

MBO, → Management buy-out

Media (Werbeträger), Personen oder Sachen, die für die Übermittlung von Werbebotschaften an die entsprechende Zielgruppe geeignet sind. Voraussetzung für die Eignung als Werbeträger ist die Möglichkeit der Einprägung der Informationen sowie die Nutzenstiftung des Werbeträgers, wenn der Umworbene mit diesem Kontakt hat. Unterschieden werden Printmedien (Zeitschriften etc.), elektronische Medien (Fernsehen, Funk, Video), Medien der Außenwerbung (Plakatanschläge, Verkehrsmittelwerbung) sowie Adreßbuchwerbung, Direktwerbung, Werbung auf Messen und in Schaufenstern. – Aufgabe der → Werbeerfolgskontrolle ist die Überprüfung der → Werbewirkung.

Mediaanalyse (Werbeträgeranalyse), empirische Untersuchung von Werbeträgern (→ Media) im Hinblick auf die Nutzerschaft (Leser, Hörer, Seher). Im einzelnen geht es um die Ermittlung des Einflusses der Medien auf den Werbeerfolg (Werbewirkung), insbesondere um den Einfluß des Umfelds der Medien, des Images, der Kosten sowie das Erreichen der Zielgruppe.

Mediaplanung (Werbeträgerplanung, Streuplanung), Auswahl und Festlegung der → Media sowie der zeitlichen Abfolge und Intensität der Belegung der Medien. Im Rahmen der M. wird die Eignung der Media hinsichtlich der Kommunikation mit der Zielgruppe überprüft, aber auch die Kosten der unterschiedlichen Medien, die innerhalb und zwischen den Mediengattungen stark variieren. Ein weiteres Entscheidungskriterium ist der Verbreitungsgrad und die Reichweite der Medien.

Mediaselektion, Auswahl und Entscheidung über die Intensität der Nutzung der Werbeträger (→ Media) zwischen den unterschiedlichen Medien (Intermediaselektion) und innerhalb einer Mediengattung (Intra-Media-Selektion) mittels einer → Mediaanalyse.

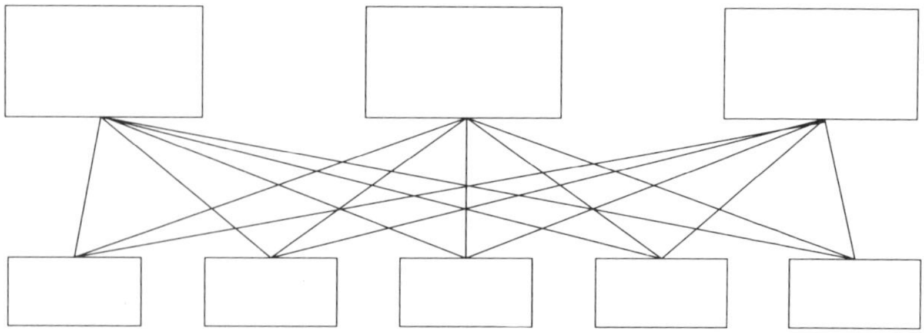

Mehrheitsbeteiligung, → verbundene Unternehmen

Mehrheitswerbung, → Werbung, die sich an Gruppen (z.B. Adressenverlage) richtet (→ Einzelwerbung, → Allgemeinwerbung).

Mehrliniensystem, Modell der → Aufbauorganisation eines Unternehmens, bei dem hierarchisch untergeordnete Stellen und Abteilungen Anweisungen von jeweils mehreren Vorgesetzten erhalten können. Das Modell geht auf das Funktionsmeistersystem von Taylor zurück, bei dem die → Koordination der einzelnen Mitarbeiter durch Vorgesetzte erfolgt, die auf eine bestimmte Funktion spezialisiert sind und nur im Rahmen dieser Funktion Weisungen erteilen dürfen. Sofern die Aufgabenerfüllung in einer Abteilung oder Stelle von mehreren Funktionsbereichen betroffen ist, können bei der Ausführung auch mehrere Vorgesetzte Anweisungen erteilen. Vorteil des Modells ist primär die Spezialisierung der Vorgesetzteninstanzen, die vor allem die Aufgabe einer Hilfestellung bei der Aufgabenausführung übernehmen. Der wesentliche Nachteil resultiert aus den Kompetenzüberschneidungen, die zu Konflikten führen können.

mehrstufige Produktion, → Produktionstypen 2 c)

Mehrwertsteuer, → Umsatzsteuer

Meister, im Produktionsbereich die unterste Managementebene mit speziellen Qualifikationsanforderungen und normiertem Ausbildungsweg .

Mengenrabatt, → Rabatt

Menschenbilder, Summe der theoretischen Annahmen über Bedürfnisse, Motive, Eigenschaften, Einstellungen und Erwartungen von Menschen, welche die Grundlage von Führungs- und Motivationskonzepten bilden, z.B. als Prototyp traditioneller Managementansätze und der Volkswirtschaftslehre der → homo oeconomicus. – *Kategorisierungen* finden sich bei McGregors dualistischen Menschenbildern (Theorie X und Theorie Y) sowie bei Schein, der sich an der Entwicklung der Managementlehre orientiert (rational-economic man, social man, self-actualizing man und complex man).

Menschenführung, → Führung

Mentoring, Methode der → Karriereplanung, bei welcher der einzelne Mitarbeiter selbst die Verantwortung für seine Entwicklung trägt, ihm jedoch zur Unterstützung, Beratung und Förderung der Vorgesetzte oder ein anderer erfahrener, hierarchisch übergeordneter Mitarbeiter als Mentor zugeordnet wird. Der Mentor bietet zugleich Identifikationsmöglichkeiten an (Vorbildfunktion). M. kann daher auch als Konzept der betrieblichen → Sozialisation verwendet werden.

Merchandising, Mittel der → Verkaufsförderung in unterschiedlichen Intensitätsstufen, bei der Hersteller die gezielte Schulung des Personals des Händlers übernehmen, eigenes Verkaufspersonal stellen oder auch einfach eigenes Personal zur Regalauffüllung, zum Display-Einsatz sowie zur Positionierung einsetzen können. Ziele sind die Verbesserung der Kontakte zwischen Hersteller und Handel, die effektivere Produktdarbietung sowie die Intensivierung des Absatzes.

merger and acquisition, Oberbegriff für verschiedene Arten der Übernahmen anderer Unternehmen und des Unternehmenszusammenschlusses. *Merger* bezeichnet einen → Unternehmenszusammenschluß; *acquisition* die vollständige oder teilweise Übernahme der Kapitalanteile eines Unternehmens durch ein anderes. Verschiedene Beratungsfirmen sind (ähnlich wie Makler bei Immobilien) auf die Vermittlung und Abwicklung von Unternehmensübernahmen und -zusammenschlüssen spezialisiert.

Metakommunikation, Kommunikation über die Art und Weise der Gesprächsführung.

Metaplan-Technik, → Moderationstechnik

MHS (Message Handling System), → elektronische Post

Michigan-Konzept, Managementkonzept zur Verbindung von → Human-resource-Management, → strategischem Management und → Organisationsstruktur, entwickelt von einer Forschergruppe an der University of Michigan. Danach haben Human-resource-Management und Organisationsstruktur der Strategie zu folgen; zwischen diesen drei Bereichen und der Umwelt soll eine Abstimmung erfolgen. Human-resource-Management wird in diesem Konzept durch die Politikfelder Personalauswahl, Personalentwicklung, Leistungsbeurteilung und Anreize bzw. Belohnungen genauer definiert.

Michigan-Stilkontinuum, Ansatz der Führungsforschung, bei dem Führungsstile auf einem eindimensionalen Kontinuum mit den beiden Extrempunkten → Mitarbeiterorientierung und → Leistungsorientierung angeordnet werden; geht auf die → Michigan-Studien zurück.

Michigan-Studien, von Forschern der University of Michigan stammende Studien zur Führung, bei denen Führungsverhalten unter dem Gesichtspunkt der Effizienz untersucht wurde. Ergebnis war das → Michigan-Stilkontinuum. Inzwischen werden Mitarbeiter- und Leistungsorientierung jedoch ähnlich wie in den → Ohio-State-Studien als unabhängig voneinander betrachtet. Kennzeichnend für die M. ist eine stark humanistische Orientierung, die sich u.a. in Konzepten wie dem System-Vier-Ansatz der Führung und Linking-Pin-Modell ausdrückt. Danach führt eine ausgeprägte Mitarbeiterorientierung nicht nur zu hoher Arbeitszufriedenheit, sondern auch zu höherer Leistung.

micro organizational behavior, → organizational behavior

middle management, → Managementebenen

Mikroökonomie, Teilbereich der Wirtschaftswissenschaft, der sich mit dem wirtschaftlichen Verhalten von Haushalten und Unternehmen sowie den Wechselbeziehungen zwischen einzelnen Wirtschaftsteilnehmern befaßt.

Mikropolitik, Denk- und Forschungsrichtung der Organisationstheorie, die Organisationen vor allem als Ort von Machtkämpfen ansieht. M. bezeichnet dabei allgemein die Anwendung von Macht; sie wird als ein Aufeinanderfolgen von Machtspielen gesehen, bei denen es um Schaffung und Absicherung von Autorität, Erringen von Machtpositionen, Bekämpfen von Rivalen und Nutzung organisatorischer Änderungen zur Machterringung geht.

Milgram-Experimente, von Milgram durchgeführte Experimente über den

Gehorsam von Individuen gegenüber Autoritäten, bei denen ein hoher Grad an Autoritätsunterwerfung festgestellt wurde.

mind machine, → Brain-Maschine

Minderkaufmann, Kleingewerbetreibender (einschließlich Handwerker), der ein Handelsgeschäft betreibt, das jedoch nach Art und Umfang einen in kaufmännischer Weise eingerichteten Geschäftsbetrieb nicht erfordert (§ 4 HGB). Einige Vorschriften des Handelsgesetzbuches – beispielsweise über Firma, Unternehmensnamen, Geschäftsbücher und Prokura – finden daher keine Anwendung.

Minusstundenmodell, Modell der → Arbeitszeitgestaltung, bei dem der Mitarbeiter an bestimmten Tagen weniger Arbeit (Minusstunden) und hierdurch ein Arbeitszeitkonto anspart, auf das der Betrieb bei Bedarf zurückgreifen kann, ohne daß Überstunden anfallen; nur aufgrund einer Betriebsvereinbarung möglich.

Mischkosten, → Kosten, die sowohl fixe als auch variable Kostenbestandteile enthalten (→ variable Kosten, → fixe Kosten).

Mitarbeiterbeurteilung, → Personalbeurteilung

Mitbestimmung, Beteiligung der Arbeitnehmer an Willensbildungsprozessen und Entscheidungen auf der Ebene von Betrieben und Unternehmen. – Im deutschen Industrial-relations-System wird nach der Ebene der M. (Arbeitsplatz, Betrieb, Unternehmen) und dem Grad der Beteiligung der Arbeitnehmer (Informations-, → Mitwirkungs- oder Mitbestimmungsrechte) unterschieden. a) Auf der *Unternehmensebene*, auf der die unternehmenspolitischen Entscheidungen getroffen werden, erfolgt in Kapitalgesellschaften mit mehr als 500 Beschäftigten die M. über eine Beteiligung der Arbeitnehmer im Aufsichtsrat auf der Grundlage verschiedener Gesetze. b) Die M. auf *Betriebsebene* ist durch das Betriebsverfassungsgesetz geregelt; es gilt für alle Betriebe mit mindestens 5 wahlberechtigten Arbeitnehmern, die dauerhaft beschäftigt sind und das 18. Lebensjahr vollendet haben. – *Organe* sind der → Betriebsrat und die Betriebsversammlung. Letztere wird als Versammlung aller Arbeitnehmer einberufen; sie ist nicht öffentlich und findet mindestens vierteljährlich statt. Der Betriebsrat legt dort einen Tätigkeitsbericht vor. Der Arbeitgeber ist einzuladen; er hat mindestens einmal jährlich über das Personal- und Sozialwesen sowie die wirtschaftliche Lage und Entwicklung des Betriebes zu berichten. – *Rechte*: Der Betriebsrat hat Mitbestimmungsrechte vor allem in sozialen und personellen Angelegenheiten. Daneben haben die einzelnen Arbeitnehmer z.T. auch unmittelbare Mitwirkungsrechte: so ein allgemeines Recht auf Information und Anhörung (z.B. Erläuterung der Zusammensetzung des Entgelts und Einsicht in die Personalakte), ein Mitwirkungsrecht bei der Gestaltung des Arbeitsplatzes und ein Beschwerderecht. In wirtschaftlichen Angelegenheiten (also bei Managemententscheidungen) bestehen kaum Mitbestimmungsrechte, sondern lediglich Informationsrechte (vgl. auch → Wirtschaftsausschuß).

Mitbestimmungsgesetz (MitbestG), Gesetz zur Mitbestimmung der Arbeitnehmer vom 4.5.1976, das nur für Unternehmen mit eigener Rechtspersönlichkeit gilt. Zu den vom MitbestG betroffenen Unternehmensformen gehören die Aktiengesellschaft, die Kommanditgesellschaft auf Aktien, die Gesellschaft mit beschränkter Haftung, die Erwerbs- und Wirtschaftsgenossenschaften und die bergrechtliche Gewerkschaft mit in der Regel mehr als 2000 Beschäftigten. Für die Montanindustrie gilt das *Montanmitbestimmungsgesetz*. Ausgenommen vom MitbestG sind Tendenzbetriebe, z.B. Religionsgemeinschaften und politische Einrichtungen. – Geregelt wird durch das Gesetz die *Mitbestimmung in Aufsichtsrat und Vorstand*. Die Aufsichtsräte der mitbestimmten Unternehmen werden mit der gleichen Zahl von Aufsichtsratsmitgliedern der Anteilseigner und Arbeitnehmer besetzt (§ 7 MitbestG). Allerdings hat der Aufsichtsratsvorsitzende der Anteilseigner eine zweite Stimme, so daß in Pattsituationen dessen Stimme den Ausschlag gibt. Es besteht kein Kräftegleichgewicht zwischen Anteilseignern und Arbeitnehmern; hinzu kommt, daß der leitende Angestellte den Arbeitnehmern zugerechnet wird. Ein Teil der Aufsichtsratssitze der Arbeitnehmer ist den Gewerkschaften vorbehalten. Die Zahl der Aufsichtsratsmitglieder hängt von der Unternehmensgröße ab.

mittelbar kundenorientierte Produktion, → Produktionstypen 2 a)

mittelfristige Planung, → Planungshorizont

mittleres Management, → Managementebenen

Mobilkommunikation. Das Ziel technischer Einrichtungen zur M. ist die Erhöhung der Erreichbarkeit und die Erweiterung persönlicher Kommunikationsmöglichkeiten unabhängig von stationären Kommunikationseinrichtungen. Grundsätzlich sind das schnurlose Telefon, die Funkrufdienste und das Funktelefon als drei Arten der Mobilkommunikation zu unterscheiden. a) Das *schnurlose Telefon* ist ein Endgerät ohne Kabel, das dem Benutzer während des Telefongesprächs erlaubt, sich im Umkreis von 300 Metern im Freien und 50 Metern im Gebäude von seinem Telefonanschluß zu bewegen. Neben den schnurlosen Telefonen, die an den postalischen Hauptanschluß gebunden sind, gibt es auch schnurlose Telefonanlagen mit Nebenstellen für den kommerziellen Bereich. Die schnurlose Variante zur Telefonzelle ist der Telepoint-Service „Birdie“, das ein Anrufen in 150 Meter Entfernung zu einer Telepoint-Station (i.d.R. Telefonzelle) erlaubt. – b) Der *Funkrufdienst Eurosignal* ist ein überregionaler Personenruf. Bis zu vier Funksignale unterschiedlicher Semantik können per Telefon ausgesandt werden, die beim Empfänger als Varianten von Piptönen ankommen. Die regionale Variante ist der Cityruf mit Rufzonen, die den Einzugsbereich einer großen Stadt oder einer ganzen Region abdecken. In Abhängigkeit der verwendeten Endgeräte können ein Piepton oder auch kurze Nachrichten (80 Zeichen) über ein Display empfangen werden. – c) Das Funktelefonnetz C ermöglicht mit einem C-Netz-Telefon auf analoger Basis Anschlüsse in aller Welt zu erreichen. Seit dem zweiten Halbjahr 1991 werden Funktelefondienste auf der Basis eines europaweiten, digitalen Mobilfunkes angeboten. Das *D1-Netz* wird von der Deutschen Bundespost TELEKOM und das D2-Netz von der Mannesmann Mobilfunk GmbH betrieben. Das D1-Netz bietet Telefondienst, Datenübermittlungs- und Telematikdienste sowie Zusatzdienste. Das System ist hinsichtlich der Sprachkommunikation optimiert. Die Datenübermittlungsdienste erfolgen mit einer Geschwindigkeit von 9,6 kbit/s. Die Zusatzdienste orientieren sich grundsätzlich am Komfort von ISDN. Ende 1993 sollen ca. 97 % der Bevölkerung und 91 % der Fläche in den alten Bundesländern durch D1 versorgt sein. Die Realisierung des D1- und D2-Netzes erfolgt sukzessiv und bedarfsorientiert.

Modell der organisierten Anarchie, → Mülleimermodell

Modellernen, Lernen, das nicht durch unmittelbar eigene Erfahrungen, sondern am Modell des Verhaltens anderer Personen und der Konsequenzen daraus erfolgt.

Moderationstechnik (Moderationsmethode), Methode zur Analyse, Aufbereitung und Darstellung von Problemen, Einschätzungen, Ideen und Prozessen in Gruppen, die auf dem Einsatz von Verfahren der schriftlichen Diskussion (insbesondere der → Kartenabfrage) und Visualisierungstechniken beruht sowie der Tätigkeit von → Moderatoren statt inhaltlich direktiven Gruppenleitern. Die Technik wird eingesetzt bei Ideensammlungen, Problemlösungsgruppen, Tagungen sowie im Rahmen der Weiterbildung.

Moderator, ein sich primär als Katalysator für Lern- und Gruppenprozesse verstehender Gruppenleiter, der (ähnlich wie in der Prozeßberatung) die eigenständige Arbeit und Entwicklung der → Gruppe fördert statt diese inhaltlich zu lenken. Der Moderator konzentriert sich auf die Beziehungsebene und stellt der Gruppe Instrumente für Problembearbeitungen und Problemlösungen zur Verfügung. Eingesetzt werden dabei die → Moderationstechnik und Instrumente der → Gruppendynamik.

Moderator-Ansatz, in der Führungsforschung stellenweise benutzte Bezeichnung für solche → situativen Ansätze, bei denen die Situation als zwischen → Führungsstil und Führungserfolg intervenierende Variable (Moderator) gesehen wird (z.B. → Kontingenztheorie der Führung, → multiples Verknüpfungsmodell).

Moderatorentechnik, → Moderationstechnik

Monopol, → Marktformen

Montanmitbestimmung, → Mitbestimmung

Motiv, durch → Sozialisation angeeignete, relativ stabile angestrebte Zielzustände eines Individuums, die sich in gerichtetem Mangelempfinden (Bedürfnis) in Verbindung mit der Bereitschaft zu dessen Beseitigung ausdrücken.

Motivation, Summe von aktivierenden Beweggründen für individuelles Handeln und Verhalten und damit Ansatzpunkt für Managementstrategien zur leistungssteigernden Verhaltensbeeinflussung. – *Motivationstheorien* versuchen zu klären, warum und unter welchen Rahmenbedingungen Individuen sich in einer bestimmten Art verhalten und z.B. Leistung erbringen. Die zahlreichen Ansätze lassen sich in Inhalts- und Prozeßtheorien unterscheiden: a) Die *Inhaltstheorien* zielen auf eine Erklärung dessen, was bei einem Individuum Verhalten auslöst. In der → Bedürfnispyramide von Maslow werden unterschiedliche Gruppen von Bedürfnissen in eine fünfstufige Hierarchie eingeordnet. In der → ERG-Theorie werden die fünf Bedürfnisgruppen zu drei (Existenz-, Beziehungs- und Wachstumsbedürfnissen) verkürzt und als Kontinuum statt als Hierarchie angeordnet. Die → Leistungsmotivationstheorie sieht Bedürfnisse als weitgehend sozial erworben an. Sie konzentriert sich auf drei Schlüsselbedürfnisse, nämlich Leistungsstreben, soziales Streben und Machtstreben, die bei unterschiedlichen Personen auch unterschiedlich ausgeprägt sind. Die → Zwei-Faktoren-Theorie differenziert zwischen Faktoren, die als Motivatoren Zufriedenheit herstellen können, und Hygienefaktoren, die Unzufriedenheit zwar verhindern, aber nicht zur Zufriedenheit führen. b) Im Mittelpunkt der *Prozeßtheorien* steht die Frage, wie Verhalten zustande kommt. In den meisten Ansätzen wird der Mensch als ein aus Erfahrungen lernendes Wesen angesehen, das Erwartungen über die Auswirkungen seines eigenen Verhaltens trifft und Anstrengungs-Ergebnis-Berechnungen anstellt. Grundmodell ist die → Erwartungs-Valenz-Theorie. – Motivationstheoretische Annahmen bilden die *Grundlage für Führung,* insbesondere motivationstheoretische Ansätze wie management by objectives, die betriebliche Entgeltpolitik und Maßnahmen der Arbeitsstrukturierung.

motivation potential score, Maßstab zur Messung des → Motivationspotentials eines Arbeitsplatzes; Bestandteil des → job charcteristic model.

Motivationspotential, aus dem → job characteristic model stammende Bezeichnung für das Potential eines Arbeitsplatzes, dessen Inhaber zu motivieren. Das Motivationspotential wird über die Elemente Vielfalt, Ganzheitlichkeit und Bedeutung der jeweiligen Arbeit sowie den Autonomiegrad und die Rückkopplung gemessen und durch den *motivation potential score* ausgedrückt.

Motivationstheorien, → Motivation

Motivator, → Zwei-Faktoren-Theorie

Moving, → Drei-Phasen-Modell

MS-DOS (Mikrosoft Disk Operating System). MS-DOS ist ein von Microsoft entwickeltes, im Bereich der IBM-kompatiblen PCs sehr weit verbreitetes Standardbetriebssystem. Bei IBM-PCs wird es auch PC-DOS genannt. Ab Version 3,1 ist MS-DOS netzwerkfähig. MS-DOS wurde sukzessive an die Leistungsfähigkeit der verfügbaren Hardware angepaßt, unterliegt jedoch einigen Restriktionen. So ist nur ein Hauptspeicherbereich von 640 kB direkt adressierbar und das Betriebssystem ist nicht zum → Multitasking fähig. Aus diesen Gründen wurde das Betriebssystem → OS/2-Rechner von IBM entwickelt. Durch die Version 5.0 sollen die Einschränkungen von MS-DOS teilweise überwunden sein.

Mülleimermodell, von der Vorstellung rationaler Zielbildungsprozesse in Organisationen abweichendes Entscheidungsmodell, das als typisch gilt für Organisationen mit insbesondere schlecht definierten Zielen, unklaren Problemursachen und Umweltbedingungen, unklarer Kompetenzverteilung, hoher Fluktuation der Entscheidungsträger sowie wechselnden Interessengruppen an Entscheidungen. Danach fließen sowohl Probleme wie Lösungsmöglichkeiten, Lösungsträger und Entscheidungsgelegenheiten teilweise in den „Mülleimer“. Zwar werden dennoch einige Probleme durch intensive Bearbeitung rational gelöst, jedoch überwiegend irrational entschieden, übersehen oder „ausge-sessen“.

Multi-Nucleus-Strategie, Vorgehensweise bei der Veränderung von Organisationen, bei der mehrere Strategien wie → Top-down-Strategie, → Basis-upwards-Strategie, → Sandwich-Strategie und → Keilstrategie miteinander kombiniert werden und der Veränderungsprozeß von vielen Bereichen und Instanzen der Organisation ausgeht. Probleme liegen in der möglicherweise ungenügenden Koordination, die eine Gesamtstrategie zur Veränderung unmöglich macht, Vorteile in der Vielfalt und Einbeziehung aller Organisationsteile.

multidivisionales Unternehmen, Unternehmen mit mehreren → strategischen Geschäftseinheiten.

Multifaktoren-Portfoliokonzepte, Weiterentwicklungen der → Portfolio-Analyse und der → Marktanteils-Marktwachstums-Matrix, die berücksichtigen, daß der Erfolg einer Strategie nicht nur von zwei strategischen Faktoren (z.B. Marktanteil und Marktwachstum) bestimmt wird, sondern durch eine Vielzahl von Faktoren. Problematisch ist die Auswahl der Variablen. Zu den Multifaktoren-Portfoliokonzepten zählt vor allem die → Marktattraktivitäts-Geschäftsfeld-stärken-Matrix.

multinationale Strategie, → Strategie für bereits international tätige Unternehmen. Alternativen sind die → *Globalisierung* durch eine einheitliche Strategie oder die *Fragmentierung* durch länderspezifische Strategien.

multinationales Unternehmen, → internationales Unternehmen mit weltweiten Aktivitäten und einer entsprechenden Organisationsstruktur, dessen Kapitaleigner und Manager in einem Land (Stammland) konzentriert sind.

multiple linkage model, von Yukl formulierte → Situationstheorie der Führung, die bei der Untersuchung des Führungserfolgs eine Vielzahl von Situationsvariablen miteinander verknüpft. Neben einer Aufzählung von leistungsbeeinflussenden intervenierenden Variablen (z.B. Arbeitsorganisation, Mitarbeiterqualifikation) werden drei Gruppen von Einflußfaktoren im Modell berücksichtigt bzw. systematisiert: Situationsvariablen mit Einfluß auf das Führungsverhalten, solche mit direktem Einfluß auf die intervenierenden Variablen und Faktoren, welche die relative Bedeutung einzelner intervenierender Variablen beeinflussen. Der Führende kann die Situation auf zweierlei Art beeinflussen: kurzfristig sind die intervenierenden Variablen veränderbar, langfristig der allgemeine Rahmen der Führung (d.h. die Situationsvariablen).

multitasking, ein Betriebssystem ist zum multitasking fähig, wenn mehrere Programme gleichzeitig aktiv sein können. Im PC-Bereich ist OS/2 ein solches Betriebssystem. Im Gegensatz zu MS-DOS, bei dem zu einer bestimmten Zeit nur ein Programm im Speicher geladen ist, können bei OS/2 mehrere Programme gleichzeitig aktiv sein.

mutual adjustment, → Selbstabstimmung

MVS/MVS-ESA (Multiple Virtual Storage), → Betriebssystem 1

N

Nachahmer, → follower

Nachfrage, konkreter und mit Kaufkraft versehener Bedarf eines Individuums oder einer Gruppe nach Gütern und Dienstleistungen. – Das *Nachfrageverhalten* wird in der Volkswirtschaftstheorie in einer Nachfragefunktion (→ Preis-Absatz-Funktion) erfaßt. Diese kann sich auf Güter unterschiedlichster Art (z.B. Konsumgüter, Geld) beziehen. Annahme ist dabei, daß der Preis ein entscheidendes Kriterium zur Beeinflussung der Nachfrage ist.

Nachfrage-Technologie-Zyklus, Konzept des → Marktlebenszyklus, daß die Technologiedimension besonders berücksichtigt und miteinbezieht. Die zugrundeliegende Annahme ist der Bedeutungszuwachs technologischer Veränderungen auf den Wettbewerb in bestimmten Branchen, z.B. der Unterhaltungselektronik und deren Einfluß auf Nachfrage und → Produktlebenszyklen.

Nachfrageelastizität, Verhältnis zwischen einer Preisänderung und deren Auswirkung auf die nachgefragte Menge (*Preiselastizität der Nachfrage*) oder Auswirkung von Veränderungen des Einkommens auf die Nachfrage (*Einkommenselastizität der Nachfrage*). Annahme ist, daß Preis und/oder Einkommen entscheidendes Kriterium zur Beeinflussung der Nachfrage sind. Graphisch abgebildet wird dies in einer Nachfragefunktion (→ Preis-Absatz-Funktion).

Nachfragefunktion, → Preis-Absatz-Funktion

Nachfrageschätzung, Einschätzung der Reaktion der Konsumenten bei Preisänderungen. Herangezogen werden Informationen über Absatzchancen der Produkte, über Konkurrenzprodukte und über Möglichkeiten, die Konsumenten zu beeinflussen. Ermittelt werden → Preisschwellen.

Nachkalkulation, → Kalkulation

Nachschußpflicht, gesetzliche, vertragliche oder satzungsgemäße Pflicht der Gesellschafter, unter bestimmten Bedingungen (z.B. Sanierung) Nachschüsse auf die bereits bestehenden → Einlagen zu leisten. Gesetzlich vorgesehen ist der Nachschuß bei bergrechtlichen Gewerkschaften und bei Genossenschaften. Bei der Gesellschaft mit beschränkter Haftung kann der Gesellschaftsvertrag vorsehen, daß die Gesellschafter Einzahlungen über die Stammeinlage hinaus beschließen können. Bei der Aktiengesellschaft, Offenen Handelsgesellschaft und Kommanditgesellschaft gibt es keine Nachschußpflicht.

Nachwuchs (Fragezeichen, question marks), Produkte bzw. strategische Geschäftseinheiten, die in der → Marktanteils-Marktwachstums-Matrix mit einem niedrigen Marktanteil in stark wachsenden Märkten vertreten sind. – *Strategien*: Grundsätzlich stellt sich die Alternative, entweder den niedrigen

Marktanteil durch hohe Investitionen entscheidend zu erhöhen, um Stars zu entwickeln oder das Produkt zu liquidieren. Eine Liquidation ist sinnvoll, wenn keine Aussichten auf eine Erhöhung des Marktanteils bestehen.

need pull, → demand pull

negative Entropie, Begriff der Systemtheorie zur Bezeichnung einer Situation, in der ein offenes System durch sich selbst organisierende innere Prozesse der Unordnung in seinen Aktivitäten erheblich behindert wird. Ursache ist, daß u.U. durch die Selbstorganisation mehr Energie geschaffen als abgeben wird, so daß der Selbstzerstörungsprozeß zum Selbstläufer werden kann.

Nennwert (Nominalwert), auf einem → Wertpapier (Aktie, Anleihe, Schuldverschreibung) ausgewiesener Wert. N. und Marktwert fallen häufig auseinander (vgl. auch → Aktienkurs).

Netzplan, graphische Darstellung der Ablaufbeziehungen zwischen einzelnen Vorgängen und/oder Ereignissen bei der Erledigung einer komplexen Arbeitsaufgabe bzw. der Abwicklung eines Projektes.

Netzplantechnik, Methode des → Operations Research zur Unterstützung des Managements bei der Planung, Organisation und Kontrolle von Projekten durch Anwendung von → Netzplänen; findet breite Anwendung durch eine Vielzahl spezieller Softwareprogramme. Zu unterscheiden sind unterschiedliche Arten: deterministische N. gehen von als sicher angenommenen Vorgängen und Ereignissen aus, während stochastische mit Wahrscheinlichkeitsverteilungen arbeiten. Vorgangsorientierte N. basieren auf einer Liste von Vorgängen, ihrer jeweiligen Dauer und den jeweiligen Abhängigkeiten (z.B. Vorgangspfeilnetzpläne, Vorgangsknotennetzpläne); ereignisorientierte N. orientieren sich an Ereignissen und deren zeitlicher Abfolge.

Netzwerkmanagement, Problemlösungsprozesse, die außerhalb der Hierarchie mit Hilfe eines Moderators stattfinden. Zielsetzung ist die Verbesserung des Kommunikationsflusses und die Vermeidung der aus der Hierarchie u.U. entstehenden Kommunikationsbarrieren, um so die Problemlösungsfähigkeit zu erhöhen.

Neuproduktideen, → Ideengewinnung

Neuproduktplanung, Entwicklung und Überprüfung produktpolitischer Alternativen hinsichtlich ihrer Chancen und Risiken. Der Prozeß der N. läuft in mehreren Phasen ab: Ideengewinnung, Ideenselektion, Analysephase, Phase der Entwicklung von Produktkonzeptionen und/oder Prototypen, Testphase und Einführungsphase.

neuronales Netzwerk, Versuch, die Vernetzung der Nervenzellen des menschlichen Gehirnes nachzubilden. N. N. werden zur Bildverarbeitung, Muster- und Sprachverarbeitung eingesetzt. Im wirtschaftswissenschaftlichen Bereich hat man mit dem Versuch, n. N. zur Zeitreihenprognose (z.B. Aktienkurse) und zur Entscheidungsfindung bei Situationen mit sehr vielen, teilweise gegenläufigen Parametern, einzusetzen, beachtliche Erfolge erzielt. Generell bieten n. N. Vorteile, falls aufgrund der Komplexität des Problems kein Lösungsalgorithmus erkennbar ist. Bei Einsatz eines neuronalen Netzes entfällt im allgemeinen die klassische Programmierung. Vielmehr muß das Netzwerk konfiguriert und dann unter Verwendung von entsprechendem Datenmaterial trainiert werden (Erfahrungswissen). Anschließend kann es zur Prognose verwendet werden.

neutraler Aufwand, Bestandteil des gesamten Werteverzehrs an Gütern, Dienstleistungen und Abgaben an den Staat in einer Abrechnungsperiode, der nicht auf die Erstellung der betrieblichen Leistungen gerichtet ist. Dazu gehören betriebsfremde, periodenfremde sowie außerordentliche Aufwendungen. Der betriebsfremde Aufwand steht nicht im Zusammenhang mit der betrieblichen Leistungserstellung (Spenden). Der betriebsbedingte, periodenfremde Aufwand wird erst in einer späteren Abrechnungsperiode verbraucht (Gewerbesteuernachzahlung). Der betriebsbedingte, außerordentliche Aufwand ist nach Höhe und Art so außergewöhnlich, daß er nicht verrechnet wird (z.B. Kriegs- und Feuerschäden). Folglich gehört nur der betriebsbedingte, periodenrichtige und normale Aufwand zu den → Kosten.

neutraler Erfolg, → neutrales Ergebnis

neutraler Ertrag, Bestandteil des Wertzuwachses, der nicht auf der Erstellung der betrieblichen Leistungen (→ Betriebsertrag) basiert. Dazu gehören betriebsfremde, periodenfremde sowie außerordentliche Erträge. Gegensatz: → neutraler Aufwand.

neutrales Ergebnis (neutraler Erfolg), neben dem → Betriebsergebnis Bestandteil des → Unternehmensergebnisses, welches durch Gegenüberstellung → neutraler Aufwendungen und → neutraler Erträge entsteht. Das neutrale Ergebnis ist unabhängig von der betrieblichen Leistungserstellung.

Niederstwertprinzip, aus dem → Vorsichtsprinzip resultierender Grundsatz der Bewertung der Aktiva. Bei alternativen Wertansätzen am Abschlußstichtag (Anschaffungs- bzw. Herstellungswert oder Tages- bzw. Zeitwert) für Anlage- und Umlaufvermögen ist der jeweils niedrigere zu wählen. – Unterschieden werden strenges und gemildertes N. Das *strenge N.* betrifft die Bewertung des Umlaufvermögens und schreibt den Ansatz des niedrigsten Wertes zwingend vor. Für Anlagevermögen gilt das *gemilderte N.,* nach dem nur bei einer voraussichtlich dauernden Wertminderung abgeschrieben werden muß. – Bei *vorübergender Wertminderung* des Anlagevermögens dürfen nur Personengesellschaften auf den niedrigeren Wert abschreiben. Kapitalgesellschaften dürfen bei vorübergehender Wertminderung nur Finanzanlagen abwerten. – Konsequenz des N. ist der *Ausweis nicht realisierter Verluste.* Dadurch kann es zu einer Bildung stiller Reserven kommen.

Nische (Marktnische), ein durch → Marktsegmentierung abgetrenntes Marktsegment, für das → Nischenstrategien entwickelt werden.

Nischenstrategie, → Wettbewerbsstrategie, mit der versucht wird, mit den strategischen Geschäftseinheiten eine Marktsegmentierung zu erreichen und eine → Nische zu besetzen. Die Strategie basiert darauf, daß für bestimmte, begrenzte Aufgaben spezialisierte Unternehmen effizienter sind als breiter angelegte. N. oder auch Strategien der Konzentration basieren auf dem Grundgedanken der Strategie der Kostenführerschaft und der Differenzierung. Als Marktführer in einer Nische hat ein Unternehmen eine monopolähnliche Stellung.

no names (Namenlose, Gattungsmarken, generics, weiße Produkte, no frills), Konsumgüter, die durch eine gezielt einfach gehaltene Verpackung und einen niedrigen Preis gekennzeichnet sind; eine Variante der → Handelsmarken.

Nominalkapital, ausgewiesenes Kapital (→ Stammkapital der Gesellschaft mit beschränkter Haftung, → Grundkapital der Aktiengesellschaft), das sich aus dem eingezahlten Beteiligungskapital und den ausstehenden → Einlagen, die als Korrekturposten auf der Aktivseite der Bilanz aufgeführt werden, zusammensetzt.

Nominalwert, → Nennwert

nominelle Kapitalerhaltung, dem Jahresabschluß zugrundeliegendes Prinzip, welches gewährleistet ist, wenn der Güterverbrauch zu Anschaffungs- bzw. Herstellungskosten ohne Berücksichtigung inflationärer Prozesse bewertet wird. Aus der Differenz zur → substantiellen Kapitalerhaltung resultieren Scheingewinne.

nonprofit marketing, → social marketing

Norm. 1. *Rechtsnorm*: Z.B. Gesetze, Verordnungen. - 2. *Technische Norm*: Eine technische Beschreibung oder ein anderes Dokument , das für jedermann zugänglich ist und unter Mitarbeit und im Einvernehmen oder mit allgemeiner Zustimmung aller interessierten Kreise erstellt wurde. Sie beruht auf abgestimmten Ergebnissen von Wissenschaft, Technik und Praxis. Sie ist von einer auf nationaler (Deutsches Institut für Normung e.V. (DIN)), regionaler (europäische Normenorganisation CEN und CENELEC - sogenannten EN-Normen) oder internationaler (internationale Normenorganisation ISO und IEC) Ebene anerkannten Organisation gebilligt worden. - Die Zustimmung (oder das Überstimmtwerden) zu einer EN-Norm verpflichtet das betreffende Mitglied zur unveränderten Übernahme in das nationale Normenwerk. Die Übernahme einer EN-Norm in das deutsche Normenwerk geschieht i.d.R. durch Hinzufügen einer nationalen Titelseite zu der deutschen Originalfassung der EN-Norm. Die Übernahmeverpflichtung einer EN-Norm schließt auch die Zurückziehung etwaiger anderer nationaler Normen zum gleichen Thema mit ein. Abweichungen irgendwelcher Art sind bei EN-Normen nicht erlaubt. Kommt aufgrund notwendiger nationaler Abweichungen keine EN-Norm zustande, wird ein europäisches Harmonisierungsdokument erstellt, zu dem nationale Abweichungen erlaubt sind. – Arten: Dienstleistungsnorm, Gebrauchstauglichkeitsnorm, Liefernorm, Maßnorm, Planungsnorm, Sicherheitsnorm, Stoffnorm, Verfahrensnorm und Verständigungsnorm. Aufgrund ihres Inhalts kann eine N. zu einer oder mehreren der genannten Arten gehören. – Funktionen: Durch N. wird u.a. die Beschaffung von Geräten (z.B. Prüfgeräten), Teilen und Halbzeugen in gleichbleibender Qualität wesentlich erleichtert; sie erhöhen die Verwendbarkeit von Erzeugnissen, bilden u.a. die Grundlage für Kompatibilität und Austauschbarkeit sowie für die Einschränkung der Teilvielfalt (z.B. Baureihen, Baukastensystem) mit den daraus erwachsenden Vorteilen, wie schnelle Ersatzteilbeschaffung, leichte Instandhaltung, wirtschaftlicher Einsatz von Arbeitsmitteln, Werkzeugen und Prüfgeräten usw. N. für die Sicherheit, den Umweltschutz und den Bereich der Ergonomie tragen wesentlich zum Schutz vor unerwünschten Nebenwirkungen der Technik sowie zur Humanisierung der Arbeitswelt bei.

Normalisierung, in relationalen Datenbanksystemen (→ Datenbank) wird die Realität über Tabellen (Relationen) modelliert. Dabei hat man große Freiheiten hinsichtlich der Gruppierung der Attribute und des Aufbaus der Tabellen. Allgemein gilt es zu klären, wie Informationen in einer Tabelle zu aggregieren beziehungsweise auf mehrere Tabellen zu verteilen sind. Oberstes Ziel ist dabei die Vermeidung von → Speicheranomalien. Der Normalisierungsprozeß zerlegt Relationen in immer kleinere Einheiten. Dies geschieht so, daß die Ursprungsrelation immer durch sogenannte Joins wieder gewonnen werden kann. Insgesamt unterscheidet man fünf Normalformen. In der Praxis wird meist bis zur dritten Normalform normalisiert.

Normalkosten, → Kosten, die aus dem Durchschnitt der → Istkosten der vergangenen Abrechnungsperioden gebildet werden. N. variieren mit dem Prinzip der Durchschnittsbildung. Sie werden in der → Normalkostenrechnung verrechnet.

Normalkostenrechnung, Verrechnung der sich als Durchschnitt der Istkosten der vergangenen Abrechnungsperioden ergebenden Kosten (→ Normalkosten). Durch diese Normalisierung ist eine exakte Nachkalkulation nicht mehr möglich, dafür werden aber zufällige Schwankungen der Preise nivelliert. Durch die Ermittlung von Über- und Unterdeckungen von Normal- und Istkosten ist eine einfache Kostenkontrolle möglich.

normative Entscheidungstheorie, → Entscheidungstheorie

Norming, → Gruppenentwicklung

Normstrategien, im Rahmen der → Portfolio-Analysen in Form normativer Empfehlungen für unterschiedliche Marktsituationen entworfene → Strategien. – Beispielsweise empfiehlt die *Marktanteils-Marktwachstums-Matrix* in Abhängigkeit von der Marktsituation folgende Strategien: Für die Stars (mit hohem Marktwachstum und hohem relativen Marktanteil) wird empfohlen, die führende Marktposition zu erhalten bzw. leicht auszubauen. Für die Nachwuchsprodukte (mit hohem Marktwachstum und niedrigem relativen Marktanteil) tritt ein Entscheidungsproblem auf, weil bei knappen Ressourcen nicht alle Produkte durch die erforderlichen hohen Investitionen aufgebaut werden können. Für Cash-Kühe (mit niedrigem Marktwachstum und hohem relativen Marktanteil) wird empfohlen, nicht mehr in Kapazitätserweiterungen, sondern nur noch in Ersatzmaschinen und Rationalisierungsprozesse zu investieren, um den cash flow zu maximieren. Dieser wird zur Finanzierung der Strategien der anderen Produkte benötigt. Für die Problemprodukte (ohne Marktwachstum und mit geringem relativen Marktanteil) wird als N. die Desinvestitionsstrategie empfohlen. – Weitere N. werden aus der → *Marktattraktivitäts-Geschäftsfeldstärken-Matrix* und der → *Branchenattraktivitäts-Unternehmenspositions-Matrix* abgeleitet. – Sog. *differenzierte Normstrategien* wurden aus der von A. D. Little entwickelten Marktstadien-Wettbewerbepositions-Matrix abgeleitet.

Normung, Vereinheitlichung (Standardisierung) von Einzelteilen nach bestimmten Kriterien (wie Größe, Art, Abmessung usw.), die in Deutschland durch den Deutschen Normausschuß erfolgt. Der Ausschuß schlägt DIN-Normen vor, die weitgehend bundeseinheitlich vorgeschrieben werden. Die N. dient der Rationalisierung beim Produzenten und der Vereinfachung für den Abnehmer.

Not-invented-here-Syndrom, Bezeichnet eine kritische Einstellung gegenüber F&E-Leistungen und/oder Technologien, die von außerhalb des Unternehmens beschafft werden. Oft ist es Ursache und Ausgangspunkt von Akzeptanz- und Übernahmeproblemen. Neben zwischenbetrieblichen N.-i.-h.-S. gibt es auch innerbetriebliche N.-i.-h.-S. Es tritt besonders leicht in Großunternehmen auf, wenn F&E-Leistungen, die in einer Einheit erstellt wurden (z.B. zentrale Grundlagenforschung), an andere Einheiten transferiert werden (z.B. dezentrale Produktentwicklung). Durch Austausch von Personal, Kooperation, Hilfen bei der Übernahme und durch Schulung kann das N.-i.-h.-S. gemildert werden.

NPI-Modell, vom Niederländischen Pädagogischen Institut (NPI) entwickeltes Modell der → Organisationsentwicklung, bei dem der Idealtypus der → Kleeblatt-Organisation in fünf Schritten erreicht werden soll: Orientierungsphase, Phase der kognitiven Veränderung, Phase der Konkretisierung der Veränderungsziele, Phase der Planung der Veränderung, bei der sich der → change agent schon weitgehend zurückzieht und die Veränderung einem organisationsinternen → Projektteam überläßt, sowie Realisationsphase.

Nutzschwellenanalyse, → Break-even-Analyse

Nutzwertanalyse (Scoring-Analyse), traditionelles Instrument der → strategischen Planung im Rahmen der Strategieentwicklung zur Bewertung und Auswahl von Strategiealternativen. Der Nutzwert einer Strategie wird im Hinblick auf fünf bis zehn quantitative und/oder qualitative Zielkriterien bestimmt. Diese werden hinsichtlich ihrer Bedeutung gewichtet und die Zielerreichungsgrade der Alternativen geschätzt. Die Strategie mit dem höchsten subjektiven Gesamtnutzwert in der Präferenzstruktur des Entscheidungsträgers wird durchgeführt. Die N. ist aufgrund umfassender Anwendbarkeit, Berücksichtigung unterschiedlicher Ziele, einfacher Handhabbarkeit und Transparenz in der Praxis weit verbreitet. Ein wichtiger Vorteil dieses Verfahrens liegt in der intersubjektiven Überprüfbarkeit von Entscheidungen, Nachteile liegen in der subjektiven Rationalität der Entscheidungsauswahl.

O

objectives, Ziele, die unternehmensintern entwickelt wurden.

Objektanalyse, → Aufgabenanalyse

Objektmodell, Strukturierung einer Organisation durch → Objektzentralisation; die Abteilungsbildung erfolgt nach Objekten bzw. Produkten oder Produktgruppen; am ausgeprägtesten als → divisionale Organisation.

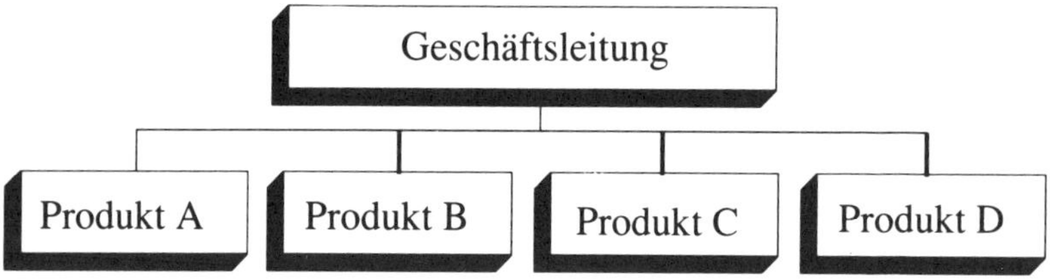

Objektprinzip, nach Objektgesichtspunkten erfolgende → Aufgabenanalyse und → Aufgabensynthese; danach werden unterschiedliche Tätigkeiten, die auf das gleiche Objekt (z.B. Produkt) bezogen sind, in organisatorischen Einheiten zusammengefaßt.

Obligation, → Schuldverschreibung

occupational analysis inventory, Verfahren der Arbeitsanalyse zur Ermittlung von → Anforderungsmerkmalen aufgrund von arbeitsplatzbezogenen Daten. Ziel ist insbesondere die Festlegung von Lernzielen für Maßnahmen der Personalentwicklung.

ODA/ODIF (Office Document Architecture/Office Document Interchange Standard), → Dokumentenstandard

offene Reserven (offene Rücklagen), in Kapitalgesellschaften sind dies die in der Bilanz ausgewiesenen → Rücklagen.

offene Rücklagen, → offene Reserven

offenes System, in der Systemtheorie ein → System mit Austauschbeziehungen mit der Umwelt. Demnach sind Unternehmen typische offene Systeme.

Offensivstrategie, → selektive Strategie für strategische Geschäftseinheiten, die im Rahmen der Portfolio-Analyse eine hohe Marktattraktivität und geringe relative Wettbewerbsvorteile aufweisen. Zur Finanzierung der in wachsenden Märkten und zum Ausbau der Wettbewerbsvorteile notwendigen Investitionen wird der cash flow aus anderen strategischen Geschäftseinheiten herangezogen.

Öffentlichkeitsarbeit, → Public Relations

off-line, → on-line

Ohio-State-Leadership-Quadrant, Instrument der auf den → Ohio-State-Studien basierenden Führungsforschung. Danach werden die beiden Dimensionen, mit denen Führungsverhalten beschrieben wird, → Beziehungsorientierung und → Aufgabenorientierung, in einen Quadranten eingeordnet. Als optimal wird eine gleichermaßen hohe Orientierung beider angesehen. Der O. bildet die Grundlage für zahlreiche Führungskonzepte, etwa das Verhaltensgitter und das Drei-D-Programm.

Ohio-State-Studien, von Forschern der Ohio State University entwickelter Ansatz der Führungsforschung, der Führungsverhalten anhand zweier voneinander unabhängiger Dimensionen, einer → Beziehungsorientierung und einer → Aufgabenorientierung beschreibt. Das empirisch ermittelte Verhalten (etwa mit Hilfe des sog. Leadership Behavior Description Questionnaire) wird in eine Matrix, den → Ohio-State-Leadership-Quadranten eingeordnet. Erfolgreich Führende weisen diesem Ansatz zufolge hohe Werte in beiden Dimensionen auf. Strukturelle Faktoren bleiben bei den O. weitgehend unberücksichtigt.

Ökobilanz, in Ergänzung zur ökonomischen → Rechnungslegung der Unternehmen entwickelte Bilanz zur Darstellung der ökologischen Folgen der Tätigkeit des Unternehmens; bisher kaum praxisrelevant.

Ökologie, ursprünglich Beziehungen von lebenden Organismen mit der lebenswichtigen Außenwelt dieses Organismus. Ökologische Aspekte werden im weiteren Sinne als natürliche Umwelt von Unternehmen zunehmend relevant. Besondere Bedeutung kommt dabei dem Umweltschutz zu.

ökoskopische Marktforschung, → Marktforschung

Oligopol, → Marktformen

on-line. 1. Im *Informationsmanagement* arbeitet ein Computer bzw. Rechner on-line, wenn er direkt mit dem Zentralrechner (→ Host-Rechner) verbunden ist. Ist dies nicht der Fall spricht man von *off-line.*
2. Im *Produktionsmanagement* wird der Begriff synonym für „on stream“ verwendet.

Online-Datenbank, → Externe Datenbank

On-stream, Bezeichnung für Betriebsbereitschaft eines (produzierenden) Unternehmens. Der „Strom“ besteht aus den Stoffen/Materialien, die auf der einen Seite „hineinströmen“ und den Produkten, die auf der anderen Seite „hinausströmen“.

Operate Leasing, → Leasing

Operations Research (Unternehmensforschung), Entwicklung und Einsatz von mathematischen Methoden zur Unterstützung von Entscheidungsprozessen in Unternehmen. Einbezogen werden dabei die Entscheidungsvorbereitung im Sinne einer Problemaufbereitung und die Entscheidungsfindung als Ableitung von Lösungsvorschlägen. Die einzelnen Phasen lassen sich aufteilen in: (1) Problemformulierung und -analyse, (2) Festlegung einer Modellstruktur zur Problemuntersuchung, (3) Festlegung eines Rechenverfahrens, (4) Beschaffung und Aufbereitung der notwendigen Daten, (5) EDV-Implementierung des Rechenverfahrens, (6) Validierung, (7) Übergabe der Ergebnisse an den Entscheidungsträger und (8) Problemlösung bzw. Entscheidungsphase. Die Entwicklung des Operations Research geht auf die Zeit des Zweiten Weltkrieges zurück, als versucht wurde, militärische Entscheidungen mittels mathematischer Methoden zu verbessern.

operative Lücke, → Gap-Analyse

operative Planung, Planung der Umsetzung und Kontrolle der Strategien für die betrieblichen Teilbereiche. Es werden die diversen Teilpläne erarbeitet und koordiniert (vor allem Absatzplan, Investitionsplan unf Finanzierungsplan).

operatives Management, Management des Tagesgeschäftes, d.h. der laufenden im Unternehmen anfallenden Aufgaben, im Gegensatz zu sporadischen Managementaufgaben wie Wahl von Standort und Rechtsform und → strategischem Management, bei dem Entscheidungen über die Perspektiven des Unternehmens und die Grundlinien der Unternehmenspolitik im Zentrum stehen.

operatives Ziel, konkretes, handlungsanleitendes Ziel für das Management, dessen Erreichung durch in bestimmten Zeitabständen durchgeführte Soll-Ist-Vergleiche überprüft wird. Gegenteil: → strategisches Ziel.

Operator, → Rechenzentrum

Opportunität, → Opportunitätskosten

Opportunitätskosten (Alternativkosten), in der Kostenrechnung entgehende Deckungsbeiträge einer nicht gewählten Handlungsmöglichkeit. O. sind lediglich als Vergleichsgröße für die Beurteilung des erzielten bzw. erzielbaren Deckungsbeitrages bei Vorliegen eines Engpasses bedeutsam (z.B. Programmwahl, Ermittlung von Preisuntergrenzen). O. sind nicht als Bestandteil des entscheidungsorientierten Kostenbegriffs anerkannt. Werden die O. in Verrechnungspreise einbezogen, so sollten sie von den zusätzlichen Kosten (Einzelkosten) gesondert durchgerechnet werden.

optimale Liquidität, Liquiditätszustand mit maximaler → Rentabilität, d.h., Über-, Unterliquidität und Illiquidität werden vermieden.

optimum workforce mix, → Beschäftigungsmix

Optionsschuldverschreibung, → Schuldverschreibung

optische Speicher. Sie zeichnen sich grundsätzlich durch ein hohes Speichervolumen (im Gigabyte-Bereich) aufgrund einer hohen Speicherdichte aus. Die Speicherung erfolgt auf einer runden Speicherplatte durch eine Veränderung der Oberflächenstruktur. Gemeinsam ist allen optischen Speichermedien, daß das Lesen der Information durch einen Laserstrahl erfolgt und daß ein wahlfreier Zugriff möglich ist. Aufgrund der Oberflächenveränderung ergeben sich Unterschiede in der Reflexion des Lichtes. Diese Reflexionsunterschiede kennzeichnen die Information in codierter Form. – Die *CD-ROM* (Compact Disc-Read Only Memory) ist aus dem Bereich der Unterhaltungselektronik bekannt. Sie wird vom Hersteller mittels industrieller Verfahren als Massenprodukt hergestellt. Im geschäftlichen Umfeld ist das Einsatzgebiet dort, wo eine über einige Zeit gleichbleibende Information an viele verteilt wird (z.B. Produktdokumentation, Katalog). Die *WORM* (Write Once Read Multiple)-Platte erlaubt ein einmaliges Beschreiben mittels Laserstrahl und beliebig häufiges Lesen durch den Benutzer. Als Einsatzbereiche bieten sich insbesondere die Abbildverarbeitung (→ Schriftgutmanagement) und die Archivierung großer Datenbestände an. – Ein *magnetooptisches Speichermedium* ist dadurch gekennzeichnet, daß Lesen und mehrfaches Beschreiben durch den Benutzer möglich ist. Mittels eines Laserstrahls wird der Speicherbereich auf der Platte positionsgenau erhitzt, dadurch wird die zur Magnetisierung notwendige Feldstärke auf 1/30 reduziert. Das heißt, daß die Informationsaufzeichnung durch Mag-netisierung mit sehr hoher Speicherdichte erfolgt. Das Lesen erfolgt mit einem Laserstrahl, wobei der Tatbestand ausgenutzt wird, daß die unterschiedliche Magnetisierungsrichtung zu unterschiedlichen Reflexionen führt.

Organisation. 1. *Arbeitsteilige soziale Einheit*, die mit der Absicht geschaffen wird, kontinuierlich bestimmte Ziele zu erreichen. O. haben identifizierbare Grenzen zur Umwelt und sind damit als von der Umwelt abgrenzbare Einheit erkennbar: Sie haben eine Identität. Nach innen weisen O. eine normative Ordnung, eine Organisationsstruktur, ein Kommunikationssystem sowie Be- und Entlohnungsmechanismen auf, um die Mitgliedschaft der Organisationsmitglieder aufrechtzuerhalten (→ Anreiz-Beitrags-Theorie) und ihr Handeln auf die Erreichung des Organisationszieles auszurichten. Umstritten ist, inwieweit O. und das Handeln der Einzelelemente tatsächlich auf die Erreichung des Zieles ausgerichtet sein müssen (Bild einer Organisation als rationales System); die Vorstellung von O. als natürlichen, sich weitgehend naturwüchsig entwickelnden Systemen geht (ebenso wie die → Systemtheorie) davon aus, daß zentrales Ziel jeglicher sozialen Einheit das Überleben ist. Entsprechend können sich im Laufe der Zeit faktisch andere Ziele ergeben, bzw. die O. wird von den Mitgliedern zur individuellen Zielerreichung instrumentalisiert.
2. Als *Managementfunktion*: die Ausgestaltung bzw. Strukturierung einer O., und zwar sowohl im Hinblick auf die → Aufbauorganisation als auch auf die → Ablauforganisation.

Organisationsentwicklung, Form des geplanten Wandels von → Organisationen mit Hilfe der Methoden und Instrumente der angewandten Sozialwissenschaften. Intendiert sind dabei langfristige und umfassende Veränderungen sowohl von Einstellungen, Verhalten und Fähigkeiten der Mitarbeiter *(personeller Ansatz)* als auch der Strukturen und Prozesse im Unternehmen *(struktureller Ansatz)* und der verwendeten Technologien. Dabei sollen über eine Abstimmung der Wünsche der Mitarbeiter nach Wachstum und Entwicklung mit den Zielen des Unternehmens dessen Effizienz gesteigert und eine bessere Reaktion auf den Wandel der Unternehmensumwelt ermöglicht werden. – Historisch basiert O. auf mehreren *Strömungen*: auf angewandten Ansätzen der Humanistischen Psychologie, der Anwendung gruppendynamischer Methoden in Unternehmen, dem Survey-Feedback-Ansatz und dem soziotechnischen Ansatz. Gemeinsam ist diesen Ansätzen eine verhaltenswissenschaftliche Orientierung und die Intention, zwischen individuellen

Interessen und Unternehmensinteressen zu vermitteln. Dies soll vor allem durch eine aktive Einbeziehung der Mitarbeiter am Wandlungsprozeß erfolgen. Im Unterschied zu traditionellen Verfahren der Unternehmensberatung gilt der Berater weniger als alleiniger Problemlöser (Arzt-Patienten-Modell), denn als Katalysator, welcher dem Unternehmen hilft, seine Probleme selbst zu lösen und die grundsätzliche Problemlösungs- und Lernfähigkeit zu steigern (Hilfe zur Selbsthilfe).

Organisationsklima, → Betriebsklima

Organisationskultur, → Unternehmenskultur

Organisationsmitglied, → Koalitionstheorie

Organisationspsychologie, → Arbeits- und Organisationspsychologie

Organisationssoziologie, Teilbereich der Soziologie, der im Unterschied zur → Betriebssoziologie die Behandlung soziologischer Fragestellungen nicht auf den Betrieb einschränkt, sondern auch andere Organisationstypen (wie Behörden, Vereine etc.) einbezieht.

Organisationsspielraum, in der Organisationslehre der Entscheidungs- und Gestaltungsssspielraum des Managements, insbesondere bei der Strukturierung von → Organisationen. O. werden zum einen durch die in der Vergangenheit getroffenen Strukturentscheidungen, zum anderen durch Rahmenbedingungen der Umwelt begrenzt. Während früher → situative Ansätze von einer weitgehenden Determinierung der Struktur durch die jeweilige Umwelt ausgingen, besteht heute Einigkeit darin, daß, wenn auch begrenzte, O. bestehen.

Organisationsstruktur, System von Regelungen in einem Unternehmen. – Zu unterscheiden sind die → Ablauforganisation zur Regelung der Arbeitsprozesse und die → Aufbauorganisation zur Verknüpfung der organisatorischen Grundeinheiten (Stellen, Abteilungen). Aufbau- und Ablauforganisation bilden zusammen die *formelle O.*, die bewußt vorgegeben ist, um die Realisierung des Unternehmensziels durch Ausrichtung des Handelns der Organisationsmitglieder auf dieses zu sichern. Die *informelle O.* bildet sich hingegen unbewußt durch das tatsächliche Handeln der Organisationsmitglieder (Bildung informeller Gruppen und informeller Kommunikationswege); sie kann teilweise erheblich von der formellen Struktur abweichen.

Organisationsteilnehmer, → Koalitionstheorie

organisatorische Arbeitsplatzgestaltung, Gestaltung von Arbeitsplätzen im Hinblick auf Aufgabenteilung und Aufgabenverteilung, den Einsatz von Hilfsmitteln sowie zeitliche Aspekte des Arbeitsablaufs.

organisatorischer Wandel, → Organisationsentwicklung

organisierte Anarchie, → Mülleimermodell

organization development, → Organisationsentwicklung

organizational behavior, Lehr- und Forschungsrichtung an amerikanischen Business Schools, bei der verhaltenwissenschaftliche Erkenntnisse auf → Organisationen angewandt werden. – Der *macro o. b.* genannte Teilbereich beschäftigt sich mit Strukturen und Verhalten von Organisationen sowie ihren Umweltbeziehungen. Macro o.b. ist weitgehend mit der → Organisationssoziologie gleichzusetzen. – Die *micro o.b.* beschäftigt sich dem gegenüber mit dem Verhalten von Individuen und Gruppen in Organisationen. Diese Teildisziplin ist weitgehend mit der Arbeits- und Organisationspsychologie gleichzusetzen.

organizational behavior modification, → Verhaltensmodifikation

organizational boundary roles, → boundary spanning roles

organizational development, → Organisationsentwicklung

organizational domain, Aktivitäts- bzw. Geschäftsbereich, den eine Organisation als ihren originären (ihre „Domäne") ansieht. Der Begriff stammt aus Untersuchungen zum Einfluß des Faktors „Technologie" auf eine Organisation (Thompson). Danach bestimmt die primär verwendete Art der Technologie auch weitgehend die Richtung, in der eine Organisation ihre auszudehnen versucht.

organizational engineering, → situational engineering

organizational slack, im Rahmen von Konzepten der → Selbstkoordination die organisatorische → Redundanz, die dadurch geschaffen wird, daß weitgehend auf zentrale Einrichtungen verzichtet wird und dafür die einzelnen Stellen oder Gruppen mit möglichst vielen zusätzlichen Funktionen ausgestattet werden, die sie parallel erfüllen können.

organizational transformation, Ansatz des geplanten Wandels von Organisationen, bei dem im Unterschied zur → Organisationsentwicklung nicht nur einzelne Bereiche der Organisation verändert werden sollen bzw. bereits Bestehendes (im Sinne von Evolution) verbessert werden soll, sondern (im Sinne von Revolution) eine grundsätzlich andere Funktions- und Arbeitsweise der gesamten Organisation angestrebt wird (→ quantum change).

Organogramm, Diagramm, das die Linien zeigt, entlang derer die Berichterstattung zwischen Managern, den einzelnen Unternehmensbereichen oder Abteilungen in einem Unternehmen verläuft. Diagramme, die vorwiegend eine horizontale Anordnung zeigen, weisen auf einen demokratischen Führungsstil hin. Diagramme, die stärker in vertikaler Richtung angeordnet sind, verweisen auf ein „Top-down"-Management bzw. einen hierarchischen Führungsstil.

orthodox job enrichment, auf der → Zwei-Faktoren-Theorie der Motivation basierende, patentierte Variante des → job enrichment, die sich auf die Bereicherung der Arbeitsinhalte beschränkt und im Gegensatz zu anderen Varianten des job enrichment die betroffenen Arbeitnehmer nicht einbezieht sowie Veränderungen des Betriebsklimas und anderer extrinsischer Faktoren ausklammert.

OS/2 (Operating System/2), Standardbetriebssystem der PC-Baureihe PS/2 (*P*ersonal *S*ystem/2) von IBM. Auch auf anderen PCs lauffähig. Multitasking ist möglich, d.h. im Speicher können gleichzeitig mehrere Programme aktiv sein.

outplacement, Variante der → Personalfreisetzung bei Führungskräften (oberes oder auch mittleres Management) mit Unterstützung eines in der

Regel externen Beraters. Die Beratung ist darauf spezialisiert, für kürzlich Entlassene neue Arbeitsplätze und Aufgabenfelder zu finden sowie das Selbstwertgefühl zu stabilisieren. Die Gebühren für die Outplacement-Beratung werden üblicherweise vom ehemaligen Arbeitgeber des Entlassenen bezahlt.

Output, in der → Systemtheorie die Abgabe der vom System (z.B. einem Unternehmen) transformierten Ressourcen (Produkte, Dienstleistungen) an die Umwelt (z.B. an die Abnehmer). Gegenteil: → Input.

outsourcing (Ausgliederung), die Ausgliederung von sekundären Teilaufgaben ist sowohl im privaten als auch geschäftlichen Umfeld eine gängige Verhaltensweise. Immer dann, wenn wirtschaftliche Gründe, zeitliche Zwänge oder besondere Qualitätsanforderungen dies ratsam erscheinen lassen, werden entsprechende Aufgaben an außenstehende Spezialisten delegiert, es sei denn, schützenswerte Interessen stünden dem entgegen. – Besondere Aufmerksamkeit gewinnt das o. im Bereich der Informationsverarbeitung. Sei es, daß das Rechenzentrum ausgelagert wird oder daß (fast) der gesamte Informationsverarbeitungsbereich ausgegliedert wird. Ein Pionier auf diesem Gebiet war General Motors.

overhead value analysis, → Gemeinkostenwertanalyse

overreporting, → Paneleffekt

P

Panel, ausgewählte Personengruppen oder als repräsentativ geltende Geschäfte, die über einen längeren Zeitraum im Rahmen von → Panelerhebungen immer wieder befragt bzw. beobachtet werden. P. können auf jeder Stufe des Absatzweges konzipiert werden, z.B. als → Verbraucherpanel und → Handelspanel.

Paneleffekt, Beeinträchtigung der Aussagefähigkeit einer → Panelerhebung durch Störungen: a) Teilnehmer einer Panelerhebung gewöhnen sich an ständige Kontrolle und verändern bewußt oder unbewußt ihr Verhalten, z.B. vermeiden sie Spontankäufe oder erhalten durch die Panelfragebögen die Anregung, andere Produkte zu kaufen. – b) Die Teilnehmer geben nicht getätigte Käufe an (*overreporting*).

Panelerhebung, Methode der Marketingforschung, bei der in regelmäßigen Abständen ausgewählte Personengruppen mehrfach befragt bzw. ausgewählte, als repräsentativ geltende Geschäfte hinsichtlich der Absatzentwicklung von Produkten und Produktgruppen permanent beobachtet werden. P. bieten sich als Methode an, wenn einmalige Marktforschungsstudien (wie z.B. Markttests) nicht ausreichen und beispielsweise Veränderungen der Konsumentenpräferenzen im Zeitablauf ermittelt werden sollen.

Panelsterblichkeit, Verringerung von Panelteilnehmern im Zeitablauf, z.B. durch Ortswechsel, Tod und auch nachlassende Bereitschaft, über Jahre hinweg an den Befragungen teilzunehmen. Mittels kleiner finanzieller Anreize und durch das regelmäßige Austauschen von Probanden soll der Verringerung entgegengewirkt werden.

Paradigma, vom amerikanischen Wissenschaftshistoriker T. Kuhn eingeführte Bezeichnung für umfassende wissenschaftliche Programme, die bearbeitet und weiterentwickelt werden. Ein *Paradigmawechsel* wird als wissenschaftliche Revolution beschrieben. – Der Begriff kann auch zur Beurteilung wirtschaftswissenschaftlicher Ansätze (z.B. der Neoklassik oder des Keynesianismus) sowie von Ansätzen der Betriebswirtschaftslehre herangezogen werden.

Paradigmawechsel, → Paradigma

Parallelorganisation. 1. Andere Bezeichnung für → *Sekundärorganisation.*

2. Teilweise werden hierunter auch *Problemlösungsgruppen* verstanden, die außerhalb der Hierarchie zur Lösung innovativer und komplexer Aufgaben eingerichtet werden. Ziel ist die Erhöhung von Problemlösungs- und Innovationsfähigkeit durch Vermeidung von Kommunikationsbarrieren, die aus der Hierachie heraus entstehen.

Parallelproduktion, → Produktionstypen 2 b)

Parallelrechner, → Rechnerarchitektur

Pareto-Prinzip, benannt nach dem italienischen Wirtschaftswissenschaftler Vilfredo Pareto (1848-1923). Das Pareto-Prinzip besagt, daß nur ein geringer Prozentsatz der Mitarbeiter eines Unternehmens einen entscheidenden Einfluß auf das Unternehmen hat. So können z.B. 10 Prozent der Arbeitnehmer für 90 Prozent der neuen Ideen verantwortlich sein. Für die Unternehmensleitung ist es möglicherweise ein wichtiger Kontrollmechanismus, diese Prozentzahlen zu bestimmen. – Das Prinzip wird auch als *„Pareto's Law"* und *„Pareto-Kurve"* bezeichnet.

Pari-Emission, → Emission

Partieproduktion, → Produktionstypen 2 c)

Partizipation, Teilhabe von Individuen und Gruppen an sie betreffenden Entscheidungen; weitgehend deckungsgleich mit → Mitbestimmung. Beim vorherrschenden Verständnis von P. bleibt unberücksichtigt, inwieweit die Partizipierenden zu einer Teilnahme überhaupt in der Lage sind; die → Partizipationskompetenz bleibt ausgeklammert. Hierdurch steht P. in der Gefahr, rein formal zu bleiben, weil strukturell vorhandene Partizipationschancen nicht genutzt werden können.

Partizipationskompetenz, Fähigkeit eines Individuums, strukturell vorhandene Möglichkeiten der → Partizipation praktisch nutzen zu können. Neben dem Wissen über Partizipationschancen gehören hierzu insbesondere Verhaltenskompetenzen, nämlich Kommunikations-, Kooperations- und Konfliktfähigkeit, die durch soziales Lernen erwerbbar sind.

Partizipationsmodell, → Linking-pin-Modell

Partnerteilzeitarbeit, → job sharing

Pascal. Pascal ist eine Programmiersprache der dritten Generation. Sie wurde in den 70er Jahren von N. Wirth entwickelt und ist insbesondere im Hochschulbereich weit verbreitet. P. ist nach dem französischen Philosophen und Mathematiker Blaise Pascal (1623-1662) benannt, der eine der ersten Rechenmaschinen entwickelt hat.

Passiva (*Passivposten*), Sammelbegriff für alle auf der Passivseite der → Bilanz ausgewiesenen Positionen (Posten), vor allem Kapital, Rücklagen, Rückstellungen, Verbindlichkeiten, passive Rechnungsabgrenzungsposten.

Passivseite, → Passiva

Passivtausch, erfolgsneutraler Geschäftsvorfall, der aus dem Austausch von Passivposten (→ Passiva) besteht, z.B. die Begleichung eines Lieferantenkredits durch die Aufnahme eines Bankkredits.

Patensystem, Methode der Einarbeitung eines neuen Mitarbeiters, bei der diesem zur Betreuung eine Bezugsperson (Pate) zugeordnet wird.

Patent, Schutzrecht, das dem Erfinder einer gewerblich nutzbaren Innovation (Verfahren, Produkt) für 20 Jahre das Recht der alleinigen Verwertung garantiert. Angemeldet werden P. beim Deutschen bzw. beim Europäischen Patentamt.

Path-goal-Theorien, → Weg-Ziel-Theorien

patriarchalischer Führungsstil, auf dem (Selbst-)Verständnis des Führenden als Familienvater (Patriarch) basierender → Führungsstil, der autoritäres

Verhalten mit Fürsorgepflicht für die Geführten verbindet.

pattern maintenance, → latency

payback period, → Amortisationsrechnung

PC (Personal Computer), → Hardware

peak shaving, Anpassung von Angebot und Nachfrage, um Produktionsspitzen bzw. -täler zu vermeiden.

Penetrationspreispolitik, → preispolitische Strategie; Niedrigpreispolitik bei der Einführung neuer Produkte mit dem Ziel, möglichst schnell einen großen Kundenkreis zu erreichen. Dadurch werden große Absatzmengen und niedrige Stückkosten realisiert und potentielle Konkurrenten abgeschreckt. Die Preise werden dann sukzessive im Zeitablauf erhöht. – Die P. ist *vorteilhaft,* wenn die Preiselastizität der Nachfrage auf dem Neuproduktmarkt hoch ist, die Konsumenten nicht bereit sind, einen hohen Preis für das neue Produkt zu zahlen und Kostendegressionseffekte durch hohe Anlagenauslastung entstehen. *Nachteilig* ist die längere Amortisationsdauer der Investitionen in das neue Produkt. Darüber hinaus wird seitens der Konsumenten oftmals ein niedriger Preis mit geringer Produktqualität verbunden und spätere Preiserhöhungen sind schwer durchsetzbar. Außerdem besteht die Gefahr des Preiskampfes mit der Konkurrenz. Gegensatz: → Abschöpfungspreispolitik.

Pensionsrückstellungen, 1. In der *Bilanz* → Rückstellungen, die voraussichtlich für Pensionszahlungen und ähnliche Verpflichtungen benötigt werden. Sie haben den Charakter von Rückstellungen für ungewisse Verbindlichkeiten. Unmittelbare Pensionsverpflichtungen, die nicht über zwischengeschaltete Unterstützungskassen gewährleistet sind, müssen seit 1987 passiviert werden, für Altzusagen besteht ein Passivierungswahlrecht.
2. In der *Finanzierung* kann die Bildung von P. zu erheblichen Finanzierungseffekten führen. Diese basieren darauf, daß dem aktuell gebildeten Aufwand erst in späteren Jahren eine Auszahlung folgt. Bei der Einführung von Pensionszusagen ist der Finanzierungseffekt am höchsten, da den Aufwendungen keine aktuellen Auszahlungen gegenüberstehen. Dieser Effekt entsteht folglich nur bei einer Differenz von Aufwendungen für spätere Auszahlungen und aktuellen Auszahlungen. Nebeneffekt ist eine liquiditätswirksame Verringerung der Steuerbelastung.

Pensumlohn, neuere Lohnform (→ Lohnformen), bei der die erwartete Leistung des Arbeitnehmers im voraus als Pensum vereinbart und entgolten wird. Das Arbeitsentgelt setzt sich danach aus einem Grundlohn und dem Pensum als Leistungszuschlag zusammen. – *Ausgestaltungsformen* sind u.a. → Vertragslohn, → Programmlohn und im Rahmen des → management by objectives vereinbarte Entgeltzuschläge.

Per-unit-Methode, → Werbebudgetierungsverfahren, bei dem das Werbebudget für jedes Produktvolumen festgelegt wird. Die Methode gehört zu den nicht-analytischen Verfahren und wird meist in Unternehmen mit homogenen Produktionsprogramm sowie stabiler Nachfragestruktur angewendet.

Percentage-of-sales-Methode, weitverbreitetes nicht-analytisches → Werbebudgetierungsverfahren, bei dem das Werbebudget nach dem Umsatz der

Vorperiode, der kommenden Periode oder auch zum ermittelten Planumsatz mehrerer Perioden des Unternehmens in Höhe eines bestimmten Prozentsatzes festgelegt wird.

perception, → Wahrnehmung

performance, → Leistung

Performing, → Gruppenentwicklung

personal growth, im Angloamerikanischen (in der Tradition der Humanistischen Psychologie) weitgehend Synonym für individuelle Selbstverwirklichung, individuelles Wachstum und Weiterentwicklung der Persönlichkeit.

Personalabteilung, die für das → Personalmanagement in einem Unternehmen verantwortliche Struktureinheit. In Kleinunternehmen ist i.d.R. der Geschäftsführer bzw. Inhaber selbst für Fragen des Personalmanagements verantwortlich; die Personalverwaltung ist in die allgemeine Verwaltung integriert. In mittleren und in Großunternehmen wird eine eigene P. mit einem Personalleiter an der Spitze gebildet, der bei großen Aktiengesellschaften zumeist auch im Vorstand vertreten ist. Allerdings hat die P. nur in den seltensten Fällen ein Monopol auf das Personalmanagement; i.d.R. sind die Zuständigkeiten für Fragen der betrieblichen Personal- und Sozialpolitik auf mehrere Abteilungen und Stellen verteilt. – Während die P. zuständig ist für die *Personalverwaltung* (Personalplanung, -akten, Lohn- und Gehaltsabrechnung) und die *Personalentwicklung*, fällt die *Personalführung* in den Kompetenzbereich der Linienvorgesetzten. *Grundsatzfragen* des Personalmanagements werden zumeist unmittelbar von der Unternehmensleitung entschieden; die P. ist für die Umsetzung dieser Grundsätze verantwortlich. – Prinzipiell können drei Modelle der Strukturierung der P. unterschieden werden, und zwar nach objektbezogenen, funktionalen und divisionalen Aspekten. Unter ersteren ist die P. analog zu den einzelnen Unternehmensbereichen (jeder Unternehmensteil hat eine eigene P.) oder Mitarbeitergruppen gegliedert (früher üblich: eigene Abteilungen für Arbeiter und Angestellte; heute z.T. gesonderte Zuständigkeiten für Führungskräfte, insbesondere die Führungskräfteentwicklung). Unter funktionalen Aspekten werden gleichartige Personalaufgaben zu Unterabteilungen zusammengefaßt (z.B. Lohn- und Gehaltsabrechnung, Personalabwicklung), so daß Expertenbildung und Spezialisierung ermöglicht werden. Unter divisionalen Aspekten wird jeder Abteilung ein Personalreferent zugeordnet, der Ansprechpartner für alle Fragen des Personalmanagements in der betreffenden Abteilung ist. Durch diese Aufgabendezentralisierung wird das Personalmanagement wesentlich mitarbeiter- und problemnäher, allerdings ist ein höherer Koordinationsaufwand als bei einer zentralen P. notwendig.

Personalarbeit, → Personalmanagement

Personalauslese, → Personalauswahl

Personalauswahl (Personalauslese,) Methoden zur Auswahl interner oder externer Bewerber für die Besetzung eines Arbeitsplatzes. – *Klassische Verfahren* sind die Sichtung der Bewerbungsunterlagen und Einstellungs- bzw. Auswahlgespräche. Dabei wird in der Regel auf der Grundlage vorher festgelegter Mindestanforderungen überprüft, welche Bewerber diese Kriterien erfüllen. Nur diese werden zu einem Vorstellungsgespräch eingeladen.

Verantwortlich für das Auswahlgespräch ist zumeist die Personalabteilung und/oder der jeweilige Linienvorgesetzte der zu besetzenden Stelle. Je höher die zu besetzende Stelle hierarchisch angeordnet ist, umso aufwendiger ist im Regelfall das Personalauswahlverfahren. Bei zahlreichen ausführenden, aber auch künstlerischen Arbeiten reichen vielfach Arbeitsproben als Auswahlkriterium. Bei *Führungskräften* werden häufig Personalberater eingeschaltet, die bereits eine Vorauswahl zu treffen haben, oder → Assessment Center veranstaltet. – Absolut sichere *Methoden der P.* sind bisher nicht bekannt; jede Neubesetzung einer Stelle ist aus Sicht des Unternehmens mit einem Risiko verbunden.

Personalbedarf, von einem Unternehmen getroffene Festlegung des Arbeitskräftepotentials in quantitativer wie qualitativer Hinsicht, um die geplanten Aktivitäten realisieren zu können. Die Planung des P. erfolgt im Hinblick auf die Anzahl der benötigten Arbeitskräfte, ihre Qualifikation und den zeitlichen wie örtlichen Einsatz.

Personalbedarfsdeckung, im Falle eines ermittelten → Personalbedarfs die Aktivitäten, die dazu dienen, den Bedarf zu decken. – *Instrumente* sind die interne und externe → Personalbeschaffung, → Personalauswahl und der → Personaleinsatz.

Personalbedarfsplanung, sich aus den zukünftigen, in operative Schritte umgesetzten Zielen bzw. der Strategie einer Organisation ergebende Planung des → Personalbedarfs. Bei der *quantitativen P.* wird nur die Anzahl der zukünftig benötigten Mitarbeiter berücksichtigt, bei der *qualitativen P.* die erforderlichen Kenntnisse, Fähigkeiten und Verhaltenskompetenzen (der sich unter Umständen ergebende Qualifikationsbedarf ist die Grundlage für die Einleitung von Maßnahmen der Personalentwicklung). Berücksichtigt werden bei der Personalbedarfsplanung der Ersatzbedarf bei freiwerdenden Stellen, der Freistellungsbedarf bei zu streichenden Stellen und der Neubedarf bei erhöhter Stellenzahl.

Personalberater, Experte einer Unternehmensberatung, der bei Problemen des → Personalmanagements, insbesondere der Personalbeschaffung, der Personalauswahl und beim Outplacement eingeschaltet wird. – Als → *Head Hunter* übernimmt der Berater die Beschaffung und Auswahl von Führungskräften.

Personalbereitstellungsplanung, → Bereitstellungsplanung

Personalbeschaffung, Aktivitäten, die darauf ausgerichtet sind, einen ermittelten → Personalbedarf durch die Beschaffung von Mitarbeitern für zu besetzende Stellen zu decken. – Zu unterscheiden sind die *interne P.* (etwa durch interne Stellenausschreibungen), bei der zu besetzende Stellen mit bereits im Unternehmen tätigen Mitarbeitern besetzt werden, und die externe, bei der neue Mitarbeiter eingestellt werden. Die *externe P.* kann erfolgen z.B. durch Einschaltung der Arbeitsämter oder von Personalberatern, Stellenanzeigen, Rückgriff auf bereits vorliegende Bewerbungen, aktive Rekrutierung von Personal etwa an Schulen und Hochschulen oder Vermittlungsmaßnahmen von Mitarbeitern.

Personalbestand, Anzahl der zu einem bestimmten Zeitpunkt vorhandenen Mitarbeiter. Das Personalmanagement kennt zur Flexibilisierung des P. den Beschäftigungsmix.

Personalbeurteilung (Mitarbeiterbeurteilung), systematische Beurteilung der Mitarbeiter eines Unternehmens i.d.R. mit Hilfe eines Beurteilungssystems. Insbesondere größere Unternehmen führen Beurteilungen durch den Vorgesetzten einmal im Jahr durch; sie dienen als Basis für Lohn- und Gehaltsdifferenzierungen, Maßnahmen der Personalentwicklung, um Leistungs- und Verhaltensschwächen durch Training abzubauen sowie zur Karriereplanung. In vielen Unternehmen kommt die Beurteilung, die sowohl vom Vorgesetzten wie dem betreffenden Arbeitnehmer zu unterschreiben ist, in die Personalakte.

Personalcontrolling, Teilbereich des → Controllings zur Steuerung, Planung und Kontrolle (im Sinne von Effizienzmessung) des → Personalmanagements sowie zur personenbezogenen Erfolgssteuerung; fungiert gleichzeitig als → Frühwarnsystem. Als *Datenbasis* dienen Informationen von und über Mitarbeiter und Kunden sowie betriebliche Daten etwa aus dem Rechnungswesen oder Vertrieb. Die verwendeten Kennzahlen sind abhängig vom jeweiligen Teilbereich des P.; sie beziehen sich auf Personalkosten (z.B. pro Mitarbeiter, Lohnquote, Kostencontrolling), Maßnahmen der Personalentwicklung (→ Bildungscontrolling), Fragen der Motivation (Anzahl der Beschwerden, Fluktuation, Arbeitszufriedenheit), Leistung (z.B. Arbeitsproduktivität je Mitarbeiter) und Kundenorientierung der Mitarbeiter (Zufriedenheit und Loyalität der Kunden, → Kundencontrolling).

Personaleinsatz (Personalzuordnung), zahlenmäßige, räumliche, zeitliche und qualitative Zuordnung von Mitarbeitern und Arbeitsaufgaben auf der Grundlage der Arbeitsanalyse zur Beurteilung der Anforderungen und der Personalbeurteilung zur Ermittlung der Qualifikationen der einzelnen Mitarbeiter.

Personalentwicklung (personal development), Summe der betrieblichen Maßnahmen zur Erhöhung des → Humanpotentials eines Unternehmens. – *Hauptanwendungsfelder* der P. sind a) Die *betriebliche Weiterbildung* als traditioneller Kern der P. Maßnahmen beziehen sich auf die Entwicklung von Wissen (Spezialwissen, integrativem Wissen, Wissen über die Umwelt), Fähigkeiten (technische und analytische Fähigkeiten, Verhaltenskompetenzen) und Einstellungen. Dies kann sowohl am Arbeitsplatz (→ training on the job) als auch extern, etwa in Seminarform (→ training off the job), erfolgen. b) → Karriereplanung. c) Maßnahmen der → Arbeitsstrukturierung, die darauf abzielen, den Arbeitsplatz als Ort des Lernens zu gestalten. – Aufgrund des immer rascheren Wandels der Unternehmensumwelt und der verwendeten Technologien, die insbesondere Wissen und Fähigkeiten immer schneller veralten lassen, hat in den letzten Jahren die *Bedeutung der P.* für die Unternehmen stark zugenommen. Eine zusätzliche Bedeutung ergibt sich im Zusammenhang mit der Weiterentwicklung des Personalmanagements zu einem Human resource-Management, bei dem die Mitarbeiter als zu entwikkelndes Humankapital des Unternehmens gesehen werden. Damit wird P. zum Mittel des Aufbaus strategisch und wettbewerbspolitisch relevanter Fähigkeiten im Humanbereich und zum Instrument des strategischen Managements.

Personalfragebogen, Instrument der → Personalauswahl zur Standardisierung und Systematisierung der Informationssammlung über die Bewerber.

Hierdurch kann sichergestellt werden, daß alle vom Unternehmen gewünschten Angaben zur Person vorliegen sowie ein besserer Vergleich erfolgen kann. – Hierzu zählt u. a. der biographische Fragebogen (Abfragung von biographischen Informationen sowie Interessen und Einstellungen des Bewerbers).

Personalfreisetzung, Verringerung der Mitarbeiterzahl eines Unternehmens, die vorgenommen wird, wenn der Personalbestand höher ist als der Personalbedarf, und in wirtschaftlichen Krisensituationen bei der Suche nach Möglichkeiten der Kosteneinsparung. – *Methoden*: a) bei der Zielsetzung einer *Reduzierung der Gesamtmitarbeiterzahl*: Kündigung, Outplacement bei Führungskräften, Verzicht auf Besetzung von Stellen, die durch natürliche Fluktuation (Tod, Pensionierung, Kündigung durch den Mitarbeiter, interne Versetzung) frei werden, Förderung des freiwilligen Ausscheidens (etwa durch Prämien), vorgezogener Ruhestand; b) bei *gleichbleibender Gesamtmitarbeiterzahl*: Abbau von Überstunden, interne Versetzungen, Arbeitszeitverkürzung, Verzicht auf Leiharbeit (bzw. Personalleasing), Kurzarbeit. – Der Betriebsrat besitzt hier umfangreiche *Mitbestimmungsrechte*: Er ist vor jeder Versetzung oder Kündigung anzuhören; ansonsten ist die Maßnahme des Arbeitgebers unwirksam. – Bei durch Betriebsänderungen bedingten Personalfreisetzungen, von der nicht nur einzelne Arbeitnehmer betroffen sind, ist in Absprache mit dem Betriebsrat vom Unternehmen ein *Sozialplan* aufzustellen, der rechtlich den Charakter einer Betriebsvereinbarung hat. Dieser dient dazu, die wirtschaftlichen Nachteile, die den Arbeitnehmern durch die Betriebsänderung entstehen, auszugleichen oder zu mildern (etwa durch Abfindungen oder die Förderung von Umschulungsmaßnahmen). Ein Sozialplan wird auch im Falle von durch Konkurs oder Vergleich bedingten P. aufgestellt; die Eröffnung eines Konkurs- oder Vergleichsverfahrens berührt nicht die Beteiligungsrechte des Betriebsrates.

Personalfreisetzungsplanung, → Abbauplanung

Personalführung, → Führung

Personalinformationssystem (PIS), EDV-gestütztes System zur Speicherung, Verarbeitung und Bereitstellung von Informationen für das → Personalmanagement. Neben den notwendigen Daten für die Personalverwaltung gehören hierzu insbesondere Informationen für die Personalplanung und Personalentwicklung. PIS bildet die Voraussetzung für den Einsatz verschiedener *Flexibilisierungsmodelle der → Entgeltpolitik* und für *Instrumente der → Karriereplanung*.

Personalintensität, Ausdruck für den Anteil der → Personalkosten am Umsatz.

Personalkosten, Gesamtheit aller als Arbeitsentgelte der Mitarbeiter eines Unternehmens ausgezahlten Gelder. Hierzu gehören Löhne und Gehälter, die freiwilligen und die vom Gesetzgeber festgelegten sozialen Aufwendungen (etwa Kranken- und Arbeitslosenversicherung) und die übrigen Personalnebenkosten (gesetzliche Nebenkosten sind insbesondere die Sozialversicherungsbeiträge des Arbeitgebers, Lohnfortzahlungen im Krankheitsfall sowie bezahlte Feiertage; tariflich und durch Betriebsvereinbarungen bedingte sind u.a. Urlaubsgelder, Sonderzahlungen wie 13. und 14. Gehälter und die betriebliche Altersversorgung).

Personalleasing (Leiharbeit), zeitweilige Überlassung von Arbeitnehmern an einen anderen Arbeitgeber zur Erbringung von Arbeitsleistungen für diesen. Der überlassene Arbeitnehmer unterliegt dem Weisungsrecht des Entleihers, ohne daß ein Arbeitsverhältnis zwischen diesen besteht. Die Lohn- und Gehaltszahlung obliegt dem Verleiher. Die Überlassung darf sechs Monate nicht übersteigen; rechtlich geregelt ist das P. im Arbeitnehmerüberlassungsgesetz. Unternehmen, die P. gewerbsmäßig betreiben, benötigen eine Genehmigung der Bundesanstalt für Arbeit.

Personalmanagement (Personalpolitik, Personalwirtschaft), betrieblicher Funktionsbereich mit der Aufgabe, das Unternehmen zu jeder Zeit mit der quantitativ und qualitativ erforderlichen Menge an Personal zu versorgen, dieses adäquat einzusetzen und Anreizsysteme bereitzustellen. Die Bedeutung des P. ergibt sich daraus, daß keine Organisation ihr Ziel ohne die Mitwirkung von Menschen erreichen kann. – *Kernaufgaben* des P. sind die → Personalplanung, die → Personalbedarfsdeckung (Personalbeschaffung, Personalauswahl, Personalfreisetzung), die Entwicklung und Gestaltung der Arbeitsbedingungen, die Schaffung von Anreizsystemen (→ Entgeltpolitik, → Motivation) und die → Personalentwicklung. – *Träger* des P. sind in kleineren Unternehmen die Unternehmensleitung, in größeren bestehen eigene → Personalabteilungen, die eigenständig oder in Arbeitsteilung mit den Linienvorgesetzten für personalpolitische Fragen verantwortlich sind. – Die *Art* des P. ist in den Unternehmen sehr unterschiedlich. Sie reicht von einer Beschränkung auf reine Personalverwaltung bis hin zum → Human-resource-Management, bei dem Mitarbeiter als zu entwickelndes Humankapital des Unternehmens gesehen werden. – Durch das Industrial-relations-System sind der unternehmerischen Autonomie im Rahmen des P. *Grenzen* gesetzt. Staatliche Vorschriften zum Schutze der Arbeitnehmer grenzen ebenso wie die Mitbestimmung den Handlungsspielraum des Managements ein. Der Bereich des P. gilt als derjenige Funktionsbereich, der am stärksten durch staatliche Regelungen beeinflußt ist und in dem die wirksamsten Mitbestimmungsmöglichkeiten der Arbeitnehmer bestehen (→ Mitbestimmung).

Personalmarketing, Anwendung des Marketinggedankens (→ Marketing) auf den Personalbereich, insbesondere auf die → Personalbeschaffung. Besondere Bedeutung hat das P. vor dem Hintergrund der demographischen Entwicklung erlangt, die für bestimmte Branchen und Berufe die externe Personalbeschaffung schwieriger gestaltet. – Zu den *Aufgabenbereichen* des P. gehören u.a. die Personalmarktforschung, die Betreuung der Mitarbeiter im Unternehmen sowie die Personalgewinnung.

Personalnebenkosten, → Personalkosten

Personalplanung, gedankliche Vorwegnahme des zukünftigen Handelns in den einzelnen Feldern des → Personalmanagements. Mittels der P. soll dafür gesorgt werden, daß das Unternehmen zur richtigen Zeit, kurz-, mittel- und langfristig, mit einer ausreichenden Zahl ausreichend qualifizierter Arbeitnehmer versorgt ist, so daß die Ziele des Unternehmens unter personellen Aspekten realisiert werden können. – *Teilbereiche* sind die → Personalbedarfsplanung, die → Personalbeschaffung oder Personalfreisetzungsplanung (→ Altbauplanung), der → Personaleinsatz sowie die → Personalentwicklung. – *Voraussetzung* für die P. ist eine Integration dieses betrieblichen Teilbereiches in die Gesamtplanung, insbesondere in die Unternehmensstrategie. Aus dieser lassen sich die einzelnen Planungsbereiche ableiten. – Der *Betriebsrat* ist bei der P. durch Informationen und Beratungsmöglichkeiten zu beteiligen. Sofern eine P. nicht besteht, kann der Betriebsrat Vorschläge für ihre Einführung und Durchführung machen.

Personalpolitik, → Personalmanagement

Personalsicherheiten, → Kreditsicherheiten

Personalverwaltung, engster, traditioneller Bereich des → Personalmanagements mit den Aufgabengebieten → Personalplanung, → Personalbeschaffung, Lohn- und Gehaltsabrechnung und der Verwaltung der Personaldaten. In kleinen Unternehmen besteht die P. oft nur aus einer Stelle, in größeren Unternehmen ist als zentrale Einrichtung die → Personalabteilung zuständig. – Die P. wurde vielfach von *Konzepten eines aktiven, strategisch orientierten Personalmanagements* abgelöst (→ Human-resource-Management), bei dem die Mitarbeiter nicht nur statisch verwaltet, sondern durch Maßnahmen der → Personalentwicklung weiterentwickelt werden, um so die Verwirklichung der Unternehmensstrategie besser zu ermöglichen.

Personalwirtschaft, → Personalmanagement

Personalzuordnung, → Personaleinsatz

persönlicher Verkauf (personal selling, sales force), Instrument der → Kommunikationspolitik, bei der zwischen Verkäufer und Kunde ein direkter Kontakt besteht. Die Entscheidungen über p. V. steht in engem Zusammenhang mit distributionspolitischen Maßnahmen (z.B. Verteilung von Waren, Auslieferung). – Die *Aufgaben* des p. V. sind u.a.: Abschließen von Kaufverträgen, Gewinnung von Informationen über Kunden und Marketingmaßnahmen der Konkurrenten, Beziehungspflege zum Kunden, Präsentation von neuen Produkten und Unterstützung von → Verkaufsförderungsaktionen. – *Vorteile/Nachteile:* Dieses Instrument ist mit hohen Kosten verbunden, aber hinsichtlich der Beeinflussung des Kunden sehr wirksam. Persönlicher Verkauf wird insbesondere bei erklärungsbedürftigen Produkten (z.B. Investitionsgütern) angewendet.

Persönlichkeitstest, umstrittenes Instrument der → Personalauswahl, mit dem Einstellungen und Charakterzüge von Bewerbern überprüft und mit den entsprechenden Anforderungen des Unternehmens abgeglichen werden sollen. Problematisch ist das dabei erfolgende Eindringen in die Intimsphäre der Bewerber bzw. in private Bereiche (etwa Sexualität), die in keinem Zusammenhang mit der Berufstätigkeit stehen.

personal development, → Personalentwicklung

personal selling, → persönlicher Verkauf

Peter-Prinzip, sich aus der am bestehenden Aufgabenfeld orientierenden →

Personalbeurteilung und entsprechenden Beförderungspraxis zwangsläufig ergebender Umstand, daß jeder Mitarbeiter solange befördert wird, bis er die Stufe seiner Inkompetenz erreicht hat, was durch Verfahren der Potentialbeurteilung und verhaltensorientierte Beurteilungsverfahren wie das Assessment Center vermeidbar ist.

Pfandbrief, Anleihe (→ Schuldverschreibungen), die nur von Realkreditinstituten und Landesbanken emittiert werden darf. P. haben eine Laufzeit von 5 bis 15 Jahren, sie müssen durch i.d.R. erstrangige Hypotheken bzw. Grundschulden gedeckt sein. Üblicherweise werden sie als Inhaberschuldverschreibung ausgegeben. P. sind stets börsengängig.

Pfandrecht, dingliches Recht an Vermögensgegenständen (nur Rechte sowie bewegliche Sachen), häufig als → Kreditsicherheit eingesetzt. Wertvolle bewegliche Güter sowie Wertpapiere können als Kreditsicherheit verpfändet werden. Die verpfändete Sache wird ggf. mit Vorrang gegenüber den anderen Gläubigern behandelt. Bei Nichteinhaltung der Verpflichtungen des Gläubigers findet i.d.R. eine öffentliche Versteigerung statt.

Phasenanalyse, → Aufgabenanalyse

Phasenmodelle, → Lebenszyklus

physiologische Arbeitsplatzgestaltung, in der → Ergonomie die Berücksichtigung arbeitsphysiologischer Erkenntnisse bei der Arbeitsplatzgestaltung. Ziel ist die Schaffung eines hohen Wirkungsgrades menschlicher Arbeit durch Abstimmung von Arbeitsmethoden und -bedingungen auf die individuelle Leistungsfähigkeit und Belastbarkeit.

piecemeal change, aus der → Kontingenztheorie abgeleitetes Vorgehen bei organisatorischem Wandel. Demzufolge hat Wandel evolutionär zu erfolgen, und Strukturelemente einer Organisation sind jeweils abzuändern, wenn sich zeigt, daß keine Übereinstimmung zwischen den einzelnen Elementen und dem relevanten Umweltausschnitt mehr besteht.

PIMS-Programm (*P*rofit-*I*mpact-of-*M*arket-*S*trategies-*P*rogramm), Anfang der 60er Jahre durchgeführte, bisher umfassendste empirische Untersuchung der Auswirkungen verschiedener Strategien auf den Unternehmenserfolg, der durch den → Return on Investment (ROI) und den → cash flow gemessen wird. Erkenntnisse über Marktgesetze sollen über Erfolgs- und Mißerfolgsursachen einzelner strategischer Geschäftseinheiten Aufschluß geben. – Von dabei untersuchten *Faktoren* erwiesen sich sieben als besonders signifikant: (1) *Investitionsintensität*: Je höher sie ist, desto niedriger sind ROI und cash flow. (2) *Produktivität*: Je höher sie ist, desto höher sind ROI und cash flow. (3) *Marktposition*: Je stärker die relative und absolute Marktposition im Verhältnis zu den drei größten Konkurrenten ist, desto höher sind ROI und cash flow. (4) *Produktqualität*: Je höher sie aus der Sicht des Käufers ist, desto höher sind ROI und cash flow. (5) *Marktwachstum:* Es wirkt positiv auf den absoluten Gewinn, negativ auf den cash flow und ist für den ROI indifferent. (6) Innovationen: Sie wirken nur bei starker Marktstellung positiv auf ROI und cash flow. (7) *Marktreife:* In ausgereiften Märkten (→ Marktlebenszyklus) ist ein hoher vertikaler Integrationsgrad positiv bezogen auf ROI und cash flow. Dieser ist negativ in instabilen, rasch wachsenden oder schrumpfenden

Märkten. Von diesen Faktoren korreliert der Marktanteil am stärksten mit ROI und cash flow und hat daher in Literatur und Praxis die größte Verbreitung gefunden. – Die → *Portfolio-Konzeptionen,* besonders aber die Marktanteils-Marktwachstums-Matrix basieren auf der PIMS-Untersuchung. Kritisch anzumerken ist, daß generell gültige Handlungsempfehlungen nicht abzuleiten sind. Beispielsweise erzielen viele kleine und mittlere Unternehmen bei kleinem Marktanteil einen hohen ROI, indem sie sich auf eine Marktnische konzentrieren. Zudem können in stagnierenden Märkten trotz hoher Marktanteile nur kleine Renditen erzielt werden. Außerdem wird eine einseitige, am kurzfristig erzielbaren Gewinn bzw. cash flow ausgerichtete Orientierung gefördert, die einer langfristigen Überlebenssicherung der Unternehmen entgegenstehen kann.

placement, insbesondere in den USA verbreitete Methode der → Personalbeschaffung, bei der Unternehmen in Zusammenarbeit mit Schulen und Hochschulen in der jeweiligen Einrichtung Studenten über Beschäftigungsmöglichkeiten informieren und direkt neue Mitarbeiter anwerben (→ college recruiting). Größere Unternehmen unterhalten teilweise feste Büros an einzelnen Hochschulen und bieten sich so den Studenten als ständige Ansprechpartner an.

Plan, Objekt bzw. Resultat des Planungsprozesses. P. beinhalten → Ziele sowie daraus resultierende Handlungsprogramme → Planung, → strategische Planung.

Planabstimmung, bei der Entwicklung von → Plänen notwendiger Schritt der Abstimmung der einzelnen Pläne in horizontaler und vertikaler Hinsicht. Bei der vertikalen P. werden → Top-down-Planung, → Bottom-up-Planung und → Down-up-Planung unterschieden.

Planbeschäftigung, → Planbeschäftigungsgrad

Planbeschäftigungsgrad, in der Plankostenrechnung der für die geplante Periode vorgesehene → Beschäftigungsgrad des Betriebes oder einzelner Teile davon.

Planbilanz, → Bilanz, in der die Auswirkungen der unterschiedlichen betrieblichen Teilpläne (→ Planung) im Hinblick auf Vermögen und Verbindlichkeiten eines Betriebes erfaßt werden, um Aussagen über die finanzwirtschaftliche Lage des Unternehmens zu gewinnen. Die P. basiert auf Absatz-, Investitions- und Finanzplan.

Plandeterminierung, traditionelle Konzeption der → Managementlehre, die Management als systematischen Prozeß der Abfolge bestimmter Aufgaben versteht. Grundlage ist die Formulierung von Plänen in Abhängigkeit angestrebter Ziele. Danach werden Organisationsstruktur, Personalausstattung, Führungsfunktion sowie die Kontrolle des gesamten Prozesses abgeleitet. Diese haben in der traditionellen Sichtweise keine eigenständigen Steuerungsfunktionen. – *Modernere Konzeptionen* gehen im Gegensatz dazu davon aus, daß auch diese Bereiche eigenständige Steuerungsaufgaben wahrnehmen (→ Planung).

Plankosten, → Kosten einer Kostenstelle oder einer anderen Bezugsgröße, die auf den vorgesehenen Planbeschäftigungsgrad oder andere Kosteneinflußgrößen ausgerichtet sind. Sie werden in der → Plankostenrechnung verrechnet, haben für die Kostenstellen Vorgabecharakter und dienen der Ermittlung der Sollkosten, die in einem Soll-Ist-Vergleich den Istkosten gegenüber gestellt werden.

Plankostenrechnung, zukunftsorientierte Variante der Kostenrechnung (→ Kostenrechnungssysteme), die auf der Verrechnung von geplanten Kosten (→ Plankosten) basiert. – Unterschieden werden die starre und die flexible P. Bei der *starren P.* findet keine Anpassung der Kosten an die Beschäftigungsschwankungen statt, damit ist die Aussagekraft hinsichtlich Kostenkontrolle und Kalkulation beschränkt. Die *flexible P.* basiert auf einer Trennung von fixen und variablen Kosten der Kostenstellen. Durch den Vergleich von auf die Istbeschäftigung umgerechneten Plan- (Sollkosten) und Istkosten ist eine wirksame Kostenkontrolle möglich. – Das *Hauptziel* der P. besteht in der Kontrolle der Kostenwirtschaftlichkeit und den dispositiven Aufgaben der Kostenrechnung, d.h. der Beschaffung von Kostendaten für die beim Aufbau der betrieblichen Planung zu treffenden Entscheidungen. Im Idealfall ist die P. Bestandteil einer umfassenden Planungsrechnung. – Nahezu alle Teile der P. werden heute *computergestützt* abgerechnet. Hierfür wurden insbesondere auch Modularprogramme entwickelt.

Planung, bei einer prozeßorientierten Betrachtung Ausgangspunkt des Managementprozesses, der → Organisation und → Kontrolle vorausgeht. P. umfaßt eine systematische, zukunftsbezogene, an bestimmten Zielen orientierte Gestaltung des Unternehmens. Voraussetzung für die während des Planungsprozesses zu treffenden Entscheidungen ist die Verfügbarkeit relevanter Informationen über Umwelt und Unternehmen. – Resultat der P. sind → *Pläne* für das gesamte Unternehmen sowie für Teile davon, die Handlungsvorgaben für die unterschiedlichen Managementebenen enthalten. – *Bedeutung*: P. fördert eine systematische Problembearbeitung, die Reduktion von Entscheidungsrisiken, die Koordination der verschiedenen Teilbereiche des Unternehmens und erleichtert Motivation und Kontrolle der Mitarbeiter. – *Neuere Konzeptionen* sind die → strategische Planung und das → strategische Management.

Planungsebenen, 1. Ebenen der → strategischen Planung, für die im Rahmen des Portfolio-Managements Strategien entwickelt werden können. Unterschieden werden Produkt-Markt-Segmente, Produkt- oder Geschäftsfelder, strategische Geschäftseinheiten, Geschäftsbereiche und Unternehmensebenen. Die Produkt-Markt-Segmente bilden die unterste P., das gesamte Unternehmen die oberste. Im Mittelpunkt der strategischen Planung stehen die strategischen Geschäftseinheiten, die aus verschiedenen → strategischen Geschäftsfeldern bzw. Produkt-Markt-Segmenten bestehen.
2. Differenzierung in strategische, operative und taktische Planung.

Planungshorizont, zeitliche Dimension der → Planung; Zeitraum einer Planungsperiode. Unterschieden werden kurz-, mittel- und langfristige Planungen, wobei die Abgrenzungen nicht eindeutig sind. Die kurzfristige Planung bezieht sich üblicherweise auf einen Zeitraum bis zu einem Jahr, die langfristige beginnt ab einer Planung für drei bzw. fünf Jahre. – Bei *rollender Planung* wird jährlich eine neue Planung z.B. über fünf Jahre gemacht. Daher überlappen sich die P. der Pläne. – Bei der *Blockplanung* wird nur in bestimmten Zeitabständen eine Planung aufgestellt, wobei sich die Planungshorizonte nicht überschneiden. *Gemischte Planungssysteme* nehmen in bestimmten Zeitabständen rollende Planungen vor.

Planungsintensität, Grad der Detailliertheit der Teilpläne eines Unternehmens. Zu unterscheiden sind Grob- und Feinplanung, wobei ein starker Bezug zum → Planungshorizont vorliegt, d.h. je kürzer der Planungshorizont, desto detaillierter können die Pläne sein (→ Planung).

Planungslücke, → Gap-Analyse

Planungsmodelle, Modelle der operativen → Planung zur kurzfristigen Steuerung vorgegebener Aufgabenbereiche wie Liquiditätsplanung, Produktionsplanung u.a., mit denen versucht wird, über eine quantitative Modellierung die betrachteten Zusammenhänge transparent zu machen.

Planungssystem, Zusammenfassung der Planungselemente (Planer, Pläne, Teilpläne, Informationen, Instrumente) zu einem System, das die wechselseitigen Abhängigkeiten der Elemente erfaßt.
– P. haben sich von einer intuitiven adhoc-Planung über ein- und mehrstufige starre zu *flexiblen Systemen* entwickelt. Diese unterscheiden sich hinsichtlich der Anzahl der Planungsstufen, des Planungshorizonts, der Formalisierung, der benötigten Instrumente, der Vollständigkeit, der Transparenz der zugrundeliegenden Informationen, der Kontrolle, der Verteilung der Planungsaufgaben, der Dokumentation, der Flexibilität u.a. von starren Systemen. – Ein P. beinhaltet die generelle Zielplanung, die strategische und die operative Planung.

Planungsteam, → Projektteam, das von Organisationsmitgliedern mit externen Unternehmensberatern für den Zeitraum einer Unternehmensberatung gebildet wird. Erfolgt die Beratung intern, besteht ein Projektteam aus betroffenen Organisationsmitgliedern und den für die interne Beratung zuständigen Mitarbeitern. – Der *Vorteil* des P. im Vergleich zu einem Planungsstab liegt in der besseren Verankerung des Planungsgedankens im Unternehmen.

point of purchase (POP), → point of sale (POS)

point of sale (POS), (point of purchase, POP), Ort des Einkaufs (aus Sicht des Konsumenten) bzw. Ort des Verkaufs (aus Sicht des Händlers). Synonym verwandte Begriffe, die den Ort des Warenangebots (einen Laden bzw. den innerbetrieblichen Standort einer Ware im Regal, in einer Verkaufsgondel) bezeichnen, an dem die Kunden in Selbstbedienungsgeschäften unmittelbaren Kontakt mit der Ware haben und deshalb, zur Förderung von Impulskäufen, gezielt mittels Verkaufsförderung angesprochen werden.

policy, allgemein gehaltene Richtlinen und Grundsätze einer Organisation, die dem einzelnen Manager bzw. organisatorischen Teilbereich erhebliche Handlungsspielräume offen lassen.

Polypol, → Marktformen

polyzentrische Einstellung, Orientierung von Denk- und Verhaltensweisen einer international tätigen Organisation an den im jeweiligen Gastland üblichen Standards. Hierdurch entsteht in einem → internationalen Unternehmen eine Vielfalt kultureller Orientierungen.

polyzentrisches Unternehmen, → internationales Unternehmen, daß sich in seinen Denk- und Verhaltensweisen nicht am Stammland, sondern an den jeweiligen Gastländern orientiert. Entsprechend werden verschiedene auf die jeweiligen Gastländer zugeschnittene Strategien entwickelt. Das Management der Niederlassungen kommt aus dem Gastland.

Pool, Form des → Unternehmenszusammenschlusses, bei dem die beteiligten Unternehmen wirtschaftlich und rechtlich selbständig bleiben, aber bestimmte Einrichtungen gemeinsam nutzen und/oder bestimmte Interessen gemeinsam nach außen vertreten.

poor dogs, → arme Hunde

POP (point of purchase), → point of sale

Portfolio-Analyse, Bestandteil der → Situationsanalyse im Rahmen der strategischen Planung, in dem die Darstellung strategischer Chancen und Risiken eines Unternehmens und seiner strategischen Geschäftseinheiten in Abhängigkeit von als relevant erachteten Faktoren vorgenommen wird. Die Idee des Portfoliodenkens entstammt dem Finanzmanagement und zielt auf eine optimale Zusammensetzung von Wertpapierportefeuilles. Dieser Gedanke findet sich auch in den Portfolio-Analysen, in denen die Ausgewogenheit der Zusammensetzung der strategischen Geschäftseinheiten eines Unternehmens analysiert wird. – Notwendige *Voraussetzung* ist die Segmentierung der Unternehmen in einzelne strategische Geschäftsfelder. – In der Strategieliteratur werden *verschiedene Portfolio-Konzepte* unterschieden, von denen die → Marktanteils-Marktwachstums-Matrix die bekannteste ist. Daneben gibt es die → Branchenattraktivitäts-Unternehmens-positions-Matrix, die → Branchenattraktivitäts-Wettbewerbsstärken-Matrix, die → Marktattraktivitäts-Geschäftsfeldstärken-Matrix und die → Marktstadien-Wettbewerbspositions-Matrix.

Portfolio-Management, in der strategischen Planung die optimale Zusammenstellung der → strategischen Geschäftseinheiten oder → Produkt-Markt-Strategien nach verschiedenen Kriterien. Der Grundgedanke entspricht dem Portfoliodenken in der Wertpapieranalyse, also der ausgewogenen Verteilung der Investitionen. Das P. beeinhaltet die Ableitung und Realisierung von → Produkt-Markt-Strategien. – *Analytische Grundlag*e ist die → Portfolio-Analyse. – P. ist auf *unterschiedlichen Planungsebenen* möglich.

Portfolio-Matrix, → Portfolio-Analyse

Portfolioinvestitionen, → Auslandsinvestitionen

POS, → point of sale

POS-System (Point Of Sale-System), Verfahren des „elektronischen Zahlens“ an der Ladenkasse. Inhaber einer EC-Karte haben die Möglichkeit, unter Eingabe ihrer Geheimzahl (elektronische Unterschrift) in ein POS-Terminal für gekaufte Waren beziehungsweise Dienstleistungen zu bezahlen. Nach Eingabe der Geheimzahl wird diese verschlüsselt (→ Kryptologie), und es laufen eine Reihe von Plausibilitätsprüfungen ab. Durch eine Autorisierungsanfrage wird sichergestellt, daß das Kundenkonto Deckung aufweist. Alle Umsätze werden beim Händler gesammelt und nach Buchungsschnitt, im Regelfall per

Datenfernübertragung an ein Kreditinstitut übertragen. Dieses übernimmt die Verrechnung.

POSDCORB, Auflistung der → Managementfunktionen von Gulick: (1) Planning: Planung; (2) Organizing: Organisation; (3) Staffing: Ausstattung des Unternehmens mit quantitativ und qualitativ benötigtem Personal; (4) Directing: Entscheiden, Umsetzen der Entscheidungen; (5) Coordinating: Koordination; (6) Reporting: Berichtswesen, teilweise auch Controlling und Kontrolle; (7) Budgeting: Budgetierungssystem, teilweise auch Controlling.

position analysis questionnaire, weit verbreitetes Verfahren der → Arbeitsanalyse, bei dem Beobachtungen des Analysten ergänzt werden durch standardisierte Interviews (Fragebogen) mit Arbeitsplatzinhabern und Vorgesetzten. Dadurch, daß dabei von einer fiktiven Durchschnittsperson ausgegangen wird, bleiben die individuellen Merkmale des Arbeitsplatzinhabers bei der Ermittlung der → Anforderungsmerkmale bewußt unberücksichtigt. Das Verfahren dient gleichzeitig als Instrument zur Ermittlung der Eignung von Mitarbeitern für einen bestimmten Arbeitsplatz.

Potentialanalyse, Bestandteil einer funktionsbezogenen → Unternehmensanalyse unter strategischen Gesichtspunkten. Im Produktbereich können z.B. folgende Potentiale betrachtet werden: Produktqualität, Altersaufbau der Produkte, Produktgestaltung.

Potentialermittlung, personalwirtschaftliche Instrumente zur Ermittlung des → Fähigkeitspotentials von Mitarbeitern, um anschließend durch den Einsatz von Maßnahmen der → Personalentwicklung Potentiale gezielt zu entwickeln. – Wichtigstes Instrument ist das *Assessment Center*.

PPS (Produktionsplanungs- und -steuerungssystem). Die PPS umfaßt die Aufgabengebiete der Planung und Ausführung von Kundenaufträgen, beginnend mit der Auftragsannahme bis zur Versandsteuerung. Im Rahmen eines CIM-Konzeptes (→ CIM) deckt die PPS die betriebswirtschaftlichen Funktionen ab. - Im einzelnen handelt es sich dabei um folgende *Funktionsbereiche*: Auftragssteuerung (Vertrieb), Kalkulation, Planung des Primärbedarfs, Materialwirtschaft, Kapazitätsterminierung, Kapazitätsabgleich, Auftragsfreigabe, Fertigungssteuerung, Betriebsdatenerfassung, Kontrolle von Mengen, Zeiten und Kosten sowie Versandsteuerung.

1. *Wichtige Ziele*, die mit computergestützten PPS-Systemen angestrebt werden, sind: hohe Termintreue, hohe und gleichmäßige Kapazitätsauslastung, kurze Durchlaufzeiten, geringe Lagerbestände, hohe Lieferbereitschaft, hohe Auskunftsbereitschaft, hohe Flexibilität, geringe Beschaffungskosten, hohe Materialverfügbarkeit und Erhöhung der Planungssicherheit. Die Vielfalt von z.T. konkurrierenden Zielvorstellungen stellt hohe Anforderungen an die konkrete Umsetzung. – Elementar zur Unterstützung der Ziele ist eine konsistente Grunddatenverwaltung, die auch den technischen Komponenten innerhalb einer CIM-Konzeption zur Verfügung stehen.

2. *Praktische Anwendung:* Die real verfügbaren PPS-Systeme haben ihren Schwerpunkt bei der Material- und Zeitwirtschaft. Die Steuerung des Fertigungsauftrages nach der Auftragsfreigabe wird zunehmend auf computergestützten, grafischen Leitstandsystemen realisiert.

PR, → Public Relations

Präferenzpolitik, Einsatz von ausgewählten → Marketinginstrumenten, wie einem überdurchschnittlichen Produkt- bzw. Programmniveau, einer Markierung, endverbrauchergerichteten Werbung oder Ubiquität, um bei der Zielgruppe dauerhafte und echte Präferenzen für das Produkt aufzubauen und aufrechtzuerhalten. Ziel des Anbieters ist die Vergrößerung des Spielraums für die Gestaltung der → Preispolitik.

Pragmatismus, 1. *Umgangssprachlich*: Bezeichnung für eine ausgeprägte praktische Handlungsorientierung auf der Grundlage der gegebenen Umstände.
2. *Philosophie und Soziologie*: auf Peirce zurückgehende Denkrichtung, die Wahrheit im Sinne von Bewährung versteht; Bewährung geschieht durch Handlungen. Ist das Ergebnis der Handlung von praktischer Bedeutung, haben sich die Ausgangsvorstellungen bewahrheitet.

Praktikum, Kennenlernen der betrieblichen Praxis. Ein Praktikum kann freiwillig sein oder vorgeschriebener Teil von Ausbildung bzw. Studium. In Gegensatz zu technischen Studiengängen ist bei wirtschaftswissenschaftlichen Studiengängen seit den 70er Jahren i.d.R. kein Praktikum mehr vorgeschrieben.

Prämienlohn, Form der Leistungsentgeltung (→ Lohnformen), bei der zusätzlich zum vereinbarten Grundlohn (i.d.R. ein Zeitlohn) Prämien für quantitative und qualitative Mehrleistungen gegeben werden.

Prämienpreispolitik, → preispolitische Strategie; Hochpreispolitik bei Produkten, die mit hoher Produktqualität einhergeht und durch Werbemaßnahmen sowie spezifische Vertriebssysteme unterstützt wird. Gegensatz: → Promotionspreispolitik.

Präsentationseffekt, positive Beeinflussung eines Verkaufsvorganges zwischen Kunden und Verkäufer durch eine vorteilhafte Warenpräsentation des Verkäufers. Annahme ist, daß der Verkaufsvorgang ein sozialer Prozeß zwischen Kunden und Verkäufer ist, der durch die Elemente des Kommunikationsprozesses (Sender – Medium – Empfänger) erfaßt werden kann.

Präsentationsgrafik, → individuelle Datenverarbeitung

Preis, Betrag, den der Käufer eines Produktes oder einer Dienstleistung aus der Sicht des Anbieters entrichten soll bzw. entrichtet.

Preis-Absatz-Elastizität, → Preiselastizität

Preis-Absatz-Funktion (Nachfragefunktion, Preisreaktionsfunktion), Zusammenhang zwischen unterschiedlichen Preisen einer Leistung und der zu erwartenden Absatzmenge. Annahme ist, daß sich durch eine Veränderung des Preises auch die nachgefragten Mengen ändern.

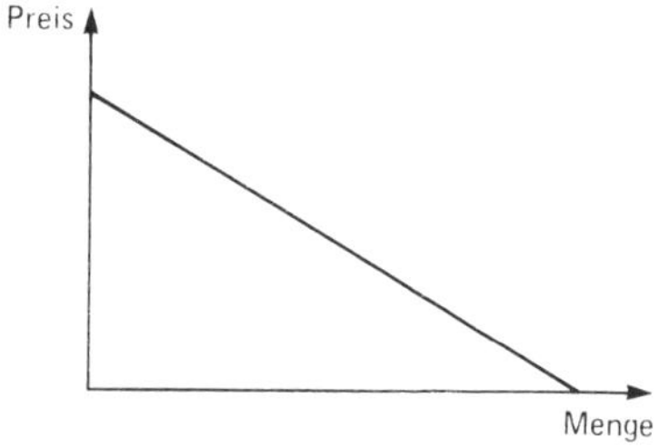

Preisbestimmung, Bestimmung von → Preisen auf der betrieblichen Ebene.

Anders als bei der Preisbildung nach den Annahmen der Preistheorie ist die P. auf betrieblicher Ebene sehr viel konkreter. – *Formen* sind die kostenorientierte, die nachfrageorientierte, die konkurrenzorientierte und die branchenorientierte P. Bei ersterer wird auf die Kosten (Stückkosten) ein bestimmter Prozentsatz aufgeschlagen. Bei der zweiten wird der Preis um so höher angesetzt, je stärker die Nachfrage ist, wobei Kriterien berücksichtigt werden wie das Image des Unternehmens, der Produkte, der preispolitische Spielraum, die Zahlungsbereitschaft der Verbraucher etc. Bei der konkurrenzorientierten P. orientiert sich das Unternehmen meist am Marktführer; es wird keine eigenständige Preispolitik betrieben.

Preisbildung, Zustandekommen und Bestimmung der Höhe der → Preise am Markt. Die P. ist Mittelpunkt der Preistheorie. Zu unterscheiden ist davon die betriebliche → Preisbestimmung, die sich sehr viel konkreter mit der Bestimmung des Preises auseinandersetzt. – Bei der P. wird das Zustandekommen des Preises für *unterschiedliche Marktformen* erklärt, und zwar bei vollkommener und bei unvollkommener Konkurrenz. Es geht darum, optimale Preis-Mengen-Kombinationen herauszufinden. Grundannahme ist, daß es sich um Einproduktunternehmen mit homogenen Gütern handelt. a) Bei *vollkommener Konkurrenz* (d.h. vollständiger Markttransparenz, vielen Anbietern) gibt es nur einen Preis, an den sich jeder Anbieter halten muß ohne einen eigenen Spielraum zur Preisgestaltung. Es wird die Menge angeboten, bei der der Preis gleich den Grenzkosten ist. b) Bei *unvollkommener Konkurrenz* ist der Spielraum des Anbieters größer, da die Nachfrager keine vollständige Informationen haben und die Angebote der Unternehmen nicht miteinander vergleichen können. c) Im *Monopol* setzt der Anbieter den Preis selbst fest, der im Regelfall höher als der Konkurrenzpreis liegt. Relevant sind für ihn nur die Nachfrager, nicht aber die Konkurrenz. d) Im *Oligopol* muß der Anbieter sowohl Nachfrager als auch Konkurrenz berücksichtigen. Die Erwartungen über die Aktionen und das Verhalten der Konkurrenz beeinflussen den preispolitischen Gestaltungsspielraum.

Preisdifferenzierung, → preispolitische Strategien; Instrument der differenzierten Marktbearbeitung, bei der für das gleiche Produkt von verschiedenen Kunden unterschiedlich hohe Preise gefordert werden. Die P. wird anhand bestimmter Kriterien vorgenommen. Dazu gehören produktbezogene Merkmale (z.B. die Abnahmemenge), kundenbezogene Merkmale (z.B. das Kaufverhalten der Kunden), räumliche Merkmale (z.B. Inlands- und Auslandsmärkte). Vorausetzungen für die P. sind die Möglichkeiten, die Nachfrager in unterschiedliche Gruppen aufzuteilen, die unvollkommene Information der Kunden über den Markt und die Marktmacht des Anbieters.

Preiselastizität, Verhältnis zwischen einer relativen Änderung eines Preises und der dadurch bewirkten relativen Änderung der Nachfrage.

Preisempfehlung (unverbindliche Preisempfehlung), nicht vertraglich festgelegte, sondern vom Hersteller empfohlene Preisfestsetzung, die entweder in Form von Warenpreislisten nur an die Händler weitergegeben (Händler-P.) oder direkt auf die Ware aufgedruckt (Verbraucher-P.) wird.

Ziel des Herstellers ist, das Preisniveau möglichst einheitlich zu gestalten und die Preis-/Qualitätsvorstellungen des Verbrauchers nicht zu gefährden. – *Rechtliche Zulässigkeit*: Eigentlich sind P. unter wettbewerbsrechtlichen Gesichtspunkten nicht zulässig, bei Markenwaren jedoch möglich, sofern kein Mißbrauch betrieben wird. Zulässig sind auch Bruttopreislisten, die nur für Händler zugänglich sind sowie Empfehlungen von kleineren und mittleren Unternehmen, die zur Förderung der Leistungsfähigkeit gegenüber Großbetrieben abgegeben werden.

Preispolitik, → Marketinginstrument, das alle Entscheidungen über die Gestaltung des Preis-Leistungsverhältnisses umfaßt. Dazu gehören: (1) Festlegung oder Änderung des Preises, (2) Preisdifferenzierung, (3) Preisempfehlung, (4) Rabattgewährung, (5) Gestaltung der Zahlungsbedingungen, (6) Kreditbedingungen und (7) Leasing. Die P. ist nicht isoliert, sondern in Zusammenhang mit den anderen Marketinginstrumenten, der Produkt-, der Kommunikations- und der Distributionspolitik zu betrachten.

preispolitische Strategien, Aktivitäten und Entscheidungen zur Festlegung des Preises für ein Produkt unter Berücksichtigung des → Produktlebenszyklus; geht über die Gestaltung des Verkaufspreises für ein Produkt hinaus. Zu den preispolitischen Strategien gehören die → Prämienpreispolitik und → Promotionspreispolitik, die → Penetrationspreispolitik und → Abschöpfungspreispolitik, die → Preisdifferenzierung sowie die Strategie des → preispolitischen Ausgleichs.

preispolitischer Ausgleich, auf Kostendeckung gerichtete Kompensation von verlust- und gewinnbringenden Leistungen; gehört zu den → preispolitischen Strategien. Preis- und Sortimentspolitik sind dabei eng miteinander verbunden. Die Zusammensetzung des Sortiments wird so gestaltet, daß Verluste einzelner Artikel durch andere Erzeugnisse gedeckt werden (Artikelausgleich). Dieser Ausgleich kann zeitlich nebeneinander (*Produktausgleich*) oder zeitlich nacheinander (Ausgleich durch Sukzessivkompensation) erfolgen. Ausgleichsträger können Sorten, Artikelgruppen oder auch Abteilungen und Filialen sein.

Preisreaktionsfunktion, → Preis-Absatz-Funktion

Preisschwelle, Preisgrenze, bei der der Konsument noch bereit ist, ein Produkt zu kaufen; gibt Hinweise auf die → Preiselastizität der Konsumenten. Bei der Ermittlung der P. werden Informationen über Absatzchancen des Produktes, Produktvorteile gegenüber anderen Substitutionsgütern und Möglichkeiten der Konsumentenbeeinflussung herangezogen. – Ziel ist auch die ungefähre Ermittlung einer *Preisobergrenze.*

Preisstrategien, → preispolitische Strategien

Preistheorie, Theorie über die → Preisbildung von Gütern und Dienstleistungen am Markt. Im Mittelpunkt der klassischen P. stehen die Nachfrage, die Kosten und die Wettbewerbssituation. Bestimmt werden soll die optimale Preis-Mengen-Kombination.

Preisuntergrenze, in der Deckungsbeitragsrechnung ermittelter, auf dem Markt mindestens zu erreichender Preis für die produzierten Leistungen. a) Die *kurzfristige P.* bei Unterbeschäftigung ist erreicht, wenn die Stückerlöse die variablen Kosten decken. Bei Vollbeschäftigung ist die Nutzung eventuell vorhandener Engpässe in der Produktion zu berücksichtigen. Es wird weder ein Beitrag zur Fixkostendeckung noch zur Gewinnerzielung geleistet, d.h. in Höhe der gesamten fixen Kosten entsteht ein Verlust. Diese Situation kann vorübergehend hingenommen werden. b) Die *langfristige P.* ist der Break-even-Punkt. An diesem Punkt werden sämtliche fixen und variablen Kosten gedeckt (Gesamtkostendeckung), ohne daß ein Gewinn erzielt wird.

pretiale Betriebslenkung, 1. Konzept, nach dem sich die *innerbetriebliche Lenkung eines Unternehmens* an fiktiven Marktpreisen orientiert.
2. Konzept der *dezentralen Führung eines Unternehmens,* nach dem unwichtige Abweichungen von den Planvorgaben (Unter- oder Überschreitungen) auf Abteilungsebene behandelt und zentrale Abweichungen an die obere Leitungsebene weitergemeldet werden. Voraussetzung ist die Unterscheidbarkeit wichtiger und unwichtiger Planabweichungen. Die pretiale Betriebslenkung ist vergleichbar mit dem → management by exceptions.

Primacy-Effekt, → Primacy-Regency-Effekt

Primacy-Regency-Effekt, Wahrnehmungsirrtum, der durch die Reihenfolge der Wahrnehmung entsteht. Entscheidet der erste Eindruck über das Gesamturteil, wird vom *Primacy-Effekt* gesprochen, sofern der letzte wahrgenommene Eindruck entscheidend ist, vom *Regency-Effekt.*

primäre Gemeinkosten, → Gemeinkosten, die für die Zwecke der innerbetrieblichen Leistungsverrechnung direkt den Kostenstellen (Hilfs- und Hauptkostenstellen) nach dem → Verursachungsprinzip zugeordnet werden.

primäre Kosten, → Kosten, die im Unterschied zu den → sekundären Kosten durch von außerhalb des Unternehmens bezogene Produktionsfaktoren (Lohnkosten, Büromaterial u.a.) entstehen.

Primärforschung (Feldforschung), Form der → Marktforschung zur Ermittlung neuer Daten hinsichtlich eines Untersuchungsgegenstandes. Die P. umfaßt die Erhebung, die Aufbereitung und die Auswertung der Daten, bei der als Erhebungsmethoden Befragung, Beobachtung und Experiment herangezogen werden. Gegensatz: → Sekundärforschung.

Primärgruppe, im Zeitablauf stabile, auf Emotionen basierende → Gruppe (bzw. Kleingruppe) mit engen, direkten Kontakten der einzelnen Gruppenmitglieder. Prototyp ist die Familie. Gegensatz: → Sekundärgruppe.

Primärorganisation, historisch gewachsene → Aufbauorganisation eines Unternehmens.

primary task, Bezeichnung des → soziotechnischen Systemansatzes für die primäre Zielsetzung einer Organisation und den für das Überleben der Organisation dominanten bzw. kritischen Transformationsprozeß.

Principal-Agent-Modell, Modell zur Darstellung und Analyse von Informationsungleichgewichten zwischen einzelnen Teilnehmern am Wirtschaftsleben und den sich daraus ergebenden Konsequenzen. Ausgangsüberlegung ist, daß das auf Nutzenmaximierung orientierte Individualverhalten nicht automatisch mit Hilfe des Marktmechanismus zu einem sozialen Optimum führt. Untersucht werden stufenweise erfolgende Entscheidungsprozesse zwischen zwei Personen oder Personengruppen und die dabei erfolgenden wechselseitigen Formen der Beeinflussung.

Prioritätsregeln, pragmatisches Mittel für die Reihenfolgeplanung im Rahmen der → Produktionsprozeßplanung bei Werkstattproduktionen. In Warteschlangensituationen ordnen P. den einzelnen bei der Produktionsprozeßplanung zu berücksichtigenden Aufträgen unterschiedliche Prioritäten zur Belegung von Engpaßkapazitäten zu und ermöglichen somit eine Ordnung der Aufträge nach ihrer jeweiligen Bedeutung. Auch kommen Prioritätsregeln bei der → Produktionsprozeßsteuerung bei Werkstattproduktionen zur Anwendung. – Beispiele: Auswahl des Fertigungsauftrags mit der kürzesten Durchlaufzeit, mit der größten Zahl noch offener Arbeitsgänge, mit der höchsten Kapitalbindung, mit dem frühesten Endtermin.

Problembewußtsein, Unzufriedenheit eines Individuums oder einer Gruppe mit der bestehenden Situation (z.B. im Unternehmen) und ihr Erkennen als Problem, was zusammen zum Wunsch und zur Bereitschaft zu Veränderungen führt.

Problemlösungsgruppe, → Vorschlagsgruppe

procedure, für einen bestimmten Teilbereich einer Organisation präzisierte Richtlinie, die detailliert angibt, wie eine bestimmte Aufgabe zu lösen ist, und damit nur einen geringen → Handlungsspielraum offen läßt.

product division, Gliederung eines Unternehmens nach dem → Objektmodell in produktbezogene → Geschäftsbereiche.

product management, → Produktmanagement

Produkt, Wirtschaftsgut, das auf dem Markt angeboten wird. Unterschieden werden materielle, immaterielle sowie Nominalgüter (Geld, Wertpapiere). Zu den materiellen zählen u.a. natürliche Ressourcen (Boden, Luft, Wasser etc.), zu den immateriellen u.a. Informationen, Arbeit, Dienste und Rechte. – Im Bereich des Marketings wird beim Produkt nicht nur die Problemlösungsfähigkeit im substantiellen Sinne (→ *Produktkern*) betrachtet, sondern auch die erwartete bzw. durch den Konsumenten subjektiv wahrgenommene Problemlösungsfähigkeit. Annahme ist, das der Kunde nicht nur an den technisch-funktionalen Eigenschaften eines P. interessiert ist (z.B. am Auto als Transportmittel), sondern auch an dem damit verbunden → *Zusatznutzen* (z.B. am Auto als Status- bzw. Prestigeobjekt).

Produkt-Markt-Matrix, Mitte der 60er Jahre von Ansoff zur Generierung neuer Strategien entwickelte Matrix. Ausgehend von einer bestimmten Produkt-Markt-Kombination werden strategische Alternativen deutlich. In der Matrix werden Strategien typologisiert, die sich aus der Gegenüberstellung von Produkten und Märkten nach den Kriterien „gegenwärtig" oder „neu" ergeben. – Den vier Feldern der Matrix entsprechen unterschiedliche *Wachstumsstrategien:* → Produkt-Markt-Strategien.

Produkt-Markt-Strategien, strategische Alternativen, die in der → Produkt-Markt-Matrix dargestellt werden. Folgende Strategien werden unterschieden: → Marktdurchdringungsstrategie, → Marktentwicklungsstrategie, → Produktentwicklungsstrategie, → Diversifikationsstrategie. Diese unterscheiden sich hinsichtlich der → Synergieeffekte zwischen neuen und alten Produkt-Markt-Kombinationen. Bei der Diversifikationsstrategie, die sich am weitesten von der bekannten Produkt-Markt-Kombination entfernt, sind die Synergieeffekte am geringsten. Daher bietet es sich beispielsweise zur Schließung der Ziellücke an (→ Gap-Analyse), mit den Strategien zu beginnen, die höhere Synergieeffekte versprechen.

Produktausgleich, → preispolitischer Ausgleich

Produktbewertung, Beurteilung und Überprüfung eines Produktes unter Zuhilfenahme quantitativer (z.B. Marktanteil, Umsatz, Deckungsbeitrag) und qualitativer (u.a. Image, Bedarfsstruktur) Kriterien. Ziel ist die Überprüfung von Produkten hinsichtlich deren Aufnahme, Änderung oder Elimination aus dem Angebotsprogramm. – Verwendet werden zur Bewertung meist → *Scoring-Modelle.*

Produktdifferenzierung, Modifikation eines bestehenden Produktes im Rahmen der → Produktpolitik, bei der neben das ursprüngliche Modell noch ein abgewandeltes tritt. Das Programm bzw. die Produktlinie wird dadurch erweitert. Die P. ist von der → Produktvariation zu unterscheiden, bei der das Produkt selbst verändert wird.

Produkteigenschaften (Produktelemente), sämtliche Merkmale, die ein → Produkt charakterisieren, z.B. technisch-funktionale Qualität, ästhetische und symbolische Eigenschaften, Zusatznutzen.

Produktelemente, → Produkteigenschaften

Produktelimination, Entfernen von Produkten oder Produktlinien aus dem Programm. Die Entscheidung, Produkte aus dem Programm zu nehmen oder beizubehalten, ist von mehreren Faktoren abhängig. Als Entscheidungsgrundlage werden quantitative und qualitative Kriterien herangezogen, u.a. Umsatzentwicklung, Deckungsbeitrag, Image, nachlassende Wirkung von Marketingaktivitäten sowie Kundenstrukturanalysen. Verwendet werden → Scoring-Modelle.

Produktentwicklungsplanung, → Produktplanung

Produktentwicklungsstrategie, → Produkt-Markt-Strategie, die in der Produkt-Markt-Matrix dargestellt wird. Ansatzpunkt dieser Wachstumsstrategie sind neue Marktleistungen auf den vertrauten Märkten. Notwendig ist die Entwicklung der vorhandenen Produkte durch Innovationen. P. erfordern einen hohen zeitlichen und finanziellen Aufwand, bergen hohe Risiken und weisen nur geringe Synergieeffekte auf. Andererseits sind Produktinnovationen häufig Grundlage der Wettbewerbsfähigkeit eines Unternehmens. Ansatzpunkte für Innovationen können die vorhandenen Produkte, bekannte Rohstoffe, bekannte technologische Verfahren, verwandte Problemstellungen, vorhandene Kunden u.a. sein.

Produktgruppensegmentierung, → Marktsegmentierung

Produkthaftung, → Produzentenhaftung

Produktinnovation. 1. Aus *Herstellersicht* mit einer Veränderung des produktionstechnischen Prozesses verbundene → Innovation (vgl. auch → Produktionsplanung).
2. Aus *Konsumentensicht* mit einer veränderten Nutzenstiftung verbundene Innovation, z.B. durch neue Verpackungen etc. P. können für das Unternehmen und den Markt oder auch nur für das betreffende Unternehmen neu sein.

Produktion (Erzeugung, Fertigung, Herstellung), der von Menschen gelenkte Entstehungsprozeß von → Produkten (Sachgütern, Energie und Dienstleistungen). Er wird durch den Einsatz von Arbeitskräften, technischen Anlagen, Material, Energie und Dienstleistungen (Produktionsfaktoren) sowie Informationen unter Beachtung technologischer Bedingungen und Verfahrensregeln sowie sozialethischer Normvorstellungen bewirkt. – In der ingenieurwissenschaftlichen Literatur wird der Terminus *Fertigung* für die zusammenbauende P. und der Terminus *Erzeugung* für die chemische P. verwendet; in der betriebswirtschaftlichen Literatur allerdings synonym. – *Formen:* Vgl. → Produktionstypen.

Produktionsfaktoren, Einsatzgrößen, die zur Erbringung betrieblicher Leistungen notwendig sind. In der Betriebswirtschaftslehre wird seit Gutenberg zwischen den P. Betriebsmittel (Maschinen, Werkzeuge, Gebäude, Grundstücke), Werkstoffe (Roh-, Hilfs- und Betriebsstoffe) und Arbeit im Sinne ausführender, objektbezogener Arbeit unterschieden. Diese P. werden bezeichnet als Elementarfaktoren bzw. objektbezogene Faktoren, die zu kombinieren sind, damit eine Leistungserstellung erfolgen kann. Die Kombination erfolgt durch den dispositiven Faktor bzw. das Management, das den vierten Produktionsfaktor darstellt.

Produktionsfunktion, → Produktionstheorie

Produktionsgesellschaft, → Doppelgesellschaft

Produktionsinsel, → Zentrenproduktion 2

Produktionskontrolle (Fertigungskontrolle), Vergleich der Solldaten der → Produktionsplanung mit den Istdaten sowie eine Analyse der Abweichungsursache. Die P. umfaßt im einzelnen die Mengen- und Terminkontrolle, die Qualitätskontrolle, die Produktivitätskontrolle (z.B. Kapazitätsausnutzungsgrad, Verschnitt) und die Kostenkontrolle.

Produktionsleitstände, Informationszentren, die die Aufgabe der → Produktionsprozeßsteuerung und z.T. auch der → Produktionsprozeßkontrolle wahrnehmen, um einen kontinuierlichen Produktionsprozeß aufrechtzuerhalten.

Produktionsmittel, in der Volkswirtschaftslehre gebräuchliche Bezeichnung für → Betriebsmittel.

produktionsorientierter Ansatz, → faktortheoretischer Ansatz

Produktionsplanung (Fertigungsplanung), Planung und Gestaltung des betrieblichen Produktionsprozesses. Im einzelnen umfaßt die P. die (operative) Produktionsprogrammplanung und die Produktionsprozeßplanung sowie die Bereitstellung der zur Produktion erforderlichen Produktionsfaktoren (→ Bereitstellungsplanung).

Produktionsplanungs- und -steuerungssystem, → PPS

Produktionsprogramm (Fertigungsprogramm), Plan über Art und Menge der innerhalb künftiger Perioden zu fertigenden Produkte. – Zu unterscheiden sind: (1) *Strategisches P.*: Plan, in dem Art und Menge der langfristig innerhalb der künftigen Perioden zu fertigenden Produkte festgelegt werden. (2) *Operatives P.*: Plan, in dem Art und Menge der in definierten mittel- und kurzfristigen Perioden zu fertigenden und abzusetzenden Produkte festgelegt werden. – Die *Produktionsprogrammbreite* (auch Produktionsbreite genannt) ist die Anzahl der Produktarten des P. eines Unternehmens, die ohne grundsätzliche Produktionsumstellung nebeneinander (→ Parallelproduktion) oder/und nacheinander (Wechselproduktion) hergestellt werden können. – Die *Produktionsprogrammtiefe* (bzw. Produktionstiefe) bezeichnet die Anzahl der Produktionsstufen, die der Produktionsprozeß eines Unternehmens bzw. eines Betriebes umfaßt. Im Rahmen vertikaler Diversifikation können Vorproduktionsstufen einbezogen werden.

Produktionsprogrammplanung (Fertigungsprogrammplanung), Festlegung der Art und Menge der innerhalb eines bestimmten Zeitraums bzw. in zukünftigen Perioden zu erstellenden Produkte. Herangezogen werden Daten aus dem Absatz-, dem Lager-, dem Produktions- und dem Beschaffungsbereich, wobei dem Absatzbereich die größte Bedeutung zukommt. – Die Vorgehensweise im Falle der *strategischen P.* ist folgendermaßen: Aufbauend auf Produkt- bzw. Marktanalysen und entsprechenden Prognosen wird im Rahmen der → Produktplanung bestimmt, welche Produkte für welche Märkte produziert werden sollen. Für die ermittelten Produktalternativen müssen dann Lebenszyklen bestimmt werden, um auf deren Basis Produktbewertungsprofile und Kostenträgerzeitrechnungen für mehrere Perioden als Überschlagsrechnungen für neue Produkte erstellen zu können. – Im Rahmen der *operativen P.* werden lediglich Art und Menge der kurz- bzw. mittelfristig zu fertigenden Produkte hinsichtlich der strategischen Ziele festgelegt.

Produktionsprozeßkontrolle, Soll/Ist-Vergleich und Ermittlung eventueller Abweichungen bei der Durchführung der Produktionsprozesse. Bei Abweichungen im Hinblick auf Quantität (Mengen, Zeiten), Qualität und Kosten, sind die Ursachenanalysen und gegebenenfalls Konsequenzanalysen durchzuführen.

Produktionsprozeßplanung (Ablaufplanung, Produktionsvollzugsplanung), der *Begriff* ist in zweifacher Weise zu interpretieren: Einerseits produkt- bzw. projektorientiert: Systematisch vorbereitete Festlegung der (kalender-) zeitlichen und örtlichen Reihenfolge von Aktionen (Be- und Verarbeitungs- sowie hiermit verbundene Transport- und Lagervorgänge) zur Durchführung von Produktionsaufträgen für Vorprodukte und Endprodukte bei grundsätzlich gegebenem Potentialbestand unter Beachtung des Wirtschaftlichkeitsprinzips und von Anforderungen aus dem Humanbereich. Andererseits kapazitäts- bzw. potentialorientiert: Systematisch vorbereitete Festlegung des (kalender-) zeitlichen und örtlichen Einsatzes der Potentiale einschl. zugehöriger Werkzeuge und der Verbrauchsfaktoren jeweils bestimmter Qualität und Quantität zum Zwecke der Produkterstellung unter Beachtung ökonomischer und sozialer Ziele. – *Teilbereiche:* Die P. beinhaltet eine integrierte auftragsorientierte → Terminplanung, eine anlagenorientierte → Kapazitätsbelegungsplanung sowie eine Material- und Personalbereitstellungsplanung (→ Bereitstellungsplanung). – Vgl. auch → Produktionsprozeßregelung, → Produktionsprozeßsteuerung.

Produktionsprozeßplanungsdilemma (Produktionsdilemma), bei der → Produktionsprozeßplanung (von E. Gutenberg als Prozeßplanung bezeichnet) aufgrund der sich teilweise überschneidenden und u.U. sogar gegenläufigen Tendenzen der Optimierungsziele auftretendes Problem. – *Beispiel:* Es wird einerseits maximale Kapazitätsauslastung angestrebt, die nur dann erreicht werden kann, wenn jedes Betriebsmittel über ein entsprechendes Auftragspolster verfügt; dies führt andererseits zu einer Warteschlange von Aufträgen an jeder Maschine, die im Interesse geringmöglicher Durchlaufzeiten gerade vermieden werden sollte.

Produktionsprozeßregelung, durch Rückkopplung geschlossener Wirkungskreislauf zwischen Produktionsprozeßsteuerung, Produktionsprozeß und Produktionsprozeßkontrolle.

Produktionsprozeßsteuerung, detaillierte Festlegung der Durchführung des Produktionsprozesses innerhalb des Rahmens, der durch die Produktionsprozeßplanung gegeben ist sowie die Veranlassung der Durchführung der Produktion. Insofern kann die P. als Produktionsprozeß-Feinstplanung gesehen werden und hat insbes. für die Einzelproduktion und Serienproduktion Bedeutung, da die Detailplanung bei der Massenproduktion grundsätzlich im Rahmen der Produktionsprozeßplanung durchgeführt wird. Wichtige Tätigkeiten sind die Formularbereitstellung und die Bildschirmanzeige für die Produktion sowie für den Material- und Werkzeugeinsatz mit vorheriger Verfügbarkeitskontrolle, außerdem die kostenträger- und auftragsorientierte Arbeitsverteilung und -anordnung gemäß der Produktionsprozeßplanung sowie die Materialtransportsteuerung. – Vgl. auch → Produktionprozeßregelung.

Produktionssteuerung, die auf der → Produktionsplanung aufbauende detaillierte Festlegung (Feinstplanung) des Produktionsprogrammes (→ Produktionsprogrammplanung) und des Produktionsprozesses (→ Produktionsprozeßplanung) sowie die Veranlassung der Durchführung. Die Realisation der P. bedingt eine anschließende → Produktionskontrolle; im Bereich der Technik werden Mengen- und Zeitenkontrollen allerdings zur P. gezählt.

Produktionstechnik, 1. *Energietechnik:* Die Produktion von Nutzenergie ist Gegenstand der Energietechnik. Die Nutzenenergie gliedert sich in Wärmeenergie für Raumheizung und Warmwasser, in Energie zum Durchführen industrieller Produktionsprozesse (z.B. Hochtemperaturwärme) sowie in Antriebs- und Lichtenergie. Die Sachleistungsart, die die Energietechnik innerhalb der Produktionstechnik abgrenzt, ist die Energie als Produkt. Alle Techniken, bei denen die Energie das Produkt repräsentiert, zählen somit zur Energietechnik. Die Entwicklung ist zum einen dadurch gekennzeichnet, daß eine Substitution nicht regenerativer Primärenergieträger (z.B. Träger von Sonnenenergie) angestrebt wird. Auch die verstärkte Nutzung von Primärenergieträgern mit praktisch unbegrenzten Vorräten (z.B. Wasserstoff) ist Gegenstand der Forschung. Andererseits strebt man eine Steigerung des Nutzungsgrades der eingesetzten Primärenergie an (z.B. Supraleitertechnik). – 2. *Verfahrenstechnik:* Alle Techniken, die der Produktion von Fließgütern dienen, werden unter dem Begriff Verfahrenstechnik zusammengefaßt. Fließgüter sind makrogeometrisch nicht definierte Güter, wie Schüttgüter, Flüssigkeiten und Gase. In der Verfahrenstechnik wird eine verbesserte Ausbeute bei der Kuppelproduktion (technologisch verbundene Produktion), eine Optimierung des Energieeinsatzes sowie zunehmende Anlageautomatisierung angestrebt. Darüber hinaus wird versucht, Substitutionsprodukte für knappe Stoffe zu entwickeln. – 3. *Fertigungstechnik:* Techniken, die der Produktion von geometrisch definierten festen Körpern (Stückgütern) dienen, werden unter dem Begriff der Fertigungstechnik subsumiert. Die Automatisierung von Fertigungs- und Montageprozessen bildet das zentrale Bestreben der Entwicklung in der Fertigungstechnik.

Produktionstheorie, Teilgebiet der Volks- und Betriebswirtschaftslehre, das die Untersuchung der funktionalen Beziehungen der Einsatzmenge an Produktionsfaktoren und der Ausbringungsmenge an erzeugten Produkten (Produktionsfunktion) sowie das Aufzeigen von Gesetzmäßigkeiten zwischen Faktoreinsatz und -crtrag zum Gegenstand hat. Dargestellt werden Produktionsfunktionen in verschiedenen Ausprägungen und daraus abgeleitete Größen. Die wertmäßige Betrachtung der Produktion wird in der Kostenfunktion (bzw. Gesamtkostenfunktion) dargestellt. Die Produktionstheorie geht von dem Ein-Produkt-Unternehmen aus. – *Unberücksichtigt* bleiben auch Lagerhaltung und Kuppelproduktion.

Produktionstypen, 1. *Begriff und Charakterisierung*: Die betriebswirtschaftlich orientierte Bildung von P. ist eine wissenschaftliche Methode zur Ableitung einer zweckorientierten Ordnung der unterschiedlichen Erscheinungsformen der industriellen → Produktion. Diese Ordnung wird durch Heranziehen eines Merkmals (in diesem Fall spricht man von *Kombinationstypen*) oder mehrerer Merkmale (in diesem Fall spricht man von *Elementartypen*) gebildet, wobei die Merkmale zur Charakterisierung realer industrieller → Produktionsprozesse geeignet sein müssen. Bei dieser Typisierung sollen nicht ganze Industrieunternehmen in einem Zuge typisiert werden, sondern es wird auf einzelne, nach der technischen Funktion in sich geschlossene Produktionsstufen und -bereiche abgestellt. – *Zweck:* P. sollen die Aufstellung von aussagefähigen Erklärungs-, Prognose- und Entscheidungsmodellen sowie die Auswahl von Planungs- Steuerungs- und Kontrollverfahren erleichtern. Offensichtlich ist dies z.B. bei der Zuordnung der Kalkulationsverfahren zu spezifischen Produktionstypen. Zur Bildung von P. werden daher solche Merkmale und Merkmalskombinationen ausgewählt, die für betriebswirtschaftliche Fragestellungen im Produktionsbereich von Bedeutung sind. – Begrenzung zum Begriff Produktionstechnik: Die Bildung von P. muß unterschieden werden von der technologieorientierten Gliederung der Produktionstechnik, die sich mit den Produktionsprozessen aus naturwissenschaftlich-technischer Sicht befaßt – 2. *Elementartypen:* Die Auswahl von Merkmalen zur Bildung von Elementartypen wird absatz-, prozeß- und beschaffungsorientiert vorgenommen. Dies entspricht einer produkt-, prozeß- und faktorbezogenen Merkmalsordnung (vgl. Übersicht S.296). – a) *Ab-*

Merkmale von Elementartypen	Merkmalsausprägungen von Elementartypen			
1. Produktbezogene Merkmale a) Zahl der angebotenen und produzierten Produkteinheiten	Einproduktproduktion			Mehrprodukt-produktion
b) Abnehmereinflüsse auf Produkt-gestaltung	unmittelbar kunden-orientierte Produktion			mittelbar kunden-orientierte Produktion
2. Prozeßbezogene Merkmale a) Prozeßwiederholung	Einzelproduktion	Serien-/Sortenproduktion		Massenproduktion
b) Anordnung der Potentialfaktoren/ Arbeitssysteme	Werkstattproduktion	Zentrenproduktion		Fließproduktion
c) zeitliche Abstimmung	global abgestimmte Arbeitsfolgen	teilabgestimmte Arbeitsfolgen		fein abgestimmte bzw. getaktete Arbeitsfolgen
d) zeitliche Prozeßanordnung	Wechselproduktion (Sukzessivproduktion)			Parallelproduktion
e) Kontinuität des Materialflusses	technologisch diskon-tinuierliche Prozesse (Chargenproduktion)			technologisch kontinuierliche Prozesse
f) Verbundenheit der Produktion	unverbundene Produktion			verbundene/gekuppelte Produktion
g) Mechanisierungsgrad	manuelle Produktion	maschinelle Produktion	teilautomatisierte Produktion	vollautomatisierte Produktion
h) Prozeßeinwirkung auf Einsatzstoffe	analytische Prozesse	synthetische Prozesse	analytisch-synthetische Prozesse	stoffneutrale Prozesse
i) Prozeßtechnologie	physikalische	chemische	kernphysikalische	biologische
j) Beherrschbarkeit der Prozesse	vollständig beherrschbare Produktion		nicht vollständig beherrschbare Produktion	
3. Faktorbezogene Merkmale a) Ortsgebundenheit der Produktionsfaktoren	ortsgebundene Produktionsfaktoren (anlagegebundene Produktion und Abbauproduktion)		ortsungebunde Produktionsfaktoren aber ortsgebundene Produkte (Baustellenproduktion)	
b) wirtschaftliches Gewicht der Faktoren	arbeitsintensive Produktion	materialintensive Produktion		anlageintensive Produktion
c) Wiederholbarkeit der Erzeugniseinsatzstoff-beschaffung	Einmaligkeit der Stoffbeschaffung (Partieproduktion)	begrenzte Wiederholbarkeit		unbegrenzte Wiederholbarkeit (Normstoffe)

satz- und produktbezogene Typen: Nach der Zahl der angebotenen und produzierten Produkte unterscheidet man Ein- und Mehrproduktproduktionen. Im Hinblick auf die Beeinflussung der Produktgestaltung durch den Käufer wird die unmittelbar und die mittelbar kundenorientierte Produktion unterschieden. Die unmittelbar kundenorientierte Produktion wird vielfach auch als Auftrags-, Bestell-, Kontrakt-, Kunden- und Vertragsproduktion bezeichnet. Bei diesem Produktionstyp werden Ausgestaltung bzw. Qualität sowie die Lieferzeit der Produkte in erheblichem Maße von den Kunden un-

Kombinationstypen – Profildarstellung

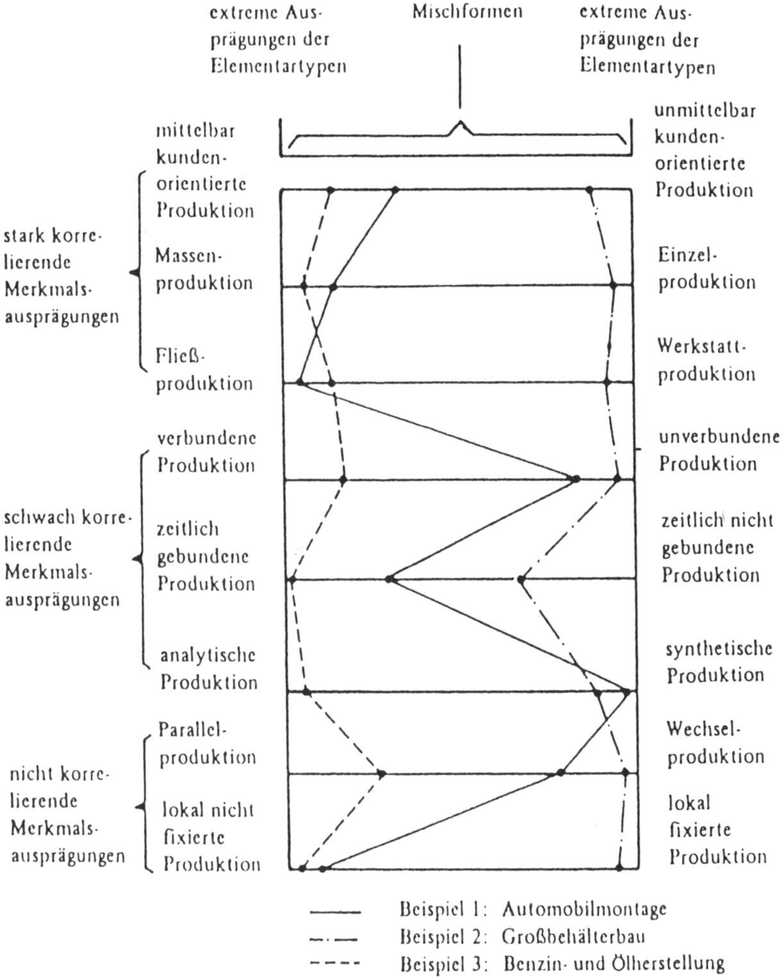

mittelbar beeinflußt; Produktionsprogramm- und Produktionsprozeßplanung erfolgen in aller Regel erst nach Eingang der Kundenaufträge (ausgenommen standardisierte Vor- und Zwischenprodukte). Dagegen richtet sich die mittelbar kundenorientierte Produktion – auch Marktproduktion oder Produktion für den anonymen Markt genannt – an einem durchschnittlichen Bedarfsprofil aus. – b) *Prozeßbezogenen Typen:* Die folgenden Typen basieren auf Merkmalen im Hinblick auf den Produktionsprozeß. – Das Merkmal der *Prozeßuntergliederung* unterscheidet die einstufige von der mehrstufigen Produktion. Während bei der einstufigen Produktion lediglich ein Arbeitssystem an der Produktion eines Produktes bzw. Teiles beteiligt ist, sind es bei der mehrstufigen mehrere. Im letzteren Fall ist zu berücksichtigen, daß gerade bei der Werkstattfertigung die Stufenzahl eine bedeutende Einflußgröße für die Durchlaufzeit der Produkte darstellt, da die Übergangszeiten zwischen den Systemen einen wesentlichen Teil der Durchlaufzeiten ausmachen. Bei der Fließproduktion dagegen kommt es auf die Abstimmung der Stufenkapazitäten an, damit Leerzeiten einzelner Arbeitszeiten und unnötige Zwischenlager vermieden werden. – Im Hinblick auf die Prozeßwiederholung unterscheidet man die → Einzelproduktion, die → Serienproduktion , die→ Sortenproduktion sowie die → Massenproduktion. Nach der *Anordnung der Arbeitssysteme* im Produktionsbereich werden → Werkstattproduktion, → Fließproduktion und → Zentrenproduktion unterschieden (vgl. hierzu im einzelnen an den angegebenen Stellen). – Bezüglich der *zeitlichen Abstimmung* kann die zeitlich global abgestimmte Produktion und die zeitlich feinabgestimmmte Produktion ggf. die Taktproduktion (bei Fließproduktion) abgegrenzt werden. – Das Merkmal der *zeitlichen Zuordnung der Produkte zu den Aktionsträgern* unterscheidet Parallel- und Wechselproduktion. Bei der Parallelproduktion verfügt das Unternehmen über soziale Arbeitssysteme bzw. -kombinationen, die zur (zeitlich) parallelen Serien- bzw. Sortenproduktion erforderlich sind. Bei der Wechselproduktion werden dagegen verschiedenartige Produktionsprozesse mit im wesentlichen denselben Produktionsanlagen hintereinander vollzogen. – In bezug auf die *Kontinuität des Materialflusses*, d.h. auf den zeitlichen Zusammenhang von Materialfluß und Produktionsprozeß, kann zwischen diskontinuierlicher (Chargenproduktion) und kontinuierlicher Produktion unterschieden werden. Bei der diskontinuierlichen Produktion werden die Werkstoffe mit zeitlicher Unterbrechung in das Arbeitssystem gegeben und partieweise be- und verarbeitet. Bei der kontinuierlichen Produktion dagegen erfolgen Transport- und Produktionstätigkeiten simultan und ohne zeitliche Unterbrechung. – Der Grad der technologischen Verbundenheit der Produkte bei der Produktion grenzt die technologisch unverbundene Produktion von der → technologisch verbundenen Produktion (Kuppelproduktion) ab. – Ein weiteres Merkmal ist der Mechanisierungsgrad, wodurch sich manuelle, maschinelle, teilautomatisierte und vollautomatisierte Produktion unterscheiden. – Nach der *prozeßbedingten Stoffveränderung* kann analytische und synthetische Produktion sowie analytisch-synthetische und stoffneutrale Produktion abgegrenzt werden. – Im Hinblick auf die naturgegebenen *Grundlagen der Prozeßtechnologie* unterscheidet man biologische, chemische, physikalische und kernphysikalische Produktion. – Ein letztes prozeßbezogenes Merkmal ist die Beherrschbarkeit der Produktion, denn nicht alle Produktionsprozesse sind voll beherrschbar. Ein Beispiel für technologisch-ablaufbedingte begrenzte Einflußnahme ist die Herstellung von Mikroprozessoren (Chips). – c) *Beschaffungs- und faktorbezogene Typen*: Produktionsprozesse können in der Realität nach der *Ortsgebundenheit der verschiedenen Produktionsfaktoren* unterschieden werden.: Bei der anlagengebundenen Produktion sind die Arbeitssysteme ortsgebunden, bei der Abbauproduktion die Rohstoffe. Ortsgebundene Produktionsfaktoren sind bei der Baustellenproduktion notwendig, bei der i.d.R. die Produkte ortsgebunden sind. – Im Hinblick auf das *wirtschaftliche Gewicht der Produktionsfaktoren* unterscheidet man arbeitsin-

tensive, materialintensive und betriebsmittelintensive Produktion. Hierbei können die relevanten Faktorkosten in Relation zu den Gesamtkosten als Indikator fungieren. – Ein letztes Merkmal ist die *Beschaffbarkeit der Erzeugniseinsatzstoffe*. Dieses Merkmal bezieht sich auf die Konstanz der Qualität der Erzeugniseinsatzstoffe. Ist die Produktion einsatzstoffbedingt nicht wiederholbar, so wird sie als Partieproduktion bezeichnet.
3. *Kombinationstypen:* In Abhängigkeit vom jeweiligen Untersuchungszweck lassen sich mit Hilfe ausgewählter Elementartypen Kombinationstypen bilden. Hierbei ist es zweckmäßig, von stark korrelierenden Merkmalsbündeln auszugehen und je nach Aufgabenstellung und betrachteten Produktionsgegebenheiten weitere schwach oder nicht korrelierende Merkmale heranzuziehen. Die Profildarstellung von Kombinationstypen auf S. 297 macht dies deutlich.

Produktivität, das Verhältnis von → Input zu → Output, d.h. das Verhältnis von → Ertrag bzw. → Leistung bezogen auf bestimmte Einsatzmengen an Produktionsfaktoren.

Produktkern, technisch-funktionale Eigenschaften eines Produktes.

Produktklassen, Einordnung von Gütern (z.B. Konsumgütern) in Gruppen von geringwertig bis hochwertig; dient als Hilfsmittel, um die Zuordnung von Produktmerkmalen (z.B. Serviceleistungen, technischer Kompliziertheit) und deren Bedeutung im Hinblick auf die jeweilige Produktklasse für die Konsumenten besser einschätzen zu können.

Produktkonzeptplanung, → Produktplanung

Produktlebenszyklus, mehrere Faktoren sind für das Absterben eines Produktes verantwortlich, u.a. technischer Fortschritt, wirtschaftliche, gesetzliche und wirtschaftspolitische Maßnahmen. Neben die natürliche Veralterung tritt die künstliche (z.B. psychologische Obsolenz bei modischen Produkten), d.h., alte Produkte werden durch neue substituiert, die die Bedürfnisse der Käufer besser befriedigen. In der *Einführungsphase* entscheidet sich, ob die Produktidee marktreif ist. In dieser Phase wird verstärkt investiert, vor allem in Werbung und Verkaufsförderung. Oftmals wird noch Verlust gemacht. In der *Wachstumsphase* wird der Bekanntheitsgrad des Produktes immer größer und der Absatz weitet sich stark aus. Es werden positive Dekkungsbeiträge erzielt. Die *Reifephase* ist die Phase, die durch absolute Marktausdehnung bei gleichzeitigem Absinken der Umsatzzuwachsraten und durch den Rückgang der Umsatzrentabilität gekennzeichnet ist; die Strategieempfehlung in dieser Phase lautet Abschöpfen. Die *Sättigungsphase* ist die Phase, in der der Absatz nicht mehr zu steigern ist. Die S. schließt sich an die → Reifephase an; die Abgrenzung zur nachfolgenden → Degenerationsphase ist schwierig.

Produktlinie, Gruppe von Produkten, die aufgrund bestimmter Kriterien (z.B. des produktionstechnischen Zusammenhangs und des Bedarfszusammenhangs) miteinander in Verbindung stehen (z.B. Kosmetikartikel). Der Begriff wird für den Bereich des Herstellers verwendet, während aus der Sicht des Handels von einer → *Warengruppe* gesprochen wird.

Produktmanagement, Organisationsform, bei der im Rahmen der → Spartenorganisaton eine Instanz (der *Pro-*

duktmanager) gebildet wird, die für alle produktbezogenen Entscheidungen wie Entwicklung, Produktion und Absatz verantwortlich ist. Ziel ist, die Entscheidungskompetenz jeweils produktbezogen näher an den jeweiligen Markt zu verlagern. Produktmanager werden hierarchisch entweder dem Marketingleiter zugeordnet oder durch Bildung von Stäben eingegliedert. – Alternativ bietet sich die → *Matrixorganisation* als organisationsweite Verankerung von Produktmanagern an.

Produktmix, Kombination der Instrumente und Ergebnis der Entscheidungen, die im Rahmen der → Produktpolitik getroffen werden; ein Teilbereich des → Marketingmix eines Unternehmens.

Produktpolitik, → Marketinginstrument, das alle Entscheidungen umfaßt, die die systematische und marktgerechte Gestaltung des Leistungsprogramms eines Unternehmens betreffen. Dazu gehören Entscheidungen über Entwicklung und Einführung von → Produktinnovationen, → Produktvariation, → Produktdifferenzierung, → Produktelimination, Service- und Kundendienstleistungen sowie die Gestaltung des → Programms. – *Gestaltungselemente* der P. sind Produktkern und -qualität, äußeres Erscheinungsbild (das Produktäußere), die Verpackung und die Markierung. Produktpolitische Entscheidungen und die Kombination der Gestaltungselemente (Produktmix) werden mit den anderen Instrumentalbereichen (Kommunikations-, Distributions- und Kontrahierungspolitik) abgestimmt.

Produktplanung (Erzeugnisplanung), Teilbereich der (strategischen) → Produktionsprogrammplanung. – Die P. umschließt die Produktkonzept- und die Produktentwicklungsplanung. Die *Produktkonzeptplanung* umfaßt alle Phasen vom Anstoß zur P. über die Ideensuche und Vorauswahl sowie die Ableitung von Produktvorschlägen bis hin zur Beurteilung von Produktvorschlägen und Auswahl von Produktentwicklungsaufträgen aufgrund einer möglichst genauen Produktbeschreibung (Merkmalsangabe). Die Hauptalternativen der P. sind die → *Produktinnovation,* die → *Produktvariation* und die → *Produktelimination.* – Die *Produktentwicklungsplanung* umfaßt dagegen mehr die technisch orientierte Entwicklung und schließlich die marktreife Erprobung und Einführung neuer Produkte.

Produktstandardisierung, Vereinheitlichung im Zusammenhang mit der Produktgestaltung, die die für einen breiten Kreis relevante Fixierung bestimmter Eigenschaften und Eigenschaftsprägungen von Produkten (End- und Vorprodukte) umfaßt. – Bei überbetrieblicher Verbindlichkeit solcher Maßnahmen spricht man von → *Normung,* bei betriebsbezogenen Maßnahmen von → *Typung.*

Produkttest, systematische Erhebung und Erprobung von neuen Produkten (Testware) durch ausgewählte Konsumenten (Testpersonen) auf ausgewählten → Testmärkten. Ziel ist die Sammlung von Informationen über die subjektive Wirkung des Produktes bzw. der Ware (z.B. bezüglich Verpackung, Form, Preis, Namensgebung). Der Ermittlung psychischer Größen wie z.B. Einstellungen, Präferenzen und deren Ursachen kommt dabei eine große Bedeutung zu. Die Ergebnisse dienen der optimalen Produktgestaltung. Methoden des P. sind Einzeltests, sukzessive und simultane Paarvergleiche. Untersucht werden kann der Gesamteindruck eines Produktes und des gesamten Produktmixes (Volltest) oder einzelne Komponenten des Produktmixes (Partialtest). Der P. wird vom Hersteller selbst durchgeführt und ist daher abzugrenzen vom → *Warentest.*

Produktvariation, Veränderung von Eigenschaften und Nutzenkomponenten eines bereits am Markt befindlichen Produktes. Gegenstand der Veränderung können physikalische oder funktionale, ästhetische oder symbolische Eigenschaften und Zusatzleistungen (z.B. Service) sein. Die P. gehört zu den Instrumenten der → Produktpolitik. Anlässe für P. sind oftmals die Veränderung der Konsum- und Verbrauchsgewohnheiten, das Erscheinen von Konkurrenzprodukten, gesetzliche Auflagen etc.

Produzentenhaftung, (Produkthaftung) gesetzliche Verpflichtung des Herstellers, für Schäden an Eigentum, Leben, Gesundheit etc. der Verbraucher einzustehen, wenn durch ihn fehlerhafte Produkte in den Verkehr gebracht wurden. Dabei kann es sich beispielsweise um Konstruktions-, Fabrikations- oder Instruktionsfehler durch schlechte Gebrauchsanweisungen handeln.

professional and managerial position questionnaire, Anwendung und spezielle Abwandlung des → position analysis questionnaire für Führungskräfte.

Profit Center, Variante der → Spartenorganisation mit weitgehend autonomen → Geschäftseinheiten, für die eine eigene Erfolgsrechnung erfolgt. Ein Profit Center wird wie ein eigenständiges Unternehmen geführt, das selbständig kalkuliert und über Bezüge, Verkäufe und Preise selbst entscheidet. Hierzu benötigt der Leiter die entsprechenden Entscheidungskompetenzen. Grundlage der Erfolgsrechnung ist jedoch keine absolute Größe (etwa Gewinnmaximierung), sondern der Return on Investment (RoI) als relative Größe. Dabei werden von anderen Abteilungen in Anspruch genommene Leistungen über Verrechnungspreise berücksichtigt. – Das Profit Center-Modell stellt die *weitestgehende Form der → Dezentralisation* dar. Die dezentralen Einheiten sind für Entscheidungen bezüglich des operativen Geschäfts zuständig, während die Unternehmensspitze sich auf strategische Entscheidungen konzentriert. *Vorteile* sind die Entlastung der Unternehmensspitze, die Marktnähe und Anpassungsfähigkeit der einzelnen Einheiten, die aus der Eigenständigkeit der Leiter der Profit Center resultierende Motivationswirkung sowie die Möglichkeit einer An- und Ausgliederung einzelner Profit Center ohne Zwang zu Reorganisationsmaßnahmen des Gesamtunternehmens. *Nachteile* liegen vor allem in möglichen Koordinationsproblemen, der Schwierigkeit, eine einheitliche Strategie durchzusetzen, und der oft kurzfristigen Gewinnorientierung der einzelnen Einheiten.

Prognoseverfahren, Verfahren zur Betrachtung zukünftiger möglicher Entwicklungen. – Unterschieden werden können qualitative und quantitative P. a) *Qualitative Prognoseverfahren* untersuchen Art und Richtung der Entwicklung und basieren auf Erfahrungen, Kenntnissen und Fingerspitzengefühl; dazu gehören u.a. die Delphimethode und die → Szenario-Analyse. b) *Quantitative Prognoseverfahren* untersuchen das Ausmaß der Entwicklung und basieren auf mathematischen Verfahren; dazu gehört u.a. die Entwicklungsprognose.

Programm, in der Organisationslehre eine Handlungsvorschrift, bei der die Reihenfolge der Einzelschritte zur Aufgabenerledigung vorgeschrieben wird; dient der Koordination bzw. Verhaltenssteuerung von Mitarbeitern.

Programmbreite, Zahl der → Produktlinien bzw. Produktarten, die im Programm eines Herstellers enthalten sind. Die Marketingstrategie des Herstellers bildet die Grundlage für die Zusammensetzung der P.

Programmgestaltung, → Programmpolitik

Programmiersprache, eine zum Formulieren von Computerprogrammen geschaffene Sprache. Generationen der Programmiersprache: P. werden in Generationen eingeteilt. (1) *Maschinensprachen* sind dabei Sprachen der ersten Generation. (2) *Maschinennahe Sprachen*, die bereits einen gewissen Komfort bieten (Assembler), werden als Sprachen der zweiten Generation bezeichnet. (3) *Prozedurale bzw. problemorientierte Sprachen* bilden die Sprachen der dritten Generation. Ihre „Problemorientierung" zeigt sich z.B. daran, daß Cobol vorwiegend für kaufmännische Anwendungen eingesetzt wird, Fortran hingegen den technisch-wissenschaftlichen Bereich abdeckt. Bei der Problemlösung mit diesen Sprachen muß ein Lösungsweg algorithmisch beschrieben werden. Der Programmierer muß also spezifizieren, wie das Problem zu lösen ist. Typische Vertreter sind die klassischen Sprachen → Cobol, → Fortran, → Pascal und → C. Unter der vierten Generation werden *nichtprozedurale Sprachen* zusammengefaßt. Bei der Anwendung nichtprozeduraler Programmiersprachen beschreibt der Benutzer, welche Daten er benötigt und nicht, wie diese aus der Datenbank zu gewinnen sind. Als Ergebnis erhält man üblicherweise Mengen von Datensätzen, die mit den üblichen Operationen der Mengenalgebra weiterverarbeitet werden können. Typische Vertreter sind SQL und Natural. Speziell auf die → künstliche Intelligenz ausgerichtete Programmiersprachen (auch KI-Programmiersprachen genannt) sowie objektorientierte Programmiersprachen gehören zur fünften Generation. – Die *KI-Programmiersprachen* stellen u.a. bestimmte Wissensrepräsentationsformen zur Verfügung und bieten Möglichkeiten zur Auswertung des Wissens, da KI-Programme besondere Anforderungen an die sprachlichen Ausdrucksmittel einer Programmiersprache stellen. Typische Vertreter sind → Prolog und → Lisp. Objektorientierte P. setzen die Konzepte der → objektorientierten Systementwicklung in eine P. um. Dabei muß innerhalb der P. die Möglichkeit bestehen, komplexe Datenstrukturen anzulegen, Methoden an Datenstrukturen zu binden und die Vererbung von Klasseneigenschaften auf Unterklassen zu garantieren. Da Datenobjekte nur über entsprechende Methoden manipuliert werden können, spricht man auch von Datenkapselung oder Geheimhaltungsprinzip. Wie die Methoden realisiert werden, ist für den Benutzer irrelevant. Er interessiert sich nur für das Ergebnis. Gerade dies ermöglicht die Wiederverwendbarkeit von Modulen. Wichtigste Vertreter sind Smalltalk und Eiffel sowie C++ als eine objektorientierte Erweiterung der Programmiersprache C.

Programmierung, Erstellung von Befehlsfolgen für ein DV-System. – Dabei unterscheidet man die Prinzipien strukturierte und normierte P.: (1) Die *strukturierte Programmierung* basiert auf den drei Strukturelementen Sequenz (Folge von Befehlen), Selektion (bedingte Verzweigung, Auswahl eines Programmzweiges) und Iteration (Abarbeitung von Schleifen, Iterationen). Insbesondere kann es keine „Sprünge" (Goto-Anweisungen) innerhalb des Programmes geben. (2) Bei der *normierten Programmierung* geht man davon aus, daß Programme häufig nach dem Schema Dateneingabe, Kontrolle, Verarbeitung, Datenausgabe, Programmabschluß ablaufen. Es wird dann diesbezüglich eine Normierung der Befehlsfolgen vorgenommen.

Programmlohn, Variante des → Pensumlohns, bei der im Falle der Erfüllung eines vereinbarten Arbeitsprogrammes für einen bestimmten Zeitraum eine bestimmte, über den Grundlohn hinausgehende Entgelthöhe festgelegt wird.

Programmpolitik, Bestandteil der → Produktpolitik. Getroffen werden Entscheidungen über die inhaltliche Ausgestaltung des Leistungsprogramms, d.h. über Produkte und Produktlinien sowie über Programmtiefe und → Programmbreite.

Programmtiefe, Zahl der verschiedenen Ausführungen (Typen, Modelle, Sorten), die innerhalb einer → Produktlinie vertreten sind.

progressive Abschreibungen, → Abschreibungsverfahren

progressive Planung, → Bottom-up-Planung

Prohibitivpreis, Höchstpreis eines Gutes, bei dem die Nachfrage nach dem Gut gleich Null ist.

Projekt, zeitlich befristete, relativ innovative und risikobehaftete Aufgabe von erheblicher Komplexität, die aufgrund ihrer Schwierigkeit und Bedeutung meist ein gesondertes → Projektmanagement erfordert. Beispiele sind die Erstellung schlüsselfertiger Fabrikationsanlagen, die Entwicklung neuartiger Produkte sowie die Umstellung der Produktion auf neue Technologie oder Reorganisation. – Da zur Projektrealisierung regelmäßig mehrere organisatorische Einheiten zusammenwirken müssen, ist zur Bewältigung der projektbedingten Anforderungen an die Koordination häufig eine spezielle Projektorganisation zweckmäßig.

Projektaufwandsschätzung. Die Abschätzung und Kontrolle des Projektaufwands ist eine wichtige Aufgabe des → Projektmanagements. – Um die Entwicklungskosten kalkulatorisch ermitteln zu können, wurden *Methoden* zur Aufwandsschätzung entwickelt: (1) Bei der *Analogiemethode* schätzt der Projektleiter die Kosten des Projektes durch den Vergleich von Faktoren, die den Erstellungsaufwand wesentlich beeinflußen, mit bereits abgeschlossenen Projekten. Nachteilig ist, daß diese Methode nahezu ausschließlich auf die individuelle Erfahrung des Schätzenden setzt. Deshalb hat sich in vielen Unternehmen die Aufwandsschätzung nach der Function-Point-Methode (FPM) durchgesetzt. (2) Die *Function-Point-Methode* (FPM) geht davon aus, daß der Aufwand für die Entwicklung eines Anwendungssystems vom Funktionsumfang, der Qualität und der Produktivität der Entwicklungsumgebung abhängt. Das Projekt wird nach bestimmten aus diesen Punkten abgeleiteten Kriterien untersucht, wobei jedes Kriterium durch eine bestimmte Punktzahl (Function Point) bewertet wird. Anschließend wird die Summe dieser Function Points ermittelt. Über eine Erfahrungskurve wird dann aus den

Function Points der Projektaufwand ermittelt. Als problematisch erweist sich die Konstruktion der Erfahrungskurve. Im allgemeinen ist diese ja nicht explizit im Unternehmen vorhanden. Deshalb wird häufig auf Erfahrungskurven in der Literatur zurückgegriffen. Diese werden dann sukzessive an die Gegebenheiten des Unternehmens angepaßt.

Projektion, Wahrnehmungsirrtum, der durch die Übertragung eigener Gefühle und Einstellungen auf andere entsteht.

Projektmanagement, Organisationsform zur Durchführung von Projekten; das sind zeitlich befristete, komplexe, nicht-routinemäßige Aufgaben, deren Bedeutung und Schwierigkeitsgrad eine besondere Art der Durchführung und Organisation verlangt. Entsprechend wird das Projekt aus der normalen Struktur ausgegliedert. – Die Projektorganisation erfolgt stattdessen durch die Einrichtung eines besonderen Stabes (*Stabs-Projektmanagement* oder *Einfluß-Projektmanagement*), wobei die Entscheidungskompetenz in der Linie verbleibt, durch die Kombination von Projektgruppe und Linienmanager in Form der Matrixorganisation (*Matrix-Projektmanagement)* mit einem entsprechenden Einigungs- und Kooperationszwang, oder durch die Einrichtung einer autonomen Projekteinheit (*reines Projektmanagement*), der die zur Projektabwicklung notwendigen Kompetenzen übertragen werden. Nach Beendigung des Projekts wird die Projektgruppe aufgelöst. – Technisch unterstützt werden kann das P. durch die EDV, Netzpläne, verschiedene Arten des Berichtwesens und Projektdokumentationen.

Projektorganisation, → Projektmanagement

Projektteam, für einen bestimmten Zeitraum eingesetzte Arbeitsgruppe zur Lösung einer Aufgabe. Die Gruppenmitglieder sollen sich aus allen für die Aufgabenerfüllung wichtigen Bereichen der Organisation zusammensetzen; sie sind vorübergehend hauptberuflich für das Projekt tätig, kehren aber nach dessen Abschluß in ihren ursprünglichen Bereich zurück.

Prokura, in das Handelsregister einzutragende Vertretungsbefugnis bzw. Handlungsvollmacht. Durch das Handelsgesetzbuch (§ 48-53) ist festgelegt, daß diese Handlungsvollmacht grundsätzlich unbeschränkt ist; der zur Vertretung befugte Prokurist ist zur Führung des gesamten Geschäftsverkehrs und damit zu allen Arten von gerichtlichen und außergerichtlichen Geschäften sowie Rechtshandlungen befugt, die betrieblich bedingt sind. Eine P. kann eingeschränkt erteilt werden, z.B. als Filialprokura, die sich ausschließlich auf eine oder mehrere Niederlassungen eines Unternehmens bezieht. Für bestimmte Geschäfte ist eine besondere P. rechtlich vorgeschrieben, etwa bei der Veräußerung oder Belastung von Grundstücken. Eine P. berechtigt grundsätzlich nicht zur Einstellung des Betriebes, seiner Veräußerung oder Vergleichs- und Konkursanträgen. Sie endet durch Widerruf, Beendigung des Dienstverhältnisses, Tod oder Verlust der Geschäftsfähigkeit des Prokuristen und die Einstellung des Betriebes. Gegenüber Dritten erlischt sie erst mit Austragung aus dem Handelsregister und Bekanntmachung.

Prolog, Prolog ist eine Programmiersprache der fünften Generation, also eine Sprache, die dem Bereich der künstlichen Intelligenz zuzuordnen ist. Sinngemäß steht die Abkürzung Prolog für „Programmieren in Logik“. Prolog unterstützt die Formulierung der Fakten und deren Verknüpfung durch logische Regeln. Im Gegensatz zu → Lisp benötigt Prolog weniger Rechnerressourcen und ist beispielsweise auch auf PCs lauffähig. Bevorzugt wird Prolog als Entwurfssprache für Datenmodelle (→ Datenmodellierung) und für das → Prototyping eingesetzt.

promotion sale, → Promotionspreispolitik

Promotionspreispolitik, → preispolitische Strategie; Niedrigpreispolitik, bei der die Präferenzbildung für das Produkt nur über den niedrigen Preis angestrebt wird (eindimensionale Präferenzbildung). Die Werbung richtet sich weitgehend nur auf den Preis und die Preisempfindlichkeit des Käufers – Gegensatz: → Prämienpreispolitik.

Propergeschäft, → Eigengeschäft

Property-Rights-Theorie, theoretischer Ansatz der Mikroökonomie, in dessen Mittelpunkt die Analyse der Eigentums- bzw. Verfügungsrechte an Produkten steht. Statt von Gewinnmaximierung wird bei der Untersuchung der Beziehungen der Teilnehmer am Wirtschaftsleben von der Annahme der Nutzenmaximierung ausgegangen; ferner werden die Transaktionskosten von Eigentums- bzw. Verfügungsübertragungen berücksichtigt.

Prospektor, → Unternehmensstrategie, die sich in einem breiten Tätigkeitsfeld auf das Lokalisieren und Auswerten neuer Produkt- und Marktmöglichkeiten konzentriert. Die *zentralen Bereiche* sind Marketing sowie → Forschung und Entwicklung. In beiden Bereichen wird permanent nach neuen Möglichkeiten gesucht, wodurch P. immer als erste im Markt sind. – Ein eventuelles Wachstum der Unternehmen läuft häufig schubweise über Produkt- und Marktentwicklungen. Ein P. immunisiert sich gegen Änderungen, da diese häufig von ihm selber hervorgerufen werden. Die hohe Flexibilität verhindert jedoch eine Effizienz zur Maximierung der Gewinne. Technologisches und administratives Know-how sind weniger in den Verfahren als in den Menschen vorhanden, wodurch eine hohe Anfälligkeit gegenüber Personalwechseln entsteht.

Prototyping, Vorgehensweise im Rahmen des → Software Engineering. Beim Prototyping wird mit mächtigen Werkzeugen (Tools) ein ablauffähiges Programm entwickelt, das im Rahmen des Entwicklungsprozesses als Diskussionsgrundlage für Entwickler und zukünftige Benutzer dient. Die Ausprägungen reichen von der Konzeption eines Wegwerfsystems als Prototyp bis zur Konzeption von Zwischenlösungen, die sukzessive zur endgültigen Lösung weiterentwickelt werden. – Man kann exploratives, experimentelles und evolutionäres Prototyping unterscheiden: (1) *Exploratives Prototyping:* Der Prototyp eines DV-Systems soll eine möglichst vollständige Systemspezifikation repräsentieren. Das System soll den Endbenutzern durch eine praktische Demonstration vorgestellt werden. Dabei sollten nicht nur eine, sondern mehrere alternative Lösungen aufgezeigt werden. (2) *Experimentelles Prototyping:* Dabei wird die Tauglichkeit eines vorgeschlagenen Systementwurfs durch ein Experiment (Prototyp) überprüft. Dabei ist es möglich, daß der Prototyp den kompletten Systemumfang des Zielsystems wiedergibt oder nur die Benutzerschnittstelle simuliert. (3) Evolutionäres Prototyping: Dies ist die mächtigste Variante des P. Es handelt sich eigentlich um eine komplette Entwicklungsstrategie. Dabei werden Teilsysteme schrittweise implementiert und anschließend von Entwicklern und Anwendern gemeinsam überarbeitet (slowly growing systems). Dadurch wird der Benutzer in den Prozeß der → Systementwicklung eingebunden. Man betrachtet also den gesamten Entwicklungsprozeß als eine Folge von Zyklen, die iterativ durchlaufen werden. Prototypen sollen operational sowie schnell und billig realisierbar sein. Im Gegensatz zum → Phasenmodell liegt also kein streng linearer Entwicklungsprozeß vor.

Prozeßanalyse, Verfahren, das insbesondere zur Identifikation und Analyse von administrativen Geschäftsprozessen (→ Bürokommunikation) eingesetzt wird. Ausgangspunkt ist die Überlegung, daß administrative Vorgänge (z.B. Erstellen eines Angebots oder Bearbeiten von Kundenreklamationen) in arbeitsteiligen Prozessen realisiert werden. Ein Prozeß kann in diesem Sinne als eine abteilungs- und bereichsübergreifende Verkettung von Elementaraufgaben durch Informationsflüsse verstanden werden. Am Anfang steht der Prozeßanstoß (z.B. Kundenanfrage) und am Ende ein Büroprodukt (z.B. Angebot).

Prozeßberatung, Methode der → Organisationsentwicklung, bei welcher sich der Berater auf die Hilfestellung beim Prozeß der Problemlösung konzentriert, indem er der Organisation hilft, Prozesse bewußt wahrzunehmen, zu verstehen und entsprechend zu handeln.

Prozeßkostenrechnung, seit Mitte der achtziger Jahre entwickeltes Instrument des Controlling, mit dessen Hilfe Kosten fertigungsunterstützender Bereiche den Produkten genauer zugerechnet werden sollen als dies mit Hilfe traditioneller Kostenrechnungssysteme geschieht. Ausgangspunkt der P. ist, daß die Gemeinkosten fertigungsunterstützender Bereiche nicht auf Grundlage von Fertigungslöhnene, Maschinenstunden oder Materialkosten verrrechnet werden können, da diese Kosten durch Planungs-, Steuerungs- und Koordinationstätigkeiten komplexer und variantenreicher Produkte diktiert werden. Die P. geht davon aus, daß Produkte sehr vielfältige, unterschiedliche Tätigkeiten bzw. Teilprozesse, in Anspruch nehmen, welche Ressourcen nachfragen. Somit werden die Kosten den Produkten anhand der von ihnen in Anspruch genommenen Tätigkeiten zugerechnet. Diese Zurechnung geschieht mit Hilfe verursachungsgerechter Bezugsgrößen, sog. *Kostentreiber. Die P.,* durchbricht die kurz- bis mittelfristige Sicht der traditionellen Kostenrechnung und besitzt eher strategischen Charakter. Sie unterstützt langfristige Entscheidungen bezüglich der Produktpolitik und deckt durch ihre kostenstellenübergreifende Betrachtungsweise Rationalisierungspotentiale fertigungsgestützter Bereiche auf.

Prozeßorientierung, in der → Organisationsentwicklung Bezeichnung für das Verständnis von Veränderungen einer Organisation als Entwicklungsprozeß, bei dem Weg (Art und Weise der Veränderung) und Ziel eine Einheit bilden. Das Vorgehen erfolgt dabei schrittweise, indem jeder Schritt ausgewertet wird und dann die Grundlage für weitere Schritte bildet im Gegensatz zur Durchsetzung eines bereits vorher fixierten Zieles.

Prozeßtheorien der Motivation, motivationstheoretische Ansätze, die zu erklären versuchen, wie individuelles Handeln und Verhalten entsteht. Bekannteste Prozeßtheorie der Motivation und zugleich Grundmodell für weitere Prozeßtheorien ist die → Erwartungs-Valenz-Theorie.

psychologische Arbeitsplatzgestaltung, im Rahmen der → Ergonomie die Berücksichtigung psychologischer Erkenntnisse bei der Arbeitsplatzgestaltung mit dem Ziel der Schaffung einer angenehmen, den Mitarbeiter motivierenden Arbeitsumwelt (z.B. durch optische und akustische Elemente).

psychologischer Kontrakt, → psychologischer Vertrag

psychologischer Test, → Persönlichkeitstest

psychologischer Vertrag, (psychologischer Kontrakt) Modell, demzufolge beim Eintritt eines Individuums in eine Organisation (Aufnahme einer Arbeitstätigkeit) neben dem formalen → Arbeitsvertrag zusätzlich ein inoffizieller zur Regelung der gegenseitigen Erwartungen und Ansprüche abgeschlossen wird. Dieser verändert sich im Gegensatz zum Arbeitsvertrag entsprechend der individuellen Persönlichkeitsentwicklung und der betrieblichen Sozialisation.

Psychotechnik, kaum noch gebräuchlicher Begriff für eine psychologische Forschungsrichtung, die sich mit der zweckgerichteten Behandlung von Menschen, insbesondere in der Arbeitswelt, befaßt. Zielsetzung ist die systematische Berücksichtigung psychologischer Faktoren der Arbeitenden, um so eine effektivere Aufgabenrealisierung erreichen zu können. – Im Mittelpunkt der vor allem Anfang des 20. Jahrhunderts durchgeführten Studien stehen Probleme der Ermüdung, der Sozialisation neuer Mitarbeiter, der Eignungs- und Auswahlverfahren sowie der psychologischen Arbeitsgestaltung. Inzwischen ist die P. weitgehend von anderen Richtungen der Arbeits- und Organisationspsychologie (z.B. Human-relations-Ansatz) und der Arbeitswissenschaft (z.B. ergonomische Arbeitsstudien) abgelöst worden.

Public Relations (PR), Instrument der → Kommunikationspolitik; Öffentlichkeitsarbeit eines Unternehmens, die darauf abzielt, dessen Ansehen in der Öffentlichkeit und die Beziehungen zur unmittelbaren Umwelt zu verbessern sowie den Bekanntheitsgrad zu erhöhen. PR ist im Gegensatz zur Werbung nicht auf einzelne Produkte, sondern das Unternehmen in seiner Gesamtheit ausgerichtet. Absatz und Beschaffung werden dadurch indirekt gefördert; insofern kann PR im weitesten Sinne auch als Marketinginstrument angesehen werden. Im Zusammenhang mit öffentlicher Kritik, etwa in Fragen des Umweltschutzes, versuchen einzelne Unternehmen, solcher Kritik durch eine positive Darstellung ihrer Umweltschutzaktivitäten (umweltfreundlicher Produkte, Forschung, Investitionen in den Umweltschutz) zuvorzukommen. Dadurch hat die PR-Arbeit eine wichtige Funktion erlangt.

Publizitätspflicht, Verpflichtung eines Unternehmens zur Unterrichtung der Öffentlichkeit über Aspekte des Unternehmensgeschehens, insbesondere der wirtschaftlichen Lage und der Ursachen der geschäftlichen Entwicklung. Grundsätzlich besteht für Unternehmen die Verpflichtung zur Eintragung in das Handelsregister bzw. bei Genossenschaften in das Genossenschaftsregister. Kapitalgesellschaften und Ge-

nossenschaften sind ferner zur Rechnungslegung verpflichtet.
1. Der *Umfang* der Publizitätspflicht richtet sich nach der Größe des Unternehmens. Kleine Kapitalgesellschaften müssen die Jahresbilanz mit einem verkürzten Anhang und einem Ergebnisverwendungsvorschlag und -beschluß veröffentlichen. Sofern eine Kapitalgesellschaft eine Bilanzsumme von mehr als 125 Mio. DM, Umsatzerlöse von über 250 Mio. DM in den letzten zwölf Monaten vor dem Stichtag und in den letzten zwölf Monaten durchschnittlich mehr als 5000 Arbeitnehmer beschäftigt hat (wobei nur zwei dieser drei Merkmale zutreffen müssen), hat eine Rechnungslegung nach dem Publizitätsgesetz zu erfolgen. Zu veröffentlichen sind Jahresbilanz, Gewinn- und Verlustrechnung, Anhang, Lagebericht, Prüfungsvermerk, Bericht des Aufsichtsrates sowie Ergebnisverwendungsvorschlag und -beschluß. Für → Konzerne gelten die gleichen Regelungen wie für Einzelunternehmen.
2. *Zentrale Zielsetzung* der Publizitätspflicht ist die Gewährleistung von Verläßlichkeit und Sicherheit im Geschäftsverkehr, und zwar sowohl für Abnehmer und Lieferanten als auch für potentielle Eigenkapitalgeber und Fremdkapitalgeber sowie Arbeitnehmer.

Pull-Marketing, konsumentengerichtetes → Marketing. Die Aktivitäten des Herstellers bei der Marktbearbeitung zielen schwerpunktmäßig auf den Konsumenten bzw. Verwender. Durch gezielten Einsatz von Werbung über Massenmedien soll ein positives Image und eine hohe Bekanntheit des Produktes ausgelöst werden. Durch die Konsumenten soll beim Handel ein Nachfragesog gefördert werden, der diesen dazu zwingt, die Produkte zu führen. Diese Strategie wird meist bei Markenartikeln eingesetzt. Handelsgerichtete Maßnahmen haben lediglich begleitenden Charakter.

Punktbewertungsmodell, → Scoring-Modell

Push-Marketing, handelgerichtetes → Marketing. Die Aktivitäten des Herstellers bei der Marktbearbeitung zielen fast vollständig auf den Handel, d.h., die auf den Konsumenten ausgerichteten Maßnahmen werden nur flankierend eingesetzt. Durch Maßnahmen wie Verkaufsförderung, Rabatte und Konditionen soll der Handel motiviert werden, die Produkte zu führen und durch einen aktiven Verkauf einen Angebotsdruck zu erzeugen. Konsumentengerichtete Maßnahmen haben lediglich begleitenden Charakter.

Q

Qualifikation, individuelle berufsbezogene Kenntnisse, Fähigkeiten und Fertigkeiten, die in ihrer Gesamtheit zur Erfüllung bestimmer arbeitsplatzspezifischer Aufgaben befähigen.

Qualifikationsanalyse, Methoden zur Messung der → Qualifikation eines Individuums, generell oder in bezug auf einen bestimmten Arbeitsplatz, zur Ermittlung der Eignung der Person für bestimmte Tätigkeiten. – *Instrumente* sind u.a. Tests, die Auswertung biographischer Daten, verhaltensorientierte Verfahren wie das Assessment Center, die Personalbeurteilung und Personalfragebögen.

Qualifizierung, gezielte Schaffung von → Qualifikationen durch Maßnahmen der → Personalentwicklung, insbesondere der Aus- und Weiterbildung.

Qualitätskontrolle, → Qualitätssicherung

Qualitätskosten, Kosten, die überwiegend durch Qualitätsforderungen entstehen. – a) *Fehlerverhütungkosten (Qualitätssicherungskosten)*: Kosten, die durch fehlerverhütende Maßnahmen im Rahmen der Qualitätssicherung anfallen. Diese Kosten werden verursacht durch die qualitätsbezogene Anpassung der Konstruktion und der Produktionsanlagen, durch die qualitätsorientierte Auswahl der Erzeugniseinsatzstoffe und Erzeugnisdienstleistungen (z.B. Wareneingangskontrolle), durch die qualitätsbedingten Sondermaßnahmen der Wartung von Werkzeugen und Produktionsanlagen und durch die qualitätsorientierte Schulung des betrieblichen Personals. – b) *Prüf- und Beurteilungskosten:* Kosten, die durch die eigentlichen Kontrollvorgänge und die Beurteilung der Prüfungsergebnisse verursacht werden. Hierzu zählen Gerätekosten, Verluste durch zerstörende Prüfungen, Personal-, Betriebsstoff- und Fremdleistungskosten sowie Kosten für die Planung und Überwachung der Prüfvorgänge, für die Auswahl und Überwachung der Prüfgeräte und für die Schulung der Prüfer und Auswerter. – c) *Fehlerfolgekosten:* Kosten, die durch das Auftreten eines Fehlers verursacht werden, einschl. Erlösschmälerungen aufgrund von Produktfehlern. Zu den Fehlerfolgekosten zählen Erlöseinbußen in Höhe von Preisnachlässen sowie von Differenzen zwischen Normal- und Auschußerlösen, Kosten der Ausschußfertigung sowie ausschußbedingte Folgekosten in nachgelagerten Produktionsstufen (z.B. durch Beschäftigungsmangel), Nacharbeitungskosten im eigenen Betrieb oder beim Abnehmer, Sortierkosten, Kosten durch Rücksendungen, Austauschgüter und Störungen bei der Weiterverarbeitung beim Abnehmer sowie sonstige gewährleistungsbedingte Kosten aus Garantiefällen.

Qualitätsplanung, → Qualitätssicherung

Qualitätssicherung, Summe der betrieblichen Maßnahmen technischer und organisatorischer Art zur Schaffung und Sicherung der Qualität der betrieblichen Leistungen. Die Q. umfaßt die *Qualitätsplanung* als Festlegung der gewünschten Qualitätsmerkmale, die *Qualitätssteuerung* (auch als *Qualitätslenkung* bzw. *-regelung* bezeichnet) als Vorgabe und Kontrolle der gewünschten Produkt- und Ausführungsqualität sowie die *Qualitätskontrolle* (bzw. *Qualitätsprüfung*) als den Soll-Ist-Vergleich. Letztere kann als Total- oder Partialkontrolle (etwa Stichprobenprüfung) vorgenommen werden. Die Durchführung der Q. kann zentral durch speziell beauftragte Mitarbeiter und/oder durch eine weitgehende Einbeziehung sämtlicher beteiligter Mitarbeiter, etwa durch Qualitätszirkel erfolgen.

Qualitätssteuerung, → Qualitätssicherung

Qualitätszirkel (quality circle, quality control circle), Gruppe von Arbeitnehmern (im Regelfall aus dem Produktionsbereich), die gemeinsam versuchen, die in ihrem Arbeitsbereich auftretenden Probleme zu lösen. Zentrale Aufgabe ist die Sicherstellung eines hohen Standes der Qualität der Produktion. Q. tagen regelmäßig und werden von einem → Moderator geleitet, der die Problemlösung unterstützt, aber kein hierarchisch übergeordneter Leiter ist. Bei Bedarf werden externe Experten hinzugezogen. – *Bedeutung:* Das Qualitätszirkel-Konzept wurde von japanischen Unternehmen zunächst als Instrument der → Qualitätssicherung entwickelt. Inzwischen ist es von einer Variante des betrieblichen Vorschlagswesens zu einem Verfahren der Innovationsförderung (→ Innovation) und Humanisierung geworden, bei der auch die Mitarbeiter selbst mit ihren Qualifikationen und Interessen als möglicher Ansatzpunkt von Veränderungen einbezogen werden. – In vielen Unternehmen ist der Q. zum Konzept der → *Lernstatt* ausgebaut worden.

quality circle, → Qualitätszirkel

quality control circle, → Qualitätszirkel

quantitativ-mathematische Schule, → management science

quantum change, Versuch einer Organisation, natürlich gewachsene Strukturen möglichst lange beizubehalten. Erst wenn der Druck der Umwelt so stark wird, daß organisatorischer Wandel unvermeidbar ist, wird dieser in einer Art revolutionärem Akt vorgenommen (Quantensprung). Gegensatz: → piecemeal change.

question marks, → Nachwuchs

quick ratio, → Liquiditätsgrade

R

Rabatt, Preisnachlaß, der für bestimmte Leistungen des Abnehmers gewährt wird und mit dem Produkt zusammenhängt. Rabattgewährung verändert den Preis und ist damit auch ein Mittel der → Preisvariation. – Es existieren unterschiedliche *Rabattsysteme:* a) *Funktionsrabatt:* Rabatt, der für unterschiedliche Leistungen gewährt wird; es existieren mehrere Formen. Oftmals ist ein Funktionsrabatt ein Pauschalrabatt,der in der Regel durch den Handel gewährt wird und ein Entgelt für die Handelsfunktionen darstellt, die Groß- und Einzelhandel ausüben. Weiterhin gibt es Absatzfunktionsrabatte, z.B. für das Abholen der Produkte, die Übernahme der Lagerhaltung und die Durchführung des Kundendienstes sowie Finanzierungsfunktionsrabatte, z.B. für Voraus- oder Barzahlung. b) *Mengenrabatt:* Rabatt, der bei bestimmten Abnahmemengen gewährt wird; kann sich auf einen einzelnen Auftrag, auf den getätigten Umsatz eines Kunden innerhalb einer bestimmten Periode oder auf den Lieferabschluß innerhalb einer bestimmte Periode beziehen; in den beiden letzten Fällen wird auch von der Gewährung eines Bonus (Preisnachlaß) gesprochen. c) *Treuerabatt:* Rabatt, der dem Abnehmer gewährt wird, wenn er die Ware überwiegend bzw. ausschließlich über einen Lieferanten bezieht. Durch die Gewährung von Treuerabatt sollen Konkurrenten gehindert werden, in bestehende Geschäftsbeziehungen einzudringen. d) *Zeitrabatt:* eine Form des Rabatts, die dem Abnehmer gewährt wird, wenn er zu einem bestiommten Zeitpunkt Produkte bestellt oder abnimmt. Beispiele dafür sind Vorausbestellungen, Saison-, Einführungs- und Auslaufrabatte.

Rabattdifferenzierung, Variante der → Preisdifferenzierung. Unternehmen verkaufen Produkte gleicher Art zu verschiedenen Preisen an die Abnehmer. R. kann räumlicher, zeitlicher, personeller und mengenmäßiger Art sein.

Rabattpolitik, Gestaltung von Preisnachlässen (→ Rabatt) für bestimmte Leistungen des Abnehmers, die mit dem Produkt zusammenhängen. Ziele sind Umsatz- bzw. Absatzausweitung, Stärkung der Kundentreue, Sicherung des Images hochpreisiger Güter bei gleichzeitiger Gewährung von Preisnachlässen sowie Steuerung der zeitlichen Verteilung des Auftragseingangs. Diese Ziele sollen durch die Gestaltung des → Rabattsystems umgesetzt werden.

Rabattsystem, → Rabatt

rack jobber (Regalgroßhändler), Übernahme von Sortimenten im Handel (meist in Super- und Verbrauchermärkten) durch einen Großhändler, der das Sortiment betreut und verwaltet und es auch selbst auffüllt.

Rahmentarifvertrag, → Manteltarifvertrag

Rahmenvereinbarung, vertragliche Vereinbarung über Art und Umfang der Zusammenarbeit zwischen Organisationen bzw. Vertragspartnern in einem bestimmten Zeitraum; lose Form des → Managementsvertrages.

raider, Aufkäufer eines Unternehmens, dessen Ziel jedoch nicht die Fortführung der Unternehmensaktivitätäen ist, sondern die Zergliederung des Gesamtunternehmens in Einzelteile und der Verkauf derselben. Ein Raider tritt nur dann auf, wenn in dem Unternehmen entweder bedeutende stille Reserven versteckt sind, die sich nicht im Kaufpreis bzw. Börsenkurs niederschlagen, oder wenn der Marktwert der Einzelteile des Unternehmens zusammengenommen höher ist als der Kaufpreis für das gesamte Unternehmen.

Ranganalyse, → Aufgabenanalyse

rational economic man, → homo oeconomicus

Rationalisierung, 1. *Erhöhung von Produktivität und Wirtschaftlichkeit*, insbesondere durch Ausnutzung der technologischen Entwicklung, etwa durch zunehmende Automatisierung und Einsatz von flexiblen Produktionssystemen. R. umfaßt auch Maßnahmen im Bereich der Arbeitsorganisation zur Steigerung der Arbeitsproduktivität und im Bereich der Materialwirtschaft zu einer besseren Nutzung von Roh-, Hilfs- und Betriebsstoffen sowie Senkung von Ausschuß.
2. In den *Sozialwissenschaften*: Insbesondere von M. Weber eingeführte Bezeichnung für die Ausdehnung rationalen Handelns (→ Rationalität) auf alle gesellschaftlichen Bereiche und die private Lebensführung im Zuge der Aufklärung. Hierzu gehören die Zunahme an empirischem Wissen und an Prognosefähigkeit, erhöhte Möglichkeiten der organisatorischen und instrumentellen Beherrschung empirischer Vorgänge sowie die Herauslösung von Recht und Moral aus religiösen oder metaphysisch geprägten Weltbildern. Die R. ist der Gegensatz zur traditionsbehafteten, unhinterfragten „eingelebten Sitte".

Rationalisierungskuratorium der Deutschen Wirtschaft (RKW), Zusammenschluß von Wirtschaftsverbänden, Gewerkschaften, Wissenschaften und Einzelorganisationen zur Förderung von Maßnahmen der Rationalisierung in Unternehmen. Diese Zielsetzung soll durch Informationsangebote, Erfahrungsaustausch, Beratung und Weiterbildung sowie Erstellung von unterstützenden Unterlagen erreicht werden.

Rationalisierungsschutzabkommen, Vereinbarungen in Form von → Tarifverträgen, teilweise auch → Betriebsvereinbarungen, mit dem Ziel, Arbeitnehmer vor den Auswirkungen technischer und organisatorischer Rationalisierungsmaßnahmen (z.B. steigende Belastungen, finanzielle Auswirkungen) zu schützen.

Rationalität, 1. *Allgemein*: Vernunft (ratio) als Leitschnur von Handeln, Entscheiden und Weltbetrachtung, teilweise mit Wissenschaft gleichgesetzt. R. bildet den Gegensatz zu religiös oder metaphysisch geprägten Weltbildern und Handlungsgrundlagen. – Zu unterscheiden sind mehrere *Ebenen* und *Arten* der R.: die theoretische, bei der die theoretische Analyse der Umwelt im Vordergrund steht, und die praktische, d.h. handlungsbezogene R. Wertrationalität bezieht sich auf die rationale Auswahl von Zielen, Werten und Normen, Zweckrationalität auf die

Wahl von Zwecken innerhalb eines gegebenen Werte- bzw. Zielsystems und die Entscheidung über die adäquaten Mittel zur Zielerreichung. Letzteres wird als instrumentelle Rationalität bezeichnet. – Während unumstritten ist, das die Suche nach geeigneten Mitteln zur Erreichung gegebener Ziele einer rationalen Betrachtung zugänglich ist, ist umstritten, inwieweit rationale Entscheidungen über Ziele, Werte und Normen möglich sind. Der vorherrschenden Meinung zufolge sind Werte und Normen nicht wahrheitsfähig; Denkansätze wie die Theorie des kommunikativen Handelns gehen davon aus, daß solche Wahrheitsansprüche in Diskursen rational geklärt werden können. Wird in einem herrschaftsfreien Diskurs ein Konsens erzielt, drückt dieser den vernünftigen Willen der Beteiligten aus (Habermas).
2. In der *Wirtschaftswissenschaft* wird der Begriff weitgehend auf die ökonomische und damit instrumentelle R. eingegrenzt und dient dort der Beschreibung des vernunftbegründeten Handelns von Teilnehmern am Wirtschaftsleben in Entscheidungssituationen. Normative Entscheidungstheorien versuchen, den Wirtschaftsteilnehmern Empfehlungen für rationales Verhalten zu geben, deskriptive Ansätze beschränken sich auf die Beschreibung tatsächlichen Verhaltens. Umstritten ist insbesondere im Zusammenhang mit normativen Ansätzen, inwieweit rationales Verhalten, das beim Menschenbild des auf Nutzenmaximierung hin orientierten → homo oeconomicus unterstellt wird, der Realität entspricht. Teilweise wird daher von begrenzter Rationalität ausgegangen (die Entscheider begnügen sich mit der Erreichung eines bestimmten Anspruchsniveaus) oder von subjektiver (Nutzenmaximierung als Ziel bei unterschiedlichen individuellen Bedürfnisstrukturen). In den letzten Jahren ist im Rahmen von Diskussionen zu Fragen der Wirtschaftsethik und der externen Effekte einzelwirtschaftlichen Handelns die Begrenzung der Wirtschaftswissenschaft auf instrumentelle R. kritisiert worden.

Rationalkauf, Verhaltenstyp des → Käuferverhaltens. Der Käufer zeigt aktive Informationsgewinnungs- und -verarbeitungsaktivitäten, bevor er eine Kaufentscheidung trifft. Es liegt ein Problemlösungsverhalten vor, bei dem Kaufalternativen gesucht und bewertet werden.

Raubkopie, → Computerkriminalität

Reactor, → Unternehmensstrategie, die im Unterschied zu den anderen keine konsistenten, typischen Reaktionsmuster auf Umweltveränderungen aufweist, wodurch keine Möglichkeit zur wirkungsvollen Einflußnahme auf die Umwelt gegeben ist. Der Reactor ist ein instabiler Unternehmenstyp bei hoher Gefahr unangemessener Reaktionen. Die Ursachen für die Zugehörigkeit zu diesem Typus sind vielfältig. Beispielsweise kann die artikulierte Strategie nur unzureichend mit den technologischen und administrativen Bereichen abgestimmt sein. Eine weitere Ursache kann Beharren auf einer alten Strategie trotz massiver Umweltänderungen sein. Der Reactor steht vor der permanenten Notwendigkeit, eine konsistente Unternehmensstrategie zu entwickeln.

Reagierer, → Reactor

Reaktanz, psychischer Widerstand eines Individuums auf eine als unverhältnismäßig wahrgenommene starke Beeinflussung der Meinung oder des Verhaltens.

Realisationsprinzip, Prinzip der → Bewertung von Bilanzpositionen der Aktivseite, daß Gewinne und Verluste in der Bilanz auszuweisen sind, sobald sie realisiert wurden. Das R. wird durch das → Imparitätsprinzip eingeschränkt (→ Niederstwertprinzip).

realistic job preview, im Rahmen der → Personalbeschaffung bzw. → Personalauswahl Versuche des Unternehmens, ein möglichst zutreffendes Bild über sich selbst und die dortigen Arbeitsbedingungen zu geben, damit Bewerber eine realistische Vorstellung über ihre zukünftige Tätigkeit und deren Rahmenbedingungen erhalten sowie mögliche Felder von Enttäuschung und Unzufriedenheit bereits im Vorfeld vermeiden.

Realkredit, i.d.R. langfristiger, auf der Grundlage von Sachsicherheiten vergebener → Kredit.

Reallohn, volkswirtschaftlicher Begriff, mit dem die Kaufkraft des → Nominallohnes bezeichnet wird. Die Berechnung erfolgt durch die Division des Nominallohnes durch einen Preisindex.

Realsicherheiten, → Kreditsicherheiten

Realwissenschaft, auch als Erfahrungswissenschaft bezeichnete empirische Wissenschaftsdisziplin, deren Untersuchungsgegenstände in der Realität vorkommende Objekte sind. Entsprechend kann neben der Überprüfung der logischen Konsistenz eine Kontrolle der faktischen Wahrheit durch empirische Forschung erfolgen. Zur R. gehören die Naturwissenschaften und die Sozial- bzw. Kulturwissenschaften, also auch Betriebswirtschaftslehre und Managementlehre.

Recalltest (Erinnerungstest), Methode zur Überprüfung der Gedächtniswirkung von → Werbemitteln zur Kontrolle der außerökonomischen → Werbewirkung. Untersucht wird z.B. die Bekanntheit von Marken. Zwei Varianten sind möglich: Im einen Fall werden teilweise Informationen gegeben (gestützte Erinnerung bzw. aided recall), im anderen ohne Informationen Erinnerungen abgefragt (ungestützte Erinnerung bzw. unaided recall).

Rechenzentrum, zentraler Ort, an dem sich der bzw. die Rechner samt der wichtigsten Peripherie befinden. Es erbringt Rechner- und Beratungsdienstleistungen für die Benutzer im Unternehmen. Als unternehmenseigenes Rechenzentrum gehört es i.d.R. zum Informationsverarbeitungsbereich. *Organisation:* Neben unternehmenseigenen Rechenzentren gibt es auch Gemeinschaftsrechenzentren für mehrere Unternehmungen bzw. Service-Rechenzentren, die als selbständige Unternehmungen Rechenzentrumsdienstleistungen anbieten (→ Backup-Rechenzentrum). – *Berufsfelder* im R. sind insbesondere der Maschinenbediener (Operator), der Systemprogrammierer und der Arbeitsvorbereiter.

Rechnerarchitektur. Man unterscheidet folgende *Typen*: (1) die klassischen, sequentiell arbeitenden *Von-Neumann-Rechner:* ein Programm wird sequentiell Anweisung für Anweisung abgearbeitet. (2) Eine parallele Arbeitsweise liegt vor, wenn Teilabschnitte eines Algorithmus gleichzeitig auf voneinander unabhängigen Prozessoren verarbeitet werden. Unter *Vektorrechnern* werden Maschinen verstanden, die Rechenoperationen auf Vektoren, also auf einer Folge von Werten, ausführen können. Sie gehören somit zur Klasse der Parallelrechner. (3) In jüngerer Zeit beschäftigt man sich intensiv mit *Neurocomputern.* Darunter versteht man die Realisierung → neuronaler Netze mit spezieller Hardware. Alternativ kann man neuronale Netze über geeignete Software auf Parallelrechnern simulieren.

Rechnungsabgrenzungsposten, Positionen des → Jahresabschlusses, die der zeitlich richtigen Zuordnung von → Aufwendungen und → Erträgen zur richtigen Bestimmung des Periodenerfolgs dienen. Die Aufwendungen und Erträge werden dem Geschäftsjahr zugeordnet, in dem sie wirtschaftlich verursacht wurden und nicht dem Geschäftsjahr, in dem sie → Ausgaben oder → Einnahmen verursacht haben. – Unterschieden werden *transitorische R.* und *antizipative R.* – Erstere entstehen, wenn Ausgaben nach dem Abschlußstichtag zu Aufwand werden (Beispiel: Mietvorauszahlung für das nächste Geschäftsjahr). Für diese Fälle wird ein aktiver R. gebildet. Passive R. werden gebildet, wenn Einnahmen realisiert werden, die erst nach dem Abschlußstichtag Ertrag werden. Für transitorische R. besteht eine Bilanzierungspflicht. Antizipative R. sind Ertrag oder Aufwand der Abrechnungsperiode, werden aber erst in der kommenden Periode zu Einnahmen/ Ausgaben und werden als Forderungen oder Verbindlichkeiten bilanziert.

Rechnungslegung, Aufstellung des → Jahresabschlusses im Rahmen der gesetzlichen Bestimmungen. Bestandteile sind → Bilanz, → Gewinn- und Verlustrechnung, → Anhang sowie ggf. → Lagebericht.

Rechnungswesen, aus rechtlichen Gründen sowie zur zielgerichteten Unternehmensführung notwendige systematische zahlenmäßige Erfassung, Überwachung und Auswertung aller betrieblichen Vorgänge. Das R. dient der Dokumentation der Geschäftsvorfälle, der Rechenschaftslegung für externe Interessenten (→ Jahresabschluß), der Vorbereitung von Entscheidungen sowie der Steuerung und Kontrolle betrieblicher Prozesse. Es besteht i.d.R. aus → Finanzbuchhaltung (externer Rechnungslegung), Betriebsbuchhaltung (→ Kostenrechnung, Anlagen-, Lager- und Lohnbuchhaltung), Betriebsstatistik sowie Planungsrechnungen.

Rechtsform, → Wahl der Rechtsform

Recognitionstest (Wiedererkennungstest), Methode zur Überprüfung der Gedächtniswirkung von → Werbemitteln zur Kontrolle der außerökonomischen → Werbewirkung; ein Verfahren des → Recalltests. Untersucht wird die Wiedererkennung z.B. von Anzeigen, Werbespots und Inseraten. Den Probanden wird das Werbemittel vorgelegt, diese geben dann an, was sie gesehen, intensiver betrachtet und gelesen haben.

recruitment, allgemein: → Personalbeschaffung; teilweise verkürzt verstanden als spezielle Methode der Personalbeschaffung, bei welcher eine Organisation aktiv, d.h. durch gezielte Ansprache potentieller Interessentenkreise Personal rekrutiert, insbesondere durch Werbe- und Informationsaktivitäten an Ausbildungseinrichtungen (Schulen, Hochschulen, vgl. → college recruiting).

Recycling (Rezyklierung), Rückführung stofflicher und energetischer Rückstände (Abfall, insb. Produktionsrückstände, „Abfallenergie") zur erneuten Nutzung in Produktion und/ oder Konsum. Innerbetrieblich handelt es sich um eine Aufgabe der Abfallwirtschaft. R. soll durch Schonung der natürlichen Ressourcen und Vermeidung von Umweltschäden (z.B. durch Abfalldeponien) dem Umweltschutz dienen. Zusätzlich sollen Material- und Energie- sowie Entsorgungskosten vermindert werden. R. spielt besonders im Bereich der Rohstofferzeugung (z.B. Altmetall, -papier, -kunststoffe, -reifen) eine Rolle, wird jedoch zunehmend auch für andere Bereiche (z.B. Rücknahme von Verpackungen, Verwertung von Abwärme zur Heizung) und private Haushalte (z.B. Aussonderung von Papier, Glas, Metall u.ä. aus dem Hausmüll) relevant. Zur Gewinnung von wiederverwendbaren Stoffen aus Rückständen sind meist Sammeln, Sortieren, Wiederaufbereitung nötig. Daher ist nicht jedes Recycling effizient. R. lohnt nur dann, wenn nicht billigere Naturrohstoffe zur Verfügung stehen. Da Rohstoffe jedoch immer mehr verbraucht werden, wird der Nutzen des Recycling langfristig immer mehr steigen. Recycling allein reicht allerdings nicht aus, um Ressourcenverknappung grundsätzlich zu überwinden, da bei jedem Recyclingvorgang nur ein Teil der Rohstoffmengen wiedergewonnen werden kann, wobei zudem noch nicht-rezyklierbare Energie verbraucht wird.

Rediskontierung, an bestimmte Bedingungen gebundener Weiterverkauf von Wechseln an die Deutsche Bundesbank durch Kreditinstitute (→ Diskontierung).

Redundanz, in der Kommunikationstheorie Bezeichnung für diejenigen Informationen, die über den Informationsgehalt der verbalen Kommunikation hinausgehen (etwa Körpersignale), die das Gesagte entweder unterstützen oder ihm widersprechen.

Reengineering. Die in Unternehmen verwendete Software präsentiert sich häufig als unstrukturiert und undokumentiert, so daß diese Systeme nur unter hohem Aufwand zu warten bzw. zu ändern sind. Eine Neuentwicklung scheitert auf der anderen Seite meist an den hohen Kosten und dem Anwendungsstau in der DV-Entwicklung. Mit Methoden des Reengineerings wird versucht, aus den Altprogrammen eine abstrakte Spezifikation bzw. Dokumentation zu erstellen (Reverse Engineering). Diese Spezifikation soll dann mit Werkzeugen (Codegeneratoren u.ä.) in ein neues, lauffähiges System überführt werden (Forward Engineering). Im Bereich der → Datenbanken stellt sich häufig die Aufgabe, hierarchische Datenstrukturen (beispielsweise IMS-Datenbanken) auf relationale Systeme (z.B. DB2) umzustellen. Mit Reengineering-Werkzeugen soll es hier zu einer weitgehenden Automatisierung dieses Redesign-Prozesses kommen.

REFA, 1924 als Reichsausschuß für Arbeitszeitermittlung gegründeter, damals in der Tradition des → Taylorismus stehender technisch-wissenschaftlicher Verband mit gemeinnützigen Zielen; seit 1977 umbenannt in REFA – Verband für Arbeitsstudien und Betriebsorganisation e.V. Ziele sind die Entwicklung von Verfahren zur Produktivitätssteigerung und Humanisierung des Arbeitslebens sowie die Verbreitung und Umsetzung der hierzu entwickelten → REFA-Lehre.

REFA-Anforderungstafel, auf dem → Genfer Schema aufbauende Kategorisierung von → Arbeitsanforderungen.

REFA-Lehre, von der → REFA erarbeitete arbeitswissenschaftliche Grundsätze und Verfahren zur Produktivitätssteigerung und → Humanisierung des Arbeitslebens; in der REFA-Methodenlehre systematisch zusammengefaßt. Die REFA-Lehre umfaßt die wissenschaftliche Organisation der Arbeit in physisch-technischem Sinne (unter ingenieurwissenschaftlichen Aspekten) und in psycho-physischem Sinne (unter verhaltenswissenschaftlichen Aspekten).

REFA-Methodenlehre, → REFA-Lehre

referent power, Macht eines Individuums, die aus seiner Vorbildwirkung gegenüber anderen, sich mit ihm identifizierenden Individuen resultiert.

referentielle Integrität, wird häufig in Zusammenhang mit relationalen Datenbanksystemen (→ Datenbank) benutzt. Referentielle I. soll die korrekte Modellierung von Beziehungen zwischen Objekten sicherstellen. Als Beispiel betrachten wir die Objekte Mitarbeiter und Projekt, sowie die zwischen beiden Objekten bestehende Beziehung „Mitarbeiter ist beteiligt an Projekt". Der Mitarbeiter wird durch seine Personalnummer (P-Nr), das Projekt durch seine Projektnummer (Proj-Nr) identifiziert. Im relationalen Modell wird diese Beziehung durch eine eigene Relation MITARB-PROJ(P-Nr,Proj-Nr) dargestellt. Für die korrekte Abbildung der Realität ist es nun wesentlich, daß zu jeder P-Nr (Proj-Nr) in dieser Relation auch ein entsprechender Eintrag in der Tabelle MITARBEITER (PROJEKT) existiert. Dies ist ein Beispiel für eine referentielle Integritätsbedingung. Derartige Bedingungen wurden im relationalen Modell bisher nicht explizit unterstützt, sondern mußten durch zusätzliche Software sichergestellt werden. Erst mit dem jüngsten DB2-Release können in dieser relationalen Datenbank Integritätsbedingungen spezifiziert werden.

Referenz, geschäftliche Empfehlung eines Individuums bzw. einer Organisation, bei der Informationen über eine Person mit Einverständnis dieser Person eingeholt werden können; wird insbesondere bei Bewerbungen oder Angeboten (z.B. bei Unternehmensberatung) genutzt.

refreezing, → Drei-Phasen-Modell

Regalgroßhändler, → rack jobber

Regel, in der Organisationslehre allgemein gehaltene Handlungsvorschrift, die dem Mitarbeiter → Handlungsspielräume offen läßt.

Regency-Effekt, → Primacy-Regency-Effekt

Regiebetrieb, 1. In der *öffentlichen Verwaltung:* Verwaltungseinheiten, die durch die Art der zu bewältigenden Aufgabe von der übrigen Verwaltung getrennt sind, ohne jedoch institutionell selbständig zu sein.
2. Im *Einzelhandel* bedeutet der R., daß großflächige Verkaufsstätten von einer Zentrale oder Großhandlung beispielsweise einer freiwilligen Kette oder Einkaufsgenossenschaft gegründet und in eigener Regie von Filialleitern geführt werden. Die Filialleiter sind in ihrer Selbständigkeit durch die Einbindung in die Kooperation stark eingeschränkt.

Regionalanalyse, → Aufgabenanalyse

Regionalorganisation, Organisationsmodell, bei dem die Abteilungsbildung auf der Ebene unterhalb der Unternehmensleitung (der zweiten Hierarchieebene) nach regional abgrenzbaren Geschäftsbereichen bzw. Marktregionen erfolgt (→ Regionalprinzip). In so gebildeten Regionalbereichen sind sämtliche Produkte und Funktionen zusammengefaßt. – *Vorteile* liegen in der Flexibilität und Unabhängigkeit der Bereiche (z.B. als Profit Center) und einer engeren Kundenbeziehung, *Nachteile* in einer schlechten Ressourcennutzung, da jeder Bereich über alle Ressourcen verfügen muß und daher Spezialisierungsvorteile und Größendegression entfallen.

Regionalprinzip, nach regionalen Gesichtspunkten erfolgende → Aufgabenanalyse und → Aufgabensynthese; danach werden unterschiedliche Tätigkeiten und Objekte (z.B. Produkte) nach Regionen in organisatorischen Einheiten zusammengefaßt.

Regreß, Anspruch auf Schadensersatz

Reihenfolgenplanung (jobshop sequency, jobshop scheduling), Bestandteil der → Produktionsprozeßplanung, v.a. bei Einzel-, Serien- und Sortenproduktion. – 1. *Aufgabe:* Bestimmung der zeitlichen Reihenfolge, in der verschiedene Produkte auf verschiedenen Maschinen so zu bearbeiten sind, daß minimale Durchlauf- und Leerzeiten auftreten. – 2. *Ziele:* a) Minimierung der Durchlaufzeiten des Materials, bis sie den Bearbeitungs- und Förderzeiten entsprechen und die arbeitsablauf- und störungsbedingten Liege- und Wartezeiten (Zwischenlagerzeiten) möglichst klein sind. b) Minimierung der Leerzeiten, d.h. zeitliche Verteilung der Fertigungsaufträge mit dem Ziel maximaler Auslastung der betrieblichen Teilkapazitäten. – 3. *Lösungsansätze:* a) Mit Hilfe kombinatorischer Methoden: Sie berechnen zunächst alle möglichen Belegungspläne, schalten die technologisch unzulässigen Pläne aus und wählen den besten anhand vorgegebener Zielkriterien aus. Mit wachsenden Werten werden diese kombinatorischen Verfahren unpraktikabel. b) Mit Hilfe der ganzzahligen linearen Programmierung: Sie berücksichtigt vorgegebene Maschinenbelastungen, Liefertermine, Transport- und Überlappungszeiten bei gegebener und bei variabler Verrichtungsfolge. Aber auch diese Lösungsversuche sind bis heute noch nicht praktikabel, da noch keine zuverlässige Methode der ganzzahligen Programmierung vorliegt und der Rechenaufwand der derzeitigen Verfahren unverhältnismäßig groß und selbst unter Verwendung moderner elektronischer Rechenanlagen nur schwer zu bewältigen ist. c) Mit Hilfe von Näherungslösungen, z.B. unter Verwendung von Prioritätsregeln: Die manuellen, mehr oder minder systematischen Probierverfahren der Praxis werden auf Computer übertragen und Reihenfolgepläne simuliert. Ausgehend von einer zuverlässigen Ausgangslösung werden weitere Varianten berechnet, die jeweils besser sind als die zuvor zulässigen Lösungen. Die Simulation gibt zwar gute, nicht hingegen notwendig optimale Reihenfolgepläne.

Reingewinn/Reinverlust, positive bzw. negative Differenz zwischen → Aufwendungen und → Erträgen einer Abrechnungsperiode, die in der Gewinn- und Verlustrechnung sowie Bilanz ausgewiesen wird.

Reinvermögen, positive Differenz zwischen der Summe der → Aktivseite der Bilanz und dem → Fremdkapital.

Reisender, im Verkauf eines Unternehmens tätiger Angestellter, der den

Weisungen des Unternehmens im Gegensatz zu → Handelsvertretern unterworfen ist. Die Aufgabe des Reisenden besteht darin, die Kunden regelmäßig aufzusuchen, den Kontakt aufrechtzuerhalten und Aufträge zu akquirieren. Ob das Unternehmen mit Reisenden oder Handelsvertretern arbeiten soll, ist eine wichtige Entscheidung im Absatzkanal. Zur Entscheidungsfindung werden quantitative Größen (Kosten, Gewinn) und qualitative Kriterien (z.B. Marktinformationen, Fachwissen) herangezogen.

Reiz-Reaktions-Konzept (Stimulus-Response-Konzept), von Behavioristen entwickeltes Modell zur Erklärung menschlichen Verhaltens. Jedem Reiz, der auf den Menschen einwirkt, wird eine bestimmte Reaktion bzw. Verhaltensweise zugeordnet ohne Berücksichtigung der Vorgänge im Menschen. Annahme ist, daß zur Erklärung menschlichen Verhaltens die Beobachtung der auf den Menschen einwirkenden Reize und die dadurch ausgelöste Reaktion ausreichen. – Das R. wurde durch Neobehavioristen zum → *SOR-Paradigma* weiterentwickelt.

relationships orientation, → Beziehungsorientierung

Relaunch, Umgestaltung bzw. Intensivierung der Marketingaktivitäten und Wiedereinführung eines vorhandenen Produktes, das sich in der Degenerationsphase des Produktlebenszyklus befindet. Ziel ist, den Lebenszyklus des Produktes zu verlängern.

relevante Kosten, entscheidungsrelevante Kosten.

relocation, mit einem Umzug verbundene Versetzung eines Mitarbeiters an einen anderen Einsatzort.

Relocation-Service, Dienstleistungsangebot, das sich auf Erledigung sämtlicher mit einer Versetzung eines Mitarbeiters an einen anderen Ort (→ relocation) verbundenen Aufgaben wie Wohnungsbeschaffung, Beschaffung eines Arbeitsplatzes für den/die Partner/in, Bildungsmöglichkeiten für Kinder, Ummeldung von PKWs usw. bezieht. Der R. wird von Unternehmen in Anspruch genommen, um den betreffenden Mitarbeiter zu entlasten und eine unmittelbare Arbeitsaufnahme zu ermöglichen.

Rembourskredit, → Akzeptkredit, der im Auslandsgeschäft gewährt wird. Bei diesem Kredit akzeptiert die sog. Remboursbank gegen Einreichung der Dokumente (z.B. Verschiffungsdokument, Versicherungsschein, Rechnung) einen vom Exporteur auf sie gezogenen Wechsel, den sie am Verfalltag einlöst. Durch das Akzept der Remboursbank erlangt der Aussteller (Exporteur) einen Wechsel, der aufgrund des Bankakzepts bei der Hausbank des Ausstellers oder direkt bei der Remboursbank diskontiert werden kann, so daß er über die entsprechenden finanziellen Mittel verfügen kann.

Remittent, → Wechsel

Rentabilität, Kennzahl zur Ermittlung der Ertragsfähigkeit eines Unternehmens. In Bezug zueinander werden → Gewinn und eine weitere Größe gesetzt. – a) *Gesamtkapital-R.:* Der Gewinn (einschl. der Fremdkapitalzinsen) wird in Beziehung zum gesamten zur Verfügung stehenden Kapital der Unternehmung (Eigen- und Fremdkapital) gesetzt. – b) *Eigenkapital-R.:* Relative Größe, die angibt, mit welcher Rate sich das während einer Periode eingesetzte → Eigenkapital verzinst. Bei Kapitalgesellschaften besteht das Eigenkapital aus Grund- oder Stammkapital, Gewinn- und Kapitalrücklagen, Gewinnvortrag u.ä. Posten. – Über die Beziehung zwischen Eigenkapital-R., Gesamtkapital-R. und Fremdkapitalzinssatz vgl. → *Leverage-Effekt.*

Reorganisation, Umgestaltung der bestehenden → Aufbauorganisation und/oder → Ablauforganisation.

reporting by exception, → management by exceptions

repository, → data dictionary

Repräsentation, im Sinne einer Reaktionsmöglichkeit eines Unternehmens auf Anforderungen der Umwelt die Mitgliedschaft in einflußreichen Organisationen, um dort eigene Interessen zu vertreten.

Requirements-Engineering, → Informationsbedarfsanalyse, → Datenmodellierung, → Software Engineering

responsibility accounting, → verantwortungsorientiertes Rechnungswesen

Ressort, organisatorischer Teilbereich, der von einem Mitglied des Top-Managements geleitet wird.

Ressortkollegialität, Verfahren in einem Unternehmen, bei dem die Entscheidungen in den einzelnen Ressorts nach dem → Direktorialprinzip, die das Gesamtunternehmen betreffenden Entscheidungen jedoch nach dem → Kollegialprinzip getroffen werden.

Ressourcen, 1. *Allgemein:* die zur Herstellung der Produkte oder Dienstleistungen vom Unternehmen benötigten Einsatzfaktoren.
2. *Unternehmensplanung:* die für die Umsetzung der Ziele des Unternehmens notwendigen personellen, sachlichen und finanziellen Mittel, die entweder von der Umwelt oder vom Unternehmen zur Verfügung gestellt werden.

Ressourcenallokation, Grundproblem ökonomischen Handelns, das sich auf die Verteilung nicht beliebig vermehrbarer → Ressourcen auf alternative Verwendungsmöglichkeiten bezieht.

Ressourcenanalyse, → Unternehmensanalyse

Restbuchwert (Restwert), Bezeichnung für den in der → Bilanz aufgeführten → Buchwert von Vermögensgegenständen, der ausgehend von den Anschaffungs- bzw. Herstellungskosten abzüglich planmäßiger und außerplanmäßiger Abschreibungen gebildet wird.

Restwert, → Restbuchwert

Restwertabschreibung, → Abschreibungsverfahren

retrograde Planung, vom (meist von der Unternehmensleitung) gewünschten und festgelegten Ergebnis ausgehend werden die Maßnahmen zu dessen Erreichung (meist von „unteren" Linienmanagern) festgelegt. → Top-Down-Planung

Return on Investment (RoI), Kennzahl zur Berechnung der → Rentabilität eines Unternehmens in einer Periode. Der RoI ergibt sich aus Umsatzrentabilität und Umschlagshäufigkeit des investierten Kapitals und wird folgendermaßen berechnet:

$$\text{RoI} = \underbrace{\frac{\text{Gewinn}}{\text{Umsatz}}}_{\text{Umsatzerfolg}} \times \underbrace{\frac{\text{Umsatz}}{\text{investiertes Kapital}}}_{\substack{\text{Umschlag des} \\ \text{investierten Kapitals}}}$$

Anhand des Return on Investment (RoI) ist feststellbar, ob eine Veränderung der Gesamtkapitalrentabilität auf die Umsatzrentabilität oder auf den Kapitalumschlag zurückzuführen ist. Die Aussagekraft des RoI ist durch die zugrundeliegende statische, kurzfristige, einperiodische Betrachtungsweise und damit mangelnde Berücksichtigung zukünftiger Entwicklungen eingeschränkt. Eingesetzt werden kann die Kennzahl im Rahmen von Profit Center zur Bewertung der dezentralen Teilbereiche.

return to scales, → economics of scale

Revision, 1. *Rechnungswesen:* Synonym für → Prüfung.
2. *Gerichtswesen:* rechtliche Überprüfung des Urteils einer Instanz durch eine höhere Instanz.

reward power, Macht eines Individuums, die aus seiner Möglichkeit, andere zu belohnen, resultiert.

Richtpreis, 1. Auf der *betrieblichen Ebene* ein noch nicht endgültig festgelegter Preis, der als erster Orientierungspunkt bei neuentwickelten Produkten, bei denen die Kosten noch nicht genau bekannt sind, dient.
2. Auf der *staatlichen Ebene* Festsetzung von Höchst- oder Mindestpreisen, die von den Marktteilnehmern nicht über- bzw. unterschritten werden sollen.

RIHA-Verfahren, Verfahren der → Arbeitsanalyse zur Ermittlung von Regulationshindernissen in der Arbeitstätigkeit; hierbei sollen Behinderungen wie Erschwernisse und Unterbrechungen der Arbeit sowie Regulationsüberforderungen wie Zeitdruck und Monotonie ermittelt werden.

Ringi-System, Entscheidungsverfahren in japanischen Unternehmen, bei dem vor dem Fällen einer Entscheidung durch die Unternehmensspitze bzw. die verantwortliche Stelle zunächst die betroffenen Abteilungen und Personen um i.d.R. schriftliche Stellungnahmen gebeten werden. Die Entscheidungsvorlage geht entsprechend durch alle betroffenen Unternehmensbereiche. Hierdurch kann ein hoher Grad an Akzeptanz erreicht werden.

Risiko, Unsicherheitsgrad zukünftiger Ereignisse, deren Eintreten durch objektiv ermittelbare Wahrscheinlichkeiten gekennzeichnet werden kann. R. bezeichnet auch Zielbildungs- und Zielerreichungsprozesse begleitende Gefahren, die diese u.U. negativ beeinflussen bzw. die Zielerreichung verhindern können.

Risiko-Management, → Risk-Management

Risikoausgleich, → Diversifikation

risikobewußte Unternehmensführung, → Risk-Management

Risikokapital, → venture capital

Risikoprämie, der im Gewinn enthaltene Ausgleich für das Eingehen eines unternehmerischen → Risikos.

Risikoschub-Phänomen, Tendenz einer Gruppe, ein höheres Risiko einzugehen als eine Einzelperson.

Risk-Management, Oberbegriff für eine risikobewußte → Unternehmensführung; ursprünglich begrenzt auf versicherbare Risiken des Wirtschaftens (*Insurance-Management*). Danach ist der Risk-Manager verantwortlich für die Suche nach versicherbaren Risiken und weitere Schritte bis zum Abschluß einer entsprechenden Versicherung. Als generelles R. gilt die Bewußtmachung von Risiken und deren Berücksichtigung in allen Bereichen des Managements, insbesondere in der Planung (*risikobewußte Planung).* Angesichts des für eine Marktwirtschaft charakteristischen unternehmerischen Risikos ein selbstverständlicher Bestandteil von Management.

Riten, in einer Organisation bei bestimmten Anlässen verbreitete, wiederkehrende Rituale, die sichtbarer Ausdruck der → Unternehmenskultur sind. Hierzu gehören z.B. Einstellungs- und Entlassungsriten, Feiern und Ehrungen.

Rohbilanz, Zusammenstellung der Konten des → Hauptbuches zur Vorbereitung des Jahresabschlusses.

Rohergebnis, für kleine und mittelgroße → Kapitalgesellschaften zulässige Zusammenfassung mehrerer Positionen der → Gewinn- und Verlustrechnung. a) Bei Anwendung des → *Gesamtkostenverfahrens* die Positionen Umsatzerlöse, Erhöhung oder Verminderung des Bestands an fertigen und unfertigen Erzeugnissen, andere aktivierte Eigenleistungen, sonstige betriebliche Erträge und Materialaufwendungen. b) Bei Anwendung des → *Umsatzkostenverfahrens* Umsatzerlöse, Herstellungskosten zur Erzielung der Umsatzerlöse erbrachten → Leistungen, Bruttoergebnis vom Umsatz und sonstige betriebliche Erträge.

Roh-, Hilfs- und Betriebsstoffe, Bestandteil der Vorräte des → Umlaufvermögens auf der Aktivseite der Bilanz. Rohstoffe sind Materialien, die nach Bearbeitung zu einem wesentlichen Bestandteil des Endproduktes werden. Hilfsstoffe gehen in das Fertigerzeugnis ein, aber nicht als wesentlicher Bestandteil. Betriebsstoffe werden bei der Produktion verbraucht und bilden keinen Bestandteil des Endproduktes.

RoI, → Return on Investment

Rolle, Verhaltenserwartung, die andere Individuen, eine Organisation und die Organisationsmitglieder gegenüber dem Inhaber einer bestimmten Position haben und die von diesem Individuum als solche erlebt wird.

Rollen-Set, Vielzahl an → Rollen, die mit einer Position bzw. Stelle in einer Organisation verbunden sind.

rollende Planung, → Planungshorizont

Rollenkonflikt, in der Rollentheorie Form des intraindividuellen → Konflikts, der auftritt, wenn ein Individuum mehrere → Rollen innehat, diese jedoch nicht gleichzeitig wahrnehmen kann oder will.

Rollenkonformität, Verhalten eines Individuums gemäß den aus einer bestimmten → Rolle erwachsenen Verhaltensanforderungen (rollengebundenen Normen).

Rollenspiel, gruppendynamische Methode. Dadurch, daß ein Individuum im Spiel eine bestimmte → Rolle übernimmt, soll die Fähigkeit verbessert werden, Probleme aus verschiedenen Perspektiven zu sehen und ein Verständnis für das Handeln anderer Personen zu entwickeln.

Rorschach-Test, Form des → Persönlichkeitstests, bei dem das zu beurteilende Individuum symmetrische

Klecksfiguren zu deuten hat. Aus der Deutung werden Rückschlüsse auf den Charakter gezogen.

Rotation, → job rotation

Rückdelegation, Rückgabe von Entscheidungskompetenz und Verantwortung einer nachgeordneten Stelle an die hierarchisch übergeordnete Stelle, i.d.R. bei Problem- bzw. Ernstfällen.

Rücklagen, Reserven, die entweder als offene Rücklagen Bestandteil des Eigenkapitals auf der Passivseite (Passiva) der Bilanz sind oder in den Bilanzpositionen enthalten sind (stille Reserven). Über die Veränderung der ausgewiesenen Rücklagen werden in Kapitalgesellschaften mit konstantem Nominalkapital die Eigenkapitaländerungen ausgewiesen. – *Arten:* Unterschieden werden → Kapitalrücklage und → Gewinnrücklagen.

Rückstellungen, 1. *Rechnungslegung:* auf der Passivseite (Passiva) der Bilanz für Verbindlichkeiten, Verluste oder Aufwendungen gebildete Positionen, die dem Grunde nach, nicht aber der Höhe und/oder Fälligkeit nach bekannt sind. Passivierungspflichtig sind ungewisse Verbindlichkeiten, drohende Verluste aus schwebenden Geschäften, unterlassene Instandhaltungsaufwendungen, sofern sie in den ersten drei Monaten des nächsten Jahres nachgeholt werden, Aufwendungen für unterlassene Abraumbeseitigung, die im nächsten Geschäftsjahr nachgeholt wird sowie für Kulanz-Gewährleistungen ohne rechtliche Verpflichtung. Passivierungswahlrechte gibt es für Instandhaltungsaufwendungen, die im nächsten Jahr, aber nach Ablauf der ersten drei Monate erfolgen sowie für bestimmte Aufwendungen (Großreparaturen, Betriebsverlagerungen u.a.). Kapitalgesellschaften bilden weitere R. für Pensionszusagen (sog. Pensionsrückstellungen) sowie Steuerrückstellungen. R. mindern durch ihren Aufwandscharakter bei ihrer Bildung den Gewinn und führen später zu Ausgaben bzw. erhöhen den Ertrag. Dadurch führt ihre Bildung zu einem periodengerechten Erfolgsausweis.
2. In der *Finanzierung* haben R. einen Finanzierungseffekt, da zwischen dem Zeitpunkt der Bildung des Aufwands und den damit verbundenen Ausgaben eine Differenz liegt. Je langfristiger die R., desto größer ist der Finanzierungseffekt. Bei der Finanzierung aus R. handelt es sich um eine interne Fremdfinanzierung.

Rüge, umgangssprachlich für die → Abmahnung eines Arbeitnehmers.

rule, detaillierte Handlungsvorschrift zur Lösung bestimmter Aufgaben, die dem Aufgabenträger keinerlei → Handlungsspielraum mehr offen läßt.

Rumpelstilzchen-Effekt, sich aus der Artikulation eines angstauslösenden Problems ergebender, die Problemlösung fördernder Beruhigungseffekt; bezieht sich auf ein Märchen der Gebrüder Grimm, in dem der bedrohliche Zauber des Zwerges Rumpelstilzchen gebannt war, als sein Name bekannt wurde.

S

SAA (*S*ystems *A*pplication *A*rchitecture, Systemanwendungsarchitektur), ein umfassendes Regelwerk, das 1987 von IBM angekündigt wurde. Das Ziel von SAA ist es, die Grenzen zwischen unterschiedlichen IBM-Systemen durchlässiger zu machen, so daß Anwendungen einfacher zwischen den Systemen portiert werden können, Anwendungen auf mehreren Systemen ablauffähig sind und die Schnittstellen zum Anwender einfacher und einheitlicher werden. Dies wird erreicht durch höhere Konsistenz und bessere Verknüpfbarkeit (Connectivity). Im Kern macht SAA zu folgenden vier Teilbereichen Aussagen: Hardware- bzw. Betriebssystemplattform (Betriebssystem), einheitliche Benutzerunterstützung (Common User Access, CUA), einheitliche Progammierunterstützung (Common Programming Interface, CPI) und einheitliche Kommunikationsunterstützung (Common Communication Interface, CCI).
Zusammenfassend ergibt sich, daß SAA kein Produkt, sondern eine anpassungsfähige strategische *Leitlinie für zukünftige Anwendungen* ist. Die SAA-Aussagen sind jedermann zugänglich. Ein problemloses Portieren von Anwendungen zwischen unterschiedlichen Systemplattformen ist nur eingeschränkt möglich, da zwar bei allen Systemen ein gemeinsamer Kern exisitiert, jedes System jedoch ganz spezifische Leistungsmerkmale aufweist.
Eine Öffnung zu UNIX-Systemen wird unter dem Schlagwort *Interoperabilität* diskutiert.

sabbatical, → flexible Arbeitszeit

Sachanlagevermögen, Bestandteil des → Anlagevermögens auf der Aktivseite (Aktiva) der Bilanz; besteht aus Grundstücken, grundstücksgleichen Rechten und Bauten einschließlich der Bauten auf fremden Grundstücken, technischen Anlagen und Maschinen, Betriebs- und Geschäftsausstattung, geleisteten Anzahlungen und Anlagen im Bau.

Sachmittelanalyse, → Aufgabenanalyse

Sachsicherheiten, → Kreditsicherheiten

Sachziel, → Ziele, die das betriebliche Handeln konkret betreffen, z.B. die konkreten Leistungen. Die Erreichung von S. ist ein Mittel zur Erreichung von → Formalzielen.

Saisonarbeit, Begrenzung der jährlichen Arbeitszeit auf bestimmte Monate; überwiegend angewendet von Betrieben mit rein saisonalen Aktivitäten (z.B. Landwirtschaft), teilweise auch genutzt als Modell der → flexiblen Arbeitszeit.

sales force, → persönlicher Verkauf

sales promotion, → Verkaufsförderung

Sammelbewertung, vom Prinzip der → Einzelbewertung abweichende vereinfachende Verfahren zur Bewertung von Vermögensgegenständen für den Jahresabschluß. Unterschieden werden → Gruppenbewertung und → Festwertverfahren.

Sammelwerbung, Form der → Kollektivwerbung, bei der die Namen der Beteiligten im Werbemittel erscheinen, z.B. wenn mehrere Einzelhändler einer Einkaufsstraße eine gemeinsame Werbung initiieren.

Sandwichstrategie (bipolare Strategie), Vorgehensweise bei der Veränderung von Organisationen, bei der der Veränderungsprozeß gleichzeitig von den hierarchisch oberen und niedrigen Ebenen ausgeht. Der Nachteil liegt in erheblichen Widerständen im Mittelbau.

Sanierung, Managementaktivitäten zur Vermeidung drohender Zahlungsunfähigkeit bzw. eines Unternehmenszusammenbruchs sowie zur langfristigen Sicherung des Überlebens eines Unternehmens durch Einleitung von Maßnahmen, welche das Unternehmen wieder in die Gewinnzone bringen (Turnaround).
Kurzfristige *Maßnahmen* sind u.a. verschiedene Formen der Kapitalherabsetzung, u.U. mit anschließender Kapitalerhöhung, im Bereich des Fremdkapitals Stundungen und die Umwandlung kurzfristiger in langfristige Kredite.

Sanierungsbilanz, → Sonderbilanz bei finanziellen Schwierigkeiten und → Sanierung eines Unternehmens. Mögliche Maßnahmen sind Kapitalherabsetzung, Minderung des Nennbetrags des Eigenkapitals, Zuzahlung der Gesellschafter, Zahlungsaufschub durch die Gesellschafter und Teilverzicht der Gläubiger (→ Sanierungsmanagement).

Sanierungsmanagement, Variante des → Krisenmanagements, bei dem angesichts einer beherrschbaren Krise eines Unternehmens versucht wird, das Unternehmen kurzfristig vor der Illiquidität zu retten, um so einen → Konkurs zu vermeiden und langfristig zu sanieren, d.h. perspektivisch überlebensfähig zu machen. Maßnahmen sind kurzfristig Finanzierungsmaßnahmen zur Vermeidung einer Unterbilanz, im weiteren Sinne u.a. Reorganisationen sowie die Entwicklung neuer Strategien (→ strategisches Management).

Satellitengruppe, Gruppe, die zwar nicht unmittelbar zu dem formal entscheidungsberechtigten Kreis gehört, aber dennoch Einfluß auf Entscheidungen nimmt.

Scanner, Informationserfassungsgerät zum Abtasten visuell dargestellter Informationen zum Zweck der digitalen Weiterverarbeitung. Dabei kann es sich um codierte Informationen handeln, z.B. EAN-Code im Handelsbereich oder OCR-Schriften im Bankenbereich (Belegverarbeitung). Des weiteren können auch nicht-codierte Informationen, wie Texte oder Bilder einer weiteren rechnergestützten Verarbeitung über einen Scan-Prozeß zugänglich gemacht werden. Anwendungen finden sich beispielsweise beim → Schriftgutmanagement und der → Belegverarbeitung.

Scenario-Technik, Technik einer Vorhersage der Geschäftsentwicklung, die durch Royal Dutch/Shell ausgebaut wurde. Ein Team aus Spezialisten verschiedener Fachgebiete analysiert vorliegende Daten und Hypothesen über die zukünftige Entwicklung und erstellt Szenarien über die verschiedenen möglichen Konstellationen/Ergebnisse.

Schattenkultur, kulturelle Aspekte in einer Organisation, die latent vorhanden sind, i.d.R. aber nicht wahrgenommen werden.

Schichtarbeit, aufeinanderfolgende Übernahme eines Arbeitsplatzes durch verschiedene Arbeitnehmer. Hierdurch können die Betriebsmittel für einen Zeitraum genutzt werden, der die individuelle Arbeitszeit übersteigt, bei einem Drei-Schicht-Betrieb rund um die Uhr.

Schlichtung, Verfahren zur Beilegung von Verhandlungsstreitigkeiten zwischen den Tarifvertragsparteien, wenn die Tarifverhandlungen ohne Ergebnis geblieben sind. Ziel ist, die Interessengegensätze auszugleichen und den Ausbruch des Arbeitskampfes zu vermeiden. Auch wenn der Arbeitskampf bereits ausgebrochen ist, kann eine S. versucht werden. – Zu unterscheiden ist die vereinbarte und die staatliche S. – a) Grundlage der *vereinbarten Sch.* ist eine Musterschlichtungsvereinbarung, die der Bund Deutscher Arbeitgeber und der → Deutsche Gewerkschaftsbund ihren Mitgliedern zur Übernahme empfohlen haben. Gebildet wird eine Schlichtungsstelle, die mit Beisitzern der streitenden Parteien und einem oder zwei unparteiischen Vorsitzenden besetzt ist. Kommt es zu keiner Einigung, so ist die Friedenspflicht aufgehoben und der Arbeitskampf möglich. – b) Die *staatliche Zwangsschlichtung* gibt es in der Bundesrepublik Deutschland eigentlich nicht, nur staatliche Schlichtungsregelungen, die im Kontrollratsgesetz Nr. 35 vom 20.8.1946 festgelegt wurden: Diese Regelungen kommen nur dann zur Anwendung, wenn alle anderen Bemühungen der Tarifvertragsparteien erfolglos waren und diese sich an staatliche Stellen wenden.

Schlußbilanz, → Bilanz am Ende eines Geschäftsjahres, die mit der → Eröffnungsbilanz des kommenden Geschäftsjahres identisch sein muß.

Schlüsselfaktoren, → strategische Erfolgsfaktoren, → strategische Schlüsselfaktoren

Schriftgutmanagement, Systeme zum S. beschäftigen sich mit der Unterstützung des Archivierens und Wiederfindens von Dokumenten (→ Dokumentenverwaltung). Anknüpfungspunkt ist die Erkenntnis, daß nur 5 bis 10 % der Informationen in Unternehmungen und öffentlichen Verwaltungen in codierter und damit maschinell verarbeitbarer Form vorliegen. Um auch beschriebene und bedruckte Papierdokumente dem Sachbearbeiter am Bildschirm verfügbar zu machen, werden elektronische Abbilder der Dokumente erstellt. Diese gescannten elektronischen Dokumente werden deskribiert und in Direktzugriffsspeichern, zumeist optischen Speichern, abgelegt bzw. archiviert. Dadurch können die Dokumente Geschäftsvorgängen zugeordnet werden und sind auch an unterschiedlichen Arbeitsplätzen zur parallelen Verarbeitung verfügbar. Neben der Abbilderstellung, dem Archivieren und Wiederauffinden umfassen S.-Systeme vielfach auch Prozedursprachen zur Vorgangsbeschreibung und -steuerung. Das primäre Einsatzgebiet von S.-Systemen ist dort, wo viele Papierdokumente zu verarbeiten sind, kurze Durchlaufzeiten von Vorgängen wettbewerbsentscheidend sind und ein paralleler Zugriff auf dieselben Dokumente notwendig ist. Typische Anwendungsbeispiele finden sich bei Versicherungen.

Schrumpfungsstrategie (Desinvestitionsstrategie), → Strategie für das gesamte Unternehmen (alle Planungsebenen), die zur Eliminierung solcher strategischer Geschäftseinheiten, Tochterunternehmen u.a. führt, die einen negativen Beitrag zum Erfolg des Unternehmens bringen und einen positiven Beitrag auch zukünftig nicht erwarten lassen. Die Schrumpfung bezieht sich folglich nicht auf das in jeder Strategie übliche Herausnehmen einzelner Produkte aus dem Sortiment. Vor allem in Phasen der Stagnation oder des wirtschaftlichen Abschwungs gewinnt diese Strategie an Bedeutung. Sie ist Ausdruck von Strukturwandlungsprozessen und daher nicht per se als negativ einzuschätzen. Die Umsetzung von S. kann an der Existenz von Austrittsbarrieren aus dem Markt scheitern.

Schulden, → Verbindlichkeiten

Schuldscheindarlehen, von Kapitalsammelstellen (Versicherungen u.a.) gewährte direkte → Darlehen mit einer Laufzeit von bis zu 15 Jahren an Kunden erster Bonität, die zudem durch → Grundpfandrechte gesichert sind. – Im Unterschied zur → *Schuldverschreibung* ist keine staatliche Genehmigung erforderlich.

Schuldverschreibung (Anleihe, Obligation), auf einen bestimmten Nennbetrag lautende, handelbare → Wertpapiere, in denen sich der Aussteller zur termingerechten Rückzahlung des Kredits und der vereinbarten Zinsen verpflichtet; klassisches Instrument der langfristigen Kreditfinanzierung. Die Laufzeiten liegen zwischen 8 und 15 Jahren. S. können in verbriefte Teilschuldverschreibungen zerlegt werden, wodurch die Aufnahme hoher Gesamtsummen möglich ist. Diese werden i.d.R. als Inhaberpapiere ausgegeben. S. können von der öffentlichen Hand (Anleihen), von gewerblichen Unternehmen (Industrieobligationen) sowie von Kreditinstituten (Bankobligationen, Hypothekenbank-Pfandbriefe) begeben werden. Adressat ist nicht ein einzelner Kreditgeber, sondern der → Kapitalmarkt. Die Ausgabe bedarf der staatlichen Genehmigung und ist auf emissionsfähige Unternehmen beschränkt. *Sonderformen*: Wandel-, Options-, Gewinnschuldverschreibung.

schwache Signale (weak signals), Signale, die strategische Diskontinuitäten bzw. Überraschungen ankündigen. Die Entwicklungen der Vergangenheit lassen sich seit den 70er Jahren nicht mehr ohne weiteres in die Zukunft extrapolieren, da die Umwelt zunehmend turbulenter und unüberschaubarer wird. Die auftretenden Diskontinuitäten sind nicht völlig überraschend, zufällig oder beliebig, sondern kündigen sich durch sog. schwache Signale an. → Früherkennungssysteme konzentrieren sich auf die permanente Suche nach ihnen. Auffindung und Interpretation solcher Signale sind schwierig. Des weiteren sind die Reaktionen auf diese Signale nicht leicht zu konzipieren; 'starke Antworten' auf schwache Signale können zu unangemessenen Reaktionen führen.

scientific management, → Taylorismus

Scoring-Analyse, → Nutzwertanalyse

Scoring-Modell (Punktbewertungsmodell), Verfahren zur Bewertung von Alternativen. Festgelegt werden Bewertungskriterien, die hinsichtlich ihrer Bedeutung für den Auswahlprozeß gewichtet werden. Die Alternativen werden dann nach diesen Kriterien beurteilt und miteinander verglichen. Das S. wird häufig im Marketing zur Selektion von Produktideen angewendet.

screening, → Ideenselektion

segmentierende Differenzierung, im Rahmen der → Aufgabenverteilung eine Mengenteilung, bei der jeweils eine Person oder Gruppe/Abteilung sämtliche Teilaufgaben der Gesamtaufgabe übertragen bekommt.

Segmentierung, → Marktsegmentierung

sektorales Marketing, Einteilung des kommerziellen Marketings nach unterschiedlichen Bereichen (Sektoren), und zwar in das → Investitionsgütermarketing, → Dienstleistungsmarketing und → Konsumgütermarketing (vgl. im einzelnen jeweils dort).

sekundäre Gemeinkosten, → Kosten, die im Gegensatz zu den → primären Gemeinkosten in der innerbetrieblichen Leistungsverrechnung von den Hilfskostenstellen auf die Hauptkostenstellen verteilt werden.

sekundäre Kosten, → Kosten, die im Unterschied zu den → primären Kosten durch bewertete innerbetriebliche Leistungen entstehen.

Sekundärforschung, Form der → Marktforschung, bei der die Beschaffung, Zusammenstellung und Auswertung bereits existierender Daten Untersuchungsgegenstand ist. Das bereits vorhandene Material wird im Hinblick auf den Untersuchungszweck neu ausgewertet. Unterschieden werden interne und externe Quellen der S. Zu ersteren gehören beispielsweise die Kundenkartei, Umsatzstatistiken, Vertreterberichte und Daten der Kostenrechnung. Zu den externen gehören u.a. amtliche Statistiken, Wirtschaftszeitungen, Fachzeitschriften, Adressenbüros etc. Gegensatz: → Primärforschung.

Sekundärgruppe, bewußt geplante und durchorganisierte, zweckrationale Gruppe (bzw. Kleingruppe), die zur Erfüllung einer bestimmten Aufgabe gebildet wurde. Prototyp ist die Arbeitsgruppe. Gegensatz: → Primärgruppe.

Sekundärorganisation, Ergänzung der historisch gewachsenen Organisationsstruktur (Primärorganisation) um eine zweite Struktur zur Lösung von neuen oder zeitlich befristet anfallenden Aufgaben, etwa durch Einrichtung von Projektteams, strategischen Geschäftseinheiten und Schaffung einer Parallelhierarchie. Erlangt die S. eine ähnliche Bedeutung wie die Primärorganisation, wird von → dualer Organisation gesprochen.

Selbst-Selektions-Theorem, Behauptung, daß sich Individuen und Organisationen gegenseitig aufgrund von Ähnlichkeiten aussuchen, so daß sich die Mitglieder einer Organisation untereinander ähnlicher sind als im Vergleich zu denen anderer.

Selbstabstimmung, → Selbstkoordination

Selbstbeurteilung, Instrument der → Personalbeurteilung, bei dem sich der Mitarbeiter nach einem vorgegebenen Raster selbst beurteilt. Die S. wird i.d.R. nur als zusätzliches Mittel benutzt, etwa um subjektive Verzerrungen bei der Beurteilung durch den Vorgesetzten auszugleichen.

Selbsterfahrungsgruppe, Instrument der → Gruppendynamik, bei dem der einzelne Teilnehmer in einer Laborsituation aus dem Verhalten der anderen Teilnehmer und der Wirkung seines eigenen Verhaltens auf diese praktisch und unmittelbar lernt.

Selbstfinanzierung, → Finanzierung

Selbstkonzept, Bild, das ein Individuum von sich selbst hat.

Selbstkoordination (Selbstabstimmung, mutual adjustment), Verfahren der → Koordination, bei dem die Abstimmung der betroffenen Stellen und Abteilungen nicht durch zentrale Instanzen oder Pläne und Programme (→ coordination by plan) erfolgt, sondern durch Interaktion der Betroffenen. Die S. geht davon aus, daß nicht alle betrieblichen Probleme und Sachverhalte durch generelle Regelungen erfaßbar sind, das Management angesichts der Komplexität großer Organisationen im Hinblick auf die notwendige Koordination überfordert ist und eine S. auf die Mitarbeiter motivierend wirkt. – Voraussetzung ist wie bei der Delegation eine entsprechende Kompetenz und Motivation der Mitarbeiter. – *Verfahren* sind: → Partizipation, → Delegation, → Selbstmanagement, → Intrapreneurship sowie interne Kontrolle der Mitarbeiter etwa durch → commitment.

Selbstkosten, Summe der Herstellungskosten- (Material- und Fertigungskosten), Vertriebs- und Verwaltungskosten, die durch Erstellung und Produktion eines Produkts oder einer Dienstleistung entstehen.

Selbstmanagement, Fähigkeit eines Individuums bzw. eines einzelnen Managers, sich weitgehend selbst zu steuern und seine Arbeitssituation eigenständig ohne direkten Eingriff eines Vorgesetzten zu gestalten. Personale → Führung wird dabei auf die Funktion der Aufgabensetzung und Unterstützung bei der Aufgabenerledigung reduziert. Das S. erfordert eine zur Aufgabenerledigung ausreichende Kompetenz und Motivation des betreffenden Mitarbeiters.

Selbstreferenz, Bezeichnung der Systemtheorie für die Fähigkeit eines Systems (einer Organisation), sich selbst zu organisieren, d.h. interne soziale Strukturen interaktiv selbst zu schaffen und damit zugleich Sinn in Form von Identitätsstiftung zu schaffen. Dahinter steht die Auffassung, daß jegliches Handeln in einem System strukturbildend wirkt und dabei einen erheblich stärkeren Einfluß ausübt als die Umwelt. Die S. ist weitgehend deckungsgleich mit der Vorstellung der → Autopoiesis der biologisch-kybernetischen Richtung innerhalb der Systemtheorie.

selektive Strategien, → Strategien für strategische Geschäftseinheiten, die in der → Portfolio-Matrix graphisch auf der Diagonale liegen und denen keine eindeutigen → Normstrategien zugeordnet werden können. – Unterschieden werden → Defensivstrategien, → Offensivstrategien und → Übergangsstrategien.

self-actualizing man, Menschenbild der humanistischen Psychologie, das davon ausgeht, daß Individuen vor allem nach Selbstverwirklichung streben. Entsprechend streben Menschen nach Autonomie und bevorzugen Selbstmotivation und -kontrolle. Konsequenzen für das Management sind weitgehend Delegation, Mitbestimmung, Nutzung intrinsischer Motivation und eine Sicht der Vorgesetzten als Förderer der Mitarbeiter.

self-designing work teams, auf Hackman zurückgehende Bezeichnung für autonome Arbeitsgruppen im Produktionsbereich, die nicht nur für die Arbeitsausführung und deren Steuerung, sondern auch für die interne Organisation der Arbeitsgruppe verantwortlich sind (z.T. vergleichbar den Produktionsinseln). Dem Management obliegt hierbei nur die Verantwortung für die Gestaltung der äußeren Rahmenbedingungen.

self-managing work teams, auf Hackman zurückgehende Bezeichnung für → teilautonome Arbeitsgruppen im Produktionsbereich, die für die Arbeitsausführung sowie deren Steuerung selbst verantwortlich sind. Im Verantwortungsbereich des Managements bleibt die Organisation der Arbeitsgruppe sowie der äußeren Rahmenbedingungen.

selfmanagement, → Selbstmanagement

Senioritätsprinzip, Entscheidungen über individuelle Beförderung, Karriereplanung und Personalentwicklung auf der Grundlage der Dauer der Betriebszugehörigkeit des betreffenden Mitarbeiters.

Sensitivitätstraining, → Laboratoriumstraining

Serendipitätseffekt, stellt im F&E-Prozeß eher unbeabsichtigt anfallende Ergebnisse und Erkenntnisse dar, die aber technologisch und ökonomisch verwertbar sind. Diese Ergebnisse passen als F&E-Nebenprodukte entweder in das Spektrum des F&E-Portfolios des Unternehmens und werden dort integriert; oder sie werden als eigenständig verwertbare Produkte am Markt für Technologien und F&E-Know-how an andere Unternehmen verkauft. Vielfach bergen S. ein erhebliches Innovations- und Technologiepotential und sind Ausgangspunkt oder dienen der Unterstützung von Diversifizierungsstrategien.

Serienproduktion, Elementartyp der Produktion (→ Produktionstypen), der sich aus dem Merkmal der Prozeßwiederholung ergibt. Bei S. ist die Auflage der verschiedenen Produktarten begrenzt und damit die Wiederholung identischer Prozesse auf eine Zeitspanne fixiert. Seriengüter können parallel mit eigenständigen Arbeitssystemen oder sukzessive auf ein und demselben (umstellbaren) Arbeitssystem in Losen produziert werden. Die S. hat große Ähnlichkeit mit der → Sortenproduktion, bei der nicht verschiedene Produktarten, sondern Varianten einer Produktart in begrenzter Auflage produziert werden. – Vgl. auch → Einzelproduktion, → Massenproduktion.

shareholders equity, → balance sheet

shopping goods, erklärungsbedürftige Güter des gehobenen Bedarfs (z.B. Möbel), bei denen ein Konsument bereit ist, Beschaffungsanstrengungen zu übernehmen (→ convenience goods, → speciality goods).

Sicherungsübereignung, → Kreditsicherheit durch Rechte an Vermögensgegenständen. Eine bewegliche Sache wird an den Kreditgeber übereignet, wobei keine Übergabe stattfindet und der Kreditnehmer unmittelbarer Besitzer und Nutzer bleibt. Der Gläubiger kann die bewegliche Sache so nutzen, daß die Erfüllung der Forderung möglich ist. Aufgrund der Probleme bei einer eventuellen Verwertung des Sicherheitsgutes beträgt die Beleihungsgrenze zwischen einem und zwei Dritteln des aktuellen Wertes.

Sichteinlagen, (Giroeinlagen) → Einlagen bei Kreditinstituten, die täglich fällig sind und vor allem im Zahlungsverkehr entstehen. Sie werden i.d.R. nicht verzinst.

Sieben-S-Modell, Modell zur Erklärung der Überlebensfähigkeit von Unternehmen, welches nach den Anfangsbuchstaben seiner sieben Elemente benannt ist. Unterschieden werden harte und weiche Faktoren. Zu den sogenannten harten 'S' gehören Strategie (strategy), Organisationsstruktur (structure) sowie Prozesse und Programme (systems). Zu den weichen 'S' gehören Fähigkeiten (skills), Personal (staff) und Organisationskultur (style). Harte und weiche Faktoren sind auf übergeordnete Ziele (subordinate goals) auszurichten und aufeinander abzustimmen ('fit'). Das Modell wird häufig herangezogen, um die Überlegenheit der japanischen gegenüber den US-amerikanischen Unternehmen zu begründen; es wird unterstellt, daß die japanischen Unternehmen den Umgang mit den weichen 'S' besser beherrschen.

Simulation, möglichst realitätsgetreue Abbildung der Wirklichkeit zur abstrakten Behandlung von Problemen. Wird eingesetzt im Rahmen von Forschung, zur Unterstützung von Entscheidungen, teilweise auch im Rahmen der Personalentwicklung (z.B. durch computergestützte Unternehmenssimulationen).

situational approach, → Situationstheorien der Führung

situational engineering (organizational engineering), Bezeichnung aus der → Kontingenztheorie der Führung bzw. dem Leader-match-Konzept für die Anpassung der Situation an den in der Persönlichkeit des Führenden wurzelnden und damit kaum veränderbaren Führungsstil.

situational management, → situativer Ansatz

Situationsanalyse, Phase der strategischen Planung, die aus einer → Unternehmensanalyse zur Bestimmung der eigenen Stärken bzw. Schwächen und einer → Umweltanalyse zur Bestimmung der Chancen bzw. Risiken relevanter Entwicklungen besteht. Auf der Grundlage der S., also der Gegenüberstellung von Unternehmens- und Umweltanalyse, werden strategische Schlüsselfaktoren ermittelt, die sowohl strategische Chancen beinhalten, die als Grundlage zukünftiger Strategien dienen, als auch strategische Problemfelder bezeichnen, deren negative Konsequenzen für die Unternehmensentwicklung abzuwenden sind. – *Instrumente* der S. sind: → PIMS-Programm, → Erfahrungskurvenkonzept, → Portfolio-Analyse, → Gap-Analyse und → Produkt-Markt-Matrix.

Situationstheorien der Führung, Anwendung des → situativen Ansatzes auf Führung; → Führungstheorien, die Führungsverhalten in Abhängigkeit von der Führungssituation analysieren. Zur Situation werden auch die Geführten, die Führenden selbst und die Aufgabe gerechnet. Zentrale Aussage ist, daß es kein in allen Situationen optimales Führungsverhalten gibt und insofern normative Aussagen im Hinblick auf einen optimalen Führungsstil nicht getroffen werden können; vielmehr ist Führungsverhalten an die Situation anzupassen. Zu den Situationstheorien der Führung gehören u.a. die → Kontingenztheorie und die → situative Führungstheorie.

situative Führungstheorie, von Hersey und Blanchard entwickelte Variante des → situativen Ansatzes, der auf dem → Ohio-State-Leadership-Quadranten aufbaut und den aufgabenrelevanten Reifegrad der Mitarbeiter als entscheidende Situationsvariable betont. Effektives Führungsverhalten hängt demnach von der angemessenen Berücksichtigung des Reifegrades der Geführten ab. Während bei hoher Reife (wenn die Mitarbeiter sowohl motiviert wie aufgabenbezogen kompetent sind) ein Delegationsstil sinnvoll ist, empfehlen Hersey und Blanchard bei niedriger Reife (ohne Motivation oder Kompetenz) einen → autoritären Führungsstil. Neben der Anpassung des Führungsverhaltens an den Reifegrad kann der Vorgesetzte ferner diesen selbst durch Maßnahmen der Personalentwicklung beeinflussen.

situativer Ansatz (Kontingenzansatz), Denk- und Forschungsansatz innerhalb der Managementlehre und der Organisations- und Führungsforschung, der davon ausgeht, daß keine allgemeingültigen, für alle Situationen optimalen Handlungsempfehlungen gegeben werden können, sondern nur jeweils situationsbezogen angemessene. Das Aussagesystem besteht daher aus Wenn-dann-Beziehungen. Situation wird dabei in einem doppelten Sinne verstanden: als Summe der objektiv vorhandenen Situationsfaktoren sowie der vom Individuum subjektiv wahrgenommenen Handlungsbedingungen. Zur Erfassung der Situation bestehen mehrere konzeptionelle Ansätze, bei denen i.d.R. zwischen internen und externen Faktoren (teilweise unterteilt in allgemeine externe und organisationsspezifische bzw. aufgabenspezifische externe Faktoren) unterschieden wird. Unterschiedliche Auffassungen existieren zu der Frage, inwieweit die Situation Handlungen determiniert (situativer Determinismus). Während z.T. davon ausgegangen wird, daß der Manager vorrangig die Situation zu analysieren und dann situationsgerecht zu reagieren hat (situational management), gehen andere Ansätze davon aus, daß Handlungs- bzw. Organisationsspielräume bestehen (contingency management): die Situation begrenze lediglich die Wahlmöglichkeiten des Managements.

Skalenerträge, → economics of scale

Skalentypen (Skalenniveau), unterschiedliche Arten der Skalierung. Zu unterscheiden sind Nominal-, Ordinal-, Intervall- und Verhältnisskala. Erstere klassifiziert Untersuchungsobjekte (z.B. männlich – 1, weiblich – 2); Ergebnis sind meist Häufigkeitszählungen. Zweitere stellt eine Rangordnung auf (z.B. Schulzensuren), sagt aber nichts über das Ausmaß der Unterschiede aus. Die Intervallskala gibt die Abstände zwischen zwei Untersuchungobjekten an (z.B. Temperaturmessung); Nullpunkt und Maßeinheit sind frei wählbar. Die Verhältnisskala verfügt über einen Nullpunkt (Gewicht) und gleicht ansonsten der Intervallskala.

Skalierungsverfahren, Verfahren, die zur Wahrnehmungs-, Einstellung- und Imagemessung herangezogen werden mit dem Ziel, qualitative Eigenschaften des Untersuchungsobjektes herauszuarbeiten (Einstellungsmessung). Unterschieden werden eindimensionale und mehrdimensionale Verfahren. Erstere erfassen nur eine Komponenete; Beispiele für diese Verfahren sind die Likert-Skala, die Thurstone-Skala und die Coombs-Skalierung. Letztere gehen davon aus, daß die Einstellung aus vielen Einzelurteilen zusammengesetzt ist. Probleme bei der Einstellungsmessung ergeben sich bei der Bildung relevanter Kriterien bzw. Items. Beispiele für mehrdimensionale Verfahren sind das semantische Differential, das Trommsdorff-Modell und das Fishbein-Modell.

skimming pricing, → Abschöpfungspreispolitik

Skontrationsmethode, Methode zur Ermittlung des Verbrauchs von Vorräten für die → Kostenartenrechnung. Für Zwecke der Kostenrechnung weist die Inventur Nachteile auf: Es ist nicht feststellbar, für welche Kostenstellen bzw. Kostenträger die Lagerentnahmen erfolgten und wie Bestandsminderungen durch Schwund entstanden; eine notwendige monatliche Inventur ist sehr aufwendig. Bei der Skontration werden sowohl Lagerzugänge als auch -abgänge durch Belege erfaßt. Der Verbrauch ergibt sich als Summe der Entnahmemengen laut Materialentnahmeschein. Vorteile der Skontration ergeben sich aus der Kenntnis des Verwendungsortes, der Ermittlung von Schwund etc. durch Vergleich des buchmäßigen Endbestandes mit dem Ergebnis der Inventur.

Sleeper-Effekt, Nachlassen der Erinnerung an ein vorteilhaftes Image, die Glaubwürdigkeit und das Prestige eines Unternehmens, wenn keine weiteren Verkaufsanstrengungen und Werbeaktivitäten seitens des Unternehmens unternommen werden.

small business administration, Teilbereich von → business administration, der sich gezielt mit dem Problem von Kleinunternehmen befaßt.

social engineering, → situational engineering, → Sozialtechnologie

social information processing approach, Modell der → Arbeitsgestaltung, das davon ausgeht, daß Wahrnehmung, Einstellung und Verhalten der Aufgabenträger in erheblichem Maße von der Meinung von Arbeitskollegen beeinflußt sind. Einschätzungen der Kollegen sind demnach wichtiger als sogenannte objektive Kriterien der Arbeitssituation.

social man, → Human relations-Ansatz, der die sozialen Bedürfnisse in den Vordergrund stellt. Konsequenzen für das Management sind die Schaffung von Gruppenarbeit und Gruppenanreizen sowie Motivation der Mitarbeiter durch soziale Anerkennung und Befriedigung von Zugehörigkeitsgefühlen.

social marketing, (nonprofit marketing) Planung, Organisation, Durchführung und Kontrolle von Marketingaktivitäten nichtkommerzieller Organisationen zur Realisierung von Ideen und Projekten, die im öffentlichen Interesse liegen, z.B. Familienplanung, Aids-Aufklärung, Gleichberechtigung von Frau und Mann etc., und auf die Lösung (direkt oder indirekt) sozialer Aufgaben gerichtet sind. Einbezogen werden auch vielfältige Erscheinungsformen nichtkommerzieller Organisationen des politischen, religiösen und kulturellen Bereichs.

Software, Sammelbegriff für Anwendungs- und Systemprogramme von Rechnern. Unter Systemsoftware versteht man dabei die Gesamtheit aller Programme einer Datenverarbeitungs-Anlage, die ausschließlich den Zweck haben, die Leistungsbereitschaft der Anlage herzustellen und zu sichern. (1) Das Betriebssystem ist beispielsweise ein Teil der *Systemsoftware*. (2) Im Gegensatz dazu bietet *Anwendungssoftware* Lösungen für fachliche Probleme. Innerhalb der Anwendungssoftware unterscheidet man weiterhin Standard- sowie Individualsoftware. Bei Standardsoftware handelt es sich um fertige Programme, die bei unterschiedlichen Nutzern mit minimalen

Veränderungen eingesetzt werden können. Individualsoftware beinhaltet dagegen Programme, die für einen Einzelfall konzipiert wurden. Insbesondere durch Endbenutzersprachen der vierten Generation (→ Programmiersprache) und die PC-Durchdringung der Unternehmen gewinnt Individualsoftware, die vom Endbenutzer selbst erstellt wird, zunehmend an Bedeutung (→ individuelle Datenverarbeitung).

Software-Engineering, dieser Begriff wurde Ende der 60er Jahre von Bauer geprägt. Er faßt alle ingenieurmäßigen Vorgehensweisen zur Erstellung von Anwendungssystemen unter industriellen Bedingungen zusammen. – Man unterscheidet im wesentlichen zwischen Prinzipien, Methoden und Verfahren: (1) *Prinzipien* sind dabei im wesentlichen Handlungsweisen beziehungsweise Vorgehensstrategien (u.a. Top-Down-Ansatz, Modularisierung). Im Bereich der Programmierung wurden die Prinzipien strukturierte und normierte → Programmierung entwikkelt. (2) *Methoden* sind eine Menge von Regeln, die den Entwickler anleiten, wie er beim Entwurf vorzugehen hat und wie die Ergebnisse zu dokumentieren sind. Dieses Regelwerk sollte unabhängig von der später benutzten → Programmiersprache und dem Zielsystem sein. In der betrieblichen Praxis haben sich eine Vielzahl von Methoden etabliert (HIPO, SADT, Jackson). Generell kann man datenorientierte und funktionsorientierte Entwurfsmethoden unterscheiden. (a) Bei der datenorientierten Entwurfsmethode wird zunächst ein Datenmodell (→ Datenmodellierung) erstellt; aus den ermittelten Datenstrukturen leitet der Entwickler dann die Programmstruktur ab. (b) Die funktionsorientierte Entwurfsmethode richtet sich nach den tatsächlichen betrieblichen Abläufen und ordnet diesen die Daten unter. Anhand eines Funktionsbaums werden Funktionen sukzessive in Teilfunktionen verfeinert; auf der untersten Ebene erfolgt dann die Codierung der Teilfunktionen (→ Funktionsmodellierung). Erst in jüngerer Zeit gewinnen objektorientierte Methoden (→ objektorientierter Systementwurf) an Bedeutung. Die Vorgehensweise wird durch ein objektorientiertes Phasenmodell veranschaulicht. (c) Die objektorientierte Systementwicklung ist eine konsequente Weiterentwicklung der datenorientierten Entwurfsmethoden. Objekte werden zu Klassen zusammengefaßt. Auf diese Klassen können mit zulässigen Methoden bestimmte Operationen ausgeübt werden. Dies wird in Objektbeschreibungen dokumentiert. Die Klassen werden häufig nach einer hierarchischen Struktur gebildet, so daß Klasseneigenschaften und Methoden von einer Klasse auf die Unterklassen vererbt werden können. Ein Ziel ist Wiederverwendbarkeit von Software (Reusability). Im Rahmen des Software-Engineerings werden häufig *DV-gestützte Werkzeuge* (→ CASE) eingesetzt. (3) Unter *Verfahren* versteht man die Zusammenfassung der im Entwicklungsprozeß verwendeten Prinzipien, Methoden und Werkzeuge.

Software-Ergonomie, dieser Begriff kann auch mit Benutzerfreundlichkeit umschrieben werden. – In DIN-Vorschriften hat man einige *Grundsätze* zusammengefaßt. Im einzelnen handelt es sich um folgende Punkte: Anpassung des Systems an die Arbeit und Qualifikation des Benutzers; der Benutzer erhält automatische Hilfestellung durch das System; das System reagiert mit angemessenen Bearbeitungs- und Antwortzeiten; Eingaben werden vom System quittiert, bei wichtigen Änderungen (beispielsweise Löschen) erfolgt nochmalige Rückfrage beim Benutzer; das System ist robust bezüglich Eingabefehlern, so daß insbesondere Fehlermeldungen, Korrekturen u.ä. erfolgen.

Software-Metrik, im Rahmen der immer komplexer werdenden Anwendungen kommt dem Management des Entwicklungsprozesses und der Qualität der entwickelten Software (→ Software-Qualität) eine Schlüsselrolle zu. Das gleiche gilt für die Kosten der Systementwicklung (→ Projektaufwandsschätzung). Im Rahmen des noch jungen Themenkomplexes S.wird unter Zuhilfenahme statistischer Verfahren (im allgemeinen Korrelationsrechnung) versucht, aussagefähige Maßzahlen für die Qualität der Software, die Effizienz sowie die Kosten des Entwicklungsprozesses zu definieren. Es gibt bereits eine Reihe solcher Software-Maße. Allerdings dürfen diese Größen nicht mit Maßen bzw. Messungen aus den Naturwissenschaften verglichen werden. Vielmehr handelt es sich um einen ersten vielversprechenden Versuch, die oben skizzierten Schlüsselgrößen zu operationalisieren.

Software-Qualität, man unterscheidet hinsichtlich der Qualität von → Software zwischen statischen und dynamischen Maßen, wobei *statische* die Struktur des Programms und die Dokumentation, dynamische den Ablauf des Programms betreffen. Wichtige qualitative Kriterien sind u.a.: Schwierigkeitsgrad von Änderungen, Benutzerfreundlichkeit, Korrektheit des Programms im Sinne der vorgegebenen Funktionserfüllung, Robustheit des Programms (Reaktion auf fehlerhafte Eingaben), Zuverlässigkeit, Verständlichkeit, Portabilität (Übertragbarkeit auf andere Anlagen beziehungsweise andere Betriebssysteme). Quantifizierbare Größen sind im allgemeinen die Programmgröße (lines of code), die Komplexität der Datenstrukturen sowie strukturelle Parameter. – In der Praxis ist man natürlich bemüht, entsprechende *Qualitätssicherungsmaßnahmen* zu ergreifen. Dazu wird im allgemeinen Wert auf die unbedingte Einhaltung einer strukturierten Vorgehensweise gelegt. Das Unternehmen wählt eine Methode und ein Vorgehensmodell aus. Diese sind für alle am Entwurfsprozeß beteiligten Mitarbeiter verbindlich. Aufgrund der zunehmenden Datenverarbeitungs-Durchdringung gewinnt die → *Software-Ergonomie* verstärkt an Bedeutung.

Solawechsel, → Wechsel, in dem der Aussteller sich selbst zur Zahlung der Geldsumme verpflichtet.

Sollkosten, auf die tatsächliche Istbeschäftigung umgerechnete → Plankosten einer Kostenstelle (→ flexible Plankostenrechnung). S. und Plankosten sind identisch, wenn Ist- und Planbeschäftigungsgrad übereinstimmen.

Sonderabschreibung, steuerrechtlich zulässige → Abschreibungen, die an die Stelle der normalen → Absetzung für Abnutzung treten. S. werden aus spezifischen wirtschaftspolitischen und sonstigen politischen Zielsetzungen ermöglicht. Handelsrechtlich werden sie aufgrund des umgekehrten Maßgeblichkeitprinzips in den außerplanmäßigen Abschreibungen berücksichtigt.

Sonderbilanzen, → Bilanzen, die erforderlich sind, wenn ein sachlicher Anlaß im Unternehmen vorliegt. Unterschieden werden → Auseinandersetzungsbilanz, → Fusionsbilanz, → Gründungsbilanz, → Konkursbilanz, →

Liquidationsbilanz, → Sanierungsbilanz, → Überschuldungsbilanz, → Umwandlungsbilanz und → Vergleichsbilanz. Zwischen den Bilanzierungs- und Bewertungsregeln für S. und den handelsrechtlichen Bestimmungen gibt es Unterschiede.

Sondereinzelkosten, → Einzelkosten, die nicht pro gefertigtes Stück anfallen, sondern für einen bestimmten Auftrag. Unterschieden werden Sondereinzelkosten der Fertigung (Modelle, Spezialwerkzeuge, Lizenzgebühren) und Sondereinzelkosten des Vertriebs (Verpackungsmaterial, Frachten, auftragsbezogene Werbekosten u.a.). Sie werden in der → Zuschlagskalkulation ohne Berücksichtigung in der Kostenstellenrechnung den Kostenträgern direkt zugeordnet.

Sonderposten mit Rücklagenanteil, Position der Passivseite (Passiva) der → Bilanz, die durch das Steuerrecht bestimmt wird und zu einer Minderung der Steuerbelastung führt. In Nichtkapitalgesellschaften dürfen in der → Handelsbilanz Sonderposten mit Rücklagenanteil gebildet werden, sofern ihre Bildung steuerrechtlich zulässig ist. In Kapitalgesellschaften ist die Bildung dieser Position nur zulässig, wenn sie Voraussetzung für den Ansatz in der Steuerbilanz ist (sogenannte umgekehrte Maßgeblichkeit, → Maßgeblichkeitsprinzip). Von der Wirkung her handelt es sich bei der Bildung von Sonderposten mit Rücklagenanteil um eine Steuerstundung, die einen positiven Liquiditäts- und Zinseffekt bewirkt.

SOR-Paradigma (Stimulus-Organismus-Response-Paradigma), von Neobehavioristen entwickeltes Modell zur Erklärung menschlichen Verhaltens, das die Annahme der Behavioristen aufgibt, nach der der Mensch auf Reize sofort und immer mit gleichem Verhalten reagiert. Objektiv gleiche Umweltsituationen werden von verschiedenen Personen unterschiedlich verarbeitet und mit unterschiedlichem Verhalten beantwortet. Objektiv ungleiche Umweltsituationen können von verschiedenen Personen gleich verarbeitet werden und mit gleichem Verhalten beantwortet werden. Der Organismus wird als beeinflussende Variable betrachtet. Nicht beobachtbare Einflußfaktoren wirken sich auf die Wahrnehmung und Verarbeitung von Reizen aus der Umwelt sowie die Verhaltensreaktionen aus. Dazu gehören: Instinkte und Triebe, Einstellungen und Werte, Bedürfnisse und Motive, Anspruchsniveau und Erwartungen sowie Qualifikationen.

Sorte, Begriff, der im Handel verwendet wird für die kleinste, nicht weiter teilbare Einheit eines Artikels; entspricht aus Herstellersicht dem Begriff des Produktes als kleinster Einheit im Produktprogramm.

Sortenproduktion, Elementartyp der Produktion (→ Produktionstypen), der sich aus dem Merkmal der Prozeßwiederholung ergibt. Bei S. ist die Auflage der Varianten einer Produktart begrenzt und damit die Wiederholung identischer Prozesse auf eine bestimmte Zeitspanne fixiert. Sortengüter können parallel mit eigenständigen Arbeitssystemen oder sukzessive auf ein und demselben (umstellbaren) Arbeitssystem in Losen produziert werden. Bei Walzwerken spricht man hier z.B. von Walzzyklen. Die S. hat große Ähnlichkeit mit der → Serienproduktion, bei der nicht Varianten einer Produktart, sondern verschiedene Produktarten in begrenzter Auflage produziert werden. – Beispiel: Herstellung von Profilstahl in verschiedenen Abmessungen. – Vgl. auch → Einzelproduktion, → Massenproduktion.

Sortiment, Gesamtheit des Warenangebots eines Handelsbetriebes. Das S. wird nach unterschiedlichen Kriterien zusammengestellt und von der jeweiligen Betriebsform (z.B. Fachgeschäft, Kaufhaus) des Handels bestimmt. Das S. eines Geschäftes kann u.a. nach der Sortimentsbreite (insgesamt geführte Warengruppen) und Sortimentstiefe (Artikel bzw. Sorten innerhalb einer Warengruppe) differenziert werden. In der Regel gilt: Je breiter das S. ist, um so stärker werden die Absatzrisiken einzelner Warengruppen ausgeglichen; je tiefer das S. ist, um so vollständiger ist das Angebot der Warengruppe. Die Entscheidungen über die Gestaltung des S. werden im Rahmen der → Sortimentspolitik vorbereitet und durch strategische sowie taktische Überlegungen des Handels beeinflußt.

Sortimentsplanung, → Sortimentspolitik

Sortimentspolitik, Entscheidungen des Handels über die Gestaltung des → Sortiments. Dazu gehören Entscheidungen über Sortimentstiefe und Sortimentsbreite, die im Rahmen der Sortimentsplanung vorbereitet und getroffen werden. Berücksichtigt werden dabei u.a. Unternehmensziele, organisatorische Rahmenbedingungen, Betriebsform und marktabhängige Einflußgrößen.

Sozialbilanz, in Ergänzung zur ökonomischen → Rechnungslegung des Unternehmens auf freiwilliger Basis vorgenommene Rechenschaftslegung, bezogen auf weitere am Unternehmen interessierte Gruppen, z.B. auf die Arbeitnehmer. In der S. werden gesellschaftliche Konsequenzen der unternehmerischen Tätigkeit thematisiert; aufgeführt werden z.B. Ausgaben für Maßnahmen der Personalentwicklung.

soziale Lerntheorie der Führung, Variante der → Lerntheorien der Führung, welche die behavioristische Lerntheorie Skinners (operantes Konditionieren) mit der sozialen Lerntheorie Banduras verbindet. Lernen im Sinne der Verhaltensmodifikation (d.h. aus den Konsequenzen von Verhalten) wird erweitert um Lernen aus antizipierten Konsequenzen möglichen Verhaltens und den Konsequenzen des Verhaltens anderer. Führung erfolgt weniger durch unmittelbare Beeinflussung durch den Führenden als durch die Vorbildwirkung des Führungsverhaltens und die Schaffung von Möglichkeiten eigenständigen Lernens des Mitarbeiters.

soziales Lernen, Lernen von Verhaltenskompetenzen, das im sozialen Kontext in → Interaktion mit anderen Individuen erfolgt. Gegensatz: reine Vermittlung von Wissen, etwa durch Vorlesungen.

Sozialisation, Eingliederungsprozeß in die Gesellschaft bzw. in eine Organisation. Durch den Sozialisationsprozeß lernen neue Organisationsmitglieder ihren Tätigkeitsbereich, die gesamte Organisation mit ihren Werten, Normen, Regeln, gängigen Verhaltens- und Handlungsweisen sowie die übrigen Organisationsmitglieder kennen und entwickeln soziale und funktionale Beziehungen.

Sozialleistungen, im engeren Sinne die sozialen Leistungen des Staates und der öffentlich-rechtlichen Körperschaften, insbesondere der Sozialversicherungen. Als freiwillige betriebliche

S. werden solche Leistungen des Unternehmens bezeichnet, welche nicht tarifvertraglich festgelegt sind. Hierzu gehören insbesondere Leistungen, die nicht Teil des Arbeitsentgeltes sind, wie Werkwohnungen und soziale Einrichtungen im Betrieb sowie monetäre Leistungen wie zusätzliche Altersversorgungen. Arbeitsentgelte, welche die im Tarifvertrag festgelegte Lohn- und Gehaltshöhe übersteigen, werden als übertarifliche Bezahlung bezeichnet. Diese können individuell im Rahmen des Arbeitsvertrages oder kollektiv durch Betriebsvereinbarungen vertraglich abgesichert sein.

Sozialplan, im Betriebsverfassungsgesetz (§ 112) vorgesehene Regelung zum Ausgleich oder zur Milderung der wirtschaftlichen Nachteile, die Arbeitnehmern durch geplante Betriebsänderungen entstehen. Der S. wird zwischen dem Arbeitgeber und dem Betriebsrat ausgehandelt; er hat die Wirkung einer Betriebsvereinbarung. Kommt zwischen beiden Parteien keine Einigung zustande, kann der Arbeitgeber oder der Betriebsrat den Präsidenten des zuständigen Landesarbeitsamtes um Vermittlung ersuchen oder die Einigungsstelle anrufen. Arbeitgeber wie Betriebsrat sollen dabei Vorschläge zur Beilegung der Meinungsverschiedenheit vorlegen. Kommt auch hier keine Einigung zustande, entscheidet die Einigungsstelle eigenständig über die Aufstellung des S. Sie hat dabei sowohl die sozialen Belange der Arbeitnehmer als auch die wirtschaftlichen Auswirkungen ihrer Entscheidung auf das Unternehmen zu beachten. Maßnahmen eines S. können sein: einmalige Abfindungen, Ausgleichszahlungen (auf der Basis von Betriebszugehörigkeit, Lebensalter und Familienstand), Beihilfen für Umschulungsmaßnahmen, Erstattung von Umzugskosten (bei Versetzungen), Zulagen oder Lohnausgleich (bei Verschlechterung der Arbeitsbedingungen).

Sozialtechnologien, auf sozialwissenschaftlichen Erkenntnissen basierende Verfahren der Steuerung von Einstellungen und Verhalten von Individuen, Gruppen und Gruppenprozessen zur Erreichung eines bestimmten Zieles. Menschen werden dabei als von außen (etwa durch Führung) steuerbare Objekte angesehen.

Soziogramm, grafische Darstellungsform für die mit Hilfe der → Soziometrie ermittelte Sozialstruktur einer Gruppe.

Sozio-Marketing, → social marketing

Soziometrie, von Moreno entwickeltes Instrument zur Messung von Sympathiebeziehungen in einer Gruppe. Die Gruppenmitglieder haben nach bestimmten positiven wie negativen Kriterien eine vorgegebene Zahl anderer Mitglieder auszuwählen. Die Darstellung der dabei deutlich werdenden Sozialstruktur erfolgt durch das → Soziogramm oder die → soziometrische Matrix. Die S. ist ein wichtiges Mittel, informelle Gruppenbeziehungen und Führer zu identifizieren.

soziometrische Matrix, Darstellungsform für die mit Hilfe der → Soziometrie ermittelte Sozialstruktur einer Gruppe in Form einer Matrix. Im Unterschied zum → Soziogramm eignet sie sich auch zur Darstellung der Beziehungen in großen Gruppen bzw. Organisationen.

soziometrischer Test, → Soziometrie

soziotechnischer Ansatz, → soziotechnischer Systemansatz

soziotechnischer Systemansatz, am Tavistock-Institut (London) entwickelter Ansatz einer ganzheitlichen Analyse der → Arbeitsorganisation, bei dem diese als ein aus Ökonomie, Technik und Mensch bestehendes, zusammenhängendes System verstanden wird. Entsprechend sind bei Änderungen alle Elemente gleichermaßen und gleichberechtigt zu berücksichtigen. Der sozio-technische Ansatz lehnt Maßnahmen der Arbeitsorganisation, die bei der Technik ansetzen und anschließend den Menschen an die Technik anpassen wollen, ab.

span of authority, → Kontrollspanne

span of control, → Kontrollspanne

span of supervision, → Kontrollspanne

Spareinlagen, langfristige → Einlagen bei Kreditinstituten, die entweder mit gesetzlicher (3 Monate) oder vertraglich vereinbarter Kündigungsfrist ausgestattet sind.

Sparten, → Geschäftsbereiche

Spartenorganisation, Modell der → Aufbauorganisation, bei der die Strukturierung primär nach Produkten bzw. Produktgruppen erfolgt. Hierbei entstehen homogene strategische Geschäftseinheiten, bei der die betrieblichen Funktionen unter einer Leitung zusammengefaßt werden. In den meisten Fällen werden zusätzliche zentrale Spezialabteilungen geschaffen, welche die Geschäftseinheiten beraten und unterstützen sollen. Vorteile liegen in der Flexibilität und Anpassungsfähigkeit der einzelnen Einheiten, Nachteile in der Schwierigkeit der Koordination und einer schlechten Ausnutzung von Ressourcen.

speciality goods, Güter des Spezialbedarfs, die nur selten gekauft werden und nur spezielle Bedürfnisse des Konsumenten befriedigen. Der Konsument übernimmt beachtliche Kaufanstrengungen.

Speicher, Funktionseinheit in Rechnersystemen, die Daten aufnimmt, aufbewahrt und abgibt. S. unterscheiden sich insbesondere hinsichtlich der Zugriffsmöglichkeiten bzw. -zeiten und des Speichervolumens. Direkte Adressierungsmöglichkeiten (wahlfreier Zugriff), kurze Zugriffszeiten und hohes Speichervolumen wirken unmittelbar kostensteigernd. Daraus folgt, daß ein Rechnersystem nicht nur eine Kategorie von Speichern besitzt, sondern in der Regel eine Speicherhierarchie aufweist. – *Speicher der Zentraleinheit:* Die schnellsten Speicher mit geringem Speichervolumen (einige Bytes) sind die Register im Zentralprozessor. Zwischen Zentralprozesser und Arbeitsspeicher gibt es vielfach einen kleinen Pufferspeicher (einige Kilobytes) mit extrem kurzer Zugriffszeit. Der Arbeitsspeicher oder Hauptspeicher ist wie der Pufferspeicher und die Register ein elektronischer Speicher auf der Basis elektronischer Schaltungen auf sogenannten Chips. Die Kapazität bewegt sich im Bereich von Megabytes. In Großrechnern wird der Arbeitsspeicher vielfach noch durch einen Erweiterungsspeicher (vielfach im Gigabyte-Bereich) ergänzt. Technologisch handelt es sich um einen langsameren elektronischen Speicher mit hoher Speicherkapazität. – Während die bisher genannten S. alle Teil der Zentraleinheit waren, werden die folgenden Speicher als *externe Speicher* bezeichnet. Hier unterscheidet man vor allem Magnetplattenspeicher einschließlich Diskettenspeicher und Magnetbandspeicher sowie optische Speichermedien (→ optische Speicher). Der Nachteil von Magnetbandspeichern ist die ausschließlich sequentielle Verarbeitbarkeit gespeicherter Daten.

Speicheranomalie, im Zusammenhang mit relationalen Datenbanksytemen (→ Datenbank) treten Speicheranomalien in unnormalisierten Relationen (→ Normalisierung) auf. Man unterscheidet drei Arten: Von Lösch-Anomalie spricht man, wenn bei Löschung der Information über ein Objekt auch Information, die ein anderes Objekt betrifft, mit gelöscht wird. Entsprechend spricht man von Einfüge-Anomalie, wenn beim Einfügen von Information über ein bestimmtes Objekt sofort auch Informationen über ein anderes Objekt einzugeben sind. Bei Vorliegen einer Update-Anomalie sind bei Änderung eines Attributs gleichzeitig mehrere Stellen von der Änderung betroffen.

Spezialisierung, Erscheinungsform der Arbeitsteilung, bei der Teilaufgaben so gebildet werden, daß Aufgaben unterschiedlicher Art entstehen. Gliederungskriterium ist überwiegend die Art der notwendigen Verrichtung (funktionale Differenzierung), teilweise auch das Objekt. Die Ausführung dieser Aufgaben erfolgt durch darauf spezialisierte Personen. S. kann sich auf einzelne Stellen wie organisatorische Teileinheiten, etwa Abteilungen beziehen. Spezialisierungsvorteilen stehen Nachteile gegenüber, insbesondere die geringen Aufgabeninhalte und Handlungsspielräume, die zu Monotonie, Ermüdung und Unzufriedenheit führen können (etwa bei Fließbandarbeit).

Spezialisierungsvorteile, Vorteile, die sich aus einer → Spezialisierung ergeben. Dies sind der sich durch häufige Wiederholung und die Herausbildung von Expertentum ergebende Lerneffekt, die bei hochgradiger funktionaler Differenzierung geringen Qualifikationsanforderungen und somit geringen Einarbeitungszeiten sowie eine Erleichterung der Kontrolle im Vergleich zu komplexen Aufgaben.

Spill-over-Effekt, Ausweitung der Marketingmaßnahme über den intendierten Zielbereich hinaus, z.B. wird durch das → Image eines Produktes ein anderes beeinflußt, was positiv (*Umbrella-Effekt*) oder negativ (*Kannibalismus-Effekt*) sein kann. Beim Umbrella-Effekt wird das gute Image bereits eingeführter Marken genutzt, um anderen Produkten die Marktdurchdringung zu erleichtern, indem alle Marken zu Markenfamilien zusammengeführt werden. Beim Kannibalismus-Effekt gehen z.B. Marktanteilsgewinne einer Marke zu Lasten anderer Marken, weil differenziert geplante Produktangebote vom Verbraucher als identisch erlebt werden und sich die Angebote auf dem gleichen Teilmarkt gegenseitig Konkurrenz machen.

spin off, Ausgliederung eines Teilbereiches eines Unternehmens; dieser Teil (z.B. eine Abteilung) wird zu einer wirtschaftlich und rechtlich selbständigen Einheit. Spin off kann erfolgen durch → management buyout oder durch Übernahme der Kapitalanteile oder Kapitalmehrheit des neugegründeten Unternehmens. Ziele sind die Erhöhung von Selbständigkeit, Flexibilität und damit auch Innovationsbereitschaft des Teilbereichs, der durch die Ausgründung aus der Unternehmenshierarchie ausgegliedert wird.

Sponsoring, Unterstützung von kulturellen, sportlichen und sozialen Aktivitäten anderer Organisationen oder von Einzelpersonen (etwa Künstlern) durch ein Unternehmen, und zwar teilweise aus einer sozialen Verantwortung des Unternehmens heraus, teilweise mit der Zielsetzung, durch die Publikmachung der Unterstützung eine besseres Image in der Öffentlichkeit zu erreichen (insofern gilt S. als Instrument von → Public Relations), und teilweise direkt als Instrument des → Marketings.

Sprachverarbeitung, man unterscheidet die Verarbeitung gesprochener von der Verarbeitung geschriebener Sprache. Letztere ist ein Teilgebiet der → Künstlichen Intelligenz (KI). Im Bereich der → Datenbanken beschäftigt man sich in diesem Zusammenhang mit natürlichsprachigen Abfragesystemen. Der Benutzer soll nicht an die Syntax einer bestimmten Sprache gebunden sein, sondern seine Abfragen in natürlicher Sprache formulieren. Mit der Abbildung natürlicher Sprache in der Wissensbasis eines → Expertensystems beschäftigt sich das Knowledge-Engineering beziehungsweise die Wissensrepräsentation. – Bei der Verarbeitung gesprochener Sprache unterscheidet man Spracheingabe mit dem Problem der automatischen Spracherkennung und die Sprachausgabe von Ergebnissen. Im ersten Fall steht die Technik noch am Anfang der Entwicklung, während im letzten Fall bereits vielversprechende Erfolge zu verzeichnen sind. Zur Spracherkennung werden auch → neuronale Netze eingesetzt.

Sprecherausschuß, spezielles Mitwirkungs- und Mitbestimmungsgremium der leitenden Angestellten, das diese bei mehrheitlichem Wunsch entweder auf Betriebs- oder Unternehmensebene bilden können. Rechtliche Grundlage bildet das 1988 verabschiedete Gesetz über S. der leitenden Angestellten. Der S. besitzt weniger Rechte als der → Betriebsrat. Außerdem ist für leitende Angestellte rechtlich festgelegt, daß die individuelle Wahrnehmung eigener Belange, sofern gewünscht, jeweils Vorrang hat. Wichtigstes Tätigkeitsfeld sind die allgemeinen Arbeitsbedingungen der leitenden Angestellten.

Stab, organisatorische Einheit (Abteilung, Stelle), die nicht unmittelbar in die Hierarchie eingegliedert ist (→ Liniensystem), sondern ausschließlich als ständiges Hilfsorgan die Aufgabe erfüllt, diejenige Instanz, der sie zugeordnet ist, durch die Übernahme von vorbereitenden, kontrollierenden und hochgradig spezialisierten Aufgaben zu entlasten und zu beraten. Stäbe haben daher gegenüber anderen Stellen und Abteilungen kein Weisungsrecht; Entscheidungen werden von derjenigen Instanz getroffen, welcher der Stab zugeordnet ist.

Stab-Linien-System, Modell der Aufbauorganisation, bei der das Einliniensystem durch → Stäbe ergänzt wird. Hierdurch sollen die Vorteile des → Einliniensystems mit denjenigen einer funktionalen Spezialisierung im → Mehrliniensystem kombiniert werden. Aufgabe der Stäbe als ständige Hilfsorgane ist es, die jeweilige Linieninstanz zu beraten, vorbereitende und kontrollierende Aufgaben zu übernehmen und hierdurch die Linie zu entlasten. Nachteile des Modells sind die oft unklare hierarchische Einordnung der Stäbe, die zu Kompetenzproblemen führen kann, die vom Willen der Linieninstanz abhängende praktische Wirksamkeit der Arbeit in den Stäben, unterschiedliche Interessenlagen und Orientierungen von Mitarbeitern in Stäben

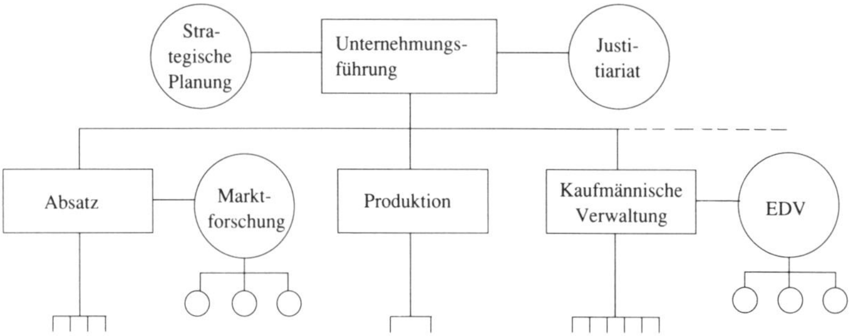

und der Linie, die zu Konflikten führen können, sowie mögliche Doppelarbeit zwischen Stäben und Linieninstanzen.

Stabilisierungsstrategie, → Strategie für das gesamte Unternehmen (alle Planungsebenen), die auf Aufrechterhaltung des gegenwärtigen Zustandes ausgerichtet ist. S. sind nur sinnvoll, wenn in bezug auf die verfolgten Ziele ohne eine Strategieänderung keine Ziellücken (→ Gap-Analyse) auftreten.

Stabsautorität (funktionale Autorität), Autorität, die ein Stab aus seiner fachlichen Kompetenz zieht; im Gegensatz zur → Linienautorität nicht formal abgesichert; → Stäbe dienen vielmehr der fachlichen Unterstützung (Beratung, Zuarbeit) der Linienvorgesetzten, denen alleine die formale Autorität zukommt.

Stabsstelle, → Stab

staffing, Ausstattung des Unternehmens mit dem quantitativ und qualitativ benötigten Personal.

stakeholder, Individuen und Gruppen, die aktiv auf Entscheidungen einer Organisation Einfluß nehmen können oder von diesen passiv betroffen sind; vergleichbar den → Organisationsteilnehmern der Koalitionstheorie.

Stakeholder-Ansatz, der → Koalitionstheorie vergleichbarer Ansatz, der betont, daß nicht nur die Kapitalgeber (stakeholder im Sinne von Aktionären) ein vom Management zu berücksichtigendes Interesse an einem Unternehmen haben, sondern sämtliche Individuen und Gruppen, die aktiv auf Unternehmensentscheidungen Einfluß nehmen können oder von diesen betroffen sind (→ stakeholder). Der S. findet als Denkrichtung praktische Anwendung insbesondere in der strategischen Planung als Hinweis auf die bei ihr zu berücksichtigenden bzw. einzubeziehenden Interessen und der Unternehmensethik.

Stammeinlage, → Einlage eines Gesellschafters in einer Gesellschaft mit beschränkter Haftung. Mit der S. sind Gesellschafter am → Stammkapital der GmbH beteiligt. Die Mindesteinlage beläuft sich auf DM 500.

Stammkapital, konstanter Teil des → Eigenkapitals einer Gesellschaft mit beschränkter Haftung bzw. deren Haftungskapital. Das Mindestkapital beläuft sich auf DM 50.000 und entspricht dem Nennwert aller Anteile der Gesellschaft mit beschränkter Haftung (→ Stammeinlage, → gezeichnetes Kapital).

standing committee, → Gremium.

standing plans, Gesamtheit der in einer Organisation bestehenden, der → Koordination bzw. Verhaltenssteuerung dienenden → Regeln und → Programme, die jeweils auf Dauer und personenunabhängig angelegt und schriftlich fixiert sind.

Standortentscheidung, → Standortwahl

Standortfaktor, Faktoren, welche die Wahl des Standortes beeinflussen. Nach A. Weber, der den Begriff einführte (1909), ist ein Standortfaktor ein „seiner Art nach scharf abgegrenzter Vorteil, der für eine wirtschaftliche Tätigkeit dann eintritt, wenn sie sich an einem bestimmten Ort oder auch generell an Plätzen bestimmter Art vollzieht".
Die wichtigsten Standortfaktoren sind: (1) Rohstoffe, wobei sich der Standort nach den niedrigsten Transportkosten für die Roh-, Hilfs- und Betriebsstoffe richtet; (2) Arbeit, wobei sich der Standort an den Lohnkosten und der Verfügbarkeit an Arbeit orientiert; (3) Abgaben, wobei der Standort von innerstaatlichen und zwischenstaatlichen Steuern bzw. deren Höhe abhängt; (4) Energie, wobei der Standort abhängig ist von der Verfügbarkeit von Energie bzw. den Energiekosten; (5) Verkehr/ Infrastruktur, wobei der Standort abhängig ist von der Verkehrsanbindung bzw. Infrastruktur; (6) Absatz, wobei der Standort abhängig ist vom jeweiligen Absatzmarkt; die Kundennähe wird dabei als entscheidendes Kriterium angesehen.

Standortwahl, unternehmerische Entscheidung über den Ort der Leistungserstellung. Die S. ist aufgrund ihrer langfristigen Wirkung eine Grundsatzentscheidung, die u.U. (etwa bei Großbetrieben) nicht mehr geändert werden kann. Zentrales Kriterium ist die Differenz zwischen standortbedingten Erträgen und Aufwendungen. Optimal ist der Standort mit der größtmöglichen standortbedingten Differenz. – Entscheidend für die S. sind die → *Standortfaktoren.*

Stapelverarbeitung, Betriebsart, bei der alle Aufträge vollständig beschrieben und erteilt sein müssen, bevor mit der Verarbeitung begonnen wird. Als Gegenstück unterscheidet man die → Dialogverarbeitung.

Stärken-Schwächen-Analyse, analytisches Hilfsmittel der strategischen Planung im Rahmen der → Situationsanalyse zur Bestimmung der Stärken und Schwächen eines Unternehmens oder einer strategischen Geschäftseinheit in bezug auf Konkurrenten. Graphische Darstellung üblicherweise als Profil .

Stars, Produkte bzw. strategische Geschäftseinheiten, die in der → Marktanteils-Marktwachstums-Matrix mit einem relativ hohen Marktanteil in stark wachsenden Märkten vertreten sind und hohe Erträge erwirtschaften. Diese sind jedoch geringer als die zum Ausbau der Marktposition notwendigen Mittel. Da es sich um Wachstumsbereiche handelt, erfordert die Normstrategie für S. neben der Reinvestition des erzielten → cash flows zusätzliche Investitionen und Finanzmittel. Bei nachlassendem Marktwachstum können die S. zu Cash-Kühen werden.

Status, Wertschätzung, die eine Person in einer Gruppe oder Organisation genießt. Der soziale S. resultiert ausschließlich aus der betreffenden Person, der organisatorische ist die weitgehend personenunabhängige Wertschätzung, die sich aus der Position, die eine Person in der Organisation einnimmt, ergibt. Die Zuweisung von Statussymbolen (Dienstwagen, Büroausstattung etc.) wird vielfach als Motivationsinstrument eingesetzt.

Stelle, Zusammenfassung von im Rahmen der → Aufgabenanalyse gebildeten Teilaufgaben zu einer arbeitsteiligen Einheit innerhalb eines Unternehmens. Die Stellenbildung erfolgt personenunabhängig. Eine Stelle stellt das Grundelement der → Aufbauorganisation dar. In der Stellenbeschreibung werden die betreffenden Teilaufgaben, die zu ihrer Erfüllung notwendigen Kompetenzen und die hierarchische Einordnung der Stelle festgehalten. Die Stellenbeschreibung ist zugleich ein Instrument der Personalauswahl, mit der die Anforderungen an den Stelleninhaber (Anforderungsprofil) bestimmt werden können.

Stellenausschreibung, Methode der → Personalbeschaffung, bei der öffentlich (etwa durch eine Stellenanzeige in einer Zeitung) bzw. unternehmensöffentlich (etwa durch Aushang oder Mitteilung in einer Betriebszeitung) mitgeteilt wird, daß eine freie Stelle besetzt werden soll und potentielle Interessenten zur Bewerbung aufgefordert werden. Die S. enthält immer eine Auflistung von Anforderungskriterien.

Stellenbeschreibung, personenunabhängige Zusammenfassung der wichtigsten Angaben über eine → Stelle wie organisatorische Einordnung, Kompetenzen, Aufgaben, Pflichten und Anforderungen. Sie ist Hilfsmittel zur Arbeitsbewertung, Ermittlung des Personalbedarfs, Personalbeschaffung und -auswahl sowie Karriereplanung.

Stellenplan, Instrument der → Personalbedarfsplanung, bei dem der Organisationsplan eines Unternehmens (Darstellung der → Aufbauorganisation) um die Personalbemessung, d.h. die Festlegung der Anzahl der jeweils zur Aufgabenerfüllung erforderlichen → Stellen, erweitert wird. Ein S. wird in der Regel grafisch oder tabellarisch dargestellt. S. können rein quantitativ sein, sofern nur die Anzahl der Stellen erfaßt wird, oder qualitative Aspekte umfassen, sofern sie auch detaillierte Stellenbeschreibungen umfassen und sich hieraus qualitative Anforderungen an die Stelleninhaber ableiten lassen.

Stereotyp, Wahrnehmungsirrtum durch Zuordnung eines Individuums auf der Grundlage einer einzelnen Beurteilungskategorie, über die sich der Wahrnehmende bereits ein generelles Vorurteil gebildet hat.

Steuerbilanz, entsteht aus der nach steuerrechtlichen Vorschriften abgewandelten → Handelsbilanz. Ziel ist die Ermittlung des tatsächlich erwirtschafteten Gewinns. Die Bewertungsspielräume sind aufgrund des → Maßgeblichkeitsprinzips geringer als in der Handelsbilanz.

Steuererklärung, wahrheitsgemäße, nach bestem Wissen und Gewissen vorgenommene Erklärungen des Steuerpflichtigen über erzielte Einkünfte auf einem amtlich vorgeschriebenen Vordruck.

Steuern, Geldleistungen von Personen oder Unternehmen an den Staat ohne Anspruch auf eine bestimmte staatliche Gegenleistung. S. sind Zwangsabgaben und bedingen eine Leistungspflicht des

Steuerpflichtigen. Die Erhebung der S. dient der Erfüllung der Staatsaufgaben sowie der Erreichung wirtschaftspolitischer Zielsetzungen (→ direkte Steuern, → indirekte Steuern).

stille Reserven, (stille Rücklagen) in der Bilanz nicht ausgewiesene → Rücklagen des Unternehmens, die u.a. durch Unterbewertung von Aktiva bzw. durch Überbewertung von Passiva entstehen. Stille Rücklagen basieren auf gesetzlichen Bestimmungen (→ Niederstwertprinzip) sowie auf Entscheidungen des Unternehmens. Sie werden z.B. beim Verkauf des unterbewerteten Vermögens oder bei Rückzahlung überbewerteter Verbindlichkeiten aufgelöst.

stille Rücklagen, → stille Reserven

Stillegung, → Betriebsstillegung

Stimulus-Response-Modell, → Reiz-Reaktions-Konzept

Store-Test, Instrument der → Marketingforschung, bei der in ausgewählten Geschäften (20 bis 50) über einen Zeitraum von ca. zwei Monaten Produkte testweise verkauft werden. Mittels experimenteller Beobachtung werden die zu überprüfenden Faktoren (z.B. Preis, Plazierung, Verkaufsförderungsmaßnahmen) ermittelt. Der S. wird häufig einem → Markttest vorgeschaltet.

storming, → Gruppenentwicklung

strategic constituencies approach, Ansatz zur Effizienzmessung einer Organisation, der diese dann als effizient ansieht, wenn sie die Erwartungen derjenigen (externen) Organisationsteilnehmer erfüllt, die über für die Organisation lebenswichtige Ressourcen verfügen.

strategic issues, → strategisches Issue-Management

Strategie, 1. Im *engeren Sinne:* Mittelwahl zur Erreichung vorgegebener Ziele; beinhaltet die konkrete Planung von Handlungen und Entscheidungen über die Verteilung der verfügbaren Ressourcen, um unter Berücksichtigung interner und externer Bedingungen die vorgegebenen Ziele zu erreichen.
2. Im *weiteren Sinne:* Bildung strategischer Ziele sowie Umsetzung und Kontrolle des gesamten strategischen Prozesses. S. sind konzeptionell auf die Verbindung von Unternehmen und Umwelt ausgerichtet; häufig werden jedoch nur die Produkt-Markt-Beziehungen berücksichtigt (→ Strategiearten).

Strategiearten, unterschiedliche Varianten von → Strategien, die nach verschiedenen Kriterien systematisiert werden können: a) *Ebene der Strategieformulierung:* Strategien für das gesamte Unternehmen, Geschäftsbereich, strategische Geschäftseinheit, strategisches Geschäftsfeld und Produkt-Markt-Segment umfassend; b) *Funktionen:* Strategien für Beschaffung, Forschung und Entwicklung, Produktion, Investition, Finanzierung, Absatz und Personalmanagement umfassend; c) *Grundstoßrichtungen:* → Wachstums- oder → Investitionsstrategie, → Stabilisierungsstrategie, → Schrumpfungsstrategie und → Abschöpfungsstrategie umfassend; d) *Marktverhalten:* → Offensiv- und → Defensivstrategien umfassend; e) *Produkt-Markt-Strategien:* → Marktdurchdringungsstrategie, → Marktentwicklungsstrategie, → Produktentwicklungs- und → Diversifikationsstrategie umfassend; f) *Wettbewerbsverhalten:* → Kostenführerschaft, → Differenzierung und → Konzentration umfassend. Bei nach dem → Verrichtungsprinzip organisierten Unternehmen sind Unternehmensstrategien und Strategien für strategische Geschäftseinheiten identisch. Bei diversifizierten Unternehmen sind auf der Ebene der Geschäftsbereiche bzw. -einheiten unterschiedliche Strategien möglich.

Strategieentwicklung, Phase der strategischen Planung, in der auf Grundlage der in der → Situationsanalyse ermittelten Chancen und Risiken der Umweltentwicklung sowie Stärken und Schwächen des Unternehmens die zu realisierenden Strategien entwickelt und ausgewählt werden. – Bei der S. wird eine Vielfalt von *Instrumenten* für die unterschiedlichen Planungsebenen eingesetzt: → Portfolio-Analysen, → Marktanteils-Marktwachstums-Matrix, → Produkt-Markt-Strategien u.a. – Die S. besteht aus mehreren *Schritten:* Nach der Bestimmung der strategischen Ziele aus den Zielsetzungen des Unternehmens und der in der Situationsanalyse ermittelten strategischen Schlüsselfaktoren erfolgt die eigentliche Strategieentwicklung durch die oberste Führungsebene. Abschließend werden die entwickelten Strategien hinsichtlich der Ziele, Ressourcen u.a. beurteilt und ausgewählt. Ein Instrument zur Auswahl der Strategien ist die → Nutzwertanalyse. Es folgt die Planung der Schritte zur Umsetzung der Strategien. Diese letzte Phase zielt auf die Strategierealisation durch die Entwicklung → strategischer Programme zur Ziel-, Ressourcen- und Maßnahmenplanung. Folgende *Teilaufgaben* sind zu lösen: Ausarbeitung von Teilstrategien für die betrieblichen Funktionsbereiche, Gestaltung strategiegerechter Organisationsstrukturen, Personalentwicklung, Ausarbeitung konkreter kurz-, mittel- und langfristiger Aktionspläne für die Handlungsträger sowie die Ausarbeitung eines Systems zur strategischen Kontrolle von Planung und Umsetzung. Im Gegensatz zum eher kreativen Prozeß der Entwicklung und Formulierung von Strategien ist der Prozeß der Umsetzung ein administrativer. Während die S. eine Aufgabe der Unternehmensführung ist, werden die Umsetzungspläne in Zusammenarbeit mit den operativen Ebenen erarbeitet. Dadurch wird eine wichtige Schwachstelle der strategischen Planung, die Umsetzung von strategischen in operative Größen, ansatzweise beseitigt und die Entwicklung einer strategiegerechten Unternehmenskultur erleichtert, die Voraussetzung für die Realisierung von Strategien ist (→ strategisches Management).

Strategieimplementation, → Strategieumsetzung

Strategiekontrolle, → strategische Kontrolle

Strategietypen, Systematisierungen unterschiedlicher Strategien bzw. Strategiearten: → Wettbewerbsstrategien von Porter, → Unternehmensstrategien von Miles/Snow und → Produkt-Markt-Strategien von Ansoff.

Strategieüberwachung, → strategische Kontrolle

Strategieumsetzung (Strategieimplementation), an die → Strategieentwicklung anschließende Phase des → strategischen Managements, in der die entwickelten Strategien in konkretes Handeln umgesetzt werden. Voraussetzung ist die Entwicklung strategischer Programme für die betrieblichen Funktionsbereiche. Die Frage nach der Umsetzung der Strategien, die in der strategischen Planung lange Zeit vernachlässigt wurde, hat in der neueren Diskussion um strategisches Management einen wichtigen Stellenwert. Anlaß dieser Ausdehnung der Strategiedebatte war die unzureichende Umsetzung der geplanten Strategien in der Praxis.

strategische Erfolgsfaktoren, Faktoren, die maßgeblich den Erfolg einer strategischen Geschäftseinheit bestimmen. Die wichtigsten Einflußgrößen auf den → Return on Investment, mit dem der Erfolg gemessen wird, sind: (1) *Marktattraktivität:* Marktwachstum, Exportanteil, Konzentration auf beiden Marktseiten; (2) *relative Wettbewerbsposition:* absoluter und relativer Marktanteil, Gehaltsniveau, Produktqualität; (3) *Investitionsattraktivität:* Investitionsintensität, Verhältnis Wertschöpfung/Umsatz, Produktivität, Kapazitätsauslastung; (4) *Kostenattraktivität:* Marketing-, Forschungs- und Entwicklungsaufwand/Umsatz, Produktinnovationsrate. – *Bedeutung:* Von diesen strategischen Erfolgsfaktoren sind nach empirischen Untersuchungen die Faktoren relativer Marktanteil und Marktwachstum besonders bedeutend für den Erfolg einer strategischen Geschäftseinheit. Aus der Kombination dieser beiden Faktoren in einer Matrix ergibt sich die → Marktanteils-Wachstums-Matrix.

strategische Führung, 1. *Begriff/Charakterisierung*: Führung beinhaltet einen Entscheidungs- bzw. Planungs-, Steuerungs- und Kontrollprozeß – stets verbunden mit einem spezifischen Führungsverhalten. Es handelt sich dabei um einen multipersonalen, mehrstufigen, zum Teil nach dem Regelkreisprinzip ablaufenden Informationsverarbeitungsprozeß, einem Prozeß der Willensbildung und Willensdurchsetzung spezifischer Personen gegenüber anderen Personen unter Übernahme der hiermit verbundenen Verantwortung. – Planungs-, Steuerungs- und Kontrollprozesse beziehen sich im Rahmen der strategischen Führung auf → Strategien, d. h. auf Vorgehensweisen grundsätzlicher Art im Zusammenhang mit dem Unternehmen einschließlich der hiermit verbundenen Festlegung zu erreichender Ziele – oder auf Basis vorabbestimmter Zwecke und Ziele. Der Prozeß der strategischen Führung folgt den generellen Phasen des Führungsprozesses – sowohl als einmaliger, projektbezogener strategischer Führungsprozeß als auch im Hinblick auf periodisch wiederkehrende strategische Führungsaufgaben. Probleme sind auch hier durch Alternativensuche, -bewertung und -auswahl und auch entsprechende Umsetzungsaufgaben zu lösen. Den Analysen und Prognosen von Umweltchancen und -risiken sowie Unternehmungsstärken und -schwächen kommt hierbei besondere Bedeutung zu. – Diesem Verständnis folgend lassen sich Entscheidungsprozesse und Entscheidungsobjekte strategischer Unternehmungsführung anhand der *Merkmale konstitutiver Entscheidungen* näher charakterisieren. So sind strategische Entscheidungen (1) von besonderer Bedeutung für die Vermögens- und/oder Erfolgsentwicklung einer Unternehmung; (2) nur aus dem Gesamtzusammenhang der Unternehmung heraus zu behandeln; (3) damit grundsätzlich nur von der obersten Unternehmungsführung und/oder den dieser vorgeschalteten Willensbildungszentren einer Unternehmung wahrzunehmen, zu veranlassen und auch zu überwachen; (4) grundsätzlich von Langfristwirkung und geringer Häufigkeit; (5) unter besonderer Beachtung der Werthaltungen der oberen Willensbildungszentren und unter Beachtung der bereits bestehenden Unternehmungsphilosophie und

-kultur zu fällen. – 2. *Gegenstände*: Auf den konstitutiven Merkmalen aufbauend lassen sich folgende Aufgabenkomplexe als Gegenstände strategischer Unternehmungsführung kennzeichnen: (1) *Festlegung der Unternehmensphilosopie*, verstanden als die gemeinsamen bzw. abgestimmten Wertvorstellungen (*Werthaltungen*) der obersten Führungskräfte einer Unternehmung; (2) *Festlegung unternehmungspolitischer Ziele/generelle Zielplanung*; (3) *Geschäftsfeld* sowie grundlegende *Funktionsbereichs- und Regionalstrategieplanung*; *Führungssystemplanung* mit Führungskräfte-, Informationssystem- und Anreizsystemplanung; (4) die zu deren Umsetzung erforderlichen Steuerungs- und Kontrollprozesse. – Gegenstand der strategischen Unternehmungsführung bildet auch die angestrebte *Unternehmungskultur:* die unternehmungsgeschichtlich gewachsenen, gelebten und zumindest partiell gestaltbaren Denk- und Verhaltensmuster der Mitarbeiter einer Unternehmung, die in spezifischen Erscheinungsformen und auch Symbolen zum Ausdruck kommen. Die Resultate dieser Aufgabenkomplexe strategischer Führung spiegeln sich wider in der *Vision* der obersten (internen) Willensbildungszentren bzw. des Unternehmungsführers, dem *Leitbild* sowie den *Unternehmungs- und Führungsgrundsätzen,* die ihrerseits auch wiederum Ausgangspunkt und Rahmen der Unternehmungsaktivitäten darstellen. – 3. *Träger*: Träger der strategischen Führungsaufgaben bilden in institutioneller Sicht die obersten internen und externen Willensbildungszentren des Unternehmens. Ihnen obliegt es, strategische Entscheidungen zu fällen und für deren Umsetzung Sorge zu tragen. Träger der strategischen Führung sind hiernach spezifische Personen bzw. Personengruppen – z.B. in der Bundesrepublik Deutschland in Kapitalgesellschaften die Mitglieder der *Geschäftsführung bzw. des Vorstandes* sowie gegebenenfalls die Mitglieder der ihnen vorgeschalteten *Beiräte bzw. Aufsichtsräte,* in den USA die Mitglieder des Boards, insbesondere der Chief Executive Officer und der Chairman of the Board. Einzelne grundlegende Entscheidungen bedürfen zudem der Zustimmung der *Eigentümerversammlungen* (Hauptversammlung, Shareholders Meeting). Die Träger der strategischen Führungsaufgaben werden bei der Planung, Steuerung/Implementierung und der Kontrolle der Durchführung dieser Aufgaben von Linien- und Bereichsführungskräften unterhalb der obersten Führungsebene unterstützt. Formale und inhaltliche Planungs- bzw. Entscheidungsvorbereitungen und Überwachungstätigkeiten im Hinblick auf strategische Führungsaufgaben werden in mittleren und vor allem großen Unternehmungen in besonderen *Stabsstellen oder Zentralabteilungen für strategische Planung* – Geschäftsfeldplanung, Organisations- und Führungskräfteplanung sowie auch Informations- und Kommunikationsmanagement – durchgeführt, die i.d.R. dem Vorstandsvorsitzer unterstehen. – Solche Führungsunterstützungsaufgaben können aber auch im Hinblick auf die Geschäftsfeldstrategien sowie ggf. Funktionsbereichs- und Regionalstrategien von einer Stabsstelle oder *Zentralabteilung Unternehmungsplanung* oder vom *Controlling* mit übernommen werden. Diesen obliegt dann die formale und z.T. inhaltliche Vorbereitung der strategischen und operativen sachbezogenen Planungen, deren Überwachung und auch ablauforganisatorische Betreuung. – Unabhängig davon, welche organisatorische Lösung gewählt wird, sind in jedem Falle vom Controller –

als Mitglied der obersten internen Unternehmungsführung – und vom Controlling als Ressort spezifische Aufgaben im Rahmen der strategischen Führung zu übernehmen (z.B. Investitionsrechnungen, Perioden-Ergebnis-Wirkungsanalysen).

strategische Geschäftseinheit, (business unit) Gruppe zusammengehöriger Einzelprodukte in einem bestimmten Markt, für die in der strategischen Planung → Strategien entwickelt werden. Besondere Bedeutung haben strategische Geschäftseinheiten in der → Portfolio-Analyse. Finden keine Zusammenfassungen statt, dann sind strategische Geschäftseinheiten und Einzelprodukte identisch. Strategische Geschäftseinheiten sind relativ homogen und weitgehend selbständig. Sie haben eine eigenständige Marktaufgabe und leisten einen Beitrag zur Lösung eines Kundenproblems. Ihre Bildung führt zu einer stärkeren Marktorientierung.

strategische Grundkonzeption, → Wettbewerbsstrategien

strategische Informationssystemplanung. Die Notwendigkeit einer strategisch langfristigen Ausrichtung der Informationssystemplanung ergibt sich zum einen aus den steigenden Investitionen und Kosten für Informationsverarbeitung, zum anderen eröffnen die innovative Dynamik des DV-Marktes und die stetigen Verbesserungen im Preis-/Leistungsverhältnis immer neue Möglichkeiten, Erfolgspotentiale mit Hilfe von Informationssystemen zu erschließen. Hierzu ist eine Ausrichtung der strategischen Informationssystemplanung an der strategischen Unternehmensplanung notwendig. Ein pragmatischer Ansatz hierfür ist die Orientierung an den Erfolgsfaktoren der Unternehmung. – Die s. I. muß gewährleisten, daß durch die Informationssysteme die Geschäftsprozesse (→ Prozeßanalyse) unterstützt werden, welche die entscheidenden Erfolgsfaktoren der Unternehmung positiv beeinflussen. Hierzu ist es notwendig, daß die Informationssystemplanung integraler Bestandteil der strategischen Unternehmensplanung wird. Dadurch wird insbesondere auch gewährleistet, daß die Informationsverarbeitung nicht nur als eine abgeleitete Dienstleistung gesehen wird, sondern die Erfolgspotentiale, die von der Informations- und Kommunikationstechnik ausgehen, in die Unternehmensstrategie Eingang finden. Neben dem Erfolgsfaktorenansatz eignen sich auch Portfolio-Modelle, die darauf abzielen, daß durch die Menge der Informationssyteme sowohl operative als auch strategische Belange abgedeckt werden.

strategische Kontrolle (Strategiekontrolle, Strategieüberwachung, strategische Überwachung), Bestandteil des → strategischen Managements bzw. notwendige Ergänzung der → strategischen Planung, da zum einen Planung ohne Kontrolle unmöglich und zum anderen die bei der strategischen Planung entstehenden Unsicherheiten permanent zu beobachten sind. Der Prozeß der strategischen Kontrolle verläuft parallel zum Prozeß der strategischen Planung, bezieht sich folglich auf → Strategieentwicklung sowie → Strategieumsetzung und damit auch auf die oberste Hierarchieebene. – Strategische Kontrolle hat die *Aufgabe,* die Voraussetzungen für den Aufbau von Erfolgspotentialen zu schaffen und die Zielerreichung sicherzustellen. Damit unterscheidet sie sich von der operativen Kontrolle, d.h., der traditionelle Kontrollbegriff, der sich auf die Umsetzung der Pläne, die Fortschrittskontrolle und die Erreichung der in den Strategien fixierten Ziele bezieht, ist unzureichend. Unterschieden werden drei Aufgaben der strategischen Kontrolle: (a) *strategische Durchführungskontrolle* als vergangenheitsbezogene Kontrolle der erzielten Ergebnisse durch Soll-Ist-Analysen, um notwendige Gegenmaßnahmen einleiten zu können; b) *strategische Prämissenkontrolle* als zukunftsgerichtete Kontrolle der den bisher verfolgten Strategien zugrundeliegenden Prämissen, um aus der Beobachtung der unternehmensinternen und -externen Schlüsselfaktoren eine möglicherweise notwendige Revision der Strategien frühzeitig zu ermitteln und damit Zeit genug zur Anpassung zu haben. c) Parallel zu diesen beiden Kontrollaufgaben besteht die Notwendigkeit einer *ungerichteten strategischen Überwachung unerwarteter interner und externer Entwicklungen,* die sich auf die Prämissen- und Durchführungskontrolle bezieht und die den Erfolg der verfolgten Strategien gefährden könnten. Ausgangspunkt ist das Kriterium der Bestandsgefährdung des Unternehmens. Beobachtet werden mögliche Krisenanzeichen (→ strategisches Issue-Management, → Früherkennungssystem).

strategische Lücke, → Gap-Analyse

strategische Option, im Rahmen von → strategischer Planung bzw. → strategischem Management auf der Grundlage der in der → Situationsanalyse vorgenommenen Analyse der Änderungsbedürftigkeit der gegenwärtig verfolgten Strategien sowie der Alternativen. Strategische Optionen bilden einen Mittelweg zwischen der nicht standardisierten Generierung von Strategien und der deterministischen Ableitung von Normstrategien aus bestimmten situativen Gegebenheiten. Auf *Gesamtunternehmensebene* werden als strategische Optionen → Diversifikationsstrategie, Strategien der → Portfolio-Analyse sowie → Internationalisierungsstrategien unterschieden. Auf der *Ebene der strategischen Geschäftseinheiten* gibt es acht strategische Basisoptionen.

strategische Planung, Planung von → Strategien auf der Grundlage einer → Situationsanalyse, mit der Chancen/Risiken der Umweltentwicklung und Stärken/Schwächen des Unternehmens analysiert werden, sowie die → Strategieentwicklung, in der eine Ausarbeitung der Strategien erfolgt. Die strategische Planung entwickelte sich Anfang der sechziger Jahre aus der Langfristplanung, von der sie sich zum einen durch die explizite Berücksichtigung der Zielfrage und zum anderen durch ein differenzierteres, den wachsenden Turbulenzen und Diskontinuitäten besser entsprechendes Bild der Umwelt und ihrer Entwicklungen unterscheidet. In der strategischen Planung werden auf der Grundlage der allgemeinen Unternehmensziele (→ Unternehmenspolitik) die strategischen Ziele (Welche Produkte auf welchen Märkten?) und Strategien sowie strategische Programme für die einzelnen Funktionsbereiche entwickelt. Die operative Planung dagegen befaßt sich im Anschluß mit der Konkretisierung der strategischen Planung und deren Operationalisierung durch die operativen Zielkriterien (Gewinn, Liquidität, Dekkungsbeiträge u.a.). – *Kritisiert* wird an der strategischen Planung vor allem die deterministische Ausrichtung, die die Wechselwirkungen und Rückkopplungen zwischen Zielen, Strategien und Struktur unzureichend berücksichtigt. Die mangelnde Berücksichtigung dieser Interdependenzen sowie Fragen nach → Strategieumsetzung und →

strategischer Kontrolle haben zur Entwicklung des → strategischen Managements geführt.

strategische Programme, konkrete Aktionsprogramme für die betrieblichen Funktionsbereiche, mit denen die → Strategien des Unternehmens umgesetzt werden. Die Formulierung der Programme erfolgt nach Festlegung der Strategien auf Unternehmens- und Geschäftseinheitenebene unter Berücksichtigung von Richtlinien, Zielen und Normen. Die Konkretisierung der Strategien reicht bis zu den untersten hierarchischen Entscheidungsebenen und beinhaltet Aufwandsschätzungen, Fixierung strategischer Meilensteine, Kompetenzangaben, Termine u.a. Da die betrieblichen Funktionsbereiche keine strategische Autonomie besitzen, ist es nicht zweckmäßig, von → Funktionalstrategien zu sprechen, sondern von → Strategieumsetzung.

strategische Schlüsselfaktoren, im Rahmen der → Situationsanalyse der strategischen Planung aus der Gegenüberstellung von Umweltanforderungen und Unternehmensstärken ermittelte Faktoren, die zukünftige Chancen und Problembereiche im Wettbewerb identifizieren. – Verschiedene *Verfahren* dienen der Ermittlung strategischer Schlüsselfaktoren: → PIMS-Programm, → Erfahrungskurvenkonzept, → Portfolioanalyse, → Gap-Analyse, → Produkt-Markt-Matrix und → kritische Erfolgsfaktoren.

strategische Überwachung, → strategische Kontrolle

strategische Unternehmensführung, → strategisches Management

strategische Wahl, Phase der Auswahl der geeigneten → Strategien im Rahmen der → Strategieentwicklung der strategischen Planung. Neben den Formalzielen der Unternehmenstätigkeit wie Gewinn, Umsatzrentabilität u.a. werden weitere Zielkriterien herangezogen wie Übereinstimmung von Ressourcenbedarf und -deckung, Machbarkeit in personeller, technischer, gesetzlicher u.a. Hinsicht, soziale Verantwortung. Diese Entscheidungskriterien müssen nicht quantifizierbar sein, sondern die Nachvollziehbarkeit des Einflusses der Faktoren auf die Entscheidungen ist ausreichend. Die Bewertung der alternativen Strategien kann anhand der → Nutzwertanalyse erfolgen. Je niedriger die Planungsebene, desto geringer ist der Handlungsspielraum.

strategisches Controlling, Wahrnehmung der Controllingaufgaben für die strategische Führung. Dazu gehören die Koordination der strategischen Planung und Kontrolle (Plan- bzw. Durchführungscontrolling) sowie der Überprüfung der weiteren Gültigkeit der gesetzten Planungsannahmen (Prämissenkontrolle, meist antizipativ durch strategische Frühaufklärung) mit Hilfe der strategischen Informationsversorgung.

strategisches Geschäftsfeld, Planungsebene der → strategischen Planung, welche aus mehreren Produkt-Markt-Segmenten besteht und zusammen mit anderen Geschäftsfeldern eine → strategische Geschäftseinheit bildet. (Der Begriff → strategische Geschäftseinheit wird häufig synonym mit dem Begriff strategisches Geschäftsfeld verwendet.) Für strategische Geschäftsfelder können homogene → Strategien entwickelt werden.

strategisches Issue-Management, Konzept des → strategischen Managements, das davon ausgeht, daß sich strategische Diskontinuitäten in der Entwicklung von Unternehmen und Umwelt durch starke und schwache Signale ankündigen. Durch die rechtzeitige Antizipation der Signale soll genügend Zeit gewonnen werden, um Gegenmaßnahmen zu konzipieren. Die strategisch wichtigen Sachverhalte (strategic issues) sollen durch einen permanenten Beobachtungsprozeß antizipiert und analysiert werden (→ Früherkennungssysteme). Da auch innerhalb des strategischen Managements die relevanten externen und internen Entwicklungen periodisch analysiert werden, finden sich wesentliche Elemente des strategischen Issue-Managements wieder.

strategisches Management, Weiterentwicklung der → strategischen Planung. Zwei Konzeptionen werden unterschieden:
1. *Ergänzung der → strategischen Planung um die Phasen der → Strategieumsetzung und → strategischen Kontrolle.* Strategisches Management wird als konzeptionelle Integration von Planung, Durchführung und Kontrolle von Strategien verstanden und zeigt sich in der konsequenten Ausrichtung aller Unternehmensaktivitäten auf die strategischen Zielsetzungen. Folgende Prozesse finden statt: Zielbildung, → Umweltanalyse, Strategieentwicklung, Strategiebewertung, Strategieumsetzung, strategische Kontrolle.
2. Strategisches Management als *grundlegendes Verständnis der Interdepenzen von unternehmensexternen und -internen Faktoren.* Das strategische Problem besteht nicht in der Planung von Teilaktivitäten, sondern in der Positionierung eines Unternehmens in der Umwelt und der Weiterentwicklung der internen Fähigkeiten, um geänderten Umweltbedingungen gerecht zu werden. Daher werden neben der Bestimmung von → Produkt-Markt-Strategien weitere Beziehungen betrachtet. Ziel ist Aufbau und Erhalt langfristiger interner und externer Erfolgspotentiale, d.h. die externe Orientierung der strategischen Planung findet ein Pendant im Management der notwendigen internen Anpassungsprozesse. Innerhalb dieser sind Fragen der Unternehmenskultur von Bedeutung.

strategisches Profil, Resultat des strategischen Verhaltens eines Unternehmens, das durch das Management bestimmt wird. Das strategische Profil entsteht durch die Art, in der das Unternehmen seine Arbeitsgebiete festlegt, durch die Wahl der Ziele, Strategien und operativen Maßnahmen sowie durch das Bild des Unternehmens in der Öffentlichkeit (→ Corporate Identity).

strategisches Spielbrett, Instrument der → strategischen Planung zur Verdeutlichung grundsätzlicher strategischer Stoßrichtungen. Dabei geht es um die zentralen Fragen, welcher Markt angestrebt wird und welche Regeln angewandt bzw. verändert werden sollen. Vgl. nebenstehende Abbildung.

strategisches Ziel, Ausgangspunkt von → strategischer Planung und → strategischem Management. Erst auf der Grundlage der → Ziele und Wertorientierungen des Unternehmens kann im Rahmen der Situationsanalyse die Umweltanalyse zur Ermittlung der Chancen und Risiken sowie die Unternehmensanalyse zur Ermittlung der Stärken und Schwächen vorgenommen werden. Die generellen Ziele finden sich in Unternehmensleitlinien, -philosophie und -politik wieder.

strategy pull. Man spricht von s. p., wenn der Anlaß zur Förderung und

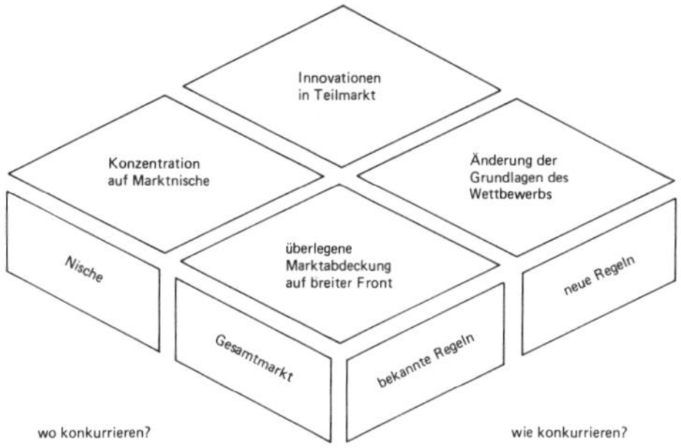

Entwicklung einer Technologie oder eines Produktes von den strategischen Untersuchungszielen ausgeht (vgl. auch → technology push und → demand pull).

Streß, organische (psychische und physische) Reaktion eines Individuums auf an dieses gerichtete Anforderungen, die als unangenehm und belastend empfunden wird. Streßursachen liegen immer in der Umwelt und resultieren aus Aufgaben, Rollen, organisationalen Rahmenbedingungen usw. Die Art der Wirkung dieser Faktoren und die Bewältigung von S. sind jedoch personenabhängig.

Streßmanagement, gezielte Versuche einer Organisation, den → Streß für die Mitarbeiter zu reduzieren und/oder ihnen zu helfen, damit besser umzugehen. Instrumente sind Maßnahmen der Arbeitsstrukturierung zur Reduzierung von Streß am Arbeitsplatz, die Schaffung von Möglichkeiten zum Ausgleich von Streß etwa durch sportliche Angebote oder individuelle Beratung von Mitarbeitern, die besonders von Streß betroffen sind. Zielsetzung ist die Verringerung des Krankenstandes, der Fluktuation sowie der damit verbundenen Kosten und die Erhöhung der Leistungsfähigkeit und -bereitschaft.

Streuplanung (Budgetallokation), Aufteilung des Werbeetats nach sachlichen und zeitlichen Gesichtspunkten. Getroffen werden Entscheidungen über die Auswahl der Produkte, für die geworben werden soll, Marktchancen, Gewinnerwartungen, Auswirkungen der Werbung auf die anderen Produkte des Unternehmens sowie die Wahl der Werbeträger (→ Mediaselektion) unter Berücksichtigung ihrer Wirkung und ihrer Kosten.

Struktur, → Organisationsstruktur

Strukturmodelle, → Aufbauorganisation

Strukturorganisation, → Aufbauorganisation

Stückkosten, → Kosten einer betrieblichen Leistungseinheit.

Stufenleiterverfahren, → innerbetriebliche Leistungsverrechnung

Stuttgart-Ansatz, von Ackermann formulierter, auf empirischen Untersuchungen in deutschen Unternehmen basierender Ansatz des → Human resource-Management. – Danach wird zwischen vier *Strategien* des Personalmanagements unterschieden: Personalentwicklung, Personalbeurteilung, Personalverwaltung und Personalforschung. Keine Strategie wird als für alle Unternehmen optimal gesehen, ihre Wahl richtet sich vielmehr nach der jeweiligen Unternehmensstrategie. Z.B. wird Personalverwaltung von Unternehmen mit stabiler Umwelt bevorzugt, Personalentwicklung von größeren diversifizierten Unternehmen.

subjektive Tätigkeitsanalyse (STA), an der kognitiven Psychologie orientiertes arbeitswissenschaftliches Verfahren, bei dem die betroffene Arbeitsgruppe selbst die (subjektive) → Arbeitsanalyse durchführt und nur bei Beratungs- bzw. Unterstützungsbedarf auf Berater zurückgreift. Einzelschritte sind die gemeinsame Bewertung der von der Gruppe auszuführenden Arbeitstätigkeiten, die Entwicklung von Plänen zur Arbeitsrestrukturierung, die Ermittlung von Qualifikationsdefiziten und die gegenseitige Vermittlung der für eine umstrukturierte Arbeit erforderlichen Qualifikationen.

Subjektivierung, in der Systemtheorie eine Strategie zur Reduktion von Umweltkomplexität, die in der Vernachlässigung der objektiven Situation durch ausschließlich subjektive Sicht- und Verarbeitungsweisen besteht. Teile der Realität bzw. Komplexität werden damit systematisch ausgeklammert.

Subkultur, spezielle kulturelle Orientierungsmuster, die sich in einem Teilbereich einer Organisation (einer Abteilung oder informellen Gruppe) herausgebildet haben und sich von den übrigen Kulturen bzw. der Unternehmenskultur unterscheiden.

substantielle Kapitalerhaltung, der Kostenrechnung zugrundeliegendes Prinzip, welches gewährleistet ist, wenn der Güterverbrauch zu Wiederbeschaffungskosten bewertet wird. Dadurch werden inflationäre Prozesse berücksichtigt. Gegenteil: → nominelle Kapitalerhaltung.

Substitution, in der Produktions- und Kostentheorie die Ersetzung eines Produktionsfaktors durch einen anderen. In der Preistheorie und im Rahmen des strategischen Managements bezeichnet S. die Ersetzung eines Gutes durch ein anderes; entsprechende Produkte werden als → Substitutionsgüter bezeichnet.

Substitutionsgüter, Konsum- oder Investitionsgüter, die aus Sicht des Nachfragers ein anderes Gut ersetzen können.

Subsystem, in der Systemtheorie: Teilbereich eines → Systems, etwa eine Abteilung in einem Unternehmen.

Sukzessivkompensation, → preispolitischer Ausgleich

Supervision, auf formaler Autorität beruhende Führung im Sinne von Überwachung und Kontrolle.

Supervisor, angloamerikanische Bezeichnung für eine Aufsichtsperson bzw. einen Dienstvorgesetzten, der sich weitgehend auf Überwachung und Kontrolle beschränkt.

supranationales Unternehmen, → internationales Unternehmen mit hohem Anteil ausländischer Kapitaleigner und aus dem Ausland stammender Manager sowie einer internationalen Rechtsform, bei der die Bindung an ein nationales Recht aufgelöst und stattdessen eine besondere, durch zwischenstaatliche Verträge geschaffene internationale Rechtsordnung gilt.

survey, → Datensammlung

survey feedback, klassische Methode der → Organisationsentwicklung, bei der von den Beratern zunächst Daten über die zu beratende Organisation bzw. das zu lösende Problem gesammelt werden (survey), die Auswertung den Betroffenen präsentiert (feedback) und schließlich gemeinsam nach Lösungsmöglichkeiten gesucht wird.

Swap, gleichzeitige Durchführung eines Kassa- und eines Termingeschäftes am Devisenmarkt, d.h. An- oder Verkauf einer Währung am Kassamarkt und eine korrespondierende Transaktion am Terminmarkt, zum „Preis" des Swapsatzes; bzw. Tausch von Zinsverpflichtungen und/oder Währungspositionen. Formen: Währungsswap (currency swap), Zinsswap (interest rate swap), Kombination von Währungs- und Zinsswap (cross currency interest rate swap). S. führen Partner mit unterschiedlichen Finanzierungsbedürfnissen und/oder unterschiedlichen Zins- bzw. Wechselkurserwartungen zusammen. Banken treten bei S. verstärkt als Intermediäre auf, d.h. sie schließen mit jedem S.-Partner getrennte Verträge ab (fungieren jeweils als Vertragspartner); für die übernommenen Risiken (Ausfall eines Partners usw.) erhält die S.-Bank eine Provision. Die Deutsche Bundesbank betreibt S. aus liquiditätspolitischen Gründen im Rahmen der Feinsteuerung.

symbolischer Interaktionismus, auf Mead zurückgehender kommunikationstheoretischer Denkansatz der Soziologie, der die Bedeutung von Symbolen, insbesondere von Sprache, für Interaktionsprozesse und individuelle Identitätsfindung betont. Symbole werden dabei als intersubjektiv geltende Bedeutungskonventionen definiert. Sie ermöglichen als Medien der Kommunikation erst soziales Handeln (symbolisch vermittelte Interaktion) und schaffen zugleich eine von den Interaktionsparteien gemeinsam gedeutete Wirklichkeit. Sowohl der Teilnehmer als auch der beobachtende Wissenschaftler können bei ihrer Analyse an symbolischen Äußerungen ansetzen, die einerseits als Bestandteil einer Handlung nicht rein äußerlich (im Sinne von „von außen gesetzt"), andererseits im Gegensatz zu Bewußtseinsphänomenen auch nicht rein innerlich und damit öffentlich zugänglich sind. Der symbolische Interaktionismus hat für das Management eine methodische Bedeutung im Zusammenhang mit der Unternehmenskultur erlangt. Ihm zufolge ist Wirklichkeit sozial konstruiert; Kultur ist damit nur interpretativ, durch Interpretation des Verständnisses der Beteiligten, erfaßbar. Ähnlich ist die → Ethnomethodologie, die jedoch mehr auf alltagspraktische Elemente abstellt.

symbolisches Management, gezieltes Setzen von Zeichen durch das Management gegenüber den Mitarbeitern. Damit sollen die vom Management gewollten Werte und Normen sowie strategiekonforme Grundorientierungen bewußt vorgelegt werden. Das symbolische Management geht vom Modellernen und damit der Grundannahme aus, daß die Mitarbeiter so eher bereit sind, entsprechende Orientierungen zu übernehmen.

Synergie, Begriff der Arbeits- und Organisationspsychologie. S. bezeichnet das Phänomen, daß gemeinsam erarbeitete Gruppenlösungen oft besser sind als die zuvor erarbeiteten Lösungen der einzelnen Gruppenmitglieder. S. ergibt sich vor allem dann, wenn das

Problem komplex ist, die Gruppenmitglieder über verschiedenartige Informationen verfügen, wenn sie das Problem zunächst unabhängig voneinander zu lösen versuchen und ihre Ansätze dann der Gruppe mitteilen. S. wird vor allem von Konformität behindert.

Synergieeffekt, Phänomen, daß das Ganze mehr ist als die Summe seiner isolierten Teile, z.B. leistet die Gesamtheit eines diversifizierten Unternehmens (z.B. durch Know how-Übertragung, Imagetransfer, Marktmacht, Nachfrageverbund) oft einen höheren Erfolgsbeitrag, als wenn die einzelnen Unternehmensteile und/oder Produkte voneinander isoliert wären. Oft können F&E-, Produktions- und Distributionskapazitäten gleichmäßiger ausgelastet und Kostendegressionseffekte erzielt werden. Know how läßt sich auf andere Tätigkeitsfelder übertragen (economies of scope).

Synergiemanagement, Managementaktivitäten, die auf die Erschließung und gezielte Nutzung möglicher → Synergieeffekte ausgerichtet ist.

synoptische Planung, Planungsverfahren, das im Unterschied zur → inkrementalen Planung auf der Entwicklung, Bewertung und Auswahl von Strategien anhand vorab festgelegter Ziele basiert.

System, allgemein eine Menge an geordneten, nicht weiter zerlegbaren Elementen mit jeweils spezifischen Eigenschaften. Diese sind durch Relationen miteinander verknüpft; die Menge der Relationen ergibt die Struktur des Systems. Die Begriffe Organisation und Struktur werden entsprechend als identisch gebraucht. – Unterschieden werden im Rahmen der Systemtheorie unterschiedliche *Arten* von S.: offene und geschlossene, natürliche (anorganische sowie organische) und künstliche (logische, mechanische sowie soziale), stabile und kybernetische (→ Kybernetik) S.

System-Coaching, → Coaching einer bestimmten Gruppe von Führungskräften im Unternehmen.

system resource approach, Ansatz zur Effizienzmessung von Organisationen, der auf die Beziehungen zwischen Organisation und Umwelt abstellt. Effizienz wird durch die Verhandlungsposition der Organisation definiert, d.h. ihre Möglichkeit, ihre Umwelt in bezug auf die Beschaffung der lebensnotwendigen Ressourcen zu kontrollieren.

Systemansatz, → systemorientierter Ansatz

systembezogener Tatbestand, auf Gutenberg zurückgehender Begriff zur Bezeichnung von Grundprinzipien des Wirtschaftens, die abhängig vom jeweiligen Wirtschaftssystem sind. Bei einer Marktwirtschaft sind dies das erwerbswirtschaftliche Prinzip, das Autonomieprinzip (die Wirtschaftsteilnehmer entscheiden eigenständig) und Privateigentum an Produktionsmitteln. Gegensatz: → systemindifferenter Tatbestand.

Systementwicklung, die S. befaßt sich mit der Konstruktion von → Informationssystemen. Begrifflich eng gefaßt handelt es sich dabei ausschließlich um Anwendungprogramme (→ Software). – Der Bereich der S. kann weiter in *Teilbereiche* eingeteilt werden: (1) *Systemanalyse:* Allgemein eine Methode der Erkenntnisgewinnung. Über Informationssysteme und -zusammenhänge sollen unter Einsatz von Analysemethoden eindeutige Fakten gewonnen werden. Der Systemanalytiker geht davon aus, daß man Systeme in immer kleinere Teilkomponenten zerlegen muß, um ihren Funktionsmechanismus zu erkennen (Top-Down-Vorgehens-weise). Bei Zugrundelegung eines → Phasenmodells ist die S. den ersten Phasen des Entwurfsprozesses zuzuordnen. (2) *Systementwurf:* Hier erfolgt das eigentliche Design des Anwendungssystems. Dabei wird im allgemeinen eine ingenieurmäßige Vorgehensweise gewählt (→ Software-Engineering). (3) *Konfigurationsmanagement:* Nach Übergabe des Anwendungssystems an den Benutzer kann es wegen der Änderung gesetzlicher, organisatorischer oder sonstiger Rahmenbedingungen notwendig werden, Änderungen am Anwendungssystem durchzuführen. Häufig müssen auch bereits während der Entwurfsphase Änderungen vorgenommen werden. Das K. hat die Aufgabe, diese Änderungen vorzunehmen und entsprechend zu dokumentieren. (4) *Projektmanagement:* Gesamtheit aller Maßnahmen zur Planung, Steuerung und Überwachung von Projekten. Ein Projekt ist ein einmaliger, aus Teilaufgaben zusammengesetzter, mit definiertem Anfang und Ende versehener Vorgang. Dabei sind verschiedene Stellen des Unternehmens in Teamarbeit beteiligt. Ein Projekt konkurriert im Regelfall mit anderen Projekten um Ressourcen. Zur Unterstützung des Projektmanagements werden Projektmanagementsysteme angeboten. Zur Zeitplanung benutzt man häufig Netzpläne. – In Zusammenhang mit *DV-Projekten* kommt der → Projektaufwandsschätzung eine herausragende Bedeutung bei.

systemindifferenter Tatbestand, auf Gutenberg zurückgehender Begriff zur Bezeichnung von Grundprinzipien des Wirtschaftens, die unabhängig vom jeweiligen Wirtschaftssystem sind. Hierzu gehören die in jedem Betrieb erfolgende Kombination der Produktionsfaktoren, das Wirtschaftlichkeitsprinzip und das Prinzip des finanziellen Gleichgewichts (der Betrieb muß seinen Zahlungsverpflichtungen jederzeit nachkommen können, d.h. liquide sein). Gegensatz: → systembezogener Tatbestand.

systemisches Denken, Denk- und Vorgehensweisen, die auf der → Systemtheorie aufbauen und Einzelerscheinungen (Probleme) nicht isoliert, sondern ganzheitlich und damit in ihren Wechselwirkungen sowie Systemzusammenhängen sehen.

Systemlebenszyklus, → Systementwicklung, → Phasenmodell

systemorientierte Betriebswirtschaftslehre, → systemorientierter Ansatz

systemorientierter Ansatz, auf H. Ulrich zurückgehender, auf der → Systemtheorie aufbauender Ansatz der → Betriebswirtschaftslehre, der Betriebe als soziale Systeme und das betriebliche Geschehen mit dem Vorverständnis, der Begrifflichkeit und dem Instrumentarium der Kybernetik untersucht. Deutlich treten dabei die Komplexität, die wechselseitigen Beziehungen zwischen den Teilbereichen des Unternehmens sowie zwischen Betrieb und Umwelt zutage. Gestaltungsmodelle sollen nicht nur für die Gegenwart, sondern auch für zukünftige Wirklichkeiten entworfen werden.

systemorientiertes Management, Management, das sich mit der Gestaltung und Lenkung von Gesamtsystemen befaßt, statt sich auf einzelne Funktionsfelder und Führung im traditionellen, personenbezogenen Sinne zu konzentrieren. Herausgestellt werden dabei insbesondere die Vernetzung der einzelnen Funktionsbereiche (Subsysteme) und die daraus entstehende besondere Dynamik des Gesamtsystems sowie die für das Management erforderliche Interdisziplinarität. Diese dürfe aber nicht aus einer Addition der einzelnen benötigten Wissensbereiche bestehen, sondern stelle eine neue Disziplin dar. – *Grundlage* des systemorientierten Managements ist die → Kybernetik.

Systemsoftware, → Software

Systemtheorie, interdisziplinäre Wissenschaft, die als → Allgemeine Systemtheorie auf die Schaffung einer alle Realwissenschaften integrierenden Superwissenschaft abzielt und in ihrer Variante als Gesellschaftstheorie eine spezifische Sicht- und Analyseform von Gesellschaften und Organisationen darstellt. Danach analysiert die Systemtheorie (im Sinne z.B. von Parsons und Luhmann) Gesellschaften wie Organisationen als funktional ausdifferenzierte soziale Systeme. Die einzelnen Funktionssysteme (Wirtschaft, Wissenschaft usw.) bzw. Unternehmensbereiche sind durch sie prägende und nur für sie vorrangige Funktionen und ihre Schnittstellen mit der Umwelt definiert. Umwelt wird als Gesamtheit aller externen Umstände definiert. Untersucht werden die Wechselbeziehungen zwischen den verschiedenen Funktionssystemen, deren interne Funktionsweise, Fragen von Stabilität und Wandel, Erfassung und Reduktion von Komplexität jeweils mit den auch für die Allgemeine Systemtheorie charakteristischen Begriffen und Methoden. Innerhalb der systemtheoretischen Forschung haben sich unterschiedliche Ansätze herausgebildet; erhebliche Bedeutung hat die aus der Biologie entlehnte Theorie der → Autopoiesis erlangt, derzufolge Systeme sich selbst organisierende und produzierende, auf Überleben angelegte Einheiten sind. Seit den siebziger Jahren hat die S. begrifflich wie inhaltlich erheblichen Einfluß auf die → Betriebswirtschaftslehre (insbesondere die Entwicklung des → systemorientierten Ansatzes) und → auf die Managementlehre (z.B. systemorientiertes Management) ausgeübt.

Szenario-Analyse, Mitte der siebziger Jahre entwickeltes Instrument zur Entwicklung mehrerer, in sich stimmiger alternativer Zukunftsbilder mit einem Zeithorizont von 10 bis maximal 50 Jahren, in denen zukünftige Entwicklungstrends in quantitativer und qualitativer Hinsicht sowie bezüglich ihrer Interdependenzen erfaßt werden. Die Notwendigkeit hierzu ergab sich vor allem aus der Unmöglichkeit exakter Prognosen in dynamischen und turbulenten Umwelten und der daraus resultierenden Notwendigkeit, Bandbreiten möglicher Entwicklungen und deren Alternativen zu berücksichtigen. Die S. verdeutlicht die Unsicherheit über zukünftige Entwicklungen und unterdrückt sie nicht wie andere, scheinbar exakte Verfahren. Daher besteht ihr Wert auch weniger in der exakten Prognose als in einem Denken in Optionen und Alternativen sowie einer schnellen Anpassung der Strategien. Die S. kann sowohl bei der → Umweltanalyse als auch bei einer Abschätzung der Konsequenzen bestimmter Strategien eingesetzt werden.

T

Tabellenkalkulation. Dabei handelt es sich um Werkzeuge (hauptsächlich für PCs), mit denen versucht wird, das Rechnen mit Tabellen im Computer nachzubilden. Dazu wird ein elektronisches Arbeitsblatt, das in einzelne Zellen unterteilt ist, zur Verfügung gestellt. Jede Zelle entspricht einem Eintrag in der Tabelle. Der Benutzer kann Zellen und Spalten dieses elektronischen Arbeitsblattes entsprechend verknüpfen. Beispiele sind Lotus 123, Excel, Multiplan, Visicalc usw.

takeover, Übernahme sämtlicher Kapitalanteile oder der Kapitalmehrheit eines Unternehmens durch ein anderes (→ mergers and aquisitions); kann mit Unterstützung des Managements des betroffenen Unternehmens erfolgen (*friendly takeover*) oder gegen dessen Willen (*hostile takeover*).

taktische Aktionen, Maßnahmen zur Durchführung von → Strategien in den betrieblichen Funktionalbereichen. Taktische Aktionen variieren mit den durchgeführten Strategien. Beispielsweise werden bei selektiven Strategien unterschiedliche taktische Aktionen verfolgt: Offensivstrategien erfordern hohe Aufbauinvestitionen, Übergangsstrategien keine taktischen Aktionen, Defensivstrategien erfordern Kostensenkungsprogramme, Produktdifferenzierung, Maßnahmen zur Serviceverbesserung u.a.

taktische Erfolge, im Rahmen → taktischer Aktionen erzielte Erfolge, die Grundlage für das Erreichen der mit den → Strategien des Unternehmens verfolgten → Ziele sind.

Tarifautonomie, Recht der Tarifvertragsparteien, in eigener Befugnis Tarifverträge zur Regelung der Arbeits- und Wirtschaftsbedingungen abzuschließen. Die T. leitet sich unmittelbar aus dem in der Verfassung (Art. 9 Abs. 3 GG) verankerten Koalitionsrecht ab.

Tarifgebiet, 1. ein von den Tarifvertragsparteien festgelegter räumlicher Bereich, der sich auf einen bestimmten Bezirk, ein Bundesland oder aber das gesamte Bundesgebiet erstrecken kann;
2. räumliches Gebiet, in dem ein Tarif (z.B. für die Benutzung öffentlicher Verkehrsmittel) gilt.

tarifliche Regelungen, Rechtsnormen des → Tarifvertrages. Dazu gehören Regelungen über Art und Höhe der Entlohnung, Sonderzuwendungen wie Weihnachtsgratifikationen oder vermögenswirksame Leistungen, vorübergehende Freistellung von der Arbeit, Urlaub und Bildungsurlaub, Dauer der Arbeitszeit etc. Die tariflichen Normen dürfen zugunsten des Arbeitnehmers von gesetzlichen Regelungen abweichen. Ungünstiger dürfen sie nur dann sein, wenn dies ausnahmsweise ausdrücklich gesetzlich vorgesehen ist (z.B. Kündigungsfristen für Arbeiter und Angestellte). Weitere Regelungen können sein: betriebliche Fragen wie

Arbeitsschutz oder Erholungseinrichtungen, Normen über gemeinsame Einrichtungen der Tarifvertragsparteien (z.B. Urlaubs- und Lohnausgleichskasse im Baugewerbe), Abschlußnormen, die das Zustandekommen neuer Arbeitsverhältnisse regeln.

Tarifvertrag, schriftlicher Vertrag zwischen den Tarifvertragsparteien zur Regelung ihrer Rechte und Pflichten sowie Festsetzung von arbeitsrechtlichen Normen. Tarifvertragsparteien sind auf der Arbeitgeberseite die Arbeitgeberverbände bzw. bei Haus- oder Firmentarifen einzelne Arbeitgeber, auf der Arbeitnehmerseite die Gewerkschaften. Der Geltungsbereich (regional, zeitlich, sachlich) eines T. wird von den Parteien bestimmt. T. dürfen nicht gegen geltendes Recht verstoßen. Sie stellen mit dieser Einschränkung geltendes Recht dar und sind für die Tarifvertragsparteien unmittelbar und zwingend gültig (Tarifgebundenheit). Hieraus ergibt sich für die Arbeitnehmer eine Friedenspflicht: Während der Laufzeit des T. dürfen sie nicht streiken. Durch Außenseiterklauseln können die Parteien vereinbaren, daß auch nicht gewerkschaftlich organisierte Arbeitnehmer unter den T. fallen; dies ist der Regelfall. Durch eine Allgemeinverbindlichkeit des Bundesministers für Arbeit und Sozialordnung kann ein T. auch für diejenigen Arbeitgeber als gültig erklärt werden, die keinem Arbeitgeberverband angehören. Neben T., in denen meistens jährlich vor allem das Arbeitsentgelt geregelt wird, existieren noch → Manteltarifverträge mit mehrjähriger Laufzeit, in denen die allgemeinen Arbeitsbedingungen (Arbeitszeit, Urlaub usw.) festgelegt werden, und Lohn- sowie Gehalts-Rahmentarifverträge, die Lohn- und Gehaltsgruppen bestimmen. Weitere Arten von T. regeln die vermögenswirksamen Leistungen und den Rationalisierungsschutz.

Tarifvertragsparteien, → Tarifvertrag

task design, → Arbeitsstrukturierung

task environment, für die Erfüllung einer bestimmten Aufgabe relevanter Umweltausschnitt (→ Aufgabenumwelt).

task force, → Projektteam

task orientation, → Aufgabenorientierung

Taxonomie, Systematisierung, die aufgrund einer Klassifizierung von Objekten nach gemeinsamen Merkmalen erfolgt; findet sich in der Organisationstheorie bzw. -soziologie bei der Bildung von Organisationstypologien.

Team, formelle, relativ kleine und funktionsgegliederte, in Gruppenarbeit tätige Arbeitsgruppe (→ Gruppe) mit gemeinsamer Zielsetzung, intensiven wechselseitigen Beziehungen, hoher Kohäsion und ausgeprägtem Gemeinschaftsgefühl (teamspirit).

team building, → Teamentwicklung

Teamarbeit, → Gruppenarbeit

Teamentwicklung, Oberbegriff für überwiegend gruppendynamische Maßnahmen zur Förderung der Entwicklung von Gruppen zu arbeitsfähigen Teams.

Teamorganisation, → Selbstkoordination

teamspirit, Teamgeist als Ausdruck eines ausgeprägten Zusammengehörigkeitsgefühls und hoher → Kohäsion.

technischer Direktor, im Unterschied zum → kaufmännischen Direktor für alle technischen Angelegenheiten eines Unternehmens (insbesondere Produktion, Forschung und Entwicklung) verantwortlicher Direktor; in vielen Fällen gemeinsam mit dem kaufmännischen Direktor für die Geschäftsführung des Unternehmens zuständig.

Technologie, der Begriff T. geht über den Begriff Technik hinaus, denn Technik bezieht sich nur auf die jeweiligen Prozesse und Ausrüstungen, die für den Menschen notwendig sind, um die Natur nutzbar zu machen. Moderne T. bestimmen und gestalten die sozialen Beziehungen und den sozialen Wandel in hohem Maße; sie können daher nicht isoliert von der Gesellschaft betrachtet und müssen zunehmend hinsichtlich ihrer Sozialverträglichkeit bewertet werden.

Technologie-Portfolio, das T.-P. ist Teil der → Portfolio-Analyse. Es ist eine konzeptionelle Methode zur ganzheitlichen visuellen Strukturierung und Analyse technologischer Optionen und Veränderungsmöglichkeiten von Unternehmen, Industrien oder ganzer Volkswirtschaften. Da Technologie-Lebenszyklen als erheblich länger angesehen werden als die hinter den Produkt/Markt-Portofolio-Ansätzen stehenden Produkt-Lebenzyklen, werden T.-P. zur Analyse von strategischen Geschäften ergänzend durchgeführt. Das T.-P. hat i.d.R. die Dimensionen (Achsen) *„Technologie-Attraktivität"* und *„Ressourcenstärke"*. *Die „Technologie-Attraktivität"* wird durch die Umweltsituation im jeweiligen Technologiebereich bestimmt und ist daher (zumindest kurzfristig) für das Management im Unternehmen ein nicht beeinflußbarer Faktor. Ob eine Technologie attraktiv ist, hängt z.B. von ihrer Weiterentwickelbarkeit , von ihrem Diffusionsverlauf und der Vielfalt ihrer Anwendungen ab. Die *„Ressourcenstärke"* bezeichnet die spezifischen Stärken des Unternehmens im Vergleich zum wichtigsten Konkurrenten, die für die Entwicklung bzw. Weiterentwicklung von Technologien eingesetzt werden können. Die Ressourcenstärke wird z.B. durch die Finanzstärke des Unternehmens und die Qualifikation der Organisationsmitglieder (Know-how-Stärke) bestimmt. – Dem sogenannten *Ist-Portfolio*, in dem nicht nur die im Unternehmen vorhandenen Technologien, sondern auch zu beschaffenden Technologien eingeordnet werden können, steht ein *Ziel-Portfolio* gegenüber. Neben der Formulierung von strategischen Stoßrichtungen für die vorhandenen Technologien sollte im Ziel-Portfolio auch ein Vergleich mit Substitutionstechnologien stattfinden. – Vielfach werden je nach Zuordnung von Technologien im T.-P. unterschiedliche *Normstrategien* empfohlen. Je geringer Technologieattraktivität und Ressourcenstärke, desto eher sollte das Management eine Desinvestitionsstrategie verfolgen. Den Investitionen und Mitteln für Forschung und Entwicklung stehen hier geringe Erfolgsaussichten gegenüber. Je höher dagegen Technologieattraktivität und Ressourcenstärke, desto eher ist eine Investitionsstrategie zu empfehlen.

Technologieattraktivität, bringt zum Ausdruck, inwieweit eine Technologie zukünftige Anwendungs- und Entwicklungspotentiale aufweist. Die Attraktivität einer Technologie steigt z.B. mit der Anzahl und Vielschichtigkeit von Anwendungsgebieten und der Qualität und Quantität von Weiter- und Fortentwicklungsmöglichkeiten. Die T. ist als hoch einzustufen, wenn sie z.B. im Hinblick auf den technologischen Fortschritt von grundlegender Relevanz ist (Basistechnologie) oder den Charakter einer Schlüsseltechnologie besitzt. Zusammen mit der Dimension Ressourcenstärke, die ein Unternehmen hinsichtlich einer Technologie besitzt (z.B. F&E-Ausstattung, Finanzkraft), bildet die T. das wichtigste Kriterium zur Einordnung von Technologien in sog. → Technologie-Portfolios.

Technologiebeschaffung, zeit-, kosten- und sachgerechte Bereitstellung der für die Erreichung der Unternehmensziele notwendigen Technologien. – Die *Bereitstellungskanäle* sind vielfältig. Grundsätzlich kann man Technologien selbst, d.h. durch Forschungs- und Entwicklungsaktivitäten innerhalb der eigenen Unternehmensgrenzen, bereitstellen (Eigenerstellung, „make"). Daneben können Technologien auch von außen (am Beschaffungsmarkt für Technologien) bezogen werden (Fremdbezug, „buy"; z.B. Erwerb von Patenten, Lizenzen, Vergabe von Forschungs- und Entwicklungsaufträgen). Daneben sind kooperative Beschaffungskonzepte möglich (z.B. Gemeinschaftsunternehmen („Joint Ventures"), Technologiebereitstellung durch Forschungsvereinigungen, koordinierter Technologieaustausch). Welcher Bereitstellungsweg gewählt wird, hängt von verschiedenen Einflußfaktoren ab. Ist die Technologie z.B. sehr unternehmensspezifisch, markt-, differenzierungs- und strategierelevant, unterliegt sie oft Geheimhaltungsbedürfnissen, sind bei Fremdbezug hohe Akzeptanzbarrieren zu erwarten („Not-invented-here-Syndrom"), gibt es für sie nur wenige zuverlässige Fremdlieferanten („Small-numbers-Problem") und/oder ist der externe Bezug sehr unsicher, dann sollte die Technologie intern entwickelt bzw. bereitgestellt werden („make"). Ist die Technologie dagegen weitgehend standardisiert, wenig wettbewerbsstrategisch relevant, gibt es hierfür viele externe Lieferanten, bestehen darüber hinaus interne Kapazitätsengpässe, sind geringe Akzeptanzbarrieren zu erwarten usw., so sollte die Technologie extern bezogen werden („buy"). Vorteile der kooperativen T. ergeben sich durch Synergieeffekte, Poolung von Risiken, Teilung der Forschungs- und Entwicklungskosten, Erleichterung durch gemeinschaftliche Förderung und Durchsetzung von Technologiestandards.

Technologiefolgenabschätzung (Technologiewirkungsanalyse, technology assessment). Im Mittelpunkt der T. steht die systematische Prognose (vor allem mit Hilfe der Delphi-Methode und der Szenario-Analyse) der sozialen, ökonomischen und ökologischen Wirkungen, die der Einsatz neuer Technologien mit sich bringen kann. Das Interesse liegt dabei nicht nur auf den beabsichtigten Auswirkungen. Vielmehr soll die T. eine ganzheitliche Bewertung ermöglichen, die auch die Beurteilung unbeabsichtigter und negativer Konsequenzen für Gesellschaft, Ökonomie und Ökologie einbezieht. Die T. wird heute oft mit einer *Umweltverträglichkeitsprüfung* verknüpft. In einigen Ländern sind *Forschungsorganisationen* und Ämter eingerichtet worden, die sich der T. widmen. Dazu gehört beispielsweise in den Vereinigten Staaten das Office of Technology Assessment und in Großbritannien die Royal Commissions.

Technologiemarketing. T. befaßt sich: a) mit allen Aktivitäten, die im Zusammenhang mit der Vermarktung von Wissen über Technologien stehen (Technologie-Know-how). Dieses kann über verschiedene Distributionskanäle vermarktet werden (z.B. Lizenzen, Technologie- und Innovationsberatung). Oft muß für neues technologisches Wissen erst ein Markt erschlossen werden, was eine entsprechende Marketingstrategie voraussetzt. b) mit der Vermarktung technologieintensiver Produkte und Systeme. Aufgrund der hohen Komplexität und Erklärungsbedürftigkeit technologieintensiver Güter findet mit ihrer Vermarktung gleichzeitig meist ein nicht unerheblicher Know-how-Transfer statt. – *Charakteristisch* für das Marketing von Technologien, technologischem Wissen und technologieintensiven Gütern ist, daß die für marktliche Austauschprozesse notwendigen Informationen zwischen den Beteiligten meist asymmetrisch verteilt sind und dadurch zahlreiche Informations- und Kommunikationsprobleme entstehen können. Z.B. haben die Anbieter gegenüber ihren Kunden meist einen beträchtlichen Informationsvorteil. Durch den mit der Vermarktung verbundenen Know-how-Transfer läuft der Anbieter andererseits Gefahr, das marktrelevante Technologie-Know-how an den Kunden zu verlieren. Die Informations- und Kommunikationspolitik ist daher eines der wichtigsten Instrumente des T.

Technologiepark, → Technologiezentrum

Technologiestrategie, Forschungs-, Entwicklungs- und technologisches Grundkonzept. Unterschieden werden Technologieführerschaft („first") und Technologiefolgschaft („follower"). Neben anwendungsorientierter Forschung und Entwicklung (F&E) müssen *Technologieführer* zur Festigung und zum Ausbau ihrer Position auch Grundlagenforschung betreiben. Dies gilt insbesondere für Unternehmen solcher Industriezweige, in denen die Grundlagenforschung hohe Differenzierungsrelevanz hat und die anwendungsorientierte Forschung und Entwicklung „direkt" auf Kenntnissen der Grundlagenforschung aufbaut. Dies gilt z.B. für die Pharmazeutische Industrie, die Mikroelektronik und die Gen-Industrie. *Follower* tragen sowohl im Hinblick auf die Durchführung von F&E-Prozessen als auch im Hinblick auf die marktliche Verwertbarkeit der daraus resultierenden F&E-Kenntnisse sowie innovativen Produkte und Verfahren ein geringeres unternehmerisches Risiko. Sie werden nur solche Verfahren und Produkte imitieren, die sich am Markt bereits hinlänglich als tragfähig erwiesen haben. – Meist ist die Position eines Technologieführers mit der Position eines *Erstanbieters* verbunden. Besonders vor dem Hintergrund der Verkürzung der Produkt- und Marktzyklen wird Technologieführerschaft daher für den Erfolg von Unternehmen immer wichtiger. Durch die Reduzierung von Produktlebenszyklen wird z.B. die Amortisationszeit für die am Anfang des Entstehungszyklus auftretenden Kosten (sog. set-up-costs, z.B. F&E-Kosten) verkürzt. In dieser Situation können meist nur Erstanbieter auf die Erzielung von Lern- und Kostendegressionseffekten sowie schließlich das Überspringen der Gewinnschwelle hoffen. Erstanbietende Technologieführer können daher zweitanbietenden followern durch Preissenkungen auch finanzielle Einbußen zufügen. Durch dieses markteintrittsverhindernde bzw. konkurrenzausschaltende Preisverhalten werden nicht selten drastische Preisverfälle ausgelöst, die nur ein first überleben kann. – Außerdem können Technologieführer bei aktiver Forschungs- und Entwicklungsstrategie oft davon ausgehen, daß sie *followern* permanent voraus sind, wenn sie laufend F&E-Erkenntnisse

hinzugewinnen, die ihnen Vorteile bei der Entwicklung weitergehender Neuerungen bringen (first-mover-advantages). Die Kette oft aufeinander aufbauender F&E-Kenntnisse bleibt dann lückenlos erhalten. Diese „connection to prior technologies“ ist dann die fundamentale Basis einer langfristig stabilen Technologieführerschaft (z.B. charakteristisch für die Luft- und Raumfahrt- oder die Mikrochip-Industrie).

Technologietransfer. Im Rahmen von Austauschprozessen zwischen den Stufen Forschung und Entwicklung, Anwendungs-, Weiter- und Fortentwicklung sowie Distribution technologischer Erkenntnisse, Methoden und Verfahren findet T. statt. Die Stufen können anhand vielfältiger Kriterien unterteilt werden (z.B. inhaltlich und zeitlich; regional, national und international; innerbetrieblich und zwischenbetrieblich). Typische Untersuchungen widmen sich dem T. z.B. zwischen Grundlagen- und Anwendungsforschung, Erfindern und Anwendern, Industrie- und Entwicklungsländern, Hochschule und Praxis sowie Groß-, Mittel- und Kleinunternehmen. Ob der T. gefördert oder gehemmt wird, kann u.a. von folgenden Faktoren abhängen: Mehr- versus Einsprachigkeit, Medienvielfalt versus -einheitlichkeit, die verwendeten Informations- und Kommunikationstechniken, „offene“ versus „geschlossene“ Stufen- bzw. Systemgrenzen. Schriftliche Dokumente (Blaupausen, Patente, Lizenzen) sind häufig nicht ausreichend. Deshalb gehört zum „Know-how-Transfer“ häufig auch die Übergabe von Sachgütern, Schulung, zeitweise Abordnung von Personal usw. Dem T. zwischen Unternehmen stellen sich oft Hindernisse in den Weg (Wissens-, Innovations- und Fähigkeitsbarrieren). Barrieren der Motivation werden häufig als „Not-invented-here-Syndrom bezeichnet. Durch diese Einflußgrößen werden Kosten maßgeblich beeinflußt. Man kann sie als sogenannte Transaktionskosten bezeichnen. Zur Senkung der im Zuge der Technologietransfer-Prozesse auftretenden Transaktionskosten haben sich öffentliche und private Transfereinrichtungen herausgebildet (z.B. Technologie- und Innovationsbörsen wie RKW, Hannover-Messe, Technologiezentren, Industrie- und Handelskammern, Transferstellen von Forschungsinstituten, z.B. Max Planck-Gesellschaft, Frauenhofer-Institut, Großforschungseinrichtungen.

Technologiezentrum. Nach dem Vorbild amerikanischer Technologieparks (z.B. Research Parks der Stanford-Universität, Silicon Valley) sind ähnlich wie in Großbritannien und Japan seit Beginn der achtziger Jahre auch in der Bundesrepublik Deutschland ebenfalls T. eingerichtet worden. Sie sind einerseits ein Instrument der Innovations-, Technologie- und Strukturpolitik von Bund und Ländern. Andererseits haben auch private Beteiligungen und Trägerschaften Gewicht (Vor allem angesichts zunehmender „Ausgründungen“ aus bestehenden Unternehmen (spin off)). In der Bundesrepublik Deutschland gibt es z.B. T. in Berlin (BIG – Berliner Innovations- und Gründerzentrum), Bochum (TZR – Technologiezentrum Ruhr), München (MTZ – Münchner Technologie-Zentrum), Ulm (TFU – Technologiefabrik Ulm).

technologisch verbundene Produktion (Kuppelproduktion), Elementartyp der Produktion (→ Produktionstypen), der sich aus dem Merkmal des Grades der Verbundenheit der Produkte bei der Produktion ergibt. Bei t. v. P. entstehen simultan mehrere gleichartige oder verschiedenartige Güter (Kuppelprodukte). – Je nachdem, ob das Mengenverhältnis der Kuppelprodukte bei einem bestimmten Leistungsverhältnis eines Prozesses veränderlich ist oder nicht, wird unterschieden zwischen starrer und elastischer Kuppelproduktion. Bei starren Kuppelproduktionen treten besondere Planungsprobleme auf, wenn die Absatzmöglichkeiten der Unternehmung für die Kuppelprodukte in Relation zu den realisierbaren Prozeßniveaus nicht harmonisieren. Sofern über absatzpolitische Maßnahmen oder eine Veredelung durch Weiterverarbeitung kein Ausgleich geschaffen werden kann, entsteht bei einzelnen Kuppelprodukten entweder eine Überschußproduktion oder bei anderen sind bestehende Absatzchancen nicht voll nutzbar. Die Bestimmung einer optimalen Absatz- und Produktionspolitik erfordert einen komplexen simultanen Planungsansatz.

technology assessment, → Technologiefolgenabschätzung

technology connections (Technologieverbindungen). 1. Von *vertikalen* technology connections spricht man, wenn Technologien sequentiell aufeinander aufbauen (z.B. Chip-Technologie, Luftfahrt: Ohne die Kenntnisse, die aus der Entwicklung und Produktion von 4-Megabit-Chips gewonnen wurden, wären Erfolge in der 16- und 64-Megabit-Chip-Entwicklung nicht möglich; in der Luftfahrt baute die Entwicklung der DC-3 auf den Erkenntnissen der DC-2 auf).
2. In *horizontaler* Hinsicht gibt es technology connections im Zuge der zunehmenden Systemintegration (im Automobilbau werden z.B. Sicherheitstechnik und Mikroelektronik immer mehr verknüpft). Durch horizontale Verbindungen werden oft auch neuartige Verwendungsmöglichkeiten und Nutzpotentiale erschlossen und dadurch verschiedene Technologien in ihrem Nutzen gesteigert.

technology gap (technologische Lücke), bezeichnet unterschiedliche Niveaus des technologischen Fortschritts bzw. Standards zwischen verschiedenen Ländern. Der Begriff t.g. bezieht sich i.d.R. auf die Unterschiede zwischen Industrie- und Entwicklungsländern und spielt eine Rolle für Erklärungsansätze für Unterentwicklung und die Strategien der Entwicklungspolitik. Außerdem ist sie ein Ansatzpunkt für die Erklärung des Außenhandels im Rahmen der Produktlebenszyklustheorie. Meist beruht die Existenz von t.g., insbesondere zwischen Industrie- und Entwicklungsländern, auf sog. „Kompetenzlücken“, z.B. durch unterschiedliche Bildungsniveaus oder wissenschaftlich-technologische Infrastrukturen (z.B. Bildungs- und Wissenschaftssystem, Stand und Diffusion von Informations- und Kommunikationstechnik). T.g. gibt es auch zwischen dezentralen Organisationseinheiten von Unternehmen oder zwischen gesellschaftlichen Gruppen. Ihre Messung orientiert sich im Ländervergleich an den Ausgaben für Forschung und Entwicklung (in Prozent vom Bruttosozialprodukt oder pro Einwohner) oder an der Anzahl der Patentmeldungen in einem bestimmten Zeitraum. Vgl. auch → Gap-Analysen.

technology push. Man spricht von t. p., wenn der Anlaß zu Förderung und Diffusion einer Technologie oder eines Produktes vom technologischen Wissen und Potential ausgeht. Gegensatz ist der → demand pull, bei dem der Anlaß von der Nachfrage des Marktes ausgeht.

Teilautomatisierung, Variante der → Automatisierung, bei welcher die Steuerung eines Arbeitsvorganges durch Maschinen erfolgt.

teilautonome Arbeitsgruppe, Arbeitsgruppe, der Teilverantwortung für den Arbeitsprozeß und dessen Gestaltung in Eigenverantwortung übertragen wird; Variante des → job enrichment. Hierzu gehören insbesondere die selbständige Vorbereitung und Verteilung von Arbeitsaufgaben, die Kontrolle der Arbeitsergebnisse und Wartung der benötigten Maschinen. Vorteile liegen in der Entlastung des Managements von Planungs- und Kontrollaufgaben und in Motivationseffekten. Nachteile können u.U. in rigideren Umgangsformen innerhalb der Gruppen mit leistungsschwächeren Mitarbeitern liegen.

Teilbereichsorganisation, → Aufbauorganisation und → Ablauforganisation innerhalb eines Teilbereiches einer Organisation. Das dabei zugrunde liegende Strukturmodell kann von dem in anderen Teilbereichen verwendeten abweichen.

Teilkostenrechnung, → Kostenrechnungssysteme, in dem nur variable Kosten oder Einzelkosten den Kostenträgern zugerechnet werden. Nur in T. wird im Unterschied zur → Vollkostenrechnung das → Verursachungsprinzip konsequent eingehalten (vgl. auch → Grenzplankostenrechnung).

Teilwert, Betrag eines einzelnen Wirtschaftsgutes, der beim Erwerb eines ganzen Betriebes vom Erwerber angesetzt wird. Vgl. auch → Unternehmenswert.

Teilzeitarbeit, Beschäftigungsverhältnis mit geringerer vereinbarter Arbeitszeit als die tarifvertraglich vereinbarte Soll-Arbeitszeit. Modelle sind Verkürzung der täglichen, wöchentlichen und monatlichen Arbeitszeit und job sharing.

Telearbeit, dem → Verlagssystem ähnliches Verfahren der Heimarbeit, bei der freie Mitarbeiter per Computer mit dem Unternehmen verbunden sind und auf Honorarbasis am Computer Arbeiten für das Unternehmen erledigen.

Telebox. Der Telebox-400-Dienst ist ein öffentlicher personenbezogener Mitteilungsübermittlungsdienst (→ MHS (Message Handling System)). Der Benutzer verfügt über einen Eingangs- und Ausgangspostkorb, Archivfunktionen sowie Werkzeuge zur Dokumentenerstellung und kann über seine Benutzeradresse erreicht werden. Die Leistungsmerkmale leiten sich unmittelbar aus dem Mitteilungsübermittlungsstandard X-400 ab. Dieses öffentliche 'Electronic Mail'-System wird auf einem zentralen Rechner der Post abgewickelt. Mit Hilfe einer speziellen PC-Software ist es auch in komfortabler Weise möglich, Mitteilungen im 'Offline'-Betrieb zu bearbeiten. Der Telebox-400-Dienst kann auch als Vermittlungsplattform für private X-400-Systeme genutzt werden.

Telefax. Der Fernkopierdienst T. eignet sich zur seitenweisen Übertragung beliebiger Papiervorlagen mit Texten, Grafiken und Bildern. Es handelt sich um eine endgeräteorientierte Festbildkommunikation. Aufgrund der massiven Preissenkungen bei den Endgeräten erfreut sich dieser Dienst großer Zuwachsraten. In der Hauptsache sind heute Gruppe 3-Geräte im Einsatz. Die Übertragung erfolgt über das analoge Telefonnetz. Eine normal beschriebene DIN A4-Seite wird in ca. einer Minute übertragen. Bei entsprechender Ausstattung kann auch ein PC als Faxgerät dienen. Auf → ISDN- Basis wird das Fernkopieren mit Endgeräten der Gruppe 4 noch schneller (eine DIN A4-Seite in ca. 15 Sek.) und die Bildauflösung mit 400 x 400 Bildpunkten entspricht den heutigen Bürokopierern. Damit rückt das Fernkopieren in den Zeitbereich vor, der eine gesprächsbegleitende Festbildübertragung sinnvoll macht. Fernkopierer können auch über die Funktelefonnetze C, D1 und D2 betrieben werden (→ Mobilkommunikation).

Telekommunikation. Die T. beschäftigt sich mit der technischen Unterstützung von Kommunikationsvorgängen über räumliche Entfernungen. Ein Kommu-nikationsvorgang ist grundsätzlich bestimmt durch den Kommunikationsinhalt, die Kommunikationspartner und den Kommunikationskanal. Die Darstellung des Kommunikationsinhalts kann visuell durch Schrift- und Grafikzeichen sowie durch Ziffern und Bilder erfolgen. Sprache führt zu akustischen Informationsinhalten. Als Kommunikationspartner im Sinne von Sendern und Empfängern können Menschen und Maschinen auftreten. Die Anforderungen an den Kommunikationskanal bzw. das Medium werden in hohem Maße durch den Kommunikationsinhalt und die Kommunikationspartner bestimmt. So eignet sich das Telefon primär zur synchronen Sprachkommunikation zwischen Menschen. Die *öffentlichen Telekommunikationsdienste* Telex, → Teletex, → Telefax, → Telebox und → Bildschirmtext (BTX) eignen sich zur schriftlichen und bildlichen Kommunikation zwischen Menschen mittels Dokumenten. Die öffentlichen → Datenübertragungsdienste (Datex-L, Datex-P und Direktrufanschluß (HfD)) sind primär bestimmt zur Datenübertragung zwischen Maschinen. Die Bewegtbildübertragung wird durch Telekonferenztechnik (→ Telekonferenz) unterstützt. Nichtstationäre Kommunikationseinrichtungen spielen im Rahmen der (→ Mobilkommunikation) eine Rolle. – Im Zuge der Integration von öffentlichen Diensten und Netzen gewinnt → *ISDN* eine zukunftsweisende Bedeutung. – Neben den öffentlichen Telekommunikationsdiensten gibt es auch *private Telekommunikationsdienste* (→ VANS). – Erfolgt die Telekommunikation innerhalb des Betriebsgrundstücks, kann die Übertragung auf hausinternen Netzen (→ LAN) abgewickelt werden. – Bei der T. zwischen Menschen gilt im wesentlichen der Zeitgewinn und die Kostenreduzierung als Motivation. Bei der Vernetzung von Rechnersystemen über T. spielen auch Gründe wie gemeinsamer Zugriff auf räumlich getrennte Datenbestände, gemeinsame Nutzung von Peripheriegeräten und Nutzung von zentral angebotenen Services eine Rolle (→ verteilte Informationsverarbeitung).

Telekonferenz, dezentrale Geschäftskonferenz, bei der die Teilnehmer in unterschiedlichen, durch Standleitungen miteinander verbundenen Konferenzstudios tagen. In allen Studios sind die jeweils anderen Konferenzteilnehmer an Bildschirmen zu sehen bzw. über Lautsprecher zu hören. Hierdurch entfallen die u.U. beträchtlichen Reisekosten; ein unmittelbar persönlicher Kontakt kommt dennoch nicht zustande, was die relativ geringe Verbreitung dieser Konferenzart erklärt.

telepoint station, → Mobilkommunikation

Teletex. Das Büroferschreiben T. ist ein Dienst der Deutschen Bundespost Telekom zur seiten- und formatgetreuen Übertragung von Texten im DIN A4-Hoch- und Querformat. Im Gegensatz zu Telex steht ein umfassender Zeichensatz von 309 Zeichen zur Verfügung. Die Übertragung einer DIN A4-Seite dauert ca. 10 Sekunden bei einer Übertragungsrate von 2400 bit/s über den Datenübertragungsdienst Datex-L. Als Endgeräte kommen schreibmaschinen- und bildschirmorientierte Endgeräte, Textsysteme, PCs, DV-Anlagen und dgl. zum Einsatz. Die Kommunikation erfolgt zwischen Sende- und Empfangsspeicher. Insbesondere beim PC-Einsatz ist eine Weiterverarbeitbarkeit grundsätzlich gegeben, so daß Medienbrüche vermeidbar sind. Von Seiten der Post sind Erweiterungen dieses Dienstes geplant. Diese betreffen die Verarbeitbarkeit komplexer Dokumente gemäß der ODA-Dokumentenarchitektur (→ Dokumentenstandard) nach Q/111 und Q/112 sowie die Integration von Sicherheitselementen zur Gewährleistung der Vertraulichkeit und Rechtsverbindlichkeit elektronischer Dokumente.

Tensor-Organisation, kaum gebräuchliches Strukturmodell, bei dem drei Hierarchiesysteme miteinander kombiniert werden, d.h. die Abteilungsbildung gleichzeitig nach dem → Objektmodell, dem → Verrichtungsprinzip und dem → Regionalmodell erfolgt.

Termineinlagen, → Einlagen bei Kreditinstituten, die zu einem bestimmten Termin fällig werden. Unterschieden werden Festgelder, die mit einem festen Zinssatz für einen festgelegten Zeitraum unkündbar sind (danach werden sie, sofern keine Prolongation vereinbart wurde, zu Sichteinlagen) und Kündigungsgelder, die unbefristet sind und jederzeit unter Beachtung einer Kündigungsfrist zurückgezahlt werden.

Termingeschäfte, Waren-, Devisen- und Effektengeschäfte, deren Erfüllung nicht am Tage des Vertragsabschlusses, sondern zu einem späteren Termin zu einem bereits festgelegten Preis erfolgt (sog. Terminpapiere).

Terminkarte, organisatorisches Hilfsmittel für die Arbeitsvorbereitung in Industrieunternehmungen zur Festlegung des zeitlichen Durchlaufs der Aufträge durch die Werkstätten. Bei größeren Unternehmen werden Unübersichtlichkeit und Unstimmigkeit der T. durch Übertragung auf Terminverfolgungspläne vermieden, auf denen die Einhaltung der Termine grafisch dargestellt und überwacht wird.

Terminkontrolle, Überwachung der Einhaltung vorgeschriebener oder selbst gesetzter Termine. – Zu *unterscheiden:* a) regelmäßig wiederkehrende, oder für den Einzelfall festgelegte Termine; b) Terminbeachtung im Verkehr mit außerbetrieblichen Stellen und im Innenverkehr; c) Termine, die nur eine oder mehrere Stellen angehen. – Zuständigkeit für T.: a) die Abteilungen, b) die einzelnen Sachbearbeiter, c) die Geschäftsleitung. – Einrichtung einer zentralen T.-Stelle je nach Größe und Organisation des Unternehmens, nach Art und Anzahl der T.-Fälle.

Terminmarkt, Markt an der → Börse, auf dem → Termingeschäfte getätigt werden.

Terminplanung, Teilbereich der → Produktionsprozeßplanung. Die T. erfolgt auftragsorientiert. – Zu unterscheiden: a) autonome T.: Der Terminaufbau eines Auftrages wird ohne Berücksichtigung vorhandener Kapazitäten bestimmt; b) gebundene T.: Diese wird simultan mit der → Kapazitätsbelegungsplanung durchgeführt.

Testmarkt, abgegrenzter Teilmarkt, der im Rahmen der Marketingforschung zur Erprobung neuer bzw. veränderter Produkte genutzt wird. Überprüft werden soll mittels Methoden der Marketingforschung das Einführungsrisiko für den Gesamtmarkt sowie die Marketingkonzeption. An einen T. werden zur Gewährleistung repräsentativer Ergebnisse folgende Anforderungen gestellt: räumliche Abgrenzbarkeit sowie Strukturgleichheit mit der Grundgesamtheit des Landes hinsichtlich der Bevölkerungs-, Handels-, Wettbewerbs- und Infrastruktur. Beliebte T. für die Bundesrepublik sind u.a. das Saarland, Bremen und Hessen. Die Durchführung von Erhebungen in einem Testmarkt ist sehr kostenintensiv.

Textverarbeitung. Die Textverarbeitung beschäftigt sich mit der Produktion und Aufbereitung von Texten. Textverarbeitungssysteme werden heute zahlreich für PC angeboten. Sie stellen ein wichtiges Hilfsmittel für die → Individuelle Datenverarbeitung in Unternehmen dar. Bekannte Programme zur Textverarbeitung sind z.B. Word und Wordperfect.

themenzentrierte Interaktion, auf R. Cohn zurückgehendes Kommunikations- und gruppendynamisches Trainingsmodell, das davon ausgeht, daß bei jeder Gruppenkommunikation drei Ebenen eine zentrale Rolle spielen: das Individuum (Ich), die Gruppe (Wir) und das Thema (Es). Zwischen den drei Ebenen soll durch Einübung und Einhaltung bestimmter Regeln ein Gleichgewicht erreicht werden.

Theorie des kommunikativen Handelns. 1. *Allgemein:* von Habermas entwickelte Verbindung von Systemtheorie und Handlungstheorie, die gleichzeitig die Gesellschaftstheorie wie ein erweitertes Modell von → Rationalität darstellt. In der Theorie kommunikativen Handelns werden Gesellschaften als „systemisch stabilisierte Handlungszusammenhänge sozial integrierter Gruppen" zweistufig, nämlich zugleich als System und als Lebenswelt, aufgefaßt. Der systemische Bereich ist mit den traditionellen Methoden der empirischen Sozialforschung erfaßt, die Lebenswelt nur aus der Teilnehmerperspektive und damit nur durch interpretative Verfahren (→ Hermeneutik). Während der systemische Bereich, insbesondere die Funktionssysteme Wirtschaft und Staat, über anonyme Medien wie Geld und Macht zweckrational gesteuert werden, bildet in der Lebenswelt sprachliche Verständigung den Steuerungs- und Integrationsmechanismus. Rationalisierung im System erfolgt durch Komplexitätssteigerung über Ausdifferenzierungsprozesse und zunehmende Zweckrationalität mittels Wissenschaft und Technik, in der Lebenswelt durch eine Zunahme von sprachlich vermittelter Interaktion bzw. einer Entschränkung von Kommunikation. Die für die Lebenswelt kennzeichnenden praktischen Fragen, die sich auf die Annahme oder Ablehnung von Geltungsansprüchen (insbesondere Handlungsnormen) beziehen, können durch Diskurse rational behandelt werden.

2. Die Theorie des kommunikativen Handelns läßt sich auf *Organisationen* übertragen (→ kulturbewußtes Management, → diskursive Organisationsentwicklung), indem auch diese zweistufig, als Funktionssystem wie als lebensweltlicher Bereich, gedeutet werden. Durch diese Sichtweise werden die Grenzen eines zweckrationalen Managements deutlich, insbesondere einer Steuerung der lebensweltlichen Unternehmenskultur.

Theorie X, von McGregor zusammengefaßte Grundannahmen traditioneller Managementansätze (insbesondere → scientific management) über Menschen (→ Menschenbilder). Demnach haben Menschen eine natürliche Abscheu vor Arbeit und der Übernahme von Verantwortung; sie müssen entsprechend durch externe Kontrollmechanismen zur Arbeitsleistung gezwungen werden. Zentraler Anreiz ist Geld. Gegensatz: → Theorie Y.

Theorie Y, von McGregor zusammengefaßte Grundannahmen neuerer Managementansätze (insbesondere → Human relations-Ansatz) über Menschen (→ Menschenbilder). Demnach sehen Menschen Arbeit als eine wichtige Quelle von Zufriedenheit an. Zentrale Arbeitsanreize sind das Streben nach Selbstverwirklichung und die Befriedigung von Ich-Bedürfnissen. Bei Identifikation mit den Zielen der Organisation erfolgt weitgehende Selbstkontrolle und Eigeninitiative. Autonomie hat einen hohen Stellenwert. Gegensatz: → Theorie X.

Theorie Z, auf der Grundlage von Vergleichsstudien zwischen amerikanischen und japanischen Managementkonzepten von Ouchi entwickeltes normatives Führungsmodell, das Managern empfiehlt, ihre Organisation an ein bestimmtes, von Ouchi als Typ Z bezeichnetes Modell anzupassen, und hierzu ein 13-stufiges Entwicklungsmodell vorschlägt. Typ Z-Organisationen sind amerikanische Unternehmen, die zwar nicht versucht haben, japanische Managementkonzepte zu übernehmen, aber dennoch in ihren Praktiken Ähnlichkeiten mit japanischen Organisationen aufweisen, z.B. lebenslange Beschäftigung (jedoch nicht formal geregelt), seltenere Leistungsbewertung und langsamere Beförderung als in anderen US-Unternehmen, Balance von expliziten (USA) und impliziten (Japan) Kontrollmechanismen, stark ausgeprägte, homogene → Unternehmenskultur als zentrales Merkmal.

Thesaurierung, → Gewinnthesaurierung

third party consultation, → Drittparteienintervention

throughput, im Bild einer Unternehmung als Transformationsssystem die Transformationsphase, d.h. die Verwandlung des → Inputs durch innerorganisatorische Aktivitäten in den → Output.

Tilgung, regelmäßige Rückzahlung einer langfristigen → Verbindlichkeit; neben den zu erbringenden Zinsen Bestandteil der → Annuität.

time management, → Zeitmanagement

Top-down-Planung, Verfahren der vertikalen → Planabstimmung in hierarchisch strukturierten Organisationen. Die strategischen Ziele der Unternehmensleitung werden schrittweise in konkrete operative Ziele für die unteren Führungsebenen umgesetzt. Der Planungsprozeß verläuft von oben nach unten. – Der *Vorteil* liegt in einer konsistenten Formulierung der Teilpläne.

Tool, → Case

Top-down-Strategie, Vorgehensweise bei der Veränderung einer Organisation mit Start an der Spitze, etwa im Top-Management, und Steuerung durch dieselbe. Der Vorteil besteht in guten Steuerungsmöglichkeiten durch das Management, der Nachteil bei möglichen Widerständen der unteren hierarchischen Ebenen, die nicht einbezogen und deren Fähigkeiten und Kenntnisse unzureichend genutzt werden.

Top Management, → Managementebenen

Top-of-the-line, das teuerste, meistens das gewinnbringendste Produkt aus einem Produktionsprogramm. Bei General Motors ist dies z.B. der Cadillac.

Trade-off, bei einer marktpreisorientierten Produktionspolitik Differenz zwischen zusätzlichen → Leistungen und → Kosten im Hinblick auf ein von außen vorgegebenes Preisziel.

traditionelle Herrschaft, von M. Weber definierte Form der → Herrschaft in der Zeit der Vor-Aufklärung, die sich auf überlieferte Sitte oder reine Machtanwendung stützt und eine willkürliche, autoritäre Ausübung der Herrschaft ermöglicht.

Tragfähigkeitsprinzip, Prinzip der → Kostenrechnung, nach dem diejenigen Kostenträger am stärksten mit Gemeinkosten belastet werden, die aufgrund ihrer Marktstellung oder ihres Deckungsbeitrages diese am ehesten tragen können. Das T. ist für dispositive Zwecke ungeeignet.

Trainee-Programm, Verfahren der Einarbeitung neuer Mitarbeiter, insbesondere von Hochschulabsolventen, bei dem die Teilnehmer die einzelnen Funktionsbereiche des Unternehmens kennenlernen; oft kombiniert mit Maßnahmen der → Weiterbildung. Das T. funktioniert teilweise als unternehmensinterne Arbeitsplatzvermittlung, da die Teilnehmer die Möglichkeit haben, in einem ihnen zusagenden Funktionsbereich eine feste Stelle bereits vor Ablauf des T. anzunehmen.

Training, für Maßnahmen der → Weiterbildung (Seminare) benutzte Bezeichnung, speziell bezogen auf Maßnahmen zur Entwicklung von Verhaltenskompetenzen (Verhaltenstraining).

training off the job, außerhalb des Arbeitsplatzes stattfindende → Weiterbildung, insbesondere der Besuch von betriebsinternen oder -externen Seminaren.

training on the job, am Arbeitsplatz selbst stattfindende → Weiterbildung, z.B. durch Maßnahmen der Arbeitsstrukturierung, Trainee-Programme, Coaching, Patensysteme und Einarbeitung.

Traits-Modell, Auffassung, daß das Verhalten eines Individuums am besten vorhergesagt werden kann, wenn die Charaktereigenschaften (traits) der betreffenden Person untersucht werden. Situationseinflüsse werden dabei ausgeblendet.

Transaktion, logisch zusammengehörige Folge von Anweisungen, die eine → Datenbank von einem konsistenten Zustand in einen anderen konsistenten Zustand überführt. Eine T. wird entweder vollständig oder gar nicht durchgeführt. – Die → *Transaktionssteuerung* soll vermeiden, daß durch Systemabstürze inkonsistente Zustände in der Datenbank entstehen.

transaktionale Führung, Ansatz der Führungsforschung, der Führung im wesentlichen als Austauschprozeß sieht (→ Austauschtheorien der Führung). Der Führende hat danach Rollen und Anweisungen zu klären und Bedürfnisse der Mitarbeiter durch Schaffung von verhaltenssteuernden Anreizsystemen zu berücksichtigen, um die Ziele der Organisation realisieren zu können.

transaktionales Führungsmodell, Variante der → Austauschtheorie der Führung, bei der die Führungsbeziehung in einer Gruppe als Austauschprozeß von Leistung und Gegenleistung betrachtet wird. Der Führende bietet Koordinationsleistungen bei der Aufgabenerledigung und Konformität mit den Normen der Gruppen; er bekommt Gehorsam, Unterstützung und einen Idiosynkrasiekredit, der Abweichungen von Gruppennormen ermöglicht, als Ausdruck der sozialen Anerkennung.

Transaktionsanalyse, gruppendynamische Methode zur Analyse der verbalen und nonverbalen Kommunikation (Transaktion) zwischen zwei Individuen. Dabei werden vier Analysebereiche unterschieden. Die Strukturanalyse geht von verschiedenen Zuständen des Ichs (Eltern-Ich, Erwachsenen-Ich, Kind-Ich) aus, die T. von der Richtung der Transaktion (z.B. Paralleltransaktion), die Skriptanalyse von Grundeinstellungen (O.K., nicht O.K.), die Spielanalyse von stereotypen Transaktionsmustern. Die T. wird vor allem im Verhaltenstraining und als Therapie eingesetzt.

Transaktionskosten, diejenigen Kosten, die mit Vereinbarungen über einen als gerecht empfundenen Leistungsaustausch verbunden sind und aufgrund der unvollkommenen Information der Beteiligten entstehen. Dazu zählen Anbahnungs-, Vereinbarungs-, Kontroll- und Anpassungskosten.

Transaktionskostenansatz, vertragstheoretische Sichtweise von → Unternehmen, die sich insbesondere mit der Abgrenzung des Unternehmens nach außen (vor allem Entscheidungen über Eigenfertigung und Fremdbezug) und Fragen der internen Strukturierung befaßt. Die möglichen Alternativen werden dabei unter dem Gesichtspunkt der anfallenden → Transaktionskosten untersucht.

Transaktionssteuerung, übernimmt die Verwaltung der → Transaktionen. Sie hat insbesondere dafür zu sorgen, daß ein konsistenter Zustand der Datenbank nach einem Systemfehler während des Ablaufs einer Transaktion wiederhergestellt wird. Als Beispiel betrachten wir eine Buchung im Rechnungswesen. Es ist durch die Transaktionssteuerung sicherzustellen, daß eine Buchung entweder vollständig (Soll- und Habenbuchung) oder überhaupt nicht durchgeführt wird.

transformational leader, → transformative Führung

transformative Führung, Führung, die im Gegensatz zur → transaktionalen Führung nicht auf Austauschprozessen beruht, sondern bei denen der Führende in einer Organisation grundlegende Veränderungen anstrebt und durchsetzt, auch wenn sie zunächst nicht den Bedürfnissen der Mitarbeiter entsprechen. Transformative Führung beinhaltet das Einschlagen neuer Wege sowie das Infragestellen von Tabus und Veränderungen der Unternehmenskultur und stellt eine Top-down-Strategie des geplanten Wandels dar.

transnationales Unternehmen, → internationales Unternehmen, das charakterisiert ist durch einen hohen Anteil ausländischer Kapitaleigner und aus dem Ausland stammender Manager.

Trassant, → Wechsel

Tratte, gezogener → Wechsel, der vom Bezogenen noch nicht akzeptiert ist und in dem der Aussteller den Bezogenen anweist, zu einem bestimmten Zeitpunkt eine bestimmte Geldsumme an den Wechselnehmer zu zahlen.

Treasureship, Teilbereich des → Finanzmanagements, der sich mit Fragen der Finanzierung und der Investition befaßt.

Trend, Grundausrichtung einer aus vergangenheitsbezogenen Daten abgeleiteten zukünftigen Entwicklung.

Trendextrapolation, → Entwicklungsprognose

Treppenverfahren, → innerbetriebliche Leistungsverrechnung

Treuerabatt,→ Rabatt

Trommsdorff-Modell, Modell zur Messung der Einstellungen von Konsumenten hinsichtlich bestimmter Marken und Produkte. Ermittelt wird bei dieser Methode durch Anwendung von Skalierungsverfahren das Idealbild des Konsumenten hinsichtlich eines Produktes und sein Realbild. Annahme ist: Je kleiner die Differenz zwischen Idealbild und Realbild, um so positiver ist die Einstellung des Konsumenten zum Produkt. Allerdings lassen sich nicht unbedingt Verbindungen zwischen einer positiven Einstellung zum Produkt und dem tatsächlichen Kauf ziehen, da meist auch andere Faktoren wie beispielsweise finanzielle Restriktionen das Verhalten mitbeeinflussen.

trouble-shooting, → Krisenmanagement

Trust, Form des → Unternehmenszusammenschlusses, bei der die wirtschaftliche oder zumindest die finanzielle Führung mehrerer Unternehmen unter einer gemeinsamen Leitung steht. Dies hat die Aufgabe der wirtschaftlichen und auch meist der rechtlichen Selbständigkeit der einzelnen Unternehmen zur Folge. Ziel ist, durch den T. den Markt stärker zu beherrschen und auch die innerbetriebliche Rationalisierung sowie betriebswirtschaftliche Kontrolle der Produktion zu steuern. Ein T. wirkt stärker als ein → Kartell.

turbulent fields, Zustand bestimmter Segmente der Umwelt eines Unternehmens.

Turn-around-Management, Managementaktivitäten (→ Krisen-Management), die darauf abzielen, ein in eine wirtschaftliche Krise geratenes Unternehmen von der Verlustzone und akuter Existenzgefährdung wieder in einen Zustand zu bringen, in dem das Unternehmen perspektivisch überlebensfähig ist. Der Begriff wird teilweise verkürzt verstanden als Herausbringen eines Unternehmens aus der Verlustzone.

turnover, als Kündigungsrate ein Ausdruck für → Fluktuation.

Typologie des Kaufverhaltens, → Käufertypologie

Typung, planmäßige Standardisierng bzw. Vereinheitlichung im Zusammenhang mit der Produktgestaltung (→ Produktstandardisierung), die im Gegensatz zur Normung unternehmungsindividuell vorgenommen wird. Produkttypen werden insbes. für komplexe Produkte der zusammenbauenden Produktion gebildet (z.B. bei Schreibmaschinen, Elektromotoren, Kraftfahrzeugen, Werkzeugmaschinen). Es werden bestimmte Eigenschaften für unterschiedlich differenzierte Produkte oder abgestufte Produktgruppen garantiert. Kostenvorteile resultieren aufgrund größerer Produktionsserien. Vom Wesen her entspricht der Vorgang der T. dem Vorgang der Normung, denn im Vordergrund steht die Festlegung von bestimmten Erzeugnisabstufungen nach Art und Form, Größe, Leistung oder sonstigen gemeinsamen Merkmalen – Vgl. auch → Normung.

U

Übergangsstrategie, → selektive Strategie, die sich für strategische Geschäftseinheiten anbietet, die im Rahmen der Portfolio-Analyse sowohl bezogen auf die Marktattraktivität als auch auf die Wettbewerbsvorteile eine mittlere Position einnehmen. Angestrebt wird eine Maximierung des cash flow bei möglichst geringem Ressourceneinsatz.

Überkreuzverflechtung, personelle Verflechtungen von Unternehmungen, insbesondere bei Aktiengesellschaften; z.B. wenn ein Vorstandsmitglied einer Bank in den Vorstand eines Industrieunternehmens berufen wird und umgekehrt. Grenzen der Verflechtung werden durch § 100 Aktiengesetz geregelt.

überlappende Gruppen, → Linking-Pin-Modell

Überorganisation, Organisation mit extrem hohem → Bürokratisierungsgrad, d.h. einer starren Gestaltung von Aufbau- und Ablauforganisation, bei der die Aufgabenerledigung eher behindert als gefördert wird.

Überpari-Emission, Ausgabe von → Aktien über ihrem → Nennwert (vgl. auch → Agio).

Überschuldung, Zustand, in dem aufgrund nachhaltiger Verluste die Schulden (→ Verbindlichkeiten) eines Unternehmens nicht mehr durch das → Vermögen gedeckt sind. Eine Ü. wird mit Hilfe einer → Überschuldungsbilanz festgestellt, in der die Vermögenswerte in Abkehr vom → Going-concern-Prinzip nicht mit Buch-, sondern mit Zerschlagungswerten angesetzt werden. → Kapitalgesellschaften sind bei einer Ü. verpflichtet, unverzüglich einen Vergleichs- oder Konkursantrag zu stellen. Gleiches gilt für → Personengesellschaften, in denen es keine persönlich haftende natürliche Person gibt. → Zahlungsunfähigkeit ist nicht automatisch mit Ü. verbunden.

Überschuldungsbilanz, → Sonderbilanz zur Feststellung einer → Überschuldung. Bilanzierungs- und Bewertungsvorschriften hängen davon ab, ob das Unternehmen weitergeführt oder liquidiert wird. Bei einer Liquidation werden die Vermögensgegenstände mit ihrem Liquidationserlös, die Verbindlichkeiten mit den Auszahlungsbeträgen angesetzt. Bei einer voraussichtlichen Fortführung der Unternehmenstätigkeit werden Wiederbeschaffungswerte angesetzt.

Ubiquität, Überallerhältlichkeit von Produkten.

Umbrella-Effekt, → Spill-over-Effekt

Umgehungsstrategie, → handelsorientierte Strategieansätze

Umgründung, Änderung der Rechtsform eines Unternehmens. U. kann entweder ohne Liquidation erfolgen (= Umwandlung), d.h. Vermögensgegenstände und Schulden gehen im Ganzen ohne Abwicklung auf das neue Unternehmen über, oder aber sie werden einzeln nach den jeweils geltenden Übertragungsvorschriften des bürgerlichen Rechts auf das neue Unternehmen übertragen (U. im engeren Sinne). Letzeres ist sehr aufwendig und wird deshalb kaum praktiziert. Ziele der U. können u.a. sein: Risikominderung durch Haftungsbeschränkung, Erleichterung der Verwertbarkeit der Kapitalanteile oder Weiterführung des Unternehmens einer gekündigten Gesellschaft.

Umgruppierung, Zuordnung eines Arbeitnehmers in eine andere, für die Bestimmung des Arbeitsentgelts ausschlaggebende Lohn- oder Gehaltsgruppe, die eine Höher- oder Rückgruppierung darstellen kann; mitbestimmungspflichtig in Betrieben mit mehr als zwanzig dauerhaft Beschäftigten.

Umlaufvermögen, neben dem → Anlagevermögen und den → Rechnungsabgrenzungsposten auf der Aktivseite der Bilanz aufgeführte Vermögensgegenstände, die zum baldigen Verbrauch oder zur Weiterveräußerung bestimmt sind. Das U. besteht aus Vorratsvermögen, Forderungen und sonstigen Vermögensgegenständen (z.B. Steuerrückforderungen), Wertpapieren sowie Schecks, Kassenbestand und Guthaben bei Kreditinstituten. – Das U. wird nach → Liquidität geordnet. Seine Bewertung erfolgt nach dem strengen → Niederstwertprinzip.

Umsatz, Wert der in einer Periode abgesetzten Güter und Dienstleistungen eines Unternehmens, der sich aus der insgesamt abgesetzten Menge von Waren und Dienstleistungen multipliziert mit den jeweiligen Verkaufspreisen ergibt.

Umsatzanalyse, Variante der Betriebs- bzw. Bilanzanalyse, bei der bestimmte Kennzahlen des Umsatzes gebildet werden und mit anderen Perioden, anderen Unternehmen sowie anderen Betriebsteilen verglichen werden. Wichtige Umsatzkennzahlen sind Rohgewinn (Bruttogewinn zu Umsatz), Umsatzgewinn (Reingewinn zu Umsatz), Lagerumschlagshäufigkeit (Umsatz zu durchschnittlichem Warenbestand), Umsatzhäufigkeit der Forderungen (Umsatz zu Forderungsbestand) sowie die → Umschlagskennzahlen.

Umsatzerfolg, → Return on Investment (RoI)

Umsatzerlöse, Position der Gewinn- und Verlustrechnung, in der die Erlöse aus Verkauf, Vermietung oder Verpachtung ausgewiesen werden. Preisnachlässe sind von den U. abzuziehen. – Zu unterscheiden sind Außen- und Innenumsatzerlöse. *Außenumsatzerlöse* ergeben sich aus der Summe aller U. der in einen Konzernabschluß einbezogenen Unternehmen, ausgenommen diejenigen, die nicht an der Konsolidierung teilnehmen. *Innenumsatzerlöse* sind die U. der in einen Konzernabschluß einbezogenen Unternehmen untereinander, die für die GuV-Rechnung des Konzerns konsolidiert werden. Weitere Erlöse werden unter der Position 'Sonstige Erträge' ausgewiesen.

Umsatzkennziffern, → Umsatzanalyse

Umsatzkostenverfahren, 1. Mögliche Systematik der → *Gewinn- und Verlustrechnung von Kapitalgesellschaften.* Den → Umsatzerlösen werden die → Kosten der in der Geschäftsperiode verkauften Produkte gegenübergestellt, unabhängig vom Zeitpunkt ihres Anfallens. Im Unterschied zum → Gesamtkostenverfahren sind die Positio-

nen 1 bis 7 nach Funktionen gegliedert und nicht nach Kostenarten. Ab Position 8 erfolgt die Gliederung nach Kostenarten. Folgende Positionen werden aufgeführt: (1) Umsatzerlöse, (2) Herstellungskosten der zur Erzielung der Umsatzerlöse erbrachten Leistungen, (3) Bruttoergebnis vom Umsatz, (4) Vertriebskosten, (5) allgemeine Verwaltungskosten, (6) sonstige betriebliche Erträge, (7) sonstige betriebliche → Aufwendungen, (8) Erträge aus Beteiligungen, (9) Erträge aus anderen Wertpapieren und Ausleihungen des Finanzanlagevermögens, (10) sonstige Zinsen und ähnliche Erträge, (11) Abschreibungen auf Finanzanlagen und auf Wertpapiere des Umlaufvermögens, (12) sonstige Zinsen und ähnliche Aufwendungen, (13) Ergebnis der gewöhnlichen Geschäftstätigkeit, (14) außerordentliche Erträge, (15) außerordentliche Aufwendungen, (16) außerordentliches Ergebnis, (17) Steuern vom Einkommen und Ertrag, (18) sonstige Steuern, (19) Jahresüberschuß / Jahresfehlbetrag.
2. Verfahren zu *Errechnung des Betriebsergebnisses in der Kostenrechnung*:

	Umsatzerlöse
./.	Selbstkosten der abgesetzten Erzeugnisse
=	Betriebsergebnis

Umsatzrechnung, → Gewinn- und Verlustrechnung

Umsatzrendite, → Umsatzrentabilität

Umsatzrentabilität, → Rentabilität

Umsatzsteuer (Mehrwertsteuer), eine am jeweilig produzierten Mehrwert (Ausgangsleistungen abzüglich Eingangsleistungen) ansetzende → Verkehrsteuer, die vom Endverbraucher bezahlt wird. Für Unternehmen, sofern sie nicht Endverbraucher sind, ist die Umsatzsteuer ein durchlaufender Posten.

Umsatzstruktur, → ABC-Analyse

Umschichtungsfinanzierung, → Finanzierung durch Umschichtung von Vermögenspositionen der Aktivseite der Bilanz.

Umschlagsdauer, → Kennzahl zur Ermittlung des Zeitraumes von der Verkaufbarkeit eines Produktes bis zur Realisierung des Umsatzes.

Umschlagshäufigkeit, Kennzahl zur Ermittlung der Häufigkeit des Umschlags eines Vermögenspostens in einer Periode. Die U. gibt Aufschluß über die Dauer der Mittelbindung und damit über die Höhe des → Kapitalbedarfs.

$$\text{Umschlagshäufigkeit des Umlaufvermögens} = \frac{\text{Umsatz}}{\text{durchschnittlicher Bestand des Umlaufvermögens}}$$

$$\text{Umschlagshäufigkeit des Gesamtvermögens} = \frac{\text{Umsatz}}{\text{Gesamtvermögen}}$$

Umschlagskennzahlen, → Kennzahlen zur Erfassung verschiedener betrieblicher Prozesse durch Bildung eines Quotienten aus einer Verbrauchs- und einer Bestandszahl, um festzustellen, wie sich bestimmte Massen (Kassenbestand, Auftragsbestand etc.) erneuern.

Umwandlung, Veränderung der → Rechtsform eines Unternehmens.

Umwandlungsbilanz, → Sonderbilanz bei Veränderung der Rechtsform.

Umweltanalyse, neben der → Unternehmensanalyse Bestandteil der → Situationsanalyse der strategischen Planung und Ausgangspunkt der Ermittlung von Chancen/Risiken der Umweltentwicklungen. Darauf aufbauend werden in der Unternehmensanalyse die Stärken/Schwächen des Unternehmens hinsichtlich der Umweltentwicklungen erfaßt. Unterschieden werden Entwicklungen in der globalen Umwelt (Szenario-Analyse) und der Aufgabenumwelt. Die Analyse der engeren ökonomischen Umwelt konzentriert sich auf Branchenentwicklungen und die wichtigsten Konkurrenten vor allem unter dem Gesichtspunkt der Wettbewerbsintensität. Resultat der U. ist die Ermittlung → kritischer Erfolgsfaktoren.

Umweltdifferenzierung, in der Systemtheorie eine Strategie zur Reduktion von Umweltkomplexität, die in der Bildung von Subumwelten besteht. Danach werden nur noch Teile der Umwelt, die für die jeweilige Aufgabenerfüllung relevant sind, betrachtet. Die Umweltdifferenzierung ist die Voraussetzung für die → Innendifferenzierung, bei der die Subsysteme der Organisation nur jeweils mit aufgabenrelevanten Subsystemen der Umwelt interagieren.

unechte Gemeinkosten, → Einzelkosten, die aus Gründen der Wirtschaftlichkeit als → Gemeinkosten in der Kostenstellenrechnung verrechnet werden, z.B. Hilfs- und Betriebsstoffe.

Unfreezing, → Drei-Phasen-Modell

unique selling proposition (USP), Herausstellen der Einzigartigkeit von Produkteigenschaften bei der Positionierung eines Produktes, um dieses von der Konkurrenz abzuheben.

unlautere Werbung, Werbung, die gemäß dem Gesetz gegen den unlauteren Wettbewerb (UWG) als unzulässig erklärt wird, um die Werbung leistungsgerecht und glaubwürdig zu erhalten. Dazu gehört insbesondere die Generalklausel § 1 UWG, die sittenwidrige Werbung verbietet, sowie irreführende Werbung, die durch §§ 3, 4 UWG geregelt wird (→ unlauterer Wettbewerb).

unlauterer Wettbewerb, Begriff, der sich auf bestimmte Verhaltensweisen von Unternehmen im Wettbewerb bezieht. Präzisiert wird der unlautere Wettbewerb im Gesetz gegen den unlauteren Wettbewerb (UWG) von 1909. Das Ziel dabei ist, die Verbraucher, Mitbewerber und die Allgemeinheit zu schützen und deren Interessen zu wahren. Neben dem UWG gibt es noch eine Reihe von nebengesetzlichen Ergänzungen, z.B. das Rabattgesetz und die Zugabenverordnung. Novelliert wurde das UWG 1969 hinsichtlich der Erweiterung des Verbots irreführender Werbung (§ 3) und der Einschränkung des Kaufscheinhandels. 1986 kamen das Verbot der progressiven Kundenwerbung, die Erweiterung des Verbraucherschutzes durch das Rücktrittsrecht bei irreführender Werbung und Verschärfung des Rechts der Sonderveranstaltungen hinzu. Wichtige Norm ist die Generalklausel § 1 UWG, die den Verstoß gegen die guten Sitten durch Werbung verbietet. Dazu gehörten der Kundenfang, die Behinderung, die Ausbeutung, der Rechtsbruch und die Marktstörung. Die Generalklausel § 3 UWG (Irreführungsverbot) regelt den Tatbestand der irreführenden Werbung. Bei Verstößen kann nach Tatbestand Unterlassung und/oder Schadenersatz gefordert werden.

Unterbewertung, niedrigere als die gesetzlich zulässige Bewertung von Positionen der Aktivseite (Aktiva) der Bilanz bzw. höhere als die gesetzlich zulässige Bewertung von Positionen der Passivseite (Passiva); führt zur Bildung → stiller Reserven. U. kann bei Aktiengesellschaften zur Nichtigkeit des Jahresabschlusses führen und allgemein bei Kapitalgesellschaften strafbar sein.

Unterbilanz, in verschiedenen Bedeutungen verwendeter Begriff z.B. für einen nicht mehr durch Eigenkapital gedeckten Fehlbetrag, der entsteht, wenn das ursprünglich vorhandene Eigenkapital durch Verluste bereits aufgebraucht ist.

Unternehmen, für die Marktwirtschaft typische Erscheinungsform des → Betriebes. Während mit Betrieb allgemein der Ort der Leistungserstellung bezeichnet wird, ist kennzeichnend für ein Unternehmen das → erwerbswirtschaftliche Prinzip als Grundlage und Triebfeder des Unternehmenshandelns. Als weitere systembezogene Tatbestände, die ein U. vom Begriff des Betriebes unterscheiden, kommen das Autonomieprinzip (weitgehende Unabhängigkeit von staatlicher Lenkung) und das finanzielle Gleichgewicht als Überlebensnotwendigkeit hinzu. Der Begriff U. ist folglich enger gefaßt als Betrieb: Jedes U. ist ein Betrieb, jedoch ist nicht jeder Betrieb ein U. – Die Begriffe U. und *Unternehmung* werden in der Betriebswirtschaftslehre in den meisten Fällen synonym gebraucht. Im Wirtschaftsrecht findet sich ausschließlich der Begriff Unternehmen.

Unternehmensanalyse, neben der → Umweltanalyse Bestandteil der → Situationsanalyse der strategischen Planung zur Ermittlung der Stärken/Schwächen eines Unternehmens hinsichtlich der in der Umweltanalyse ermittelten kritischen Erfolgsfaktoren, die in einem Profil abgebildet werden können. Im Unterschied zum → PIMS-Programm und der → Marktanteils-Marktwachstums-Matrix wird nicht von zwei universellen Erfolgsfaktoren ausgegangen, sondern die strategischen Geschäftseinheiten werden differenzierter betrachtet. Bei der Ressourcenanalyse werden finanzielle, physische, humane, organisatorische, technologische Ressourcen betrachtet. Ob eine bestimmte Ressourcenausstattung als Stärke oder Schwäche zu interpretieren ist, kann nur im Vergleich mit den relevanten Konkurrenten ermittelt werden. Nach der Ressourcenanalyse ist demnach eine analog aufgebaute Konkurrentenanalyse notwendig, in der die eigenen Stärken/Schwächen mit denen der stärksten Konkurrenten verglichen werden.

Unternehmensaufspaltung (Betriebsaufspaltung, Betriebsspaltung, Betriebsteilung, Doppelgesellschaft), Trennung eines Gewerbebetriebes in zwei Unternehmen aus außersteuerlichen Gründen (wie z.B. Haftungsbeschränkung und Nachfolgeregelung) oder aber mit dem Ziel, Gewinne auf die Personengesellschaft zu verlagern, deren Gewinne nicht der Doppelbelastung unterliegen.

Unternehmensberater, → Unternehmensberatung

Unternehmensberatung, Einsatz von Experten zur Unterstützung des → Managements bei der Analyse und Lösung von Problemen im Unternehmen.

Einsatzmöglichkeiten der U. erstrecken sich auf alle Funktionsbereiche und Aktivitäten eines Unternehmens. Die Beratung kann sich auf ein Detailproblem (etwa in einer einzelnen Abteilung) oder auf die grundsätzliche Funktionsweise des Unternehmens und damit sämtliche Teilaspekte des Unternehmensgeschehens beziehen. Die dabei verwendeten Vorgehensweisen reichen von der Anwendung sozialwissenschaftlicher Methoden (→ Organisationsentwicklung) bis zu einer Vorgehensweise, bei der die Berater ein Problem analysieren und (der Rolle eines Arztes vergleichbar) ohne Einbeziehung der Betroffenen Lösungsvorschläge entwickeln. Die Beratung kann sowohl durch externe als auch interne Berater erfolgen. Externe Berater sind freiberuflich tätig oder arbeiten für ein auf Beratungen spezialisiertes Unternehmen. Vorteile einer externen Beratung sind, daß externe Berater nicht „betriebsblind" sind, Erfahrungen und Vergleichsmöglichkeiten aus anderen Unternehmen haben, in der Regel eher von der Unternehmensleitung akzeptiert werden und häufiger bereit sind, grundlegende Veränderungen einzuleiten. Eine Beratung des Top-Managements erfolgt daher fast ausschließlich durch externe Berater. Interne Berater kennen das betreffende Unternehmen erheblich besser, werden eher von den unteren Hierarchieebenen akzeptiert und weisen eine höhere Identifikation mit dem Unternehmen auf.

Unternehmensbeteiligungsgesellschaft, → Holding

Unternehmensbewertung, Verfahren zur Ermittlung des → Unternehmenswertes. Die wichtigsten Methoden sind die Substanzwertermittlung, bei welcher der Wiederbeschaffungswert aller einzelverkehrsfähigen Güter zugrunde gelegt wird, und die Ertragswertermittlung, bei der von dem zukünftig zu erwartenden Ertrag ausgegangen wird. Im Mittelwertverfahren werden die Substanz- und die Ertragswertermittlung kombiniert.

Unternehmensbuchhaltung, → Finanzbuchhaltung

Unternehmensdatenmodell (UDM), mit der Entwicklung integrierter → Informationssysteme wird eine unternehmensweite Datenbasis zu einem bedeutsamen Erfolgsfaktor. Dieses Unternehmensdatenmodell muß unabhängig von bestehenden oder geplanten Anwendungen und betriebswirtschaftlichen Funktionen erstellt werden. Daraus resultiert ein hoher Abstraktionsgrad des Modells. Bei der Erstellung wird idealerweise eine Top-Down-Vorgehensweise gewählt. Auf der Basis der vom Management ermittelten kritischen Erfolgsfaktoren wird ein erstes stark aggregiertes Datenmodell erstellt. Dieses kann dann schrittweise verfeinert werden. Wegen des damit verbundenen hohen Aufwandes, wird in der Praxis häufig versucht, Projektdatenmodelle zu einem Gesamtmodell zusammenzuführen. Dies führt in der Regel zu Schnittstellenproblemen, da viele Begriffe als Synonyme beziehungsweise Homonyme auftauchen.

Unternehmensergebnis, Differenz zwischen → Erträgen und → Aufwendungen eines Unternehmens in einer Abrechnungsperiode. a) In der *Gewinn- und Verlustrechnung* Summe von Ergebnis aus normaler Geschäftstätigkeit und → außerordentlichem Ergebnis; b) in der *Kostenrechnung* Summe von Betriebsergebnis und neutralem Ergebnis.

Unternehmensethik, Teil der → Wirtschaftsethik, der sich mit Norm- und Wertestandards des Handelns von Unternehmen und Managern befaßt. Während die traditionelle Betriebswirtschaftslehre vom erwerbswirtschaftlichen Prinzip und von Zweckrationalität ausgeht, werden im Rahmen der U. der Zweck als solcher und die Auswirkungen einzelwirtschaftlichen, zweckrationalen Handelns (Zweckrationalität) auf andere problematisiert. Ansätze aus den 60er und 70er Jahren beziehen sich auf eine freiwillige Selbstbeschränkung des Unternehmenshandelns (z.B. Davoser Manifest), aktuellere Überlegungen entweder auf die Suche nach konkreten Inhalten (Inhaltsethik), die zumeist auf der katholischen oder protestantischen Soziallehre basieren, oder sie verstehen sich als Verfahrensethik und beschreiben Wege, wie Norm- und Wertstandards gefunden werden können. Hierbei steht die *Idee des → Diskurses oder Dialogs* im Zentrum, etwa im Modell des Konsensmanagements, in diskursiver Organisationsentwicklung oder bei Steinmanns Verständnis von U.: „Eine Unternehmensführung handelt ethisch genau dann, wenn sie im Falle von tatsächlichen oder antizipierten Konflikten mit Bezugsgruppen der Unternehmung die dialogische Verständigung mit den Betroffenen sucht mit dem Ziel, begründete Normen zu finden, die dann i. S. einer Selbstbindung verbindlich in Kraft gesetzt werden, um die konfliktrelevanten Auswirkungen des erwerbswirtschaftlichen Prinzips bei Steuerung der Unternehmensaktivitäten zu begrenzen".

Unternehmensforschung, → Operations Research

Unternehmensführung, das → Management des spezifischen Organisationstypus → Unternehmen. Als Grundfunktionen der U. gelten die Unternehmenspolitik im Sinne des Treffens von Entscheidungen grundsätzlicher Art als Kernaufgabe (z.B. Entscheidungen des strategischen Managements) sowie Planung, Organisation, Koordination, Kontrolle und Information als Mittel. – U. wird teilweise mit dem Begriff Management, teilweise mit strategischem Management gleichgesetzt. Management ist jedoch insofern umfassender, als auch andere Typen von Organisationen eingeschlossen sind. Strategisches Management ist enger als der Begriff U., da hiermit nur der Kernbereich bzw. eine besondere Variante der Art der U. erfaßt wird.

Unternehmensgliederung, → Organisationsstruktur, → Aufbauorganisation

Unternehmensgrundsätze, allgemeine Richtlinien, die das Verhalten des Unternehmens gegenüber seiner Umwelt (Kunden, Lieferanten etc.) festlegen. U. sollen die Teilbereiche des Unternehmens auf eine gemeinsame, aufeinander abgestimmte Politik (→Unternehmenspolitik) richten.

Unternehmensidentität, → corporate identity

Unternehmenskonzept, → Unternehmensleitbild

Unternehmenskrise, nicht geplante und ungewollt auftretende Situation, in der die Existenzgrundlagen eines Unternehmens akut gefährdet sind, z.B. durch Liquiditätskrise, Verlust eines zentralen Marktes oder rechtliche Gefährdung. Sofern es dem Management gelingt, die Krise zu bewältigen (→ Krisenmanagement) oder gar positiv zu wenden, etwa indem neue Strategien entwickelt werden, muß das Ergebnis nicht der Untergang des Unternehmens (z.B. Vergleich, Konkurs) sein.

Unternehmenskultur, die innerhalb eines Unternehmens von den Mitarbeitern akzeptierten und geteilten Denkvorstellungen, Werte und Verhaltensnormen, die in ihrer Gesamtheit das Unternehmen als System sozialer Beziehungen von anderen sozialen Gruppen unterscheiden. Die U. drückt sich insbesondere aus in Objekten (wie Standort, Gebäuden, Kleidung), der Sprache (offizielle Sprachregelungen, verbreitete Geschichten und Witze), dem Verhalten der Mitarbeiter (Routine, Bräuche, Zeremonien) und Gefühlen (etwa Sicherheit, Gleichbehandlung). Unternehmensintern wirkt eine spezifische U. sozial integrativ, handlungskoordinierend über geteilte Werte sowie Normen und bietet Identifikationsmöglichkeiten. Die U. wird vielfach als ein Erfolgsfaktor des Unternehmens im Wettbewerb angesehen. Diese Auffassung geht auf populärwissenschaftliche Untersuchungen in den USA zurück, in denen für besonders erfolgreiche amerikanische Unternehmen eine spezifische Kultur analysiert wurde. – Als *Elemente* dieser spezifischen Kultur wurden u.a. Kundennähe, Bindung an das angestammte strategische Geschäftsfeld, Freiräume für Unternehmertum, ein sichtbar gelebtes Wertesystem, straff-lockere Führung, eine einfache, flexible Organisationsstruktur und der Grundsatz der Produktivität durch Menschen herausgefiltert. – Umstritten ist aber, ob *U. durch das Management geschaffen und gesteuert* werden kann. Der Auffassung, Manager sollten sich bewußt als Kulturgestalter und visionäre Führer verstehen, steht die Position gegenüber, daß lediglich ein kulturbewußtes Management möglich sei. Das Management solle demnach seine Entscheidungen (insbesondere strategische Entscheidungen) daraufhin überprüfen, ob sie mit der vorhandenen Unternehmenskultur vereinbar sind.

Unternehmensleitbild, Zusammenfassung von → Unternehmensgrundsätzen und → policy, die sowohl nach innen als auch nach außen die grundlegende Zielsetzung des Unternehmens und damit eine Grundlage der Unternehmenspolitik bzw. des strategischen Managements bildet. Das U. dient als Orientierung zur Beschreibung der vom Management gewünschten Identität (→ corporate identity), als Motivation zur Erhöhung der Identifikation der Mitarbeiter mit dem Unternehmen sowie zur Legitimation durch Aufklärung interner und externer Interessengruppen (→ Koalitionstheorie) über die das Unternehmenshandeln steuernden Grundsätze.

Unternehmensleitung, → Unternehmensführung

Unternehmensmorphologie, Lehr- und Forschungsrichtung, die sich mit den Strukturen von Unternehmen (bzw. Betrieben) und ihren Veränderungen im Zeitablauf befaßt.

Unternehmensphilosophie, → Unternehmensleitbild, → corporate identity

Unternehmensplanspiel (Unternehmenssspiel), im Rahmen der Aus- und Weiterbildung von Führungskräften eingesetzte Planspiele, mit denen einzelne Managementtätigkeiten oder Situationen der Unternehmensführung simuliert werden. I.d.R. bilden die Teilnehmer zwei oder mehrere miteinander konkurrierende Gruppen mit jeweils gleichen Ausgangsbedingungen. Das in einzelne Spielperioden unterteilte

Planspiel kann mehrere Tage dauern, durch Computersimulation unterstützt und durch Vorträge ergänzt werden.

Unternehmensplanung, → Planung

Unternehmenspolitik, langfristige Festlegung des Zielsystems des Unternehmens durch grundsätzliche Entscheidungen der obersten Willensbildungsorgane, welche handlungsleitende Funktionen haben. Dies gilt sowohl für einzelne Teilbereiche, für die Unternehmensstrategien als auch für die Mitglieder des Unternehmens. – Die *Hauptaufgabe* der U. liegt in der Bestimmung langfristiger Unternehmensziele, erforderlicher Leistungspotentiale sowie einzusetzender Mittel und Verfahren.

Unternehmensspiel, → Unternehmensplanspiel

Unternehmensstrategie, 1. Die in der *strategischen Planung* bzw. im *strategischen Management* entwickelten und verfolgten → Strategien eines Unternehmens.

2. *Konzept von Miles/Snow,* in dem verschiedene → Strategien im Sinne von Anpassungsverhalten an Umweltveränderungen differenziert werden. Die Strategien weisen Muster für Lösungen des unternehmerischen, technologischen oder administrativen Problems auf. Die unternehmerischen Entscheidungen betreffen die Wahl der Produkt-Markt-Kombinationen. Die technologischen Fragen beziehen sich auf die Technologien in Produktion und Vertrieb. Das Verwaltungsproblem befaßt sich mit der Rationalisierung der bestehenden Tätigkeitsbereiche sowie der Organisation notwendiger Innovationen im Produkt-Markt-Bereich. Miles/Snow unterscheiden drei stabile Unternehmensstrategien (→ Analyzer, → Defender, → Prospektor) sowie ein instabiles Verhaltensmuster (→ Reactor).

Unternehmenstarifvertrag, → Firmentarifvertrag

Unternehmenstypologien, Reduktion der empirisch vorhandenen Vielfalt von Prozessen, Strukturen, Verhaltensweisen, Strategien der Unternehmen auf bestimmte Grundmuster. Dabei werden die Typologien nach unterschiedlichen Merkmalen bzw. Merkmalskatalogen gebildet. Beispielsweise sind Strategietypen Typologien hinsichtlich des strategischen Verhaltens von Unternehmen. Je nach Fragestellung können unterschiedliche Typologien zur Beschreibung realer Unternehmen dienen und/oder zur Ableitung von Normstrategien eingesetzt werden.

Unternehmensverfassung, Summe der grundlegenden, langfristig angelegten Regelungen für ein Unternehmen. Die U. ergibt sich aus gesetzlichen Bestimmungen, insbesondere dem Gesellschafts- und Mitbestimungsrecht, kollektivvertraglichen Regelungen sowie autonomen privaten Rechtssetzungen, vor allem der Satzung des Unternehmens, dem Gesellschaftsvertrag, Geschäftsordnungen oder Unternehmensverträgen.

Bei der *Gestaltung der U.* stellen sich vor allem zwei Fragen: Welche Interessen sollen die Ziele und Politik des Unternehmens bestimmen, und wie erfolgt die Institutionalisierung? Für unterschiedliche Rechtsformen und Unternehmensgrößen werden in der Bundesrepublik aufgrund der Rechtslage beide Fragen verschieden beantwortet. Sofern das Mitbestimmungsgesetz bzw. die Regelungen des Betriebsverfassungsgesetzes zur Aufsichtsratsmitbestimmung gelten, wird von einem dualistischen Ansatz ausgegangen, bei dem die Interessen der Kapitaleigner und der Arbeitnehmer berücksichtigt und in den jeweiligen Gremien institutionell verankert werden. Die institutionelle Ausgestaltung der U. hängt weitgehend von den Bestimmungen des Gesellschaftsrechts ab; je nach Rechtsform ist die Einrichtung bestimmter Gremien (beispielsweise eines Aufsichtsrates) rechtlich vorgeschrieben.

Unternehmensverträge, zusammenfassender Begriff des Konzernrechts für folgende Verträge (§§ 291, 292 AktG): Beherrschungsverträge, Gewinnabführungsverträge, Gewinngemeinschaften, Betriebspachtverträge, Teilgewinnabführungsverträge und Betriebsüberlassungsverträge. Wirksam werden U. nur mit Zustimmung der Hauptversammlung (Dreiviertel-Mehrheit des vertretenen Grundkapitals) und bedürfen der Schriftform.

Unternehmenswert, Wert der Gesamtheit eines Unternehmens, der mit den Methoden der → Unternehmensbewertung ermittelt wird. Der U. wird nur zu besonderen Anlässen ermittelt, insbesondere bei Kauf bzw. Verkauf des Unternehmens, dem Ausscheiden oder der Aufnahme von Gesellschaftern, Abfindungen, Umwandlungen, der Einführung an der Börse oder einer Fusion. Probleme ergeben sich daraus, daß in vielen Fällen Marktpreise fehlen oder nur schwer zu ermitteln sind. Die wichtigsten Methoden zur Bestimmung des U. sind die Substanzwertermittlung, bei welcher der Wiederbeschaffungswert aller einzelverkehrsfähigen Güter zugrunde gelegt wird, und die Ertragswertermittlung, bei der von dem zukünftig zu erwartenden Ertrag ausgegangen wird. Im Mittelwertverfahren werden die Substanz- und die Ertragswertermittlung kombiniert.

Unternehmensziele, Zielbündel, welches neben dem → Formalziel Gewinn, langfristige Gewinnerzielung oder ähnlichem, das von jedem privatwirtschaftlichen Unternehmen angestrebt wird, verschiedene Sachziele enthält, die sich auf die Eigenschaften der angebotenen Waren und Dienstleistungen beziehen. Ziele werden durch die → Unternehmenspolitik festgelegt und haben handlungsleitende Funktionen. An U. werden verschiedene *Anforderungen* gestellt wie Meßbarkeit, Operationalisierbarkeit, Konsistenz, Kompatibilität, Autorisierung, schriftliche Formulierung sowie organisationsweite Bekanntmachung. U. im Rahmen der strategischen Planung vgl. → strategische Ziele.

Unternehmenszusammenbruch, → Vergleich, → Konkurs

Unternehmenszusammenschluß, freiwillige Vereinigung von bisher wirtschaftlich und rechtlich selbständigen Einzelbetrieben zu einer größeren Wirtschaftseinheit, ohne daß dabei zwangsläufig die rechtliche Selbständigkeit der Einzelbetriebe aufgehoben wird. Ziele sind insbesondere die Erhöhung der Wirtschaftlichkeit (Nutzung von Rationalisierungseffekten, Risikominderung) oder die Erlangung wirtschaftlicher Macht etwa durch eine marktbeherrschende Stellung. – U. lassen sich nach *Art und Umfang der Zusammenarbeit* und nach der rechtlichen Ausgestaltung unterscheiden: (1) *horizontaler Zusammenschluß* als Vereinigung von Unternehmen, die auf der gleichen Produktions- oder Handelsstufe tätig sind; (2) *vertikaler Zusammenschluß* als Vereinigung von Unternehmen, die in aufeinanderfolgenden

Produktions- oder Handelsstufen tätig sind; (3) *diagonale oder anorganische Zusammenschlüsse* als Vereinigung von Unternehmen, die in unterschiedlichen Branchen tätig sind. – Die rechtliche Ausgestaltung von U. erfolgt im wesentlichen durch die Bildung von Kartellen, Konzernen oder Interessengemeinschaften. Kartelle und Interessengemeinschaften werden auf vertraglicher Grundlage gebildet, während die Bildung eines Konzerns auch durch faktische Beherrschung nach Mehrheitsbeteiligungen erfolgen kann. In allen Fällen bleiben die beteiligten Unternehmen rechtlich selbständig. Bei einer Fusion wird hingegen die rechtliche Selbständigkeit aufgegeben.

Unternehmer, Individuum, das ein → Unternehmen plant, gründet, selbständig und verantwortlich leitet sowie dabei persönliches Risiko bzw. Kapitalrisiko trägt. Teilweise wird der U. mit einem → Entrepreneur gleichgesetzt, der sich durch besondere Initiative und ausgeprägtes Innovationsverhalten auszeichnet. Laut → Handelsgesetzbuch sind U. natürliche Personen (Einzelunternehmen), → Personengesellschaften oder juristische Personen des privaten oder öffentlichen Rechts, die einen Gewerbebetrieb unterhalten; die Betreiber von Handelsbetrieben gelten als Kaufmann. Das Umsatzsteuerrecht bezeichnet als U. denjenigen, der eine berufliche oder gewerbliche Tätigkeit selbständig ausübt; dies können natürliche oder juristische Personen oder andere Personenzusammenschlüse sein. → Manager und U. unterscheiden sich dadurch, daß Manager i.d.R. Angestellte des Unternehmens sind; nur dann, wenn ein Manager auch Kapitalanteile hält, ist er zugleich Unternehmer.

unternehmerisches Risiko (Unternehmerwagnis), allgemeines Risiko, das ein → Unternehmer in einer Marktwirtschaft zu tragen hat. Es besteht darin, daß der Unternehmer als Kapitaleigner mit seinem Kapital (bzw. bei Personengesellschaften mit seinem gesamten Vermögen) haftet. Das u.R. resultiert aus der Unberechenbarkeit der Märkte, gesellschaftlichen und technologischen Entwicklungen sowie möglichen Managementfehlern.

Unternehmerwagnis, → unternehmerisches Risiko

Unternehmung, → Unternehmen

Unterordnungskonzern, → Konzern, der durch ein Abhängigkeitsverhältnis charakterisiert wird, das entweder durch Beteiligung oder durch vertragliche Festlegung entstehen kann (→ verbundene Unternehmen).

Unterpari-Emission, → Emission

Unterrichtungspflicht, vom Gesetzgeber festgelegte Verpflichtung des Arbeitgebers, die Organe der Mitbestimmung der Arbeitnehmer über bestimmte Tatbestände und Vorhaben rechtzeitig und umfassend zu unterrichten.

Unterrichtungsrecht. Laut Gesetz müssen Betriebsräte und Sprecherausschüsse vom Arbeitgeber über bestimmte Tatbestände bzw. Vorhaben unterrichtet werden.

V

Valenz-Instrumentalitäts-Erwartungs-Theorie, → Erwartungs-Valenz-Theorie

value added, Erhöhung des Wertes eines Produkts. Im Dienstleitungsgewerbe kann dieser zusätzliche Wertgewinn u.a. in (besonderer) Sachkenntnis des Verkaufspersonals bestehen. – Im engeren Sinne Bezeichnung für → Wertschöpfung.

Value Added Network Services (VANS), Mehrwertdienste, durch private und öffentliche Betreiber von (Rechner-)Netzen angebotene Dienstleistungen, die über die reine Sprach- und Datenübertragung hinausgehen. – Nach dem Umfang des zusätzlichen Serviceumfangs lassen sich vier *Gruppen* unterscheiden: (1) *Packet Switched Networks* stellen Netzwerkkapazität sowie die Verknüpfung unterschiedlicher Systeme und Übertragungsmedien durch Protokoll- bzw. Geschwindigkeitskonversion zur Verfügung. (2) *Managed Data Networks* bieten elektronische Post, Datenspeicherungs- und Wiedergewinnungsfunktionen. (3) Bei *Managed Transaction Networks* werden zusätzliche Software- und Organisationsfunktionen bereitgehalten, um benutzergruppenspezifische Übertragungsstrukturen handhaben zu können (EDI/ → EDIFACT). (4) Bei der vierten Gruppe werden *spezielle Anwendungen im Rahmen des Netzes* angeboten, z.B. Kreditkartenverifikation im *On-line-Betrieb*. – Als *private Anbieter* von Mehrwertdiensten treten vor allem Rechnerhersteller und große DV-Anwender auf, die bereits für eigene Zwecke über ein komplexes Netzwerk verfügen (z.B. IBM, GEISCO, MEGANET).

value administration, → Gemeinkostenwertanalyse

value analysis, → Wertanalyse

value engineering, → Wertanalyse

variable Arbeitszeit, → Arbeitszeitmodelle

variable Gemeinkosten, → Gemeinkosten, die mit der Beschäftigung des Betriebes schwanken.

variable gross margin, → Deckungsbeitrag

variable Kosten, → Kosten, die von der Änderung der → Beschäftigung abhängen. Unterschieden werden folgende Kostenverläufe: a) *degressiver Verlauf:* die relative Kostenänderung ist geringer als die relative Beschäftigungsänderung (Werkstoffkosten mit Mengenrabatt); b) *progressiver Verlauf:* die relative Kostenänderung ist höher als die relative Beschäftigungsänderung (Energiekosten bei überhöhter Auslastung); c) *regressiver Verlauf:* die Kostenänderung steht im umgekehrten Verhältnis zur Beschäftigungsänderung (Kühlenergiekosten bei geringem Füllungsgrad einer Tiefkühltruhe).

Varianten, Teile, insbes. Endprodukte, die sich zwar in untergeordneten Merkmalen, aber nicht oder nur wenig in ihrer Gundstruktur unterscheiden, werden als V. eines Grundtyps bezeichnet. Aufgrund der Kombinationsvielfalt der Unterscheidungsmerkmale können extrem viele V. eines Teils existieren. Beispiel (Unterscheidungsmerkmale bei einem bestimmten PKW-Typ): Farbe, Polsterung, Motorleistung, Art der Verglasung, Schiebedach, Anzahl der Gänge, der Haltegriffe u.a. – *Anwendung*: In der Produktionsplanung und -steuerung werden Erzeugnisstrukturen aller möglichen V. eines Teils zur Beschränkung der Datenbestände und Vermeidung von Datenredundanz i.d.R. nicht einzeln geführt, sondern zusammengefaßt in Variantenstücklisten dargestellt.

Vario-Anteil, bei Managern variabler Anteil am Gehalt, z.B. durch Erfolgsbeteiligung.

Vektorrechner, → Rechnerarchitektur

venture capital (Risikokapital, Wagniskapital), Bereitstellung von haftendem Kapital für junge, an → Innovationen arbeitende Unternehmen, deren Investitionsprojekte ein hohes wirtschaftliches Risiko bei gleichzeitig hohen Ertragschancen aufweisen. Kapitalgeber sind Wagnisfinanzierungsgesellschaften, die als stille Gesellschafter fungieren und ihr Risiko durch Kapitalvergabe in unterschiedliche Branchen und Projekte verringern. Im Gegensatz zur Kreditvergabe ist diese Art der Finanzierung nicht an Kreditsicherheiten gebunden; sie wird i.d.R. mit wirtschaftlicher, teilweise auch technischer Beratung durch den Kapitalgeber verbunden. Das Beteiligungsverhältnis kann durch Rückkauf der Anteile nach Ablauf einer bestimmten Frist, Veräußerung an ein anderes Unternehmen oder Börseneinführung der Gesellschaft beendet werden.

Verantwortung, Verpflichtung und Berechtigung zum eigenständigen Handeln innerhalb des übernommenen Aufgabenbereiches oder zur Erfüllung einer einzelnen übertragenen Aufgabe. Die V. beinhaltet immer das Einstehen für Erfolg und Mißerfolg gegenüber den delegierenden Instanzen. Zu unterscheiden sind Eigenverantwortung als V. für eigenes Handeln und Fremdverantwortung als V. für hierarchisch nachgeordnete Instanzen. V. ist ein → Anforderungsmerkmal im Rahmen der Arbeitsbewertung.

Verantwortungsethik, von M. Weber geprägter Ausdruck für Handeln, bei dem u.U. von der eigenen Gesinnung (→ Gesinnungsethik) abgewichen wird in Anbetracht von Interessen anderer und aktueller Notwendigkeiten, d.h. aus individuell empfundener → Verantwortung für andere Menschen.

Veräußerungsgewinn. 1. Nach *Einkommensteuerrecht:* der Betrag, um den der Veräußerungspreis abzüglich der Veräußerungskosten den Wert des Betriebsvermögens übersteigt. V. entstehen durch Veräußerung des Betriebes, Teilbetriebes u.a. und gehören zu den Einkünften aus dem Gewerbebetrieb, die ab einer bestimmten Grenze einkommensteuerpflichtig sind.
2. Nach *Gewerbesteuerrecht:* Gewinne, die bei der Veräußerung eines Gewerbebetriebs u.a. entstehen, die zu den Einkünften des Gewerbes und in → Kapitalgesellschaften zum steuerpflichtigen → Gewerbeertrag gehören.

Verbindlichkeiten, Schulden eines Unternehmens, die am Abschlußstichtag nach Grund, Höhe und Fälligkeit dem

Unternehmen bekannt sind. V. sind in der Bilanz zu passivieren. Kapitalgesellschaften haben Anleihen (Schuldverschreibung) auf dem Kapitalmarkt, V. gegenüber Kreditinstituten, erhaltene Anzahlungen auf Bestellungen, V. aus Lieferungen und Leistungen, aus der Annahme gezogener Wechsel und der Ausstellung eigener Wechsel, gegenüber verbundenen bzw. Beteiligungsunternehmen sowie sonstige V. aufzuführen. Die Bewertung der V. erfolgt analog dem Realisations- und Imparitätsprinzip bei Alternativen mit dem höheren Wert. Erhöhungen des Rückzahlungsbetrages sind bereits dann anzusetzen, wenn die Ursache der Erhöhung wahrscheinlich eintritt.

Verbraucher-Promotions, → Verkaufsförderung

Verbraucherpanel (Konsumentenpanel), → Panel, das sich aus einer ausgewählten Personengruppe zusammensetzt und regelmäßig über die getätigten Einkäufe befragt wird. Formen sind das *Verbrauchsgüterpanel,* das Individualpanel, bei der Einzelpersonen befragt werden, und das *Haushaltspanel,* bei der der gesamte Haushalt im Mittelpunkt des Interesses steht.

Verbrauchsabweichung, in der Plankostenrechnung die Differenz zwischen Ist- und Sollkosten bei Istbeschäftigung. Die V. dient der Beurteilung der Wirtschaftlichkeit der Kostenstelle (→ Abweichungsanalyse, → Kostenkontrolle).

Verbrauchsfolgefiktion, bei der Bewertung gleichartiger Gegenstände v.a. des Vorratsvermögens angewandte Verfahren der → Gruppenbewertung, die eine fiktive Verbrauchsfolge unterstellen: → Fifo-Verfahren, → Hifo-Verfahren, → Lifo-Verfahren.

Verbrauchsgüterpanel, → Verbraucherpanel

Verbrauchsteuer, den Verbrauch bzw. Gebrauch von Waren besteuernde → Steuern. Unternehmen können i.d.R. die V. an ihre Abnehmer weitergeben. Zu den V. gehören u.a. Zucker-, Tabak-, Salz- und Mineralölsteuer.

Verbundeffekte, → economics of scope

verbundene Unternehmen, rechtlich selbständige Unternehmen (Aktiengesellschaft oder Kommanditgesellschaft auf Aktien), die in unterschiedlicher Art und Weise miteinander verbunden sind, z.B.: a) Unternehmen, die in Mehrheitsbesitz stehen oder Mehrheitsbeteiligung aufweisen; b) abhängige und herrschende Unternehmen; c) Konzernunternehmen; d) wechselseitig beteiligte Unternehmen; e) Vertragsteile eines Unternehmensvertrages (→ Beherrschungsvertrag). – *Rechtlich* werden diese Verbindungen im Aktiengesetz geregelt. Dort befinden sich auch Normen zur Sicherung der Gesellschaft und der Gläubiger, der außenstehenden Aktionäre. Geregelt werden auch Leitungsmacht, Verantwortlichkeit bei Abhängigkeit von Unternehmen, Eingliederung sowie die Rechnungslegung im Konzern.

Verbundwerbung, Form der → Kollektivwerbung, bei der Hersteller und Absatzmittler ihre jeweiligen Stärken miteinander verbinden, z.B. wird das Kapital des Herstellers mit dem persönlichen Verhältnis des Absatzmittlers zu den Kunden verbunden.

verdeckte Einlagen, → Einlagen der Gesellschafter einer Kapitalgesellschaft, die ein Nichtgesellschafter nicht erbringen würde und die den Gewinn erhöhen. Dazu gehören die Übertragung von Wirtschaftsgütern auf die Gesellschaft ohne oder gegen ein zu niedriges Entgelt, der Erwerb von Wirtschaftsgütern von der Gesellschaft zu einem zu hohen Entgelt, Überlassung von Wirtschaftsgütern zu einem zu niedrigen und Nutzung von Wirtschaftsgütern zu einem zu hohen Entgelt. In steuerlicher Hinsicht werden die verdeckten Sachzuwendungen als erfolgsneutrale Kapitaleinlage und die Vorteile bei Nutzungsüberlassung i.d.R. als ersparte Aufwendungen betrachtet.

Verdienst, → Entgeltpolitik

Veredelung, i.e.S.: Produktveredelung, bewirkt durch eine substantiell meist unerhebliche technische Veränderung, Form und (oder) Qualitätsverbesserungen, die nicht zu einer eigentlichen Stoffumwandlung führen, die aber für eine zweckmäßigere Weiterverarbeitung oder, bei Fertigerzeugnissen, für einen individuell verfeinerten Geschmack wirtschaftlich bedeutungsvoll sind. I.w.S.: jede Aufbereitung eines Produkts zum Zwischenprodukt.

Verfahrensplanung, Planung des kostengünstigsten Produktionsverfahrens (→ Produktionstypen). V. ist durchzuführen bei Änderungen in der Produktionsplanung, z.B. Einführung eines neuen Produktes, und bei Änderungen der Verfahrensparameter, ferner bei der Bestimmung optimaler Produktionsverfahren. Die V. bildet eine Grundlage für die → Produktionsprogrammplanung und die → Produktionsprozeßplanung.

Verfahrensstil, im → Drei-D-Programm einer von vier Grundtypen des → Führungsstils, bei dem sich der Führende primär auf Verfahren (Regeln, Programme) und Strukturen verläßt. Effektiv wird dieser Stil durch den Bürokraten mit straffer Organisation und Verfahrensdurchsetzung genutzt, ineffektiv durch den Kneifer, der auf Verfahren beharrt, wo Flexibilität angebracht wäre.

Verfahrenstechnik, → Produktionstechnik 2.

Vergleich, dem Bürgerlichen Gesetzbuch (§ 779 BGB) zufolge ein gegenseitiger Vertrag, „durch den der Streit oder die Ungewißheit der Parteien über ein Rechtsverhältnis im Wege gegenseitigen Nachgebens beseitigt wird". Im Gesellschaftsrecht stellt ein V. ein Übereinkommen zwischen einem Unternehmen und seinen Gläubigern dar, mit dem durch Erlaß eines Teiles der Schulden des Unternehmens dessen Fortbestehen gewährleistet werden kann, also → Konkurs abgewendet werden soll. Voraussetzung ist, daß das Unternehmen als sanierungsfähig eingestuft wird. Ein außergerichtlicher V. beruht alleine auf der Absprache zwischen Schuldnern und Gläubigern; ein gerichtlicher V. erfolgt aufgrund eines Antrages des Schuldners bei Gericht. Voraussetzung ist die Zahlungsunfähigkeit des Gläubigers. Der Vergleichsantrag muß das Angebot enthalten, einen bestimmten Prozentsatz der Schulden zurückzuzahlen (mindestens 35%). Der gerichtliche V. kommt nur dann zustande, wenn eine Mehrheit der Gläubiger mit mehr als 75% der Forderungen zustimmt. Die Abwicklung nimmt nach einer Begutachtung durch die Industrie- und Handelskammer ein Vergleichsverwalter vor.

vergleichende Betriebswirtschaftslehre, Ansatz der → vergleichenden Managementforschung, bei der eine theoretische Grundlage des Managements in unterschiedlichen Kulturkreisen, Staaten und Wirtschaftssystemen, nämlich die jeweilige → Betriebswirtschaftslehre miteinander verglichen wird. Der Ansatz geht davon aus, daß die Betriebswirtschaftslehre (auch als theoretische Grundlage für die Ausbildung von Managern) weitgehend den idealtypischen und normativen Rahmen des Managements beschreibt und insofern eine aussagekräftige Vergleichsgrundlage darstellt.

vergleichende Managementforschung, aus dem → situativen Ansatz heraus entstandene Forschungsrichtung innerhalb der → Managementlehre, der darauf abzielt, Unterschiede und Ähnlichkeiten des Managements sowohl in verschiedenen Kulturkreisen (→ Cross-cultural-Management) als auch in verschiedenen Organisationen, teilweise auch innerhalb einer einzelnen Organisation, zu erfassen.

Vergleichsbilanz, → Sonderbilanz für in finanzielle Schwierigkeiten geratene Unternehmen, die auf Kosten und mit Zustimmung der Gläubiger vor dem → Konkurs gerettet werden sollen.

Verhaltensansatz der Führung, Ansatz der Führungsforschung, der sich auf die Untersuchung des Führungsverhaltens konzentriert und nach einem optimalen → Führungsstil sucht. Beispiele sind die Kontinuumtheorie und Führungsmodelle, die auf den Ohio-State-Studien, den IOWA-Studien und den Michigan-Studien basieren.

verhaltensbedingte Kündigung, ordentliche Kündigung, die aufgrund des Verhaltens des Arbeitnehmers sozial gerechtfertigt ist. Entsprechende Verhaltensweisen sind insbesondere Pflichtverletzungen des Arbeitsvertrages wie Arbeitsverweigerung, mangelhafte Erbringung von Arbeitsleistungen und häufige Unpünktlichkeit. Notwendig sind vorherige → Abmahnungen.

Verhaltensbeobachtungsskala, Instrument der Leistungsbeurteilung, mit dem systematisch Leistungsdimensionen im Sinne von anforderungsgerechtem Verhalten durch Beobachter (Vorgesetzte) ermittelt wird. Auf der Skala ist anzugeben, wie oft eine Verhaltensweise beim Mitarbeiter beobachtet wurde. Verhaltensbeurteilungsskalen werden z.T. auch beim → Assessment-Center eingesetzt.

Verhaltensgitter (managerial grid), auf dem → Ohio-State-Leadership-Quadranten aufbauendes Führungsmodell von Blake und Mouton, das mögliche → Führungsstile in einer aus jeweils neunstufigen Dimensionen auf Betonung der Produktion und Betonung des Menschen bestehenden Matrix (Verhaltensgitter) einordnet (vgl. nebenstehende Abbildung). Propagiert wird ein 9,9-Führungsstil, bei dem hohe Arbeitsleistungen von zufriedenen und begeisterten Mitarbeitern erbracht werden. Ein solcher Stil soll durch ein entsprechendes Führungstraining (sogenannte Grid-Seminare) in Verbindung mit verschiedenen organisatorischen Änderungen erreicht werden. Wegen dieser Verbindung gilt das Verhaltensgitter auch als Ansatz der Organisationsentwicklung.

Verhaltensmodifikation, Verhaltenssteuerung mittels einer Verstärkung der positiven wie negativen Konsequenzen des Verhaltens; baut auf der behavioristischen Lerntheorie Skinners auf.

Verhaltenssteuerung, → Führung

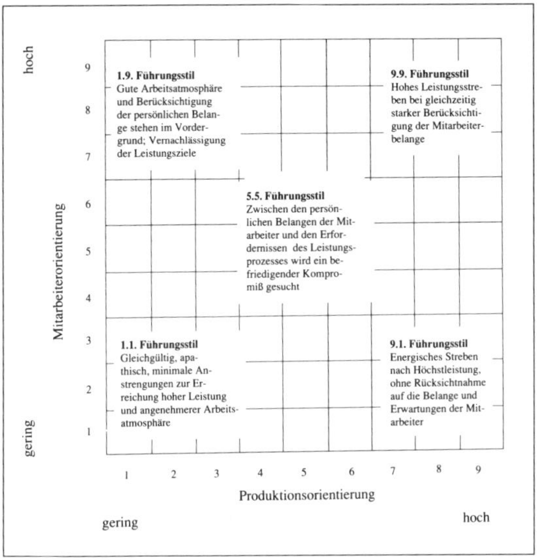

verhaltenstheoretische Betriebswirtschaftslehre, → verhaltenswissenschaftlicher Ansatz

verhaltenswissenschaftlicher Ansatz, auf der amerikanischen Managementlehre basierender Ansatz der → Betriebswirtschaftslehre, der verhaltenswissenschaftliche Erkenntnisse systematisch auf betriebswirtschaftlich bedeutsame Fragestellungen anwendet. Der Betrieb wird zwar wie im → entscheidungsorientierten Ansatz gleichfalls primär unter Entscheidungsaspekten gesehen, jedoch die Annahme rationalen Entscheidungsverhaltens durch die Untersuchung tatsächlichen Verhaltens relativiert. Herausgebildet haben sich insbesondere eine verhaltensorientierte Absatztheorie und eine verhaltensorientierte Organisationstheorie.

Verkaufsförderung (sales promotion), Instrument der → Kommunikationspolitik, das Aktionen umfaßt, die kurzfristig den Absatz stimulieren sollen und sich an Verbraucher (Verbraucher-Promotions), Außendienst (Außendienst-Promotions) und Händler (Händler-Promotions) richtet. V. wird meist am Verkaufsort selbst durchgeführt. – a) Ziel der *Verbraucher-Promotions* ist primär die Schaffung eines Kaufanreizes durch das von den Betroffenen wahrgenommene Preis-Leistungsverhältnis. Erhofft wird dadurch eine Sogwirkung, die die Vorräte des Handels schnell verringert (Pull-Effekt, → Pull-Marketing). Beispiele für Verbraucher-Promotions sind u.a. Gewinnspiele, Einführungspreise, Produktproben, Gutscheine. – b) Ziele von *Außendienst-Promotions* sind die Motivation der Mitarbeiter und die Verbesserung der Verkaufsfähigkeiten. Beispiele für Außendienst-Promotions sind die Veranstaltung von Wettbewerben, die Durchführung von Informations- und Schulungsveranstaltungen und die Bereitstellung von Verkaufshilfen (Broschüren, Filme). – c) *Händler-Promotions* richten sich an Händler sowie deren Mitarbeiter und dienen zur

Motivation. Die Maßnahmen ähneln denen der Außendienst-Promotions. Darüber hinaus gibt es die Gewährung von Preiszugeständnissen bei der Einführung neuer Produkte und bei Sonderaktionen des Handels, den Einsatz von Propagandisten im Handel zur Vorstellung von Produkten etc. sowie die Bereitstellung von Display-Material. Außendienst- und Händler-Promotions zielen auf den sog. Push-Effekt (→ Push-Marketing) ab. – Besonders in hart umkämpften Märkten (z.B. Nahrungs- und Genußmittel) kommt der V. eine große *Bedeutung* zu.

Verkaufsgebietstest, → Gebietsverkaufstest

Verkaufsgespräch, Gespräch zwischen Verkäufer und Käufer. Der Verkäufer bietet dem Käufer dabei das Produkt an und versucht unter Zuhilfenahme von Prospekten, Filmen etc., die Produktvorteile herauszuarbeiten und letztendlich den Kaufabschluß zu erreichen.

Verkaufsorganisation, → Vertriebsorganisation

Verkaufspersonal, im → persönlichen Verkauf tätige Personen, z.B. Reisende und Vertreter.

Verkehrsteuer, auf bestimmte Verkehrsvorgänge erhobene Steuer: Umsatzsteuer, Kapitalverkehrsteuer, Kraftfahrzeugsteuer, Grunderwerbsteuer, Wechselsteuer u.a.

Verlag, → Verlagssystem

Verlagerung, vollständige oder teilweise Veränderung des Standortes, i.d.R. aufgrund der Veränderung von Standortfaktoren.

Verlagssystem, historische Form der Produktion, bei der die Fertigung dezentral durch Heimarbeiter mit eigenen Produktionsmitteln erfolgt, die Beschaffung der notwendigen Materialien und der Vertrieb jedoch über den Verleger (Kaufmann) zentralisiert sind.

Verlust, negatives Resultat der Unternehmenstätigkeit, der in der Gewinn- und Verlustrechnung als Jahresfehlbetrag ausgewiesen wird. In der Bilanz von Personengesellschaften wird das Eigenkapital direkt verringert (Kapitalkonten), in der Bilanz von Kapitalgesellschaften als Bilanzverlust gesondert ausgewiesen.

Verlustantizipation, → Imparitätsprinzip, → Niederstwertprinzip

Verlustausgleich, nach Einkommensteuerrecht Möglichkeit von Steuerpflichtigen, die Einkünfte aus verschiedenen Quellen erhalten, bezogen auf ein Kalenderjahr negative Einkünfte (Verluste) mit positiven Einkünften aus einer anderen Einkunftsart auszugleichen. Die Möglichkeit zum V. gilt nur beschränkt.

Verlustvortrag, in Kapitalgesellschaften Bestandteil des Eigenkapitals, der den → Bilanzverlust des Vorjahres ausweist. Ein Jahresfehlbetrag des laufenden Jahres wird, sofern er nicht durch offene Reserven oder durch einen Gewinnvortrag ausgeglichen wird, als Verlustvortrag in die Rechnung des kommenden Jahres übertragen.

Vermittlungsgeschäft, → Empfehlungsgeschäft

Vermittlungsstelle, Institution, die im Betriebsverfassungsgesetz von 1952 vorgesehen war, um eine Einigung über den Sozialplan und Interessenausgleich bei Betriebsänderungen zwischen Arbeitgeber und Betriebsrat zu vermitteln. Angerufen wurde der Präsident des Landesarbeitsamts.

Vermögen, auf der Aktivseite (Aktiva) der Bilanz aufgeführte Vermögensgegenstände des → Anlagevermögens und → Umlaufvermögens (vgl. auch → Reinvermögen).

Vermögensstrukturanalyse, Bestandteil der → Bilanzanalyse, der sich auf die Aktivseite der Bilanz bezieht. Betrachtet werden Art, Zusammensetzung und Bindungsdauer des Vermögens bzw. der Vermögensstruktur.

Vermögensteuer, Steuer auf das steuerpflichtige Gesamtvermögen natürlicher und juristischer Personen.

Verpackungspolitik, Entscheidungen hinsichtlich der Umhüllung des Produktes; Gestaltungselement der → Produktpolitik. Die Verpackung erfüllt mehrere Funktionen: Transportschutz, Verkaufseinheit bzw. Dimensionierung der Produktmenge, Selbstpräsentation am Verkaufsort sowie Qualitätsbestandteil des Produktes. Im Zuge der zunehmenden Umweltprobleme ist auch die Frage nach dem Recyling von Verpackungen bzw. dem weniger verschwenderischen Umgang mit Ressourcen von Bedeutung.

Verpflichtungsgeschäft, Rechtsgeschäft, das eine Verbindlichkeit zur Folge hat und vielfach zu einer Verfügung verpflichtet, ohne diese unmittelbar zum Gegenstand zu haben (z.B. Kaufvertrag zur Übereignung der Kaufsache).

Verrechnungspreise, beziehen sich im Gegensatz zu den Marktpreisen nicht auf realisierte Preise, sondern auf innerbetriebliche Wertbewegungen. V. werden vor allem im Rahmen der innerbetrieblichen Leistungsverrechnung, zur Ermittlung von Preisuntergrenzen, zur Kalkulation und zur Kontrolle benötigt.

Verrichtungsanalyse, → Aufgabenanalyse

Verrichtungsorganisation, → Funktionalorganisation

Verrichtungsprinzip, nach Verrichtungs- bzw. Funktiongesichtspunkten erfolgende → Aufgabenanalyse und → Aufgabensynthese; danach werden gleichartige Tätigkeiten, auch wenn sie auf unterschiedliche Objekte bezogen sind, in organisatorischen Einheiten zusammengefaßt (Verrichtungszentralisation). Vgl. Abbildung unten. Bei Anwendung des V. auf eine gesamte Organisation wird von → Funktionalorganisation gesprochen.

Verschmelzung, → Fusion

Verschuldungsgrad (Verschuldungskoeffizient), eine im Rahmen der Bilanzanalyse ermittelte Kennzahl: Quotient aus Fremd- und Eigenkapital (vgl. auch → Kapitalstrukturregeln).

Verschuldungskoeffizient, → Verschuldungsgrad

Versetzung, dauernde Zuweisung eines anderen Arbeitsbereiches durch den Arbeitgeber. Sofern der Arbeitnehmer für eine bestimmte, im Arbeitsvertrag festgehaltene Tätigkeit eingestellt worden ist, kann eine Versetzung nur durch eine Änderungskündigung oder mit Zustimmung des Arbeitnehmers erfolgen. V. sind in Betrieben mit mehr als zwanzig dauerhaft Beschäftigten mitbestimmungspflichtig, sofern ein → Betriebsrat vorhanden ist.

Versicherungen für die Datenverarbeitung, → DV-Versicherungen

verständigungsorientiertes Handeln, → kommunikatives Handeln

verstehende Methode, → Hermeneutik

Verteidiger, → Defender

Verteidigungsstrategien, → Defensivstrategien

verteiltes Datenbanksystem, physische Speicherung der Daten einer → Datenbank auf mehreren dezentralen Rechnern. Den Vorteilen, wie höhere Verfügbarkeit, lokale Kontrolle lokaler Daten, Verbesserung der Performance, da lokale Abfragen vor Ort abgewickelt werden, stehen heute noch technische Verfügbarkeitsrestriktionen und organisatorische Schwierigkeiten gegenüber. Zu erwähnen ist die komplexe → Transaktionssteuerung, die Sicherung der Konsistenz der Datenbank beim Zugriff auf mehrere dezentrale Datenbanken bei einer Abfrage beziehungsweise Änderung und die Verteilung der Daten. Der Design-Prozeß (→ Datenmodellierung) wird wesentlich komplexer. Ein → Fragmentierungsschema, in dem festgelegt wird, wie die Daten zu verteilen sind, ist zu erstellen.

verteilte Informationsverarbeitung. Voraussetzung der v. I. ist das Vorhandensein mehrerer über ein Netz (→ LAN, → Telekommunikation) verbundener Rechner (z.B. dezentraler Arbeitsplatzrechner und zentraler Großrechner). Verteilt werden Funktionsteile eines → Informationssystems. – Die potentiell *zur Verteilung kommenden Funktionsbausteine* sind die Benutzerschnittstelle, die Verarbeitungslogik und die Datenhaltung. Die Benutzerschnittstelle regelt die Interaktion zwischen dem Softwareprodukt und dem Endbenutzer. Insbesondere die aufwendige Form einer vollgrafischen Benutzeroberfläche eignet sich zur Verteilung auf den Arbeitsplatzrechner. Im Sinne der Verteilung könnte die Benutzerschnittstelle und die Verarbeitung dezentral auf dem Arbeitsplatzrechner implementiert sein, während die unternehmensweit einheitlichen Daten zentral gehalten werden. Werden die Daten verteilt, spricht man von verteilter Datenhaltung bzw. verteilten Datenbanksystemen (→ Datenbank). Als weitere Möglichkeit läßt sich denken, daß Benutzerschnittstelle und Teile der Verarbeitungslogik auf dem Arbeitsplatzrechner und andere Teile der Verarbeitungslogik sowie die Datenhaltung auf dem zentralen Großrechner implementiert sind. Weitere Spielarten sind durchaus möglich. –

Das Problem besteht in der Entscheidung, in welchem *Umfang* die Verteilung erfolgen soll. Ein Anhaltspunkt kann die Regel sein, daß derjenige Rechner im Netz die Aufgaben wahrnehmen soll, für die er am besten geeignet ist, z.B. Benutzerschnittstelle auf dem Arbeitsplatzrechner mit vollgrafischer Oberfläche und unternehmensweit relevante Datenbestände auf dem zentralen Großrechner.

vertikale Differenzierung, → Differenzierung

vertikale Diversifikation, → Diversifikationsstrategie, bei der Produkte vor- und/oder nachgelagerter Produktions- und Handelsstufen aufgenommen werden. Damit werden neue Markttätigkeiten eingeführt. – Der Begriff der v. D. ist von dem Begriff der *vertikalen Integration* zu unterscheiden: Diese zielt auf Kostenkontrolle, Sicherung des Ressourcenzugangs u.a., wohingegen mit einer vertikalen Diversifikation neue Marktkombinationen aufgebaut werden. Entstehen durch eine vertikale Integration neue Produkt-Markt-Kombinationen für das Unternehmen, dann handelt es sich auch um eine vertikale Diversifikation.

vertikale Integration, → vertikale Diversifikation

vertikales Marketing, koordinierte Steuerung und Regelung marktgerichteter Unternehmensaktivitäten über alle Distributionsstufen hinweg. Ziel ist die wirtschaftlichere Gestaltung der Distribution und die bessere Ausschöpfung der Endkäufernachfrage und Produktverwender. Vertragliche Vertriebssysteme zwischen Hersteller und Handel (z.B. Franchise im Automobilbereich) sind für diese Form des → Marketings charakteristisch. – *Basisstrategie des v. M.:* → handelsorientierte Strategieansätze.

Vertrag, schriftliche oder mündliche, übereinstimmende Willenserklärung zweier oder mehrerer Parteien. Ein V. ist ein wesentliches Instrument zur Gestaltung des Wirtschaftslebens. Wichtige Regelungen sind im Bürgerlichen Gesetzbuch und teilweise im Handelsgesetzbuch enthalten. Der V. entsteht durch Antrag (Angebot) und Annahme, begründet wird dadurch ein Schuldverhältnis. Wichtige V. sind: Arbeits-, Miet-, Kauf- und Geschäftsverträge. Besondere Formvorschriften des Vertragsabschlusses sind nur in Ausnahmefällen vorgeschrieben (→ Vertragsfreiheit).

Vertragsfreiheit, Recht jedes Bürgers, Rechtsgeschäfte abzuschließen oder abzulehnen, sowie die Bestimmung über Inhalt und Ausgestaltung der Verträge. Grenzen der Vertragsfreiheit liegen in Gesetzen, Verordnungen und Allgemeinen Geschäftsbedingungen.

Vertragslohn, Variante des → Pensumlohns, bei der ein bestimmtes Leistungsniveau vereinbart wird. Bei Erreichen dieses Niveaus erhält der Mitarbeiter den vereinbarten Zuschlag zum Grundlohn.

Vertragsproduktion (Auftragsproduktion, Bestellproduktion), Form der Produktion, bei der erst nach Eingang des Kundenauftrags die Produktion geplant und durchgeführt wird. Der Kunde selbst nimmt großen Einfluß auf Produktgestaltung, Qualität und Lieferzeit. V. zeichnet sich durch besonders starke Abhängigkeit des Herstellers vom Kunden aus.

Vertragsstrafe (Konventionalstrafe), vereinbarte Geldsumme zwischen Vertragspartnern, die ein Vertragspartner bei Nichterfüllung oder nicht angemessener Erfüllung der Verbindlichkeit zu zahlen hat. Die Zahlung wird nicht fällig, wenn der Schuldner selbst mit der Gegenleistung in Verzug kommt. Herabgesetzt werden kann die Strafe auf Antrag des Schuldners durch den Richter bei unverhältnismäßiger Höhe.

vertrauensvolle Zusammenarbeit, Regelung des Betriebsverfassungsgesetzes, das das Zusammenwirken von Betriebsrat und Arbeitgeber im Unternehmen ordnen soll. Nach § 2 Abs. 1 BetrVG sind Arbeitgeber und Betriebsrat verpflichtet, vertrauensvoll und zum Wohle des Betriebs zusammenzuarbeiten. Dadurch sollen nicht natürliche Interessengegensätze zwischen den Parteien aufgehoben werden, es soll jedoch ein Orientierungspunkt für die Art der Auseinandersetzung sein. Konkretisiert wird die Zusammenarbeit in § 74 BetrVG. U.a. ist dort ein monatliches Treffen zwischen Arbeitgeber und Betriebsrat vorgesehen, bei dem strittige Fragen geregelt werden sollen. Arbeitskampfmaßnahmen zwischen Betriebsrat und Arbeitgeber sind unzulässig. Maßnahmen des Arbeitgebers oder Betriebsrates, die den Betriebsfrieden beeinträchtigen, sind zu unterlassen. Der Betriebsrat darf nicht durch die Gewerkschaft eingeschränkt werden.

Vertreter, 1. Person, die aufgrund gesetzlicher Vorschrift oder durch eine erteilte Vollmacht befugt ist, für eine andere Person rechtsverbindliche Erklärungen abzugeben und entgegenzunehmen.
2. Berufsbezeichnung für selbständig tätige oder angestellte Personen, die für andere Geschäfte vermitteln oder abschließen.

Vertretungsbefugnis, → Prokura

Vertrieb, betriebliche Funktion, die die Absatzdurchführung zum Gegenstand hat. Der V. umfaßt die Warenverteilung (Logistik), die Steuerung der Außendienstorganisation und Pflege der Beziehungen eines Anbieters zu den Abnehmern. – Der V. wird häufig gleichgesetzt mit *Absatz* (→ Marketing).

Vertriebsabteilung (Verkaufsabteilung), Abteilung eines Unternehmens, das u.a. für die Akquisition und Abwicklung von Aufträgen, Kundendienst und Verkaufsrechnungen zuständig ist. Beziehungen zu den Kunden werden meist über → Reisende oder → Handelsvertreter hergestellt.

Vertriebsbindung, vertragliche Begrenzung des Absatzes von Waren. Bestimmte Rechte und Pflichten werden zwischen dem Bindenden (z.B. Hersteller) und dem Gebundenen (z.B. Großhandel) festgelegt. Rechte und Pflichten können sich auf Gebiete, auf Kunden oder auf den Zeitraum, in dem bestimmte Waren angeboten werden, beziehen. V. können als → Absatzbindungen und/oder → Bezugsbindungen abgeschlossen werden.

Vertriebskosten, in der Kostenrechnung alle → Kosten, die durch die Vermarktung der Erzeugnisse anfallen, z.B. Personalkosten, Provisionen, Mahnwesen etc. Die Kosten müssen nicht unbedingt nur durch den Vertrieb anfallen, sondern können auch durch die anteilige Inanspruchnahme anderer Stellen im Unternehmen entstehen. V. dürfen bei der Berechnung der Herstellungskosten nicht berücksichtigt werden (Aktivierungsverbot).

Vertriebsorganisation (Verkaufsorganisation), Gestaltung und Organisation des → Vertriebs. Gegliedert werden kann dieser z.B. nach Gebieten, Kunden, Produkten oder Funktionen. Unterstützt und gesteuert werden Absatzorgane eines Unternehmens, die im direkten oder im indirekten Vertrieb für Akquisition und logistische Aufgaben zuständig sind.

Vertriebspolitik, → Marketing

Vertriebssystem, sämtliche organisatorischen und institutionellen Maßnahmen, die für die Durchführung des Absatzes notwendig sind.

Vertriebswagnis, → kalkulatorische Wagnisse

Vertriebsweg, → Absatzweg

Verursachungsprinzip, → Grundprinzip der Kostenrechnung, das besagt, daß einem Kostenträger oder sonstigen Bezugsobjekt (Produktart, Produktgruppe, Kostenstelle, Betriebsbereich) nur die Kosten zugerechnet werden sollen, die dieser auch verursacht hat. Bei der Verrechnung der fixen Kosten in der Kostenträgerrechnung wird das V. durchbrochen und durch andere Grundprinzipien der Kostenrechnung ersetzt. Die Grenzkostenrechnung hingegen wendet das V. durchgehend an und verzichtet auf die Verrechnung der Fixkosten auf die einzelnen Kostenträger.

Verwertungsgesellschaft, Gesellschaft entweder in Form einer juristischen Person oder Personengemeinschaft, die die Interessen von Urhebern bei der Verwertung von Nutzungsrechten, Einwilligungsrechten sowie Vergütungsansprüchen wahrnimmt. V. unterliegen im allgemeinen der Aufsicht des Deutschen Patentamts. Beispiele sind die V. Bild-Kunst und die V. Wort (vereinigt mit Wissenschaft).

Videokonferenz, → Telekonferenz

Vigilanz (Wachsamkeit), durchschnittliche Wachheit bzw. Reizverarbeitungskapazität des menschlichen Bewußtseins; durch äußere Faktoren beeinflußbar, am Arbeitsplatz u.a. durch die Arbeitsorganisation und Arbeitsplatzgestaltung.

Visualisierungstechnik, → Moderationstechnik

Vollkaufmann, Person, die einen kaufmännischen Betrieb hat, im Handelsregister eingetragen ist und für die alle Rechte und Pflichten eines Kaufmanns gelten. Anzuwenden sind alle Vorschriften des Handelsgesetzbuches.

Vollkosten, → Vollkostenrechnung

Vollkostendeckung, → Preisuntergrenze

Vollkostenrechnung, → Kostenrechnungssystem, in dem alle Kosten (Vollkosten), also neben den variablen auch die fixen, die in einer Abrechnungsperiode entstanden sind, auf die Kostenträger verteilt werden. Es werden kostendeckende Preise kalkuliert. Die V. verstößt gegen das Verursachungsprinzip und basiert auf der Anwendung weiterer Verrechnungsgrundsätze wie Tragfähigkeits- und Durchschnittsprinzip. Vollkostensysteme können zu Fehldispositionen verleiten, weil die relevanten Kosten nur selten identisch mit den Vollkosten sind. Kurzfristige Entscheidungen benötigen häufig nur die variablen Kosten (Preisuntergrenze). Gegensatz: → Teilkostenrechnung.

Vollmacht, durch ein Rechtsgeschäft erteilte Vertretungsmacht, die gegenüber dem Bevollmächtigten oder durch

Erklärung gegenüber dem Geschäftspartner erteilt wird. Sie muß empfangen, aber nicht angenommen werden. Erteilung, Dauer, Widerruf und Erlöschen der V. werden im Bürgerlichen Gesetzbuch (§§ 167, 167, 170, 171 ff.) geregelt.

Volontär, zu Ausbildungs- und Orientierungszwecken unentgeltlich und freiwillig in einer Organisation tätige Person, die keinen Ausbildungsvertrag hat. Sofern den V. eine Arbeitspflicht trifft, wird nach geltender Rechtssprechung davon ausgegangen, daß ein Arbeitsverhältnis und somit eine Verpflichtung zur Zahlung eines Arbeitsentgelts besteht.

voluntaristische Managementtheorien, Managementtheorien, die von weitgehenden Handlungsspielräumen für das Handeln von Managern ausgehen, im Gegensatz zu → deterministischen Managementtheorien. Hierzu gehören: Handlungstheorie, Entscheidungstheorien und das strategische Management.

Von-Neumann-Rechner, → Rechnerarchitektur (1)

Vorgesellschaft (Vorgründungsgesellschaft), nicht rechtsfähiger Verein, der nach Abschluß des Gesellschaftsvertrages und bis zur handelsrechtlichen Errichtung einer Kapitalgesellschaft durch Eintrag ins Handelsregister besteht. Bis zur Errichtung der Kapitalgesellschaft haften die Beteiligten persönlich oder als Gesamtschuldner.

Vorgesetzter, Person, die in der Unternehmenshierarchie gegenüber anderen Mitarbeitern eine Hierarchiestufe höher angeordnet ist und diesen gegenüber das → Direktionsrecht (Weisungsbefugnis) hat.

Vorkalkulation, → Kalkulation

Vorkostenstellen, → Kostenstellen

Vorlaufverschiebung, in der Produktionsplanung und -steuerung verwendete Maßnahme, um der deterministischen Bedarfsplanung, die primär eine Mengenplanung ist, ein grobes Termingerüst zu geben. Sekundärbedarfe werden um eine Zeitspanne, die mindestens gleich der Durchlaufzeit des übergeordneten Fertigungsauftrags ist, aus dem sie abgeleitet wurden, in Richtung Gegenwart vorverschoben. Häufig wird die V. pauschal mit jeweils einer oder mehreren Perioden pro Fertigungsstufe angesetzt.

Vorrat, → Vorratsvermögen

Vorratsbewertung, Bewertung von → Vorratsvermögen im Rahmen der → Inventur. Handelsrechtlich zulässig sind folgende vereinfachenden Sammelbewertungen: → Hifo-Verfahren, → Fifo-Verfahren, → Lifo-Verfahren. Steuerrechtlich zulässig ist nur eine → Durchschnittsbewertung sowie seit 1990 das Lifo-Verfahren, sofern Nachweise über die Verbrauchsfolge existieren.

Vorratsvermögen, Bestandteil des → Umlaufvermögens auf der Aktivseite (Aktiva) der Bilanz. Zu den Vorräten gehören Roh-, Hilfs- und Betriebsstoffe, unfertige und fertige Erzeugnisse. Geleistete Anzahlungen auf Gegenstände des V. sind gesondert auszuweisen. Bei der Bewertung des V. gelten Bewertungsvereinfachungen durch die Möglichkeit der Sammelbewertung. Dabei ist zu beachten, daß keine unrealisierten Gewinne ausgewiesen werden dürfen und somit Einstands- bzw. Herstellungskosten der oberste Wertansatz sind. Es gilt das strenge → Niederstwertprinzip: bereits bei vorübergehenden Wertminderungen von alternativen Wertansätzen ist der niedrigste Wert am Abschlußstichtag zu wählen.

Vorruhestand, besonderes Rechtsverhältnis, das ein älterer Arbeitnehmer bei vorzeitigem Ausscheiden aus dem, Arbeitsleben bis zum Eintritt in den Ruhestand und der damit verbundenen Aufnahme der Zahlung des Altersruhegeldes eingeht. Das Vorruhestandsgeld wird teilweise vom bisherigen Arbeitgeber, teilweise von der Bundesanstalt für Arbeit gezahlt, sofern bestimmte rechtliche Bedingungen erfüllt werden.

Vorschlagsgruppe, dem → Qualitätszirkel verwandte Variante des → betrieblichen Vorschlagswesens, bei dem, von der Unternehmensleitung angeregt, in den Abteilungen regelmäßig Gruppen gebildet werden, die an Verbesserungsvorschlägen für selbstgewählte betriebliche Problemfelder arbeiten.

Vorschlagswesen, → betriebliches Vorschlagswesen

Vorsichtsprinzip, Bilanzierungsgrundsatz, nach dem nur solche Positionen aktiviert werden dürfen, die einen Wert haben und durch Markttransaktionen konkretisiert sind. Selbsterstellte immaterielle Wirtschaftsgüter des Anlagevermögens dürfen hingegen nicht aktiviert werden. Das V. drückt sich weiterhin im → Realisations- und → Imparitätsprinzip aus. Bei Vorliegen eines Bewertungsspielraumes ist der Grundsatz der ordnungsgemäßen Buchführung 'Bilanzwahrheit' nach dem Prinzip der kaufmännischen Vorsicht zum Schutz der Gesellschafter (es sei denn, die Ausschüttung wird zu gering) und Gläubiger sowie der Kapitalerhaltung des Unternehmens zu modifizieren. Vermögensgegenstände sind im Zweifelsfall eher zu niedrig und → Verbindlichkeiten eher zu hoch anzusetzen. Konsequenz ist ein zu niedriger Ausweis von → Gewinnen bzw. zu hoher Ausweis von Verlusten. Durch die Unterbewertung von Aktivposten und die Überbewertung von Passivposten werden stille Reserven gebildet (→ Niederstwertprinzip, → Höchstwertprinzip).

Vorstand. 1. Von den Mitgliedern gewähltes Leitungs- und Vertretungsorgan einer Organisation (Verein, Partei).

2. Leitendes Organ in Kapitalgesellschaften, insbes. Aktiengesellschaften, und Genossenschaften; wird vom Aufsichtsrat bestellt und u.U. abberufen. Der V. leitet das Unternehmen in eigener Verantwortung und vertritt es gerichtlich und außergerichtlich.

Vorstellungsgespräch, → Bewerbungsgespräch

Vorsteuer, → Umsatzsteuer

Vroom-Yetton-Modell, situatives Führungsmodell, das dem Manager ein normatives Entscheidungsmodell vorgibt, aufgrund dessen dieser entscheidet, welcher Führungsstil in welcher Situation effektiv ist. Die Effektivität wird demnach entscheidend beeinflußt von der Entscheidungsqualität, der Mitarbeiterakzeptanz und dem Zeitaufwand für die Entscheidung. Das Modell unterscheidet zwischen einer Führungssituation gegenüber einer Gruppe und einem Individuum. Anhand eines Fragenkatalogs zur Analyse der Situation und einiger Entscheidungsregeln bzw. mit Hilfe eines Entscheidungsbaums kann das situationsangemessene, effektive Führungsverhalten bestimmt werden.

W

Wachstumsbedürfnis, der → Bedürfnispyramide von Maslow und der → ERG-Theorie entnommene Bedürfniskategorie, die im Unterschied zu den anderen Bedürfniskategorien kein Sättigungsbedürfnis darstellt, sondern prinzipiell grenzenlos ist. Das sich als Selbstverwirklichung darstellende Wachstum soll durch Aktivierung der eigenen Fähigkeiten erreicht werden.

Wagniskapital, → venture capital

Wahl der Rechtsform, langfristige unternehmerische Entscheidung, die i.d.R. von mehreren Faktoren abhängt: Haftung, Gewinnverteilung, Willensbildung und Kontrolle, Kapitalbeschaffung (Eigen- und Fremdkapital) und mit der Rechtsform verbundene Aufwendungen (z.B. Gründungskosten, Steuerbelastung). Die Frage nach der Zweckmäßigkeit der Rechtsform stellt sich nicht nur bei Gründung, sondern auch bei Veränderungen, die u.a. wirtschaftlicher, rechtlicher oder persönlicher Natur sein können. Die Überführung eines Betriebes von einer Rechtsform in eine andere heißt Umwandlung. Eingeschränkt wird die Freiheit der Wahl der Rechtsform durch gesetzliche Vorschriften, die für bestimmte Gesellschaftsformen gelten, durch die Art der wirtschaftlichen Aufgabe und durch die Eigentumsverhältnisse.

Wahlmänner, Delegierte der Arbeitnehmer, die nach dem Mitbestimmungsgesetz die Aufsichtsratsmitglieder der Arbeitnehmer (Arbeiter und Angestellte) bestimmen. Die Zahl der Delegierten wird aufgrund einer Schlüsselzahl ermittelt (meist ein Wahlmann auf 60 Arbeitnehmer). Arbeiter und Angestellte wählen ihre Wahlmänner getrennt, geheim und nach Grundsätzen des Verhältniswahlrechts.

Wahrnehmung (perception), bewußte gedankliche Verarbeitung einer Situation durch ein Individuum.

WAN (Wide Area Network), → Weitverkehrsnetz LAN

Wandelschuldverschreibung, → Schuldverschreibung

Warengruppe, im Handel verwendeter Begriff für Waren, die in enger Beziehung zueinander stehen (z. B. Lebensmittel oder Möbel). Die Kriterien der Zusammensetzung von W. sind vielfältig, z.B. Herkunftszusammensetzung, Bedarfszusammensetzung.

Warenhaftung, → Produzentenhaftung

Warentest, Untersuchung eines Produktes nach seiner Einführung im Markt hinsichtlich der objektiven Produkteigenschaften (Gebrauchseignung, Grundnutzen, Preis etc.). W. werden von neutralen Einrichtungen (z.B. Stiftung Warentest) durchgeführt. Die Ergebnisse werden veröffentlicht, um damit die Markttransparenz zu erhöhen und dem Verbraucher die Kaufentscheidung zu erleichtern. Abzugrenzen ist der Warentest vom → *Produkttest,* der vom Anbieter selbst durchgeführt wird und dem Unternehmen als Entscheidungshilfe dient.

Warenwirtschaftssystem, → Informationsverarbeitung

Warnstreik, kurze, zeitlich befristete Arbeitsniederlegung, die nur durchgeführt werden darf, wenn die zum Tarifvertrag erhobenen Forderungen vorher Inhalt der Tarifverhandlungen waren. Während der noch laufenden Tarifverhandlungen sind W. verboten, wenn die Arbeitsniederlegung im sachlichen und zeitlichen Zusammenhang mit den Verhandlungen steht.

Wartung, auf die Übergabe des Anwendungssystems an die Benutzer folgende Phase der Systempflege oder Wartung. Dabei ist zwischen der Anpassung an nicht vorhersehbare, veränderte rechtliche und organisatorische Rahmenbedingungen und der Anpassung an nachträgliche Wünsche der Benutzer sowie der Beseitigung nachträglich erkannter Fehler zu unterscheiden. Die Phase der Wartung bindet in der betrieblichen Praxis häufig den größten Teil der Kapazität der Anwendungsentwicklung, so daß neue Systeme nicht erstellt werden können. Mit strukturierten Design-Techniken (→ Systementwicklung, → Datenmodellierung) versucht man, durch verstärkte Betonung der frühen Phasen der Systementwicklung (insbesondere von Anforderungsanalyse, → Informationsbedarfsanalyse) den Wartungsaufwand auf ein erträgliches Maß zu beschränken.

weak signals, → schwache Signale

Wechsel, → Wertpapier in gesetzlich festgelegter Form, welches ein Zahlungsversprechen auf Zeit beinhaltet. Der zugrundeliegende Vorgang kann beispielsweise der Bezug von Waren sein, wobei weder Barzahlung noch Zahlungsziele vereinbart werden.
Zwei *Formen* des Wechsels werden unterschieden. Mit einem Solawechsel verpflichtet sich der Aussteller selbst, an den Wechselnehmer oder dessen Order bei Fälligkeit die im W. vorgesehene Geldsumme zu bezahlen. Der gezogene W. (Tratte) enthält die Anweisung des Ausstellers an den Bezogenen, der der Schuldner ist, zum Fälligkeitszeitpunkt eine bestimmte Geldsumme an die im W. genannte Person, Firma oder deren Order zu zahlen.
Ein gezogener W. enthält folgende *Bestandteile*: (1) Bezeichnung „Wechsel" im Text; (2) unbedingte Anweisung, eine bestimmte Geldsumme zu zahlen; (3) Name des Bezogenen, der zahlen soll (Trassat); (4) Angabe der Verfallzeit; (5) Angabe des Zahlungsortes; (6) Name desjenigen, der die Zahlung erhält (Remittent); (7) Ausstellungstag und -ort; (8) Unterschrift des Ausstellers (Trassant). Daneben sind sogenannte kaufmännische Bestandteile aufzunehmen. Akzeptiert der Bezogene den Wechsel, dann wird er nicht mehr als Tratte, sondern als Akzept bezeichnet.

Wechseldiskontkredit, → Diskontkredit

Wechselkredit, → Akzeptkredit

Wechselproduktion, → Produktionstypen 2 b)

Wechselschicht, Form der → Schichtarbeit im Zwei- oder Drei-Schicht-System, bei dem der einzelne Arbeitnehmer in einem bestimmten Rhythmus in unterschiedlichen Schichten arbeitet.

Weg-Ziel-Theorie (Path-goal-Theorie), Variante der → Erwartungstheorie der Führung, die das Verhalten der Geführten in den Mittelpunkt stellt. Anknüpfend an die → Erwartungs-Valenz-Theorie hängt der Erfolg des Führungsverhaltens wesentlich davon ab, ob es dem Führenden gelingt, die Mitarbeiter ausreichend zu motivieren, wobei die Motivation abhängig ist von den Zielen und Erwartungen der Mitarbeiter. Einflußfaktoren der Führungssituation sind die Charakteristika der Organisation (insbesondere der Aufgabenstruktur) und der Mitarbeiter selbst. Je nach Situation kann der Führende motivationsfördernd in das Belohnungssystem eingreifen und mit unterschiedlichen Verhaltensweisen klärend im Hinblick auf die Wege zur Zielerreichung wirken.

Wegwerf-Team, für eine zeitliche begrenzte, relativ kurze Periode gebildete Arbeitsgruppe zur Lösung einer bestimmten Aufgabe, die nach der Aufgabenerledigung aufgelöst wird.

Weisung, fallweise Einschränkung des → Handlungsspielraums von hierarchisch nachgeordneten durch eine übergeordnete, weisungsberechtigte Instanz, insbesondere die Anordnung des Arbeitgebers an einen Arbeitnehmer im Rahmen des → Direktionsrechts.

Weisungsbefugnis, → Direktionsrecht

Weiterbildung, Fortsetzung oder Wiederaufnahme organisierten Lernens nach dem Ende der beruflichen Erstausbildung bzw. des Studiums mit dem Ziel der Erweiterung und/oder Vertiefung der bisher erworbenen Qualifikationen. Die Weiterbildung ist zentraler Bestandteil der → Personalentwicklung und somit auch der → Karriereplanung.

Werbebotschaft, zentrale Aussage der → Werbung, die die Einzigartigkeit und den Nutzen eines Produktes herausstellen soll.

Werbebudget (Werbeetat), Summe der für die → Werbung zur Verfügung gestellten finanziellen Mittel, die in der Regel für ein Geschäftsjahr festgelegt werden. – Die *Bestimmung des W.* kann nach unterschiedlichen → Werbebudgetierungsverfahren (vgl. im einzelnen dort) erfolgen.

Werbebudgetierungsverfahren, Verfahren zur Festlegung des → Werbebudgets für einen bestimmten Zeitraum (meist ein Geschäftsjahr). – Unterschieden werden analytische (heuristische) und nicht-analytische Verfahren. a) Zu den *nicht-analytischenVerfahren* gehören die → Percentage-of-sales-Methode, die → All-you-can-afford-Methode, die → Wettbewerbs-Paritäts-Methode und die → Per-unit-Methode, die in der Praxis weit verbreitet sind. Diese Methoden sind relativ einfach, tragen jedoch einer systematischen Entwicklung und Umsetzung von Marketingzielen keine Rechnung. b) *Analytische Verfahren* hingegen verknüpfen Werbebudget und → Werbeziele in funktioneller Weise miteinander. Annahme ist, daß es ein optimales Werbebudget gibt, das bestimmt werden kann. Grundlage dieser Verfahren bilden marginalanalytische Lösungsansätze. Die Variablen dieser Modelle sind Preis, Menge und Werbebudget. Das optimale Budget ist dann erreicht, wenn die Grenzkosten, die sich auf die durch den Einsatz des Werbeetats zusätzlich gekauften Produkte beziehen, den diesen Produkten zugeordneten Grenzerlösen gleich sind.

Werbeerfolg, → Werbeerfolgskontrolle, → Werbewirkung

Werbeerfolgskontrolle (Werbewirkungskontrolle), Untersuchung des Erreichens der außerökonomischen und ökonomischen → Werbeziele. Generell ist die Bestimmung des Werbeerfolgs, insbesondere des ökonomischen schwierig, da Werbung schwer von den anderen marketingpolitischen Instrumenten zu isolieren ist. Der ökonomische Werbeerfolg wird an Umsatz, Marktanteil und Gewinn unter Einsatz unterschiedlichster Verfahren (u.a. Experimente) gemessen. Der außerökonomische Werbeerfolg untersucht z.B. die Wiedererkennung der Werbebotschaft, Einstellung zur Marke, Kaufabsicht etc. unter Anwendung verschiedener Methoden.

Werbeerfolgsprognose, → Werbemittelerfolgsprognose

Werbeetat, → Werbebudget

Werbegestaltung, Entwicklung und Überprüfung einer Werbekonzeption, Herstellung und Vervielfältigung von Werbemitteln sowie Umsetzung der Werbekonzeption.

Werbekampagne, Entscheidungen über die werbliche Kommunikation (→ Kommunikationspolitik) für konkrete Situationen. Dazu gehören die Auswahl der Zielgruppe, Formulierung der Werbebotschaft, Gestaltungsmaßnahmen und Werbemittel, Mediaeinsatz, Budget und Abstimmung mit anderen Marketingmaßnahmen.

Werbekonzeption, Entscheidungen über die Formulierung der Werbeziele, der anzusprechenden Zielgruppen sowie der Werbebotschaft.

Werbemittel, Instrument zur inhaltlichen und stofflichen Umsetzung der → Werbebotschaft, dazu zählen u.a. Kundenzeitschriften, Werbegespräche, Schaufensterdekorationen und Fernsehspots. Zu den sogenannten aleatorischen W. zählen Preisausschreiben, Gewinnspiele sowie Verlosungen. Teilweise ergeben sich Überschneidungen zwischen Werbemitteln und Werbeträgern (Media).

Werbemittelerfolgsprognose (Werbeerfolgsprognose), Verfahren zur Bestimmung der Wirkung und des Erfolgs von → Werbekampagnen, das vor der eigentlichen Realisation im Vorfeld der Werbekampagne zur Überprüfung der Werbemittel eingesetzt wird. Es handelt sich um einen Pretest (Begriff aus dem Marketing) bzw. Copytest (Begriff aus der Werbepsychologie). Zu unterscheiden sind subjektive und objektive Verfahren. Bei subjektiven werden die Werbemittel Personen vorgelegt, die diese begutachten, bei objektiven werden psychotechnische Prüfverfahren benutzt.

Werbeplanung, Zusammenfassung aller geplanten Ziele, Maßnahmen und Entscheidungen im Bereich der → Werbung. Dies beinhaltet die Festlegung der Werbeziele, die Werbebudgetierung und die Mediaplanung (Streuplanung). Grundlage der W. bilden Informationen (z.B. Daten über Marktentwicklung, Phasen des Produktlebenszyklus, Konkurrenz, Kosten von Werbeträgern), die im Rahmen der Marktforschung beschafft werden.

Werbeträger, → Media

Werbeträgeranalyse, → Mediaanalyse

Werbeträgerplanung, → Mediaplanung

Werbewirkung (Werbeerfolg), sämtliche Faktoren, die im Rahmen der Festsetzung der außerökonomischen und ökonomischen → Werbeziele formuliert wurden (vgl. auch → Werbeerfolgskontrolle).

Werbewirkungsfunktion (Kontaktbewertungskurve), formale Darstellung des Zusammenhangs der Kontaktdosis eines Werbeträgers (Media), den dadurch verursachten Kosten und der Werbewirkung mittels einer mathematischen Funktion. Herangezogen werden zur Messung sowohl außerökonomische als auch ökonomische → Werbeziele, die den eingesetzten Instrumenten der Werbung sowie den dadurch verursachten Kosten gegenübergestellt werden. – Die W. fließt in die → *Mediaplanung* mit ein.

Werbewirkungskontrolle, → Werbeerfolgskontrolle

Werbeziele, angestrebte Sollzustände, die durch die Werbemaßnahmen erreicht werden sollen. W. sind eingebettet in Unternehmensziele sowie Marketingziele und können unterschiedlich kategorisiert werden, und zwar einerseits in ökonomische und außerökonomische, andererseits in generelle und spezielle W. – a) *Ökonomische W.* sind monetäre Größen wie Gewinn, Umsatz und Kosten, die nur schwer kontrolliert werden können, da in der Regel die direkte Zurechenbarkeit von Werbemaßnahmen auf Umsatz und Gewinn schwierig ist. Die Marketinginstrumente wirken sich als Ganzes auf die Absatzsituation aus. – b) *Außerökonomische W.* beinhalten kommunikative Zielsetzungen wie Bekanntheitsgrad eines Produktes, Einfluß auf Kaufgewohnheiten, Kundentreue, Bildung von Präferenzen etc. – c) *Generelle W.* sind beispielsweise Erhaltung und Sicherung des Absatzes, Erweiterung des Marktanteils sowie Abwehr von Konkurrenten. – d) *Spezielle Ziele* wie die Erhöhung des Bekanntheitsgrades einer bereits eingeführten Marke, die Beeinflussung des Markenimages, Umsatzsteigerungen in verkaufsschwachen Gebieten u.a. werden im Anschluß an die generellen formuliert.

Werbung (Absatzwerbung), Instrument der → Kommunikationspolitik, das alle Maßnahmen umfaßt, die → Einstellungen, Erwartungen und Verhaltensweisen der aktuellen und potentiellen Kunden hinsichtlich des Produktes bzw. Produktprogramms positiv zu beeinflussen. Genutzt werden spezielle (Massen-) Kommunikationsmittel. Werbepolitische Entscheidungen betreffen → Werbeplanung, → Werbegestaltung und → Werbeerfolgskontrolle.

Werksspionage, → Wirtschaftsspionage

Werkstattproduktion, Elementartyp der Produktion (→ Produktionstypen), der sich aus dem Merkmal der Anordnung der Arbeitssysteme ergibt. Die W. ist dadurch gekennzeichnet, daß in den Teilbetrieben einer Produktionsstätte jeweils gleichartige Produktionseinrichtungen bzw. Arbeitssysteme zusammengefaßt sind. Bei der W. gibt es unterschiedliche Durchlaufwege der zu bearbeitenden Produkte bzw. Aufträge. Es ist auch möglich, daß Teilbetriebe mehrfach zur Bearbeitung durchlaufen werden. – Die Teilbetriebe werden bei der W. nach dem *Verrichtungsprinzip* (Funktionsprinzip) gebildet. Vgl. auch → Fließproduktion, → Zentrenproduktion.

Werkstattzirkel. Der W. ist andere Bezeichnung für die Umsetzung des Konzepts der → Lernstatt im Produktionsbereich.

Wertanalyse (Funktionsanalyse), spezielle Methodik zur Ergebnisverbesserung in allen Bereichen einer Unternehmung. Ausgehend von den Funktionen eines Objektes wird durch systematische Analyse und Planung in einem Team unter Anwendung von Kreativitätstechniken eine Verbesserung der Erlös-Kosten-Relation angestrebt. Die W. kann dabei angewendet werden, um Produkte, Produktionsfaktoren, Produktionsverfahren und Produktionsorganisationen auf einen möglichst hohen Stand der Wirtschaftlichkeit hin zu entwickeln (Value-Engineering) oder (soweit vorhanden) entsprechend umzugestalten (Value-Analysis).

Wertaufholung, → Wertaufholungsgebot

Wertaufholungsgebot, für Kapitalgesellschaften geltendes Gebot, welches besagt, daß Wertzuschreibungen vorgenommen werden müssen, wenn die Gründe für in früheren Abrechnungsperioden vorgenommene außerplanmäßige Abschreibungen wegfallen. Die Wertaufholung darf die Höhe der vorgenommenen außerplanmäßigen Abschreibungen nicht überschreiten. Aufgrund steuerrechtlicher Wahlrechte handelt es sich beim W. der Handelsbilanz aufgrund der umgekehrten Maßgeblichkeit (→ Maßgeblichkeitsprinzip) i.d.R. ebenfalls um ein Wertaufholungswahlrecht.

Wertekette, → business systems

Wertewandel, seit den 70er Jahren empirisch feststellbare Veränderung von vorherrschenden Werten, Normen und Lebensformen in den westlichen Gesellschaften, die zu einer Auflösung traditioneller Wertmuster und Lebensweisen und einer weitgehenden Pluralisierung geführt hat. Trotz eines nachweisbaren Wandels der Einstellungen von Pflicht- und Akzeptanzwerten hin zu Selbstentfaltungswerten ist ein eindeutiger, in den 70er Jahren noch postulierter Entwicklungstrend zu sogenannten postmateriellen Werten nicht auszumachen. Feststellbar ist eine Aufweichung traditioneller Milieus und eine Segmentierung der Gesellschaft in unterschiedliche Gruppen mit jeweils verschiedenartigen, teilweise konträren Wertmustern und Lebensformen. – *Konsequenzen für das Management* liegen in der Berücksichtigung des hohen Maßes an Individualität der Mitarbeiter, insbesondere in den Bereichen Führung und Motivation.

Wertminderung, Rückgang des Wertes von Vermögensgegenständen durch technischen Verschleiß, Nutzung, Zeitablauf sowie durch wirtschaftliche und rechtliche Faktoren u.a. Die Verminderungen werden als → Abschreibungen erfaßt.

Wertpapiere, 1. Urkunden, die ein Vermögensrecht verbriefen, das ohne diese Urkunde nicht geltend gemacht werden kann.
2. Im Rechnungswesen je nach Zweckbestimmung Bestandteil des Anlagebzw. Umlaufvermögens auf der Aktivseite der Bilanz.

Wertrationalität (materiale Rationalität), sich auf die Auswahl von Zielen und Werten beziehende → Rationalität. Umstritten ist, ob entsprechende Entscheidungen rational überhaupt möglich sind. Der vorherrschenden Meinung zufolge gelten Werte und Normen zwar als diskussions-, nicht aber als wahrheitsfähig. Denkrichtungen wie der Konstruktivismus und insbesondere die von Habermas formulierte → Theorie des kommunikativen Handelns gehen davon aus, daß Werte und Normen im Rahmen von Dialogen bzw. Diskursen rational behandelt werden können. Kommt bei einem herrschaftsfreien Diskurs ein Konsens zustande, spricht Habermas von „vernünftigem Willen".

Wertschöpfung, aus betriebswirtschaftlicher Sicht der Beitrag eines Unternehmens zum Volkseinkommen. Mit der W. wird sowohl im Rahmen der volkswirtschaftlichen Gesamtrechnung als auch auf Unternehmensebene der Nettoproduktionswert bemessen. Dieser errechnet sich aus der Differenz zwischen Bruttoproduktion und den extern bezogenen Vorleistungen (Leistungen vorgelagerter Produktionsstufen).

Wertschöpfungsanalyse, unternehmensinterne Untersuchung,welche Teile der → Wertschöpfung intern erfolgen oder an Externe vergeben werden sollen. Wesentlicher Aspekt dabei ist, ob ein externer Leistungsbezug kostengünstiger ist.

Wertschöpfungskette, Zusammenhang der einzelnen Stufen der Leistungserstellung bezogen auf ein Produkt von der Stufe der Rohstoffgewinnung bis zum Absatz und Kundenservice. Hierbei kann zwischen Primäraktivitäten des eigentlichen Wertschöpfungsprozesses und Unterstützungsaktivitäten (Personalmanagement, Infrastruktur usw.) unterschieden werden. – Anhand einer W. läßt sich das → *Rationalisierungspotential* eines Unternehmens analysieren. Dies gilt sowohl im Hinblick auf interne Aktivitäten wie Entscheidungen über die Fertigungstiefe, bei der festgelegt wird, welche Wertschöpfungsaktivitäten intern (Eigenfertigung) oder extern (Fremdfertigung) erfolgen sollen. Untersucht wird, ob eine Ausgliederung oder Angliederung von vor- und nachgelagerten Produktionsstufen Kosten- bzw. Wettbewerbsvorteile erbringen kann. Wettbewerbsvorteile lassen sich ferner durch eine optimale Verknüpfung der einzelnen Stufen erzielen.

Wertschöpfungsstrategie, → Strategie, die darauf ausgerichtet ist, die Schwerpunkte der Tätigkeit innerhalb der → Wertschöpfungskette zu verlagern.

Wettbewerbs-Paritäts-Methode, → Werbebudgetierungsverfahren. Die Festlegung des Werbebudgets orientiert sich an dem der Konkurrenz. I.d.R. ist die Bestimmung des Werbeetats der Konkurrenz schwierig, da Informationen nur schwer zu ermitteln sind. Hinzu kommt, daß die auf den Umsatz bezogenen Werbeaufwendungen erfolgreicher Unternehmen meist wesentlich höher sind als deren Marktanteil. Die Methode gehört zu den nicht-analytischen Verfahren.

Wettbewerbsaufsicht, von unterschiedlichen Personen und Institutionen durchgeführte Aufsicht über die Einhaltung der Vorschriften des Gesetzes gegen den → unlauteren Wettbewerb (UWG) und Aufsicht über die Einhaltung der Vorschriften des Gesetzes gegen Wettbewerbsbeschränkungen (GWB). Das UWG erwartet von Unternehmern und Verbänden sowie Verbraucherverbänden, daß sie die Einhaltung des Gesetzes selbst überwachen und ggf. durch den Klageweg vor Gericht durchsetzen. Beim GWB wird davon ausgegangen, daß die Selbstkontrolle der Beteiligten für die Aufrechterhaltung des Wettbewerbs nicht ausreicht und der staatlichen Kontrolle bedarf. Zu den Kontrollorganen gehören das Landeswirtschaftsministerium als

Kartellbehörde, das Bundeskartellamt und das Bundeswirtschaftsministerium. In bestimmten Bereichen ist das Bundesaufsichtsamt für Versicherungswesen und das Bundesaufsichtsamt für das Kreditwesen zuständig.

Wettbewerbsfähigkeit, Fähigkeit eines Unternehmens, sich dauerhaft im Markt zu behaupten.

Wettbewerbsintensität, Art und Grad der Auseinandersetzung zwischen den Konkurrenten einer Branche, die nach Porter durch fünf strukturelle Determinanten bestimmt wird. (1) *Konkurrenzintensität:* Branchenwachstum, Anzahl und Größe der Konkurrenten, Marktsättigungsgrad, Produktdifferenzierung und Marktsegmentierung, Preispolitik, Austrittsbarrieren; (2) *Markteintritt:* economics of scale, Produktdifferenzierung und Marktsegmentierung, Kapitalbedarf, Zugang zum Groß- und Einzelhandel, staatliche Zugangsbeschränkungen, mögliche Vergeltungsmaßnahmen der Konkurrenten, Eintrittsbarrieren; (3) *Substitutionsgefahr:* Preis-Leistungsverhältnis der Ersatzprodukte bzw. -dienste, Umstellungskosten, Substitutionsneigung der Abnehmer; (4) *Lieferantenmacht:* Lieferantenkonzentration, Auftragsvolumen, Gefahr der Vorwärtsintegration, Input-Substitute; (5) *Abnehmermacht:* Abnehmerkonzentration, Abnehmervolumen, Anteil des Produktes an den Gesamtkosten der Abnehmer, Gefahr der Rückwärtsintegration, Standardisierungsgrad, Ersatzprodukte, Preisempfindlichkeit. Des weiteren beeinflussen industrielle Beziehungen und der Staat in vielfältiger Weise die konkrete Wettbewerbssituation eines Unternehmens durch *Marktregulierungen* wie Importschranken, Exportverbote und Preisvorschriften (z.B. Mietpreisbindung). Staatliche Einflüsse können die Attraktivität des Marktes erhöhen und verringern. Gleiches gilt für die industriellen Beziehungen zwischen Arbeitgebern und Arbeitnehmern.

Wettbewerbsklausel, Vereinbarung zwischen Unternehmern und Angestellten (aber auch Gesellschaftern, Handelsvertretern etc.), die nach Beendigung des Dienstverhältnisses den Unternehmer vor Wettbewerb schützen soll, und zwar durch Einschränkung der gewerblichen Tätigkeit des Angestellten. Beschränkungen ergeben sich durch gesetzliche Regelungen des Handelsgesetzbuches und des Bürgerlichen Gesetzbuches, die den wirtschaftlich schwächeren Teil schützen sollen. Festgelegt werden u.a. der Zeitraum der Einschränkungen sowie ggf. vom Unternehmer zu zahlende Entschädigungen, die dem Angestellten durch die W. entstehen können.

Wettbewerbsprofil, Gegenüberstellung spezifischer Eigenschaften einer strategischen Geschäftseinheit mit denen des stärksten Konkurrenten zur Ermittlung der relativen Wettbewerbsvorteile (Stärken-Schwächen-Analyse).

Wettbewerbsstrategien, von Porter entwickeltes Konzept des strategischen Managements, das generelle Strategien für Geschäftsbereiche in wachsenden Branchen formuliert. Durch den Einsatz offensiver und defensiver Maßnahmen soll die Stellung des Unternehmens durch die Beherrschung der fünf Determinanten der → Wettbewerbsintensität (Konkurrenzintensität, Markteintritt, Substitutionsgefahr, Lieferantenmacht und Abnehmermacht) gefestigt werden. Voraussetzung ist Aufbau und Erhaltung von Wettbewerbsvorteilen. – Unterschieden werden drei *Strategietypen:* umfassende → Kostenführerschaft, → Differenzierung und →

Konzentration. Die Strategien können nach den Dimensionen strategischer Vorteil und strategisches Zielobjekt klassifiziert werden. – In *schrumpfenden Branchen* werden Abschöpfung (→ Abschöpfungspreispolitik) und → Liquidation empfohlen. Alternative W. sind Marktbeherrschungsstrategien, die auf das Ausnutzen des Schrumpfungsprozesses abzielen, um als marktbeherrschende Unternehmen im Markt zu bleiben, sowie kontrollierte → Abschöpfungsstrategien zur Maximierung des → cash flow. Bei einer schnellen Liquidation noch in der Reifephase der Branche kann das gebundene Kapital zurückfließen, bevor die Verkaufserlöse uninteressant werden. Eine weitere Möglichkeit ist eine → Nischenstrategie, durch die ein Segment in der schrumpfenden Branche besetzt wird, dessen Nachfrage konstant bleibt oder langsam schrumpft.

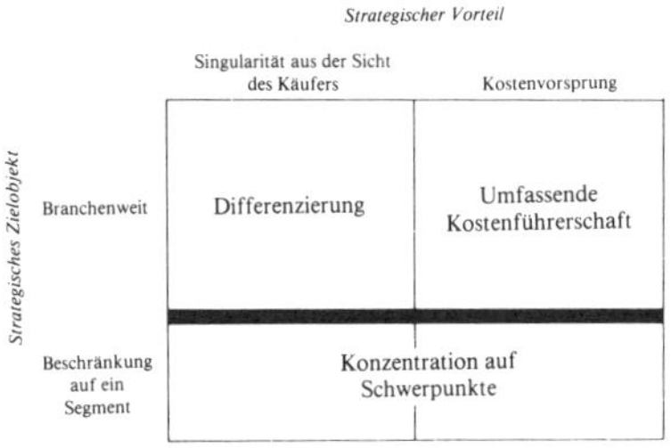

Wettbewerbsverbot (Konkurrenzverbot), gesetzliches Verbot für einen bestimmten Personenkreis (Handlungsgehilfen, Volontäre, persönlich haftende Gesellschafter der Offenen Handelsgesellschaft und Kommanditgesellschaft, Vorstandsmitglieder der Aktiengesellschaft), das Tätigkeiten, die im Wettbewerb mit dem Unternehmen stehen, untersagt. Ein weitergehender Schutz kann durch eine → Wettbewerbsklausel festgelegt werden. Wesentliche Regelungen über den betroffenen Personenkreis, Geltungsbereich und Einschränkungen sind im Handelsgesetzbuch festgelegt.

Wettbewerbsvorteile, 1. *Allgemein:* Vorteile, die ein Unternehmen im Wettbewerb durch Abhebung von seinen Konkurrenten realisieren kann.
2. *Konzept von Porter,* das auf der Kritik an dem vereinfachenden Denken der → Portfolio-Analysen basiert. Unterschieden werden eine Vielzahl von relativen W. wie Produktdifferenzierung, günstige Kosten, Eintrittsbarrieren und Flexibilität der Organisation, die hinsichtlich ihrer Auswirkungen auf zwei *Grundtypen* von W. (→ Kostenführerschaft und → Differenzierung) beurteilt werden. Der Aufbau von W. dient nach Porter im Rahmen einer → Wettbewerbsstrategie dazu, die Unternehmen gegen die Wettbewerbskräfte (→ Wettbewerbsintensität) abzuschirmen.
– Aus den zwei Grundtypen von W. in Kombination mit dem Tätigkeitsbereich ergeben sich drei *Strategien,* die überdurchschnittliche Ergebnisse erzielen: Kostenführerschaft, Differenzierung und Konzentration auf Schwerpunkte, die auf einen Kostenvorsprung oder auf Differenzierung in einem kleinen Segment zielt.

Wiederbeschaffungskosten, Wertansatz für die aktuelle Bewertung von → Vermögensgegenständen in der → Kostenrechnung mit den → Anschaffungs- bzw. → Herstellungskosten von vergleichbaren Vermögensgegenständen. Ziel des Ansatzes ist die → substantielle Kapitalerhaltung, die der Kostenrechnung zugrundeliegt.

Wiedererkennungstest, → Recognitionstest

Window, Stunden eines Tages, in denen Kunden oder Kollegen in anderen Teilen der Welt im Büro ereichbar sind. International tätige Geschäftsleute öffnen das „Fenster" weiter, in dem sie ihre Büros Tag und Nacht besetzen.

window dressing (Bilanzkosmetik), bezeichnet die gesetzlich zulässigen Möglichkeiten zur Verschönerung des Bilanzbildes durch erfolgsneutrale Umschichtungen, um die Liquiditätslage u.a. zu verbessern (Bilanzpolitik).

Window-Politik, strategisches Verhalten von Unternehmen. Es zielt darauf ab, die Unternehmensgrenzen für externe Informationen, Ideen, Dienste und Leistungen zu öffnen, um diese bei Bedarf möglichst schnell für das Unternehmen nutzbar zu machen. W.-P. betrifft meist F&E- sowie Technologie-Informationen. W.-P. steht im Dienste einer „outside-in"-orientierten Unternehmensphilosophie. In der Regel wird die W.-P. in Verbindung mit einer nach außen gerichteten Informations- und Kommunikationspolitik betrieben., durch die ein gutes Klima zu möglichen externen Transaktionspartnern aufgebaut werden soll (z.B. Inhouse-Präsentationen, Goodwill-Veranstaltungen). Dies setzt u.a. voraus, daß (technologische) Gate-keeper, die Informationen von außen filtern und kanalisieren, möglichst informationsdurchlässig arbeiten.

wirtschaftliche Angelegenheiten, Begriff des Arbeitsrechts. Im Betriebsverfassungsgesetz legen die §§ 106ff die Mitwirkung der betriebsverfassungsrechtlichen Organe der Arbeitnehmer fest. Das Betriebsverfassungsgesetz läßt die Mitwirkung und Mitbestimmung in wirtschaftlichen Angelegenheiten nur in kleinem Umfang zu. Grundsätzlich soll die unternehmerische Entscheidungsfreiheit durch die Beteiligungsrechte nicht unmittelbar gebunden werden. Zu unterrichten sind Betriebsrat und Belegschaft über die wirtschaftliche Lage des Unternehmens, über wichtige unternehmerische Entscheidungen, geplante Betriebsänderungen, die wesentliche Nachteile für die Belegschaft bringen können, sowie Änderung und Errichtung von Bauten etc.

Wirtschaftlichkeit, im weiteren Sinne Quotient aus Output- und Inputmenge. Die W. im engeren Sinne errechnet sich als Quotient aus Ertrag und Aufwand, in der Kostenrechnung als Quotient von Leistungen und Kosten.

Wirtschaftlichkeitsprinzip, systemindifferenter wirtschaftlicher Grundsatz, dem zufolge ein bestimmtes Ziel mit dem geringstmöglichen Mitteleinsatz *(Minimalprinzip)* oder mit einem gegebenen Mitteleinsatz der größtmögliche Erfolg *(Maximalprinzip)* erreicht werden sollen.

Wirtschaftsausschuß, nach § 106 Betriebsverfassungsgesetz in Unternehmen mit mehr als 100 ständig beschäftigten Arbeitnehmern zu bildender Ausschuß, der die Aufgabe hat, wirtschaftliche Angelegenheiten mit dem Unternehmen zu beraten und den Betriebsrat zu unterrichten. Der W. besteht aus mindestens drei und höchstens sieben Mitgliedern, die dem Unternehmen angehören, darunter mindestens ein Betriebsratsmitglied.

Wirtschaftsethik, Norm- und Wertestandards des wirtschaftlichen Handelns. → Ethik im allgemeinen bezieht sich auf Suche, Setzung und Begründung von normativ richtigen Entscheidungen für Wollen und Handeln. In bezug auf die Wirtschaft können drei *Problembereiche* unterschieden werden: (1) ethische Fragen des Wirtschaftssystems, (2) ethische Fragen der Wirtschaftspolitik und (3) → Unternehmensethik.

Zu Beginn der Industrialisierung verstand sich die Nationalökonomie ausdrücklich als Moralphilosophie; A. Smith ging davon aus, daß die unsichtbare Hand des Marktes gerechte Ergebnisse hervorbringe und individueller Egoismus durch die moralische Bewertung anderer begrenzt würde. Mit der Ausdehnung ausschließlich zweckrationalen Handelns auf alle gesellschaftlichen Bereiche und der Ausklammerung von Wertfragen aus der Wissenschaft (z.B. M. Weber) konzentrierte sich die Wirtschaftswissenschaft zunehmend auf *Theoriebildung und zweckrationale Entscheidungsfindung* unter Vernachlässigung der Zielebene. Diskussionen in den 20er Jahren über eine ethische Fundierung der Betriebswirtschaftslehre (z.B. von Nicklisch) wurden durch die Vereinnahmung solcher Ansätze durch die Nationalsozialisten diskreditiert und spielten in der Nachkriegsdiskussion keine Rolle. – Erst seit den 70er Jahren wird im Zusammenhang mit zunehmender Umweltzerstörung die *Zielrichtung wirtschaftlichen Handelns und die soziale bzw. gesellschaftliche Verantwortung der Unternehmensführung* wieder intensiver thematisiert, in den USA unter dem Stichwort *business ethics*. Aktuelle Ansätze der W. sind entweder inhaltsethischer Natur, beruhen auf der katholischen oder protestantischen Soziallehre oder verstehen sich als Verfahrensethik und beziehen sich auf Kant, die Theorie der Gerechtigkeit von Rawls oder die → Theorie des kommunikativen Handelns von Habermas.

Wirtschaftsgut, steuerrechtlicher Begriff für einen entgeltlich erworbenen Gegenstand, der über das Ende der jeweiligen Abrechnungsperiode im Unternehmen verbleibt sowie einzeln bewertbar ist.

Wirtschaftsinformatik. Die W. beschäftigt sich nach heutigem Verständnis mit den Problemen und Potentialen der Anwendung von Informations- und Kommunikationstechnik in Betrieben, d.h. insbesondere in Unternehmungen und öffentlichen Verwaltungen. Wichtigster *Gegenstand* der W. sind die rechnergestützten → Informationssysteme als Mensch-Maschine-Systeme unter Beachtung des jeweiligen organisatorischen und ökonomischen Kontextes. – Die Wirtschaftsinformatik ist eine recht *junge Disziplin,* die als interdisziplinäre Wissenschaft (Informatik und vor allem Betriebswirtschaftslehre) den Wirtschaftswissenschaften zuzuordnen ist. Ihre Wurzeln hat sie in der sogenannten betrieblichen Datenverarbeitung der späten fünfziger und frühen sechziger Jahre. – *Inhaltliche Schwerpunkte* der W. sind das → Informationsmanagement (→ strategische Informationssystemplanung), die Architektur rechnergestützter betrieblicher Informationssysteme und die konkrete Gestaltung und Implementierung betrieblicher Informationssysteme (→ Software-Engineering). – Der *Wirtschaftsinformatiker* kann sein berufliches Betätigungsfeld sowohl in den Fachfunktionen als auch in den anwendungsorientierten Bereichen der Informationsverarbeitung finden.

Wirtschaftsingenieurwissenschaft, kombiniertes betriebswirtschaftlich-technisches Studium, dessen Absolventen insbesondere im Grenzbereich zwischen → Betriebswirtschaft und Technik bzw. in Managementpositionen, die ein hohes technisches Wissen und Verständnis verlangen, zum Einsatz kommen.

Wirtschaftsspionage, gezielter, strafbarer Versuch, Betriebsgeheimnisse (insbesondere Innovationen, Pläne etc.) aufzudecken und konkurrierenden Unternehmen zu übermitteln, um Wettbewerbsvorteile zu erlangen. W. führt, wenn sie von einem Arbeitnehmer des ausspionierten Unternehmens erfolgt, zur außerordentlichen Kündigung wegen Verstoßes gegen die Treuepflicht des Arbeitnehmers.

Wirtschaftsstrafrecht, alle strafrechtlichen Tatbestände hinsichtlich der Ausübung von Wirtschaftsstraftaten. Eine Kommission zur Bekämpfung der Wirtschaftskriminalität – Reform des Wirtschaftsstrafrechts – befaßt sich seit 1972 mit den gesetzgeberischen Möglichkeiten einer wirkungsvollen Bekämpfung der Wirtschaftskriminalität.

Wirtschaftswissenschaften, Wissenschaftsdisziplin, deren Forschungsgegenstand allgemein die Wirtschaft ist, wobei hierunter der rationale Umgang mit knappen Gütern verstanden wird. Für die Erforschung gesamtwirtschaftlicher Zusammenhänge ist die → Volkswirtschaftslehre, für einzelwirtschaftliche Tatbestände die → Betriebswirtschaftslehre zuständig. Beide Disziplinen untergliedern sich wiederum in verschiedene Teildisziplinen.

Wissensbasis, → Expertensystem → Knowledge-Engineering

wissenschaftliche Betriebsführung, → Taylorismus

work democracy, auf dem → soziotechnischen Systemansatz des Tavistock Instituts basierender Ansatz zur Humanisierung und Demokratisierung des Arbeitslebens auf betrieblicher Ebene. Der direkte Ansatz zielt auf eine Demokratisierung auf der Ebene einzelner Arbeitsplätze ab, der repräsentative Ansatz will eine Demokratisierung des Arbeitslebens durch die Schaffung repräsentativer Gremien der Mitbestimmung wie Betriebsräte erreichen. Der direkte Ansatz ist typisch für Humanisierungsbestrebungen in den skandinavischen Ländern, der repräsentative für Humanisierungsprojekte in Deutschland (Humanisierung des Arbeitslebens).

Workstation, auf einen Arbeitsplatz zugeschnittener Einsatz eines Computers mit den zugehörigen Peripheriegeräten.

Workaholic, Person, die unter dem Zwang leidet, eine extreme Hingabe an die Arbeit demonstrieren zu müssen. Psychologen glauben, daß man mit der Neigung zur Überarbeitung verschiedene Ängste und Abneigungen verbergen will und ebenfalls selbstzerstörerische Tendenzen erkennbar werden.

working capital, amerikanische Kennzahl zur Analyse der → Liquidität eines Unternehmens. Das working capital bezeichnet die Differenz zwischen Umlaufvermögen und kurzfristigen Verbindlichkeiten und entspricht in etwa dem Nettoumlaufvermögen. Ein positives working capital (wenn das Umlaufvermögen größer ist als kurzfristige Verbindlichkeiten) signalisiert ein finanzielles Gleichgewicht, wobei ein gewisser Überschuß notwendig ist, da bestimmte Teile des Umlaufvermögens (eiserne Bestände) langfristig im Unternehmen verbleiben. Ein negatives working capital signalisiert potentielle Liquiditätsschwierigkeiten, da Teile des Anlagevermögens mit kurzfristigen Mitteln finanziert sind.

Workshop, von einer Organisation oder Gruppe gewollte und geplante ein- oder mehrtätige Veranstaltung zur Lösung eines Problems unter Hinzuziehung eines Moderators und von Beratern. Bei der Problemlösungssuche wird an die Erfahrungen und das Wissen der Teilnehmer angeknüpft.

WORM, → optische Speicher

WYSIWYG (What You See Is What You Get), → Desktop Publishing

X

X.400, → Elektronische Post, → Telebox

Z

Zahlungsbedingungen, → Geschäftsbedingungen

Zahlungsunfähigkeit (Insolvenz), auf dem Mangel an Zahlungsmitteln beruhendes, im Gegensatz zur → Illiquidität dauerhaftes Unvermögen des Schuldners, seine sofort zu erfüllenden Zahlungsverpflichtungen noch im wesentlichen zu decken. Wichtigster Indikator für Z. ist die Einstellung von Zahlungen. Z. ist ein Grund für → Konkurs.

Zeigarnik-Effekt, in der motivationstheoretischen Diskussion der Effekt, daß bestimmte Zielsetzungen bei einem Individuum zu inneren Spannungen führen, die durch Handlungen zur Zielerreichung abgebaut werden.

Zeitakkord, → Akkordlohn

Zeiterfassung, Erfassung sämtlicher Arbeitszeitdaten zum Zwecke der Entgeltfeststellung und zur Kontrolle der Einhaltung von Arbeitszeitregeln. Die Z. mittels EDV-gestützter Zeiterfassungssysteme bildet die Voraussetzung für die Einführung → flexibler Arbeitszeiten.

Zeitlohn, → Lohnform, bei der das Arbeitsentgelt aufgrund der individuellen Arbeitszeit berechnet wird.

Zeitmanagement, 1. Im *persönlichen Bereich:* Umgang eines Managers mit dem eigenen Zeitbudget. Zielsetzung ist die effektive Nutzung der eigenen Zeit durch systematische Planung der Arbeit, insbesondere Setzen von Prioritäten, unter Einsatz von Arbeitstechniken wie ABC-Analyse und technischen Hilfsmitteln wie Zeitplanern.
2. Im *betrieblichen Bereich:* die Herstellung und Aufrechterhaltung eines zeitlichen Gleichgewichts zwischen der sich an Kunden-, Mitarbeiter- und Kapitalinteressen orientierenden Nachfrage nach betrieblichen Leistungen und dem entsprechenden Angebot.

Zeitrabatt, → Rabatt

Zeitsouveränität, Möglichkeit eines Arbeitnehmers, Dauer und Lage seiner Arbeitszeit nach individuellen Bedürfnissen zu bestimmen; realisierbar im Zusammenhang mit Modellen der → flexiblen Arbeitszeit.

Zeitvergleich, Bestandteil der → Bilanzanalyse, bei der Kennzahlen eines Unternehmens in der Entwicklung betrachtet werden.

Zeitvertrag, auf einen bestimmten Zeitraum begrenzter und damit zeitlich befristeter Arbeitsvertrag.

Zeitwert, Veräußerungswert einer Bilanzposition am Bewertungstag (→ Restbuchwert).

Zentralisation, Zusammenfassung von im Hinblick auf ein Merkmal gleichartigen Teilaufgaben zu einer Abteilung oder Stelle. – Aufgrund möglicher Aufgabenmerkmale können folgende

Arten der Z. unterschieden werden: Verrichtungszentralisation (Zusammenfassung gleichartiger Verrichtungen), Objektzentralisation (Zusammenfassung nach Objekten, etwa Produkten), Entscheidungszentralisation (Zusammenfassung von Entscheidungsaufgaben), lokale Z. (Zusammenfassung nach Orten bzw. Regionen). Die Z. nach einem dieser Kriterien bewirkt zugleich eine → *Dezentralisation* nach den anderen Kriterien.

Zentralregulierungsgeschäft (Verrechnungsgeschäft), Form des → Fremdgeschäfts im Handel, bei der die Bezahlung aller Einkäufe durch Einkaufskontore des Großhandels bzw. kooperativer Gruppen übernommen wird. Preise werden i.d.R. zentral ausgehandelt und das Delkredere übernommen. Die Aushandlung von Rabatten und Preiszugeständnissen ist schwierig, da Abnahmemengen der Mitglieder nicht im voraus festgelegt sind.

Zentrenproduktion, 1. *Charakterisierung*: Die Z. ist ein Elementartyp der Produktion (→ Produktionstypen), der sich aus dem Merkmal der Anordnung der Arbeitssysteme ergibt. Bei der Z. nimmt jeder Teilbetrieb eine Anzahl verschiedenartiger Produktionseinrichtungen bzw. Arbeitssysteme auf, die i.d.R. nicht nach der Verrichtungsfolge bzw. nach dem Produktentstehungsprozeß angeordnet sind. Die Zuordnung von Produktionseinrichtungen bzw. Arbeitssystemen auf einen Teilbetrieb erfolgt nach dem Objektprinzip und richtet sich nach den sog. Teilefamilien oder Fertigungsfamilien (Teilefamilien zeichnen sich durch ein Spektrum von Einsatzteilen oder Baugruppen aus, die nach Art und Dimensionierung ähnlich sind; Teile oder Baugruppen mit unterschiedlichen Eigenschaften und Dimensionierungen, die eine gemeinsame Abfolge ähnlicher Bearbeitungsvorgänge haben, bilden eine Fertigungsfamilie). Die Z. nimmt eine Zwischenstellung zwischen → Werkstattproduktion und → Fließproduktion ein; mittels Z. wird eine Verbindung der hohen Flexibilität der Werkstattproduktion mit den relativ kurzen Durchlaufzeiten bei Fließproduktion angestrebt. – 2. *Erscheinungsformen:* a) *Produktionsinsel* (Fertigungsinsel): Arbeitsbereich, in dem manuell oder automatisiert Baugruppen oder Endprodukte bearbeitet oder vollständig produziert werden. Die hierzu notwendigen Human- und Sachpotentiale werden in der Produktionsinsel räumlich und organisatorisch zusammengefaßt. Darüber hinaus wird innerhalb der Produktionsinsel die Produktionsprozeßplanung, -steuerung und -kontrolle weitgehend autonom durchgeführt. b) *Bearbeitungszentrum:* numerisch gesteuerte Maschinen (NC-Anlagen) mit automatischem Werkzeugwechsel. Somit kann ein Bearbeitungszentrum mehrere Arbeitsoperationen (z.B. Bohren, Fräsen) in einer Aufspannung ausführen. Kennzeichnend sind hohe Flexibilität, Verringerung der Durchlaufzeiten und niedrige Leistung. Bearbeitungszentren werden zur Bearbeitung komplexer Werkstücke eingesetzt, die in Klein- oder Mittelserien gefertigt werden, v.a. bei Wiederholfertigung in bestimmten Zeitabständen. Die Einsatzgebiete sind weitgehend unabhängig von der Unternehmensgröße und vom Organisationstyp der Fertigung. c) *Flexible Produktionszelle:* Ein Produktionszentrum, das aus mehreren numerisch gesteuerten Werkzeugmaschinen besteht. Diese werden um automatisierte Steuerungs-, Meß- und Überwachungssysteme sowie Spannmittel-, Werkzeug- und Handhabungssysteme ergänzt. Darüber hinaus kann auch die Werkstückver-

und -entsorgung der flexiblen Produktionszelle automatisiert sein. In der flexiblen Produktionszelle können ähnliche, aber im Detail unterschiedliche Werkstücke über einen längeren Zeitraum automatisch bearbeitet werden. d) *Flexibles Produktionssystem:* System aus material- und informationsflußmäßig vernetzten flexiblen Produktionszellen und somit eine Weiterentwicklung der flexiblen Produktionszelle. Diese automatisierten Arbeitsstationen sind durch ein ebenfalls automatisiertes Werkstücktransportsystem so verknüpft, daß gleichzeitig unterschiedliche Werkstücke im gesamten System komplett bearbeitet werden können. Das flexible Produktionssystem besteht somit aus einem Bearbeitungssystem, einem Material- und einem Informationsflußsystem, die jeweils miteinander verbunden sind.

zero base budgeting, Instrument der → Kostenplanung und → Kostenkontrolle zur Senkung der Gemeinkosten sowie der operativen und strategischen Ausrichtung der einzelnen Unternehmensbereiche. Die Verteilung der Ressourcen bzw. Budgets erfolgt durch die Unternehmensleitung analog der unternehmenspolitischen Zielsetzungen. – Jede Position wird auf der Basis des tatsächlichen Bedarfs berechnet und nicht als ein Vielfaches der letztjährigen Zahlen. Dies zwingt dazu, daß Angaben bzw. Ausgaben für jeden neuen Planabschnitt neu zu überdenken sind.

Zession, → Forderungsabtretung

Zeugnis, Urkunde, die einem Arbeitnehmer bzw. Auszubildenden am Ende des Arbeits- bzw. Ausbildungsverhältnisses vom Arbeitgeber auszustellen ist. Einfache Z. enthalten Angaben über Dauer und Art der Beschäftigung, auf Verlangen auszustellende qualifizierte Z. auch Aussagen über Führung und Leistung.
Der Rechtssprechung zufolge muß das Z. vom „verständigen Wohlwollen gegenüber dem Arbeitnehmer getragen" sein; es darf sein berufliches Fortkommen nicht behindern. In der Praxis haben sich aufgrund dieser Beschränkung Formulierungen herausgebildet, die indirekt auf mögliche unbefriedigende Leistungen des Arbeitnehmers schließen lassen.

Ziel, (1) *Allgemein:* angestrebter Sollzustand, der von Entscheidungsträgern als wünschenswert betrachtet wird; – (2) *für Unternehmen:* vgl. → Unternehmensziele.

Zielantinomie, Unvereinbarkeit von Zielen: die Erreichung eines Zieles schließt die Erreichung eines anderen Zieles aus.

Zielgruppe, alle tatsächlichen und potentiellen Personen, die durch Marketingaktivitäten angesprochen werden sollen. Die Z. ergeben sich durch die Auswahl des relevanten Marktes und die Marktsegmentierung.

Zielkompatibilität, Vereinbarkeit von Zielen, wobei die gleichzeitige Erreichung zweier oder mehrerer Ziele möglich ist.

Zielkomplementarität, Beziehung zwischen zwei Zielen, bei der die Erreichung eines Zieles zugleich die bessere Erreichung des anderen ermöglicht.

Ziellücke, → Gap-Analyse

Zielneutralität, Unabhängigkeit von Zielen, wobei die Erreichung des einen Ziels nicht die anderen Ziele beeinflußt und umgekehrt.

Zieltheorie der Motivation, → Prozeßtheorie der Motivation, derzufolge Ziele die Richtung, Intensität und Ausdauer individuellen Handelns bestimmen und um so leistungsmotivierender wirken, je anspruchsvoller sie sind. Neben dem Anspruchsniveau fördern die Identifikation und Akzeptanz der Ziele sowie die Zielklarheit und die individuellen Fähigkeiten zur Zielerreichung die Leistungsmotivation.

Zielvereinbarung, → management by objectives

Zufriedenheit, → Arbeitszufriedenheit

Zusatzaktie, → Gratisaktie

Zusatzkosten (aufwandslose Kosten), bei der → Abgrenzung von Aufwand und Kosten für die Zwecke der Kostenrechnung entstehende → Kosten. Z. sind Kosten, die nicht durch → Aufwendungen entstehen, sondern zusätzlich zu den → Grundkosten. Unterschieden werden → kalkulatorischer Unternehmerlohn, kalkulatorische Eigenkapitalzinsen sowie kalkulatorische Mieten (→ kalkulatorische Kosten).

Zusatzleistungen, bei der → Abgrenzung von Erträgen und Leistungen für die Zwecke der Kostenrechnung entstehende Leistungen. Z. sind Leistungen, denen in der Gewinn- und Verlustrechnung kein Ertrag gegenübersteht. Z. und → Andersleistung bilden die kalkulatorische Leistung.

Zusatznutzen, Nutzen, den ein Käufer über die technisch-funktionale Eigenschaft (Grundnutzen) hinaus durch das Produkt erlangt. Z.B. ist der Grundnutzen eines Autos die Transportmöglichkeit, der Zusatznutzen kann das Prestige sein, das durch den Besitz des Autos erlangt wird. Zusatzqualität bezeichnet die Bestandteile (z.B. Design, Formschönheit), die über die technisch-funktionale Qualität hinausgehen.

Zusatzprämienlohn, Form des Arbeitsentgelts, bei der für Zusatzleistungen und qualitative Aspekte der Arbeitsleistung (z.B. ein geringer Materialverbrauch) zusätzliche Prämien zum Grundlohn gezahlt werden.

Zusatzqualität, → Zusatznutzen

Zuschlagskalkulation, → Kalkulationsverfahren, bei dem auf der Basis einer Trennung von → Einzel- und → Gemeinkosten die Einzelkosten den Leistungen direkt zugeordnet und die Gemeinkosten mit der Hilfe von Zuschlagssätzen auf die Kostenträger verteilt werden (→ Vollkostenrechnung). Voraussetzung für die Durchführung der Z. ist eine Kostenstellenrechnung. Die Herstell- bzw. Selbstkosten können folgendermaßen ermittelt werden:

	Materialeinzelkosten
+	Materialgemeinkosten
=	Materialkosten
	Fertigungseinzelkosten (Fertigungslöhne)
+	Fertigungsgemeinkosten
+	Sondereinzelkosten der Fertigung
=	Fertigungskosten (Herstellkosten)
+	Verwaltungsgemeinkosten
+	Vertriebsgemeinkosten
+	Sondereinzelkosten des Vertriebs
=	Selbstkosten

Zuschreibungen, → Wertaufholungsgebot

zustimmungspflichtiges Geschäft, im Aktiengesetz festgelegte Geschäfte, die der Zustimmung des Aufsichtsrates bedürfen. Im einzelnen werden die zustimmungspflichtigen Geschäfte in der Geschäftsordnung bzw. Satzung für den Vorstand festgelegt. Dazu können u.a. strategische Entscheidungen, Investionsentscheidungen, Desinvestitionsentscheidungen, Finanzierungsentscheidungen und personalpolitische Entscheidungen gehören.

Zwangsvergleich, im Konkursverfahren vom Gemeinschuldner den nicht bevorrechtigten Konkursgläubigern vorgeschlagener → Vergleich mit dem Ziel, das Unternehmen zu erhalten und den → Konkurs abzuwenden. Die bevorrechtigten Gläubiger müssen vorher voll befriedigt sein, sonst wird der Vergleich vom Konkursgericht abgelehnt.

Zwangsversteigerung, → Zwangsvollstreckung

Zwangsvollstreckung, Anwendung staatlicher Gewalt zur Durchsetzung eines privatrechtlichen Anspruchs des Gläubigers, der dieses Verfahren beantragen muß. Die Z. kann sich auf eine Geldforderung des Gläubigers zur Erwirkung der Herausgabe von Sachen, Handlungen oder Unterlassungen des Schuldners beziehen. Bei der Z. zur Begleichung einer Geldforderung kann das bewegliche Vermögen des Schuldners vom Gerichtsvollzieher gepfändet und durch Versteigerung verwertet werden. Geldforderungen des Schuldners gegen einen Dritten können durch Pfändungs- und Überweisungsbeschluß des Vollstreckungsgerichts gepfändet werden. Unbewegliche Sachen (z.B. Grundstücke) werden zwangsversteigert.

Zweckaufwand (kostengleicher Aufwand), für die Erstellung der betrieblichen Leistungen notwendiger Bestandteil der → Aufwendungen, der den → Grundkosten entspricht. Der Z. entsteht bei der → Abgrenzung von Kosten und Aufwendungen.

Zweckbeziehungsanalyse, → Aufgabenanalyse

Zweckertrag, Bestandteil der gesamten Erträge, der → Leistung ist. Der Z. entspricht der → Grundleistung und wird von der Gewinn- und Verlustrechnung direkt in die Kostenrechnung übernommen.

Zweckrationalität, nach M. Weber Handeln, das an Zwecken, Mitteln und Nebenfolgen orientiert ist, wobei die Mittel gegen die Zwecke, die Zwecke gegen die Nebenfolgen und die verschiedenen möglichen Zwecke gegeneinander abgewogen werden. Die Z. umfaßt sowohl die → instrumentelle Rationalität, die sich auf die Wahl von zur Zielerreichung geeigneten Mitteln bezieht (im Sinne von Technik), als auch die Wahl von Zwecken innerhalb eines gegebenen Wertesystems (sogenannte Wahlrationalität).

Zwei-Faktoren-Theorie, von Herzberg formulierte → Inhaltstheorie der Motivation, die aufgrund empirischer Studien zwischen Hygienefaktoren und Motivatoren unterscheidet. Hygienefaktoren verhindern Unzufriedenheit, bewirken jedoch keine Zufriedenheit, während Motivatoren zur Zufriedenheit führen können. Wichtige Motivatoren sind Leistung, Anerkennung, die Übernahme von Verantwortung und die Arbeit selbst. Die Zwei-Faktoren-Theorie bildet die Grundlage für verschiedene Maßnahmen der Arbeitsstrukturierung. Kritisiert wird, daß Hygienefaktoren und Motivatoren nicht eindeutig abgegrenzt seien. In Studien wird ein und derselbe Faktor von einigen Befragten als Motivator, von anderen jedoch als Hygienefaktor eingestuft.

Zwischenkalkulation, → Kalkulation

Zwischenzeugnis, → Zeugnis, das aufgrund eines besonderen beruflichen Ereignisses ausgestellt wird, beispielsweise anläßlich eines unternehmensinternen beruflichen Arbeitsplatzwechsels, des Abschlusses eines Ausbildungsabschnittes oder auf Verlangen des Arbeitnehmers im Zusammenhang mit einer unternehmensexternen Bewerbung.

wichtig!

GABLER WIRTSCHAFTS LEXIKON
1 2 3 4 5 6
GABLER WIRTSCHAFTS-LEXIKON
A-B C-F G-K
ideales Geschenk
GABLER WIRTSCHAFTS LEXIKON
GABLER

GABLER WIRTSCHAFTS LEXIKON
12., vollständig neu bearbeitete und erweiterte Auflage
L-Z
L-Z